南洋大学新加坡华族行业史
调查研究报告

南洋大学东南亚华人史课程师生 编纂
任课导师 **黄枝连**

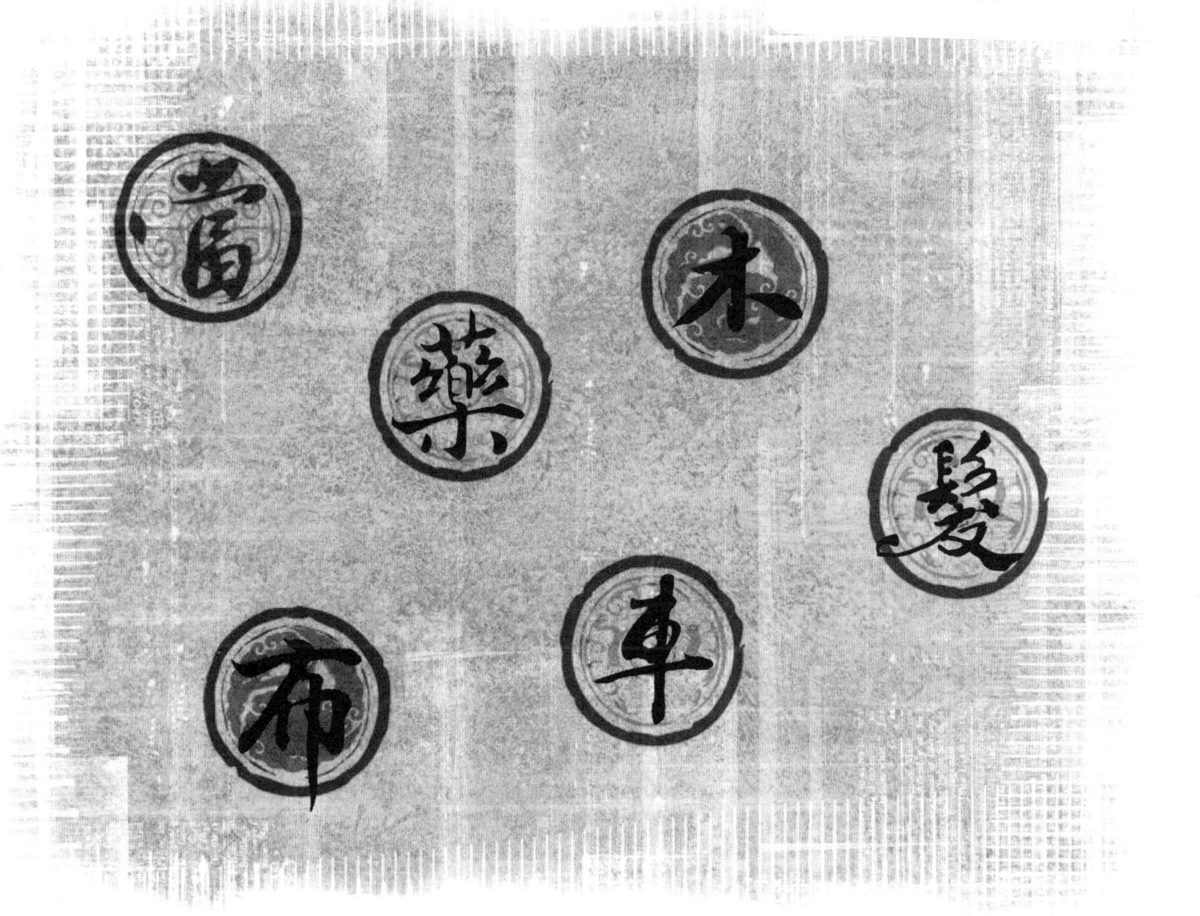

编辑委员会

南洋大学新加坡华族行业史调查研究报告
小组名单

(1) 福州人与理发行业

韩玉瑜 历史系1971–72　卢耀华 历史系1971–72　洪汉娇　程瑞英 历史系1971–72
何铎先　林光正　黄建华 历史系1971–72

(2) 温州人与木器业

苏日祝 历史系1971–72　李庆年 中文系1971–72　傅金国 中文系1971–72
陈颖泰　谢燕武　白鸿文　颜志雄

(3) 新加坡当业发展

谢志达　王兰卿 历史系1971–72　刘葵宏　骆云南　梁诚昌 历史系1970–71
郭美秀 地理系1970–71　蓝广成 历史系1971–72

(4) 兴化人与交通行业

林菊英 历史系1971–72　许洁瑜 历史系1971–72　黄敦勤 历史系1971–72
陈传书 历史系1971–72　张碹琴 历史系1971–72

(5) 新加坡华人巴士交通行业

林明芳 历史系1971–72　丁莉英 历史系1971–72　陈金姿 历史系1971–72

(6) 新加坡华人中药行业史

沈孟虹 历史系1971–72　姚素珍　陈华顺 历史系1971–72　黄学明 历史系1971–72
郑进源 历史系1971–72　蓝美莲 历史系1971–72

(7) 新加坡的中医

佘绍国 历史系1971–72　黄稚朴 历史系1971–72　潘德源 历史系1970–71
符秀英 历史系1971–72　陈小萍　潘怡民 历史系1971–72　叶丽华 历史系1971–72

(8) 新加坡华人布匹业

郑世益 历史系1971–72　林秀香 历史系1971–72　钟佩珊 历史系1971–72
郭翠娴 历史系1971–72

注：上述年份指毕业年份

星加坡华族行业史調查小组

〈1〉福州人的理髮业

韓玉瑜　盧耀彝　洪漢娇　程瑞英
何鐸先　林光正　黄近华

〈2〉温州人的木器业

苏日祝　李庆年　傅金国　陈颖泰
谢燕武　白鸿文　颜志雄

〈3〉星加坡当业发展史

谢世达　王芸卿　刘葵宏　骆云甫
梁诚昌　郭美秀　蓝庚成

〈4〉兴化人的交通业

林菊英　许洁瑜　黄歡勤　陈倩圭
張鍠琴

〈5〉新加坡华人巴士交通行业

林明芳　丁莉英　陈金姿

〈6〉新加坡华人中药行业史

沈孟虹　姚素玲　陈彝顺　黄孝明
郑进隆　蓝美莲

〈7〉新加坡的中医

余绍国　黄稚樸　潘德泥　符秀英
陈小萍　潘怡民　叶佩彝

〈8〉新加坡华人布匹业

郑世益　林秀香　鍾佩珊　郭翠娟

啟事

"星加坡华族行業史調查研究報告"是選修"東南亞华人史"同學的集体創作。

這些報告，屬於初稿性質，因此，無可避免的，還存在着許多不能令人滿意的地方，我們希望將有機會和條件把它們加以整理，並且加以刊行！

各界人士如引用這些報告，請註明出處！

各調查小組
指導教師　同啟

1971年12月。　南大歷史系

福州人與理髮行業
南洋大學歷史系
溫州人與木器業
南洋大學歷史
新加坡華族村史調查報告（十）
大城市旁邊的小鄉村—波東巴西村史調查報告
新加坡華族村史調查報告（九）
傳統延伸落地不生根—興利芭潘家族歷史調查報告
新加坡華族村史調查報告（八）
星島的開發與華族移民
三年零八個月日軍統治下的華人鄉村

移民多集，遇有适当的机會，大致跟着移民乡亲所住的地方及所从的职业，經时既久，就变成一般移民的习惯。因此我们对于南洋中国人的地缘分佈，及职业的选择，可以根照移民的故乡来劃分。⑫

造成初来的新客从业多集成業的原因：从父老的口述，我们可以得些间接的资料：第一，因語言的关係，在4、50年多，华語教育未普及，因此不但与外国人基本語言不相通，甚至不同籍贯的华人，也無法交談。在調查中，我们曾談及福州籍理髮师，在招收学徒時是否有籍贯的选择，他们的意見可列表如下：

表12：福州籍理髮师对学徒籍贯选择的意見

对学徒籍贯的選擇	人数	百分比
有选擇	10	10
無选擇	62	62
没有意見	18	8
不詳	20	20
總結	100	100%

这統計表顯示，他们对於其他籍贯人士多没有歧視。但結果所收的学徒依然以福州籍佔多数，其原因就是福州籍的师父，对着其他籍学徒時辨得学习的情况時，因語言不能相通的原故，对方所吸收的就会大打折扣，在这种情形底下，不但师父、即使是学徒都喜欢与会籍贯者学习。在早期，福州籍的师父，很少有其他籍贯的学徒，原因就在於此。第二，在满清末年，新加坡已有福州籍的会館，而在40－30年多，福州人与其会館有着密切的关係，因此当某间理髮店，需請学徒時，这个消息，会館就会是最先获得，也有老板是利用会館把需請人的消息传出去，而由会館所介紹的，必定是同乡的人，於是無形中，下一代的接班人，又是一批福州人。第三，福州人的会

南洋大学新加坡华族行业史调查研究报告

总目录

序一

潘国驹

南洋理工大学高等研究所所长

世界科技出版公司主席

老朋友黄枝连教授早年坎坷，但乐观积极。近些年，他有时回星洲，我们还一起见面聊天——像我们这样年纪的人聚在一起，当然是聊过去的事。

黄枝连一九六八年至一九七一年在新加坡南洋大学任教，讲授“东南亚华人史”与“东南亚文化史”等课程。在任教期间，他曾带领学生进行大量关于新马两地华族社会与历史的调查研究，撰写近三十份学术报告。这些报告极具商业和历史价值，对于当地的华人研究产生了深远的作用。

在大家的共同努力下，我们将八本行业史报告整理成书，这八个行业包括：福州人与理发行业、温州人与木器业、新加坡当业发展、兴化人与交通行业、新加坡华人巴士交通行业、新加坡华人中药行业史、新加坡的中医、新加坡华人布匹业。这些研究工作仍具有现实意义。如今，科技昌明，各行各业发生了很大变化，但当年这八个领域的从业人员为新马两地的社会稳定、商业繁荣作出了很大贡献。明年是新加坡建国五十周年，在此，我们对各个行业的功臣，道一声谢谢!

我也希望年轻人在阅读本书中，能汲取历史经验、学习前辈的刻苦精神，开创更好的商业未来。

序二

“走出‘#2.0’–走向‘#3.0’”：华族社会–华人企业经济中华–华人研究的必由之路

黄枝连

在潘国驹教授领导下，世界科技出版公司编印的《南洋大学新加坡华族行业史调查研究报告》，由于有了赖燕鸿、韩川元、何奕恺、王连美诸君组成的编委会的具体承担，大功告成：使它可以崭新的形式，在新加坡共和国迎向其建国50周年大庆之际，得以印行，为过来人、未来人、天下人提供几本可以一读的另类新书。

一，师生–师友的情谊–情义，可以天长地久的……

当然，这里，不能不提的是，许多南大校友对它的关心。戴渊君进行其东南亚华人研究时，在新加坡国家图书馆书库里，发现了这些手抄本的报告，十分惊喜，并利用了多本的资料，进行他的钻研撰述。因此，事后，他提出，必须对这三十几本报告，进行编辑，加以印行，不要使它在故纸堆中淹没。而潘君及时地做出反应，利用世界科技的人力、物力、财力、网络，邀请韩君以过来人的身份，参加这项长达近两年的编辑工作。

计划付诸实行时，我以为，这不会是一项复杂、曲折的事情，编者只要把原有的手抄报告，一本一本地找出来，然后一页一页地摊开来，拍了菲林，便可上机付印，准备装订成册了。但，工作一展开，他们把报告找齐了，才发现，原文照印的想法是不切实际的，因为经年累月，许多文件已是模糊不清了。因此，他们便采取了重新打字–校订–辨认–编印的方式。这一来，不得了！因为，进退失据，那可是没完没了的工夫、工作呢！

在这期间，潘、韩、何诸君不时来函告知我工作的情况和进度，使我们在一个持续学习–持续成长的进程中，有了一个新型态的亦师亦友的关系。我对他们的任劳任怨、埋头苦干——尤其是世界科技的坚决承诺、坚定承担，十分赞赏与佩服！

可是，等到书稿付印前夕，他们节外生枝，都认为做为任课导师，对于修课学生的课堂报告，我有义务为它的编印写一篇序文的——我知道，这是他们给予我当年的教师的一种肯定，是一项荣誉——但，也是一个责任。因此，读了潘君和韩君的序文后，后退无路，也就欣然接受，好自为之了。

二，教与学的道路上，可以有许多同路人–过来人–未来人

其实，这一切，都是发生在四十几年前的事情了。

我是1958年8月从吉隆坡出发的，在新加坡小住几天后，9月1日，从新加坡搭船北上，到香港新亚书院读大学，主修历史，副修哲学的。从那里，取得哈佛燕京学社奖学金，到美国哈佛大学文理学院深造，又回到香港，在刚成立的中文大学崇基书院和联合学院做了三年助理讲师，主讲的是“中国近三百年社会思想史”和“社会制度–社会问题”的课程。

1968年8月1日才南下，到南大历史系当讲师，而于1971年12月26日，仓促之间，又回到香港。进进出出，一住就是四十年，由新马华侨成为港澳人士了。

在南大期间涉及最大的就是在历史系教授“东南亚华人史”。它分上下两段，每个学年上下学期都开一班，连续开了三年，选课的学生以历史系为主，也有中文系及其他学系的选课生，所以，前后修课的学生，当在120人左右。

由于1960年代是一个“文革”和越战的年代，又在哈佛读书，所以做为一位所谓“左倾学者–进步学人”，回港后，我的教研方法便具有明显的小组学习、走出课堂、跨越课室和教科书及满堂灌的传统，具有多样化的动向：

一是，根据课程的进度，不时安排学生前往社会进行参观访问，我们除了到国家图书馆和国家博物馆之外，还参观、访问了中华总商会、商会、报馆、会馆、庙宇，甚至坟场也去过几次。每到一处，除了要求学生细读和抄写石刻、题字、匾额之外，还邀请主人给大家做专题讲演和让我们翻阅其档案。难得有大学生到访，我们所到之处，莫不受到多是热烈的接待呢。

二是，利用口述历史–文献研究的方式，进行了“华人村史”和“华人行业史”的参观访问–田野工作–调查研究。

后来，因为到马来语文学系教授“东南亚文化史”，我也带过马来学生和华人学生。在前者的带动下，前往新加坡的几个马来乡村做田野工作、参观访问，但还没有整理出什么报告、文章。

三是，根据参访和田野工作的资料，结合讲课的资料，安排学生进行小组讨论，然后大堂讨论。

用这几个形式，师生接触过的校内外的各界人士不少：方修 [吴之光]、戴玄之、吴振强、陈亚平、崔贵强、吴相湘、潘明智、黎经富、梁华璜、李廷辉、刘伯松、饶宗颐、许云樵、张奕善、许统义、陈育崧、潘醒农、潘国驹、廖雪娜、连瀛洲、黄望青、黄思、李向、陈川波、林徐典、林崇椰、韩山元、郭宝崑、郑心锦等等。可以说，他们是我们师生的教研–探索–思辨的“校外导师–课外导师”，听他们的讲演、报告、谈话，使课程的资料、观点，大有增加，有所增益。

三，跨越课室–走出校园：到处都是学问所在之地

没有想到，我们当年做的两个“口述历史”系列，在这三几十年里，倒成为各方人士不时引用和阅读及议论的文献。

现在想来，我的教研方法里有口述历史–田野工作之举，也是一个时代的反映：

——“文革”时代，许多人在阅读过毛泽东关于湖南农民运动考察报告及重视文革期间的上山下乡，我也不例外。当然也把它当着金玉良言–教研指南呢；

——我的大学历史系老师牟润孙教授强调，文献典章和考证考察的结合；

——我在哈佛修过人类学家 Cora DuBois 及 John Pelzel 的课程，而田野考察便是被倡导的一种方法论；

——我修过亨丁顿 (Huntington) 社会发展的课程，撰写的论文便是〈河南新乡的社会变迁 (1900–1960年)〉。在中央图书馆的地窖里，把有关的资料都找出来参考，写了一篇论文，还得他的赞赏呢；

——我在香港中文大学崇基学院社会学与社学工作系的任务，除了讲演“社会思想史”和社会制度的科目之外，还到大学附近的大埔厦村去参加社会调查。除了黄寿林主任外，来自美国的社会学家杨庆堃教授也常去“蹲点”呢；

——从崇基转到联合去，我安排选修“社会问题”的学生分成几个小组，对香港青少年问题、交通问题、吸毒问题、住屋问题等进行调查研究；

——1960年代，香港有一个大学生服务队，我的好朋友林鼎彝、梁秉中、蔡一豪、胡锦生等都是它的活动家。我常跟他们到香港穷乡僻壤去参加修路造桥的活动，因此厦村调查之外，我也接触了不少村落。

——当然，还有一个家庭背景：我到吉隆坡中华中学去读高中以前，每天下午到屋后的一块园地上去耕种，卖菜的收入，对家计大有辅助作用呢。

这就是说，在“东南亚华人史”的课程里，引进小组学习方式的田野工作、口

述研究、文献研究，并不是一个偶然事件，其产生–开发–开展，还是同个人的生活历史、学业课业、政治信念和社会参与有关。

四，口述历史之中的网络：华人“村史”和“行业史”的调查研究，是一项师生的共同课业

无可否认，除了教学的热情与燥动之外，当时，我没有其他深入考虑，所以一上课，便部署口述历史、田野工作的计划：

第1步，要求三四十位选课的学生自动分成5–7人的小组。

第2步，建议组员根据父兄的职业–行业–事业来探索调研的主题。

第3步，一组里可以有多个选题、课题，有关同学对其提议必须做出报告，促使小组成员做一个选抉。

第4步，有了选题，提议者即得带其他组员到其父兄工作、公司去参观访问，由其父兄现身说法，把有关行业的情况加以报告。最主要的是请他们对从中国移民来新马及其就业–择业–创业的过程，加以介绍。由于说的是个人和家族的历史，所以资料翔实，也有许多个人的观感观点。

第5步，各个小组将其初步选题向大组报告，听取其他组员、同学的报告和询问。这时，可以发现各组的选题的同异及交叉进行的地方。

第6步，选题之后，小组兵分两路：一路继续进行访问，一路到校内外的图书馆查阅有关档案，产生第一份调查问卷。

第7步，大组讨论各组问卷，功能之一是让一班六七个小组的同学都知道其他小组做的主题、问题、内容会是什么。

第8步，口述历史–田野调查开始。由于组长通常就是推荐主题的同学，所以由他带组员去访问父兄，再由后者介绍同行给他们去访问，一个介绍一个，向前滚动，很快就可以有三几十个访谈的对象。

第9步，访谈时，主要靠组员的人海战术：边听、边问、边记录。因为那个时候不容易借到录音机，而有机在前，受访者有心理障碍，诸多顾忌，不肯畅谈。

第10步，组员回校后，即得把纪录加以整理，汇入小组资料库。

第11步，通常，访问的对象有形形色色的资料和实物可供参考，需加纪录。因为那个时代大学和同学都不容易借用照相机和录音机。

第12步，小组汇集所有的资料，整理出一份写作大纲，根据它到图书馆或商会去查阅文字资料。

第13步，各组做初步的论文内容简介。在大组里交流，使各小组知道其他小组的资料、观点、主题、内容，可互相交流、借用、取舍。

第14步，指定一位组员，根据本组及其他小组的分析研究，撰写报告初稿。

第15步，小组报告初稿先后在本组和大组上提出报告，进行讨论，产生定稿。

第16步，指定一位文字工夫比较好的组员，撰写小组报告的定稿。

第17步，指定一位文字端正的组员，用腊纸抄写定稿，到大学讲议室油印报告，取回各页，由组员把它组合，装订成册。

第18步，各组交换报告，并奉报告送往受访的主要人士及其团体，也寄送报告给本地的主要图书馆。

这一系列活动，曾经得到校内的南洋研究所的赞助，所长Dr. Victor Fix 也因此被校内其他南大校友围攻，莫名其妙。没有他让我们使用资源，许多事是做不成的。

做为任课教师、调研导师，我的工作和任务自是“无所不在，又不存在；若无其事–煞有介事”。即，教师不是万能，也不需要是万能，而要最大程度地，让各个小组成员在其组长带动、组员互动下，投入活动、进进出出。因为，教师大大地发挥一个统帅的作用、一个指导员的作用，像是高明极了。同学们在学习过程，是学不到东西的。可见，导师不是万能的人，不必是三头六臂的人，又不可过份地介入，干扰学生的作用，有碍其学习的主动性、互动性呢。

在记忆中，和同学一齐参观访问、上山下乡，在课室走来走去、指手划脚，师生之间有说有笑，在杂乱、混乱中，报告逐形成，确是至今犹是难忘的景象呢。

也许，“神龙见首不见尾”是导师最好的活动方式呢。

五，学海无边：东南西北中和各方人士中都蕴藏着可以被发掘的学问和真理

在南大的那三年八个月期间，我自己在东南亚华人华侨的教学–研究–撰述上，也有一个教学相长–做好功课–增长学问的曲折过程。

其一，备课所涉及的在校内外图书馆和博物馆，使我有机会掌握大量的文字资料、文献史料，还有新马各地会馆、商会、学校、报馆出版的许多特刊。

其二，陪同学活动之外，我也得到南洋研究所的赞助，花了几个月时间，在碧华陪同下，到马来半岛和泰南进行田野工作、实地调查、口述历史，每个站小住三几日。因为我已在《星洲日报》写社论，所以每个记者站都是我的立足点，由当地记者介绍我去拜访地方上的历史古迹、华人领袖、会馆、商会、学校、教师，请我们品尝地方特色的饮食品，甚至陪伴我们去坟场看墓碑。

在地方研究、华人研究上，庙宇和会馆及商会的碑刻，以至坟场和墓碑，都是非看不可的史迹、史料——南大历史系访问教授、德国汉学家傅尔康，便东南西北中跑了一趟，又抄又写，编了一本文集呢。

其三，《星洲日报》高级编辑、马华文学史专家方修君，是我在南大教研期间的良师益友。他在新加坡大学中文系兼课，因此，带我去那里，介绍了许多专家学者和同学。他拨出宝贵版位，发表了我的许多论文、文章，更难能可贵的是，他介绍我到报馆去写社论——在当时的新马社会，社论主笔享有崇高的社会地位呢。

其四，更值得一提的是，方修坚持要我把同学们编纂的村史和行业史的手抄报告，加以摘编，交给他，在《星洲日报·星期刊》上连载，有三几十篇之多，而另一位同事郭史翼君，则把它们转载于世界书局出版的《南洋文摘》里。

其五，我利用口述历史的报告，直接间接地撰写多本有关东南亚和华人及中国发展的文集：(1)《从东方到西方》、(2)《马华社会导论》、(3)《马华历史调查研究绪论》以及《东南亚华人社会史讨论》。

其六，2012年8月，我结束在澳门科技大学和澳门大学及澳门特首办可持续发展策略研究中心等处的研究、撰述的合同，返回香港家居前夕，把南大华人研究的档案整理出来。一箱又一箱，正愁如何把它打发时，新加坡国家图书馆高级馆员赖燕鸿君便来信：要求我把它捐献给NLB，由它做数字化整理，并保留原始文件。我便把文件都寄给赖君。

因此，我向潘国驹教授指出，何不考虑把《南洋大学新加坡华族行业史调查研究报告》的出版，和NLB对有关档案的处理，当着一个体系来处理，相得益彰，增加它们的文献价值。

六，与时俱进、再换新天：华族社会–华人研究必须“走出‘#2.0’–走向‘#3.0’”

因为我自己是1939年4月出生于马来半岛雪兰莪州吧生港口的一个贫苦人家的家庭里，所以我后来虽在港澳受教育和生存发展，最近又移居美国，但“港澳是我家–新马是我家”已然是我的思想感情的一部份。

因此，对于东亚–东盟–中国的发展，日后，仍将是我的生活–工作–发展的一大内容呢。

在南大对东南亚华人华侨的教学与研究，其实是我离开哈佛大学严肃地、独立地做学问的开始。1971年12月26日离开新加坡后，我以为这一辈子不会再做华人研究了，因此有十几年的时间不及其事。

但，1980年代以后，我开始对中国走向二十一世纪做发展研究，又使我回到华人研究了。

这里，使我更清楚地认识到中国研究、东亚研究、华人研究是分割不开的。

其一，东亚和中国的变化[A]直接地影向到东南亚和华人华侨 [B];

其二，华人华侨的发展 [B] 也是同中国和东亚发展 [A] 分割不开的;

其三，[A]、[B] 这一两百年来的发展，其实都是受制于西方主义 [C]；因此，[C] 的未来的变化，必然波及 [B]、[A]——倒过来，亦然。

其四，今后，[A]、[B] 可以有较大的发展；故可以返馈 [C]。（见图表）。

图表　华族社会-经济中华-华人研究的不同发展时期-范式

探索项目	走出‘#1.0’-走进‘#2.0’的活动	“#2.0时代-范式”中的活动	走出‘#2.0’-走向‘#3.0’的前景
1. 涵盖的时期	1810s–1910s	1910s–2010s	2010s–2050s
2. 世界的形势	西方族群-西方国家-西方文明及基督教文明对亚太地区展开凌厉的攻势，使各地传统的“#1.0时代-范式”为“#2.0西方主义时代-范式”所取代。	‘#2.0’达到高潮。旧西方殖民帝国体系为美苏两霸所取代，其风光终而为美国体系-美式和平所独占，但世纪之交，东亚-东盟-亚太各地也有许多新兴的族群-文明，东盟和德国及中国等。是其佼佼者。	10+6 FTA、10+1 ACFTA、TPP以及EU、“金砖国家”、“上海组织”等。之类的国际合作体系，将相继出现；一国及其集团自外而内-自上而下地对各国发展做单极性的操控，可能性不大。
3. 亚洲-东亚的形势	西方国家-西方文明对亚洲各地的国家-文明进行摧毁性的袭击，许多地方成为各殖民帝国主义体系的海外属地。	二战和太平洋战争及冷战都是西方国家-西方文明延续其在亚太的争斗战。1950年代以后，亚太-中国的兴起，使新的文明发展成为可能。	10+6 FTA和TPP等之类的国际合作体系，相继出现，可享有持续发展。 “亚洲两个‘次大陆’”（南亚-印度次大陆，中南半岛-马来半岛次大陆）、“亚洲两座‘大陆桥’”（东南亚大陆桥，亚洲西南大陆桥）地区及中国、印度、印尼将成为“三大‘发展极’”。

4. 中国的形势：冲击	在“#2.0西方主义”冲击下，“#1.0中华帝国－中华文明”及其“天朝礼治体系”既不能自保，也不能对周边国家的群体－文明提供什么保护伞，故中国长时期地陷入殖民地－半殖民地－次殖民地的困窘状态。	二十世纪上半叶中国仍身陷内外战乱，谈不上什么现代化。 1950年代以后，进入新的现代化运动。“毛模式”和“邓模式”各三十年，近年才出现“中国特色社会主义”，可视为中国的“走出‘#2.0’－走向‘#3.0’”的发展阶段。	“一国两制－两岸四地；中国模式－中华范式”的发展有一个大有做为的前景，但它的成败，决定于内部发展的质量。也决定于对外关系上，能否落实”天下为公，仁者无敌；共同发展－前途无量”的发展范式。
5. 珠江口－穗港澳的形势	珠江口－伶仃洋－香山澳地区是明清以来闽粤人士前往东北亚－南下东南亚的仲介站，洋人亦循此途径进出中国。	鸦片战争后，华人华侨由港澳前往世界各地谋生，并对中国的现代化运动和民族主义－民主义的斗争，有所参与－有所支持。	由于“一国两制－两岸四地”的开发开展，台澳台将继续是世界－东盟的华人华侨参与中国发展的重要平台。“伶仃洋发展湾区”可以成为泛珠江流域及港澳/9+2地区的交流站，可以成为10+1 ACFTA的发展平台。
6. 生产方式－发展范式	“#1.0时代－范式”和“中华帝国－中华文明”未曾对东南亚进行控制与掠夺，但也未对亚太－东亚地区的发展，有什么促进性的意义。 西方范式进入后，西方化－现代化－全球化开始改变亚洲生产方式。	“#2.0：西方主义”根据西方殖民帝国主义的需要，对亚太－东亚进行改造。它们在“西方范式：英国模式－法国模式－荷兰模式－日本模式－美国模式－苏俄模式”寻求发展范式，好事多磨，“毛模式－邓模式”、东盟等是本地化－在地化发展展范式的开始。	“走出‘#2.0’－走进‘#3.0’”，东亚－东盟和世界各地的发展式将循“非西方模式－后西方模式”（但不是“反西方模式”）寻求发展。 世界的形而上－形而下的方式，不再是自外输入（被强加以）一种模式，从一而终。
7. 华人华侨及中国新移民	在‘#1.0’中，华人华侨－华族社会不构成在地经济－在地文化的组成部份。槟城，马六甲及新加坡等海峡殖民地成立后，华人华侨在“#2.0：大英帝国”范围里大有发展，在菲律宾与东印度等地，亦有所发展。 但对本地及其祖国的发展，无特殊贡献。	华人华侨成为东南亚各地的发展动力，但亦成为”西方主义”与“反西方主义”的夹心饼；对其祖国的支持，更导致它遭遇多次种族主义的攻击，伤亡惨重。1980年代以后，华人华侨在东盟－东亚－中国的现代化运动中，取得更大程度的发展参与与权益分享的机会。	10+1 ACFTA和“两个‘次大陆’－两座‘大陆桥’”的开发开展，使东盟的华人华侨－华裔人士和中国新移民，可享有更多的在地化－区域化－全球化的机遇与权益。 但，它不可能成为好处占尽－自成一体的族裔－文明；既不可能再次汉化－再次中国化，也无需要建立其封闭性的“华裔社区(Chinese Diasporas)”。

资料与概念的来源：

[1]［清］印光任、张汝霖等编纂，《澳门记略·澳门志略》（2002年重印本）
[2] 林华生主编，《亚洲共同体》，日文版（2013年）
[3] 郭益耀，《不可忘记毛泽东：一位香港经济学家的另类看法》（2010年）
[4] 谢诗坚，《槟州华人主导政权的研究》（2004年）
[5] 方修，《新马华文新文学六十年》上下册（2008年）
[6] 基辛格，《中国论》（2012年）
[7] 基辛格，《世界秩序论》（2014年）
[8] 黄枝连，《从东方到西方：印欧一月行》（1971年）
[9] 黄枝连，《马华历史调查研究绪论》（1972年）
[10] 黄枝连，《东南亚华族社会发展论》（1992年）
[11] 黄枝连，《中华文明的未来史论》书稿

结论：高瞻远瞩：有太阳的地方就有华人华侨；有发展的地方就有华人华侨

这批“华人行业史调查报告”共有八本：(1) 福州人与理发、(2) 温州人与木器、(3) 新加坡当业发展、(4) 兴化人与交通业、(5) 新加坡华人巴士交通业、(6) 新加坡华人中药行业史、(7) 新加坡中药、(8) 新加坡华人布匹业，从新加坡几家图书馆被找出来，经过整理，得以出版，也可以说是一个异数。在此基础上，也许，《南洋大学新加坡华族村史调查研究报告》，亦可相继出版呢。

因此，关键在于如何为“一个人：过来人、未来人、天下人”做点有益于持续发展的事。潘君的〈序文〉有曰：

> 如今，科技昌明，各行业发生很多变化，但当年这八个领域的从业人员为新马两地的社会稳定，商业繁荣作出了很大贡献。明年是新加坡建五十周年，在此，我们对各个行业的功臣，道一声谢谢！
>
> 我也希望年轻人在阅读本书中，能汲取历史经验，学习前辈的刻苦精神，开创更好的商业未来。

当然，人们可以预期和要求，不惜功本对八本行业史报告的编印与发行，不止于是一项学术上和文化上的贡献；也要求有其经世济民的义理–义利，即，对今后新加坡和东盟各国华人华侨及其同中华经济交流的经济中华的发展，是有其参考–启示–推动的作用的。

韩君的〈编后语〉亦有是语：

> 这一年来，在编辑过程中，有感于新加坡各个行业的前辈们的创业，守业和发展的艰辛，对他们多了一份了解和尊敬，希望本报告书的出版，能让我们年轻一代的国民，更珍惜我们建国第一代的前辈们，为国家的开拓和发展所付出的努力和贡献！

显然地，我们可以从潘、韩二序的省思和对后人的寄托中，更上一层楼，把华人企业–华族社会–华人研究推向一个更高的境界，这也是千载一遇的机遇，是一个黄金时期呢。

如果，以历史上的亚洲及其文明的发展时代为#1.0，而以近500年为#2.0西方主义”，那么，今后三几十年的“走出‘#2.0’–走向‘#3.0’”，便可视为中国、华社、世界的共同打造的未来，而各方的关系型态都有所不同–必然不同。因此，必须不时地、及时地加以调整。

或许，可以有这么一个结论：华人华侨如何与时俱进，取得其所在地生存发展的主权和主动权，是华人研究面临的主要挑战、主要任务呢。

2014年10月14日于纽约曼哈顿赫德逊河畔

福州人与理发行业

1911–1970

新加坡華族行業史調查報告

福州人與理髮行業

1911 — 1970

初稿

南洋大學歷史系

指導教師 黃枝連

調查組長 韓玉瑜 盧耀華

組員 何鐸先 洪漢嬌 程瑞英 黃建華 林光正

福州人与理发行业
调查小组成员表

指导教师：黄枝连

调查组长：韩玉瑜

卢耀华

组员： 何铎先

洪汉娇

程瑞英

黄建华

林光正

评论员：王兰卿

白鸿文

李庆年

郭美秀

陈颖泰

傅金国

刘葵宏

骆云南

谢世莲

谢燕武

颜志雄

蓝广成

苏日祝

目录

第一章

前言

第一节　调查目的

“某行业为某籍贯人士所操纵”是华族行业的特点，如经营出入口贸易的多是闽南人，经营机器业的多是广府人，当店经营者多数是客家人，木器业领域多为温州人，至于咖啡业与理发业，则以福州人经营者占优势。

我们计划通过对福州籍理发业的调查，以了解整个华族理发业；而基于本行业所表现的特殊性，我们把这份调查报告书的重心置于理发业劳资关系的探讨上。换言之，从理发工人生活情况，薪金分配，劳资纠纷，劳资双方工会的发展及理发业与社会的关系中，探讨其间的劳资关系。

第二节　调查对象

这次调查以福州籍理发师占大多数，有148位，或参杂其他籍贯人士，包括广府籍17位，兴化籍5位，琼州籍3位，还有其他民族，如印度人、马来人共6位。

若以理发师的身份来分，可得四类：雇主、工人、女工、摊位，兹可列表如下：

表一　全新华族理发店中福州籍所占的比率

籍贯	间数	百分比
福州籍	170	48.43
其他籍	181	51.57
总计	351	100%

表二　被访理发师身份统计

身份	人数	百分比
雇主	109	58.60
工人	67	36.02
女工	8	4.30
摊位	2	1.08
总计	186	100%

第
二
章

福州人的南来与理发业

第一节　福州的一般概况

在满清时代，福州省的省属是福州府，附属十邑：闽侯、侯官、长乐、福清、建江、罗源、闽清、永福、古田、屏南，后来闽县、侯官合并为闽侯县，而本附属于福清的海壇岛，则改为平潭县，又把永福改名为永泰县，福州府则称为福州市除福州市外，总计终为十邑[1]。

据福州府志载："闽地山水，深昧而为阻，惟福州四出之山，远而不逼。"[2] 因此造成此地的物产富镜，除稻米外，尚有龙眼、荔枝、芋、木耳、香薯、瓜类等，尤以水果类驰名全国。福州人多从事农耕，从调查福州籍理发师在中国的父辈的职业，可印证出这一论点。

表三　福州人在福州的职业情况

职业	人数	百分比
农业	42	43.30
理发	6	6.19
商业	4	4.12
木匠	3	3.09
杂货	4	4.12
教书	2	2.06
其他	10	10.31
不详	26	26.81
总计	97	100%

显然的，他们父辈们在中国的职业，有43%以上是从事农耕的；至于“理发”之次于“农业”，是由于我们调查的对象是福州籍理发师，他们有许多是克绍箕裘，因此造成理发业所占的比率增高，事实上，理发业在福州并不占很重要的地位，从事的人数也不多，在30至40年前，福州乡村是以耕田为主，而以种水果为副业，福州市则是以做商贩为多，其他从事各种手工艺的人也不少。

教育方面，《朱子学记》就曾记载说：“福州府学于东南为最盛，弟子员常数百人。”在福州府志也自夸称：“圣朝崇儒重道，海隅响化子衿之诗不作鼓箧之教，偏敷东南文教盛而更盛。”(3) 民国成立后，新文化输入中国，学堂遍立，不过福州尚是旧文化的堡垒，学童多进入私塾求学，进入新学堂者无几；文盲也不少，由此可见在40–50年前，福州教育并未普及。从表中就可清楚地证明这一论点的正确性。

表四　新加坡福州籍理发师教育程度统计

教育程度	人数	百分率
文盲	12	12.37
私塾（1–5年）	29	29.89
私塾（5–10年）	20	20.62
新学堂（1–5年）	4	4.12
不详	32	32.99
总计	97	100%

一般上，福州人的生活虽然也相当苦，但比起中国其他地方来，显然是较好的，这是因为福州的政治社会相当稳定的缘故，三山季刊中有详细的说明：“……他们说‘长毛造反’时节，福州没有遭受糜烂，‘辛亥革命’时候，福州城也没有革去几条命，‘北伐’时代……国民革命军不流一滴血占领福州。”(4) 但自日本在福州投下第一颗炸弹，福州人的太平安享的日子就告结束，从此以后就有大批的福州人不惜危险航海到南洋来。

第二节　福州人南来的原因

福州人大批南来，比起其他闽粤人士，在时间上是较迟的。

表五　福州人南来的时间

年代	人数	百分比率
1910–1912	2	2.06
1920–1929	8	8.25
1930–1939	40	4.24
1940–1949	44	45.36
1950–1959	3	3.09
总计	97	100%

表五显示在1930–1939与1940–1949两个时代，福州人南来最多，其中尤以七七抗战前夕，及战后的经济萧条期为福州人移植的顶峰。

有调查所得，我们将福州人南来的主要原因素归纳为有如表六所显示的几点：

表六　福州人南来的原因统计

类别	人数	巴仙率
经济困难	65	67.01
社会动乱	8	8.24
逃兵役	7	27.22
寻求发展	2	2.06
其他	4	4.2
不详	11	11.34
总计	97	100%

一、经济困难

统计表告诉我们，经济困难是造成福州人南来的最主要的因素。1929年资本主义世界面临着经济恐慌，由1932年起，中国面临通货膨胀的厄运，军费消耗其大，官吏、党员的大饱私囊，形成了财政的危机，国币价值暴跌[5]，因此就有大批福州人南来。

抗战胜利后，情形更加恶劣，这里引述两位父老的话，以见一般。林老伯说："战前福州人对南洋不感兴趣，认为新加坡是罪犯、卖猪仔的集中地；战后，生活非常艰难，在国民党统治时期，币值日跌，而新加坡币值稳定，才吸引人南来。"另一位洪先生也说："战后中国生活艰难，钞票不值钱，南洋生活好，吸引我到来新加坡。"

当时，福州人民所面对的灾难有二项：一是来自人为的，一是来自天灾的。

由人为所造成的灾难，既是指当时的通货膨胀，许多福州父老谈到此事时，都面带余悸。三山季刊中的福州通讯，对于当时福州人民的心境有段相当生动的记载：福州没有春天，人心永远沉在严冬的深重威胁里，物价的狂涨，明天的粮食，夜半的枪声，拦途的截劫，生的沉痛，死的威胁，处处使人感觉到不能忍受的窒息。尽管春光一如往常的绮丽，尽管万物都欣欣地面向春风的来处，展开生的翅膀，希望飞向遥远的天边，但福州的人心，却被系住了，福州没有春天，人心里只有无限迷茫。(6)

或者有人会认为这段记载夸大其词，但只要你看以下两个统计数字，就会觉得此言非假。

表七　福州在1947年通货膨胀的情形（单位：万元）

物品 物质 时间	棉纱 (十工支双地球)	布匹 (大新九九特篮)	茶油 (百斤)	米 (滬与奕)	金 (熔赤)
十一月					
十二日	2800万	223万	190万	64万	490万
十四日	3000	224	190	67	——
十五日	3200	225	220	67	530
十六日	3080	245	210	69	540
十七日	3040	250	215	71	——
十八日	3200	255	215	68	600
十九日	3300	260	无市	68	——
廿一日	3360	280	240	78	700
廿二日	3500	290	240	78	720
廿三日	3340	300	250	76	700
廿四日	3320	290	270	76	690
廿五日	3340	280	268	80	760
廿六日	3520	290	280	84	760
廿七日	3760	300	265	89	800
廿八日	3700	310	270	100	820
廿九日	3520	310	265	无市	700
三十日	3520	300	265	84	750

资料来源：《三山季刊》第五六期合刊，《福州通讯》，“经济萧条的福州”，P. 18。

表八　1946年与1947年福州物价的比较

时间 价格 物品	1946年12月	1947年12月
面粉每斤	608元	10000元
阴丹士林每尺	1600	34000
百士布每尺	1200	14000
冲哔叽每尺	1800	21000
呢鞋每双	5000	70000
皮鞋每双	27000	350000
线袜每双	3000	45000
房租每方尺	5500	60000
柴每斤	40	1800
井水每百二斤	50	1000
人力车每公里	300	4000
沐垢热汤每次	600	10000
理发每次	800	10000
洗中山衣一套	300	3000
白米每斗	6500	10500
猪肉每斤	2000	32000
生油每斤	1500	38000
鸡蛋每个	200	2500
盐每斤	150	2500
白糖每斤	1500	27600
酱油每斤	320	9600
豆腐每斤	300	6000
蔬菜每斤	340	1500
肥皂每块	300	6000
毛巾每条	2200	38000
三星牙膏每支	800	12000
中等绿茶每斤	9600	48000

资料来源：《三山季刊》第五六期，《福州通讯》，“急景残年话——福州”，P. 20。

由这两个表显示，当时福州物价“指日高升”的情形。一年之中，有些物品价格高涨高达数十倍，低则数倍不等。怪不得陈嘉庚说：“当时中国的通货膨胀是世界空前的。”在这种恶劣的经济情况下，福州人民是再难獃下去的。

1945–1949年间，福州人除了饱受物价高涨之苦外，还面对天灾的威胁。首先是福清县天时亢旱，狂风暴雨，海堤缺口，把农民一切劳苦的收获，一扫而光，演成了“万里荒芜饿残遍野的灾情”。继则长乐县发生旱灾，土壤龟裂，粒米无收的情况，受影响的地区广达二十一万余亩(7)，而其他八邑的情形也好不了多少，1949年发生了惨绝人群的“六一八大水灾”，整个福州城几乎为洪水所毁，人命死伤过千，财物产损失在千亿元以上，有位史学家认为：“福州经此破厄，至少倒退到半世纪前的状况了。”(8) 在这两大压力下，福州人南来就以这个时期为最多。

二、社会动乱

辛亥革命后，中国几乎无日安宁，就在这么一个兵燹遍野的局面下，一旦遇到由南洋回来的亲友向他们宣传南洋如何好，谋生如何容易，则他们涉水重洋而南来的成分是更高的。

三、其他

如逃兵役，寻求发展，归根究底，都是由于整个旧中国经济崩溃所促成的。

根据调查的结果，福州人南来之前，已有亲戚或朋友在新加坡，然后通过这种关系前来，大部分福州人是经厦门乘船到南洋来，船费除了少部分是南来者自费外，绝大部分都是由亲戚朋友汇寄帮忙的。

南来的福州人从年轻力壮的伙子占绝大部分，其次为幼稚儿童及壮年人，超过四十岁者真是凤毛麟角。这主要是因年轻人血气方刚，富理想及冒险性的缘故。

表九　南来福州人的年龄统计

南来年龄	人数	百分比
9岁以下	7	6.14
10–19岁	68	59.65
20–29岁	30	26.32
30岁以上	6	5.26
不详	3	2.63
总计	114	100%

第三节　理发业在福州

一、剃头业为祖师

剃头业的祖师，据说是罗祖与吕洞宾，他们都各有动人的故事，据说在专制时代他们救了理发业这一行，因此理发师尊重他们为这行的祖师父，罗祖是唐朝武则天时代的一个剃头师傅，那时武则天宠爱僧人薛怀义时常被召见为官因他是个僧人光着头出入不便，因此就要剃头师替他配装假发，但没有一个令薛怀义满意。因此有许多剃头师傅被杀，其余的也整日提心吊胆，罗祖为了挽救同业，于是毅然自荐，由于他的本领高强，造出的假发，很合薛怀义的心意，剃头业才不致绝后，后来同业中人，为了纪念罗祖，就尊他为此行的“祖师”。

另一个传说是朱元璋头上生满烂疮，剃头师傅替他剃发，若不小心把烂疮弄破，而觉得疼，则该剃头师傅将被处死。当时无辜而死的剃头师甚多，世人乃皆视剃头业为畏途。在天上的吕洞宾，本着“慈悲为怀”的心理，使用“飞刀”替朱元璋剃发，毫不觉痛，烂疮也消除，使得理发师傅的厄运免除，后人为纪念此事，作诗云：“轻轻手艺游天下，小小工夫见帝王”。广府人为了纪念这两位祖师，因此他们就为这两人的姓吕罗为早期公会的名称。

其实这两个故事，只是民间的传说，并不可靠，但它到底反映出在封建社会底下，人民的生命在专制帝皇看来，与蝼蚁何异，但是就有些勇敢的人民，不惜冒着生命危险来为群众谋福利，他们伟大的人格，是值得我们钦佩的。

二、理发业的崛起

清朝时，有剃头而无理发，由剃头演变为理发，是中国近代史上一大巨变。

满清统治中国而行剃发令，汉人力加反对者都身首异处，因此有“留头不留发，留发不留头”的慨叹。剃发是把头顶周围的发剃去，后脑部分蓄发，然后绑成一条辫子。

辛亥革命前，开始有剪辫易服之说，湖北学生界就说：“今之辫服，牵制行动，妨碍操作，游历他帮，则都市腾笑，申申詈予；于时为不宜，于民为不便，稍窥世变者，已熟察而稔知之矣。蒙以为及今剪而詈之，于国家无毫发之损，而有丘山之益”。因此他们的结论是：“矧天下大势所趋，虽强有力者莫能挽，及今弗剪弗易，终必有剪且易之一日，所谓变亦变不变亦变也。”(9)

辛亥革命后，他们的预言果然命中了，孙中山颁布剪辫令，这是在理发史上具有划时代意义的条文为下：“满虏窃国，易于冠裳，强行编发之制，悉从腥之俗。尚其切，高士仁人，或不被执，从容就义，或道入缁疏，以终余耳，痛矣先民，惨罗荼毒，读史至此，辄用伤怀，嗣是而后，习焉安之，腾笑之洲，恬不太络。矧兹缕结易萃微菌，及滋厌疬之媒，殊为伤生之贝。今者出请己覆，民国成功，凡我同胞，尤宜 旧染之染，作新国之民，兹查通都大邑，剪辫者已多，至偏乡僻垠留辫者尚复不少，仰内务部通行各省都督，转谕所属地方，一体知悉。凡未去辫者，于令到之日，限二十日一律剪除净尽，有不遵者违法论，该地方官母稍容稳，致为国犯，又查各地人民，有己去辫，尚剃其四周者，殊属不合，仰该部併禁虏，以除虏俗，而壮观胆，此令。”(10)

虽然明文规定，留辫已是犯法的，但有许多偏僻的乡村，依然保持此俗，甚至辫子被翦后，还很珍惜的保留着。有二位父老在追述此事说：“孙中山先生革命后，命令翦发，才有理发，但在我13、14岁时，还有许多人拖着辫子，因此国民党就命令警察，在街上凡碰到有留辫子的，就拿着剪刀替他们剪，我叔叔的辫子，就是这样被剪了，回家后，哭了一大顿。在偏僻的地方，还有人留着辫子，我本身就是一个。”

“满清被推翻后初期，乡下地方还不很开通，有许多人留辫子，有些人的辫子被剪后，就把辫子很珍惜保藏着。”

三、福州理发业是怎样来的

福州人的理发业是否由兴化人转手过来，调查结果，意见分歧。不过大部分人都认为两者早就做此行，但后来兴化人做此业的日益减少，才由福州人占优势。老一辈的理发师大部分都以为在满清剃头时代，福建地方是以兴化人占多数。

在调查的148位福州籍理发师中共有38位是由中国学到手艺的，依照他们学习的地方，可列表如下：

表十　南来之福州籍理发师学习理发之地点统计

学习地点	人数	百分比
台湾	10	26.32
日本	5	13.16
漳州	2	5.26
福州	11	28.94
厦门	5	13.16
不详	5	13.16
总计	38	100%

表十显示，除福州本地外，福州人大多数到台湾学理发。当时的台湾，是属于日本的殖民地。有几位父老追述当时的情形说：“福州人到台湾，日本把理发的技术学会，有薪水拿，有些回乡后，就开理发店，造成福州理发业非常的蓬勃。”

“在福州市的理发师，多由台、日学艺回来，而在乡村里的人又从城里偷师回来。”

由这两则口述的历史，我得出结论，福州籍的理发业最初是由台日学来的，后来才逐渐的扩展。因为早在辛亥革命以前，中国各地是没有理发这行业的。

根据辛亥革命前后台湾的一鳞半爪一文的记载：“日本侵略者在辛亥革命以前，早就强迫台湾人民剪辫子，因为他们认为台湾人流着辫子是不驯从日本统治的表现。”(11)

因此其时台湾已有些人的辫子被迫剪去，理发就应运而生，相信早在辛亥革命以前，台湾已有由日本传入理发的技术及其发型，当中国实行剪辫子时，福州由于相距台湾仅有250浬左右，是中国大陆距离台湾较近的地方，因此就有大批福州人到台湾来学艺，值得注意的是：这15位理发师都有亲友在台日，可能就是受了他们的影响。

在实行理发业的初期，操此业者，可能是以兴化人较多，后来福州人逐渐占多数，其原因，可由口述的历史获得。第一，由台湾学艺回来的福州人，带来了剪刀，理发时间缩短，而兴化人只懂得用剃刀。第二，福州本地已有理发，兴化人只会剪短型，但由台湾回来的福州人，却懂得较多的发型，顾客也喜欢到他们的店里去理发。

据一位父老说，其时

“福州市理发业非常蓬勃，有高等与低等之分，在台湾的大桥头的理发店是最高贵的，专替官吏理发，乡下也有小、大的理发店，理一个发的价格，大的理发店收费四角，小的则收费2角、1.5角，小孩子仅需要1角。”

另一位父老也说：

“福州理发业的经营方式很复杂，有的拿着皮箱，有的挑担叫理发担，到处找生意。

流动性的理发担，大概是出现在偏僻的地区，因为在这些地方开店营业，不见得有生意做。”

第四节　早期新加坡福州人的职业

40–50年前，福州人南来的数目不多，仅占新加坡华人七十分之一。南来后多集中在二马路、丹戎巴葛一带，当新客刚到时，就会通过亲戚、朋友或会馆替他们介绍工作。

福州人在新加坡，以从事理发业，成衣店、咖啡店等小本经营为最多，大规模之行业，真是凤毛麟角，所以向来被人称为剪、括托之业。

这三大行业中，以从事咖啡业的占最多，但做这行的，生活很苦，在新加坡没有自来水之前，每天要挑十多担水，工作时间很长，由清晨五点至傍晚十二点多，薪水又不会很高，所以有许多人改行。

在被访问的福州籍理发师中，就有近十人是由咖啡业中转行过来，因为照他们看来，做咖啡很肮脏，又辛苦，而理发业的工作时间，虽然不算短，但较为干净、清闲。

据说在四、五十年前，新加坡很缺乏理发师，有些理发店的老板甚至写信回中国，请那些懂得理发的同乡来新加坡帮忙他。在调查过程中，我们发现有四、五位理发师是在这种情形下到新加坡来。在工友严重缺乏的情况下，就有些老板亲身到客栈来，物色那些刚上岸又懂得理发的新客。有一位年老的理发师，追述当时的情景说："四五十年前，本地很缺乏理发师，有些老板与客栈的伙计商议，若有新客懂得理发的，就通知他，到时他就会到码头等候，请那个理发师到他的店工作，若那个理发师会讲福建话，则工资可给到27元，尤其是由厦门来的，工资可在27元以上，若不是在福州工作的，工资就在25元以下，同时老板会透支些费用给那个工人，以让他偿还一些钱。"

1921年前，新加坡理发行业以广府人作大多数，1921年后，形势逐渐改观，兴化人开始崛起。

1930年左右，由于福州人大量南来，理发业又为福州人所取代。此后，福州人就长期盘踞着新加坡的理发业，直到目前为止。

第五节　新加坡福州理发业占优势的因素

自1921年以后，新加坡的理发业，以福州籍占多数，这种情形的形成原因，有以下两点：

一、亲友的援引

在福州从事理发业者南来后，继续做此行业，调查的148为福州籍理发师中，共有38位，而南来较迟的福州人，就有许多通过亲戚或朋友的介绍，而迈入此行业，下列表。

表十一 福州籍的理发师如何踏进此业

关系	人数	百分比
亲戚介绍	59	45.74
朋友介绍	52	40.31
自愿加入	14	10.85
继承父业	2	1.55
不详	2	1.55
统计	129	100%

由这个表可看出他们踏进理发业这行，主要是靠着亲戚朋友的关系，占了87.6%。

陈述对于新客南来初时，所受本地亲友的影响，有个详细的说明。

关于中国人在南洋的地理分布，有两点引起我们的特别注意：(1) 同乡聚居一处。(2) 同乡加入一业，这两点足以表示迁民运动的自然趋势，因迁民出国的路线，往往依然在南洋的同族或同乡的经验与协助，这些迁民前辈，对于后来者大致有血统、友谊或邻居的关系，或广义的同乡关系，以概况论，在南洋的迁民前辈，遇有适当的机会，大致跟着迁民前辈所住的地方及所选的职业，经时既久，就变成一般迁民的习惯，因此我们对于于南洋中国人的地理分布，及职业的选择，可以按照迁民的家乡来划分。(12)

造成初来的新客继承前辈职业的原因：从父老的口述，我们可以得些间接的资料，第一，因语言的关系，在4、50年前，华语教育并不普及，因此，不但与外国人基本语言不能相通，甚至不同籍贯的华人，也无法交谈。在调查中，我们曾谈及福州籍理发师，在招收学徒时是否有籍贯的选择，他们的意见可列表如下：

表十二 福州籍贯理发师对学徒籍贯选择的意见

对学徒籍贯的选择	人数	百分比
有选择	10	10
无选择	62	62
没有意见	18	8
不详	20	20
总结	100	100%

这统计表显示，他们对于其他籍贯人士多没有歧视，但结果所收的学徒依然以福州籍占多数，其原因就是福州籍的师父，对着其他籍学徒解释学习的情况时，因语言不能相通的原故，对方所吸收的就会大打折扣，在这种情形底下，不但师父，即使是学徒都喜欢与同籍贯者学习。在早期，福州籍的师父，很少有其他籍贯的学徒，原因就在于此。第二，在满清末年，新加坡已有福州籍的会馆，而在40–50年前，福州人与其会馆有着密切的关系，因此当某间理发店，要请学徒时，这个消息，会馆就会最先获得，也有老板是利用会馆把要请人的消息传出去，而会馆所介绍的，必定是同乡的人，于是无形中，下一代的接班人，又是一批福州人。第三，福州人的同乡观念很重，因此当要招请学徒面临不同籍贯的选择时，福州籍理发师就会基于照顾同乡人的利益之心，而招请福州人。

二、南来时间较迟

闽粤人民到南洋来，时间很早，在19世纪中叶的开始，洪秀全的起义后，1861年海珠会解除大批闽粤人民向南迁移，于是，利润较高的行业均为他们所霸占。而福州人的南来，迟至1930年以后，其时，热门领城早为他籍人士所占有，福州人只好向其他利润不大、而又为别人所忽略的行业上发展，有一位程先生就这么说：

“我们南来时，没有其他行业可做，资本又不足，教育水平又低，有个亲戚叫我去他的理发店里帮忙，我见反正是闲着，也就去了。”

三、个性的形成

福州人，个性较为稳定，不像其他闽粤人民，富于冒险的精神，因此不敢向极富危险的行业进军。而理发业所需的资本，开销均不大，一日三餐勉强可应付过去，因此造成福州人多从事此行业。

注释

1 刘强“新福州诗巫”，刊于《新加坡福州会馆庆祝成立第五十周年，暨三山学校复校十四周年纪念特刊》，新加坡，1961年，P. 19。

2 徐景、熹修，鲁曾煜等纂《福州府志·卷五·山川》，台北，成文，P. 80。

3 见上注，P. 256。

4 文怀“福州两度沦陷及克服的前前后后”，刊于新加坡福州会馆执行委员会编《三山季刊》第二期，新加坡，民国卅五年九月版，P. 8。

5《福州通讯》“福州没有春天”，刊于新加坡福州会馆执行委员会编《三山季刊》第七期，新加坡，民国卅八年四月。

6 见上注 P. 20。

7《十邑通讯》，刊于新加坡福州会馆执行委员会编《三山季刊》第三期，新加坡，民国卅五年十二月版，P. 23–24。

8 江水清“大冰山福州前后”，刊于新加坡福州会馆执行委员会编《三山季刊》第七期，新加坡，民国卅八年四月，P. 29。

9《湖北学生界》第三期“剪辫易服说”，刊于张枬、王忍元编《辛亥革命前十五时论选集》第一卷上册，香港，三联，1962年，P. 472–475。

10 孙中山“大总统会内务部晓示人民一律剪辫子”，刊于中国史学会主编《辛亥革命（八）》，上海，人民，1959年12月第12版，P. 25。

11 王文德“辛亥革命前后台湾的一鳞半爪”，刊于文史资料研究室委员会编《辛亥革命回忆录（四）》，北京，中华，1963年第一版，P. 510。

12 陈达《南洋华侨与闽粤社会》，商务，民国二十七年初版，P. 51–52。

第三章

理发工人生活史

这一章，是叙述从旧中国到目前星洲的理发工人生活发展史，而以劳资关系来划分几个不同阶段。学徒生活方面，从契约制，拜师制演变为买师制；工人生活方面，从月薪制演进摊分制。这些发展，标志着工人生活的不断改善，本章即着重从这些阶段来了解其改进的经过。

第一节　福州的理发工人生活

一、契约制下的理发学徒

解放前的中国，由于受外人的入侵和国内封建买办集团的操纵，因此，它没有独立自主与健全发展的社会经济；民族工业发展不起来，个体的小农经济成了它的主要经济形态。生产力的停滞不前和国民生活水平的低落是它的主要特征。又由于落后保守的封建势力根深蒂固，封建文化和奴化媚外思想占着统治的地位。国民意识普遍保守与愚昧。这些因素，决定了旧中国是个半封建半殖民地的社会，乡村是落后的乡村，城市是落后的城市，在其间生活的人与人，集团与集团之间的关系，犹如暴风雨来前的沉闷，郁积和亟待迸发，最后是金蝉脱壳般的突破形式，得到解放。

福州虽是福建省会，但由于是小城镇，其落后状况不下于其他城市，其间的许多小型手工操作业，包括理发业，都是封建式的家庭经营，没有足够的资金，没有合理的经营方法，且保持着落后的，封建式的师徒与劳资关系。这种经营方式的不合理性，往往造成对被雇者的非人道的剥削与压迫。譬如普遍存在的师徒契约制，硬性化规定签约数年，把幼小儿童生命桎梏在恶劣的环境里，使其身心不能得到健全的发展。类似的情况，也能在理发行业中得到一些反映。

理发业在福州是被轻视的低贱行业，所以愿意把子弟送进来学习和从事的，只是那些家境极贫而走投无路的人，这些贫苦人家，为了减少一二张会吃饭的口，也为了希望子弟能学得一门技艺，好赚钱救济拮据的家庭经济，虽知理发并非理想的职业，但在萧条的社会经济底下，谋生不易，故也只好委屈地把年数十二、三岁的小孩送到理发店里去。

进入理发店前，必须先要有介绍人，亦即担保人，担保人求得雇主允收其为学徒后，便签订合同，名叫“艺榜”。根据被访者的记忆，“艺榜”内容约为以下几条：

1. 学徒姓名。
2. 学徒至此学习，不得半途而废。
3. 期限三年。
4. 若半途而废，则介绍人需负责其后果，赔偿伙食费。
5. 不许在与师傅同街的地方开店。
6. 毕业后，要在本店工作六个月后才有自由。
7. 雇主、介绍人和学徒之父签名。（有些“艺榜”且须以商店作担保。）

这种契约的形式，其实是封建关系的具体　表现。理发师徒间主仆关系依靠这种形式维系。这种契约制使理发雇主占绝对的优势，雇主在“契约”的维护下，更不能明目张胆地对学徒施加种种封建保守的，非人道的压迫，学徒的利益则一点都得不到保障。

契约带给雇主的基本利益，是防止学徒逃走。在契约的期限内，学徒失去一切自由，没有假期，听老板使唤，尤其是不能半途而废，到别间店去做或改行他就，即使他已经学成，亦不能离开。如果有学徒违犯，则当地的理发雇主，公会便会出面干涉把他抓回来，（当时学徒都有到公会登记），如果是吃不了苦，而要改行，那么，担保人便要赔偿学徒在此店期间的膳宿费。因为在老板看来，学徒半途离去，会使他们蒙受巨大损失，其实这不过是老板赚钱的藉口。老板收学徒只有利没有害，学徒离开只是使老板少去一个“赚钱”的机会，绝不至于“亏本”。所谓的契约，不过是为保证老板更有保障的剥削工人而已。

在契约制度下，理发雇主可以任意对学徒约束奴役，而所用的手段又是非常恶毒和含有浓厚的封建色彩。最突出的例子是以打骂来驱使学徒和建立大师傅的威严。在学习的时候，由于传统的“不打不进步”的反常心理作祟，若发现学徒资质较差，手指不够灵活，则必报以粗暴的打骂。脾气不好的，动辄以理发工具敲击其头。在做杂役方面，情况更糟，由于工作过于繁杂严重，绝非幼弱的学徒所能负担，雇主又不体谅他们，这就使雇主更有“毒打”学徒的机会。

福州理发学徒工作的苛重情形实令人难以想象。由于他们要比理发师早起迟睡，以料理事前及善后的工作，故工作时间长达十七，八个钟头，(6:00a.m–12:00p.m)，在这段时间内，他们不停劳作，并无休息可言。这样的工作时间，对成年工人尚且不宜，更何况对年幼，尚在发育的儿童，又依理发业的“惯例”，学徒须担当二年杂工后才有得学。在这段杂工时间内，与其称他们当学徒，还不如叫他们为“杂工”，因为杂务已成为学徒的全部工作内容，他们根本没有机会学习。其实，杂工和学徒是脱离不了关系的。即使一二年的杂工期过后，进入学习阶段，他们仍旧要打杂，真正的学习时间只是早上或晚上的一、二个钟头而已。学徒的工作内容非常繁杂，这是因为雇主家属多住在理发店内，学徒不仅要做理发店内的工作，还要同时兼顾雇主家庭事务。有些心地狭窄的老板娘，刻薄之至——老板当然也不会好得了多少，他们对待学徒，就像对待奴仆，用粗暴的打骂来强迫学徒做一切繁重工作。学徒受吃他一碗，听他使唤”的传统观念影响，多不敢有何怨言。很多学徒就如同老板娘的保姆，替他洗衣，挑水，煮饭，看小孩，洗地等，再加上店内工作；扫地、抹镜、抹椅，磨刀、洗面巾，服侍顾客和服侍工友等，一手包办全部工作，他们不仅要日以继夜的操劳，更残忍的是畏于老板的威严，要负担与他们年龄不相称的过重工作，这样对他们的健康，无疑是一种迫害。

理发学徒虽付出巨大的劳力，但却得不到应得的薪酬；这也是封建主从关系的特征。在这种主从关系下，雇主是不会给予学徒太多的利益的，他们最多只供给学徒膳宿和些少的零用钱。而实际上，据理发师反映，老板的伙食奇差无比，他们从粥中把饭粒捞起来，只剩一些稀可见底的粥水让工人学徒吃，每餐如此，严重影响学徒健康，所发的零用钱（或以红包形式），也不够作为学徒购买日常必需品之用。三年的期限所得的津贴，最多不超过36元，有些理发店则不但不给学徒零用钱，还令学徒须带水去店里，一切自费。学徒缺钱花时，唯一的办法便是靠家人救济，若遇家境不好，学徒便苦不堪言了。

雇主所给予学徒的这种种压迫，使学徒陷于困境，但老板却因此而得巨利。老板只要有些资本开店，本身就不需要工作，他可以多收几个学徒，把店内工作包括杂务和理发都分给学徒或已学成而未满期的工人做。雇主既有其契约保障其利益，又有公会的支持，更重要的是有社会势力为后盾，这就使他们能气势嚣张，对学徒予取予求。阶级社会是剥削关系存在的条件，解决理发学徒的痛苦，看样子非从整个整个社会改革着手不可。

二、在社会底层的理发师

学徒毕业后，约经数个月的“半艺”阶级便成为正式工人；所谓“半艺”是指在晋州前的过度时期，领取低薪的非正式理发师。作为一个理发师，他们的生活其实并不比学徒好得了多少。在工作时间方面，他们比学徒短了些，但还是相当的长。大间店是8.00a.m–10:00p.m，小间店是7.00a.m–11.00P.m.。进入工人阶段虽已不用操杂务，清闲得多，但太长的工作时间却对他们极不利，而且，他们也没有享受任何休息日。如果工人要休息，老板就会扣除其月薪，或令他们自费请替工，所以虽有一些店允许有休息日，一个月可休息二、三天，或年节时打工，一般工人也在经济前提下，“自愿”取消休息日。只有那些较大间的理发店（有廿位以上的工人），才可能每星期有一天半天的有薪假期。长时间没有休息日的工作，将理发工人束缚在店里，完全限制了他们的任何活动，没有工余的娱乐，不能提高自己的学习，这是造成他们认识低，保守愚昧的一个原因。

工人的薪金待遇可分为三等：即高、中、低，视其技术而定。由于当时有个强有力的雇主公会，雇主互相团结，共同将薪水压得很低，工人所得通常只够个人消费，难以维持一个家庭，这是造成他们之中很多不能结婚的主要原因。工人都由于散漫少组织，在那时谋生不易的情况下，很少敢起来反对资方的压迫。

随着贫穷而来的便是受人的轻视，剃头就是人们对理发师的轻藐称呼——“剃头不出头”。他们既有过度操劳、肮脏，替死人理发“等恶劣”的工作条件，再加上待遇刻薄，一般势利者要以狗眼看他们是“理所当然”的。许多理发师由于自己地位低，常自暴自弃，加上认识不足，在环境恶劣、生活苦闷的情况下，找不到出路，容易患上各种恶习，如喝酒、抽鸦片、嫖、赌等，这些坏作风虽未必只理发师有，但理发师偶尔有之，便更助长)那些轻视者的气焰，什么‘剃头匠”、“剪发佬”，投书侮辱之能事。这些人不知事曾想到一旦没有了这些理发师，他们可还有发饰整洁的面孔！我们不妨平心静气去了解，理发师的廉价出卖劳动力，以手艺换取起码的生活，不偷不抢，不骗人钱财，平平凡凡而光明正大的做人，他们为什么不应得到“高评价，而要受种种不合理的轻慢？他们错在哪里？他们甚至有资格理直气壮地问，是谁使他们一穷二白？是谁让他们“无知”、“愚昧”？是谁把肮脏的恶习惯传染给他们？是谁把他们压在社会的最底层？这样的质问，恐怕要叫其势汹汹的“势利眼”退缩！

第二节　新加坡的理发工人生活

一、理发学徒

(一) 拜师制下的理发学徒

拜师制异于买师制，是指“免费”投拜到某师父门下为徒。拜师制的盛行，主要在50年代买师制以前。

拜师制源于中国的契约制。在四、五十年前（1920年左右），中国理发师不仅已带来了理发技术，也带来了它的经营管理方法，拜师制即其著者。星洲的拜师制比较中国的契约制，最大差异是前者不一定有契约，后者则有，此外，拜师制不如契约制的严厉、保守，学徒的权益逐渐改善。两者的递承关系，明显的反映出师徒矛盾关系的发展，基于倾向是利于学徒，学徒地位提高，老板相对的没落。随着时间的流逝，这种趋势愈是表面化，而高度压迫学徒的契约制也逐渐被淘汰，被拜师制或甚至最后被买师制取代。

归纳中国的契约制不能在本地原样搬用的原因约有三点：

(1) 这里的封建保守势力弱，受新思潮影响，极度约束学徒的不人道的措施渐为人所唾弃。

(2) 这里较中国谋生容易，一般人都不轻易来做“没有前途”的理发业，在学徒渐少的情形下，雇主也就不敢有此苛求。

(3) 这里没有一个强有力的雇主公会以支持雇主的这一利益。

在这种情况下，星洲学徒业较在中国的自由。首先学徒所签的合约，有些只是朋友间信用式的口头合约，口说无凭，学徒期未满离去，雇主也无可奈何，即使有双方签字的合同，也因失去了保障兑现合同的势力而不了了之。其次，契约期限大多只一年、年半或两年，比起中国的三、五年来要短得多。这情况造成了老板较难利用学徒以牟利。

但这并不意味学徒已经获得解放，实际上，拜师制仍是理发学徒的枷锁，带给他们种种的痛苦，尤其在战前，情况更恶劣。

学徒的工作时间仍比正式工友长，约为6:00am–11:00pm，视地点和店面的大小而略有不同。学徒也无休息日，并且要做杂务，情形与旧中国者相似。战前的学徒且要负担一件“拉风”的苦差，原因是当时还没有风扇，老板便拿一张大帆布；命学徒不断拉动，使扬出风来。学徒日以继夜不停的拉，虽手臂酸麻也不敢息手。当时设备的落后实也为他们带来不少麻烦。

学徒在一两年期间内，真正的学习时间并不多，多花费在杂务上。他们并非一进店就有得学，因为有些店规定前三个月，半年或一年只能做杂务，以后才每天拨出一两小时教他。这大概是老板预防学徒半途逃跑，事先捞一笔的生财之道，学习时，师傅教以摇手，使其灵活，手腕的灵活是极重要的工夫，此外还要锻炼手指，使得只有拇指活动而其他指不动，因为这样才能把头发理平。这里与中国不同的是师傅采用了一些“实习教材”，如拿椰子来学理，或把瓶子悬空，吊在与人一般高度，然后放上上下其手，务必学到酒瓶不会动摇为止。如此反复学习过了两三个月就拿小孩来实习，真正做到理论与实践配合。学徒在日常做杂务和拉风的时候，也要仔细观察师傅的理发技术，默记于心，以逐步改进自己的错误。学徒在这学习过程中，也很少能“平安无事”，因为当时老板还有不少存有中国传统作风，同时也为了显示其大师傅的架子，学徒看不懂，学不会则必报以恶毒的打骂。目前上了年纪的老理发师，不少即其直接的受害者，他们在被访时是心有余恨的！

战前的学徒除能享受老板的宿膳外，很少拿薪金，这也是延续中国的旧风；而且老板了解学徒多贫苦出身，千里迢迢从中国农村南来，所求不高，老板也就等于压低工钱。其多寡各店略有不同，据了解，有些是前三个月无薪水，以后每月三元（当时一个正式工人月薪约廿余元），断断续续再加至十余元。另一种是三六九制，即在年半期限里，前三个月每月三元，次六个月六元，后九个月九元。又据一位工友反映，在1948年他任学徒时，不仅没领薪，还要按月带给老板三十斤半，这大概是更刻薄的老板了。

比较在中国的契约制和本地的拜师制，我们可以看出它们的承续和改进。导致这进步的直接因素是社会环境的改变；在不同环境下，师徒关系不得不修改，以与之适应。这演变只是量变而不是质变，拜师制基本上还未脱出旧契约制的范畴，契约制的许多保守精神仍能在拜师制中寻出，理发师徒关系的“质变”要到买师制时才真正成功。

（二）买师兴起以后的学徒生活

所谓买师，意思是学徒拿钱到某间店去学手艺，规定在一定时日内学成。理发业买师制的出现有着重大意义，它意味理发业师徒矛盾关系发展到新阶段。旧的、落后的、保守的拜师制已经不能立足，必须以另一种的师徒关系来取代它。在新的买师制兴起以后，旧的拜师制受到破坏，越来越少人采用它，即使采用，也有不少改变。

买师制约在50年代初期开始出现。从拜师演变成买师，尤其内外的因素。内因是由于拜师制这种以封建意识建立起来，把学徒置于被奴役地位的师徒关系，已不能符合新时代的要求：(一) 太长的学习年限，浪费学徒的青春。(二) 要兼做杂工，忙碌太甚，使学徒畏却。(三) 传统的事师如事父观念浓厚，师傅要求太苛，学徒不屑从事。师徒的矛盾随时间而日趋尖锐，终于在战后得到了"除旧换新"的条件。战后，经炮火洗礼的人民群众觉悟提高，1947年蓬勃的工运发展，使被压迫群众在新的形势下团结起来，他们不但发动经济斗争，使工人权益得到改善，各行业劳资关系得到新的调整。同时在政治斗争方面，也激起了劳动群众反封建反殖民地主义的觉醒，工人权益和反剥削、反压迫意识像催化剂般迅速传播开去。理发业在这新潮流冲击下也有所进步，买师制的出现即其著者。但内因是第一的，外因通过内因起作用。理发工友已觉醒并行动起来，拜师制即已不能维系人心，师徒间矛盾越来越尖锐，裂痕越来越深，其影响有两方面：一是学徒们畏于拜师制而却步，造成学徒缺乏；二是学徒中途逃走，造成老板的"损失"。量变的结果质亦随之变，于是便打破拜师制的框框，以新的买师制取代之。

对学徒而言，买师制较拜师制有利，但并非绝对的，而是相对的，并非革命，而是改良。其优胜处是：

(1) 买师只需三个月或最多半年就能学成，速战速决，不像拜师制一年至三年。
(2) 买师制下学徒是自由身，去留听便、不像拜师要受契约、口头合同或"亲友情面"等有形无形的束缚。
(3) 买师制不须做杂工，拜师制则师父唯恐折磨你不死。
(4) 买师制是学徒付钱来学，老板态度较好，不像拜师制师父打骂齐来。

两者相形之下，确使后者见拙。但看问题总要一分为二；买师制的短处在于要自己付钱来学。以这样一个并不赚钱的职业，而要人先投下资本，这就不免使人犹疑了，何况有意从事此行者又多是穷苦人家呢！此外，由于是外人来买师，时间又短，一般师父多敷衍塞责，以为使你懂一些便够了，真功夫大可保留，反正期限到你自要离去，"你死你的"！这就造成许多买师的理发学徒毕业后，还需一段长时间的实习才能真正掌握技术。

但无论如何，从拜师到买师，这是一个进步，而学徒本身是这一发展的最大功臣！

买师制约有十余年的历史，其内容略有改变。早期学费大概只百元，目前则有高至四百元者。兹就调查结果列其数种不同形式：

(1) 学费$400，期限6个月

(2) 学费$300，期限3个月

(3) 学费$300，期限6个月

(4) 学费$150，期限6个月

(5) 学费$150，期限3个月

(6) 学费$100，期限3个月

(7) 学费每月$30，期限不定。

(8) 学费$150–$200，睡食自备，期限不明。

以上除第8种外，其余都由老板供膳食。一般的学徒都已免做杂务，只有极少数更苛刻的老板仍旧强迫他们做。

前面已说，买师毕业以后通常还不熟练，有些学徒的家长本身开有理发店，他们固然可以回到自己店里去继续学，但大多数则只能跑去当半学徒。所谓半学徒是指有了一定的基础，来这里实习，做薪金较少的非正式工人。半学徒的待遇也有几种不同：

(1) 最初月薪$50，逐月加到整百元时就成为正式理发师，采用摊分制。期限不定。

(2) 最初月薪$30，在一年内渐至$90，就进入对分，再过一年才成为正式工友。

(3) 月薪$10–$20，6个月成正式工人。

(4) 先用对分制，一年后成为三七分制。

(5) 与正式理发师同样分薪制，即四六或三七，但不能参与轮牌，只在顾客过多时才能参与理发。一年后成为正式工人而享受轮牌制。

如果是期限不定的，便要看半学徒成绩的进展，或者老板对你的喜恶如何。其间有一个特色，即半学徒要成为正式工人，也不一定能“顺理成章”。按期限达到，许多老板是不肯轻易多给工人一些利益的，半学徒必须自己想办法多“跳槽”，利用老板间矛盾关系，不断流动，才能较快争取到。

半学徒期间还会碰到顾客的态度问题。由于他们是新手，对于理发技术还没全盘掌握，发生一些差错是难免的，顾客却往往不能见谅，多加埋怨，使半学徒难堪。其实，如果他们不经过“犯错误”的阶段，他们是无以提高到熟练的阶段的。

上面提的是买师制的兴起及其一般概况。在买师制兴起以后，拜师制却还有势力。但这时的拜师制在内容上已渐有所改易；这变化早在买师制兴起前已表现出来——受社会潮流带动，不得不如此——但后来的买师制对它们亦起着促进蜕变的作用。其改进的例子最显明的是大多数学徒已经免去了初来时要来做几个月到一年时间的杂工的规矩，他们一开始就有得学；而且做的杂务也大大减少，只做有关理发部门的工作如洗面巾，抹镜子，整理工具等。文字的契约也大多废除，最多只是口头合同。此外，学徒的地位也大大提高，以往“把师傅当老子服侍”的态度已经渐渐不存在，取而代之的是“平等”的观念，不少学徒虽有口头说明期限，但却中途离去，不顾给雇主造成损失。据某雇主反映，有些学徒夜游至三更半夜才回来，老板还要侍候他开门，这很使老板有“时代不同了”的感叹。又曾听到一个故事，说某理发师责学徒太甚，学徒性起，将师父打下沟去。这虽是个别事件，但却有其一般的意义。难怪有不少人惊呼，莫非被人踩在最低层的“后生”（学徒的恶名）已经翻身了？

买师制兴起以后能得到普及，说明它是“新兴势力”，前途无限好；但目前还有拜师制残存着，说明它根底不浅——从旧中国，星洲战前以迄50年代初，由来已久，难以根除，而且目前还有它生存的条件。但整个趋势是利于买师制的，虽经改良的拜师制也没有与之分庭抗礼的力量。

二、理发工人

从战前已迄于今的数十年间，我们可以战后出现的新的薪金制度——摊分制作为分水岭，划分理发工友生活的两个不同阶段。在这以前是承自中国的月薪制，由于劳资矛盾尖锐化的结果，演变为后来的摊分制。两个时期，两种薪金制度，它的转变意义不只在于薪金制的本身，而在于它所起的广泛的，正反两面的影响。关于这两种制度蜕变的原因及其详细经过，我们将在下章叙述。又本节牵涉到的日治时期理发工友社会地位，也留待下一章谈。这一节主要是就月薪和摊分两种制度下的工人生活以及理发工人常久面临的生活难题来分析。

(一) 月薪制下的工人生活

1945年以前，星洲理发厅的工作和生活情况和旧中国的很相似，因为两地的理发业可说一脉相承，而且环境也无很大区别，即文化落后，群众觉醒还在蒙味阶段，在中国的许多“旧风”便被沿用下来而我们前面已说过，在旧中国当理发师是低贱的职业，生活痛苦，在星洲他们实也有类似的命运。

首先是工人薪金问题，因它最直接影响工人生活。当时理发业承自中国的月薪制，老板供膳食，工人薪金率约为：头手30元，二手25元，刚学成者15元。（指战前，日治时则因币值不稳，无法肯定）据上了年纪的理发师反映，本地理发师的待遇确比中国的好些，但并无明显的改善。那时生活费低，所得薪金仅够他们个人消费，若用以维持家庭则很勉强，而且严格说来，他们的收入还很差，有些连老婆本都没有。工人收入少，生活不好过，必然要设法加以解决，矛盾直接指向的是雇主，这是造成月薪制下劳资矛盾较后来摊分制尖锐的主因。

在月薪制下，工人无法享受休息日。这虽说也是“学”自中国，但雇主之乐于原样搬用，说明它对他们有利。雇主与工人之间只是劳动力的买卖关系，买方既拥有资本，居主动和优势，当然希望以最少的钱买最多的劳力，换取最大的财富。给休息日让工人休息，意味着老板资本的利润削减，这是无论如何要反对的。战前理发工人工作时间约7:00am–10:00pm（只在日治时期因灯火管制才缩短到6:00pm停工）。太长的工作时间，再加上没有休息日，等于把他们的一生“监禁”在数十方尺的小小理发店里，这些极不人道的待遇，争取休息日和缩短工作时间是当时理发工友的急切要求，1936年工会成立以后，才为它的实现创造了条件。可是，由于殖民地政府不肯照顾工友的利益，虽经工会努力争取得在一些理发店实现休息日，但很多雇主仍顽硬到底，难以彻底施行。倒是在日治时期因特殊缘故才在政府强制下一月有两天（初一或十五）的休息日。月薪制下的休息日问题既引起劳资间的利害冲突，产生不愉快事件，这也就造成他们有以摊分制来取代的愿望。

工人的膳食问题也是劳资冲突征结所在。老板大抵都能在追逐利益上精打细算，积少成多，斤斤克扣，这是致富之道。当时的理发雇主虽说负责供工人膳食，但并无担保工人菜食一定好，在因利前提下，老板是大可以在这方面动脑筋，用最粗劣的菜食甚至吃过的残羹剩菜让工人吃的。

月薪制下的理发工人，他们既要面对来自老板的剥削，工资低，无假期，菜食差。这就使他们以极大不情愿的心情工作，用怠工、懒散和不负责任的态度应付顾客等反抗手段来影响雇主的生意。这情况显示月薪制的劳资关系已经不适用，而需以新的制度即摊分制来代替。打个譬喻，在经济学上有条规律，生产力发展的结果，旧的，与之不相适应的、束缚它发展的生产关系，必将为新生产关系所取代。与此相同，月薪制的“生产关系”对工人“生产力”的束缚，造成工人不能积极工作，老板也不能得到更好的利润，这制度最终必然为人遗弃，而以新制度取代之。

星洲理发工人生活上的难题，不仅仅只是来自资方的，还有来自其他方面的压迫如社会人士的歧视现象便还存在，这歪风，战前最炽。轻视观念除来自中国的影响外，理发工人生活没得到充分改善，以及本地社会是贵贱观念生长的温床实为其主要原因。

当时由于卫生医药条件很差，理发师很多患肺病，他们大都沿用传统的土方法：吃猪血、黄梨来帮助消化清肺，但是否真有效用，连他们本身也不甚了了。这难题随着战后医学的发达已渐渐不存在。

据被访者反映，战前理发师多没有妻室。其原因是：(1) 待遇低，所得难以维持一个家庭；(2) 地位贱，女人看不起而不肯归嫁之；(3) 理发师多染上恶习，抽鸦片，嫖赌，这些恶习根源于当时不良环境的影响和本身文化教育的低落，他们实不该担当太大责罚。理发师生活不如人，竟然连传宗接代的权利也被剥夺了，这该是那个社会的讽刺！

(二) 摊分制后的理发工人生活

摊分制基本上是利于工人的。在战后摊分制实现以后，工人生活已大大改变。

首先应注意的是工人收入增加。摊分制以三七分占绝大多数，老板得三分，工人得七分，膳食自备。工人的收入在这制度下，比起月薪制老板压低薪金时已大大提高。就近十年来说，一个理发工人的月入约有250元。这虽不是大数目，工人的生活还很据拮，但比起战前连老婆都娶不起的蹩扭景况来说那又好得多了。

此外由于工人膳食自备，工人回家吃或到街边解决都听自便，菜色能改善自不必说，而且也避免了因雇主克扣菜钱引起的麻烦。

战后理发业的休息日在工会的大力争取下已广泛的施行，而到林有福以后开始在法律上明文规定。休息日的实现表面看来似与摊分制无关，其实却有其内在的联系。在从前休息日之所以一直难以实现，主要即因当时是月薪制，月薪制下给予工人休息日对老板极不利，而在摊分制下，对老板没有什么影响，故也就不再极力阻挡休息日施行。一星期一天休息日的复得，大大改变工人的生活面貌，使他们脱离无时间娱乐，运动，学习和参与工会的牛马般生活，真正有机会较正常的享受人生。

摊分制带给工人生活的另外一个好处但也是坏处的是工作的“自由”，摊分制下工人做自己工，多做多赚，可以自由停工休息，比起月薪制下工人被长时间绑在店里，休息则要受气，要扣薪或请替工的情形来，工作是较自由和不受约束的。但工人的“自由”也有限度，不能停工太多，一则老板不肯给你浪费他的“资本”，放着椅子，镜子等工具而没人替他“生产”，二则工友勤劳工作都尚且只能勉强生活，自然再不会有什么“闲情”来休假，故严格说，“自由”之惠实不大。若再后其反作用看，其功更不能补过，工人的许多痛苦也随着这“自由”而来。因为是“摊分制”，是“计件取酬”的工作，工人只是形式上很“自由”，却因此把工人变成“散工”，为非正式工人，他们不能享受：公积金，也没有职业保障，老板随时可以开除工友而不用赔偿。好在近十几年来理发工人缺乏，工人才可免于老板利用此优势迫胁工人的危险。据调查结果，老板开除工人事件还不多见，偶尔发生了也只是工人吃亏，他们在接得雇主一两个星期的通知后便要离去另谋出路。由于目前理发工人的缺乏，老板不敢任意开除工人，倒是工人不满于现状而跳槽者占多数。这里可以看出两件事：

(一)“散工”和“月薪”，促成理发工人流动性极大，想跳槽的话只要一两个星期的通知便可以，方便得很，(二) 理发工人时时伺机待动，转移工作场所，这是艰苦的生活有以使然。

摊分制的施行，本能提高工人待遇，但由于摊分制的形式一向来没有得到确立和统一，也没有得到政府支持，使老板有机会钻摊分制的漏洞，不遵照大多数人采用的利于工人的三·七分制，而代以对于老板有利的四六分制，三五·六五分制或对分制（老板供膳），加强剥削性，使工人本来捉襟见衬的生活益形据拮。

(三) 余论

摊分制把工人的生活提高到另一个阶段，但理发工人的生活难题并没从此彻底解决，这其实是不可能的，他们的问题还有整个社会的因素，社会的影响，决定了他们不可能靠自身的力量求独自的解放，而非联系整个社会运动不可。

一个极严重而又长期以来不能解决的是工作时间的问题。从战前的7:00am–10:00pm到目前的9:00am–8:00pm虽略有改善，但仍旧太长。战后以来，工会虽大力争取，而且也几度实现8小时工作制，但由于没有政府法令的保障，以及行业间的不能合作，故只是昙花一现，没法真正成功。最应该注意的是政府的态度，政府的法令一路来对他们的利益少有闻问，造成他们没法享受到工人应有的权益。1957年初颁布的法令虽明言店员工作时间8小时，但却说雇主可以自由工作，不受限制，在理发店里，老板大多参与轮牌和工人一起工作，现在要让工人停工而让老板继续工作，无异叫老板抢去工人的顾客，这是工人难以照办的。1960年劳工部长贝恩答应修改这漏洞百出的法令，但也只口惠而不实。这是造成理发业太长工作时间的毒害至今不止的原因。此外还有作为工人应享受到的有薪假期，医药照顾等，理发工友和其他店员一样都没法享受。又最近颁行的“工作准证”法令，也为不少理发工人带来麻烦。由于本地的理发师不少为联邦人，准证初颁行时便使许多理发工友不能再做下去，那些侥幸得到准证的，却也要面对一些恶毒老板的乘人之危的刁难。据一位“非公民”工友反映，他因和老板不和被开除，转去他间店工作时，欲因前老板提供给政府不利于他的情报，使他得不到新的准证，这位工友只好冒着无工作准证将被处罚的危险继续工作。

此外，在工人的职业病方面，一路来都没有有效的根除。其中以饮食不定时所引起的胃病和挖耳朵所引起的眼睛疲倦为最严重。对饮食问题一些较有认识的工人还能设法避免，挖耳朵的工作都是视顾客的喜好，理发师处于被动地位，难以逃避。据调查显示，大部分理发工友都极力反对挖耳工作，因这工作要非常小心，并气轻动，眼前又有200瓦特的灯泡照射，非常辛苦。而工作结果，对顾客也不大有利，因不可能把污垢真正挖出，反弄肮脏挖耳工具。理发是一种劳神的工作，且要长站，手要灵活，故生病和年老体弱都是理发师的克星，保持身体健康成了他们的重要条件，但实际上工友都缺少娱乐与运动时间，加上工作条件差，要使他们“长春不老”是不可能的。因此理发师常有自资开店以防老的心理，但这又几乎近于幻想，真能实现美梦的到底只是极少数，何况目前政府组屋租金高，他们的希望更加渺茫。尤应注意的是，以往理发师在理发店内立不住脚时，还可到街边摆摊继续工作，近年来却遇政府大力扫除街头理发师，以后的老理发师真不知要何适何从矣!

“轻视”观念在战后已经随着文化的普及而渐消失。但另一种不尊重理发师的现象则扩张着，即吹毛求疵，斤斤计较理发师的技术和服务水准。理发师说，流氓和受英文教育者最难招待，他们要求时髦的发型，追究小毛病，稍微理得不称心即板起臭脸，多方埋怨，一些理发师受不了顾客的态度而宁愿不收钱，但顾客这种自私自利的行为，无异将严重伤害理发师的自尊!

第四章

理发女工生活史

第一节 新加坡女子理发业发展史

在1930年以前，香港已有女子理发师存在，新加坡也早在40–50年前已兴起，但有关这方面的资料非常匮乏，根据好几位父老的反映，最初新加坡女理发师都是从香港来的，他们都是广府人，约在1940年左右，实龙岗律竹脚医院附近一间理发店聘请了两位来自香港的广府籍女理发师，掀开全新女子理发业的第一页，后因受到男性同业者的攻击，加上早期人民大都是思想保守，不喜欢给女子理发，在这种情形下，女子理发业不能迅速发展。而这间理发店也因年代湮久，渐为人们所遗忘，至于其正确的店名，店址已无从稽考。

1945年日军投降后，英军接管新加坡，经过这一场战火浩劫，全新加坡社会，经济也随之改观。

在经济上，经过了三年八个月的日军统治，破坏了全新的经济，造成一时的经济困境，在调查过程中，有位张女士说："英军回来后，由于战火刚息，经济无法立刻恢复，人民处在水深火热困境中，因此在这段时间内出来寻找工作的妇女很多，她本身及几位同乡的都是在战后数年因贫困而出来学习理发的。"

在社会方面：经过一场抗日斗争，全新人民在认识上有很大提高，因此他们对于一切不合理的制度，加以批评，有些甚至付诸行动，举行罢工、游行、示威，在这种时代精神影响下，妇女也逐渐改变她们的作风，所以战后数年不断有妇女投入社会服务，女子理发业也随之而兴起。

战后数年兴起的女子理发店多分布在大坡大马路牛车水一带，约有5、6间，从事者多是广府籍妇女，如今本区现存的超过20年历史的女子理发店只有华光理发店，其余都因为拆屋被迫迁，同业竞争性太强，而纷纷倒闭。本区女子理发业集中在大坡一带，是由于此区广府人占多数，而女工多是这种籍贯的人，且居于繁荣的市区。

近十年来，尤其是我们独立后，妇女从事理发这行人数激增，其主要原因，是和国内的社会经济有着很大的关系。由于政府极力提倡工业，裕廊工厂林立，男工需求殷切，因此受教育不深的，纷纷都愿为蓝领工人。每月所得有近百元，但如果要做理发师，就必须先要经过学徒这个阶段，需时2年左右，每月所得仅20元，工作时间又长，就算完师后，每月只二百多元维持一个小家庭是相当的拮据，有鉴于此，因此造成男人多不愿做理发师。

由于男士不要做理发师，留下了个真空，因此女工乘机而入，女工多是买师制，能在一个极短的时间内毕业。完成后，经过一个时期，就正式成为个理发师。他们的薪水除正俸外，尚有“贴士”，因此收入通常比男工的多，据说在珍珠坊的一间规模相当大的女子理发厅，每个女理发师平均每月得4、5百元，真是令男的望尘莫及，这种丰厚的收入，对于女性可说是个很大的吸引。

另一方面，根据一个老板透露说：“女理发师较乖，少有发牢骚，薪水很少有透支的现象，而男理发师，牢骚多，且有些很会挥霍，时常透支薪水，因此有些理发店，本是清一色的男性理发师的，现今也开始用女理发师了。”这种说法虽有所偏，但却说明了由于个性的关系，有些理发店的老板，是较容易用女性的。并且由于教育普遍实行，男女受教育的机会均等，知识的提高，导致妇女的觉悟，纷纷要求走出厨房，出外工作。本为男性霸占理发业，今已有大量妇女参与其间，在将来，女理发师会在理发业中扮演着重要的角色。

第二节　理发女工生活

男理发师生活史在第三章中已详细叙述过，至于女理发师的生活大体与他们无甚分别。战前女理发师要当三年的学徒，才能正式“成师”。但不用签订契约，由于不受契约的约束，所以随时离开。在这种拜师制下的学徒，生活充满血泪和辛酸，他们受尽雇主、师父的欺凌压迫，要做各种的什工，遇到苛刻雇主或师父，虽不像学徒遭受鞭打，但挨骂也是家常便饭，可见战前的女学徒与雇主间的关系，是具有浓厚的“封建主从关系”，战后“主从关系”的对垒慢慢在消逝中。尤其在女学徒方面，更少有兼做打什事务，学习期限也由三年缩短为一年半。

50年代以后，“拜师制度”渐为“买师制度”所取代，凡欲学习理发的女性，通常是向较小间店的老板或师父学习，按学习期限的不同而付给不同价格的学费，最高学费约在300–400元之间，大致上在六个月内学毕所有手艺者则须付150–200元左右，毕业后则称为“满师”，这是就可出来做正式理发师的工作了。其实学习的时间的长短要视个人的学习热忱，用心与否而定，师父教导的态度也相当重要。在这期间内多替小孩子理发，“出艺”后则可转入中等的理发室工作。

战前每位女学徒每月有2–3元的薪酬，女理发师的日薪普遍上约在15–20元之间，其薪金的多寡是由其技术的等级而决定。属于上级者每月可有25–30元收入，中级者可有20–25元，最低级也有15–20元，战前女理发师所得的收入虽不多，但如和其他妇女职业比较，却是一份相当可观的收入。

战后，理发业在薪金分配方面有重大的变化，1945年因为劳资间的纠纷而引起男工友要求雇主采取“摊分制”，经过工友们一番努力，终于如愿以偿，女工也随之实行摊分制，男工多行三七摊分制，女工则行五五摊分制，这是其间的一大区别。

第三节　理发业女工在社会中的地位

在战前，理发业被视为一种低贱的职业，男的操此行，便被认为无出息，如由女的来做，世人除了轻蔑称她们为“剪发妹”或“剪发婆”，在背后更是诸多批评。如说男理发师是被歧视的一群，那么女理发师应该是更低的一层了。

何以女理发师被歧视呢？主要的原因是因为他们服务的对象是男士，又是“肌肤相触”，因此造成一般保守分子与好事之徒的非议。在三十年前一般人的思想还很落伍，他们认为女人替男人理发是一件不可思议且丢脸的事，简直比女招待还下贱，招待只不过是捧茶水给客人，而剪发妹则要亲手为客人“摸头摸脑”，洗发、修脸，遇到一些“醉翁之意不在酒”的顾客，多少总要吃亏些，女理发师可说是处在被轻视的地位。

女理发师遭受社会人士的白眼，并非代表女理发师地位的低贱，相反的，正好表示那些人的愚昧无知，以及顽固的封建思想。请问下，由亲身劳力操作，用血和汗所换取的金钱，有什么可耻呢？有一位年轻的女理发师在想到这个问题时，坦诚的对我们诉说：“我们女理发师是被社会人士，特别是被知识分子所看不起的一群。固然，在我们这行姐妹中，有些很不自爱，随便答应顾客的要求，使得我们做这行业，沾上污名，但是这些害群之马，只是群体中的一小撮，社会人士不能就以小部分人的行为，用以代表我们全部。绝大部分的我们都是洁身自爱，有些顾客请我们出去，都被婉转谢绝。我希望社会人士对我们不良的看法，要改变过来。”

是的，这位所说的话，正是许多女理发师心中的底话。时代在变了，思想在推进了，旧而腐朽的包袱一个个被卸下，现在应该轮到女性从事理发这行的看法吧！

社会人士开始逐渐放弃对男理发师的看法，基于男女平等的原则，他们也该一视同仁的对待女理发师。

由目前的情况来说，人们对于女理发师的观点，开始在改变，他们了解到从事理发业的妇女多是贫苦出身，他们做这行，都是在迫不得已的情况下做的。因此多寄予同情，不过尚有些保守分子尚抱着“女理发师是由不正经人所当”的错误观念，实在要不得。”

第四节　女理发师存在的社会意义

从星洲女理发师的发展史来看，战前虽已出现了女理发师，但只是昙花一现，到了战后，才开始长期发展，尤其近几年来，女理发店更大量涌现，大有取代男性理发的趋势，这种发展绝不是偶然的，它说明了女理发师之兴起有一定的社会基础；只有在近十年的社会才有它发展的条件。

战后，新加坡由于特殊的条件下，城市经济快速发展，在短期内晋越为现代化的繁荣城市。伴随这“繁荣”而来的是日形尖锐的社会两极化问题。一方面城市是中上阶级消费享乐的天堂，另一方面城市是下层人民生活的地狱。在龌龊、黑暗的贫民窟的表层，笼罩着五光十色，金碧辉煌的“繁华”，这繁华地区正是人们消费的中心，酒吧、剧院、娱乐场充斥，女性玩物的意识炽烈，无数的“优胜者”在享受城市文明的给与。在这种社会环境外，许多事物都商品化、娱乐化、色情化了，本来堂堂正正的职业，被歪曲糟蹋。理发业就是个例子。女理发师所以在这种环境外，突然兴盛，不为别的，正因这门本是正当的职业而被歪曲、变相、随着这社会的畸形发展而畸形发展。只有在它被歪曲后，它不成为“天之骄子”一枝独秀的发展。

女子理发在社会上各行各业中，本是一门正当有意义的工作，凭有己的手艺，为人服务，换取起码的生活，其过程自始至终都是无可厚非的，但他们却要遭受社会上某些人的轻视和“另眼相待”，以他们替男性“摸头摸脑”为低贱，一方面有“卫道者”言之批之，宣传理发师为破坏道德，是贱人，另一方面又有“现代青年”调戏女理发师，视其为玩物。总之都以女理发师是不正当的女人，女理发店是变相的色情场所。这种种观念，来源于这个社会，腐败的旧道德和畸形发展的城市繁荣，是造成女理发师地位贱的主要原因。

我们认为：女理发师的存在，标志着现代社会的趋向分工，她们负起了她们所能够扮演的角色，其任务是神圣的。总之，女理发师的出现，最少有三个不同层面的意义。

(一) 从文化层面看：这显示女性思想的变迁。

(二) 从社会层面看：这显示男女平等的观念逐渐实现。

(三) 从经济层面看：这显示女性也同时能够独立生活。

第五章

劳资关系（一）1911–1945
月薪制——矛盾尖锐期

第一节　概说

资本家以大量资本进行投资，聘请工人从事劳作，工资的付给，即资本家对工人劳作所给的报酬。

只要在资本家的利润越累积越多，而工人的收入则停滞在一定的阶段中，劳资间就形成一大鸿沟；只要在工人付出巨大的劳动力，而所得的报酬只是部分的代价而已，并不足以维持起码的生活费，那么劳资矛盾就会趋向尖锐化。劳资矛盾一尖锐化，阶级意识乃告应运而生。矛盾发展到尖点，产生斗争，劳资纠纷的出现，即是劳资间矛盾尖锐化以后，双方争斗的具体表现形式；劳方用以表现其斗争方式者如罢工，怠工之类。资方则以开除工友，另聘新工，或停顿生产作威胁。

双方为了加强势力，进而联合同一阶级，尤其是后事同一行业者，利害相关，以组织统一战线。于是乎，资方成立了以保卫资方利益为宗旨的团体，劳方也组织了以保卫劳方利益为最终目的的社团。

工会、公会就此产生。在劳资纠纷中，工人以罢工进行斗争，工会支持工人的行动；资方的代表组织也为其本身辩护。总之，彼此间楚河汉界，誓不两立。

这清楚显示，劳资间的纠纷，是因工人的待遇问题而引起的。

而在新加坡福州籍理发行业中，上述三项连锁关系也出现过。理发工友们因月薪制对他们不利，逐渐与资方进行斗争以改善待遇。劳资纠纷由此产生，进而由劳资合立的工会也演变为劳资分立的两个属于不同阶级的团体。这一切，是从薪金分配的均匀与否的基础上发展起来。

由此，我们把新加坡福州籍理发行业的薪金分配制，劳资纠纷与工会发展史综合在一起讨论，从而反映出理发业劳资关系的来龙去脉。

第二节　福州理发行业的劳资关系

在福州，理发行业的劳资关系上有一个特点，即存在着严酷的剥削，存在着极其尖锐的矛盾，但却没有严重的劳资纠纷。这是由于资方势力太强，劳方势力过弱的一面倒形式所造成。传统的保守势力是资方剥削的强有力后盾，阶级社会既还存在，则数千年来的阶级压迫所造成“剥削合理”的错觉，深入人心，不仅资方据此为由，顺理成章地压迫工人；就是工人也很难有理性的认识，去反抗资方的迫害。在形势悬殊之下，资方进行高压而没有得到相应的斗争也是必然的事。

首先，从薪金分配方面看问题。

福州理发行业的薪金分配是采用月薪制，这种月薪制和后来在新加坡出现的月薪制是有关连的。至少后者是前者的直接遗传。

在月薪制下，学徒根本就被排斥在这制度之外。学徒是不拿薪水的，“免费”劳动力，他们为资方做各项杂物，而资方则仅供应伙食，他们一当学徒就是三五年，在这漫长的岁月中，他们饱受资方各种形式的压迫，无论是在伙食上，在薪金上及劳动力的剥削上。总之，他们的生活，根本是一部血泪史。

然而资方的处境怎样呢？首先，只要他拥有学徒，那他就多得了一个“免费”劳动力，而这劳动力就能为他带来巨大的利润，因为学徒兼有数种身份，他既是理发学徒，又是理发店的杂工，又是雇主家中的佣人，以这样一个任劳任怨，任受驱使的“多面手”，而资方只需以极小的代价，即微不足道之津贴和差劣的伙食，就能得到，这对老板来说自然是有利可图的。

学徒毕业后，他们便进入“半艺”阶段的工人，他们可以为顾客服务，有些在原来的理发店当工人，有些则到别间店服务。

成为“半艺”工人，可说是进入实习阶段，其主要的目的是把理发技术更进一步的发展。半艺工人的月薪初约为6元，等到他的技术已达炉火纯青的地步时，即进入“满艺”时期，月薪约为10元左右，以此为基薪，再慢慢晋升，最高可升到30元左右，超过30元的月薪者已是凤毛麟角。理发师傅的收入大概可分为三类：高级的每月可得25元左右，中级的理发师有18、19元左右，低级的只有12、13元左右。在卅年前，这是不 良的待遇，一般工友是很难凭这收入来维持一个家庭的。

从这血淋淋的阶级压迫可看出，福州月薪制时期的劳资关系是充满了矛盾的，然而在被压迫者不能反抗的时代，工人除了逃走和消极地反抗外，很少有其他方法。他们不会想到，也不敢想到要以怠工、罢工，或暴动来予压迫者以打击，争取自身的解放。得过且过，无可奈何，生活像江河一样地流、刻板、单调、痛苦的过其一生，这便是旧时代理发工人的写照。

福州的理发工会与公会

劳资利害冲突的结果，便造成双方联合其利益相同的阶级，共同组织团体，谋本身之共同福利。福州理发工会的成立也是基于上述之理由。但奇怪的是：它的性质有点特别；即有时是劳资双方合立的（这就是为什么它名为“公会”而非“工会”的原因）。其宗旨在联合同行业者，它不是纯为资方或劳方的联合体；而有时则是分立的，劳资双方的组织各自为政。

在福州，资方公会的势力总是较工人势力来得强，因为一般雇主都是与官僚阶级相结合在一起，彼此间也常能团结以维护共同利益；工人却因觉悟低，不懂得团结的重要性，而呈现散漫、不积极和沉滞的状态。

福州理发公会的一般状况是这样的：

(1) 它有一会馆，作为办事处，会员每月会费一元整。
(2) 工人被强迫加入公会，没有参加公会者，不可在理发店中工作。
(3) 若会员失业，可到会馆寄宿。
(4) 可托公会代为寻职，先向公会登记失业，之后由公会代为负责介绍到理发店中工作。
(5) 若福州乡下之操理发业者到福州市来，则需参加公会之后，才可享有公会的利益，如职业介绍与寄宿问题。
(6) 公会有权干涉凡在期限未满而擅自离开师傅的学徒，公会可代表雇主捕回逃离的学徒。
(7) 当劳资纠纷发生后，双方代表乃利用会馆作谈判场所。
(8) 公会之最大目的是联合各理发业雇主，提出统一价格的要求，并作出决定。

但实际上，公会最大的作用，只是用以对付工人，对雇主根本谈不上有任何约束力。在劳资纠纷的处理上，它根本不起作用。有一位被访的理发师说：“每当雇主与工友有纠纷时，双方便调集人马，在公会谈判，公会中雇主势力强大，但在劳资纠纷的处理上，简直是无能为力；所以，谈判不成嘛，就是调集人马互相格斗，因而劳资间的械斗事件普遍发生。这是1930年代左右的事。”这清楚显示：工友们既然无法在公会中以和平的手段争取利益上的保障，最终只好诉诸武力而别无他途。

第三节　新加坡福州籍理发业（1911–1945）

一、薪金制

新加坡早期（1911年左右）的理发行业，主要操纵在广府人，兴化人与福州人手中。彼此所采用的薪金分配法各不相同。广府人才采用摊分制，实行“五·五对分”，即工友每件工（每理一个头）之收费由资方与工友对分。在“五·五摊分制”下，工友的伙食由资方负责。另一方面，这期的兴化籍理发店则采用月薪制。福州籍理发店也采用月薪制。

福州人之所以采用月薪制，原因有以下两点：

(一) 一个制度的形成，大抵都需通过酝酿形成，而至于凝固的漫长时期。福州人比较他籍人士迟来，他们根本不能在短时期内，从真空的状态中创造出一新制度来，故其发展起来的理发业，必定是以福州当地现成的制度作凭藉。

(二) 福州人初到新加坡，基于语言上的藩篱，非但与非华人士没有往来，即使是与不同方言的华族也是互不招呼，甚至于互相对立。因此他们不可能去学习别人的新制度，而顽固地保守其旧制度。

因此福州籍理发行业采用月薪制；在这制度底下，工人的膳食费是由资方负责供应的。工友们的收入依其技术之高低而有不同，其间约分为以下几等：30元左右；20元；18元；15元与10元五等。而学徒在月薪制下，每月可得当时叻币3元——5元左右；第二年之上半年开始为顾客服务时可得10元，第二年之下半年开始可得15元左右。

1942年，新加坡沦陷于日军的统治之下。在日治时期，新加坡物价高涨，市面动荡不安，币值呈现不稳的状态，尤其是在日军发行大量“香蕉钞”之后，币值不稳的情况更加严重。因此，当时理发工友的月薪收入多少则不得而知。

二、劳资纠纷

那么，在这月薪制时期，福州籍理发业劳资双方的实际表现是怎样呢?

从理发业的工作时间来看，以当时各行业来作比较，理发工友的工作时间是最长的。他们每天从早上七点开始工作，直到夜间八、九点才结束，整整十二个钟头。理发店每天生意的兴旺与否也因早晚而不同。通常在早晨的那段时间内，顾客较少，工友也因此较为清闲；由午后直到夜里，是理发店内顾客最多的时刻，尤其是傍晚六点或七点以后，更是顾客如云，因而工友也最繁忙。倘若顾客较迟来，工友仍需延长工作时间，因此理发工人每天的工作时间便会长达十三或十四个钟头。

在休息日方面，早期的工人不享有任何休息日。直到1938年，“新华理发工友联合会”成立后，一些理发店才实行每月休息两天的工作条例，即：每月（农历）初一及十五；或初二及十六。

到了日治时期，工作时间才稍微缩短，这是由于日军施行“灯火管制”的结果。理发工友每天只能由早晨八时营业至傍晚六时。这对理发工友来说，倒是一个缩短工作时间的难得机会。

从膳食问题看，由于月薪制下，工友的膳食是由资方负责供应的，是故资方可在工友之膳食问题上打主意，节省伙食费以赢取更大的利润。

在1911–1945年这一段期间内，1929年的世界经济大恐慌在随后数年也波及新、马。1942年，日军侵占马来亚，造成了三年零八个月的法西斯强盗统治。这期间米粮供应短缺，加上日军实行“粮食配给制”（规定每个人获得一定单位的粮食），米价昂贵，黑市猖獗，普遍呈现通货膨胀的情况；这一来，理发业资方对工友膳食的供应顿时发生了难题，这使工友在伙食方面得不到良好的待遇是可想而知的。

上述劳资双方的一般状况及关系，显示其间的矛盾是逐渐尖锐的。因为雇主一方面在伙食方面极尽其剥削工友之能事。给予工友无论在量或质方面都极差的食物；加上工作时间长，所以工友常患肺病或胃病。处在这种情形下，工友们常为改善伙食问题及工作时间漫长的问题而与雇主发生冲突。据一些老工友说，理发业在当时常发生罢工事件的。

另一方面，雇主之间的明争暗斗也是这一个时间理发行业的现象之一。我们可从以下理发公会及工友会的组织与发展的叙述中得知个中情形。

三、工会发展史

在月薪制下的理发业组织及其发展过程可分为以下三个阶段：

(一) 第一期：1911–1928年；

(二) 第二期：1928–1942年；

(三) 第三期：1942–1945年。

并将上述三个阶段详细分析于下。

(一) 第一期：1911–1928年

在这一阶段内，理发业有两大组织

(1) 整容轩

“整容轩”约在1909年（清宣统二年）成立，其首领为“大头八”、“林十九”、“吴日土”与“林明镜等。”这是一个福州籍理发业者的组织，每月月捐三角钱，雇主与工友皆可加入。但其中以雇主占绝大多数。

“整容轩”是福州会馆属下的一个团体，其时福州会馆内分为下列五帮：

(a) 咖啡
(b) 理发
(c) 制衣
(d) 傢俬
(e) 杂货店

福州籍理发业者也属于其中的一帮，其代表组织就是“整容轩”。

“整容轩”的组织目的，在于介绍福州籍理发业者参加福州会馆。在当时的客观环境下，参加会馆是极重要的，因为福州人较他籍贯人士略迟南来，他们在新加坡常遭福建福清人欺侮（当时福清人多从事拉黄包车，福州人则多为工人或操理发业者）。据一位理发工友说：“当时（1920年左右）曾有发生过一次严重的械斗事件，致使殖民地政府宣布区域性戒严，故福州人乃因此号召成立福州会馆，以增强福州人的实力。”

通过“整容轩”这个组织，福州会馆吸收了许多福州籍理发业者为会员。

由此我们可以知道，“整容轩”的最大目的，并非主要及纯粹为福州籍理发业者服务，乃是为福州会馆而服务，从而使当时福州人在新加坡的立足点得以更加巩固。显然的，它局限在“帮派”的小圈子里，而这也多少反映出早期华族社团的一大特色。

(2) 吕罗堂

这是一个工友与雇主皆可加入的广府籍理发同业的代表组织。每月会费约在三角钱——五角钱之间。

这一组织之所以命名为“吕罗堂”，与传说中的剃头业祖师吕洞宾及罗祖有关（或为一种纪念性质），当属事实而无疑了。

“吕罗堂”较“整容轩”早成立五、六年左右，是广府人与客家人的联合组织。由于客家人占极少数，故原则上，“吕罗堂”是属于广府人的组织。每年在吕洞宾与罗祖的纪念日上（农历四月），会员集会一次，由负责人报告会务，除此之外，一般上并没有什么活动。

上述“整容轩”与“吕罗堂”两组织中，合计共有会员400人左右，但这两组织并无互相联系。这也就难怪许多福州籍理发师在被询问有关于“吕罗堂”的组织状况，发展过程时，都表示不知情。有一理发师说：“福州人与广府人因语言上的差异太大，致使互相接触的机会大为减少；另一方面，整帮之间常互相鄙视，甚至于敌视。所以关于广府人的理发业组织情形，我们根本懂得太少了。”这又反映出：早期华族社会中，存在着严重的“帮派主义”。

这就是第一阶段的福州籍理发业工会发展史。

(二) 第二期：1928–1942年

1928年，“整容轩”脱离福州会馆而成一独立单位。原因是：当时理发界以兴化人占大多数，他们毫无组织，没有一个领袖的核心。“整容轩”负责人为求达到理发价格的统一这一目标，就在招纳兴化人的加入这一前提下脱离福州会馆而独立，并易名为“福建理发公会”。

“福建理发公会”在原则上是由雇主组织。但工友们也可加入。当时“福建理发公会”的会所坐落在今“怡和轩”对面，后又迁至尼律 (Neil Road) 一带。

“福建理发公会”成立了四、五年后，即1932年左右，“吕罗堂”内部因组织散漫，没法子再继续展开活动而自动宣告解散。

根据调查，“福建理发公会”第一届理事名单如下所示：

主席：王三美（兴化人）
总务：严师尚（福州人）
财政：李兴隆（兴化人）

从上述事实中，我们可了解到：各籍理发界为了本身的共同利益，已不得不放弃帮派的观念，福州人之与兴化人联合组织“福建理发公会”至少证明了他们已朝向这一道路迈进了第一步。

另一方面，福建理发公会在进行统一理发价格的过程中，曾发生过格斗的事件，其中牵涉到私会党、打手、政府等各方面，其经过是这样的：

在严师尚任福建理发公会总务时，1920年左右（即福建理发公会成立之后3年左右）理发同业间常互相争生意，当时有十多间店削价，唯独“秋灰”（姓不详）所开之理发店减价至三分钱与两分钱左右。福建理发公会乃派员劝说“秋灰”，谓如此削价，只有使同业间遭受打击，但“秋灰”不理，福建理发公会主席王三美乃提议用武力解决，于是调集了十多位福建理发公会的会员前往殴击“秋灰”。

抵达“秋灰”的店时，与秋灰碰个正着，一人将之殴打并往控告“秋灰”削价，破坏理发业的行业，据严师尚说：当时法庭判决“秋灰”削价无罪，“秋灰”可削价至三分，其他人也可与之竞争，不就无事了吗？结果双方皆一无所得。

秋灰被殴击后，心有不甘，乃调集私会党徒往攻击“新发兴”（此店原为严师尚所有，后顶给王幸金）之店主王幸金，但不成功。

后来秋灰又调集私会党徒攻击牛车水一间理发店老板程子珊，但因在夜间行事不便，只用石块打破该店之大玻璃镜。后秋灰又派私会党徒用枪打华光理发店之店主，但只打中其傢俬及玻璃镜而已。

经过这些打斗事件后，福建理发公会乃发动全体会员，签名抗议，告到殖民政府去殖民政府乃将秋灰遣返中国。据严师尚说：“秋灰今仍在中国，并时刻不忘殴打我。”

这是福建理发公会成立时最大的一件事，前后经三年多才告解决。之后，理发价格才暂告稳定。这可见雇主内部本身的矛盾是无法消除的。

这期除了福建理发公会之外，尚有另一由客家与海南人组织的理发工友的团体，名为“新华理发工友联合会”。其会址在今海南街与美芝律交界之地。成立时间约在1938年左右（福建理发公会成立后十年左右）。

“新华理发工友联合会”有鲜明的立场。他们标榜左翼的政治立场。积极参与反殖民地主义的斗争，福建理发公会则逃避现实，不曾参与政治活动，而对新华理发工友会的政治立场，颇表惧怕。因怕被牵连，不敢与之来往。其势力的强大，我们可引用严师尚的话来看。“当时他们的势力太强大了，他们有什么要求，雇主多尽量在可能的范围内给予满足。”可见当时工人的势力已逐渐提高了。

(三) 第三期：1942–1945

新华理发工友联合会的成立已逐渐脱离了帮派的色彩，他们包容了客籍、粤籍、闽籍、福州籍等各方言的华族理发工人。由于他们的打成一片，促使他们逐渐明了到广府人那套摊分的方法对工人较有利，于是工人们开始逐渐要雇主在薪金分配上采用摊分制。

但不久，日本法西斯军队的入侵，使得各社团不能进行活动，或遭解散，这种要求乃不得不宣告停顿下来。

在侵略军的统治下，新加坡出现了抗日队伍，如星华义勇军等，这表明了新加坡人民是不甘于侵略者的黑暗统治，星华义勇军的积极进行抗日活动，给予日本反动侵略军沉重的打击。新华理发工友会洞察时势，深切了解侵略者的法西斯面目。积极参与抗日活动，使得抗日的力量又多了一支生力军。

由于新华理发工友联合会积极进行抗日活动，在各方面都使得敌人的侵略工作蒙受挫折。日军为消灭这股反日力量，乃大事逮捕新华理发工友会的会员。但因日军对本地不了解，只好利用本地人尤其是操理发业者提供线索。

首先，日军逮捕了“福建理发公会”总务严师尚，往红灯码头之汇丰银行楼上，命严师尚协助逮捕新华理发工友会的负责人及会员，据说，严师尚这样回覆，时势混乱，他本身又非客家人与海南人，一路来与他们没有来往，故与新华理发工友会的人不熟悉。日军无可奈何，只好释放严师尚。

日军一来到新加坡，过去之公会、工友会全被停止活动，宣告解解。

1942年3月左右，严师尚再被日军调去询问。日军并派他出而组织理发业的“组合”(Kumlai)。

这组合是由华人、印度人、马来人组成，举凡雇主或工友，都可加入，当时共有会员1800人，其分配如下：

华族会员：约1400人

印族会员：约400人

当时组合中的要员是：一

主席：潘德铭

副主席：Karamutu（加冷姆都）（印族）

总务：严师尚

财政：林天玉

副财政：潘业成

凡是参加这“组合”的理发业者，都可免当“奉侍队”，不用做苦工，夜间不用出外巡逻。总之他们的待遇较其他一般普通人民的待遇来得好。

“组合”之办事处，设在今大坡二马路吊桥头的巴城理发室内。每位参加“组合”者需缴交月捐一元，理发业“组合”组织的最大目的，据严师尚说：“这是日军要求理发业者优待前来理发的日本人，一律两元，（时价则为二元、三元、四元不等）。其实，日军组织理发业组合，最大目的乃在笼络理发师，消除反抗的心里与思想。使得日军在到理发店内理发的过程中能安全地保住老命。”

因此，日军给予理发业组合的会员予各种特权、优待、归根结底只是从侵略者本身的利益做出发点。根本就不是为理发业者的利益着想。

这又可旁证出侵略者的自私奸诈的面目了。

第六章

劳资关系（二）1945-1970

分薪制——矛盾缓和期

这一章所要谈的，是从日军投降后直到目前为止的理发业劳资关系。我们仍旧从薪金分配制，劳资纠纷与工会，公会的发展来分析。

第一节　摊分制兴起的背景

上文曾提过，战前的广府籍理发业已经实行摊分制，但福州籍理发业者却采用他们那一套月薪制。到了战后，福州籍理发业才开始采用摊分制。

福州籍理发业采用摊分制的原因，综合我们调查结果，有下列几点。

一、膳食问题

月薪制下的膳食问题，在上文已经提过了，那么日治时期，理发业的膳食问题是否已圆满地随着理发业者地位的提高而得到改善呢?

没有！根本没有！

尤其是在物价俱涨的情况下，米粮也日渐缺乏。各行业都有倾向倒闭的趋势，一般能够勉强维持的店铺，也面临着巨大的粮食供应缺乏的威胁。因为当时是实行“粮食配给制”，每人只限月领20斤。这一来，理发店的雇主，不能为工友争得粮食。唯一变通的方法，那就是重新调整薪金分配制，摊分制就此应运而生。

二、币值不稳

日治时期市面流通的法定货币，已由英殖民地发行的，改变为日圆或军用票，但币值极不稳定，在占领后期，往往一夜之间，币值跌落至惊人的地步。这一来理发行业也不免受影响。因此在此种情况下，若仍是坚持采用月薪制，那将是无保障，且对双方都是不利的，故币值不稳，也是造成采取摊分制的原因，以便当天工作，当天摊分工资。

三、战后工友会的蓬勃发展

新加坡理发工会早期多属帮派组织，其目的在于联络同籍人士，统一价格，至于工友们的切身利益问题，如工资，工作时间等，并没有一个明确解决的方案。

第二次大战期间，新加坡人民饱受日军的高压，使人民兴起一股抗日力量，新华理发工友联合会也是抗日队伍的组成份子之一。抗日的结果，使得工友们认识团结的重要性，使他们的认识提高，对于对他们不利的月薪制，也群起反对。

到了英军重占新加坡后的一段时期，约为1948年左右，此时是工运蓬勃发展的时期，理发公会此时也分为工友会与雇主公会的独立组织。工友工会为了工友们的利益，进而向雇主方面提出改善膳食及摊分制，据调查资料显示：1945年工友工会召开工友们在加东召开大会，据说由海南人领导倡议工资摊分制（但也有说是由客家人蓝瑞发动工友争取摊分资的制度）。由于当时正是新加坡职工运动发展的高潮期，理发工友联合会的势力颇强，雇主公会对于工人这种要求工资摊分制，觉得对其利益没什么大的打击，乃加以接受。

摊分制施行初期，是五・五对分，雇主供给膳食，以后逐渐演变为三・七摊分，雇主抽30%，工人抽70%，至于工人的膳食，则雇主不负责供应。

这是摊分制所以能够实现的最主要原因之一。这完全是靠工友们的团结，团结在一个有组织，有鲜明立场，真正为工友谋福利的工会旗帜之下，几昼反复，才争取到的。

根据上文的申论中，我们可以得到这样的一个结论：摊分制在战前的理发业中已经存在了，但福州籍理发业者在日治时期才开始酝酿，实施摊分制的运动，随着日本的战败与撤离马来亚，工友会恢复活动，在其大力争取下，福州籍理发业采用摊分制乃得以实现。

第二节 摊分类型

那么，让我们来谈谈这种唯有理发业才有的特殊薪金制——摊分制——的类型。

一、“五·五”摊分制

即假定工人为顾客理发，计件取酬，每件工（计每理一个头）是一元，则雇主可得五角，工人也是一样。在这种摊分制下，工友之膳食由雇主供应。战后摊分制刚刚在福州籍理发业中实施时，各理发店多采用此种分法。目前，这种摊分制多实施于女理发师方面，男理发师少有采用这方法。因为女子理发店中今多装有冷气设备，雇主除了提供一切用具之外，还需多付一笔冷气费。因而雇主们将这额外的开支加在工友们身上，由工友们负担，其方法便是采用“五·五”对分制，而不采用“三·七”摊分制，从中抽取利润以弥补冷气设备的费用。

女子理发店多采用五·五摊分制，膳食由雇主负责供应。由于女子从事理发，顾客常有给予小费，所以她们在正常收入之余，还有一笔额外的利润，因故她们对“五·五”对分制还相当满意。

二、“四·六”摊分制

“四·六”摊分制，即假定工人为顾客理一次头，收费一元，则雇主可得四角钱（40%），工人则领取其中之六角钱（60%）。

在这种摊分制下，膳食由工友自己负责。但，这种摊分制并不普通，只是少数装置有冷气设备的男子理发室才有采用这种摊分制。这种摊分法，对工人来说是极不利的。因此在没有冷气设备的理发店中，一般工友的工资多采用“三·七”摊分制。装置了冷气设备的理发店，理发价格因此上涨，但这对工人来说，并不见得有利，因它已从“三·七”分，变为“四·六”分了。

总之，雇主们装置冷气装备，其维持费之来源，即在于顾客。另一方面就是工人的工资上的调整。对于这一类雇主之借词装置冷气机而破坏摊分旧行规——由原定之“三·七”摊分制改为“六五、三五”摊分制——一事。星洲理电发工友联合会于1961年6月27日在《星洲日报》及《南洋商报》发表声明之全文，内容谴责理发业资方借机。

“问工友施以狡猾的剥削手段，借此制造劳资纠纷，破坏本帮工业安宁，及本行业的规则，本会特此严厉的谴责那不负责任的雇主，同时并警告今后一旦如有此类事件的发生者，则本会如有采取任何之工业行动，该等雇主必须负起一切之后果。于此本会并呼吁工友一旦为有此类事件之发生时，应提高警醒，从速到本会的旗帜底下，为保障我们先烈们所牺牲性命，血汗所换取得来的生活待遇而奋斗吧。”

从上述声明之字里行间，处处表现出工友是以重大的代价争取到“三・七”摊分制，而工人以重大的代价换来的成果，是绝不容雇主轻易加以抹杀的。

三、“七五・二五”摊分制

“七五・二五”摊分制，即假定工人为顾客理一次发，收费一元，则雇主可得两角半（25%），工人可得七角半（75%）。在这种摊分制下，工友之膳食由自己负责。

这种摊分制在战后不久极盛行。因理发店的租金便宜，雇主即使只抽取25%的工友工作所得，尚且还有余利。根据调查显示，今乡村一带，有极小部分的理发店，也因租金便宜而仍实行此种摊分制。

四、“三・七”摊分制

1949年时，理发业曾因雇主要求把“七五・二五”摊分改为“三・七”摊分制，前者雇主获利较少，故要求工友减少五巴仙工作所得，以归给雇主。双方曾闹到劳务司署，要求仲裁劳方建议工友所得减少三巴仙。这一提议一出，资方认为店租、水火费递增，故需减低工友工资五巴仙，才能平衡收支，劳方则认为减少，最多只能减少3%。双方坚持不下，经过仲裁庭的调解后，双方才通过采用“三・七”摊分制。

此份“三・七”摊分制，在男子理发业中居正统地位。这多数是一般没有冷气设备的理发室的工资分配法。

处在“三・七”摊分制下，一个工友每周工作六天，每天由早晨九时工作至夜间八时或九时止，这样一个月的总收入可接近至250元左右的净利。这250元是他的总工作所得的70%而已。换言之，有30%（约107元左右）是被雇主所获。

因此，只要一间理发店内雇佣工人越多，（顾客多是理发店工友多的先决条件），雇主的利润越大，顾客越多，工友的收入固然也有增长，但其增长率与雇主收入的增长是不对称的。例如：一理发师店中，一天内多来了十位顾客，刚好平均分配给十个工人去处理，设若理发费一律二元，工资方面以“三・七”摊分。故每个工人只得一元四角，但雇主却不劳而获得六元。这一来可以看出其中劳资双方利润的差别了。

五、“三五・六五”及“二・八”摊分制

“三五・六五”多数是生意好及冷气设备的理发店，雇主得35%的每件工资，工友则得其中的65%。

“二·八”制较少，多数是有亲戚关系者，或是乡村地方。生意较冷淡，故工友可得80%。

第三节　摊分制下的产物
——轮牌工作制

摊分制下的产物便是轮牌工作制，轮牌工作制在于使到每间理发店内的所有工友或加上雇主可轮流为顾客服务，使得工友皆有均等的工作机会，使得全天的顾客都能平均分配给该店的所有工友去处理。这一来，避免了有些工友作多，有些工友作少的毛病，或是工友们互相争着多作的弊端。但这并不是硬性规定的。其间有一伸缩性，那就是，如果顾客肯定由某工友为他理发，但当时并非轮到该工友为顾客服务的时间，在这情形之下，这工友照旧可为顾客服务。但当轮到这工友为顾客服务，而顾客又没指定那一位工友理发时，这工友便不再享有机会为顾客理发，而应把这工作机会让给下一位理发工友。

让我们举一个实际的例子吧！

七	六	五	四	三	二	一
1	六	1	1	1	1	1
2	2	2	2	2	二	一
七	3	五	四	3	3	3
4	4	4	4	三	4	4
5	5	5	5	5	5	5
6	6	6	6	6	6	6
7	7	7	7	7	7	7
8	8	8	8	8	8	8
9	9	9	9	9	9	9

说明：

“一”“二”“三”者，代表工友编号，在上图中显示一理发店中有七位工友（或六位工友加上雇主共七位）。

“1”“2”“3”者，则代表工作件数。即已理了几次头“一”之小牌悬挂在“2”处，即表示“一”号之工友已为两位顾客服务。“三”之小牌悬挂在“4”处，即表示“三”号工友为四位顾客服务过，余者类推。

而由于“三”号工友的工作件数最多，“六”号工友与“一号”、“二号”工友相差一工作件数，故一号及二号工友需等待六号工友之工作件数与之相同后。再从“一”“二”“六”三工友轮流工作，其余四号，五号，七号，三号工友则需暂停工作，除非彼此工作件数相同后，所有工友再从头轮流工作，直到一天营业结束为止。如果一天中各工友的工作件数不同，则隔天再依上述方法调整，直到一个月为止结算一次，在每月一次的结算中，无论各工友的工作件数是否相等，彼此都重新调整，隔天再开始另一个月的轮牌工作。

第四节 劳资纠纷

一、概说

关于理发业劳资纠纷的发展史，我们也以摊分制的兴起为转捩点，把它分为前后两期，月薪制时是劳资矛盾尖锐期，摊分制以后是矛盾缓和期。

从上一章的叙述可知，月薪和摊分两种制度比较，月薪制基本上对工人较不利，在月薪制下，工人既受老板的百般欺凌，月薪被压低，膳食恶劣，休息日被剥夺，这样，必然要引起理发工友的普遍不满和反抗，在工作时偷懒，怠惰，敷衍塞责，马虎从事，反正是老板的生意，做得好不好，顾客满意不满意，这是老板的事，自己按月把薪水领到手就行，工作越少做越好。这样不良的工作态度和差劣的效率，自然是老板所不能接受的。于是严厉的监督、责备、扣薪等对付工友的手段层出不穷，而工友也绝不示弱，报以更恶意的工作态度，两者往还，互相敌对态度日益严重，纠纷和冲突事件因此便常常发生了。

在摊分制兴起以后，情形立刻得到改善，因为“计件取酬”而且用三・七分制，工人待遇提高，膳食问题也得到解决，又因工人是做自己工，做得越多，赚得越多，老板不能像月薪制时只发固定薪金，把所有工作都推给工人，自己多收利润，另一方面工人的工作多寡是自己情愿，与老板无关，省去老板的严厉监督，工人和老板的关系得到暂时的和谐，纠纷事件从此便较少发生。

从月薪制蜕变为摊分制时是矛盾的顶点，劳资冲突最严重，但这高潮过后便又进入缓和阶段。

二、纠纷

所以自从分薪制实行以来，理发业劳资双方一路来都在已达成的协议的原则下，力求合作，十数年如一日，树立起理发由劳资合作的良好声誉，为社会各阶层人士所赞许。但是这并不意味着劳资间的矛盾完全消除，明显的，劳资双方毕竟是属于两个不同的阶级，阶级是不能调和，其间的矛盾，只要阶级未消灭，就会继续存在，理发业的劳资关系亦如此。

所以，战后的理发业，劳资双方的关系，在与月薪制下的劳资关系比较起来，是好转了许多；但在战后摊分制下的劳资纠纷仍不时不发生，理发工友遭遇罢工以争取工友利益的事件，也层出不穷。

这期劳资纠纷的焦点，几乎全部都是起因于资方的破坏原先劳资双方所达致的协议。

比如说：1957年新加坡所修订的劳工，店员及书记法令中规定工友每天工作八小时，每星期享有假期一天，每年常例假期十一天，及允许有二十八天的病假，理发行业中的工友该是属于店员的一种，故与此法令有关才对，但理发行业所采取的是摊分制度，是以工作的“件数”来计算的，因此在某方面来讲不能与其他行业的工友一样享受法令的保障。

首先，在时间上，理发师每天工作在十三小时以上，每星期七十八小时，因此当劳工法，雇佣法令所规定的工作时间比较起来，就显得长得多。由此可见明文是虚设的，政府并没有照顾到工友的利益。

同时，在条令中，虽然政府规定工友享有领薪的病假与假期，而理发师也是属于“店员法令”的范围，但由于他们的薪金是采用“计件”制的，因此有病固然可以不用工作，不高兴也可以不用来，但却不能拿薪金，如工友一天工作所得，有八元左右，而他们享有三十九天的领薪假期，则他们一年中可以免费得到$312元的酬劳，但是理发工友这些利益都被剥削掉。

有些老板则认为理发师是不属于店员法令及雇佣法令之下的，因为理发师只能当作散工来看待，因此他们就不能享有领薪的假期及公积金，而其实理发师的情形，是有别于其他工友的，政府本该另设条例，来针对理发师的特殊情形，但也正由这点，可看出政府对于理发师的利益，是不闻不问的。

1957年，四个理发团体（包括劳资双方），新加坡华人理发雇主公会，印度人理发工会，星洲理发工友联合会及新加坡理电发职工联合总会，联合签证于劳工部，宣布理发业实行“八小时工作制”不幸得很，一部分雇主因私忘公，再加上当时“1957

年店员法令”漏洞百出，给予雇主一个大好的机会，借以破坏这个全新理发工友所盼望已久的“八小时工作制”于是乎“八小时工作制”就为资方所一手破坏了。理发工友又日渐对于工作时间的漫长深表不满。

另一方面，原来劳资双方所已达致协议的摊分制“三七”摊分制逐渐为一些雇主借故破坏了，雇主们借故因装修店面，装置冷气设备，而要调整“三・七”摊分制，使之成为“四六”摊分制，甚至“五五”对分，（膳食由雇主供应），这一来，雇主又在膳食方面要花招，进以剥削工友的利益。

1961年，协和兴理发店的罢工事件，就是源于工友之膳食问题而爆发的，当时协和兴共有八位工友，再加上雇主家之成员，共有16人，而每天的菜肴费只是区区的七元，一天两餐，平均每人每餐所分得的是两角钱的菜肴，这种粗劣的膳食，引起工友们极大的不满，屡次要求改善，且有四位工友要求以“三・七”摊分制取代“五・五”摊分制。

双方把这件事呈交劳工厅长郭亚来先生处理，郭亚来就建议每日菜肴费由七元增至十六元，先试验二个星期，当时资方接受这种建议，可是事后并没有实行，该店理发工友乃于8月24日正式停工抗议雇主无诚意谈判改善工友待遇的要求，经过为期一个星期的罢工，雇主只好屈服，8月29日双方在劳工部签订一合约，合约内容如下：

1. 雇主接受实施“三・七”摊分制（餐食工友自备）
2. 雇主不得无故开除工友
3. 店内生意每增加三百元以上雇主可聘请一名工友，照此类推，但如不达三百元者，则照旧几名人数工作（经理不包括在内）
4. 不能再聘请或替换前任工友林日文到店工作。（雇主本身不能替换别人，照旧不行轮牌工作）[1]

协议签订后，事情本可告一段落，可是由于雇主无诚意遵从合约，复工后第二天又聘请一新工，照合约，店内生意如无增加300元者，则只准九个工人工作，新工到店后，雇主的工牌就由新工取代，而他就不得工作，但雇主不遵认合约，相反的还要取代工作及打工友之牌（每人轮流做一个工，打牌即少干一次），劳工部调解员及劳工厅长郭亚来之调解与劝告，也被雇主蔑视，雇主这种顽固不讲理的态度，终于迫使全店工友采取工人唯一犀利武器——罢工，于是9月20日协和兴理发店内全体工友再度罢工以示抗议。

1961年9月23日，下午七时左右，协和兴理发店前两位担任纠察的罢工工友，“突然被人殴打受伤，幸伤势不重，于前往中央医院敷药后随即出院。”

时理电发工友联合会主席林献英，于9月23日晚针对这事发表声明说："劳工纠纷事件不能靠武力来解决，为维护工友的和平罢工权利，工会对这事的发生，向资方提出严重的抗议。"(2)

10月22日，理电发工友联合会，鑑于属下协和兴理发店工潮经已进入第32天而尚未解决。乃于当天晚上召开执委及干事联席会议，商讨对策。会上发言者，计有该会副主席王毓轩、总务陈开陶及其他执委，话多谴责破坏工潮者。会议并通过三项决案如下：

(一) 会议一致通过由11月1日起发动全新理发工友"每日一角献捐运动"，全力支持罢工兄弟斗争到底。

(二) 严厉谴责某些本行业自私之雇主，假公济私的利用协和兴工潮为达到个人目的而不择手段的进行幕后破坏，并警告今后所引起的一切后果，他们必须负全责。

(三) 呼吁协和兴雇主应以冷静之头脑，早日与工会谈判，将工潮解决，搞好劳资合作之精神，勿为别有居心者之误导，否则前途不堪设想。(3)

这次罢工前后经过46天，11月4日劳资双方将这事件呈交工业仲裁庭，庭长处理，并获得该庭庭长甘巴博士之判决，而得到解决。全体工友也于当天复工，"每日一角献捐运动"也随着工潮之解决而结束，工友们以不怕牺牲，排除万难之精神，坚持罢工到底，终于取得胜利。

除了上述罢工事件外，尚有其他理发店工友为求改善待遇而推行罢工斗争的。诸如：

1. 1958年3月15日，南洋商报载："新香港美容院，劳资纠纷圆满解决"。这是一场因辞退工友而引起的工潮。
2. 1961年9月14日《星洲日报》载：丽都理发厅，劳资双方在新加坡劳工部副厅长林徐典办公室签订一份劳资合约，劳方由星洲电发工友联合会代表，在签约后，该会负责人发表谈话："……更值得赞扬的是，'丽都'的全体女工的勇敢面对现实团结在工会的旗帜下，在工会的领导之下，粉碎不合理的制度而取得'三七'摊分制……"可见这是一场因分摊制的问题，而引起的劳资纠纷。
3. 1961年12月14日，《星洲日报》："本邦理电发工友联合会属下小坡三马路益群理发院全体工友，于前日上午十一时正，正式宣布罢工，抗议雇主无理开除一位工友……"这罢工事件，前后共经过19月，至1962年1月1日才宣告复工，雇主收回开除工友之成命。1962年1月1日，南洋商报载："工会也和

‘益群’雇主获得协议，于工友复工后即将原有之‘五·五’对分制，改为‘三·七’摊分制云”，可见这是一宗牵涉到开除工友与摊分制问题的罢工事件。在此罢工斗争中，工友们又再次获得胜利。

以上是几件重要的理发业罢工事件，从以上各宗劳资纠纷的叙述中，我们可以清楚地看出，摊分制下的劳资关系，只不过是较月薪制时期好一些而已，这主要是因为从月薪制演变为分薪制，只是一种改良，并非改革，因而其间所存在着的劳资间的矛盾，只是稍微缓和并没全盘清除。

第五节　工会发展史

我们可以将战后的理发业工友会与雇主公会结合在一起谈。因为它们两者之间有着密切的关系；对于理发行业所面对的问题，劳资双方的组织，都有表明他们的立场，而从他们所表示出的立场上，我们就可以了解到这两个属于不同阶级的同业团体的性质。

以下几个年代是较能反映出劳资双方的代表组织。在发展上的转捩点，那就是：

①1948年　②1957年　③1961年　④1966年

让我们按照时间的先后，顺序叙述其发展过程。

1938年成立的“新华理发工友联合会”于日本投降后，再度恢复活动。“新华理发工友联合会”在本质上是一个工友组织，但也接纳少部分雇主的加入。直到1948年为止，这种情形依旧存在。这多少反映出工会发展，至此时为止，工人已逐渐抬头。

也因于这是个劳资合立的职工会，因而在组织上也就有“劳资协议会”的设立，用以解决劳资纠纷。其中劳资双方都有相等数目的代表。

“新华理发工友联合会”，在战后仍旧与战前一样的活跃。尤其是在争取从月薪制改为分薪制方面，其所扮演的角色是不能抹杀。

1948年，殖民地政府下令，劳资双方不可合立工会。于是，“新华理发工友联合会”，乃分而为二。

1. 星洲理发工友联合会。

2. 华人理发公会。

这一来，工会发展进入另一新阶段。

1949年6月6日，理发劳资代表假理发公会举行联席会议决定，“理发业评议会”，由劳资双方工会推派代表以组织理发业评议会，其中分为三组：

1. 咨询组

2. 评判组

3. 调解组

上述“理发业评议会”的组织，显然是为了解决劳资纠纷而设立的，可见当时理发业者已进入摊分制，但劳资双方的矛盾依然是存在着，只是相对地缓和一些而已。

6月19日，理发工友会会员大会议决，成立理发业评委会，与理发雇主签订同业服务细则，建议没有参加理发工会者此后不能被雇用。

这一切显示，在工运蓬勃发展达高潮时期，理发业工友会的表现也是非常积极。它与整个工运发展是相结合的。

1950年时代，是马来亚人民争取独立自主最为卖力的一个年代，这时期的新加坡政治发展，也配合着这个时代潮流迈进。此时的工运发展，除了领导工友们进行经济斗争外，更重要的是团结工友们了解现实，以进行政治斗争。

1956年，各业厂商职工联合会被封闭，工运，学运领袖多被逮捕，工运发展普遍陷入低潮。

1957年，林有福政府设立了许多黄色工会，用以与当时真正代表工友利益的职工会相对抗，这无疑是为破坏职工统一运动。这种黄色工会的设立，也在理发业中出现。那就是“理电发职工联合总会”。

1957年，理发业曾为了争取法定八小时工作制与休息日问题，而与政府部门交涉。他们都是通过工会组织与政府取得联络。

在争取法定八小时工作制与休息日方面，星洲理发工友联合会与华人理发雇主公会一度联合向当时之首席部长马绍尔呈递备忘录，结果不了了之。

1957年7月30日，理发工友联合会为维持工友之利益，再度向当时之政府呈备忘录，他们认为：“假使政府不明确的宣布严厉实施八小时工作制，那么处理工作时间的问题上，可能对继续发展理发业劳资双方良好关系上带来不良的因素，因为理发店多采用分薪制，工作时间长短将影响双方的收入，因此实可能因某方面雇主有自己的权利而任意延长工友的时间。可能破坏劳资二方所维护的良好关系，在一般情形下，这实在是可能发生的。”(4)

1957年8月5日，华人理发雇主公会提议，统一营业时间，自上午九时至下午五时关店，六时全部放工，包括用膳时间在内，这一提议，理电发工工联合总会加以附议。

8月18日，《星洲日报》载：“本坡理发职工联合总会；于本月十七日下午九时……召开全新理电发同业大会，讨论有关店员雇佣法令之下工作时间及休息日期等问题。对于这事，理发工友联合会于8月20日下午八时召开特别会员大会，除讨论有关为何履以“店员法令”规定之八小时工作制等问题外，并抨击理电发职工联合总会于本月十七日冒用全新理电发同业大会名称通过议决案。”(5)

这可见当时理发业工会对黄色工会斗争的激烈。

1957年9月27日，理发工友会召开大会接受华人雇主公会的邀请，联合要求政府明文规定理发业从上午九时开门至下午六时关门，七时全部停工（其中包括供工友用膳饮茶等二点四十分钟在内。）

1958年6月左右，华人理发雇主公会内部宣告分裂，重要职员，如正副主席、副总副、财政、文书及数职员皆相继辞职，致使整个执委会成解体状态，终于被迫解散，于6月27日召开特别大会并重新选择。可见雇主公会本身也是矛盾重重。

而在1959年之前，星洲理发工友联合会的负责人已有任市议员者，诸为林英市议员（在1959年度为理发工友会之总务。）

1959年，新加坡自治联邦政府选举，理发业、工友联合会，全力支持人民行动党参加竞选，大选结果，理发业两位同业，张金陵与林猷英，在行动党旗帜下被选为立法议员，6月20日华人理发雇主公会，理发工友联合会及印度理发公会三团体举行庆祝会，庆祝上述两位立法议员之膺选。这一来，更清楚地显示了，在新加坡职工运动及政治发展中，星洲理发工会是相当活跃的。前时极活跃的黄色工会——理电发职工联合总会——已不见踪影，主要是因行动党上台后，肃请黄色工会的结果。

1959年大选过后，新加坡政坛上呈现一片新气象，在职工运动方面也别具特色，理发工友联合会，为配合统一职工运动，树立强大工会组织起见，该会特进行删改原有章程，使其更臻完善。乃于1960年1月11日召开执委会议，议决修改名称及章程，呈交注册署进行申请手续，2月18日《星洲日报》载，该会已正式易名为星洲理电发工友联合会。易名后之第一届执委主席，乃是林猷英立法议员。

1960年，理电发工友联合会尽力支持行动党的“反黄运动”之号召，积极展开各项有益工友身心健康之文娱活动，如乒乓、话剧、舞蹈、华乐、象棋及巫文班等。

1961年5月25日，河水山发生火灾，理电发工友联合会于5月29日召开紧急会议，讨论如何援助灾民及该会受灾灾民，结果议决成立赈灾工作委员会，处理捐款救灾事宜，5月31日，全体执委出发一天向全新各理电发工友乃同业募捐，共得597.05元。并且成立义剪队，于6月2日及4日为灾民义剪两天。这一切都显示友爱互助的精神。

1961年中，行动党内部斗争：宣告表面化后，终于分裂成两派：一派仍留在行动党内，另一派乃出而组织社会主义阵线。由于职工运动是与政治发展相结合的，是故，政坛上一起风波，职工运动的发展也难免被波及。

星洲理发工友联合会，此后仍以左翼工团的姿态出现。

1961年的协和兴罢工事件，理电发工友联合会始终站在工友的立场上，支持并呼吁工友坚持斗争。最后工人终取得胜利。

另一方面，理发雇主工会在职工运动上根本不能与理电发工友会相匹敌。

1962年–1963年星洲理电发工友联合会，反对成立马来西亚。1965年，该会在第十期会讯中（11–11–65）的“会坑”版上，发表文章：

“联合起来保卫南大”

对于南大学生反对王庚武报告书事件加以支持，在8–5–66出版的该会会讯中，发表了一篇题为“为反对右倾机会主义的斗争进行到底”的思想性文章。这一切，在华人理发雇主公会都不曾出现。

1966年4月，新加坡政府规定此后非公民在新加坡工作需领取“工作准证”。针对这一事件，星洲理电发工友联合会发表声明：

“由于理电发业，基本上是一种手艺技术，一个工友能成为够水准的理电发师非有三、五年的学习不可。一向来，由星洲出产的理电发工友是供不应求的。因此，多数增聘来自联合邦的工友，而理电发有相当部分来自联邦是不足为奇的。基于上述理由，我们向政府当局提出下列要求：

(一) 政府必须撤销工作准证之措施。

(二) 政府当局必须了解理发业的特殊情况，或应无条件一律颁发工作准证予已在星洲工作的非公民工友（包括被拒绝批准者）

(三) 政府当局必须遏止及严防一些不负责的雇主利用“工作准证”和聘请工友进一步剥削压迫工友。”(6)

但是，理发雇主公会对于工作准证问题却表明了相反的观点，他们认为：

“我邦民选政府为维护公民之权益而实施非公民之工作准证，法令颁布以来，未闻有任何团体提出异议，足见该贤明政策乃深受人民所欢迎者。理发业虽颇受该法令所影响，但凡有接触问题之店号，东西家双方均密切合作，一再依法向当局申请以求其共同之困难，从未有此事而发生纠纷……（理电发职工联合会）向政府当局提出“必须”怎样怎样从事，趾高气扬，真令人瞠乎其及……凡事宜平心静气，大不必像煞介事要政府“必须遏止及严防……”(7)

第六节　星洲理电发工友会被吊销注册

从上述工会发展史中，事实昭然若揭：星洲理电发工友联合会及其前身的各组织，在职工运动上是采取积极行动的，该会不仅为工友们争取生活待遇的改善，即进行经济斗争，同时也进行政治斗争，维护工友。1945年，他们为工友争取分薪制的实施；1957年该会与“理电发职工联合总会”（黄色工会）进行不屈不挠的斗争，直到1959年民选政府成立后为止，1961年底，他们标榜左翼的政治立场。1962、1963年，他们反“大马”，1966年，他们反对“工作准证”的实施；1967年，他们反对社团（修正），法令的实施，结果遭遇了如此的命运——被吊销注册。

1967年8月14日，新加坡职工会注册官黄永耀发出吊销“星洲理电发工友联合会”的通知书，因职工会注册署，“在月初……令他们在八月十二日之前呈报新职员名单及职员们的报生纸或公民权之号码、地址及职员，可是他们迄今仍置之不理。”(8)

该署在正式通知书中指该等工会组织在当时是非法的。1967年10月17日，“星洲理电发工友联合会”终于被吊销注册，一个具有29年悠久历史的职工会，就这样被解散了。

注释

1《星洲日报》，2-8-70。

2 见上注 24-6-61。

3 见上注 23-10-61。

4 见上注 31-7-57。

5《南洋商报》，22-8-57。

6 见上注 -4-66。

7 见上注 11-4-66。

8《星洲日报》，15-8-67。

第七章

结论——对理发行业的展望

从以上六章中，我们不难看出，六十多年（1911–1970）来的福州籍理发业，在不断地变化着，在封建色彩浓厚的福州，资方具有绝大的权力，福州人南来后，由于马来亚的封建色彩较淡，资方的权力相对的绝小。工人在备尝月薪制所带来的苦痛后，开始认识到改革月薪的必要，而社会客观环境，也对理发行业的陈规陋习起着无情的冲击，新制度的产生总是与时局发展互相配合的，可以说：理发行业的发展，为下列两个因素所决定：

(一) 主观努力

(二) 客观社会的变化

时至今日，理发行业仍处在“蜕变”的状态中。理发业之趋向企业化，成为今后发展的一个必然趋势。近年来，新加坡出现了许多具有这么一些特点的新型理发厅。

(一) 雄厚的开办资本，大规模的，动辄三，二十万元

(二) 现代化的设备，有空气调节，舒适座椅，柔和灯光，美丽壁饰，甚至播送音乐。

(三) 制度化的管理，分工合作，有条不紊。

(四) 员工阵容强大，多则二、三十位。

(五) 理发师清一色为女性。

(六) 经常在报纸上展开宣传活动。

具有上述特点的“理发厅”可以称为“企业化”的理发厅。

在新加坡理发行业的历史上，理发厅的出现不能不说是一大巨变。

理发厅所以能在新加坡兴起，并且发展下去，自有其优越条件：第一：它以大量的女工，提供更迅速有效，完善的服务，比如说，顾客不需要久等，即获得服务；第二：它提供每周七天的服务，并且每天的营业时间较其他理发店为长，顾客有需要时，可以随时上理发厅；第三：它的设备现代化，舒适优良，能满足一般顾客的欲望；第四：它提供清一色的女工为顾客服务，吸引无数男性顾客的光临。

新加坡的城市重建计划，是旧式理发店衰落，新式理发厅迅速兴起的原因之一：

(一) 有许多历史性的住宅区，在重建计划之下消失了，理发店失去了旧有的顾客，营业的维续，成为不可能。

(二) 在类似大巴窑，女皇镇这样的组屋区，店屋是由投标方式向政府租取，竞争的结果是屋租昂贵。因此普通的小本经营者，大多没有能力在那里另求发展。于是，由一些拥有资本的人投资，所成立的理发厅，即使仍未高度的“企业化”。然而，已有向这方面发展的明显趋势；

(三) 工业区和组屋区向郊外地区扩展，促使许多乡村因村民被迁移而破灭，郊区的理发店处境日非，而城市的住宅区，却得到更多的住户，他们构成都市理发厅的顾客的来源。

理发厅得以发展的另外几个原因是：

(一) 有更多的人，集中在市区工作，他们的理发时间是在周末或下班之后

(二) 交通发达，上理发厅，并不太费神。

(三) 享乐主义的感兴，有越来越多的人认为：理发的过程，是一个“声”“色”“艺”的享受。

于是，摆在小规模理发店与工友眼前的，在理论上，只有六条出路：

(一) 以“企业化”反“企业化”

(二) 转入企业化理发厅当工人

(三) 退入乡村

(四) 削价求存

(五) 转业

(六) 苟延残喘

那条路走得通呢？且让我们逐一加以分析：

(一) 小规模理发店的店东与店员，平时收入有限，只够糊口，无积蓄可言，不可能筹到资金，向“企业化”的方向发展，以与经已存在的理发厅分庭抗议。根据调查：理发厅的开办资金，大的需要三、二十万元，小的亦需要三、五万元，因此，以“企业化”“反企业化”对他们来说是“此路不通行”。

(二) 如果收盘，停止营业，转入理发厅当工人，那又如何？这办法，也使不得，理发厅只聘请女工，男工只好“望门兴叹”了。

(三) 那么，转移阵地，退入乡村行吗？也不通。因为，在都市重建影响下，乡村会逐渐被消灭，即使仍然存在，却因为交通便利，村民的理发去处，未必一定局限在那里，尤其是年轻的一代，几乎无日不在，市区中活动，而对讲究发式的，更不愿在乡村里理发。更何况，乡村人口不集中，顾客的稀少零落是可以预见的。还有，更重要的一点，即：乡村地方本来已有许多理发店的存在。这些理发师多是年老的人，几年前他们也是因为在城市立足不了，才转入乡下的。如果再有一批理发师涌入内地，可能会发生一种现象：理发者比被理发者多呢！

(四) 削减理发价格，以吸引顾客行吗？也不是办法，因为，在通货膨胀，物价日益高涨，生活程度日渐提高的情况下，维持原价，连起码的生活费用也可能大成问题，实行削价日子又怎能过呢？

(五) 转业去吧！对年老的理发师来说，几乎是不可能的事，对年老的理发师而言，转业后的收入，也未必会更好的，而且由于本身条件不佳，转业的可能性也不很大。

(六) 最后的办法，便是得过且过，做一日和尚敲一日钟，走着瞧吧！

因此，企业化理发厅兴起的结果，将把理发业内部矛盾推入另一个更尖锐化阶段。因为企业化以后，必将出现新形式的劳资关系：

(一) 理发行业的投资，由老板进行，劳资双方关系，必然根据这样的一个规模发展：凡是投资越大的人，对经济组织的决策和活动，所掌握的权力越大，所发生的影响必更广泛与深入。换句话说，没有参与投资或投资少的人，其被动性更相对增加。这一来，在理发厅里的工人，再也享受不到旧式理发店里那种近似独立的，相对优越的地位了。

(二) 另一方面，大资本理发厅的兴起，也将严重打击中，下级理发店的生意，这些理发店雇主为弥补损失，必然会增加对工人的压力，其方式可能是：

(1) 要求取消每周一日的休息制，并且延长每日的工作时间，以招待更多的顾客。

(2) 把“三、七”摊分制改为“四、六”摊分制，或“五、五”摊分制，在情况恶劣的，甚至恢复月薪制。这种作法，将使工人生活更为困苦，使他们处于更不利的地位。

工人不会眼巴巴地“坐以待毙”的，因此这种潜伏着的劳资矛盾达到尖锐化的阶段，劳资纠纷会随之而起，在这情况看下，工会活动的恢复，可能成为事实。

据调查显示，有80%以上的工友都要求有一个工会组织。

以目前的形势看，可能出现两种形态的工会：即：“职工总会型”的工会与“左派职工会”，这是两种性质绝然不同的职工会：(1) 前者主张劳资纠纷是一个经济的问题，因此只能以和平谈判的方式处理，并且力求结合政府的政策，(2) 后者则认为：劳资纠纷，其解决必须提到社会制度的层次，因此，本质上，它是一个政治问题，要采用政治斗争的方式，由政治变革开始，才能达到经济变革。

以目前的形式观察：“职工总会型”的理发工友工会，成立的可能性最大。但解决问题的可能性如何呢？至于“左派工会”在现实政治条件下，亦不可能有什么大作为的。

所以，理发工人的处境与前途，不可以孤立起来看：他们既然是社会的一份子，其社会地位和社会生活的改变，乃决定于整个社会的变化及他们本身所能作的努力！

（1970年10月27日脱稿）

感谢大家

经过几个月的调查、整理、分析、缮写，这份《福州人与理发行业调查报告，1911-1970年》出版了。除了靠本组组员全体合作外，我们尚得到下列同学的帮忙：

王　禹　林明河　黄成仁　许金腾　王枝木　林东洋　陈彼得　钟佩珊
王绮莉　林秀香　陈俊书　黄敦勤　王兰卿　周国泰　陈瑶娥　曾凤卿
李洁冰　吴聪娣　陈原生　曾国基　邱文琳　陈太丰　苏日祝

对于他们“助人为快乐之本”的精神，在此，我们致以万二分的谢意。

更重要的是：如果没有理发行业中的父老，在我们访问调查时，不厌其烦地把他们的故事告诉我们，使我们累积了许多宝贵的原始资料。那么，我们的调查研究工作，是无法开展的！

最后，对于即将对此《调查报告》提出批评与建议的专家学者、老师、同学，我们也在此先行道谢！

又要特别感谢本校讲义室的袁国发及林炳成等两位先生，是他们的配合，才使我们的《调查报告》，能在最短的时间内油印出版。

总之，这是集体创作的结果，成就属于父老和同学。然而，缺点和错误的改正，是我们的责任，使这《调查报告》，更臻完善，把它提到一个更高的层次！

指导教师
调查同学　谨启

一九七〇年十月二十七日

温州人与木器业

新加坡华族行业史調查报告

温州人与木器业

〈初稿〉

編寫 木器业調查小組

指导 黄枝連老师

温州人与木器业
调查小组成员表

指导教师：黄枝连

组　　员：白鸿文

李庆年

陈颖泰

傅金国

谢燕武

颜志雄

苏日祝

我们的话

为了配合《东南亚华人史》课程的需要，我们对几种华族行业进行了调查，其中之一就是〈温州人与木器业〉。调查是为了分析问题，是为了解决问题。要了解社会各种实际情况，惟有作深入各阶层的调查。“没有调查就没有发言权”，这是很对的一句话。

调查的目的，在于解决问题，倘若无法做到这一点，至少能做到分析问题，能把实际情况反映出来，就已经是很好的了。在调查开始不久，有一位木器工人对我说们说：“你们读书人，应该拿出良心来，替我们工人说几句话！右拿出良心来右说几句话”，这使我们又惊慌又难堪。但是，经过调查之后，我们得到了许多课堂上，书本里所没有的知识，领略到知识分子所不懂的工人生活。工人的坦然笑声，豪迈态度，在又闷热，又多尘埃，又吵杂的工场和我们毫无拘束地交谈，告诉我们许许多多我们无法知道的事情，使我们这班知识分子，都感到黯然失色。我们深信，“拿出良心来”这句话是没有说错的。“没有调查就没有发言权”，但是有了调查，也总不能乱发言，乱提建议，把被侮辱与被损害的一群由火坑推向更深的火坑，这不是调查的态度！

我们的题目是〈温州人与木器业〉，所谓木器业，这里只是指制造家私用具的行业而言。这样的题目，调查的重心应该放在什么地方呢？是否只是强调温州人为什么会绝大多数从事木器行业的原因？如果以这个原因为重心，调查的结果务必限于一个极小的范围内，而只是华族行业中的特有现象罢了。如果把重心放在温州人木器行业的发展历史来看又怎样呢？这样的重心，只要找来几个上了年纪，又懂得许多事情，又善于交谈的人来记录就行了。但是，这样的重心，就像一段平铺直叙的历史故事一样，对深入分析社会情况毫无帮助。

为了避免失掉调查的意义，我们开了许多次会，讨论应该以什么作为重心。大家的意见不少，而且很好。有人提议应从经济方面来看问题，有人提议应从生产关系来看问题，也有人提议要着重企业化问题。但是，在我们调查过程中，无论工人或是老板，都有这样一种共同反映，即，生活上的物价上涨和材料上涨。开会讨论的结果，我们认为有必要把大家所提供的意见和这一实际情形结合在一起。因此，调查的重心就决定放在从经济的现状看温州人的木器业上。因为这是历史调查，所以注重时间性。

先从温州人出发，把温州人南来的历史先说明一番，再叙述木器行业的工作和生活情形，然后再从木器行业的生产关系，看出一般社会经济现状。其中还提到木器工友联合会与木器业所遭遇到的困难问题。为了使调查更有利地进行，我们不仅只是调查温州籍工人，还调查了外省籍的工人，这样一来，范围推广了，所包括的事情也多了，甚至连柚木行，五金行，家私店，木板厂，都成了我们需要调查的对象。于是，我们所定下的重心在范围上已经不是限于温州人方面，而是包括了整个木器行业。但是，调查的对象，还是以温州人为主要。

这份调查报告，有许多不够具体，不够深入的地方。譬如在生产关系，企业化，工会等方面。在生产关系方面，我们无法做更详细深入的分析，一来是所得的资料有限，在调查时没有好好掌握各方面的询问和记录工作，尤其是调查方法上的错误，没办法和工人真正打成一片，造成许多重要问题避重就轻或拖泥带水地过去；二来是我们初次调查，在经验上的贫乏自是不用说，对书本之外的木器业的实际情况，也是一无所知，只有一点一滴去进行，才渐渐明白一个大概。在企业化方面，我们无法进入外国垄断企业工厂进行调查，所得到的资料，只能根据曾在这种工厂工作过的人所述，对企业化作一个大概的分析。在工会方面，〈木器工友联合会〉已经被封闭了好多年，我们无法得到详尽的资料，也只能从报章，刊物去寻找寥寥无几的资料，这方面的缺乏是最明显的。

我们希望，这份报告初稿油印出来之后，各方人士能给予严厉的批评和补充，只要你说得对，我们就改正。最后，我们要深深地感激工人们和所有的调查对象给予我们的合作和帮助！

木器业调查小组启

一九七〇年十一月十一日

目录

第一章

廿世纪初温州人南来的背景

第一节 温州简介

温州，又称永嘉，在中国浙江省东南部瓯江口南岸。瓯江是汇合仙霞岭和括苍山南麓几条水道形成，向东流经温州市，再注入温州湾。

温州属下原有八县，计永嘉、青田、瑞安、平阳、乐清、玉环、文成、泰顺。1961年改设为温州专区，共13县，由温州市领导。(1)

温州专区 （专署驻温州市）	永嘉县（上塘镇） 仙居县（城关镇） 临海县（城关镇） 黄岩县（城关镇） 温岭县（城关镇） 乐清县（乐城镇） 瑞安县（城关镇） 文成县（大堂镇） 平阳县（城关镇） 泰顺县（罗阳镇） 龙泉县（城关镇） 丽水县（云和镇） 青田县（鹤城镇）	1专区13县

温州地处北纬28度，背山面海，夏天凉快，气温平均在摄氏29度；冬天有山岭的阻隔，北风不能侵入，冰雪较少，气温平均在摄氏7.6度。温州面临东海，距离约30公里，每年夏天有台风经过，全年雨量在1000公厘以上。大致来说，它的气候温和，雨量充沛，所以被称为“温州”。

物产方面，主要的农产品有稻米、玉米、杂粮、蚕丝、茶叶、棉花、麻等。温州湾外附近海洋，具有渔业的天然条件，海产丰富，举世闻名的舟山渔场就在附近。瓯江流域盛产松、衫等木材，号称“瓯木”，口径很大，多是先在温州市加工锯成木板，然后运销上海。地下资源，著名的有平阳的明礬，蕴藏量占世界第一位，解放后在国家的帮助下，产量日渐旺盛。青田出产的“青田石”，更是闻名于世，第一次世界大战，欧洲火线上的华工，有许多就是青田人。

工业方面，只要是轻工业的发展。解放前，温州的工厂寥若晨星，屈指可数；解放后，新工厂不断建起，有丝织、棉织、玻璃、火紫、瓷器、造纸、皮革、制伞等。近年来政府对工业大加提倡，在三面红旗的指引下，温州人民发挥了自力更生，奋发图强的大无畏精神，许多小型的化学、电子、小五金、肥料、冶金等工厂纷纷出现。

交通方面，海上交通发达。海轮可以北达上海，南通福建。与宁波、定海同为浙江省海运中心。瓯江自温州市以下可通海轮，自青田以下可通浅水小轮，青田以上可通行帆船。除瓯江外，云江和鳌江也是重要的水道。公路交通，1950年后曾经加以修复和改善。由温州市开始可通平阳、青田、丽水、永康到金华。交通的便利，腹地的广阔物产的丰富，使温州成为瓯江流域的货物出口地。

1876年，英帝国主义通使满清政府签订“烟台条约”，其中一项就是开放温州做为通商口岸，近百年来，它就一直是东南沿海的一个重要城市；解放之后，它更成为政治、经济、文化、交通和军事的重要区域。

第二节　南来前的社会背景

温州人南来最早是在什么时候？无从加以考查。据温州会馆四十周年纪念特刊的一篇文章“温州会馆四十年”所说，在1915年新加坡已经有十多个温州人。这时候正是1911年辛亥革命后的第四年，我们调查的结果，温州人大部分南来的时间是在1920年到1949年这段期间内。到了今天，新加坡的温州人总共约有7、8千人，大部分是从事木器业。正如其他省人一样，南来的移民在1949年之后几乎可以说完全停业了。所以对于南来前社会背景的分析，也就从1900年开始到1949年为止。

在中国近代史上，全国各地所遭遇的情形都是一样的。外国侵略者，封建官僚地主，资产阶级买办，战争，自然灾害，都是造成广大人民陷入悲惨生活的原因，1840的“鸦片战争”使封建社会的旧中国在外国侵略者的进攻下加速了它的崩溃。满清统治集团所采取的投降卖国主义路线，更助长了侵略者吞并中国的野心。1842年，中国近代史上第一个丧权辱国的“南京条约”签订了。紧接着又签订了“望厦条约”和

"黄埔条约"。从此之后，不平等的条约不断出现，封建的旧中国在侵略者的威胁下被迫对资本主义国家开放大门，变成了半封建半殖民地国家。

1875年，北京英国大使馆通译员玛嘉里（Nargary）在云南被人所杀。英国大使威妥玛（Thomas Francis Wiade）乘机说这事件是云南巡抚岑毓英所主使，并想出许多无理的要求，而且还恐吓发动战争。昏庸腐朽的满清统治者怕得要死，竟然在1876年9月13日派李鸿章和英国侵略者签订了"烟台条约"，温州就是在这个无耻的条约中和宜昌、芜湖、北海、重庆一齐开放给英国人的。从此英国人便在温州进行各种活动，干涉税收，办学校、建教堂，不一而足。

满清统治集国的腐败无能，是造成外国侵略者疯狂进攻的主要原因。以封建小农经济体系为基础的中国，在外来资本主义经济势力的冲击下，农村纷纷破产。再加上封建官僚地主的残酷剥削，农民们失去了土地，陷入肌饿的深渊中。1900年，义和团反帝爱国运动爆发了，这一运动，震撼了封建王朝并给外国侵略者一个沉重的打击。农村的破产，自然灾害的肆虐，封建官僚地主的压迫，以及外国侵略者的掠夺，使农村中的农民生活更加悲惨，失业流浪的人群到处可以见到，许多人忍受不住这种痛苦，只好纷纷背井离乡，飘洋过海去谋求生存。外国侵略者在经济上不断掠夺中国的物产，输进各种洋货，控制各处的关卡港口；在政治上不断进行各种不法活动，干预内政，扩张势力。更进一步加深了中国的半殖民地化。

1900年后，民族危机和经济危机不断加深，满清统治集团的反动面目彻底暴露。民族压迫和阶级压迫，点燃了熊熊的反抗烈火。1911年孙中山先生领导资产阶级革命派和城市小资产阶级发动了辛亥革命，推翻了满清统治集团，成立了中华民国。但是，辛亥革命的不彻底，仅仅赶跑了一个皇帝，而没有把帝国主义和封建官僚主义的势力铲除掉。国内军阀的混战，资本阶级买办的嚣张，外国侵略者的横行，更使政治、经济、社会混乱不堪，正如孙中山先生的说的，这时的中国已经沦落成为比半殖民地还不如的"次殖民地"了[2]。民国成立之后，各种灾害连年不断，水灾、旱灾、地震、蝗灾、风灾、瘟疫、歉肌等，到处发生，从1912年到1937年这段历史时期中，各种较大的灾害，就有七十七次之多[3]。单就浙江一省就有十多次灾害。各种灾害，加深了农民的痛苦、饥饿、逃荒、土匪、死亡，比比皆是，而封建官僚地主，买办资产阶级，对农民的死活置之不顾。对于中国人民的日益觉醒与反抗意志，国内反动派和外国侵略者更加紧勾结镇压。国内的极端艰苦混乱，使农民们不得不抛弃家乡，四处流移。1928年到1930年，陕西农村在大灾荒中离村人口有二百万左右，约占全省人口六分之一[4]。1831年长江大水泛滥，湖北、湖南、江西、安徽、江苏，各省农村人口流离失所，每千人中离开农村的平均有125

人，约占灾区总人口的40%，其中31%是全家迁徙，9%是单身出走[5]。民国以后，黄河流域各省人民在灾害中纷纷移往东北。1923年，移往东北的农民有39万人。1926年增加到59万人。1927年以后，每年都达到100万人以上[6]。灾荒是导致人口流移的重要原因，但在阶级社会里，阶级的压迫和剥削阶级对于自然条件控制不加以处理都是更重要的原因。在大灾荒中，华北的农民都是望东北跑，华南的农民，尤其是沿海的福建、广东、浙江、江苏这几省的农民，却都是向南洋群岛流移。温州人南来新加坡也就是在1912年以后。

1937年，日本帝国主义悍然对中国发动侵略战争，企图吞并中国。在内忧外患的艰苦条件下，中国人民进行了长期英勇的抗日战争，并取得了伟大胜利。抗日战争时期，百物高涨、苛捐杂税，战后徭役，多如牛毛，农村中更呈现一片凋零景象，沿海一带人民，在国民党统治之下，熬不住生活的痛苦和避免被拉去充当壮丁或做苦工，再次大量南移。这种情形一直延续到1949年。1949年中华人民共和国成立，从此之后，南移的现象几乎可以说完全停业了。

第三节 南来因素

温州人南来的因素，和当时整个中国的社会背景有着密切的关系。根据我们调查的结果，发现他们大多数是在北伐战争前后到解放战争结束这段历史时期南来，就是从1920年到1949年。请看下列所访问的35人统计表：

年代	人数	百分比
1900–1909	0	0
1910–1919	0	0
1920–1929	13	37.1%
1930–1939	12	34.3%
1940–1949	10	28.6%
1950–1970	0	0
总计	35	100%

这段历史时期其中经过了北伐战争、土地革命战争、抗日战争和解放战争。在这段时期内，中国社会的经济和政治都是处在混乱状态中。外国侵略者、北洋军阀、封建官僚地主，资产阶级买办，蒋介石政府等统治集团，都给人民带来无穷无尽的灾难，

天灾人祸，迫得人民喘不过气来。在这长夜漫漫，苦难深重的日子里！东南沿海的温州人民，也同样遭受这种不幸，许多人就是在这种情况之下，远涉重洋到南洋来。

一、 经济因素

温州是华中的一个通商口岸，它的属下八县却是广大的农村腹地。但正好全国其他地区一样，解放前农村一直保存在一种半封建、半自然、半原始的状态中，农村的经济体系就是小农经济体系。这种经济体系不仅生产方式落后，同时在地主的剥削下，更经不起资本主义经济力量的冲击。加上各种自然灾害，战争的影响，农村人口往往向外流移，呈现出一片凄凉的破产景象。

根据1936年出版的“中国经济年鉴”，1936年，浙江全省农户的比例，平均自耕农占23.6%，半自耕农占23.6%，佃农占35%，雇农占7.8%。浙江全省中，佃农和雇农就占42.8%，再加上半自耕农，一共占了66.4%，土地多数集中在自耕农、富农和地主手中，这是毫无疑问的。温州在当时的情形是怎样的呢？请看下列这些统计数字：

(7)

自耕农		半自耕农		佃农		雇农		总和	
户数	百分比	户数	百分比	户数	百分比	户数	百分比	户数	百分比
18,000	15%	36,000	30%	60,000	50%	6,000	5%	120,000	100%

由于农村中没有土地或仅有一小部土地的人太多了，土地集中在少数地主的手中。温州农民生活的困苦程度，是不难想象的。农村中阶级构成是不到10%的富有者统治者和奴役着80-90%的农民，我们从下表可以很明显的看出来。

(8)

地区	资料时期	地主	富农	中农	贫雇农	其他
永嘉六村	1933	1.4%	1.0%	6.1%	76.4%	15.1%

（总户数–100%）

贫雇农、中农虽在农村中占了最大多数，可是在土地占有方面，他们却少得可怜，而地多数是集中在地主和富农的手中。

(9)

地区	资料时期	地主	富农	中农和贫雇农
永嘉六村	1933	59.3%	6.2%	34.4%

（总田亩–100%）

温州不止贫雇农和中农的土地少，甚至在总户数中，有32.4%的户数没有土地[10]。这种倾向在蒋介石统治时代更为突出。蒋介石攫取政权后，温州的中农普遍减少，甚至富农也在下降中，而贫雇农却普遍增多。这个趋势，可从下列图表中看出。

(11)

地区	地主		富农		中农		贫雇农		其他	
	1928	1933	1928	1933	1928	1933	1928	1933	1928	1933
浙江永嘉	1.4%	1.4%	1.1%	1.0%	6.8%	6.1%	75.8%	76.4%	14.9%	15.1%

（1928–1933农村阶级构成的变动总户数——100%）

一个农村中，最大多数的户口是贫雇农，和另一批数目不小的中农，可是他们所占有的土地却少得可怜。我们能够想象得到，众多在生活煎熬压迫下的农民，没有田地耕种，在肌饿和贫穷的边缘挣扎着。在这种情形之下，他们只有兼做一些手工业，如挑花、编草席、织藤、草鞋、制伞或是木工业。最后，到了绝望的地步，这批没有土地的农民，只有远步重洋到南洋去寻找另一条谋生的道路。以下是我们调查五十位温州人南来前职业的一张统计表：

职业	人数	百分比
种田	9	18%
木工	23	46%
种田兼木工	6	12%
无职业	12	24%
总计	50	100%

温州人南来前的职业多数是种田为生，或者是农民兼木工工人。在上图中所示占46%的木工工人，实际上也可以说是种田兼木工。因为他们的家庭往往就是种田为生。真正以做木工为生的并不很多。然而会造成这么多人去学做木工就是生活的困苦，同时这也说明了种田已经是难以度日，所以要再学一技之长来维持生活。许多人是一面学木工，但在农忙季节却暂时停止下来而到田里工作。在这批农民或农民兼木工工人中，有50%是佃农(12)。我们调查的时候，他们都诉说过去在家乡的苦状，一家大小没有土地耕种，只好向地主租田，即使有，也是难以度日的寥寥四五亩，最后只好以所学的手艺出来谋生。小农经济体系的半封建、半自然、半原始状态，是造成落后、闭锢、保守的主要因素。在这种经济体系之下的农民，是不轻易离开自己的家乡的，例如温州的农民有些住在永嘉县却从来未曾到过温州城内的，由此可见他们的活动范围的约束性，但是他们却情愿抛弃了家园来到遥远陌生的南洋谋生，农村经济的崩溃所引起人口流移的现象，从这里就可以看出来。农民向外流移，给农村带来了一线新希望，向外闯的意志，不断在鼓励着带有逃荒性质的移民行动。但是，一般地主乡绅们，却认为他们的做法是可耻，只有无用的人才会出来。有一位上了年纪的木工工人告诉我们说，地主们骂他们南来的人是“坏仔头”。农民世代被剥削、被鄙视，甚至连点求生存的做法也要遭受到一番非议。

农民会远离家乡，主要的原因就是地主的剥削，地主不但随意提高租金，而且还将租出的田地随意转让，使农民无法忍受下去，我们只要看下列两段描写就可以知道：

浙江东清农民陈克俊佃种儿子梁田六亩，订明押租洋十六元，十九年冬该田主将田活卖与倪鸣锵，原有押租洋十六元，即被前业主扣抵欠租，分文无还。陈克俊无已，愿出押租再向新业主承佃，而新业主竟索至四十五元之多。陈克俊仍无奈，只是照缴，讵料二十年，陈克俊送交早与倪鸣锵，倪称此租须送交原业主收领。陈克俊至是始知去冬原业主之活卖乃属伪卖，目的只在提高押租，请求省会仲裁，仲裁结果，对原业主之假卖，未予深究，并批示：……查押租金原为一种恶习，本应禁止，但为免除纠纷起见，在未订新租约以前，暂准存在。……”(13)

“浙江平阳县佃田札银以前极轻，清末仅一二千文，今已涨至二十元。佃农多无力缴纳。其不能缴者，每年除缴谷二百斤外，再加纳一百斤，当地人称为纳三百”。(14)

地主利用农民没有土地的弱点，拼命对农民进行剥削，农村中的矛盾日益尖锐。1913年，浙江省实行一项“二五减租”运动(15)。1927年公布“浙江省十六年佃农缴租实施条例”，1928年公布“浙江省十七年佃农缴租章程”和“浙江省佃业理事局章程”，国民党官员内部的争执，竟然开了一百二十七次会议之后把这些实施全部暂行取消掉。1929年又订出“浙江省田农二五减租暂行办法”和“浙江省佃农二五减租暂行办法施行细则”对于农村问题的解决，国民党政府无法缓和农村中的阶级矛盾，农民对二五减租运动的一变再变，均感到朝不保久。1932年国民党浙江省党部负责人发表谈话，其中一段是说：疑省府并无取消二五减租办法之意。唯办法有未完善之处，应即加以修改，务期尽善尽美，使佃业双方各得其平，不致发起纠纷而后语云”。[16] 所谓尽善尽美的办法，后来一直未见公布，由这段谈话中，就可以看出农村中地主和农民之间不可调和的矛盾。

国民党政府实行了将近二十年的“二五减租”运动，还是无法挽救农村危机，地主还是千方百计的剥削农民。所谓“二五减租”运动，实际上也只是一种缓和运动。地主还是照样放租田地，坐享其成，现将当时温州租佃的情形列举于下。[17]

永嘉县：农民佃田，凭中向业户承佃，立有租札，租仍甚昂，上等田每年约收租谷二百五十斤至二百斤（对3枰），次者约一百六七十斤至二百斤。若折合银价，上等田约收八九元，次者六元左右。如有欠租情事，悉听业主放佃。

瑞安县：佃户每年冬季收成后，向业主赁种，出田札于业主，作为质信，每亩约二三金。其租谷上则每亩三百斛，下则百余斛，分为早四晚六交纳。自二五减租后，颇有更改。若租谷短交，即以佃札之金照扣抵。至杂粮概由佃户收取。

东清县：佃户种田须向业主先立札约，并付保证金。从前每亩仅纳二三元，近年渐增，上田或至十元，欠租则以保证金折抵。

泰顺县：农民佃田每亩年交租谷二百五十斛，次下之田以次递差，至少必有二百斛之数。

玉环县：农民佃田，先向业户订立契约，议定租额，每亩最多纳租谷三百斛，少则百余斤，按明清缴。

青田县：佃户向富家承田，须费佃洋若干，是谓后租。一田二租，富者愈富，贫者愈贫，而正租因之而奚落，即正税亦因之而减色。盖正租价重有粮，后租价轻无粮故也。

平阳县：佃农租田，要与地主立札字，并付札银，札银者，系佃农抵押于地主边之现银，以备异日纳租不清，扣除抵补之用。按亩计算，视田之优劣，多至二十元，少者六元。（附札字式样）

字札

立札字　今札过
宅边民田　亩　分坐落　地方
凭中断定札银大洋　元　角正每年
租谷　斤（对子秤）分作早晚两季交清
如有拖欠愿于札银内扣除抵补并叫宅边收起另札不取霸种恐
口无凭立此为照　泥基　泥井　口　树　株
中人　押
民国　年　月　日　立札字　押

（此半田地主家保存）

合同字第　号

执据

立执据　今有田　亩　分坐落
地方凭中札与　耕种当得过
银大洋　元　角正每年须出租谷
斤分作早晚两季交清如有拖欠当扣除其札银以弥补
之恐口无凭立此为照
民国　年　月　日

（此半田佃农家保存）

农民除了缴租纳税之外，在旧社会农村里，还要面对各种各样的灾害。灾害流行的结果，直接间接地影响到整个社会经济，对以小农经济为基础的农村社会，灾荒的影响，直接造成人口的锐减，劳动力的衰退，土地的荒芜和产量的减少。浙江省是灾荒极为严重的一个省份，灾荒所造成土地荒芜和产量减少的情形是很惊人的。请看1930年国民党内政部统计可根据1929到1930年10月呈报的土地荒芜数字和国民党中央农业实验所调查的农作物产量减少的数字：

(18)

报告县数	山地		平地		泽地		未详		单位亩
	面积	占报荒地面积(%)	面积	占所报荒地面积(%)	面积	占所报荒地面积(%)	面积	占所报荒地面积(%)	总计
35	57,441	36.63	70,807	45.15	20,216	12.89	8,355	5.33	156,819

(19)

省别	稻		高梁		玉米		小米		棉花		大豆	
			1943年较平常年收成损失的百分比量损失的百分比									
	损失数量	%	损失数量	%	损失数量	%	损失数量	%	损失数量	%	损失数量	%
浙江	34,862	36	93	36	576	35	145	23	760	72	2,089	39

（单位为千市担）

1931年，浙江省发生一场大水灾，温州也被波及。1935年浙江全省由水灾转变成一场大旱灾，全省七十五县有七十一县受影响。受影响的面积达到15,826,905亩（全省面积209,363方里），灾民有905，6885人（全省人口20724473人），旱灾过后平均收获还不到五成[20]。单单温州一个地区，受影响的面积就达到9858亩，占了33%，灾民人数达到了150085人[21]。旱灾过后，不仅摧毁了农业生产力，耕地面积缩小，农作物歉收，还带来了瘟疫的流行，称为“大疫年”。据一些父老说，旱灾之后瘟疫到处蔓延，农村中根本就没有医药照顾，每天死去的人不计其数。一些神棍和别有居心的人乘机散播迷信思想，胡说这是阴间要征召壮丁，所以阎罗王在晚上派使者乘船沿着江河来勾人魂魄。灾荒发生后，有的农民不得不变卖自己的生产手段。有的只好靠典当借债过日子，高利贷在农村里乘机活跃起来。另一些人，就凭着自己平日所学来的木工手艺，开始迁移到大城市里去，他们来到了上海、厦门、香港和南洋一带。从以上来看，本来已经是穷困的农村，在灾荒的影响下，农村经济是整个的崩溃下去了。

二、政治因素

经济因素，往往是和政治因素结合在一起。经济的混乱，政治的黑暗，这两种情形就是旧中国社会的写照。温州在1876年被迫开放给英国人做为通商口岸。资本主义，封建主义和和官僚主义这三座大山就一直压在农民头上。农民们不但在经济上被剥削，在政治上，也一样被压迫。据一位父老告诉我们，当时温州的名胜地区，许多是被英国人和地主资本家占据着。例如瓯江中心的名胜江心屿，就是英国人的避暑地之一，屿上建有外国人的房子，中国人除了一些替他们工作的才可以上去之外，其他人一概不准进入。每天有两趟运载淡水和食物的船只来往，瓯江出产最大最新鲜的鱼都被他们选出。每年夏天，英国人会过江到其他有瀑布泉水的地区去游玩。这时候，他们是坐在由中国人抬着的椅子上，从平地到高山，从高山到平地，轿子的前后还燃插着两把檀香，那些洋大人说是要用来熏走轿夫身上发出的汗臭。在温州，英国人除了做洋货生意之外还兼收盐税。据另一位父老说，从丽水远载木桐下来温州，途中经过青田也要缴税给英国人。英国人在温州进行贸易，办教堂和学校等等活动，在政治上和经济上的目的是很清楚的。尤其是在经济方面，温州从1900年起被英国和其他国家所采取的财富是非常惊人的。以下列图表中，就可以看出外国人掠取的实际情况：

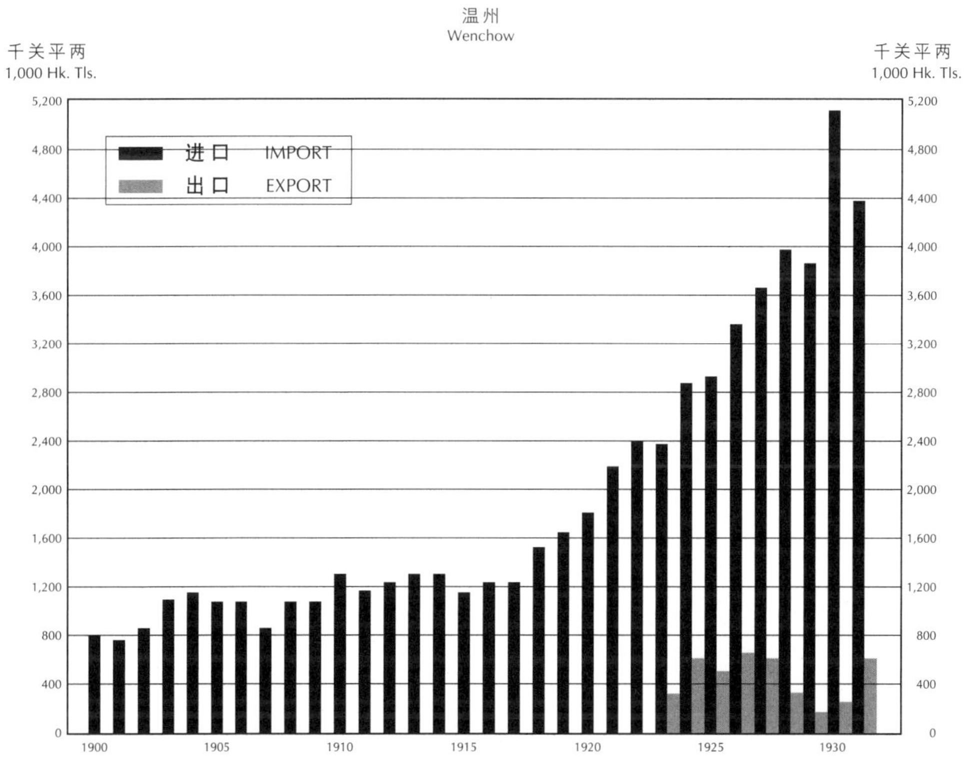

温州 Wenchow

年份 Year	进口 Imports 洋货进口 Foreign Goods	土货进口 Chinese Produce	共计(1) Total	出口 Exports 土货出口 Exports of Local Origin	土货复出口 Chinese Re-exports	洋货复出口 Foreign Re-exports	共计(2) Total	进出口货值总数 Grand Total (1)+(2)
1900	805,088	36,524	1,161,612	303,227	800	4,409	308,436	1,470,048
1901	706,988	393,030	1,100,018	366,900	4,510	1,619	378,029	1,473,047
1902	906,500	367,283	1,273,783	643,797	573	652	645,022	1,918,805
1903	1,071,097	390,023	1,461,120	1,130,004	1,158	633	1,131,795	2,592,915
1904	1,124,744	397,380	1,522,124	820,262	75	1,611	821,948	2,344,072
1905	1,044,729	461,570	1,506,299	729,068	—	108	729,176	2,235,475
1906	1,041,980	427,045	1,469,025	878,165	115	347	878,627	2,347,652
1907	850,414	471,055	1,321,469	750,800	287	497	751,584	2,073,053
1908	1,068,931	517,605	1,586,536	941,991	330	2,622	944,943	2,531,479
1909	1,072,529	351,189	1,423,718	800,896	235	2,426	803,557	2,227,275
1910	1,339,650	399,116	1,738,766	988,708	858	4,365	993,931	2,782,697
1911	1,181,881	464,097	1,645,978	1,008,370	2,073	4,278	1,014,721	2,660,690
1912	1,260,652	1,410,250	2,670,902	1,082,728	526	3,221	1,086,475	3,757,377
1913	1,348,037	1,321,382	2,669,419	1,040,705	13,706	5,516	1,059,927	3,729,346
1914	1,372,370	1,105,181	2,477,551	1,143,326	1,303	2,594	1,147,223	3,624,774
1915	1,180,076	966,024	2,146,100	1,291,262	2,070	38,304	1,331,636	3,477,766
1916	1,260,878	801,492	2,062,370	1,490,157	16,383	30,831	1,537,371	3,599,741
1917	1,302,112	752,970	2,055,082	1,250,029	3,032	69,857	1,322,918	3,378,000
1918	1,618,735	870,652	2,489,387	1,021,130	984	112,772	1,134,886	7,624,273
1919	1,710,266	922,050	2,632,316	1,502,649	2,371	70,477	1,575,497	4,207,813
1920	1,841,604	1,607,081	3,448,685	1,484,098	5,708	66,829	1,536,635	5,005,320
1921	2,262,226	5,226,768	7,488,994	1,444,576	3,167	70,549	1,518,292	9,007,286
1922	2,491,433	2,371,138	4,862,571	1,861,979	4,590	71,951	1,938,520	6,801,091
1923	2,437,751	3,186,166	5,623,917	2,834,655	15,106	77,264	2,927,025	8,550,942
1924	2,943,555	2,928,509	5,872,064	3,202,687	11,421	46,751	3,260,859	9,132,923
1925	3,003,606	2,887,305	5,890,911	3,334,645	8,585	50,097	3,393,327	9,284,238
1926	3,451,635	2,867,822	6,319,457	4,402,739	12,355	49,135	4,464,229	10,783,686
1927	3,725,568	3,306,286	7,031,854	4,555,734	6,798	39,434	4,601,966	11,633,820
1928	3,987,382	4,218,176	8,235,558	4,263,957	48,927	10,479	4,323.363	12,558,921
1929	3,901,302	5,570,223	9,471,525	5,166,544	54,578	33,612	5,254,734	14,726,259
1930	5,102,933	4,433,680	9,336,619	5,611,652	28,260	12,114	5,652,026	15,188,645
1931	4,396,176	7,271,332	11,667,708	5,261,499	22,879	8,609	5,292,987	16,960,695
1932	*215,506	8,093,884	8,309,390	3,914,442	44,138	——	3,958,580	12,267,970
1933	*92,544	6,658,325	6,750,869	3,753,002	67,112	——	3,820,114	10,570,983

*由各口岸进口洋货总数不在内（Gross foreign imports from other Chinese Ports not included）。

年份 Year	进口 Imports								出口 Exports							
	金 Gold			银 Silver			铜币 Copper Coins	共进口 Grand Total	金 Gold			银 Silver			铜币 Copper Coins	共出口 Grand Total
	条砂等 In Bars, Dust ete	币 In Coin	共计 Total	条及元宝 In Bars and Sycce	币 In Coin	共计 Total			条砂等 In Bars, Dust ete	币 In Coin	共计 Total	条及元宝 In Bars and Sycce	币 In Coin	共计 Total		
1900	——	——	——	3,900	44,204	48,104	——	48,104	——	——	——	——	1,010,590	1,010,590	——	1,010,590
1901	——	——	——	——	1,155	1,155	——	1,155	——	——	——	——	874,062	874,062	5,300	879,362
1902	——	——	——	9,090	85,495	94,585	——	94,585	——	——	——	——	553,217	553,217	——	553,217
1903	——	——	——	2,800	431,435	434,235	——	434,235	——	——	——	——	587,341	587,341	——	587,341
1904	——	——	——	630	153,087	153,717	——	153,717	——	——	——	——	926,967	926,967	——	926,967
1905	——	——	——	——	53,604	53,604	2,880	56,484	——	——	——	——	707,554	707,554	——	707,554
1906	——	——	——	——	——	——	——	——	——	——	——	——	770,334	770,334	——	770,334
1907	——	——	——	——	35,418	35,418	——	35,418	——	——	——	——	366,688	366,688	——	366,688
1908	——	——	——	9,227	——	9,227	——	9,227	——	——	——	401,638	——	401,638	——	401,638
1909	——	——	——	——	9,634	9,634	——	9,634	——	——	——	——	473,552	473,552	——	473,552
1910	——	——	——	——	58,579	58,579	——	58,579	——	——	——	——	217,524	217,524	——	217,524
1911	——	——	——	4,600	18,174	23,074	——	23,074	——	——	——	——	635,509	634,509	——	634,509
1912	——	——	——	——	20,197	20,197	——	20,197	——	——	——	——	1,115,247	1,115,247	——	1,115,247
1913	——	——	——	——	——	——	——	——	——	——	——	——	841,661	841,661	——	841,661
1914	——	——	——	——	582	582	——	582	——	——	——	——	1,016,846	1,016,846	——	1,016,846
1915	——	——	——	——	11,876	11,876	——	11,876	——	——	——	——	601,139	601,139	——	601,139
1916	——	——	——	——	19,793	19,793	——	19,793	——	——	——	——	467,148	467,148	——	467,148
1917	——	——	——	——	15,835	15,835	——	15,835	——	——	——	——	154,336	154,336	——	154,336
1918	——	——	——	——	——	——	——	——	——	——	——	——	204,995	204,995	——	204,995
1919	——	——	——	——	3,299	3,299	——	3,299	——	——	——	——	278,561	278,561	——	278,561
1920	——	——	——	——	11,546	11,546	——	11,546	——	——	——	——	164,748	164,748	——	164,748
1921	——	——	——	——	26,666	26,666	——	26,666	——	——	——	——	401,399	401,399	——	401,399
1922	——	——	——	——	65,979	65,979	——	65,979	——	——	——	——	143,833	143,833	——	143,833
1923	——	——	——	——	76,494	76,494	——	76,494	——	——	——	——	121,747	121,747	——	121,747
1924	——	——	——	——	140,000	140,000	——	140,000	——	——	——	——	449,853	449,853	——	449,853
1925	——	——	——	——	135,698	135,698	——	135,698	——	——	——	277,788	270,988	548,773	——	548,773
1926	——	——	——	——	——	——	——	——	——	——	——	941,370	187,208	1,128,578	——	1,128,578
1927	——	——	——	——	——	——	——	——	——	——	——	576,840	467,550	1,044,390	——	1,044,390
1928	——	——	——	——	——	——	——	——	——	——	——	——	2,309,324	2,309,324	——	2,309,324
1929	——	——	——	——	100,000	100,000	——	100,000	——	——	——	——	1,252,903	1,252,903	——	1,252,903
1930	——	——	——	——	——	——	——	——	——	——	——	——	1,337,652	1,337,652	——	1,337,652
1931	——	——	——	——	233,333	233,333	——	233,333	——	——	——	——	1,207,280	1,207,280	——	1,207,280
1932	——	——	——	——	——	——	——	——	——	——	——	——	3,832,798	3,832,798	——	3,832,798
1933	——	——	——	3,800	72,208	76,008	——	76,008	3,834	——	3,834	——	4,180,350	4,180,350	——	4,184,193

在农村里，农民所遭受的政治压力更大，当时的一般农民，根本就没有受教育的机会，文盲在农村是极普遍的一件事。我们调查所遇的对象中，能受较高教育的也不过是在蒙馆和塾中读过几年书，这还是寥寥的少数人。半殖民半封建的社会迫使他们终年在田地上耕作，所谓文化之类东西，与他们是绝了缘的东西，除了在田契札字上见过文字之外，平日里是难得见几个文字的。相反的，当时在农村中读书最高，识字最多的人却是地主乡绅之流，所谓“诗礼传家”就是这美人用来恐吓农民的一块大招牌。农民有事，或要和政府办理交涉什么事情，总是通过这些农村中的代理人去办，地主靠农民来供养，但是农民却被他们统治着，几千年来，政治的压力把农民的腰骨都要压断了。一位父老说，当时他所遇见的一个地主极其横蛮，缴租时给钱他不要收，而是要谷，少一粒都不行。地主在当时是统治阶级在农村中的政治代表，农民受地主剥削，就是受统治阶级剥削。这种剥削虽然有轻有重，农民所遭受的苦有深有浅，但是剥削的本质都是一样的。除了地主之外，城市里的商人也把农民当成他们的剥削对象，每逢稻谷收成之后，商人便派人到农村去收购，价钱的高低不定，米商乘机压低价钱是常有的事情。温州城里，充溢着各种各样的商人，有本地的，有上海的，有宁波的，他们都把农村当成赚取利润的场所，每年从农村中搜购去大批的稻米、棉花、蚕丝、药材、木材等产品，政治的腐败，往往使商人变本加厉的进行剥削。地主和商人，就是当时活跃在农村中的剥削阶级。

封建思想，封建观念，在当时的农村里牢牢地扎着根。代表封建势力的地主阶级，把封建迷信，思想的散播，当成软化和威吓农民的祖传秘方。农村中最容易见到的就是寺庙，祠堂，每年过时过节对鬼神的贡献，使农民付出一笔巨大的额外负担，在平阳的一些地方，单就中元节，摆设成山的祭品就常达一里长。而各种祭拜的仪式，往往就是地主乡绅们所主持。迷信的思想和半封建半殖民地社会是能够完整配合起来，温州各地，大小寺院不计其数，著名的风景区仙岩的一间寺庙，占地极广，过去寺庙还有放租的田地，僧侣们就是放租人，寺庙的大地主就是大资本家、大地主之流。自从温州被迫向英国人开放后，洋宗教也进来了，温州城内，建有外国人的教堂，半封建半殖民地社会也能够和洋宗教完整的配合起来。

农村里，家族的观念是非常浓厚的、续家谱的风气，弥漫着整个农村社会。“正册”、“例录”把同一个家族分成两种人，族长的权威，凌驾于一切之上。政权、神教合在一起，紧紧的套在农民的脖子上。一位父老说，他家族的一个族人，因为太穷了，有一天气愤起来竟把供奉祖宗和发家谱的祠堂放一把火烧了起来，但被族人发觉捉来痛打了一顿。在家族中掌握大权的，往往也是地主乡绅之流，对自己的家族，他们是高高在上，不可触摸。这也是形成海外华人帮派观念的原因之一。家族的观念，常使农民在不知不觉中陷入以本族，本村或本乡的狭隘意识中，许多村与村，乡的冲突就是由于这种狭隘意识所触发，对于地主乡绅来说，这是能够更进一步巩固这种观念的。但是，地主乡绅的剥削本质并没有因此而改变，许许多多南来的移民不是和他们同一家族吗?

生活的困苦是造成农民南来的主要因素，但是更促使他们向外闯的因素是战乱和抽壮丁。1937年，日本帝国主义发动侵华战争后，也曾占领了温州。同样的，日本人也在温州屠杀了许多温州人民，也举行过“人头展览会”，烧杀抢淫，无所不为。许多人在日本人还未来到之前就先南来。抗日战争结束后，国民党政府的腐败黑暗，使人民生活更加痛苦。农村经济的急剧崩溃自是不用说，在城市里，失业人群到处可以见到，乞丐，流氓，妓女极其活跃。在解放战争期间，国民党强拉壮丁的暴行，迫使农村中许多年青人逃了出来。拉壮丁说明了国民党军队的腐败，更说明了政治的黑暗。我们调查时所遇到的父老，有许多就是因为不甘被拉去充当壮丁而逃了出来。据父老们说，开始是征为壮丁，后来军事上节节失利，于是就强迫拉了，这种暴行愈是在偏僻的地区就愈是厉害。许多农民因此家破人亡，妻离子散。一位父老给我们讲了一个这样的生动故事：他在家乡共有兄弟五人，全家只有四五亩田。有一年大哥结婚了，可是在新婚夜突然被国党军队拉去当壮丁。兄弟们无不焦急万分，只好东借西凑，连四五亩田也卖掉，才凑足二百大元，好不容易才把大哥赎回来。结果无法过下去，他只好又借了一笔旅费南来。国民党强拉壮丁的故事是使人听了发指的，一些躲在墙壁洞活井里的人也一样会被搜到。在山雨欲来风满楼的最后几年，拉壮丁简直成了填补军队空缺的唯一办法。在农村里，地主、村长之类人，是替反动军队提供壮丁名册的帮凶人物，农民无法留在农村，唯有涌向城市，一些人就跑到更远的南洋来。我们调查所知，农民向海外流移，一方面是因为生活困难，另一方面是因为对抽壮丁的不满，有一部分人的南来是因为亲戚关系，但是最大的因素还是生活的困难和抽壮丁促使他们南来。为了更清楚地说明，下列是我们所访问的五十二位温州人关于南来因素的统计表，可以做为参考：

南来因素	人数	百分比
经济因素【生活困难、向外求发展】	26	50%
政治因素【抽壮丁、战乱】	16	30.8%
亲戚关系	7	13%
其他	3	5.8%
总计	52	100%

第四节　南来路线

温州人南来路线大多是经过海路，陆路交通很少。这是因为温州近海，而且是一个商港，船只来往方便，凭借着这种地理环境，海路成了南来的主要路线。但是南来并不是直接到新加坡，而是经过了几个间歇站，最后才渐渐移来新加坡。这几个间歇站就是上海、厦门和香港。南来路线也就按照这几个间歇站而伸展。详细来划分，有两条主要的路线：

温州——上海——厦门——香港——新加坡

温州——厦门——香港——新加坡

温州人到上海去，是有原因的。一个原因是，在温州学了木工，并不能很好的发展，温州地方小，木器销售有限，工作机会不多；上海是大城市，又是商业社会，对木器的需求较大，这情形就好像青田县人到欧洲售卖青田石雕刻品一样。另一个原因是，一些温州人到上海去学木工。所谓“上海师傅”的称号，就是曾向上海人学过手艺，或是把三江范围的人都称为“上海人”所引起的。在厦门，也有温州人从事木器业，但不比在上海的多。上海和厦门两个城市，便是温州人从事木器业的最早据点。从这两个据点，他们又逐渐移来星马一带，途中也有一些在香港停留过。一二八上海战事爆发，许多木器工厂迁进了租界内，从上海南来的人也渐多起来。老一辈的人到新加坡之后，在这里扎下了根，从此直接由温州来的人就增加了。1949年，因政治局势的急剧变化，南来的路线可以说完全被切断了。

注释

1 中华人民共和国内务部编《中华人民共和国国行政区划简册》（影印），株式会社大安，1966年，P. 52。

2 孙中山《孙中山选集》，下卷 四通出版社，1962年，P. 607。

3 邓云特《中国救荒史》，生活·读书·新知三联书店，1961年，P. 30。

4 见前《中国救荒史》，P. 94。

5 见前《中国救荒史》，P. 95。

6 见前《中国救荒史》，P. 95。

7 实业部中国经济年鉴编纂委员会辑《中国经济年鉴》·《浙江各县农民分配表》1936年，商务印书馆，P. 160 表50。

8 严中平《中国近代经济史统计资料选辑》，科学出版社1957年，P. 261 表1。

9 见前《中国近代经济史统计资料选辑》，P. 265 表7。

10 见前《中国近代经济史统计资料选辑》，P. 273 表11。

11 见前《中国近代经济史统计资料选辑》，P. 272 表10。

12 实业部中国经济年鉴编纂委员辑《中国经济年鉴》，商务印书馆，1934年，P. 119–122。

13 见前《中国经济年鉴》，P. 89。

14 见前《中国经济年鉴》，P. 89。

15 见前《中国经济年鉴》，P. 134–135。

16 见前《中国经济年鉴》，P. 116–117。

17 见前《中国经济年鉴》，P. 187–194。

18 见前《中国救荒史》，P. 130–131。

19 见前《中国救荒史》，P. 136。

20 实业部中国经济年鉴编纂委员会辑《中国经济年鉴续编》，商务印书馆，1935年，P. 58。

21 见前《中国经济年鉴续编》，P. 58。

22 实业部国际贸易局编纂《最近三十四年来中国通商口岸对外贸易统计》——中部，商务印书馆，1935年，P. 17。

23 见前《最近三十四年来中国通商口岸对外贸易统计》，P. 131。

24 见前《最近三十四年来中国通商口岸对外贸易统计》，P. 273。

第二章

木器行业中的生活情况

第一节　南来初期的情况

一、集中地点：温州人初来新加坡时，大多数集中在下列几个地区

(1) 今梧槽河畔关口货舱一带

(2) 东陵巴刹后面

(3) 三峇哇路

(4) 小坡火城一带

(5) 新世界附近三龙路一带

二、集中的原因

(一) 同乡关系

最早来到新加坡的温州人，都已经找到了定居和工作的地方，后来者陆续远涉重洋而来，由于人地生疏，加上人数很少，更需要同乡或亲友的关照和帮助。早期的各省籍华人，同乡观念是很浓厚的。对于那些刚从家乡南来的新客，老客都会给予照顾关怀。如果没有饭吃，就会请你吃上几天，没有安身之所就会替你安排，没有工作就会替你寻找，所以在这种同乡关系的互相照应下，自然而然地就集中在一起。

（二）语言不通

温州人在新加坡没有广东人，福建人，潮州人或其他省人那么多，在早期的人数更少，只有数百人。温州话是属于英语系，和南方各者的闽语系，粤语系的话当然是大不相同，温州话讲出来当然是难以通行，而刚来到新加坡的人外省话又不能很快的学会。语言不通，很多事情是难以表达出来的，这对于日常生活中的一切都感到不便，因此，南来的温州人就一批批地住在一起。不仅是温州人是这样，移居南洋的各省华侨都有都有这种聚居在一起的特征。在旧中国农村，小农经济的保守性，闭锢性已经很大，各省人的生活习惯，风俗习惯都有差异。在语言方面还是保存自己的特色。南来后彼此有意无意地划分居住地区，俨然是中国地方本省或本县的缩影。这些日后帮派的形形色色之根源，在华族社会里不知引起多少次纠纷，而且是华族社会分裂的原因。但可以肯定，这种分帮分派的观念，将因语言隔阂的打破和思想意识和认识的扩大而被消灭的。

（三）工作保障

温州人从事木器业，并非每位南来的人在温州就已经学了手艺才到新加坡来，有少部分人是到新加坡之后才学起来的，在家乡学了手艺才来的人，也是先要靠老同乡的帮助，由老同乡介绍工作，或向家私店领了工作来让给他们做，经过一段时间，使他们逐渐熟悉了一切才能独立下去。那些没有学过手艺而南来的温州人，更需要老同乡的帮助，通常都是先在老同乡处寄居,然后一面学木工，一面搭膳，到了一个相当时期，(通常是三年)，自己能够掌握各种技术，才出来独立工作，木器工厂是由许多独立工作的人聚集在一起的，这种工作上的互相照应，使聚集的倾向更加的明显了。

三、从事此行业的原因

根据“新加坡温州会馆会员调查表”[1]
在802名会员中（不包括38名家庭妇女）

职业	人数	百分比
木工	570	71%
商业	144	18%
工人	60	7.5%
其他	28	35%
总计	802	100%

(此表不包括38位家庭主妇在内)

有71%是从事木器行业的（附图），温州人大多数从事木器行业，正如其他省人都有一种可称为代表性的职业一样。但是要找出温州人从事木器行业的原因，应先追溯到中国的情形去，在温州，农村中学做木工已经是一种副业或是防患未然之技。当农村无法生活下去时，他们开始向大城市，向海外流移，唯一能在城市，在海外籍以谋生的技能，也就是木工。因此做木工也成了他们的职业。在先来的人的照应和帮助之下，后来的人也走上了木器行业这条路。

四、南来后的生活情况

南来初期的生活，并非如许多人在离乡前所听说的一样，这里并没有看到遍地黄金也不是什么神仙天堂之境，而是利用猪仔劳工的血汗开辟出来的一块殖民地。满怀希望的乡下农民，当然有些会失望了，但他们仍是毅然挑起重担，承接先辈们的英雄事迹，做起第二批开辟这块土地的主人翁。

殖民地的生活艰苦，但比起家乡的生活好多了。离乡背井，人地生疏，在同乡的帮助下，总算得到了安顿。为了生活，起早摸黑，天天在木屑纷飞的工场工作，睡的是木板，顶着的是屋梁。单身的，有家庭的，心中的感受都是一样。想起家乡中的妻子爹娘，明天还要照样地干。日子渐渐过去，一些人有了储蓄，就回家乡去，费用足够，就把全家人带了过来。没有成家的青年人回乡成亲，把新婚妻子也带来。最初温州妇女很少南来，在一九二七年时，只有三位的妇女来新加坡执教。此后多是联袂携眷南来的，人数也不很多，她们除了管理家务之外，多数帮助丈夫管理一些业务，或是编制藤织椅垫。

第二节　工作和工场的一般情况

一、工作情况

技术掌握和传授

制造木器是一种技术，不是能够无师自通的。这是要经过别人的指导和训练，加上自己的细心学习，才能掌握住。这种技术的获得，要从当学徒开始，学徒过程在木器行业中很重要，但是这种制度在温州和新加坡互有不同。

1. 温州的学徒制度

在温州，当学徒要经过“拜师傅”这一仪式，就是学徒被招收时要送一些礼物给授艺的师傅，礼物不拘，通常是谷类和猪肉多少不拘。然后才可以正式跟随师父学习，时间规定是三年，三年中不能缺少一天才能满师，有些学徒在三年中请过假，三年到了必须加以补还。学师三年虽然没有明文规定，但是被公认的。师傅为了保持手艺的名气，所以收学徒必有所选择，通常都是自己的亲戚朋友的儿子才肯收。由于师傅的收入有限，所收的学徒通常只有一人，最多也不过二人。学徒帮助他工作，一面学习。但是学徒是没有薪水，只供给吃，较好的师傅才有供给穿，或者少许的零用钱，但这是少有的机会。

当学徒的多是穷苦人家的子弟，在家中得不到三餐温饱才出来当学徒（温州人称“学生活”），学徒的生涯是很辛苦的，除了什么都要听从呼唤之外，遇到脾气坏的师傅，常会挨打骂。每天工作从早上一直到午夜是常有的事。学徒不单是学艺，额外的事情也得做，如替师傅洗衣服、煮饭、洗碗、买东西等等杂务，差不多是师傅的佣人。温州的木工师傅，并非是固定在一个地方工作而是流动性的。那里要做家具，修葺屋宇，桥或修理农具等，师傅就带了工具和徒弟一起去，所以徒弟时常要跟师傅到一个乡又一个乡，一个村又一个村，又得要跟师傅到温州市购买材料，有些苛刻的师傅，过年过节还要徒弟送猪腿礼物，报授艺之恩！可见当学徒是多么的艰难辛苦！

2. 新加坡的学徒制度

(a) 早期的情形（1942年以前）

早期的拜师礼节，比起温州的轻了很多，主要原因是这种礼节在新加坡不再受重视，师傅收学徒有时不只一人，学徒容易招收，不怕他半途走掉，当然就不需要用礼节来限制他们。而且礼节大繁对新加坡商业社会不太适合计较。一般师傅教导徒弟，已经没有封建农村那种严格授徒的要求了。可是学徒制度还是存在的。

南来的温州人中，有些是不会做木工的。这些人年纪通常已达二三十些，超过了当学徒的年龄，但是为了安身起见，他们自然而然的投靠到老同乡身旁帮忙，在帮忙的过程中就逐渐学会了手艺。这过程没有时间限定，没有师傅和徒弟的身份划分，反之年纪在十五至二十岁的，就有师徒之间的关系。

有些早已会做木工的人，他们的儿子从小就跟在身旁，耳濡目染，日子久了也就跟随父亲做起木工来，无形中也就是一个学徒。

早期的温州人是不随便收外省人当徒弟的，但是对于住在一起，久有交情的外省人，他们会招收其子弟当徒弟。一些温州人本身儿子太多，他们也会把儿子送去同乡人那里学手艺，以减轻负责。这样被招收的学徒，必须学习三年才能够满师。

新加坡的学徒比起温州的学徒待遇好得多，因为师傅收入比乡下好。在学艺期间，师傅都会给零用钱，包括买衣服和理发等，而且较少打骂的事发生。学徒日常所作的工作，都是繁琐杂碎的，如：刨板，晒板，煮牛皮胶，买东西等。在学徒过程当中，学徒必须眼明手快，心领神会，一切技术都在边做边学中逐渐掌握，师傅不是什么专家，也没有什么理论指导，学徒只能从师傅累积下来的经验去活学活用，无数的出色木器工人，就是在这种家庭手工业的师傅指导下出来的。学徒在三年满师后，和温州学师一样，师傅会把学艺时所用的那一套工具送给他，一来是当成一份礼物，二来是学徒在学艺期间对那套工具已经用惯了，除此以外，有些师傅会给他一笔相当二、三百或四，五百元的钱，算是三年的酬劳，有些师傅还会赠送一套家私。

(b) 现在的情形（1942年以前）

学徒制度来到商业社会，已经变了原来的面目，随着社会的发展，大工场的出现，机器的操作，以及企业化工厂的出现，学徒的人数愈来愈少，学徒制度也将被淘汰掉。

在资本主义社会里，封建农村中所带来的学徒制度已经不适用，原因是资本主义社会里，人们已不像在农村一样可以被家长式的学徒制度所约束，各种各样的工作能使学徒自由选择，不必局限在非做木工不可的范围内。而且三年学师中每个月没有分文薪水还要挨骂受苦，这是叫人难以发生兴趣的。因此一些师傅招收学徒已经有给每月四、五十元的薪水。这样一来已经不是学徒而是半熟练工人了。

机器的出现，节省了许多人力，代替了一部分技术，卖货工人可以靠租用机器的帮助，不用学徒的帮忙，也能应付一切，在这种情形之下，只有一些家境贫苦或半途辍学的孩子，才继续当学徒，向师傅或父亲学艺，许多没有机器的小工厂，机器的操作不必要用能够独当一面的熟手，因此请了一些十六、七岁的小伙子来担任这种工作。但他们已经不是学徒而是每月有20–60元收入的半熟练工人，这些工人，不单是操纵机器工作，而且还一边学习各种木工技术。在时间上，也没有规定三年，一些人在一二年内，只要天资好，领悟力强，就能学会手艺。

许多卖货工人，都觉得做木工这一行很辛苦，工作时间长，工资只能度日糊口，又得天天和木屑机器为伍，对身体威胁很大，所以不希望自己的儿子继续这种行业，生活的压迫，使他们把孩子送去做别行，国民服役制度的实施，使许多工厂不愿收学徒，因为常会在学徒快满师时，突然被召去服役，这对他们是非常大的损失，而且许多人也觉得学了一半被召去服役很不值得，这样一来，学徒就日渐减少了。

二、工作方式

木器工场里，都是机器和手工相兼应用，机器的出现，打破了过去的手工生产方式，使产量大大提高，但是木器工场里，还不能完全以机器生产，许多工作还是要靠手工来完成，比如刨木机所刨出来的，未能达到理想光滑，必须用人工再刨过，才能达到完善的程度。在外国垄断企业木器工厂里，机器的完备精良，几乎完全取代手工，而手工所能做的，仅是装配和做一些机器没法做到的微细工作而已。

由于机器可以节省许多劳动力，使生产提高，许多小型工厂和卖货工人，都尽量采用机器，但是机器价格高昂，并非人人可以购买的，除了外国垄断企业工厂不说，一些稍有资本累积的小型工厂老板，本钱足够时就会购置几架机器，机器购买有些是现钱交易，有些是分期付款，卖货工人，极少有能力购买机器，能买得起的，通常会把机器出租给同一工场的伙伴，来减轻买机器的负担。这种出租机器的情形有好几种，有的专门以出租机器为收入；有的自己一面出租机器，但也一面自己利用生产工作；有的出租机器不收费，但用机器者必须把产品交给他负责代售，抽取利润。

买不起机器而附近又有没机器设备的卖货工人，会把他要用机器操作的木料运到有机器的工场去，向别人租用机器，有些机器的主人还要看交情才让别人租用他的机器，机器租借的计标方法有很多件，有的是以机器加工在木料的某方面来计标，有的是以方尺，方寸来计算，有的是以张数，打数，全套来计算。

机器的出现，固然改变打破了手工生产方式，但是除了一些外国垄断企业工厂可以说是完全改变为机器生产方式外，大多数的卖货工人，甚至一些小型工厂，还是要用半手工半机械来生产。尤其是卖货工人，他们的家庭式经营，虽然生产工具大大改善了。但还是决定他们无法和大工厂的生产力相比。

三、工作时间

木器行业中，除了工厂有时间限制，其他做卖货或包工场都没有时间的限制，在工厂里，因为有老板和工人的生产关系，工作时间，有的由早上八、九时到下午五、六时都不等，工作多实行八小时制度。这些工人都是以日计薪的，在卖货或包工工场里，时间毫无限制，许多工人都是起早摸黑，从早上六、七点，连续做到晚上十一、二点，尤其在繁忙的季节里，每个工场里都有工人在赶夜工，卖货工人和包工工人的工作时最自由，但他们无时不受失业的威胁，尤其是包工工人，长期的半失业状态更不是一般人所能领受其滋味的。

四、收入情形

在木器行业中，收入较好的是卖货工人。如果工作多，每月会有五、六百元收入，通常都有一、二百元，收入的多少，完全是由工作的多少来决定，其次是日薪工人，一个日薪的师傅，每日薪水在十二元至十八元之间；普通工人在四元至十二元之间；学徒（半熟练工人）在二元至三元之间。收入最少的要算包工工人，他们工作不定，收入也不定，可以说木器行业中最痛苦的一种人。

五、工作的固定性和流动性

工作最固定的是日薪工人，因为他们是被资方雇请来，都集中在一个固定的工场工作，不会有流动的情形发生。卖货工人也少有流动，主要是他们的工作场地租金便宜，少有增租的事情发生，而且多是有很长久的历史，并靠近相熟的家私店、柚木行、五金行和木板厂，这种种的便利条件，造成他们少有流动的情形发生。有一些卖货工人偶尔接到一两宗装修店面的外场工作，会出外暂时工作一段时候，但工作一完毕，他们又是回到自己的工场去。近年来，由于市区的重建和发展，许多卖货工人被迫搬迁，但是他们不愿意到政府所建的工场去，原因是租金比原来的高了许多倍，而且还有许多不方便的地方，这使他们感到不知将何去何从！有些卖货工人，因为难以应付高昂的租金，只好搬到一些偏僻的地区去。

包工工人在木器行业中流动性最大，包工工人终年陷于半失业状态中，他们的工作都是临时性质，一旦什么地方需要，他们就到哪里去，当工作完毕后，他们又陷入失业状态中，只能再等别一个地方的工作，所以，包工没有固定的工作场所，他们像是一群带来简单生产工具到处流浪的求职者，在木器行业里，他们是最不幸的一群。

六、出售对象和交易方式

木器工人主要出售对象是家私店，而和家私店发生最密切关系的是卖货工人，至于日薪工人和包工工人却不是直接去找卖货工人，这种情形不会很多，家私店和卖货工人的交易方式，是到各工场去选购自己需要的产品，或是预先定制一批，讲定在某个时间前来运载。时间的长短，要看工作的多少而决定，有时一两个星期，也有三几个月的。如果订制的货品很多，家私店要先付一笔费用给卖货工人买原料。家私店除了自己订制之外，有时也会向外投标一些工程分配给买卖工人做，从中抽取利润，家私店在木器行业当中，扮演着中介商的角色。

一些较具规模的小型工厂，它们的交易对象并非像死店来订制货品，但很少数，他们的主要交易对象是英军部门，政府部门，各种机关团体或是旅店，戏院之类，这些工厂拥有日薪工人或包工工人。工作太多时，也会一些给包工工人做，其性质已不像家店，而是承包商。

比小型工厂更大的是外国垄断企业工厂，这种工厂有完整的IT设备，有大批日薪工人，甚至还控制了原料五金的来源，它在外国有广大的市场，主要的交易对象是外国。

注释

1 新加坡温州会馆《新加坡温州会馆四十周年纪念特刊》（一九二三年至一九六五年），新加坡温州会馆出版，1963年，P. 50。

附录

日治时期的木器业

1942年，日本占领了新加坡，三年零八个月黑暗统治，使木器行业也陷入半停顿状态中，在那恐怖的岁月里，人心惶惶，市面萧条，人人都为三餐着落和生命安全担忧，对购买家私用具已没有兴趣。由于购买力低，再加上原料缺乏，造成木器业工人日渐减少，许多人纷纷改行从事其他行业。有些人为了避难，不辞劳苦，携带妻子儿女到联邦和廖内群岛去，从事开芭垦荒工作，以种植木薯，蔬菜为生。没有离开的，就可能被日军征去军营工作，制造罗里车斗，修屋，建桥和制做各种家私用具，据一些被日本人征去做工的工人说，日军虽残暴，但是要用到他们，所以还算有点客气，每天工作后，会拨给8角至一元的工钱，或者是分配半斤至一斤的米，有时还发给一些叫人难以下咽的植物油或香烟。

日本占领新加坡后，检证立刻开始，其中一个检证站就在三峇哇路，据父老说，当时日军把这一带的木器工人和居民全都围到马路上，由一些大概是台湾人的汉奸当翻译，这些汉奸坐在高高的椅子上，用福建话发问，每个人走过他们面前就用竹竿敲一下，问道："喂，你是做什么的？"这一关叫"鬼门闸"要是相貌或回答有点像文化界人，就立刻围到另一边去，普通没事的只在手臂上打一个警字，被抓去的从此就没有下落了。日本人的另外一种方法就是把屋子里的人赶出来围在马路中晒太阳，直到无法忍受时汉奸就喊："喂，你们不用怕，假如你们有谁参加过义勇军，先给过去不用检查；现在和平了，日本皇军要给你们工作，给你们优待，请举起手来。"有些人一时不察就举起手，一些人却是给太阳晒得忍不住也"，举起手来，结果都被载去杀害了。父老们说，这是血的回忆，应该牢牢记住！

在木器工人中，有些曾经参加过抗日救亡工作的，后来被汉奸出卖给日军抓去，从此就没有下落，一些就被送往泰国建死亡铁路，有一位叫名郑陈松的木器工人，有一天半夜去贴标语，不幸被抓到，日本人将他用刑后押他到温州人的木器工场去认人，想逼他招出同志来，但郑陈松故意装成不认识其他五六个人，结果他英勇牺牲了。父老们说，郑陈松死时才三十多岁，他的人格和精神是值得敬仰的。

战争结束后，温州会馆曾开了一个追悼会，纪念那些被检证后抓去枪毙，给炸弹炸死，和当义勇军被打死和病死的同乡，一共58人。经过这次战争后，一些木器工人想回去看看家乡的情形。战前回去的又再回来，木器业因市面的恢复又渐渐兴盛起来。

第三章

木器行业里的生产关系

第一节　生产制度

木器业的工场制度，在现今社会里，没有也不可能有划一齐整的规定。随着工场的四处零星分布，这种混乱的情形更是明显。我们调查的结果，无论是温州人或非温州人的情形都是一样。从英国人统治开始，工场里一直都保存着卖货和包工的两种制度。这一些小型工厂和外国垄断企业工厂中，则有日薪制度。

一、卖货制度的情形

卖货是木器行业的术语，靠卖货为生的工人，通常都是以个人为单位，他们靠自己的一些本钱，购买一些木料，凭着自己的手艺制成各种家私，再等待家私商来购买；或者是由家私商来定制，其间偶尔也有普通的顾客来定制，但并不很多。简单的来讲，卖货就是做了货卖给别人。卖货制度的产生，是延续着中国农村中的手工业生产者的谋生方式，随着移民的南来，这种谋生方式也被带来，许多老一辈的工人都说在家乡学生活（木工）就是为了谋生，而且就是在没田可种或是不种田的情况下只好学艺以过日子。这些半无产的手艺工人来到殖民地社会后，又和城市里的家私店发生了联系，受到商业资本的控制。这时候，他们已经和中国农村中有所差别，至少在他们和顾客之间已经隔着一个中介商——家私店，并不是直接卖给顾客。不像在中国直接卖给顾客，或到顾客家里工作那样，无形中他们就是替家私店工作的一群工人。

卖货工人和一般产业工人有所不同，他们大多是以个人为单位，家庭手工业的气息很重，每一个卖货工人都拥有刨、锯、锤、銑等简单生产工具，不像一般产业工人除了劳力之外一无所有。有些卖货工人除了简单生产的工具之外，还拥有较优越的生产工具，如机器、工场；他们自己参加劳动生产之外，还雇有几个学徒或短暂的帮工，在木器行业中，卖货的情形很普遍，这种情形在正被拆除的三峇哇路（San Bawa Road）一带的工场和已被大火烧毁的赛逸亚雷路（Syed Alwi Road）广金隆工场最具典型。

由于卖货工人主要的交易对象是家私商，又因为了购买原料，所以和柚木商、木板商、五金商的关系也很密切。卖货工人所面对的矛盾性问题就是联系着这些商家，但是一些卖货工人本身雇有几个学徒和短暂帮工，他们之间是否有矛盾？有的，可是卖货是一种手工业的生产方式，所以他们之间的矛盾并不像资本家和工人那么激烈深刻。

第二次世界大战后，各式的木工机器大量输入。机器的输入，对卖货工人是一项很大的威胁，许多过去靠精巧手艺为生的工友，面对机器的挑战，终于迫使自己降低产品出售的价格。因为机器工作效能高，速度快，生产量大，这绝不是手工所能比拟的，过去必须靠手工技术操作的工作，如：如刨板，铣孔，锯板，打榫，现在都用机器取而代之，因此工资也相对降低了。卖货工人是凭手艺吃饭的，机器的输入，本来可以改变他们落后的生产方式，加速生产，使生产力发展起来。但事实上并非这样，资本的微小，以家庭为单位，仍旧使它停留在家庭手工业上，机器的出现，也只是一种辅助性质罢了。

机器的出现，虽然给卖货的手艺带来很大威胁，但是，机器的生产方式，并没有排除卖货这种手工业生产方式，而且和手工业生产方式结合起来成为半机械半手工的生产方式。主要的原因是，卖货还有存在的价值，许多家私店的货品，还是要依靠卖货工人制造，在本地还未见到有批发家私产品给家私店的大工厂；同时，在许多卖货工人集中的工场里，纷纷出现了出租的机器，这替卖货工人解决了不少工作上的麻烦。而且，外国垄断资本和民族资本对卖货还没有明显的吞并行动。然而，这并非说卖货工人没有遇到任何困难，最给他们带来威胁的，就是原料的价格上涨，生活费增高，产品价格的波动，迫迁后不知何去何从的担忧。在社会各阶级来分析，他们的生活比一般产业工人来得好，但是从他们南来的历史和现在的处境来看，他们的遭遇也是很不幸的。

卖货工人中，有很多人是儿子跟着父亲学习木工，长大后也做起卖货来，父子走的都是同一条路，有的是先跟别人学，后来才跑出来做起卖货来，卖货工人最大的痛苦是生活的艰难，工人们都说，工作是有的，但是工资很低，这种矛盾说明了通货膨胀和物价的上升。

二、包工制度的情形

包工制度在殖民地经济制度下就开始出现，这种制度不仅存在于木器业，而且还存在于建筑、运输、驳业、树胶、火锯等行业中。一般的情形是，一项工程或工作，由承包商直接或间接分配给工人去做，倘若是转了几手才分配给工人，工人就是最后的承接人，同时也是直接付出劳力的，可想而知，他们所遭受的剥削是经过了好几层的，而且工作上条件没有明文规定，工作和工资毫无保障，更不用谈有什么花红津贴、假期、医药照顾这类东西了。

在木器行业中，包工制度和卖货制度是同样普遍的。包工制度的情形，主要的工作是承包商向英军，政府部分或旅店、戏院等机构以投标的方式承接大宗的木器工程，然后直接或间接转给包工头，或者有一批工人合伙以计薪方式承制。

工程大小不定，有几千元，几百元，或者几十万元，甚至也有上百万元的。工人接到工作之后，就是被雇来以件计薪，按照每一件制成品来计算工资，也就是被承包商或包工头雇来充当临时工人。包工工人制造货品的原料，工场、机器是由资方供给，工人只是付出劳力。有些是一切由工人先负责，但要是利用资方的工场和机器就要缴交租费。

通常雇用包工工人的工场，范围较大，人数较多。在同一范围内，包工工人往往超过日薪工人，最多的有三四十人。承包商若是直接把工作分配给工人做，他本身往往就是工场老板，有时他也会把工作分配给其他工场的卖货工人去做。一些较小的工场，老板有时也参加工作，我们调查时也遇到不少这些“双重身份”的人，但是这种人资本比卖货工人多，他拥有许多替他生产的工人，还拥有机器，所以他是老板而不是工人。一些较大的工场老板，我们称之为民族资本家。

在包工制度下工作的工人，有些原来是做卖货的，因为自己的工作很淡，或是暂时放弃卖货的工作，被雇为包工工人，但是当工作一完毕，他们又回复到卖货的地位。卖货工人实际上也可说是在包工制度下生活的一群。我们调查是有许多承包商和包工头都说做包工的工人很自由，要做不做可以随他们。说这种话是因为包工工人是以件计薪，老板不怕亏本的缘故，但在所得利益的强烈对比下，这种“自由”实在叫人不敢领教。

包工制度的存在，不但说明了殖民地经济仍旧保存着，也说明了本地的民族资本家，无法和外来资本家的大资本和管理系统相比拟。因为无法和外来资本家相比拟，无法开拓外国市场，所以仍旧保存包工制度，唯有利用这种制度，才能达到他们牟利的目的。由于包工工人是以件计薪，工作又是临时性质，所以他们多是随着工程的不同而流动工作，没有固定的工作地点。在这种情形下，劳资关系和一般产业工人也有些不同，但我们不能否认他们所遭受的剥削在本质上是一样的。他们的遭遇也是很不幸，工作没有保障，承包商之间在投标时互相竞争压低标价，转手时再压底工价，包工头的扣除，物价的上涨，生活费提高，这种种阴影总是紧紧跟在后头。包工工人在工作上不受时间限制，这一点可说是较日薪工人自由，但是资方总不会让他们太过自由的。在木器行业里，包工工人的工作是没有保障的。

三、日薪制度的情形

木器行业中的日薪的工人并不比卖货和包工工人多，原因是木器工场虽然很多，但许多工场内都分割成许多小单位，从外表看去，也许会认为是一间完整的木器工厂，实际上不然，这些小单位都是做卖货的，里面工作的都是卖货工人，日薪工人是没有的，有一些卖货工人雇有党徒，但是这和真正的日薪工人是有所差别，因为这些学徒只是学工，在学会之后可能脱离师傅而独立谋生去，没有雇主和日薪工人那样的长期性关系和生产关系。卖货工人在繁忙时也会雇请一些临时的帮工，虽然是以日计薪，但是工作性质是临时性，所以和日薪工人也不同。

日薪工人是在一些较具规模的工场里出现，尤其是在外国资本的木器工厂里，日薪工人是占主要的。在本地的木器工场里，日薪工人可分为三种，即学徒、普通工人和熟练工人。学徒在过去必须先受三年的训练，学工期间除了供给三餐之外，并无工资，有些雇主在满师后会给一笔二三百或四五百元的现金和一套工具，这种仪式现在已不流行。学徒的三年学工是被公认的，虽然不像工艺学校出来的学生有一张文凭，在三年学师当中，学徒所能学到的实际技能会比工艺学校出来的学生多，这种事实是许多木器工人和工艺学校学生都一致承认。理由是，实际工作比多谈理论来的现实，干就是学习。现在的木器工场里，学徒和过去已经有所不同，他们也以日计薪，通常都是一天二、三元，以后随技术的掌握和进步逐渐加薪，学徒的三年期限也已经很模糊了，只要能掌握各种技术就可以成为一个普通工人。

普通工人都是由学徒出身，就是已经学会各种技术，但和老工人比较起来，时间还不很久。但是老工人所能做的，他们也都能做。普通工人的薪金一天是四五元、直到十元不等。

熟练工人，即所称的师傅，他们都是工作了很久，精熟各种技术，在工场里起着指导的作用。熟练工人的薪金一般上每天在十元以上，有高至十五元或十七、八元的。

在外国资本的木器工厂里，日薪工人的薪水比起本地工场的要来得低，原因是这些工厂的生产主要靠机器，人却被当成了附属品，也成了一种机器。在这些工厂里，没有学徒制度，分普通工人和熟练工人两种，普通工人日薪四元、五元、最高也不过十元左右；熟练工人却成为包工工人，以自己精巧的技术做了一些机器无能为力的工作，在资本主义社会里面，人的手艺竟然被忽视掉，原因是为了达到利润追求的目的。

第二节　劳资关系

木器业中的劳资关系，表现在卖货制度的是家私商和卖货工人的关系，表现在包工制度的是承包,包工头和包工工人的关系；表现在日薪制度的是资本家和日薪工人的关系。

一、家私商和卖货工人的关系

卖货工人一向来可说是替家私商工作的一群，他们比包工工人和日薪工人来的好，独立性较强，这是家庭手工业的生产方式决定了他们不是无产者。卖货工人手头上都有些本钱，利用这些本钱，买了木料，凭自己的手艺制成产品，再卖给家私商或由家私商来订制。每制造一种家私，都是要经过自己劳力的付出，用劳力去换取代价，但却又较包工工人和日薪工人能自主，他们的身份应该是属于半无产者。

卖货工人的产品价格是没有划一规定的，通常一件产品，都是和家私商商酌之后认为合适才成订交。没有划一的价格，对卖货工人是一件很吃亏的事，家私商为了营利，往往会借故压低价格，这种情形在市面生意冷淡，营利不振的时候更为厉害。工人为了生活，只有忍痛将产品出售。在调查时，我们问了许多位工人，既然这间家私所出的价钱太少，为什么不售给别一间呢? 回答的是，每一间的情形都差不多一样!而且家私商并不担心你不卖给他，因为在工作竞争的情况下，你不做自然还会有别人来做。所以价格被压低时，为了避免失去主顾，工人只好忍气吞声地承接下来。

卖货和家私店的关系是工人和老板的关系，同乡的关系，帮派的关系在这种关系不是不存在的。我们访问了许多家私店和卖货工人之后发现，家私店并没有完全把工作给自己的同乡或同帮派的人做，原因是家私店老板是卖货工人出身的，他懂得同乡人的工资，要求会比较高，外省人的工资会比“上海师傅”的低，即使有给同乡人做，也是先从营利方面打算。所谓帮派的行业在利润挂帅下也只是两种人的关系。说彻底一点，在阶级社会里，只有两种阶级的关系，而不会有帮派的关系。

卖货工人所常面对的一个问题，是家私店取了物品而拖欠货款。这种情形使工人常卖了货而无法立刻拿回本钱和工资，无形中家私店就等于是卖货工人寄卖产品的场所。据卖货工人说，家私店常开给他们要等几个月后才能领得到钱的支票，一个月才能领到钱的支票是很平常的。这给了他们许多不方便，购买原料，生活费用，都会因拿不到现钱而陷入困境中。而家私店也可利用拖欠的时间来周转生意。有些工人说，他们曾被拖欠一年之久。家私店在定制货品时要用最低的价钱，但是这种拖欠往往是用生意冷谈，或是用老主雇，老朋友和同乡的关系作为借口。

替家私店承制货品的卖货工人有点像包工工人的性质一样，他们也是以件计薪，所不同的就是没有经过承包商或包工头这层关系。家私店向许多卖货工人制定货品，就像雇用了许多工人一样。但是，同样一件货品，对不同的工人所定的价钱往往有差别。据工人说，他们交货是有期限的，为了生活，为了赶货，常常要开夜工，甚至连礼拜天休息的时间也被剥夺掉，一位卖货工人对我们苦笑说："做我们这行，吃不饱，饿不死，一进去就没有后门出来。礼拜天还要做工，就像脚车店一样，在应该休息的日子里还是要关起门来补轮胎。"

劳动阶级是否可以在这社会中通过"自由竞争"而成为老板呢？这在比起包工工人和日薪工人来得好的卖货工人来说是应该可以看得出结果的。在调查家私店的时候，许多老板都自称是白手成家，赤拳打天下，言下不胜沾沾自喜。不错，在卖货工人中是有一小部分人会分化成为老板，做起生意来，但是大多数人却没有这种机会，在几十年的"自由竞争"下，他们仍然在出卖劳力，日过一日，我们决不能把偶然的现象当成必然的现象，不能把现象当成本质来看待。卖货工人有几千人，但变成老板的又有多少人呢？最多不过百分之一。其他人还不是天天辛苦地工作。有一位粤籍的卖货工人对我们说："我哋呢一行，有做有得食，冇做冇得食"，这句话就可以代表卖货工人的心声，反映出他们的共同遭遇。这位工人已经从事木器行业二十多年，从香港做到新加坡来，现在不但没有变成老板，甚至还替人家东打打工，西帮帮忙，籍以糊口度日，有几位卖货工人已经年届七十，还是要照旧天天工作，我们调查时，只见他们的肌肉都已松弛，身体微微颤抖。许多卖货工人都是年龄超过五六十岁，但是现实的重担，生活的鞭子，还是迫使他们做下去。这说明了什么？难道他们不是白手做起，不是赤手空拳来南洋的吗？所谓"自由竞争"根本就不存在。

二、承包商、包工头和包工工人的关系

木器行业中，包工制度是最不合理的一种制度。承包商，包工头和包工工人之间的矛盾，比起日薪制度来得更为深刻。原因是，他们的被剥削是经过了好几层，而且工作条件苛刻，工资和工作是毫无保障，根本就没有"劳工法令"可言。包工制度是殖民地经济制度的特征，这种畸形的现象，剥夺了工人应该享受的各种权益，使工人生活陷于水深火热之中。

包工工人的工作最没有保障，他们长时间陷于半失业状态中。一旦那里有工作，才暂时结束失业状态，可是当工作一完毕，立刻又陷入失业状态。这种悲惨的生活，从英国人到来时便已经开始，殖民主义者利用承标方式，再通过这种制度，掠夺了大批的原料和劳力，以最低的价格获得最高的利润。承包商接了工程之后，便召集许多临时工人替他工作，但工作是以件计算工资，所以被雇佣的工人往往人数很多。在木器行业里，被雇佣的临时工人多达三四十人。由于工人是以件计薪，所以工作时间常常长达十多点钟，为了生活，他们也只有那么辛苦地去做。有些承包商承接了工程后，并不是自己士直接分配给工人去做，而是将工程再转让给较小的承包商或包工头，利用工程的转让做为一种营利的手段。这样一来，包工工人所受的剥削就增加了几层，其中的工资被大大小小的承包商和包工头所扣除，剩下来的就可想而知了。

包工工人没有固定的工作场所，所以流动性很大。通常他们被雇用后，就到承包商或包工头的工场去工作。一些卖货兼做包工的，则有他们自己的工作场所，工场里每位工人都会分配到一张工作桌（料凳），自己还要准备简单的生产工具（刨，锯，锤，铣之类）。在包工工场里，通常都有安装机器，包工工人的工资中，如果不是先已扣除了机器的费用和场地的租金，就要另外付钱缴租，因为老板总不会白白供给他们场所和机器的。一般上包工工人每天所能赚到的工资是十二，三元，十五元已是很少见的。这样的工资比起卖货工人每天所赚的差不了多少，所以许多包工工人往往受不了而跑了出来，自己甘愿筹集一些本钱，做起卖货来。

包工工人随时都有陷入失业的忧虑，这对他们已经是很不平等。但是，更使他们吃尽大亏的就是没有划一的工价，没有划一的工价，承包商和包工头能够随意压低工价，而包工工人却没有可以力争的理由。承包商和包工头抓着包工工人随时会失业的这一弱点，常迫使他们勉强做下去。1956年开始，木器工友联合会对争取工价的划一曾推行实施一项“划一工价”运动，并和木器制造商公会取得合作，制定了一份“皇家木器工作划一工作表”，这项运动曾经积极进行，但没获得成功。划一工价是唯一能使包工工人免受压低工价威胁的办法，但是所谓包工制度，向来就是利用没有划一工价来进行剥削的。对于这种制度，1960年《五工团联合庆祝周年纪念及鲁班先师诞辰特刊》中有段话说，“必须指示，生活在包工制度的压迫与剥削下的广大劳苦工人是痛恨包工制的存在，是要求迫切给予改革的，而且任何照顾国家社会经济利益的资本家是不会欢迎包工制度的，任何宣称同情工人及为了增进人民物质生活及取得国家政权独立自主的政府，也应该要反对这种剥削制度的。可以相信，唯有那些抱着狗咬骨头一味地幻想剥削与压迫工人的死硬态度的老板，才会不赞同这种经济制度的整肃与改革不合理的工作制度的。”

三、雇主、资本家和日薪工人的关系

卖货工人、包工工人和日薪工人都可以说是结在同一条藤上的苦瓜。在劳资关系上，日薪工人的遭遇比起卖货和包工工人来得更具体化。长期的对立性和生产关系，使日薪工人的阶级地位更加明显。除了双手之外，他们是一无所有。

日薪工人的工作场所是小型工厂和外国垄断企业工厂。在小型工厂里，日薪工人的薪水没有划一标准。许多日薪工人的薪水；是由老板规定的，当学徒的是二三元，普通工人四元至十二元，师傅十二元至十八元，但有十五元左右的已是少见。薪水的增加，全凭老板自认工作成绩满意才施行加薪。这对日薪工人来说是很无理的，因为没有划一的工资，老板可以借故不给加薪，而工作却是天天不会中断，有时为了赶货，还得给老板赶夜工，身体精神的影响，和多加几元的补贴比较起来；是很不值得的。许多日薪工人，常因此而跑出来当卖货工人，他们宁愿当卖货工人多花一点力气去招生意，而不愿被老板束缚住。调查日薪工人时，我们发现一些工厂雇有不满十八岁的童工，有几个才年仅十二三岁，虽然是学徒，可是所做的工作却和成人一样繁重，只是未完全掌握各种技术吧了，其中有一位童工竟然是为了负担家庭生活而停学出来工作，家中有年迈双亲，另有两个姐妹在假发工厂和纸袋厂也是当童工，穷人的孩子早当家，说来真令人愤慨酸辛！有些工厂里，老板怕工人会偷懒，雇有工头在旁监督，这些工头或许也是参加工作，但是他的监督任务会比工作任务来得大。日薪工人以日计薪，但他们的薪水，多是一个月才领取。有些工人有呈报给政府，但往往没有全部呈报上去，老板为了少缴公积金，故意把呈报数目减少。有些工人会因追讨公积金或超时津贴常和老板发生争执，但为了保存工作，他们常忍气吞声下来。

外国垄断企业工厂的日薪情形，请看第五章第二节“外来企业的威胁”。

第四章

工会

第一节　工会产生的背景及组织

《星洲木器工友联合会》产生于1955年5月4日。1955年，是新马人民反殖斗争蓬勃发展的一年，各阶层人民纷纷投身斗争行列之中。工人阶级，站在反殖斗争的最前线，他们以无产阶级的英雄气慨，为捍卫自身的权力，团结起来，不断向殖民主义者展开反抗行动。这一年的星洲的职工运动活跃地进展着。根据《新加坡一百五十年》的记载：“一九五五年新加坡劳工阵线联合政府成立之后，新加坡之职工运动便开始呈现出有史以来的最蓬勃现象。根据当时政府职工会注册局统制官披露，从一九五五年四月到十月之七个月间，新注册之劳方职工团体共有三十四个单位，在此期间，加入职工运动之各业工人近三万名。一九五五年四月间，本邦早已注册之劳工职工团体共一百四十一个单位，会员达八万零九百零八名。一九五五年十月底，已注册之职工团体已增加至一百七十五个单位，会员人数总共达十一万九千五百一十名。右当时新加坡政府职工会注册官孙崇瑜向记者指出，新加坡职工团体之激增，显示工人阶级已经觉醒到参加职工运动之重要性，劳工政府执政后职工运动如雨后春笋，乃是意料中事，这乃是社会发展之健康现象。”(1)

职工运动的蓬勃发展，唤醒了千万个工人投身进入斗争队伍，而工会的出现，就是工人们团结的核心。要维护自己的权益，就必须团结在一起，组织起一个真正能够代表他们说话，能伸张正义的机构，木器工友联合会，就是在这基础上成立起来的。

其宗旨是，为了保障工友们的利益和共同的目标而努力，为实现一个没有人剥削人的社会，一个独立、民主的社会主义国家而奋斗。同时，借此以便团结工友们的力量并愿基于劳资双方互惠互利的原则和开明的资方采取合作，而不允许有任何资本家敌视工会，试图破坏工人阶级的团结，剥削工友们所应享有的正当利益。凡对工会有什么不良的企图，该会将以有力的反击，绝不在任何恶势力低头，屈服。

该会成立时，由会员中选出中央委员会，包括正副主席、正副财政、正副总务、文书、执委六位、组织部主任及秘书、宣传股主任及秘书、正副联络。后补执委三位：信托员三位及查账两位。该中央委员会每年改组一次，在每年会员大会暨庆祝鲁班先师诞辰中选出新中央执委，1960年，该会扩大了第六届中央执委会加强了组织、宣教二项。工作的会务活动内容：并设立了〈组织委员会〉、〈宣教委员会〉和一个〈互助部〉，以便在执委会集中领导下分别推行工作。

第二节 工会的活动情形

木器工友联合会成立以来，一直遭受外来的压力。根据1960年星洲木器工友会五周年纪念《会务检讨报告》说："本会从一九五五年五月四日获得正式注册至今已五年多了，这些年来星洲的局势起了很多的变化，在这时期职工会一直是面临着生存的威胁，殖民主义者及其代理人处心积虑企图扑灭职工运动。"(2) 虽然如此，

木器工友联合会还是积极进行活动。1959年7月19日，工会在庆祝四周年暨鲁班先师诞辰大会上，呼吁工友响应统一工运号召。大会通过了四项提案：

1. 本大会热烈欢迎新政府的五年施政计划，为了要使这项有利国计民生的政策1能够顺利实现，我们呼吁官民团结一致，共同为实现繁荣经济，改善民生而奋斗。
2. 本大会全力支持统一职工运动的号召，同时吁请凡是与土木工程有关的同行业兄弟工团，从速谋商组织统一的机构。
3. 本大会呼吁资方摒弃其敌视工会的态度重新在互惠互利的基础上建立起良好的关系，并恳切希望①木器制造厂商资方与本会合作，其同谋使稳定皇家木器工价②木箱厂及家私商雇主履行政府法令中所规定之工友福利条文。
4. 本大会全力支持政府的新文化运动，为配合此壮举，决积极提倡健康文娱，学习国家语文——马来语，从而建立起效忠马来亚的意识。(3)

1959年，工会属下的协泉裕和悦源两间木箱厂发生罢工事件，工潮爆发后，在工会与资方的不断谈判下，悦源厂僵持了九个多月才解决，而协泉路的僵持时间超过了

十个月才结束，1960年1月9日工会与建筑工友联合会，火电锯工联，造船工业工联及砖联所组的五工团在干事大会上呼吁，全力支持罢工同业，促使工潮早日结束，并欢迎政府计划设立工业，纠纷法庭。在大会上，职工运动领袖方水双说：

“为了巩固国家的经济和鼓励工业发展新政府处理劳工问题有一个原则，即保持工业安宁，但同时保证劳动肌界工友们也享到合理的生活。”他强调鼓励工业发展并非等于剥削工友，相反地，工友们的生活应该得到合理的保障。他指出维持工业安宁有三个条件①要依靠职工领袖的睿智和经验，换句话说就是要先明瞭工友们的实际情况进而如何使到所有提出的要求是合情合理的。②保证雇主改变过去所采取的不合作态度，过去，许多雇主往往利用当时的政治环境，压迫工友，破坏工会组织，使到工友们合情合理的要求无法实现。③必须澈底改组劳工部。[4]

大会并通过了下列四项议案：

1. 大会呼吁全新各工团密切关注正在为保卫基本生活利益与工作保障而斗争的罢工工友。同时给予全力的支持，使工潮能早日结束。
2. 大会热烈号召五工团属下所有的干事与工友兄弟姐妹们展开一项献金运动，并长期在物质上精神上支持木器工联会以及电锯工联会属下的罢工工友。
3. 大会强烈谴责这些破坏集体议价和互惠互利之崇高原则以及违背和平协商的精诚态度解决劳资纠纷的反动与顽固的老板，并吁请所有开明的资本家和工会诚意合作共同维持国家工业安宁，促进国民经济的稳定发展。
4. 热烈欢迎新政府设立工业纠纷法庭。大会吁请政府尽速修改劳工法令，俾使工友生活权益获得维护。[5]

1961年4月29日，该会在会员大会指出，工人利益最有效的保障是工人自己的组织。只有加强和壮大工会的组织，才能更好的维护工人的利益，因此该会于常年大会上通过下列各项议案：

1. 本大会呼吁尚未加入工会之本行业工友（包括木器、木籍、油漆、沙发、坊廊等工友）应踊跃参加工会。
2. 本大会呼吁本行业之工友踊跃参加文化班及各项康乐活动，以提高文化水平及思想认识。
3. 本大会呼吁会友们准时按月交捐，充实工会经济力，以使工会更有效地发展会务，并为会友们谋取福利。
4. 本大会全力支持本邦政府之四年经济发展计划，繁荣经济改善民生，借以缓和失业浪潮。

5. 本大会坚决支持拉丁美洲及亚非人民反殖民主义的民族解放运动。
6. 本大会热烈号召本行业工友踊跃出席由职总主持在惹兰勿刹足球场举行之五一国际劳动节大会。[6]

1961年7月23日，该会庆祝六周年纪念，反对分裂工运，并呼吁工人团结。大会主席还促请工友和资方维持良好关系，保存成果。大会并通过下列议案：

1. 本工会重申1960年“五一”劳动节大会通过的决议。“新加坡职工会运动必须发展成为一股支持进步的社会主义的独立的强大力量。不管工会的个别会员有什么政治联系，我们必须牢牢记住，职工运动者和工会领袖的任务是在于运用公平的民主的方法，尽可能强有力地表达劳动人民的意见，以及谋求达到劳动人民的目标和生活的改善。危险是在于把职工运动归附到不同的社会主义组织而产生了予值。我们愿意在此表明：新加坡职工运动的政策是坚定不移的不结盟的独立政策……”，鉴于此大会对目前有人把职工运动变成政党政治的工具，并公开主张分裂本邦职工运动的做法表示遗憾。
2. 本大会完全同意基于目前的客观条件及人民的迫切需求，在一九六三年是新英宪制谈判中坚决要求废除内部治安委员会及任何类似的机构，取消英国代表拥有干涉本邦内政的特权，争取实现真正安全的内部自治，给本邦人民享有充分的自由，民主权力，以及更进一步改善人民的生活，同时全力支持林清祥等六工者的主张及四十三职工会对时局联会声明所表明的立场和态度。
3. 本大会恳切吁请全新资方本着向来良好态度，基于劳资两利的原则继续与工友们维持精诚合作，切勿受任何恶毒的挑剔而引起不必要的纠纷，并希望工友们也以同样态度，促使劳资合作，共同维护工业安宁，以免受人以柄造成局面混乱。
4. 本大会热烈支持我会本年度会务方针：“加强联系巩固组织，做好宣教工作。”同时希望工友们及其子弟踊跃参加文娱活动，提高认识，紧密联系，从而增强工会的力量。
5. 本大会恳切呼吁尚未参加工会的本行业工友热烈参加工会，以便共同促进本邦工运，并为改善生活待遇而努力。[7]

1961年10月14日，该会派代表参加十工团联合发起的工团干事工会，并一致通过六项议案，表达对合并意见，呼吁政府批准职工会总会注册。[8] 1961年10月26日，十工团（汛星各业、胶业、雇联、商店职工联、电器及电讯职工联、木器工联、建筑工联、驳业工联、轮船工联、商行雇联、巴士工联）对合并问题联合发表声明。

在决议中指出："要实现真正的统一，星洲必须以和联合邦各州同等的地位加入联合邦，星洲人民享有权益及过同样的政治生活，而现持有公民权的人士应自动成为联合邦人民，星洲人民有权按照人口比例选派足够的国会议员出席联合邦国会，这是实现真正统一的基本条件，任何忽视这些基本条件的合并是虚伪的，违反人民利益的假合并；我们坚决给予反对。"(9)

1962年2月18日，木器工友联合会、建筑工友联合会、砖业工友联合会、造船工友联合会及火锯工友联合会五工团联合举办座谈会，由林清祥主讲《大马与合并》，指责"大马来西亚计划是英殖民主义者所策动的计划，目的在保障英国在本区的经济和政治的利益。"(10)

1962年4月25日，木器工友联合会在第八届常年大会中通过五项议案：

1. 籍此工人阶级伟大的斗争日子【五一劳动节】即将来临，为了展示工人阶级坚强无比的团结力量，给予一切反工运的势力以迎头痛击，本大会呼吁工友们踊跃出席【五一劳动节】群众大会。
2. 本大会严正指出"新马假合并"和"大马来西亚计划"是扼杀人民反殖斗争的凶器，是维护英殖民主义者的经济和军事利益的阴谋诡计，故此本大会呼吁全体人民，尤其是劳动人民团结一致，坚决反对到底，并努力争取于1963年实现完全内部自治。
3. 本大会严厉谴责政府故意且无理施延批准"新加坡职工会联合总会"SATU的注册，以逐其继续分裂工运的图谋，表示严重抗议，并要求立刻批准之。
4. 本大会呼吁工友们踊跃参加本会之各项康乐活动和文化班，以提高自己的文化水平及思想认识，更好地为创造一个美好的社会而奋斗。
5. 本大会呼吁来参加本会的木业工友们（包括木器、木箱、沙发、油漆、杤廊等工友）从速加入本会，并呼吁工友们按月交捐，充实工会经济，加强工会斗争力量，使工会能更好地为工友们服务。(11)

同年7月8日，木器工友联合会庆祝七周年纪念，该会主席张受人在致辞时批评《全民投票法案》。

1968年，木器工友联合会被封闭，活动停止。

注释

1《南洋商报》编纂《新加坡一百五十年》《南洋商报》出版1969年。
2 同上。
3《南洋商报》工会卷，1959年7月20日《南洋商报》资料室。
4《南洋商报》工会卷，1960年1月10日《南洋商报》资料室。
5 同上。
6《南洋商报》工会卷星期刊，1961年4月30日《南洋商报》资料室。
7《南洋商报》工会卷，1961年7月24日《南洋商报》资料室。
8《南洋商报》工会卷，1961年10月15日《南洋商报》资料室。
9《南洋商报》工会卷，1961年10月27日《南洋商报》资料室。
10《南洋商报》工会卷，1962年2月19日《南洋商报》资料室。
11《南洋商报》工会卷，1962年4月26日《南洋商报》资料室。

第五章

目前木器业所遇到的困难

第一节　受材料昂贵与政府迫迁的影响

在现行不合理的社会制度里，工友们的利益被无情的剥削；做为工人自己的组织——工会，它团结了工友，号召他们起来反压迫、反剥削。工会成为工友利益的保卫者。

一九六八年，木器工友联合会被封禁了，木器业工友也从此失去了一个能为他们说话的组织；好比说，木料、五金价格的上涨，提高了成本，却没有得到相对的提高售价；政府的迫迁，没有得到任何赔偿等等；工友们无法联合起来，采取行动以解决所面对的共同难题。

一、五金的上涨

近几年来，五金价格上涨了一百巴仙，每一位受访者都是这样的说，以螺丝钉来看，寸半长的螺丝由五六毛涨到九毛、一元或一元二角每盒 (ONE GROSS)。铁钉方面，一寸长的由每磅五毛起到七毛，二寸长的则由每磅七八毛涨到一元七毛。至于橱锁 (YALE牌) 也由每个四块八涨到五块二。他们大都认为涨价是因为产地起价和本地政府抽税所致。

其实，本地五金的价格是跟整个国际市场有密切关系的，我们从报纸上的经济新闻可以了解这些情形。五金上涨有以下两项重要因素：

(一) 一九六七年以来，国际局势动荡不安，以美苏为首的所谓"超级强国"及日本、西德，进行着不寻常的扩军备战，大量收购战略物质——钢铁，虽然在一九六八年钢铁生产过剩，那时几个主要生产国——日本、西德都对钢铁业前途感到悲观（一九六九年美国总统还下令截止钢铁入口），但是不久在美国、苏联的吸购下，钢铁市场呈现供不应求的现象，美国由一个钢铁节制入口和囤积抛售的国家，变为大量收购的国家；苏联一方面大量生产，另一方面则通过东欧向西方国家购买；而且都是高价交易，钢铁到了六九年的二月至八月间，涨价最盛，各种类的五金价格率，都上涨了35%至70%不等。[1]

(二) 本地所需的五金除铁钉外都必须从外国输入，随着近年来本地建筑业的蓬勃发展，对五金的需求量是庞大的，外来五金猛烈升涨，再加上课税，价格很高；本地虽有铁定的制造，由于所需的钢铁还得由外国输入，钢铁上涨同样抬高了成本，使铁钉售价提高，同时也无法满足需求，还必须由中国、日本输入。本地生产的铁钉，钢质比不上中国的优良，钉帽也不牢固，价钱又便宜不了多少，厂商也只能靠政府关税保护，固打限制，在本地市场上销售成品。[2]

从六三年至七〇年间，有关铁钉价格升涨表如下：

[3]

日期 ＼ 长度 / 每担价格（元）	1吋	1–2吋	2–6吋
17-3-63	26.5	25.5	25
11-7-64	24.5	24.25	23.75
5-4-67	32.5	31	29
15-11-67	34	33	31
19-6-68	34	32.5	30
26-8-69	34	33	30
21-2-70	45	42	40
13-4-70	48	45	42
22-6-70	46	44	41

从上述这一个表我们不难看出铁钉上涨的比较，到今年六月为止，铁钉价格比七年前起价一倍；我们也可以从这里理解五金是大幅度在升涨着。

五金的上涨对木器业起着很大的影响，它使成本提高了，但广大的工友都无法向包工（注四）家私店老板提出合理售价，即使能提高，也只有10%而已。

通常工友、包工、老板和五金商的交易方式不同；工友因是个别工作，所需用五金是少量的，很零散的向五金商购买，也不会固定向某间五金商购买，因各商行间售价不一，其中除一小部分工友跟五金有特别交情，可以获得赊账外，其他多是现钱买卖。

包工头、家私店老板就不同，他们拥有不少的工友进行生产，必须成批购入五金以应付需求，他们自己有本钱，可以取得五金商的信任，也就能进行赊欠交易。

二、木料的起价

谁都知道木器制造是不能没有木材的，其中柚木和红木又是主要的原料，而这两种木材跟五金一样，在近几年来大幅度上涨，严重地影响了木器业的制作成本。

柚木主要来源地是暹罗和缅甸，它们是世界的主要柚木出产国；战前柚木需求量不大，价钱一般保持在每吨三十元左右；战后却涨到400元，而且是最便宜的价钱。一九六五年以后，柚木起价情形更惊人，目前是便宜的柚木都要每吨六百元，是一种尺寸较小（长呎半，阔2吋，厚吋半）、质地不高，只适合作沙发椅用的柚木，于作橱、床等类家私用，呎吋长的柚木，价钱都在千元以上，而品质优良的则每吨贵到五千元。

什么原因促使柚木飞似般的上涨呢？首先就是战争爆发影响柚木生产，在印支半岛上战火迷漫，美国侵越战争一打就是八年，木来也有柚木出产（少量）的越南。遭战争为害，生产完全停顿；泰国、缅甸近年来，境内的人民游击战争打响了，而柚木采伐业就受到影响，削减生产，其次就是国际上需求量增加，由于柚木质地坚实，不易腐烂和遭蚁蛀蚀，工业上用途很大；泰缅的柚木开伐是掌握在柚木商的手上，他们多数把柚木输往需求多而不能获得更大利润的欧美国家；从一份“泰来及各土产外输价值数字统计”[5] 就可清楚看到，一九六七年一月至九月柚木输出总数13640.88立方公尺，输往各国数量为：

美国	2505.03立方公尺
英国	2298.25立方公尺
瑞典	1184.98立方公尺
丹麦	1338.75立方公尺
澳洲	937.81立方公尺
日本	866.66立方公尺
加拿大	465.32立方公尺
新加坡	27.44立方公尺

新加坡只占整个输出的一小部分，这样少的柚木就不可能供应本地的需求，自然使到价格升涨。

另外就是柚木上涨跟税收、船运费离不开关系，一九六五年以来本地对入口货物抽税收的情形，大家是心里有数的，物价是只会往上飞不会下降的，柚木也不能例外，至于运费问题，据所知，本地跟外国的货物进出运输，是由欧美或日本等外国船务公司负责，本地并没有这样大的船务；因此，运费往往被这些船务公司提高，增加的运费自然是加在货物售价上。本地输出或输入的木材也是由外国船务公司运载，由于船务公司垄断了运输，它们提高运费，木材的价格也随着增高。星马木材出口商与锯木商就曾为增费巴仙率太高，向远东船运公会（会员以外国船务商为最多）提出抗议[6]。柚木也是在这种情形影响下涨价的。

一般上，小手工业者不会也不可能一下子大量购入柚木，他们只买足够做一些家私的柚木，等到做完了卖出去，收到钱，再去买一些来做，因此，没有太多本钱可以让他们像企业工厂一样，一次购入大量柚木，可以供应一个时期的使用，不至受到涨价的太大影响。工友们买柚木时还经受柚木行的剥削，本地的柚木行是由潮州广府人经营，温州工友及其他籍贯的木器工友都必须向他们买材料，而不是直接向原产地购买；而这几间柚木行就操纵着柚木市价，他们的消息很灵通，也时刻向工人身上打主意，当发现市面上缺乏某种尺寸柚木时，他们就立刻提高该类柚木的售价，而且柚木行也常借口说来货短缺，联合提高售价；对木器工友来说，尤其是温州工友，没有木料还能作个什么，所以，价钱再高，也得吞声忍气的买下来，无形中就增加了成本；由于广大的工友没有很好的联合起来，要求提高成品的合理售价，工友们的负担

就更重了；如果有工友敢于个别提高售价的话，那就要长久喝西北风，他的成品是不会找到家私商收购的。

红木由于质地比不上柚木，价钱较便宜，因此，柚木上涨影响成本，木器工友纷纷以红木来做材料，成本不会太高，不过制作红木的人毕竟很少，以外省人为主，成品主要是粗糙的橱类，厨房中的沙柜，碗架等等，用红木做的家私的还很少。尽管如此，红木的价格也是一直波动着，由战前一吨十多元涨到120元，而这已是十多年前的事了，现在质地差的百元左右，要成批买不准拣选；中等一点的要180到200元每吨左右，再好一点的（颜色深红）要每吨280元以上。

木料行和五金商一样不会让工友们欠账，他们担心欠账不容易鸠收，因此，在淡季（农历新年过后至八月）里，工友们不容易把成品推销出去，只好贮藏以待旺季，这时期他们手头是非常紧的，可是又不能不工作，不得不向朋友借钱买木料来做。

三、政府法令的影响

当“城市重建”之风吹遍全岛的时候，一些旧楼房、工厂全被拆除，使到无数一穷二白的人家被迫迁入租费比原来高出好几倍的政府组屋，而一大把的小手工业者，更是觉得前途茫茫然，到处迫迁令他们有如无立锥之地。这些人本来手上资金就不多，每天战战兢兢地工作，勉强维持生活，如今在迫迁的威胁下，要吗就搬到租费很高的政府工厂，不然就另想法子。

土地征用法令主要是为“城市重建”而设的，因为重建城市必须要有土地，这些地区却早已住满了人，有了法令就会比较方便迫使人们离开这些土地，但是，政府所征用的土地面积是很广大，而不是一小部分；早在一九六五年的时候就决定了计划；政府以展开重建城市工作来应付人口的激增为理由，计划市区重建工程包括美芝律，惹兰苏丹，维多利亚街——加冷律、克罗十街，梧槽路，全部占地面积90英亩。[7]

当1968年土地征用（1966年）法令在“国会”中提出修正后[8]，不久就施行了，接踵而来的征用颁告不断出现，现列如下：

总统颁告征用土地50余万方尺，包括市区土地十七万二千八百方尺，芽龙区土地廿八万七千九百廿三方尺，东陵克莱摩区土地四万九千八百一十二方尺。做为市区一般及从新发展用途。（28-9-69《星洲日报》）

城市中被征用的土地主要是大坡、小坡两区，而单单小坡一区，据政府宪报公布，就征用了小坡大马路、二马路、爪哇街至梧槽路间十万余方尺土地，以供城北第二期重建用。（30-10-69《星洲日报》）

必须指出的是，征用这么多的土地来进行重建，目的本来就不是为了人民的利益着想；让我们来看看一位观察者的言论吧！他说：“政府快马加鞭，推行市区重建计划。只要你到大、小坡一带走走，触目可见一幢幢旧屋被拆毁了，留下断瓦残垣一片凄凉缮谁知凄凉的情景后边，还有诉不尽的辛酸……”他指出“被赶进新建的政府组屋的居民与现代化购物中心的商家（这里还应包括家庭手工业者——笔者按）生活并没有比过去过得更好更愉快。相反的，租金提高、车费增加，经已使人头痛……”接着这位观察者还引了一位城市设计学家林少伟君所发表的演讲，林君严厉批评现行的市区重建方针，认为太过注重鼓励投资促进经济成长，使到主要代价负担落到市区贫民的身上[9]。

重建计划主要是为了解决迫在眉睫的经济危机——财政和失业问题；因为，重建工作需要雄厚的资金，政府本身没有能力做到，就把这些被征用的土地售卖给外国资本家（以美日集团为主），由他们来发展。如此，资金会源源输入本地；所以，政府为使更多外资流进本地，凡是被认为交通方便而又有经济价值的地区，都在法令之下被强征，好像“黄金大道”就是以每方尺一千元以上的价钱出售。但是，在这些土地上，资本家们绝对不会发展一些跟人民有关的建屋事业，而是建商行、旅馆、银行、酒店、夜总会；尽管摩天大厦络续直立起来，而且超出需求量，出现了过剩的现象（如旅馆）市区重建使人民受到严重影响，真是未见其利先见其害。

在小坡区被征用的土地上，本来是木器业家庭手工业工场的集中地，从梧槽河西岸到河口的三巴哇路，温州人木器业工场星罗棋布，可是到目前，大部分都被迫迁了，只剩下百多位的手工业者，不久也要离开这里。迫迁虽然有给予赔偿，可是并不是每一个人都能分享得到，赔款只发给屋主，那些长期的住户可以获得三百元搬迁费，至于像木器业工场已有三十年的历史，又是家庭手工业，由于没有向政府领取注册执照，所以，就没能得到分文的赔款；工友们搬迁机器、工具、木料自己要花一笔相当可观的费用，对这些他们也不去设法计较，但是令他们担心的是，接下来应该搬到哪里去?

政府配给工友的新工场厂有三个地方：（一）裕廊工业区，（二）文庆路多层工场，（三）芽龙三巷，据被迫迁的工友说，他们不是故意要违抗政府的迫迁令，实在是这些政府工厂主报，不适宜木器工作。裕廊工业区首先可以肯定不会有工友要去的，单单原料和成品的交通费用就要使工友亏本；文庆路和三巷工场，虽然交通较方便，又接近市区，可是同样的面积（二千方尺），在旧工场每月只要三十元而新工场费每月却要二百元以上（优待期间）加上百多元的水火费，卫生费，机器保险费及安全消防费，这么大的消耗，普通工友是一定不能承担的。能去的只是几个手头上累积了些微资金的包工头才能勉强维持下去。租用政府工场也并不是说利益就获得保障，例如文庆路多层工场，根本就不能进行木器制造，笨重的木料和成品上下搬运，是极不便利的事；被迫迁的也为此向政府投诉，要求另配新场，政府却充耳不闻。而一些包工老板因无法找到其它地方，只好搬进去；可是过了一年政府又下令他们搬迁到芽龙三巷，理由是多层工场不适宜进行木器制造，也没赔偿任何搬迁损失；原来，这座工场已经以很高的价钱卖给了一间美资企业。

在迫迁的时候，派来发通告的官员，个个威风十足，趾气高扬，不理睬居民和工友的诉苦；等到规定搬迁日期（90天）来到时，在警察保护下，承包商或建国队人员就来拆除房屋，那时就不管你搬了没有。同时，政府还可以从承包商那里得到一笔拆除费，以三巴哇路来说，拆除费达二万多元，而这笔钱照理应该当着搬迁费赔款发给受影响的人，但是，政府没有这样做，而把钱送进了自己的袋了。

总之，迫迁以后，最古老的温州人木器工场（小坡三巴哇路一带）大部分被消灭了，在这里，纯粹手工制作是主要的生产方式；由于旧场设备较简陋，很少能够装配机器，而且他们也没有本钱去购买机器，到了新工场（政府工场），租费通常高达二百三十元（这已经是便宜的政府工场，据说以后不再建这样便宜的工场），普通单位生产的工友是无法维持的；新场中，包工（老板）成为主角，他们有资金购买机器，聘请工人进行生产，生产方式是半机械半人工的；有的包工也把部分地方（工桌）租给一些从事单位生产的工友并允许租用机器向他们收租金或承包他们的成品，从中赚取佣金，因此，新场中的劳资关系——即包工老板对工友的剥削关系（见前——第三章）是比旧场来的明显，可是，还有很多被迫迁之后，而又找不到工场的温州工友，就只能跑到荷兰去了。

关于木器业中，包工们为什么不合资联营小型企业，个别生产的工友为什么不合租一间工厂（政府）的问题；据我们调查的结果，包工们（新场）说政府曾向他们建议联合开办企业；而他们大部分都认为不太可能，因为，木器业里工作的技术和速度，大家彼此不相同，如果联营的话，在工资方面就不容易计算。不过，这些只是一个原因，并不是主要的，必须从它的本质来看。

我们必须知道，在温州木器业这一行中，封建保守的生产方式还存在着，因此，对于工作他们只求收入能维持家庭就够了，不会奢望什么大发展，更不会想到要联营；何况合资联营，包工首先要懂得一点管理生产的方法，尽管那是简单的，但却是必要的；根据我们访问过的包工，他们除了到外面招揽生意外，剩下来的时间就得下场亲手干活，他们又怎能会去想到管理生产，发展业务呢？就算能联营，这种情形对包工来说，也不会得到好处。在芽龙三巷，不辨路就是最实际的例子，包工们各有各的生意，各事各的生产，除了打打招呼外，业务上是互不往来的。

至于单位生产的工友，他们是被剥削者，生产上根本不能主动，工作一天的收入已经少的可怜，他们肯定不会有太多的资金，又怎么有能力合买机器，合租一间工场工作呢？因为，以目前一间政府工场（2000方尺），只能容下八个工桌，维持费却在$350以上；而合买机器，八个人是办不到的，人多了使用几架机器，也是极不方便的。

限于内在的因素，他们无法进行联营，除非是政府或外资插手其中，采用新的生产方式与关系，才有可能把他们联合起来；到那时，包工和工友就要被绑在资本家的机器上，成为追求利润的工具。

四、由此而造成温州人往荷兰谋生的问题

过去，温州人在木器行业中是占多数；温州老前辈们一踏上小岛，就是从事着家私的制造，那时他们白天在工桌边劳动，晚上就在工桌上休息，过着穷困的生活；十几年来，除了生活有所改变以外，很少有大变动，收入也只能是勉强的应付家庭费用。因此，有很多人的儿子，在少年时期就得跟随父亲工作，挑起家庭的担子。

近六年来，有将近五六百的温州人跑到荷兰谋生，这是一个重要问题：带着这个问题，我们访问了温州工友，他们认为本地的工作薪水少，生活困难；而木器工作更是一项需要花重大精力的行业，体力消耗是非常大的，一般上了年纪的工友，工作速度都会相继减低。

在收入方面，工友平均每天能得到十元左右的工资，一天不工作就不会有收入，这样大约每月收入是250元，是不容易维持家庭的。再加上木材，五金和百物的上涨，对他们来说，还有一条路可走——就是跑荷兰找出路。

在荷兰，有数量不多的温州人，他们很早以前就移居那里，主要以开餐馆为生。本地温州人是最近才由亲戚朋友介绍去荷兰的，其中有十七、八岁的少年，他们多数因家庭困难而又无法找到工作，才跑去荷兰的，由于比较容易学会荷语，往往在餐馆中作招待员，每月工资是五、六百元。也有老年、青年工友纷纷离开本行业而到荷兰餐馆中工作，他们在那里每月都有八百元的收入。这些工友多数都在政府的土地征用，城市发展计划迫迁旧工场，而政府的新厂地租费高和地点不适宜的影响下，前往荷兰的。他们认为再呆下去，也没有什么益处和希望。

在荷兰餐馆工作是很繁杂和辛苦的，每天工作时间都在十二小时以上，但为了取得较多的收入，可以肯定将会有更多的温州人移居那里的。不过，去荷兰的飞机票及其他费用需二千元，他们不得不东借西凑，以后再想法子还给人家。

这里也要顺便提一提木器业中，外省人的工作情形。

外省人木器工友以上海人、福州人、广府人为主要；老一辈的上海木器工友，也在中国就从事这一行，手艺非常高明，家私设计也是第一流的；广东、福州的老工友，在家乡多数是从事建筑行业的，搭搭木架、建建砌板，跟制造家私联不上关系；南来以后，由于本地建筑业在早期不很繁荣，因此就转入木器业，以制造一些鞋架、货架、书架、饭橱之类的水货为主，其中也有生产家私，不过技术落后，以红木的为主，质地较差。

战后，就有比较多的外省青年，跟着温州、上海老师传学木工，掌握了技术，从事柚木家私制造。近年来，家私需求量很大，本业蓬勃发展，一些失业的青年就纷纷进入了本行业，他们经过三年的学徒生活，然后成为正式工友，由于人们常常成见地以为上海温州人的手艺好，而认为外省手艺总是较劣的，造成包工、老板往往借此压低工资和售价，温州上海人一般工资在十元以上，可高达十八、九元，而外省人往往是六、七元，最高是十一元。

温州人、上海人所教出的学徒（外省），又把技术传授给别人，所以到今天，这一行业不再是帮派式了，尤其是温州人往荷，所留下的空缺职位，也被外省人填补了。

第二节　外来企业的威胁

按：

外资入侵本地是有目共睹的实事，本地的工业也全是以外国资本占主要，其中虽有本地的民族资本，但跟外资比起来也只是小巫见大巫。而本地的木器业在现行的社会，经济制度下，正朝着企业化方面发展。

对这方面的资料，我们掌握的不够，不能作具体深入的分析。

不过在调查中，我们访问了一位民族资本家——黄先生和他属下的一些工友（并且参观了他的工场）；另外，外国资本企业，由于未能联络到工友和参观企业场，只好通过一位对其中一间外国企业有深刻了解，和关心企业化问题的工友，获得了关于外国资本企业生产的情形之初步资料。虽然这些资料集自那么几个人的口述，在反映实际情况方面，会使人觉得有点危险。不过，为了使诸位对木器业中企业化的情形，有个粗枝大叶的了解，我们还是保留下来让大家参考。

一、民族资本企业

黄先生是温州人，三十年前就开始从事木器制造，起初自己作，不久就以包工方式雇佣了同乡工友，起初也只有十几位工友，发展成为一个小型工场，座落在芽龙，十多年前迁到不狳街，据他自己说他是白手起家的；他之所以有今天，我们可以理解到，那是他从工人身上取得了无计的利润，累积资本再行投资才能达到的。

二年前黄老板自己建了一座三层厂房，购买各种类型机器进行生产，主要售卖对象是美军和本地军部，而其中以橱、架为主。如今，拥有四十多位工友，五六位温州老师父，其他多是外省工友如学徒。其中只有十多位工友是固定为公司工作，其余是自由散工。

工资是按件计算，采用包工方式，平均温州老工友一天能有十二至二十元不等；普通工友手艺好，有八年历史以上的是十一元；其他三四年历史的是七八元；学徒则初来的是二元半至三元，最多到四元。

由于资本不会太大，因此不可能有一套完善的生产管理方法，而采用包工制。出现了散工，不能有效的使工友长久为老板工作（如果工资高于本场时）他们可以随时到外场工作。

二、外国垄断资本企业

在目前，XXX应该是本地规模最大的一间家私制造厂，它是由美国人投资生产，初期的资本不过是日币三万元（存疑），早在日本侵略星洲以前，就投资生产，而如今这些资本家一年获得的利润就超过百万元。

早期开厂的时候只有二十位工友，他们全是技术非常精细的上海人，生产是手工业式的，机器没有被大规模采用，只有一些刨工，锯木等操作简单的机器。工资是按件计算，也就是通常所指的包工制。

日本侵略星洲时，生产暂时停顿，战后由于资本不断增加，生产逐年扩大到一九六八年迁厂前，已雇佣了三百位工友，形成了两种从事不同工作的工友，一种就是上述的包工（包工工友，[10]），由于他们技术好，因此专门负责家私各部分的制造，然后交由另一种工友底工抹胶、装配、磨砂纸和油漆。包工（工友）平均每天可得十元的工资，所占人的数是很少的；底工工人由于不须要什么技术，工资往往等于包工的一半或三分之一，而人数却占了八十巴仙。

二十多年来，工友出卖着廉价的劳力，为资本家赚取利润，使他们累积资本而再投资，扩大生产，因此两年前工厂就由马里士他路搬迁到裕廊工业区，大规模的机器化生产开始了。在资本主义企业里，采用机器的目的不是为了减低工人的劳动程度，而是要加强工友的劳动效率，尽量在工作时间里发挥工人的每一点滴劳力，加速生产以期在最短的时间内赚取最多的利润，由此可见资本家扩大企业，不是对工友有利而是加重对他们的剥削。

新厂里机器完全代替了手工生产，家私零件由机器制造，工友的工作只是在搬运和装配，因此资方不需要再雇佣太多的技术工人；机器每架体积等于一辆公共汽车，从柚木烘干机（柚木因含有油质，必须经过日晒一段时期），大小锯木，刨木机到打洞机完全是由自动化系统操纵的，工人只要把木料推进机器中，一切制作就不必管了。

新的生产管理随着新的生产方式出现是必然的，过去在旧厂包工式生产显然不适合再延用了，它对资本家的追求利润产生了障碍，我们只要看看包工制生产的缺点就可以明白了；包工工资是按件计算（见前述），同时，包工也就是自由散工，不受厂方的束缚，他们1如果在厂外找到工资较高的工作（如装修店面），就随时离厂外出，这些对整个生产是不利的，而厂方为了利用工友的一手技术，也不敢将他们开除。当包工缺乏的时候，就等于零件生产减少，低工们这时自然要翘脚啰！

大投资建新厂，为的是追求更多的利润，也就是肯定会采用机器，取消包工制；可是在新厂里要怎样管理生产呢？怎样使到工友在开工时间内不会“偷懒”，这是资本家最关心的问题，他们的主观愿望是工友最好像机器一样，工作效率越高越好，这些都意味着管工（督工）要出现；管工也就是一间工厂的监督人，工厂的生产，资本家是不会亲自来管理的，他们只到工厂看看生产指数，如果有什么不满意就发命令由管工去执行，工厂行政也由管工主持，工友们管叫他们头手，也就是说这些管工以前都是普通的工友，由于他们技术相当好，又受不起名诱利惑，就脱离了工友们而上升为管工，他们不再劳动，而替老板监视工友和检查成品质量，管工有些以前虽是被剥削的工人，可是一被资本家雇用升为管工，他们走上与工友们对立的方向，忘记了过去跟自己同患难的工友；在工厂里管工威风十足，他们掌握大权随意斥骂和开除，所谓“偷懒”的工友；一句话，管工是资本家推行其剥削的工具，本质上跟资本家没有两样，是一小撮专吸允工友血汗的寄生虫。

包工（工友）与底工是被剥削的对象，他们（尤其是底工）所遭受的剥削比在厂外的自由散工更甚。我们先来看看包工（工友）；关系包工（工友）生产，前面已详细叙述了，至于在新厂里，包工（工友）为什么不完全被淘汰呢？原来是这样的，机器的采用代替了部分的家私生产工作，而在旧厂的包工（工友）起码都替资方工作了十几年以上，年纪都很老了，工作速度自然减低，在资本家的眼中看来，他们早已失去了利用的价值，就借口说他们已到退休年龄而加以开除，可怜的老工友从此面临着失业的威胁，其中有一位自开厂就廉价出卖劳力的老工友，由于被辞退忧郁成疾而患了神经病，还好在其他工友的周济下勉强活了下去，另外有一些老工友，连儿子媳妇拉进厂来工作。在新厂里还留下了约一百多位的包工（工友）和他们的学徒，这些少数包工（工友）是以旧有中选出来的，他们技术好，年纪不会太老，被雇用来解决一些机器所不能解决的技术难题，例如一些订制的高级家私，榫头是非常讲究的，而这又不是机器所能制作的，就非靠包工（工友）不可，包工（工友）所包的工作只是家私的一部分，例如有的专作沙发椅脚，有的专作手靠，是到了专门化的地步。

包工（工友）不一定每天有工作的，厂方如果没有配发工作，工友们也就等于失业，而且包工（工友）往往都带学徒进厂工作，学徒的工资则每天都得自给的，包工（工友）每天平均的收入是在十二至十五元之间。

由于成品售卖对象是上层人士，成品设计必须新款（摩登），跟市面一般设计不同；厂方因此聘请十几位（以每月五百元）所谓“设计师”（据说还是技术院校出身）绘制图案，可是这些设计不是尺寸不准，就是样式不顺眼，这也难怪设计师们，成天躲在冷气房根本不到工场禾实习工作的稿设计，他们能搞出名堂才天才呢！这使厂方不得不请一些老包工（工友）来协助设计，在生活的压迫下为了多赚几块钱，一些老工友只好替厂方设计，凭着他们实际的经验技术，设计往往是令厂方满意的，而代价不过是每天区区的二十元罢了。

在新厂里底工增加到五六百人，华人女工与马来男工是底工的成分，他们的命运比包工（工友）还惨，工资每天是二元半（初来工友）、三元、四元不等。其中极少数的人是技工，管理机器操作，每天才有十二、三元；至于广大的底工是负责装配其中极少数的人是技工，管理机器操作，每天有十二、三元；至于广大的底工是负责装配（女工）和笨重的搬运（马来男工）工作，而且底工多数住在市区（大巴窑为主要），以前靠近旧厂、交通、午餐（回家解决）都不成问题，现在要赶到老远的裕廊，花费的时间不在话下，每天水饭与交通费用至少都要两元，这些资方是不另外补贴的，底工们的生活能不能维持，大家心里是有数的，工友们的工资被压得那么低，可是厂方的五个洋经理，据工友说，每月的薪水和交际费就要三万元，这不是道道地地的剥削，又是什么呢?

在工厂问题上，资方也绞尽脑汁想从工友身上捞油水，尽管在一九六三年劳资谈判而达致了一些协议[11]，并经工业仲裁庭核准其中有：

(1) 凡雇员每年享有十一天常年例假及十八天病假，此外患病者享有一切免费的医药服务及医院住宿。

(2) 凡雇员均享有肺病保险制度。

这些所谓“协议”只对日薪工友（底工）有效，包工（工友）是不被包括在里面的，但是工伤却往往发生在包工（工友）身上；由于厂中机器是新式的，运转速度自然就高（如锯木机齿输运转速每分高达一万转）包工（工友）着木块在机器旁边操作如果精神一不集中就很容易出事故，轻则切断手指，重则整只手被锯掉；轻微事故每天在厂里都发生，这些资方根本不理睬，而工友身上都带有药水胶布以防万一；至于严重工伤，资方才会在工友们的力争下，勉强施舍数目很少的钱给受伤工友，这样做不过是要缓和工友们的不满和为了继续利用包工（工友）的手艺。

厂方立法规定学徒是不准使用机器的，可是为了赶工，学徒操作机器是常有的事，如果因此发生事故，厂方不仅不给予赔款，还要学徒缴交五百元的罚款，这笔罚款往往是由师傅（包工工友）负责，本来收入就不多，再加罚款负担就更重了，所以学徒受伤都不让管工知道，要不然他是不会放过工友的。

从来资本家就不安什么好心眼，他们可以撕毁工友签订的条约，不然就变象违约；以肺痨来说，这是工友常常染上的职业病；六三年协议规定资方必需负责肺痨保险费，资方表面上赞同，实际上并没履行诺言，患病工友如果是工作未到一年或在试工期间（试工六个月），向资方申诉而得到一笔费用，不久以后他就会收到出厂请帖，工友们为了保住饭碗，即使患了肺病也不敢去给医生检查，只有强挨下去。

另一方面在XXX工厂这一外国企业身上，表现了它的垄断手段，以原料来说，柚木五金对XXX当然是很重要的，如果这些原料供应短缺，是可以立即使生产陷入麻痹状态。在泰国，这是一个柚木主要出产国，厂方就在这里控制几间柚木工厂，跟他们签订合约，所生产的柚木必须卖给XXX工厂，而不能卖给其他工厂，而且柚木在运来本地之前，先在原产地锯成所需的尺寸，这样又节省了一笔数目可观的运输费，由于柚木不怕潮湿和白蚁蛀蚀，因此就能大量收购加以贮藏，根本解决短缺之虞；至于五金，XXX财阀有本身的五金制造厂，在本地（南洋商报隔壁）投资了一间铝制厂，专门生产家私用五金，办公室用的桌椅及货架（全是铝制）；其中五金设计是很精美的，例如橱锁，把柄也跟市面所见到的不同，它比较小巧玲珑。这些五金设计都有专利权（有立法保证），市面上是不准售卖类似的五金，而厂里所生产的五金主要就是供应木器厂，很少外销，这样控制了原料生产，市面价格怎样波动，对资本家的影响就不大。

成品必须要找到消费市场，市场越大，消费者越多，才能使资本家获得越多的利润，他们的心目中是自己最好独霸整个市场，支配售价，产品一枝独秀，打击其他一切竞争的成品。不过，XXX工厂目前销售对象是澳大利亚、纽西兰、印尼和联邦的上层人士——大老板、大官员，而本地需求不会很多。因为，木厂的家私以设计新奇时髦、外表美观来吸引顾客，正好跟上层人士那种讲究派场摩登的要求相吻合，通常这些有钱人士会时时改换家私，也就不求耐用；而本厂的所谓高贵家私，木料以“纸络”来代替柚木，纸络是一种新发明的东西，用碎木片混了化学胶用机器压成的木板，遇到水分浸蚀立即膨胀损坏。这种产品真可谓好看不好用，本地一般中等人士是不会花高价去买这种水皮货，他们宁可去买柚木或红木的家私，价钱不贵还比它耐用。

此外，资本家到处收购土地（主要在裕廊），做为将来发展工厂的场地，而这些土地现在还空留着没有动用，他们还拥有自己的陈列室(JOHN LITTLE)在马里士他路有贮藏库，这都说明只有资本雄厚的企业才能办得到。

“垄断”是目前世界上资本主义企业化的发展趋势；在欧美，在日本，不是正在上演企业跟企业互相兼并的丑剧吗？大企业对那些与自己生产部门有关的小企业进行吞并，以达到控制原料和市场的目的。一些有政治势力支撑的大企业不仅在本地进行垄断，他们还跑到外国（经济落后地区和一些附庸国）进行经济垄断，形成了有名的“多角化垄断企业”。

外国垄断企业会不会影响星洲的木器业呢？就这个问题，工友们和几位民族资本家都认为没有产生影响。“没有影响”是在目前的情况下说的；因为XXX工厂现在的销售对象是外国而不是本地，可是这不是说本地市场无利可图（从最近一个美国家私贸易代表团来本地调查市场可以证明），只是从外国市场获利比本地多。如果由外国垄断企业的本质看问题，可以预言在不久的将来，外垄断企业不仅要吞并本地的民族资本企业，还会打击家庭式手工业者，使他们彻底破产。

机器加速了成品生产，一张衣橱（设计复杂）机器只需八分钟就可以把各部零件做好，再经一小时的装配，搬运就可以售卖（人工则需要一个多星期），它的本钱约一百二十元（以纸络为材料）而售价高达六百元，这样多的利润，即使成品生产过剩（时常出现）或被损坏（搬运时不留意），外资本家也是毫无损失的。

随着企业不停地发展，剥削、垄断也就肯定会增加；压迫越大，反抗就越大——这是一个客观事实，它不因一小数资本家的主观愿望而改变，劳资双方的对立与矛盾，是永远存在的，它只有加剧而不会缓和；工友不满资方的待遇时，怠工或罢工也随即出现，怠工行动在工厂里是很平常的事，只要管工不注意，工友们就缓慢工作；怠工是工友个别的不满行动，是很消极的，要不然就是一小部分的工友，把成品搬走，拿到外面售卖，资方却不会因此受损失，他们反而利用开除或工作奖金等手段来分化工友；而罢工行动就不同，是工友们醒觉后，意识到自己利益被损害，主动要求团结起来对付资本家的剥削，不过这必须要有一个工人的组织——工会，出来领导工友，唤醒他们为了大家切身的利益进行罢工斗争；不然工友个别的行动是无法获胜的。

注释

1 21-2-70，《星洲日报》，经济版。

2 同上。

3 此表的统计数字来自各期（日期见图表）的《星洲日报》，经济版。

4 本节所谈的“包工”即和前一章一样，是指包工头——承包商。

5 1967年，《曼谷～泰华进出口商会纪念刊》。

6 20-8-70，《南洋商报》。

7 18-3-65，《民报》。

8 22-7-68，《南洋商报》。

9 26-10-70，《星洲日报》工商瞭望（十七版）～瞭望台～观察者“有良知的专才”。

10 本节所指包工与前述包工（头）有所区别，务请诸位注意。

第六章

结论

从上述木器业者发展史中，我们可以归纳出几个发展阶段：

一、战前

早期的温州人，是靠同乡关系和帮助下南来的，他们初来的时候，凭着一手技艺，有的就替家私店老板（非温州人）工作，有的跟随同乡集聚在工场里进行个别的生产。因为，那时候还是延续着保守的手工生产方式，技术方面也是保持中国原有的一套；而且，温州人很少活动，也很少有人去开家私店，或到外面去承包生意；一般来说，当时的木器业，基本上还是处在家庭手工业的阶段，劳资关系不会很显著。

二、战后

木器业在战后也开始采用机器进行生产，虽然不是大规模的采用（同时也不是所有的人能够办得到）；不过，这种生产工具与生产方式的改变，却影响了整个木器业的生产关系，在温州人木器业组织中开始了初步的分化。

上升的温州工友，主要是他们南来以后，由于不断的努力，累积了一些资金；而且在整个生产过程中，他们表现得比较活动；比如经常在市面上跑动，能获得更多的生意；为了加速生产，也就有必要购置机器来代替手工制作，另一方面又把机器租借给其他的工友，向他们收租金。这些人和原来的工友已经有所不同，他们的地位改变了，成了包工（承包商）；包工直接接触顾客和承包工作，由于自己能力有限，往往把一部分家私交由其他的同乡工友制作，然后自己从中取得佣金。慢慢有的包工就脱离生产，专门依靠承包生意来赚钱。

从包工再往上升，累积了相当的资金，就开始经营家私店，负责售卖家私，再不用从事生产，改向工友收购成品，转卖给顾客；一些资金较大的家私店，自己另外拥有小型工厂，雇用几位工友打工。

因此，这时期木器业中，工友、包工、老板（家私店）形成了生产关系：

老板 ——→ 包工 ——→ 工友

三者之间的关系就是老板剥削包工，包工剥削工友；其中工友承受了双重的剥削。

三、目前

最近几年来，本地各行业里，企业化成为必须走的发展路途；木器业也是如此，它现在正朝着这个方面前进。目前木器企业有两个类型，一种是民族资本企业，另外一种是是外国垄断资本企业；在企业里，劳资对立和矛盾越来越尖锐，资方也靠了优良的生产工具——机器，对工友进行了残酷的剥削；事实告诉了人们，资本越大的企业，它的剥削能力也越大。

由上述这三个阶段，我们得出下面这样的结论：

就是个别的生产，已经落伍了；尤其是那些还继续靠手工生产的温州工人，在目前这个环境下，很难再维持他们的工作，加上种种困难的影响，收入相形减少，家庭经济不容顶下去。而这些人多集聚在旧场，在政府迫迁下，多数失去了工作场所；逼得他们只有两条路可走：一条是跑去荷兰，不然就是依附包工（新场）或企业之下；可是年老的工友，包工与企业家都会嫌他们年老力衰，工作效率不高，而拒绝收容他们；就算为这些人工作，收入也是有限，不容易维持生活。所以，家庭手工业还来不及跟外来企业进行竞争，就自行隐匿了。

包工的命运又如何呢？虽然有机器可以加速生产，但是到底资本不足，能力有限，无法扩大成品销售市场，只能局限在本地这个小圈子里，要跟企业争一日长短，那简直是梦想。

值得一提的是，温州人木器业中，封建的帮派观念影响很大；战前情形，是很清楚的，木器业清一色是温州人，大家的关系也是维系在同乡的基础上。战后，这种观念虽不再那么深刻，不过还保留其残余；比如说：温州人的老板要定制家私，他们一找就是同乡包工或工友，不找外省人。直到今天还有这种现象；可是在资本主义思想和劳资对立关系明显化（阶级意识）等等因素的冲击下，注定这种帮派观念要灭亡。

就目前本地的企业化发展形势来看，在现行的经济、社会制度下，木器业终将走上资本主义企业化。它拥有进步的生产技术与生产工具，毫无疑问，必将取代一切旧的、落后的生产。在本地木器企业中，共有五间民族资本企业和两间外国资本企业。

在民族资本企业身上，又表现它的落后一面，即没有整套完善的生产管理，继续采用落伍的包工制、封建帮派观念还残存（例如其中一间温州人民族企业里，所请的老师父——技术人员，全是温州人）。而且也不能有效解决原料、市场的问题。

外国资本企业就不同，它不仅仅是资本主义化，而且还多方面进行垄断，为了追求利润，什么花招都使得出来；一方面在厂内剥削工友，一方面在厂外垄断原料、控制市场。到处打击小手工业者、民族资本企业，跟它们闹对立。

允许外国垄断企业入侵本地，对木器业会有影响吗？答案是肯定的，它会造成两种后果：

(一) 木器业中的小手工业者、民族企业全部被瓦解而破产。

(二) 小手工业者（被合并）、民族企业渗入了外国资本，成为外国垄断企业的附属品。

但是总的后果是，失业者越来越多。

参考书目

1 孙中山《孙中山选集》，四通出版社，1962年。

2 邓云特《中国救荒史》，生活·读书·新知三联书店，1961年，北京。

3 胡滨《中国近代改良主义思想》，中华书局，1964年。

4 实业部中国经济年鉴编纂委员会辑《中国经济年鉴》，商务印书馆，1934年。

5 实业部中国经济年鉴编纂委员会辑《中国经济年鉴续编》，商务印书馆，1935年。

6 实业部中国经济年鉴编纂委员会辑《中国经济年鉴续编》，商务印书馆，1936年。

7 严中平等编《中国近代经济史统计资料选辑》，科学出版社 1957年。

8 彭泽益《中国近代史手工业史资料》，生活·读书·新知三联书店，1957年，北京。

9 林和成编《中国农业金融》，上海中华书局，1936年。

10 新加坡温州会馆《新加坡温州会馆三十周年纪念特刊》，（一九二二年—一九五三年）新加坡温州会馆出版，1953年。

11 新加坡温州会馆《新加坡温州会馆四十周年纪念特刊》，（一九二三年—一九六三年）新加坡温州会馆出版，1963年。

12. 实业部国际贸易局编纂《最近三十四年来中国通商口岸对外贸易统计》——中部，商务印书馆，1935年。

13. 中华人民共和国内务部编《中华人民共和国行政区划简册》（影印），株式会社大安，1966年。

新加坡当业发展

新加坡華族行业史調查报告

新加坡当业发展

（初稿）

南洋大學历史系

指导教师　黄枝连

当业調查小组编写

新加坡的当业发展
调查小组成员表

指导老师：黄枝連

执笔同学：王兰卿

梁诚昌

郭美秀

刘葵宏

骆云南

蓝广成

我们的话

一、我们的调查动机与选择

这个社会需要我们去了解的东西太多了，大学这象牙塔里只给我们一些刻板而又空洞的理论。鲁迅先生说："象牙之塔毕竟不能住得很久，象牙之塔总是要安放在人间……象牙之塔的窗子里，到底没有一块一块的面包递进来的呀。"所以走出象牙之塔，到社会去是我们的愿望。这个调查是我们尝试的第一步，它虽然幼稚，却意味着一个大胆的开始。

我们调查的目的是要了解问题，分析问题，进而解决问题，整个的调查便是学习过程，在工作中我们发现了问题，遇到了无数的困难，经过了许多的争辩。当我们尝试解决它得到初步的答案，这也就是调查的意义，也是我们调查的动机。

"新加坡当业发展"，这个调查课题的选择是非常偶然的，并不是我们有意避重就轻，而是有特殊原因，因为：

1. 我们有五位客籍同学，对于调查客人行业，在语言上便占了优势。
2. 在我们小组中有一位同学和一些当商有关系，这又解决了联络上的困难。
3. 星洲的当店业，有一百四十多年的历史，可是从来没有人关心过它的发展，我们就作为历史资料收集者，把这份资料保存下来，也是很有意义的。

二、我们的调查方法

实地调查是我们的主要工作，希望通过调查，具体的了解到问题的关键及其发展，所以我们不采取抽样调查方法，而采用全面普查。因为，我们的对象只有四十三个，如果我们用抽样法，是不科学的，但是我们尽了最大的能力，希望完成目标，可是由于某些特殊原因，使我们只拜访90%以上的当商而已，这是非常遗憾的事。其次我们遇到最大的困难是目前的当商们对于过去当业历史都不熟悉。我们为了填补这方面空白，只好利用一些原始的文献资料或到有关部门请教，所以当我们在整理报告时是以口述资料为主，文献资料为副。

三、我们的立场

立场是一切行动的统帅，我们做调查，当然有立场，我们所进行的是历史调查，所以我们的立场是为“活人写历史”，为大众分析问题而进行调查，我们坚决反对为“历史而历史”，“为调查而调查”的唯心谬论。

其次我们要指出，写历史报告必须客观，但是我们不是无条件客观，而是忠于事实的客观，在我们能力范围内坚持以最充分而真实的资料，作最客观的分析。

我们由于理论水平太低，分析能力有限，同时无法全面掌握科学方法，所以我们相信这份报告中必然犯上无数的错误，但是我们坚信集体的智慧是最高的智慧，因此希望大家通过严厉与正确的批评，指出我们的错误，提高我们的认识，我们则衷心感谢！

目录

第一章

当店业的发展史

第一节 新加坡当店业的出现

当店业是一门很古老的行业，它是中国古代城市的产物。新加坡当店业的产生和殖民地的经济体系有着密切的关系，现分析于下：

一、大量移民的进入

欧洲工业革命发生后，殖民地主义者陆续伸展其势力于东南亚，其主要目的是吸收当地丰富的资源及倾销他们的工业产品。他们为了达到这些目标，必须要有大量的劳工为他们从事生产及开辟工作。适逢十九世纪初中国陷入一个极混乱的时代，外国侵略者对他不断的进行侵略，控制了中国的经济税收权利，加上中国内部的政治问题，造成了中国农村全面破产，迫使人民走投无路。南方各省的农民为了生存，而到南洋谋生，这样大量的劳工便在卖猪仔方式被骗或引诱到南洋。有一大部分便因而进入了新马当劳工，在马来亚的劳工多数从事树胶，甘密等种植工作或是从事锡的开采。在新加坡的劳工，则多数从事驳业工人，车夫等等苦力工作。苦力的大量移入为当店的产生提供了有利条件。

二、中介商的产生

前面已经谈过，殖民主义者占领东南亚，主要的目的是要搜括本地的资源及倾销他们的工业产品，因此殖民地经济体系是由“双重经济”与“三重经济”结构所组成。“双重经济结构”是为殖民主义者搜括资源服务，这种经济结构是在同一块土地上有两种截然不同的生产关系，在马来亚很明显地有这两种生产关系，就是马来民族的自然式的小农经济从事自供性的生产。另一种是西方资本主义企业式生产。他们利用最新式的生产工具，从事大量的生产，以赚取丰厚的利润。“三重经济结构”是在上述两种的生产关系中插入中介商。他是为西欧倾销工业产品而服务，另一方面则在广大农村中收集土产，然后转卖给工业国家的收购商。这些中介商，在这一买一卖之间，便赚取很大的利润。他们累积了相当的资本后，加上和殖民官员与商人的关系，很自然的他们便承包了赌、烟、酒等饷码，进而更承接起当饷来。由此看来，除了中介商外，普通的劳工根本没有机会做承包商。中介商的出现，给当店的出现提供了一个有利的条件。

三、社会的要求

在早期，新加坡是没有什么娱乐设备的，苦力们在工作之余，没有什么正当的娱乐可供消遣。“猪仔头”或“包工头”便利用这个机会来束缚苦力，使他们终身为自己作牛马。原来他们开设了赌馆、鸦片烟馆及妓寮等来迷醉这批劳工，使他们堕于深渊而不能自拔。我们知道，当时的苦力劳工多数是文盲，加上他人的引诱，很自然的便染上了嫖、赌、饮、吹等恶习，这恶习一染上，便欲罢不能，进一步的把他们推进了一穷二白之境。一旦他们发生意外如生病或是赌输了钱，便三餐也产生问题，这时他们便急切需要有一个贷借机构来暂时缓和他们的困境，因为他们可以利用仅有的财物，如衣服、鞋帽等东西，送到这机构去，以换取一些金钱。如此也就能够暂时解决了眼前的困难，而当店也就应运而生了。

其次，殖民地政府为了增加税收，而鸦片、赌博、酒等正好是殖民地政府生财之道。于是乎，便实行了赌博、烟、酒、鸦片等的饷码制，由承包商向政府承包。于是鸦片、赌博、酒等便公开地成为合法化，其所造成的后果是可想而知的。

再次，在早期的新加坡，银行尚未设立，一些较有积蓄的人，他们把积蓄存入当店，从中又可以得到一些利息。所以在1837年，银行设立前，当店便成了一些劳工或小贩们的储蓄银行。

从上述的申论中，我们很清楚的看出，当店在早期的地位：

(一) 它和其他的饷码互相结合，向殖民地政府提供了一笔很大的税收。

(二) 它提供了有如银行似的储蓄服务。

(三) 然而典当为它最重要的社会功能。它让很多苦力劳工，在紧急的时候，可以利用一些财物，换取一笔金钱来暂时缓和一些困难，使到严重的生活问题，暂时缓和下来。

上述各点也就说明了当店在这个历史阶段中存在的基本原因。

第二节　英殖民地（1823–1829）的当业

新加坡第一间当店的出现，目前无法查到，也没有文献的记载。但是由于英国殖民地政府在1823年时已有管辖当店条文的出现，并且也向当商征收当税480元之多[1]，这可以证明当时当店业的生意是很可观的。

1893年英国殖民地政府看到当店业利润丰厚，加上自由港迅速地发展，需要增加大量的行政人员，治安人员，行政上的开销自然的也增加，为了增加税收，以弥补不敷[2] 殖民地政府决定把当店收为“国营”，采取一种纳饷承包制度。据调查中获知这种制度是先由一个承包商向政府承包当码，承包权是利用投票制度，看哪一个承包商出的当码最高，便由他标得承包权。承包商每年直接向政府缴纳在投标时所同意的当饷。承包商不一定自己经营所有标得的当店，可能自己也从事经营一部分，但大部分又再公开让给有意经营的人士，经营者又向承包商缴纳当饷，而不必向政府纳饷，这种投标制度，是通过承包商来完成，和后期的由政府直接受当店经营者投标的情形完全不同。

1928年以前，新加坡的银行业务尚属初期，服务范围很有限，因此当店业务在这时是一支独秀具有相当优越的地位，它在某些方面提供了类似银行的服务。同时马来亚的锡产蓬勃发展，产量已超过全世界总产量的一半以上，由于需要更多的劳动力，造成了大批华籍劳工移入新马。新加坡是当时全马来亚唯一的吐纳口岸，马来亚锡产增加，直接的促进新加坡的繁荣。高度的城市繁华，刺激了赌业、鸦片和妓院的兴盛，当业也很自然的得到进一步的发展。根据文献上记载，这时全新共有二十家当店[3]，到了1929年当店由二十家增加到二十五家。每年向政府缴纳饷金达47万之巨。每月营业总值达200余万元，各当店的流动资本已经达到千余万元，以上这些数字，可以看出当时当店兴盛的情形，这时可说是当店的“黄金时期”。

第三节　经济大恐慌下的当店业

1929年开始，发生了世界性的经济大恐慌，新加坡的金融，也直接的受到打击。马主要经济命脉——树胶和锡，全被英美财阀所垄断，而这时欧美黄金价格不断地下跌，直接的使到胶锡价格惨跌至历史上最低之水平。新加坡这大商港，在不景气的狂流的冲击下，市面一片萧条，各行业无不受到影响。金、银价格的下跌，当店首当其冲的受到致命打击。因为当店所接受的当物多数是金、银物品，但是金银的价格在短期内差额太大，当店便蒙受损失。当店接受金、银物品，皆以当时金、银市价为标准。可是当物满期时，金银价格下降太多的话，根本就没有人要赎当物，因为买新的比赎旧物来得便宜，而且赎时又得付利息。因而造成当店贷物堆积如山。如果当店把断当物出卖，也不可能收回当时所付出的价值，更谈不上利息了。所以在这段时期当店亏蚀很大。这样也造成不少当商把当店资本转移去做投机生意，可是在世界性的经济大恐慌的浪潮打击之下，不论什么行业都一样受到影响，所以当商把资本转移，只有加速当店的倒闭而已。根据估计，在这一年中，便有五、六家当店倒闭。其中以大同当的倒闭最为典型。

大同当，位于哈洛律（现劳工部大厦附近），它在1930年3月宣布倒闭，该店主人蓝启明先生由于无法偿债务达40万元的巨款而宣布报穷。大同当初创时，仅有资本7万元左右，由于适逢其会，生意蒸蒸日上，客户们在该店的存款便达20，30万之多，存款客户多数是一些老妈（女佣人），妓女和寡妇等。该当店曾利用客户的存款做投机生意及买卖珠宝金饰等。由于市价波动不定造成贵买，贱卖的局面，以致亏本，损失惨重，甚至牵连蓝氏所经营的启发金铺也一并宣布倒闭。当时该店主人蓝氏无法偿还债务，被判入穷籍，变卖大同当的一切资产，以偿还一部分的债务。[4] 大同当的倒闭不过是当店中的一个比较特出的例子而已。

当店业在这淡风打击下，处于非常恶劣条件下经营，当时英殖民地政府看到这情形，只有接受当商要求，减三分之一的饷银，以减低当店的负担，使当业可以继续营业。1932年由于局势依然没有好转，当局再度减低饷银，全年共计24万之巨。1934年英国政府再度放宽对当店的管制，取消了“凡当押价值200元以上者，须有担保人，方许当店受押”的条文，无形中扩大了当店的营业范围。給于当商更多的营业便利。到1935年，资本主义世界经济情况有了转机，新马的树胶与锡的价格开始上涨，各行业如旱逢甘露，再度呈现一片生机。所以，在这年当店的饷银也增加到42万元。

1939年，二次世界大战爆发，由于军事上大量需要树胶和锡，造成世界市场对胶锡的需求量大大增加，故胶锡的价格不断的上涨，形成新马市场一片繁荣的景象，当店业也自然的和其他行业一样，日愈趋于旺盛。这时候由于黄金价格不断上升，加上战争，物质也比较短缺，故赎物的人数大大增加。在调查中，有不少当店头手告诉我们“当时的情形几乎有当必赎，断当的物品是少之又少。”当业在暂时繁荣的刺激下，缴纳饷金也大大的提高，该年共缴银达52万3千余元之巨。

第四节　沦陷时期的当店业

德、意、日三大法西斯军国主义集团于20世纪30年代，疯狂的对世界人民发动战争，远东的日本军国主义者，首先向中国人民进行侵略。其次，军国主义者为了挽救他在中国战场上的失败，又发动了太平洋战争，魔爪伸到东南亚各国。日本侵略军在1941年12月8日在马来亚北部吉兰丹州登陆，到1942年2月15日止，仅仅60多天便占领了马来亚。新马两国人民从此在日本侵略者的铁蹄下度过了3年08个月的悲惨日子。日军在2月15日进入新加坡后，立刻宣布废除英殖民地的货币，而发行"军用票"作为流通货币。这些"军用票"根本没有票面价值，加上日军票漫无止境的滥发，据被调查的前辈说："日本军用票起初票面上还印上号码，后来连号码也没有，只以英文字母作标志，最后则连英文字母也不见了。"当时滥发军用票的情形，严重到连主持的日本人也不知道发行了多少。这样很自然造成通货膨胀，军用票就如废纸般不值钱。

在货币不断贬值，物价不断上升的情况下，对当业的经营最为不利，故在日军入城后，很多当店都不愿意开门营业，但是在日军的淫威下，强迫各行业开门营业，当店当然也不例外；可是当店虽然有开门，但并不营业。据一位当店前辈说："顾客来了，本来当物可以当很高价的，他们就故意以很低的价格当给他，最好他不服气，自动退去。"因为当时当店不敢明言拒绝接受当物，这样做的目的是要顾客知难而退。在调查中，另一位前辈告诉我们："当时当店老板，并不想经营当店，因为物价日日上涨，当物收利息，远不如囤积货物来的有利。"故在日治时期，当店有等于无，几乎完全陷于停顿状态。

第五节　战后当店业的发展情况（1945–1969）

法西斯主义者，在全世界人民英勇的反击下，遭受澈底失败。日本侵略者终于在1945年向世界人民宣布无条件投降，德、意，法西斯主义者也遭受同样的命运。1945年侵马的日军投降后，英军又再度进入新马，继续英殖民地统治。

在日军投降的前夕，在新加坡流通的日本军用票，已经接近废纸，所以这时的当店客户，都纷纷的用那些军用票把他们所当的物品赎回，这样造成一些稍微有接当的当店，军用票堆积如山。当英军登录后，英军当局立刻宣布日本军用票作废。有一位受访前辈说："当时我们拿军用票去换英币时，已经不值钱了，不用了，亏本实在太多了。"英军宣布日本军用票作废后，在日治时期所当的物品，根本无法进行赎当，因为英币与军用票根本没有兑换率可言。英军鉴于此，下令当商与客户互相商量，直至双方同意价格，才进行赎当。据一位当商前辈称：“当时典押取赎之物价，约等于市面价钱的20%。”

战后，一切都得进行重建，加上在战乱中不幸牺牲的人很多，大大地减少了新加坡的人口。由于建设的需要，战后并没有失业问题存在，而又经过战火的洗劫，货物空缺乏，各种行业，生产部门都蓬勃的复兴起来，因此很快的便恢复昔日的繁荣。当业也同其他各行业一样，全面恢复往日鼎盛的情况，这时各当店都获得丰厚的利润。这种兴盛的情形一直维持到1955年，才开始稍微改变。

1955年以后，当业发展非常缓慢，这是由于银行业在十多年来发展迅速，当业中的很多营业被银行服务所取代。其次，金融业也在近几年来有很大的进展。当业在这种大型的企业影响下，不断的缩小营业范围。另一方面，近十多年来当局对当店的管制也比较严格，加上当店利息的稍微减低，使到当业不像往日那么吸引人们投资。所以投标制也开始失去意义，加上营业范围的缩小，自然的老板要求取消投标制，实行另一种比较符合他们利益的制度。所以，在这十多年来，当业最大的一次变动是制度的改变，当业投标制度实行了一百多年，到了1958年，当局接受“当商公会”的要求，把投标制改为礼申制。这样老板再也不用担心三年一次的投标是否会丧失经营权了。在上述的因素影响下，1961年有四家当店自动收盘，1962年又有三家自动停业，直到目前为止，全新大约有42家当店[5]。

注释

1 C. B. Buckley, *An Anecdotal History of Old Times in Singapore 1819–1867*, Kuala Lumpur u of Malaya Press, P. 156.

2 同上，P. 60。

2nd November (1820) to appoint an officer to act as Register of Opium and spirits & on the practice of gambling and sell the exclusive rights and to apply the proceeds one third to the Sultan, one-third to the Tumongong, one third to Government, the latter one-third to pay Police, allowances to the Captain of Tribes & C.

3 大和当、大安当、恒发当、大成当、日升当、森和当、大公当、大生当、大祥当、德生当、大源当、泰生当、大兴当、大利当、泰来当、万源当、荣泰当、和生当、大裕当和宝亨当。

4《南洋商报》，1930年11月15日。

5 大裕当、泰和当、联新当、锋隆当、荣裕当、大华当、泉德当、泰丰当、森和当、荣盛当、福联当、南源当、万禄当、荣德当、大福当、德兴当、五强当、恒发当、民和当、泰兴总行、永泰当、同兴当、联盛当、泰兴第一分行、南昌当、万强当、荣元当、泰兴第二分行。

第二章

当店业制度的演变

第一节　投标制度（System Of Tenders）

一、投标情况

英国殖民政府为了使当商缴交更多的饷金起见，而采取投标制度。早期的投标制度是由政府招人投标承包所有的当店，然后再由承包商分别标给当店的经营者。据调查中获悉，大概在刘金榜以后，当店业也改变了投标方式，不再通过承包商，而直接由政府招当店经营者参加投标，以得当店的经营权利。在投标制期间，政府把全新分成若干区，每区只限定一间当店。但这时是不允许开新当店的，所以只要谁标得那一区的当店，就等于他垄断了该区的当业。投标制每三年一期，也就是每一间当店每三年必须公开投标一次，以决定谁得到营业权利。当投标日期到时，政府便于年底，在报章上刊登招标启事公布，公布内容大概是这样："现当商牌照局招人投标，每一区一间，大型当店交按柜金500元，小型300元，投标者可到华民政务司领取申请表格"，消息公布后，当商们便纷纷的向华民政务司交按金及领取表格，办理申请投标手续。当商们在填写表格时，必须详细的填上姓名、地址以及要标的当店名称和区域，连同标金，一并呈交当局。当时当商们不只是下标自己所经营的那一间当店而已，往往下好几间当店的标，以预防自己的万一被他人所标去，他还可以经营另一间。把申请书及投标额呈上后，必须要经过罪犯调查局（C. I. D.）的详细调查，证明申请人没有任何犯罪记录，或不属于任何秘密组织成员，然后才公开开标，宣布中标者，投标时标金最高的不一定会得到经营的权利，因为当局必须考虑到申请者的经验，罪犯记录等。在调查中，有一位当店前辈说：“英政府对那些标得太高的当商，常常被叫去问话，是否他们是想减少所得税。”

投标制时期，饷金是按月计算，当商按月向政府缴交。这时当店的利息分很多种，1元以下者利息5分，1元起至10元以下者利息三分半，由10元至50元以下者取利息2分半，50元以上者则一概利息2分。那时当物的赎当限期3个月。不过据调查一般当店都没有严格执行，多数通融一个月，只要顾客多付一个月利息便可。这种惯例，差不多成了当店不成文的规律，在投标制时期，对于顾客的身份很少过问，当顾客来当物时，只问他的姓名，地址，将它写在当票上便算，并不需要身份证来证明身份。

二、投标制度的利弊

(一) 对当商的影响

投标制，严格的说，它不但对当局有利，对当商方面也非常有利。虽然这种制度本身存在着很多的缺点，不过以纯利润的眼光来看，它依然对当商有利，因为把全新分成若干区，每一区只准许一间营业，造成区域垄断局面，如果所标的当店位于人口稠密的地区，在这三年内，该店必然可以赚一大笔。另外一方面，只有当商自己互相竞争而已，外人是根本不敢指染，因为不明白其中的详细情形，胡乱下标，必然会造成无谓的损失。

更重要的是在这种制度下，利息的规定对当商十分有利。据一位退休的当店头手说：“在投标制时间内，每三年结帐，一些好生意的往往除本钱以外，可以得到大约超过本钱一倍以上的利润。如果一连标得两任，5、70万的本钱，要赚1、2百万并不太难。”由此也可以看出投标制对当商有利的一斑了。

投标制虽然对当商有利，相反的，也给当商带来麻烦。

一般上，当商们认为投标制的三年期限太短，在短短三年内，老板不敢从事扩充营业或增添家私用具或装修店面等，更不敢大量的增加资本，专心从事当业生意，而且必须要提出一部分的资金来从事其他投资，以防万一。三年后标不到，也可以从事其他生意，这样无形中约束着当业的发展，造成当店不能向现代化发展。另外，是当商们怕自己所经营的当店会被他人标去，而形成标金年年上升，对当商来说这无疑是一项不必要的损失。又造成当商之间的关系非常恶劣，互相猜疑，互不信任，把营业情形看成是一项很大的秘密，绝对不能让同行知道。在调查中，一位前辈说：“不论什么行业都有合作，就是当店最没有合作的。”这句话大概是针对投标制而发吧！

当商之间的关系据我们调查结果中发现自从礼申制制度实行后，已经有很大的改变，可见互不信任，不合作，互相猜疑是投标制直接造成的。

(二) 对职员的影响

每三年一次的投标对当店的职员也有很大的影响，可分二方面来谈。

投标制，对一些当店职员是有利的，尤其是一些经验丰富，交游广阔的头手们，因为在这种制度下，老板标得一间当店，一定要在三年内赚取相当的利润，而盈亏多数操在“头手”手上，所以老板得标后，必须要雇用一位精明能干，经验丰富的头手为他服务。形成某些当店的头手成为抢手人物，老板们常为了得到他们，往往不惜出高薪把他们请来。好的头手对一切断当的物品有好的销路，因此有很多物品，其他当店不敢接受的，他都敢接受，又因为他有推销门路，某些物品，为了竞争生意，他敢用比较高的价格接当，这样一方面增加当店的生意，另一方面使当户有信心，他会认定某某当铺的当价比其他的高，所以他们凡是要典当，无疑的到这间当店。再说，由于生意兴隆，很多要存款在当店的人都会闻风而来，造成老板可以减少实际资本，用比较大量的外人资金来营业，赚取利息。

在投标制下，每三年结帐一次，一般来说三年后结账，利润是相当丰富的，如果老板不幸落标，而又标到另一间当店，必须结束营业，这样当店中的职员每人可领到一笔相当可观的类似遣散费款项。如果老板侥幸得标，继续营业，为了鼓励店中同人，也会分给每人一份相当大的“花红”，希望大家在来年努力合作，以赚取更多的利润。根据一位退休的头手告诉我们：“每三年一次的‘花红’，比现在每年多一个月的薪金的‘花红’要多好几倍”。不过话又得讲回来，这种分红利的办法严格的讲，对职员们不会有太大的利益，尤其对下级职员更惨。

为什么呢？我们由坏的一面来说：因为在投标制时，老板为了保持自己的营业权，往往不惜投下很大的标金，这样很自然的直接增加当店的常年开销。职员薪金便很难有所改变，这也就形成当店职员薪金很低的原因之一。

其次，在投标制度底下，当店的职员的生活很不稳定，每一次投标，职员们便面临一次的考验，随时有失业的可能。当铺被他人标去，很可能澈底换上另一批人立刻会面临失业。虽然有一些新老板可能雇用原来的职员，可是职员与老板之间又得重新建立关系，使到当店职员不论是在心理上，工作情绪上都产生不良的影响。因此也造成当店职员存有：“做一天和尚，念一天经”的消极观念，而且口口声声的说：“做当店伙计没有前途，没有希望，我自己的儿子绝对不让他再做当店这一行。”

(三) 对当户的影响

投标制对当户方面有相当大的心理影响。一间当店的营业基础是当户对它是否信任，尤其是早期的当店，它没有受比较完整的条文管辖，当然其中必出现一些害群之马。这样市面上常常流行着很多有关的传闻，因此当人们要当东西的时候，他们就得考虑到哪一间的当店信用比较好，哪一间当店的职员，老板比较诚实。

另一方面，当店老板与职员也得与当户建立良好关系，并要了解这些当户的一些实际情形或态度。这样可以减少很多不必要的争执。当店要取得当户们的信任与了解，并不是一朝半夕所能达到的，至少也得经过一两年的互相来往，才可能建立起来。但每年老板，职员与当户的关系建立起来后，又得面临投标，一旦被他人标去，或有必要搬迁，新的老板与职员，不容易立刻得到当户们的信任，而到另一间当店去当物，在老板来说是一项莫大的损失，对于当户则凭空增添了许多不必要的麻烦。

再有，当店给新老板标去，原有的未赎当物，必须要等当户前来赎，或者旧老板标得另一间当店，很自然的把未赎的当物一齐搬到新店去，使到一些不大注意报章的当户感到莫名其妙。

第二节：礼申制度（System of Licensing）

一、投标制度的废除

当店投标制，一共实施了百多年，其中虽然经过一些小小的波动，但一路来，都没有人提出异议，不过制度本身存有很多缺点。1933年后，当业渐渐的衰退，在利润上已不如往日那样丰厚，而且投标制，使到各间当店所应缴的饷金不一致，当商们感到长期下去，对他们很不利。因此在1956年中，便通过当商公会向当局要求废除之，并希望采用一种礼申制度（System of Licencing）代替。同时也向政府建议，如果当商接受他们的要求，当商们愿意改变当时当物的利率，殖民地政府应当商的要求，设立一个调查委员会，进行广泛的调查，经过几个月的调查后，该委员会向政府建议，修正当业法令，并废除每三年一次的投标承营制度，改为发给礼申制度，同时建议设立一个当店礼申局（Pawnbrokers Licensing Board）负责有关营业执照申请事宜，在修改当业法令后，必须消除昔日每区只准许开一间当店的垄断局面，只要申请人符合条文的规定，使到当业礼申局满意其申请，便可以批准经营。

二、礼申制的确立

1957年4月22日，当业（修正）法令正式在立法会议中提出，经过辩论后三读通过该法令，当时副政务次长，M.P.D奈尔先生在法令通过后发表重要致辞时宣称政府应当商之要求，改当业投标制为领取礼申制，并规定当局利率为月利二分（即是年利24分），有关当店每年礼申费规定如下：

(一) 甲等当店执照（当店投资由5万元至1百万元者）每年执照费250元。

(二)乙等当店执照（当店投资由2万元至5万元者）每年执照费150元。

(三)丙等当店执照（当店投资5千元至2万元者）每年执照费100元。

上述修正法令，原订于1957年7月1日实施生效，结果不知何故，展延到1958年才正式实施。

1959年，人民行动党政府上台后，为了减低当户的负担起见，于是在立法议会提出当店修正法案，修正案主要内容是把当店原有利息2分减为1分，赎物限期由三个月延长至六个月。当法案提出一读后，当商们都表示不满，向政府提呈备忘录，申述其苦衷，后来立法议会成立了一个特别审查委员会，详细审查修正案的影响，并聆听当商之口头供证，特别审查委员会的报告书接受原来修正案。报告书发表后，当商采取一致停当候赎行动，以抗议修正案之二读，此行动共维持了四天，在这四天停当候赎行动中，使到很多急需金钱周转的小市民感到不便，尤其是马来同胞，适逢一年一度的开斋节，很多要当物过佳节的都纷纷的到新山市去。当商的一致行动，经当商公会代表与政府谈商后，达致协议而告结束。1960年当店修正法令终于三读通过，并改当店利率为月利一分半，（即年月18%）。执照费则一律每年二千元，此法令一直实施至今并无任何修改。

第三章

当店的人事关系

第一节　当店的职员

当店的老板与职员

(一) 当店的老板

一般来说，作为一间当店的老板，并不需要具备什么条件，只要有一笔资金就可以。当然，有一部分的老板对其当业的业务非常熟悉，有的甚至有多年的经验，但这些人毕竟为数不多。（比较普遍的现象是老板具有一些经营的经验而已，至于日常业务与管理，则几乎完全委托给头手去负责。）

有些老板除了一般的查询与视察之外，其他的事则不闻不问，全由头手去处理，这乃目前最普遍的现象。总的来说，一间当店营业的成败，与老板有经验与否是完全无关的。老板只不过是一位投资者而已。

(二) 当店的经理

当店的经理，通常称司理。他在店中的主要工作是对外联络与监督执行工作，除此之外，便没有什么实际的权利。因此当店的“经理”和其他商行的经理有很大差别。经理普遍是指整个组织的指挥中枢，他必须对整个行政程序及营业情况有全面的了解，对于营业上的事务有很大的决定权。而当店的“经理”，不过是一个大股东。他不需要有行政上的经验，也不必作任何业务上的决策，在这里便可以看出当店组织的落后性了。

(三)

1. 头手

接下来我们要谈的是中心人物，也即是当店的主干人物——头手。

一间当店的经营，其成功或失败，头手本身是起着相当大的影响力。虽然，我们并不能太过主观的肯定头手是当店成败的关键人物，但至少，头手是负了绝大部分的责任。

⑴ 头手的一般职权和功能

在一间传统的当店里，头手即是全间当店的“长者”，对其属下的各级职员握有管理、统领的责任与权力。由于经理与财政都是有名无实，造成头手是全间当店的中心人物。

在柜面上的交易，一些比较普遍的交易，二手或助手可以自己作下决定，但若遇上太过大量或不易鉴别的贵重物件，例如宝石或钻石之类，则要由头手过目，才能下决定，通常头手的决定乃是最后的决定。

⑵ 头手所应具有的必要条件

要成为一间当店的头手，并不是容易的。普通由学徒升到头手，需历经十多到二十多年的学习过程，而且必须具有丰富的经验，才有机会成为头手。值得注意的是，经验丰富并不是成为头手的主要条件，只是一项必要条件，而得到老板的信任或是和老板有亲戚关系才是最主要的决定条件。否则，即使拥有丰富的经验，若得不到老板的信任，也无法攀登头手的高位。因为当店不像其他企业，有一套严密的管理方法与标准，当店只是依靠头手一个人的经验而已。如果头手有吃里扒外的现象，如对熟悉的朋友，便把典当的价钱提的特别高，或是心怀不轨，偷取一两颗钻石，平白使当店遭受损失。所以，老板委任头手时，除了着重其丰富的经验外，还必须对他的人格以及一切行为有深切的了解与信任。

⑶ 头手的薪金额与其对资本的参与

头手的工资，一般上都是介于\$400–\$500之间，并且在年底时还能分到约占工资10%的“花红”，但这“花红”并不是每间当店的头手都能得到。

有一些当店老板，由于对营业情形不大熟，必须依靠头手，而为了使头手更好地为当店服务，所以老板通常会分给他们一些股份，以资奖励使他们对当店有一种“视如己出”的感情。

这样做，基本上是对老板有利，因为他只需付出一小部分的股，便能获致一个上好的人才为他赚取更高的利润。所以在我们的调查中，很多老板都表示欢迎头手加入投资。但是这种现象究竟还不很普遍，其中有很多原因，根据头手们表示，最主要的是他们没有多余的钱来投资，除非是老板赠送一些股份给他们，不过，却很少有老板会愿意这样做。

(4) 头手的学习过程

一位头手，其本身是备尝了各种磨练，历经各种职业的实际工作。对事务内的管理与对物品判断经验自然是十分丰富，但，要成为一位头手不是件容易的事情，除了上面我们所讲的三个条件之外，还必须肯脚踏实地地去努力学习，自己在工作中逐渐留心观察，敢于发问，不怕问题被否置，经过最少十多年的潜移默化，自然能累积起丰富的实际工作的经验。

一般上，一位头手多是由学徒做起，学徒的最基本工作也即是打杂，什么都要做，这大约须花上两三年的时间，才有机会与资格升为写当票者。写票约两三年，从写票中，往往由于和东西接触而能够了解到行情与市价。接着下来很可能被派到店面去卖东西，这样往往又须要花上两三年，才有机会回到柜面上成为助手，再成为二手，换句话说，单由门市部回到柜面至少需工作上十年，才有机会升为头手。但，有一重要的条件是决定性的，那便是要看有无机会，若原有当店内的头手们留着不走的话，机会也就少了。要去别间当头手是不那么容易的，因为无法取得别间老板的信任，除非能与老板有相当成分的亲戚关系存在。

在投标制的时期，当店职员一般上容易招致失业的命运，唯有头手一枝独秀成为被各家抢夺争取的对象，因为一间当店在标得之后需要一经验丰富的头手来主持店内的业务。因此，在投标制的时期内的劳资问题，一旦老板有更动的时候，除了一些头手不会吃亏外，其他的职员则无法保障其职业的安全了。

2. 二手及助手

头手下来即是二手及助手，二手及助手只是负责柜面上的典当工作罢了，他的工作则不是他们份内之事。一般上，他们只负责估计一些较为普遍的物品的当价，然后与典当者讨价还钱，在同意后才成交。若典当者与他们所出的价钱有一段太大的距离，他们不敢作决定时，便交头手处理。二手可说是未来的头手，其实他的经验也很丰富，有些二手实际上已有头手的资格，但只是缺乏客观条件而已。

3. 学徒

学徒在当业的人才培养中是一个非常重要的基干人物，头手及二手大多数是由学徒慢慢学习才升上上来的。

打杂是学徒的最低级也是最基本的工作，一位十多岁的小孩子被介绍进当店来当打杂，多是由于亲戚关系才能被容纳。

有一位受访当商说："当店是不会接受一个没有人介绍或担保的人来当学徒，对于外籍人不信任是存在的。一间当店的老板要接受一个学徒，对他的背景、行为、品格都要有所了解。"以此看来，当店多少有排斥外籍人士的加入，这也表现出华人行业中的帮派主义色彩。

打杂的工资是很低的，通常是在$40–60之间。伙食则由当店供给，不过薪金的规定各店不同，并没有一定的标准。一个十多岁的小孩在进入当店打杂后，就必须准备做店内的一切杂务工作，扫地、抹窗柜、洗地抹地、磨墨，无所不做。

同时，必须有着一种在心理上的长期准备，要能忍耐，对十多年的往后岁月能不畏艰苦地逐步接受与接纳那种非正式的磨练，才会有成功的希望。

在打杂的工作中必须逐渐自己留意观察，因为一般上当店的头二手是不会教任何下级人员如何分辨物件与告诉其工作经验的。

由打杂做到两三年后，即有机会升上成为写当票的工作。由于写当票往往能和各种物品接触，因此对物价的价值与市价就会有一些初步的了解。靠着自己的聪慧与虚心的努力观察和求教，慢慢在岁月的消逝中累积起一些基本的经验与有关当业的学识，由打杂而至完成写当票的工作，这当中大约须花上六年的漫长时间。

第二节　对当业劳资关系的剖视

我们知道，当店是采取个人家庭混合制的极端执行者。一个学徒要升上头手的位置，起码也得历经十多年的磨练，他是在吸取经验上长大，转行，对他们来说，希望似乎是很微小的。店员一旦被老板开除，在半封建、半资本主义气氛极为浓厚的当业里，是注定要站不住脚的。因为华人极重视信用，一个被同业开除出来的职员，是无法被其他的同业老板予以信任重加录用的。尤其是在经营金银、钻石、宝石等贵重物品的当店里，一个人的品格与信用，以及其工作背景，更是被苛刻地考虑与重视。

一般上来说，当业中的劳资关系并不会有什么显著的存在。从总的来看，应是平淡的，因为劳资关系并不尖锐，同时也并不单纯是作为件劳资关系的问题而存在，它是混合了一些其他更重要更特别的因素，例如亲戚关系，担保人与老板的关系，同业与同业之间的封闭性，都是造成店员对老板不敢予取予求或出面争取更良好的待遇的原因。我们可以从几方面来说：

一、职员的流动性不大

由于当店业非常重视个人的品格与信用，而两者又必须在长久的工作中才能获取，一位店员一旦被老板重视与信任，则大致上可说是肯定了其工作位置的巩固。

在投标制时期，当业同业之间彼此竞争得非常剧烈，为了争取地盘，标得对方的当店，往往对掌握对方营业总额和投标价钱为击败对方的有利资料，为了达到这个目的，往往派一些亲信的人物以隐秘的身份进入那间当店工作，这样经过几年的潜伏之后，资料已收集得足够的时候，交给有关老板，本身营业数额一旦为对方所洞悉，在三年到期而要投标时往往会因此为对方所击败。因为对方能出比它高一些的投标价格，标取其当店。双方为了防范，往往对新进的店员之家庭背景、工作背景，调查得很严，在录用一位职员的时候，显得非常的谨慎，这是怕有关方面派出奸细来录取其当店的各种营业资料。

上述的原因造成店员不能轻易地改换当店工作，流动性不大的结果造成他们心甘情愿地为老板效劳，以换取老板对他的信任与提拔。

二、转业困难

由于当业是种独特的行业，店员往往由学徒做起之后，起码也要几年才能掌握一些初步的工作经验，若是对这行业不满而想转业，他们又得从头学起，因为他们在当店中所学到的鉴别物品的经验是无法在其他行业中表现其才能的。

三、资方对职员控制极严

在一间当店里，老板对职员在工作上有着控制权。同时，职员在工作以外的时间也必须受到老板的干涉与过问，这又是半封建、半资本主义的华族商业本质的具体表现，职员除听命于老板之外，别无他途可寻。

从上述三种因素中，我们可以理解到，为何当店职员公会无法成立的原因。而且，在我们对多店员的访问中，我们发现到，许多职员都对职工会组织不感兴趣，这就表现出职工们长期的受半封建制度的控制，使他们认为没有职工组织的必要。同时在这种半封建家庭式的制度下，也绝不会允许有工会组织的出现。

第三节　落后之半封建组织的具体表现

一、争取利润、减少工资、增加工作时间的营业方式

作为当店中的劳工，即指头手、助手、写当票者和杂役等等，他们是与资方处于对等的地位，而作为资集国的经理或老板，他们所关注的只是如何赚取更多的利润。一般上，为求达到这种目标，只有下列几个方法：

(一) 尽量争取更多的生意；

(二) 尽可能在亲友或一般小市民身上以高于银行两倍以上的利息，争取更多的游资，使充实当店本身活动的资本；

(三) 在工资方面尽可能予以节约。

当店的老板与其他的商人一样，是最会计划赚取利润的，从我们的调查与查阅官方的资料显示出当店的累积投资所赚取的利润是很可观的，它每年的营业数字都有增加，而他们的利润扣除各种开销外，即为其纯所得。而占各种开销之最大项显然的即是工资，因此，在老板们的精打细算下，往往拿工人来做为减薪的对象。为了证实我们的看法，有关劳方各级工资的一般分配，显然有在此罗列的必要，对于证实此种看法必能有一明确的佐证。试看：

1. 头手——工资约$300–500之间
2. 二手——工资约$150–200之间
3. 助手——工资约$100–150之间
4. 写当票者——工资约$60–80之间
5. 杂役——工资约$40–60之间

一位有着最少15年甚至2、30年工作经验的头手，工资只值$300–$400，而二手起码也有10年以上的经验，却只获得有限的$150–$200之间的微少工资，助手及其更低的职员，薪水就越少得可怜。

一般上，我们理解的工资是以每天工作8小时来估计其价值，但，当店每日的工作是起码12小时（上午9.00–晚上9.00），换句话说。原本只有$300的薪金，折算之下，只能值$200罢了！

从劳方这方面来看，以每天工作12小时换取那区区的百多两百元或甚至几十元工资的代价，是非常不公平的。更主要的是，其个人的行动自由常要受到老板各方面的限制，老板一方面是其雇主，一方面又是与其有着亲属关系的长辈，因此，职

员们所受的心理上的压力是很重的。加上专业的困难，他们从来不敢轻举妄动，只好忍气吞声。

二、半封建、半资本主义经营方式下的两种反响

采取任用和自身有亲属关系的人工作是华族商人精明的一面，但同时也是落后的一面。因为，任用和自己有亲属关系的人在店内工作必然造成两种不同的反响，而这两种反响也正无情地暴露了当业半封建，半资本主义的本质。

第一种影响是对老板有利的：

(一) 在半封建的组织下，任用亲友，可以利用“家长”威严，因此容易管制一切工作态度和生活习惯。

(二) 对任何不利其业务经营的工友之生活习惯给予节制，除了工作上管理外，还要干预属下的私生活，这是华族商人对属下职员剥削与苛求之具体表现。

(三) 在工资方面，能够尽量节省。表面上看，雇主雇用一工人，需有亲属作保证人，自己又卖了份人情。被雇用的人本身在心理上遭受到一定程度的挫折感，自然在往后不敢随便要求增加工资了。

(四) 可以绝对防止劳方的罢工行为。

(五) 工作时间可任意规定，往往超过8小时以上的时间，12小时工作的当店便是一显著的例子。

当店的雇用人员，也正是此种充满了落后的雇工形式之最具体表现。

但，尽管条件是如何有利于资方，各种严重的缺点，也就随着这种雇工形式而无情地暴露了出来，在此我们可以下列几点来看：

(一) 由于职员进入店内工作不是因为其才能而是由于亲属关系的缘故，这往往会造成员工怠惰的情形无可避免地存在着。

(二) 与“人尽其才，物尽其用”的基本管理观念适得其反，这种用人的方法是最不合乎现代化的管理原则的，以此落后的方法来任用人员，必然是无法得到良好素质的人才和达到较高的工作效率。

(三) 华族商人这种不健全的管理方式和任用人员的程序是包含着浓厚的半封建，半资本主义的观念存在。这种方式的经营注定了它不能向现代化企业发展。

(四) 有时职员犯了工作上的错误，做为老板的也因亲戚关系而不忍加以指谪，因此往往会造成变本加厉之嫌。对属下错误无法及时给予适当矫正是管理技术上的一大败笔。

从总的来看，这种经营方式是弊多于利，当店的管理和经营也同样无可避免地犯上了这种错误。从全新各间当店的分布来看，具有分行而拥有同一资本来源的是少之又少，这也恰好证实了我们看法的正确性。

头手在劳资关系中是个被夹在中间的人物，由各种因素的分析，似乎可以肯定头手必然是属于亲资方的人物，但其身份都是和二手、助手等一样同属受薪阶级。

前面我们曾详细分析过，头手是当店业务上的主干人物，由于当店本身独特的管理方式造成了头手在营业上的重要性，迫使老板不得不迁就此种位置的人物，头手享有较二手几乎相差一倍的薪金，享有其他人员所没有的“花红”，高达其薪金全年的10%至10多%不等。老板在这同时也赋予头手管理和统领当店职员的责任。比之其他职员，头手所享有的条件是非常优厚的。

从心理上及实际工作来看，享有种种其他职员所没有的利益和拥有管理上的权利，实际上它是以构成作为资方代表的资格与嫌疑。作为头手的也无可避免地在心理上要倾向资方。换句话说，头手才是当店真正掌握有实权的“经理”。

这种情形是很特殊的，华族的其他行业几乎并不存在这种现象，其实，这也是它独有的结构所造成的必然结果。

第四章

当店的营业性质与营业情况

第一节　当店的营业性质

过去一百多年来，一切都在不断的变化中，可是当店这行业呢？它则很特出，不论在组织上，营业上，人事管理上或营业对象方面，都没有多大的改变，可说是一门很保守与落后的行业，无论如何，都不足以和现代大型金融组织，如银行、金融公司、保险事业等进行竞争，因此它必然要慢慢衰退，最终将被取代，这是历史发展的必然规律，然而今天当店依然存在，到底它和银行，金融公司有什么不同呢？有什么相同呢？它的营业性质是怎样的，这是值得我们去了解的。

一、银行与当店的异同

银行是目前最庞大的企业之一，它拥有非常庞大的资本，而且现代的银行很少是独资经营的，多数集中了许多资本，组成一个势力强大的财团，至于银行的营业范围是很广阔的，他正常的业务是提供存款、放款、汇兑、贷款等服务。同时银行更进行庞大的工业、商业、建设、公债等等的投资，对于国家建设及金融稳定都有相当的影响作用。

当店则不然，首先当店所拥有的资本是很有限的；根据调查，普通一间当店，最多不过两、三百万元资本。至于比较小的，不过是三、四十万元而已。虽然最近出现了有限公司，但他们所拥有的资本，也不足以组织财团，根本不可能在金融界上起任何作用，若以营业方面来看，它的确在某部分和银行颇相似。因为也有人说："当店是小银行"。其实不然，当店虽然有接受客户的存款，同时也放款给他人。但是必须注意，当店在这方面的服务范围太小了。首先，当店接受客户存款，有一定的限度，除非当店老板有另外的投资，或者该当店的生意很好而资金不足，才敢大量接受存款。其次当店向外人放款也是很有限的，主要是当店可以放出的款项很小，庞大的工商业机构，对于这少量贷款，又无济于事，同时当店的放款往往是服务于一些和当店有关人士，外人是很难得到这样贷款的。

二、金融公司与当店的异同

另一种和当店颇有相似的大企业是金融公司，这样大企业组织在新加坡出现尚不够十年，是一门新兴的企业，但在这几年来有很显著的进展，据政府的统计，到1968年11月为止，已经有三十二家注册的金融公司。

金融公司是介于银行与当店之间的企业。它的营业范围比较当店广，主要是分期付款服务，如汽车、高昂消费品、房屋地产抵押、高价手饰典押、资助工商业、私人贷款等。同时金融公司提供的抵押，以及贷款的数目比当店大。据1968年统计，全年总值达18,061万元。有关它的营业情况，可以在下列表中略知一、二：

表一　1968年营业统计

项目	价值（万元）	占总值巴仙
汽车贷款	4290	23.7%
消费品贷款	1220	6.7%
房屋贷款	6330	35.2%
商业贷款	6221	34.4%
总计	18061	100%

资料来源：取自南洋商报编，《新加坡150年》，P. 376。

反观当店，虽然很多地方和金融公司相似，但是金融公司的营业范围，当店便望尘莫及，当店所接受典当的物价以10元至200元之间占最大宗，由500元至1000元的便很少，至于几千元以上的，一年内也难得有几宗。其次当店绝对不接受房屋地产之类的典当，以此看来，当店和金融公司在营业上便有很大的差别。

三、银行、金融公司与当店在组织上的不同

银行、金融公司和当店除了这些表面的不同外，在内部组织上也有很大的不同。当店是一种原始的商业组织。首先它在人事分配上，已经比上述两种企业落后，当店中虽然有老板、经理、头手、二手等分别，可是有名无实，职权与工作范围，混杂不清。银行及金融公司便截然不同。就以收支为例子，他们的很清楚，分为两个部门，职员也只照顾自己的工作，对于其他部门的工作，是一无所知。但当店则不同，头手往往兼管当店的一切行政，人事无所不包。

就组织上，银行、金融公司和当店有很大的差别。首先，银行与金融有一套完善而严密的企业化管理方法，工作上全盘系统化。当店则不同，基本上它尚没有一套管理方法，因为这套管理方法，除了这间当店的人外，外人是不容易了解。企业性的金融公司与银行则不同，它的一切就如一部机器，任何人只要看得懂说明书或受过一些理论的训练，就可以轻而易举的操动，这是当店和其他两大企业基本上的不同。

表二　1965年，全新39间当店平均每宗典当价格

月	当店间数	当物宗数	当物价格	每宗平均
1	39	149,937	6,313,491.70	42.9
2	39	163,672	6,460,808.50	39.5
3	39	168,300	6,708,578.50	39.8
4	39	146,250	5,918,223.30	40.4
5	39	142,382	5,863,583.70	41.2
6	39	142,713	5,857,970.00	41.0
7	39	144,009	6,023,412.30	41.8
8	39	147,419	6,091,635.00	41.3
9	39	149,682	6,125,406.90	40.9
10	39	141,476	5,917,289.10	41.7
11	39	148,079	6,251,480.00	42.8
12	39	139,891	6,156,842.00	44.0

资料来源：C.I.D.档案

四、银行、金融及当店的营业对象

银行是一种财团组织，它拥有很庞大的资本。因此它的经济活动都有非常强大的

渗透性，比如一切的商品进出口，便完全受到银行的支配与控制，目前庞大的建屋，城市发展等大部分受到银行支持。而且很多工商业由于资本不足，要向银行透支，这样无形中整个社会的经济活动就一步步的受到银行的控制。最后几个资本雄厚的财团必多垄断重要的经济活动。金融公司和银行本质上是一样，但是由于资本与组织上的局限，它还不像银行那样，有能力扩张到各种庞大的经济活动。可是它的扩张本质依然存在，只是对象不同罢了。在工商业上，金融公司只能以一些小型工厂及中型商业机构为对象，他们通过购买股票、贷款等方式进行扩张，并进而实行吞并，其次是它的扩张对象最主要是小资产阶级，我们可以在它的营业项目中得到证明，比如它以分期付款的项目主要是汽车，其次是耐久性的消费品，如电冰箱、电视机、唱机、冷气机、家私等，再有好像房屋抵押，这种乃向小资产阶级进行扩张的具体证明，同时也只有小资产阶级才会通过金融公司的分期付款办法购买这一类东西。大资本家是不必要的。小市民则连吃饭都成问题，更不是金融公司扩张的对象。

当店就谈不上有渗透，垄断行为和能力了。第一，当店的资本有限；第二，它可以贷款的款项有限‘第三，它的一切典当交易，一定要以相当的实物为抵押，如果典当者没有能力购回原物，当店根本不用向当户采取行动。小市民所典当的物品的价格是很低的，在平均值来看，多数是落在30元至65元之间，绝少落在100元以上。我们可以由下表中看出：（见附图表二）

在表中，很明显的看出来，当店的生存完全是依靠庞大的小市民、劳工、小贩等贫下阶级，因为中层以上的人们需要一定比3、50元要大，并且他们如果经济周转不灵时，贷借的款项也必是比较大。

五、当店与金店的关系

当店所出售的是手饰，人们购买手饰，主要的目的当然是用来装饰，其次金饰比钞票来得稳，当有必要时，又可以拿到当店去换一笔现款来应用。因此金店和当店有着非常密切的关系。有些当商说：“如果没有当店的话，金店根本不可能生存，如果金饰没有地方当，买金饰来做什么呢？”这话说来虽有些偏激，不过未尝没有道理。

在调查中，发现长久以来，当店所接受的当物绝大部分是属于金器首饰，当店如何处理这些过期的金饰呢？在1960年前，当店、金店之间有不成文契约，金店向当店收回断当金饰时，只扣原价的10%；可是自1960年后，金店正式通知当商们，不再收回当店的金饰，这就造成了当店把金饰价格压低，目前当店是根据国际金价作为接受金饰的标准，因此当最高只占国际金价的80%，若当户不赎回时，当店可以将它融成金条，以国际金价出卖。

为什么金店商对当商采取这种设施。基本原因是为了利润，因为金店如果卖出一两的足金，当时国际金价是140元，金铺则卖190元，每两可赚50元，如果再向当店收回金饰，只扣10%，这样每两金只赚10%而已，不收回当物，每两可净赚50元，何乐而不为呢?

金店也是为了要确保他们营业上的稳健性，拒绝收回当店的金饰，当店对金店便失去一切的牵制能力。比方说，某当店拥有大量某金店的金饰，一旦当店倾巢而出，把金饰交回金店，换取现金，适逢金店周转困难，或现金不足，立刻便陷入不安状态[1]。这种设施对于当店来说，则影响很大。当户们在金店里购买金饰时，付出相当大的代价，在过去，可以在当店换回大约比原价低20%的金钱，若到时无能力赎回，大约损失20%。在这种设施下，他们损失最少达30%以上，虽然当户们可以把金饰连同金店所发的单据一并送回给金店，金店只扣出10%，但这样，他们便永远无法买回原来的那件金饰了，把金饰送回金店是把它出卖了，和拿到当店去当是不同的。

第二节　当店的营业情况

一、当店的典当手续

原则上，不论是什么物品，当店都一律接受为当物，除非顾客们接受当店所开出来的价钱，目前很多东西，当店已经不肯接受了，比如衣服、鞋子、电器等这些物品价值太低，而且旧货商也不要，至于电器，很难辨别其内部的零件是否完整无损，为了避免损失，多数不接受为当物；其次，大件的物品，当店也多数不太欢迎，这是因为当店本身没有地方可供收藏。目前当店中最常见的当物是金饰、手表、钻石、珠宝或者是名贵打火机等轻便之物，由于其体积小，价值高，收藏也容易，如果当户不来赎，当店也绝不会亏本，卖出时所赚可能高于所得的利息，所以当店比较欢迎这类物品。

当顾客把当物拿到当店来，柜台人员，通常是“头手”，“二手”之类的人，负责鉴别当物的价值，和决定是否要接受当物。“头手”，“二手”们鉴别当物完全是依靠经验，并没有一套鉴别的程序与标准，也不必利用仪器做科学的分析，有时利用一些很简单的工具，如放大镜，“试金石”等，但他们看罢当物后，便向顾客询问，要索取当物多少？顾客说出所要的价格后，他们便得详细考虑此当物是否值得，如果当物是一件很值钱的东西，而所索取的数目有比原来价格少了许多，这样当然不用考虑，立刻把当物送上“写字台”，由写票的人员加以编号，把典当者的居民记号码、姓名、地址一一记下，然后当户便可以在柜台上拿到一笔现钞和一张如张大师治鬼灵符般的当票，这就是典当的唯一单据。如果顾客索价太高，当店职员也会提反价，经过双方的讨论后，多数是成交的。如果“头手”们认为这物品不值得接受，也绝对不会一口拒绝当户，而是把价钱压到非常低，使顾客知难而退。

二、延长赎当限期的手续

当店开的当价很少会超过原值的60%，就是金饰也不会超过70%，所以当户并不希望断当，除非是他们早就有意不要这物品或是没有能力赎回这物品。我们知道当店的主要营业是靠赚取利息，所以他们对那些肯付利息的人，是非常愿意延长赎物限期的。当店对这方面有规定，即凡是在赎物期内，没有能力赎回当物，当户可以把当票带回当店，然后付上六个月利息，重新换一张新当票，这样便可以把限期延长多六个月。这种手续称为“换票”或“转票”。另一种延长限期的方法是，当当户无法一次把六个月的利息付清以进行“换票”，可以先付1个或2个月的利息，使延长1，2个月，这是一种不成文规定。至于那些无法在限期内赎回，又不加付利息，要求延长的当户，原则上当店是根据限期没收当物，有几间当店的不成文规定，当户们如果迟一两个星期，通常都会让他们赎回，不过得加付一个月利息。有一间当店的老板说，他们很久才卖一次货。所以有时过期整个月，伙计们也照旧让当户把当物赎回，不过当户超过限期，当店则完全有权处理当物。当户无权过问，一般上当店在过期后，是否让当户赎回当物，基本上得由这当物在市场上的价格与销路来决定，如果这当物价格相当高，而所当的价格又低，当店把当物出卖，可以得到更大的利益，是不会让当户把东西赎回的。

三、过期当物的处理

当店的主要营业是接受当物，从中赚取利息，但那些过期的当物，也是当店的一笔可观的生意。政府规定，凡是在五十元以上的当物，过期不赎，当店必须通过拍卖馆公开拍卖。有不少受访问的当店同人称：“拍卖只是一种例常手续而已，根本是没有人要买的，我们当店在拍卖后，照例付给拍卖公司九巴仙的拍卖费，便把所有的物品收回来。”至于五十元以下的当物，过期不赎，当店则可以全权处理。这些断当的物品，多数是放在当店的门市部出售或者由旧货商收购。金饰方面，目前尚有一些金店向当店收买金饰，刷新后放在门市部出售。因为金店收买这些金饰，可以赚取一笔金饰制作费，如果新产品，金店必须付给“打金”工人一笔制作费。当店有现成的，以金条价格买进，加上一笔制作费出售，老板便赚了一笔制作费。而有些比较老旧或过期的金饰，当店只有把它溶成金条，以国际金价出卖给金店。一般上当店所出售的二手金饰、手表、玉器等，都比新的便宜，而且是合法的买卖，不过到当店去购买手饰的人并不多，尤其以华族人士更少。有位当商父老说："华族人士对当店比较存在有戒心，认为当物是不祥的。而且对当店所出售的东西也不太欢迎，主要原因是他们怕买到一些死尸身上的东西。不过马来族人士则不同，他们是不管这些的，他们认为同样的一件金饰在金店贵很多，不如到当店来买，反正价格是一样的。"

四、对贼赃的处理

任何人到当店里，只要双方接受当物，便可以成交，当店对于当户们的身份是无权过问的，当户也不会告诉他们。但在交易中会接到贼赃，如扒手，小偷之类的赃物，当店便会凭空的损失一笔钱。因为小偷若被警方所捕，而供出赃物在当店，办案警官便会到当店把该物取回，赃物被判"物属原主"时，在法律上当店根本不能要求赔偿，只有白白地损失，所以他们都希望将来有机会修改该法令。

五、当店对顾客存款的态度

据调查中，当店是不随便接受外人的存款，这是因为当店本身的资本严格讲是很少的，一间当店随便接受外人的大量存款，便很容易使整间当店的营业发生摇动。因为当店的存款条例中，没有规定存款的期限，所以存户随时随地可以收回存款。如果接受大量的存款，又将所存的款项充分加以利用，存户如果突然要求收回，当店便不知所措，很可能因此而影响到当店的营业，发生倒闭的现象。其次，当店付给存户的利息比银行高，通常都在8角至1分之间，所以如大量接受存款，又无法充分利用存款进行投资，这是不合乎利润原则的。无形中乃被存户分区一部分的利润。故基于上述原因，当店一般上对大量的存款是非常小心的，存款人多数和当店老板有关系，或有人介绍，老板对他相当信任才会接受存款。因为我们翻查当店的历史，都不曾见到当店因受外人存款而造成被大资本垄断的现象，因此，当店的这种保守性，乃是减少被大企业吞并的最主要因素；至于小量的存款，当店则非常欢迎。从1966年恒昌当及恒英当的倒闭中可以看出当时债权人多数是一些寡妇，家庭女佣之类，他们存款是由几百元至几千元不等。当店欢迎这种小数目的存款，原因是若存户们不集体提款的话，是不会直接影响到当店的营业，同时当店也可以量入为出，当他们需要多少？便吸收多少。因此若这些小量存款无法加以充分利用的话，所需付出的利息，亦不多，不至使当店损失太大。

六、近年来的营业情况

根据调查资料反映，当店这行业，如果有充足的资本来经营，它还是有利可图，除非经营者把资金移到其他投机性行业，而不幸失败才可能影响到当店，不然是不至于会高本的。

当店自1958年实行礼申制之后，当店行业也进入了一个新的阶段。至于利息方面，统一规定，日利二分。1959年，现任政府上台后，则把当店利息由两分减为一分半。当店从此也成了不太受投资者注意的行业，故近十年来当店的数目一直没有增加。不过当店的利息虽然减少了，不过并没有因此而高蚀。其次我们在下列表三中便可以看出，当店业在近几年来的营业情况还相当良好，并没有多大的波动，一直保持着一定的营业水平。不过有一点值得注意的，当店在这几年来营业上并没有什么进步。这也就说明了当店业的经营方式已经落后，不能满足要求。根据这点，可以推知它将来的营业情况也不会有多大的改变。

表三　平均每间当店每月营业总值图

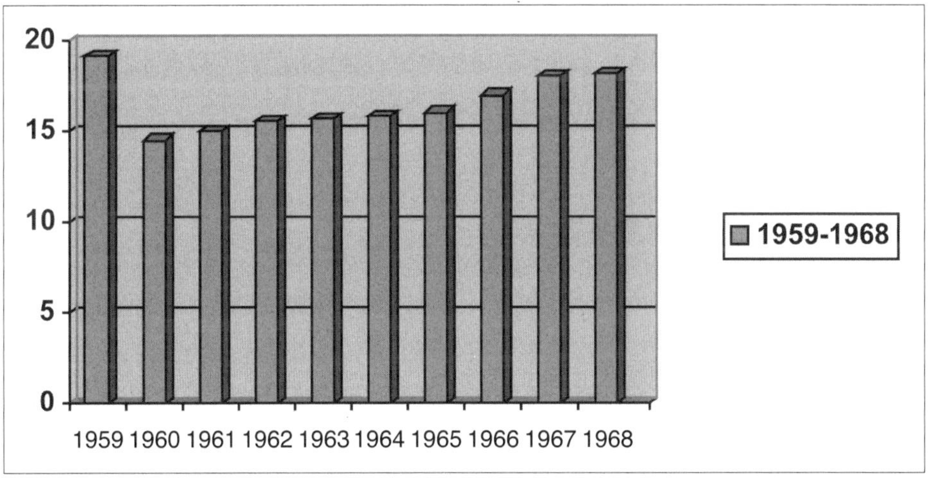

第五章

当店与小市民的关系

当店的主要功能是给贫下阶级一种低微的贷款服务，因此一般上当店都很少接到价值太高的当物，而当店的营业目标是以低微典押货物中赚取利息，根据当商公会保守的估计，每天多少达一万人以上和当店发生关系，这里我们便可以看出，当店乃是现实社会的产物，它们基本社会功能是缓和社会矛盾。

第一节　小市民对当店服务需求

根据新加坡统计局所公布的消费指数，过去八年来新加坡物价共上涨了14%，衣服涨了6.6%，食物则上涨了10.1%，其中以住屋方面，十年来上涨的最厉害，共计上涨了14.3%，我们可以由下列表中，全面的看出物价上涨的情形：

表一　消费指数统计表

	全部	食物	房屋	衣着	其他
年份＼权数	1000.0	507.1	148.6	58.9	285.4
1961	100.4	100.3	100.4	100.5	100.9
1962	100.9	100.9	101.1	100.1	100.9
1963	103.1	105.1	103.3	99.7	101.2

1964	104.7	105.9	103.0	100.3	104.4
1965	105.0	105.4	105.1	106.6	105.0
1966	107.1	118.6	105.3	103.3	106.2
1967	110.6	104.3	108.6	103.5	106.5
1968	111.4	114.6	110.3	104.1	107.8

资料来源：*Yearbook of Statistics*, Singapore 1968

虽然，在理论上，物价每年上涨不超过3%，便算稳定。根据上述的表，每年不过上升1.5%，所以比较来说，新加坡物价是很稳定的。可是话得说回来，受薪阶级的薪金是否和物价成正比呢？这是一个惹人深思的问题，目前的受薪阶级的薪金率是十多年前订立的，到现在这薪金率尚未调整，而要以此来应付已上涨了14%的物价，这中间便产生了一严重的缺口，因此造成了很多受薪阶级，尤其是一些小职员，往往在发薪以前一个多星期，家里的开支便出现了赤字，有些甚至连买菜及零用钱都成了问题，狼狈不堪，所以只好把较值钱的手饰，表等物品拿到当店去当，得那区区3、40元暂时缓和他们的困境，因此，在我们调查中，很明显的反映出，每月平均在50元以下的典当物超过总当数的一半，而每个月的月底是当店收当最多的时期。

在现社会，广大的劳苦大众的生活需求并没有任何保障，同时，在吸引更多外国资本投资的原则下，“雇用法令”的实施，进一步使工人生活趋于不稳定，雇主随时可以利用有关条文加以裁退雇员及任意分配雇员的工作[1]。在这种极无保障，薪金又低的情形下，广大工人阶级不可能有剩余的钱，作未雨绸缪的储蓄或投资。

反观此地并没有失业保险或是缓助机关，就是社会福利部的“失业救济金”。这也无法解决失业时所面临的困境。进而谈到教育费用，目前新加坡的教育是非常发达，近95%以上的适龄儿童，都有机会受教育，虽然小学是实行免费教育，中学也只是作“低微”的收费，可是以现在一般工人的收入来看，由于物价高涨，一切书籍，文具都随着上涨。中学方面则学费依然保持原来水准，可是杂费的增加则不知多少倍，因此一个受薪工人，如果有三个儿女在求学，一到开学，他们必然会感到非常困难，他们无法一下子筹出一大笔钱来供儿女开学买书交费之用。

另一个使广大工人及受薪阶级头痛的是一年一度的“农历新年”，在新年中各项开支都增加，这时期，市面上的物价，尤其是食物或应时的物品，价格都升高得很厉害。而应酬，送礼又是难免的。受薪阶级工人，他们的薪金是一定的，以往多数人在年底都可以领得一份相当可观“花红”。近年来，由于劳工法令的修改，大部分的工人再也没有机会享受“花红”的利益了，这样无形中增加了困难。

上述情形，他们也只好把以前所购买下来比较值钱的物品，如手饰、手表之类的东西送到当店。调查中，当店老板对我们说："每年正月份，当店的生意特别兴隆。"

当店除了提供典当服务外，同时也进行存款服务，一般上来说，接受客户存款的当店，多数是因本身流动资金不太充足，不过其中也有一些是利用客户的存款从事其他方面的投资。这种以他人的存款从事其他商业活动现象在商业社会中是很平常，不过由于当店接受客户的存款，也直接的给一些入息比较好的市民提供某方面的服务。我们知道，目前新加坡的银行，它定期存款的利息，比当店来得低，而且定期存款对小市民有种种不便的限制，尤其是在提款方面，它不像当店，有急用立刻可以提出来，由于当店存款利息比较高（通常可以达到月利8厘或一分），小市民比较喜欢把钱存在当店，因为他们存款的数目是相当有限的，在这有限的存款中可以得到一笔比银行丰厚的利息。

第二节　目前消灭当店对小市民的影响

在我们调查中，当店的负责人，由老板至伙计们，无不异口同声地说："现在社会中，不能一天没有当店。"开始我们多少感觉他们可能是夸大，可是经过比较深一层的了解，发现这种说法也未尝没有道理。我们知道现实社会是普遍存在着贫富不均的现象，而且这种现象是无法消除的，相反的贫富间的距离是越来越远。再有一些缓和设施，如社会福利工作紧急贷借，失业保险，疾病保险等等，在新加坡还没有，既没有，它的服务范围也是很小的，实际上是不能满足需要，因此目前每月均有20万人和当店发生关系，平均每天约一万人[2]，这是很自然的现象。但其实际人数尚不止这数目。

有人认为如果没有当店的话，小市民的物品，当他们有需要时，可以把物品出卖。但事实上"当"和"卖"是两回事，在本质上完全不同，我们知道，小市民到当店去当物基本原因是应付急需，可是他们不一定尽物品的价值来当，可能他们只需要一笔比较小的款项便足以应付，这样他们便可以根据需要而提出贷款数目，日后当他们有办法时，便可以付出每个月一分半的利息把物品赎回来，而再度拥有该物。如果没有当店，势必把值钱的东西加以变卖，变卖过程中，物主绝不可能收回原价的一半，同时当他们急需时，收购商也必然会利用机会把价格压低，物主在无可奈何的情形下，把物品卖出，从此再也没有机会用他卖出时的价格，把原来的物品买回来，这样无形中使到市民损失更大。因此在目前的社会里，当店是不会澈底消灭，因为它和小市民所发生的关系实在太大了，我们在上面已经提出了很多客观存在的事实，这是每天都在发生着，每天都有很多小市民有紧急需要，如果现在突然停止当店的营业，很多非法的，更不合理的贷借立刻出现，和黑社会结合，当小市民有急需时，银行、金融公司是不能提供这方面的便利，高利贷的利息和条件则更使人不敢恭维，但他们在走投无路时，很自然的必受黑社会人物所控制，进行更不合理的贷借，或履行更不合理的条件，是小市民受到更深一层的剥削，在这方面看来，当店在现社会中是有一定的作用，至少它尚不至于实行一些超出规定的行动，在社会体系没有改变以前，当店在比较上它给一般小市民更多的方便。

第三节　当店利息对当户的关系

当店和小市民的关系是很密切的，利息问题，利息的高低，直接影响到小市民与老板的关系，利息高，对小市民不利，对当店老板则刚好相反。在我们调查中，大多数被拜访的当店老板都说："目前的利息不合潮流，因为一分半的利率，是十年前定的，今天物价，各方面开销都有了改变，当店利率也有必要来一个调整。"无可否认的，目前的消费指数是比十年内增加了14%。可是我们也不能忽略，薪金标准也是十年前所订的，而且大部分工人的薪金更是比这标准低了几倍。薪金和物价的增长是反比例，不是正比例。我们若从另一角度来看，根据我们收集的统计数字，当业在这几年来的营业都处于稳健的状态，所以目前当业并没有因利息而面临存亡的严重危机出现。在这调查中，又发现当店利用本身的资本切实的从事当业是很少的，大多数是利用他人的金钱来经营。这样看来，所谓每年盈利不足10%，不值得投资的说法是不能成立的。[3] 因此如果要提高当店利率的话，必须要经过严密的考虑，必须全面了解当户们的生活处境，以及他们普遍的收支情形。因为提高利息，无疑的是对小市民加重负担，以实际情况来看，当户们是没有能力负起这项增加，如果强行实施的话，只有把广大的小市民阶级推到一个一贫如洗的境地的。

注释

1 基思布坎南、平虎合译，"关于新加坡的发展"，《建设月刊》15期。

2 "当店公会备忘录"，《南洋商报》，1959年11月11日，《南洋商报》资料室，行业礼申卷。

3 同上。

第六章

从两件风波看当店的经营

在其悠久的历史中，当店虽经历了不少风险，绝大部分的当商都能够克服这些风险，把业务继续下去，只有一小部分遭到恶运，战不过风险而无法生存。1960年当业的利息风潮便是其中的一个风险。1966年到1967年间恒昌当及恒荣当的倒闭事件便是当店生意失败的一个很好的例子。在下面的第一、第二节中，我们将把这两宗事件加以简略介绍。由这两宗事件发生过程中呈现出来的一些事实，可以使我们了解到当店在营业上金钱运转的情况以及它对市民的一些影响。

在第一宗事件中，可以看出当商如何为了生存与赚取更大的利润向政府争取更好的利息制度，以及政府方面又如何采取折衷方法，以使到既对当商的要求不会完全被抹杀，也对小市民的利益不至于有太不利的影响。这三角关系（即当商与小市民的矛盾，当商与政府的矛盾，小市民与政府的矛盾）是纠缠不清的。

在第二宗事件中，我们会发现到当商为了追取更大的利润而把外人的存款拿去做贷款生意或投资于其他行业。此营业法是富有冒险性的，因为它既可能给当商带来巨额的利润，也可能给当商带来很大的负债。但是当商为了本身更大的利益着想，免不了会向这种有点类似银行业或金融业的营业方式进展的。

以下就让我们来看看这两宗事件的始末罢。

第一节：1960年典当利息的大风潮

一、修正当店法令

1959年6月，现任政府上台后，在同年十月十四日便在立法议会提出了当店修正法案首读，修正案的主要内容是把当时每月二分利息减低为一分，并把赎当期限由三个月延长到六个月。同时立法规定所有当商凡当物价格五十元以上者而到限期不赎的，必须要通过拍卖馆公开拍卖。

当业修正法案第一读通过后，因为内容严重的影响到当店的利益，于是全新四十三间当店主人便在1959年10月26日在当商公会举行第二次全体会员大会，由会长蓝允藏先生主持会议，讨论于11月11日提出二读的当店修正法令，决议向政府提呈备忘录，陈述不应减低利息之理由，并派代表谒见部长，面呈一切。随后当商公会委派蓝允藏、伍贤才、谢继先三位代表，连同该会法律顾问雷纳律师谒见内政部长王邦文，并提呈备忘录，申述利息由二分减为一分，当商无法继续经营，现录其备忘录全文如下：

修正当店法令[第195章]法案，于本年10月14日立法会议提出首读，同一法案将于本月11日（11月11日）提出第二读，此法案若通过三读成为法律后将有下列影响：

（一）在当店典当的物品利息，将由每年24分（月利二分）减低至十二分（月利一分）。

（二）赎当时期将由三个月延长到六个月。

我们，新加坡当商公会代表全新四十四间当店，实在不能狼狈的面对那所拟减低的利息，假使那些法案成为法律，只有一个不能避免的后果，就是，全新所有当店别无他法，只有宣告关门，使全体经营此业者有悲惨的结果，其理由甚简单，因为假使当商只收利息十二分，渠等的经营必会亏本。我们充分注意及体会政府的决策，任何贸易不能有反对社会行为，但是，我们充分信任政府不会让社会任何方面人士有难于挽救的困难，假使他们的贸易和利润是公平的，合理及没有反对社会。

就以一间中等商店营业而言，资本六十万，每年照所规定收利息十二分，他的收入如下：

职员薪金：

一位经理	$400.00
一位财政	$250.00
一位头手	$300.00
二位助手	$400.00
一位写当票书记	$150.00
一位记帐员	$150.00
二位杂役	$100.00
一位英文财库	$120.00
一位厨子	$80.00
共计：	$1950.00

店租	$200.00
水火费	$100.00
中央公积金	$97.50
电话及警钟费	$50.00
伙食费	$400.00
火险	$20.00
交通费	$60.00
执照费(每年$2,000.00)	$166.00
拍卖费	$150.00
当商公会月损	$10.00
印刷及文件费	$50.00
杂费	$200.00
共计：	$3,453,50

存款利息及银行透支，照四十五万元每月九厘，计$4,050.00

总共：$7,503.50

假定上述当店每月可经营生意十五万元，则在三个月底后，典货的货物将达450,000元，若营业稳定，则留下15万元为周转资本，该存货450,000元之入息，以每月一分计，可获4,500元，由此可见该当店每月经营将亏本3,003.50，依照该利息率，显然在任何经济方面来说，当商实在无法再经营生意，在实在经营来说，一间资本600,000元的营业，不会有全部600,000元周转，因其一大部分资本，是缚紧在原有的支出和建立费用。

由上述例子，照目前的利息每月二分或每年廿四分计算，营业的入息将成为每月九千元，除去开支7,503.50元，尚有盈余1,496.50元，由此可见十五万元资本的利润，每月约1%或每年12%，我们相信当局一定同意我们，任何营业每年赢利12%是公平和合理的，任何投资家假使不可能得到赢利达10%以上，是不值得投资，因为他尽可以把他的钱存放在蓝伯特银行，利息尚有六分。事实上，南洋商报于本年10月28日刊载槟城一间大业产公司的广告，规定定期存款的利息可达十分，为了新加坡自治邦繁荣，我们相信当局让他们的公民在这样方面投资罢。

今日新加坡的当店每月征收利息二分，与那些放高利贷的人比较更远，他们实在是社会上的一个重要本质，因为我们44间当店，每天应付一万名顾客之需，这些顾客有小贩，典当一件衣服，获得数元以为是日之资本，也有人典当首饰，以为已故的父亲治丧费，当店是社会之需要服务，所以他们不应，被迫停止存在，假使他们不存在，那么这些，每日一万人，将向谁获得微小的贷借，以应付急需呢？有些人是不愿意用他的衣服、笔、戒指或鞋当抵押品向他的朋友或亲戚，商借些微之款，以应付临时之需，这会使他狼狈不堪，当店则不会有此情形。因为这营业每日涉及一万人的交易，所以他们的是否存在，实在是一个大的社会问题。这话并没有夸大来说，既然这一万名贫民的需要临时的贷款是每日事情，假使他们没有当店可筹借款项，他们势因环境关系被迫受不法分子之害，以筹款应紧急之需。

在目前的情形下，假使一间当店没有充分资本，他就得向银行借款，每月利息九厘，或每年十分八厘，或接受他的朋友的存款，每年十二分利息。计算由此可见由于开支巨大或成交缓慢，每年要依照所拟定利息十二分征收典当之物品，实在不可能经营任何生意的。

我们充分的注意到1959年贷款人法令规定，贷款人皆可收十二分，对没有抵押的贷款，则可收利息十八分，但当店的情形复杂，而且开支巨重，所以不可能当贷款一样，因为他们的营业可以在任何地方，甚至在家里进行，他们所要的只是一张印刷的借据罢了。我们要让当局知道在星柔长堤外的当店，征收的利息，每月三分至五分不等，但新加坡，经过执照委员会于1958年作彻底的调查后，决定每月的最高利息为二分，而由1958年9月起实施至今，我们知道，这最高限度的利息，事实上却是东南亚国家的当店所征收的最低利息，所以这利息不是过昂，但投资家可以得到合理的赢利。至于所拟定修正案，延长赎当期限，由三个月至六个月，亦值得小心及严重的考虑，在现行法律，典当物品者只在三月尾才会回来赎东西和偿付三个月利息，换一句话说，假使当店在营业的第一个月付出六十万元典当物品，在这世间他们是不能获得一分钱利息，一直要到每一件所典当的物品在三个月满期后，当典当物品者前来付款赎东西才可得到他的利息，这一来是把他的资本冻结，使当商处境困难。假使把赎当时期延长至六个月，则当店的困难将更容易想见。

今日，全新四十四间当店拥有本坡金店所制的金质首饰价值四千万元左右。这些首饰，金店是有依照市价扣除手工费收回的，假使当商被迫放弃营业，他们势需把这些金首饰向当店换取现款，以应付他们的业务，这样一来，有许多金店将被迫遇困难，可能破产，使他们的许多雇员失业。

鉴于上述的事实和数字，他们恳求当局严重考虑此所拟法案之后果。假使法案通过，所有当商必需要对广大及复杂的问题在短促通告内结束营业，他们全体雇员，六百余名皆有家庭，将宣告失业，这自然会增加原已严重的失业问题。上面说过，当商的任务是社会，他们的停业将有广大的社会反应，不独影响及投资者，金店及雇员，而且最主要的却是那些贫民。他们常常把当店视作他们的小银行，因为他们可以在紧急需要时，典当家用品或私人用品以获取些微贷款也。

当商经常接受亲友存款，以为周转资本，这是众所周知之事实，他们存款利息是每月一分或每年十二分，若该法案通过，这些存款只有一个结论，就是那些当店不能再继续营业，他们就要收回他们的存款。这样一来，当店因为典当东西既多，一时不能应付他们的忙着要收回存款，每一方面都受其害。

最后我们要表示最深切的遗憾，因为当店营业影响如此广大的社会，他们的停止营业，将有如此破坏性的反应。当局事先未有征求我们的意见提出这法案，虽然我们的代表早在八月间已晋谒过劳工律政部长，请求他假使当局要实行所拟之步骤应给予机会呈述我们的意见及解释我们的困难，然后才好在立法会议提出这一步骤，然而，现在阻延通过法案尚不迟。我们恳求当局重新考虑这情况及调查假使那法案通过后我们全体是否可以继续营业。”

同年11月11日，立法议会复会，有关10月14日首读之当店[修正]法案，由内政部长王邦文动议，提呈立法议会特别委员会负责，委员会以当时立院院长奥勒斯爵士为主席，由其委任议员何佩珠，拉马三美，王邦文，萧白龙夫人，刘坡得及阿默查里七位为委员，收集各方面的意见，同时也考虑有关当商公会之备忘录。内政部长在提出二读时称：“该修正法案之主旨要给予公众人士，特别是一般光顾当店的贫穷阶级，以廉宜的当铺的服务便利，同时并利用机会改组当商礼申局之组织”，当店停止危机到此暂时缓和下来。

特别委员会经过了几个月的工作，当店[修正]法案审议报告书于1960年3月17日公布。主要内容并不涉及修正事宜，但在报告书中指出，一位马六甲之当商向委员会供证时称，当店利息减为一分，依然有利可图，减低利息，只对一些没有充分资本或全靠借款来经营当店业务者一重大打击。同时，他建议，凡申请礼申者，必须要有充足的资本，否则不应发给礼申经营。

报告书中揭露，收到十三宗的意见书，多数反对修正案，他们所持的理由是，当店是穷苦人士之方便门，如因减息而关门，影响到广大的小市民，将使他们陷入更困窘境地。该委员会提出接受当商公会代表，蓝允藏、何贤才及张梦生三代表之口头供证，补充其书面之意见。同时该会的法律顾问也供证称，当法案第一次提出时，引起存款于当店之人士的不安而纷纷提款。可见法案对当店之影响，他说：“一旦减低利息，当店将无法经营，雷诺称当商公会提出，当店在20%以下的利息是无法经营。”

报告书中披露，当时蒙巴登区议员萧白龙夫人，在审查遴选委员会举行会议时称：她支持原来之修正法案，同时指出，她不相信当利息减至一分时，当商会关门。但如果以关门抗议，政府应设法准备经意一穷人银行，设法协助穷人，至当店复业，他认为当店不可能因损失利润而关门，但他们可能关门表示抗议，所以政府应该准备协助穷人。

内政部长王邦文供证时称：每月一分利息当商亦可获利，但没有以前那么多罢了。最后会议之遴选委员会委员，对原来之当店[修正]法案各条文表示同意。最后报告书提呈立法议会讨论。

二、全新当业停当候赎行动

报告书发表及立院二读通过有关当店修正法案后，当业同人深表不安，故于1960年3月23日全新当商公会属下四十四间当店一致采取停当候赎行动，此次行动，根据当时当商公会主席蓝允藏先生之书面声明称："一旦修正法案通过后改利息一分后，当商将无法继续营业。"同时希望当局能作具体调查，使修正法案得到正确之处理，使当商在公平合理之条件下继续营业。、

1960年3月25日内政部长王邦文因为当店停当事召见当商代表要他们解释停止收当原因，并向他们表示当局的态度，谒见部长的代表以蓝允藏为首。较后部长向记者发表谈话时认为当商之行近似一种对政府之要胁，并称，政府将不能漠视这种要胁手段，因此将考虑吊销这四十多间当铺之牌照，又说："当商代表称当铺因为存款人将其存款取回，他们没有钱可以继续当物，因此只好停当，他们也表示要准备钱恢复收当，另一原因是金铺通知他们，不想收回当店收到之金饰。"王邦文指出，"金铺根本不受当店修正法案的影响。"代表们也承认，是由于近来印尼金饰涌入新加坡，才使金铺采取这项行动，根据王邦文说，当商曾告诉他，他们的资本有70%是外人的存款，藉以赚取利息。以此可见当时当商的实在资本很有限的。至于把2%减成1%事，当商认为他们向外人借款时须付一分利息，但部长则认为当店利息减成一分时向外人借款之利息也同样可以减低，其实减低利息，放款依然会把钱放在当店，因为放在当店的钱随时可以提出，利息方面依然比银行高。最后王邦文指出，当店除了当物赚利息以外尚有其他三方面的利息，可见减低利息事并不像想象那般严重的损害当店之利益，部长说当店可以在下列三个方面牟利：(一) 借钱给当户方面赚取利息，(二) 在当户不赎回当物时，当铺可以将其当物公开拍卖，按照法律，拍卖价值如高于典当时，当铺应将剩余款项交还给当户，但是当铺一向并没有这样做，故此从这方面当铺也可以得到一笔可观的利润，(三) 当铺多利用存户款项，从事投机生意，实际上，这数十间当铺之五千万元资本，并非完全拿来经营当铺，也用在投机这方面。

据我们所收集的资料显示，当时王邦文认为政府不能忍受当业受一部分人把持，同时立刻设法改组礼申局，并在25日小坡民和当受礼申局拒绝后，他亲自处理此事，认为其申请理由充足后，立刻批准，发出礼申。据民和当申请时称，将利息2%减为1%，当铺还有利可图。

经过四天的停当候赎行动，全新当商属下的四十三间当店决定于29日恢复正常营业，并指出他们的行动是为了应付存款人受修正法案影响而提款事，绝非企图要胁政府，资料反映在停当的数日中，的确给一般急需以当物得一小笔贷款的小市民带来了不少麻烦。他们都纷纷的到新山去当物，以此也可以看出当店日常往来的顾客都是一些生活在急需金钱周转的小市民，减低利息的确对广大市民有利。

三、修正法案三读通过，每月利息由二分减为一分半

1960年5月16日，立法议会复会，通过了当店修正法案，内政部长王邦文提出修正法案时称，政府决定在这法案成为法律后，部长可应用法案中所赋之权限，在第一阶段中把年利24%减为年利18%，同时宣布，此法案成为法律后，立刻改组当商礼申局，改变当业垄断的局面。他在致词中说："当店法案的用意是给穷人们有机会以便宜的利息得到一笔贷款，这是不会得到经营当业的人所同意的，他们的营业是依靠穷人所付的利息而存在的。"又说："在此修正法案成为法律前，以停业企图威迫，后因政府扬言吊销他们的礼申，才使他们醒觉，当商们明白只有提出理由说服才是最妥善的办法，当局研究他们的要求后决定在临时情况下，当法案成为法律时部长首先运用条文所赋的权利把利息减为一分半。当时反对党议员萧白龙夫人反对部长把利息减为一分半，而支持原来法案将利息减为一分。"

四、当商、小市民以及政府的三角关系

经过这场风波后，典当利息就一直维持着一分半钱。在这十年来全新当业都在稳健状态中生存下去，并没有发现有任何当店因利息低而不能继续营业下去的情况。这跟备忘录所描述的那种绝望的景象不免有些出入。备忘录中强调当店对小市民的重要性，口口声声说倘若当店因利息低而倒闭的话就会对小市民产生不利的影响。这里，我们得承认当店对小市民的重要性，因为当店往往能够帮助他们解决生活上之急用，但是要知道，小市民就是因为穷苦、有急用才要进当店，假如典当利息高，不是更加重他们经济的困难吗？不要小看这二分利息，以实际例子就可看出它不小了：假如一个人把某一件东西典当了五十元，时间为半年（有些小市民甚至有当没赎，更不用说当上六个月啦），以月利二分半就得付六元利息，这六元可能就是他一天的收入（有些女工的工资还可低到每天二元左右），而且这几块钱可能还能够勉强维持他一家一天的生活呢。至于政府方面，它最大的责任是维护民生，但又要顾到这商品社会中一切生意都为了要赚钱的原则，所以它到头来所能采取的只有折衷的方法：既要顾到商

家也要顾到民生；因为商家对政府的税收，是非常重要的，所以顾到商家就可以增加它的税收，而顾到民生就可以讨好民情以维持政权。

由以上看来，当商与小市民的关系是非常复杂而互相牵连的。这可用下图来表示：

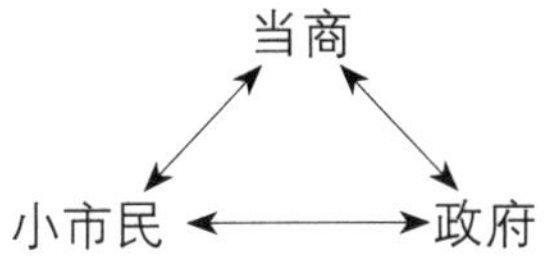

这三方面的力量达到平衡时，它们在表面上就平静无事了。只要这三方面中任何一面力量忽然加强或减弱的话，这平衡局面马上就要被打破而到达另一种平衡局面时为止。这三方面力量中最弱的一方是小市民，所以他们往往是在角力中的伤者或牺牲者。

第二节　对恒昌当及恒荣当倒闭的分析

上一节中，当商们认为利息低会使到他们难以生存。在这一节中，我们将更具体地来看待这问题。这一节还会使我们了解到当商除了利息收入外还利用外人存款来投资其他生意以赚取更大的收入。

一、事件经过

恒昌当及恒荣当都是历史很悠久的当店，它们于一九六六年七月一日起停止营业。在此之前，恒昌当经营了十六年，恒荣当则十四年。这里要顺便一提的是还有一间华丽化妆品厂也于同日（即七月一日）起停业。华丽化妆品厂有三十年以上的历史，它虽不是一间当店，但它是恒昌当及恒荣当的其中一位股东所拥有者。这三个商号虽然在七月一日就停业，但迟至七月廿二日才在报上刊登启事，正式宣布结束营业。当商公会也于同日（七月廿二日）起为该三个商号登记债务工作。据估计，该三间商号的债权人与债务有关人士约6、700单位，而债务约2、3百万元。后来登记结果，恒昌当负债2,400,000万元，华丽化妆品厂负债283,000元。

两当店于七月一日结束营业后，以六个月期限，让顾客赎回他们的典当物。恒昌当经理何延赞于新闻记者访问他时，估计说：“恒昌当迄未赎回者尚有逾1000宗，赎款约有5、600,000元，恒荣当赎款约有300,000元，二当铺赎款可得8、900,000元。”在过渡时期，当铺的财产暂时由当商公会保管，并协助处理善后问题；同时，有关债权人组织一个十人委员会，以拿督张梦生为主席，协助处理有关债项之事。

截至7月23日止，登记在三商号存款生息者共100多200人，存款由500元到数万元。一个很突出的现象是：登记者多为妇女劳工，存款多为1,000元至4,000元。以其中一位年近古稀老妇梁金彩女士为例，她做看顾产妇的工作（俗称“陪月”），历数十年辛苦，才积蓄了1,000元，把它存入恒昌当中生息，却不料遭此厄运。

上述存款中，利息有月利九厘或一分者。

关于偿还若干成债务问题，十人委员会主席张梦生曾招集有关人士开会讨论。但根据以后事件的发展，可推知他们并没有达致任何协议。

几个月后，恒昌当一存款人梁芳因领不回其3,500元的存款，乃向“法律援助局”求助，该局主任林友发于1966年11月4日代向高等法庭请求发出命令接受当铺之资产。于11月18日，法庭认为恒昌当确负债过巨，无望偿清债务，乃发出“资产接收令”接收该当铺的财产，并委助理报务署为接收员。助理报务署接着就先重新登记所有的债权人名字，并办理有关债务手续，然后才订期召集债权人开会讨论是否接受妥协折还之提议。对于法庭的判决，恒昌当曾向最高“联邦法庭”提出上诉，要求撤销高等法庭前所发出的“资产接收会”。根据1967年3月17日南洋商报的报道，它的上诉失败。同年（1967年），由于让顾客赎回典当物的六个月期限已过，那些没有被赎回的物品仍由钟坤成有限公司负责拍卖。

1967年4月22日助理报务司陈金成主持第一次债权人大会，而正报务司互合高斯亦曾莅会表白立场。会议中，起初有339名债权人（全部债权人有533名）赞成接受赔23%债款之和解建议。后经陈金成说明利害，再投票结果，有310名债权人拒绝接受，这些债权人所代表之债款是122万余元，占总债款之50.8%，超过法定之25%，此即意味恒昌当之和解建议不被接受。

4月28日，恒昌当之两名股东被高等法庭判列入穷籍。

案件至此，乃告一段落。

二、生意失败原因

当店业是否是一门非常好赚的生意？当店主是否是剥削者？关于这两个问题，说“是的”大有人在，不过经营当店者认为这些人不了解当业的情况而误会了他们。对这两方面的看法，我们暂且不去判断谁是谁非，我们不妨从上述两间店的倒闭去寻找一些蛛丝马迹。

说当店好赚，然而上述两间店毕竟是倒闭了。是不是因为不好赚而倒闭呢？我们可以从以下3点来看：

第一点，我们从当店的利息来看。从1960年以来，当物利息就一致规定为月利一分半，当期六个月。这就是说，当100元，一个月就要付利息一元半。

恒昌当在结束其营业时，东西未赎回者超过1,000宗，赎款约5、60万元（见前）。因为当店的利息是以月计算的，所以该当铺在倒闭前每月生意约为5、60万元。设若该当铺不倒闭的话，它每月可从利息中收入7,500元至9,000元之多。再从调查所得，每间当店每月开支（包括伙食费、水电费、店租、工资等）约2,000–4,000元（以2,300元占多数）。所以抵消开支以后，该当店每月尚有3,500元（最低估计）到7,000元（最高估计）之净赚，而一年之收入就可达42,000元到84,000元之巨。

上述之假设它每月有5、60万元生意之估计是不会过低的，这可以从调查其他当店所得的营业情况加以印证；而且该当铺在有五、六十万元生意情况下倒闭，假如生意做得更少的话，收入就更少，那末倒闭的机会不是更大，倒闭的时间不是更快，也等不到在这种情况下倒闭了。同时，我们在估计时，并未把赎出者的生意计算在内，若考虑这点的话，它的生意实际上比5、60万元还要多。

如此看来，一间当店假如自己的资本充足的话，它的净赚是非常可观的。所以目前一分半的利息只有使到上述两当店兴旺而绝对不会使到它倒闭的。

第二点，从当店资本来看：我们访问了很多当店老板，知悉当店的资本最少都要3、40万元，多则可达2、3百万元或更多。自己的资本越多生意就越容易做。若资本不够，就要向外借款，它的利息通常是七厘到一分。

恒昌当在倒闭时，负债2,400,000。这笔钱是以存款方式存入该店，利息有九厘和一分者。但是该店每月生意估计为5、60万元，就算因为典当物之进进出出而产生波动，我们就估计它每月生意做7、80万元，加上1、2万元用来作周转的流动资金，不妨再把现在开当铺才需要有的贮备金十万元加算上去，它总共需要的资本也不会超过100万元。可是它把一大笔存款移作其他方面的用途是无疑的。

资本，不仅对其他行业是重要，对当店更形重要。假如能以小本钱来做大生意，或根本不用本钱来做生意，在我们这个社会里，谁不会抢着去做呢？而恒昌当的倒闭，资本不够并不是充足的理由，有可能的话，它只是其中的一个小原因罢了。

第三点，把收到人家的存款移作其他用途。这现象在当店是常有的。

政府的当店法令，允许当店接受人家来典当，也允许当店不受限制的接受外人的存款，但却没有禁止当店把人家的存款移作其他用途。当店把存款移作其他用途时，若做得好，它当然是可以从中赚一大笔，不过一旦发生意外，就要连累存款人了。我们可以相信，恒昌当的倒闭，主要关键就在这里，因为恒昌当之一股东何平氏还拥有一间华丽化妆品厂、华丽化妆品也于同时倒闭，并负债283,000元。我们有理由相信何平氏利用当店可以接受存款之便，便把当店的存款投资于化妆品厂，而可能这间化妆品厂搞不起色，连累到恒昌当负债累累，以致倒闭。

由此可见，上述两间当铺并不是直接由当店本身营业的失败所引起的，而是间接由其所兼营的副业失败而造成的。事实上，大部分倒闭的当铺就是在上述情况下结束它们的业务的。

第三节　当业的兴衰

一、利息与当业的关系

从以上两宗事件看来，目前的利息制度是不会使到当店倒闭的。1分半的利息无论如何也不可能像一些大企业或大商店那样赚取非常庞大的利润，但是，它若跟一般中、小生意（例如占各行业绝大部分的二盘商、三盘商、小贩……等等）比起来，当店所赚取的利润一点也不输给他们。而且经营当店所需要付出的劳动力也比其他行业小得多，所以实际上它比一般中、小生意容易赚钱。经营当业者也说当业是一门稳固的行业，很少受到一些大风浪的打击，也就是说它不会像投机生意那样，赚钱也快，赔钱也快。

经营当店者在回想以前当业的黄金时代时，都不免慨叹现在生意不好做。在早期，典当利息曾经高达三分半以及五分者（详情见本报告书内容），所以那时赚取的利润约为现在的两倍，跟现在比起来要相差一倍左右，这也就难怪他们大叹生意不好做啦。恒昌当若在这个利息制度下营业，它的每年收入就要从$42,000–$84,000增加到84,000–$168,000（平均估计$120,000以上）。这增加的收入是很大的，它可能因而使到恒昌当不致于倒闭，而且还可能慢慢积蓄一笔资金投资于其他更有利可图的行业上去。

二、当店向外投资与做贷款生意

除了典当生意外，当商们都普遍地做贷款生意或把人家的存款向外投资。这种营业方式跟银行业与金融业是相同的，只不过后两者的资本往往要比前者大上好几倍。

向外投资的缺点，就是它的不稳定性，这种不稳定性只有充足的大资本才能够宽裕地应付，像当店这样几十万到一、二百万的资本往往就经不起这种不稳定性的打击，上面第二宗事件就是很好的例子。但是也就是这不稳定性往往会给投资者带来料想不到的巨额利润。

当商在利息方面与小市民和政府间形成一种很复杂的矛盾局面，要解决这矛盾似乎是不可能的。因此它们实在没办法期望利息会给他们带来更好的利润，而只好向其他途径上求发展，向外投资便是一种途径。但是要向外投资吗？又限于本身的能力以及考虑到所要遇到的风险，使到它们不能畅所欲为，这是它们在投资方面所遇到的另一个矛盾。相信这种矛盾会比在利息方面所遇到的矛盾来得更简单些，这种矛盾假如能解决的话，无疑地将给当商带来更多的利益。当商似乎从来都没有去解决这种矛盾，也没有尝试要去解决，它只会一味在利息矛盾上打滚，这未免太不智了吧。

三、结论

在我们这畸形发展的社会里，生活费用不断提高：房租、水、电以及各种各样的物品都普遍提高。当店主因而哀叹他们的生意不好做，但是生意不好做的不只是当业而已，一般中、小行业也都哀叹他们的生意难做。没有哀叹者只有那些最近兴起的大企业，大工厂以及原有的大商家之类。当店主希望回复过去或类似的利息制度，以增进他们的业务，而经营其他中、小生意者也还不是一样都在想办法增加他们的收入。但是最没有办法增加收入者就是那些入息低微的人，因为他们大多是工人，而他们的工资罕有增加，在这种情形下，必然会造成两个极端：就是极贫与极富。在“两极化”的夹缝中，当店业将何去何从呢？

第七章

当业的展望——结论

关于当业的起源，由于所掌握的资料不够，所以无法了解其原来的面貌和具体情形；不过，有一点可以确信的是，本地的当业是延续了中国当业的经营方式，它们靠放贷来获取利息的本质是完全一样的。当业在旧中国的社会里普遍存在着，这种情形从一些反映当时现实社会的文艺作品里是可以看出来的；在城市里、乡镇中，当店的存在说明它是封建经济、社会制度的产物；那时农民、市民的生活都离不开当店，他们一遇到经济困难或者是接近年关要还债的时候，只有到当店去典押物品来解决难题。当店老板往往是地主、乡绅、商人、高利贷者和一小部分的官僚，这些大债主凭着自己的地位，向劳苦大众进行重重的剥削。

随着华侨南来，当业也来到本地，客观条件使它能在本地生产与成长；早期的当店，对象主要是华族自由劳工；劳工和猪仔一样被港主、矿主残酷剥削，收入本来就非常少，可是，万恶的剥削者还嫌不够，他们开设赌坊、妓嫽院、贩卖鸦片来毒害劳工，企图把那些微收入也掠入自己的口袋，因而常常使到劳工欠债累累，猪仔还可以把自己卖身还债，而自由劳工就得倾家荡产，而典当物品就非靠当店不可。另一方面，殖民地主义者常把经济不景的恶果嫁在殖民地人民头上，使他们生活更加痛苦。为了缓和殖民地政府跟当地人民的矛盾，也就希望当业的存在作用对自己有利；因此，作为仲介地位的当业便由封建的，演变为半封建半殖民地行业。

目前新加坡的当业又进入一个新的阶段；过去当店的主要功能是向市民提供低价的典押，而另一方面是吸收一些高利存款或放高利贷（对象以亲友为主），这两个功能在漫长的岁月里，不断发展，到现在成为当业发展前途的决定因素。

首先，我们必须了解当业发展的内在因素与其落伍的经营方式；如果完全靠低价典当来维持营业，困难显然是很多，因为，在新加坡人们对于商品的消费越来越高，不会再有兴趣购买比较值钱的装饰品，而日益趋于购买高昂的商品，如高级家私、家庭电器、或汽车等等，大多数人是利用分期付款（高利贷款）来购买，但是当店的经营方式，是不可能接受这些高昂商品的典当，其原因有四：

(1) 没有这一类的专门人才来鉴别物品的价值。

(2) 当店目前的贮藏设备非常简陋，如果接受这类物品，首先必须要有一个现代化设备的仓库，确保当物得到适当的保护，并且有一套完善的严密的管理制度。

(3) 要有大量的保管人员，随时进行检查以确保当物处于优良状态。

(4) 另一个必须面临的困难，是旧货销路问题，在高度发展的社会里，社会分工是非常精细的，造成人们除了自己份内的工作外，便一无所知，对购买旧货，就存有很大的戒心。同时，由于商品广告的大肆宣传，使人们对新的产品有较大的需要，对旧货物便不发生兴趣；因此，销售旧货并不乐观，除非当店有办法建立起庞大的装修工厂，把大量的旧货从头加工处理，才能解决销售问题。以此看来，如果当店依旧保存着传统的经营方式，它的困难会更多。

从新加坡目前的经济发展趋势来看，一些人对高利息贷款的需求越来越大，是构成现社会经济活动的一个环节，借贷者多属于工人、小生产者及小本经营者（如司机工友、小贩、小商人）；由于通货膨胀，生活程度逐年上升，劳动者的收入却没有相对的提高。因此，贫下阶层人民，依靠典当来维持生活或应付紧急需要的，是有增无减。他们不能向银行贷款，因为，他们所需要的数目，银行方面认为太小，而且缺少可靠的担保人，为了适应这方面需求，金融公司便随着出现，它是一种庞大的现代化借贷企业，它可以提供一笔相当数目的高利贷款，它的出现在一定程度上加速了货币的流通，提高了小市民的消费能力，促进了社会的表面繁荣。

可是，当店是否可以发展成金融公司呢？从目前情况来看，当店要靠本身的资金来发展成一间企业化的金融公司，条件是不够的，其原因有二：

(1) 当店在组织上陷于半封建的泥沼中，尤其是在人事关系上，更为落后，职员与雇主之间存在着浓厚的亲友关系，才干与资格，并不构成发展晋升的主要条件；标准是依靠顾主的主观信任与关系，因此在人事上，已无法达到人尽其才的经济原则。

(2) 当店的资本，不足以构成企业化金融公司。根据调查，一间大型的当店，所拥有的资本，不过是一百至三百万元之间，如果和金融公司比较，简直是小巫见大巫。

当店既不能单独发展成金融公司，而在目前的企业化现代化下，如果它依然保持现状，无论如何都不能和大企业争一日之长短；最后，它只能维持低价典当生意，到那时，可以被接受的当物越来越少，在调查中大约有90%以上的当商认为“目前当店难做，因为利息太低”，其实这只是表面现象，不错，提高利息是对商有利，可是这种刺激并不能挽救当业的衰退的命运。即使提高利息吧！当店所得的利润也多不到那里，如果大部分当商放弃营业，而生意集中在少数几间当店，也不是办法，这样又使竞争者回复营业，出现原来的局面。抬高利息既不能挽救当业的衰退命运，又增加了小市民的负担，使他们陷于更赤贫的境地。

至于组织联营式企业，在理论上是比较符合现代社会制度的需求，如果当商打破目前帮派性的经营方式，联合更多的华族商人或各民族商人纠积大量的资本，在组织上进行澈底的改组，以一套完全现代化的管理方法采取严密精细的分工，一切实行制度化，当业应该是会走上这条道路的。

参考书目

书籍

1 童子达编／郑洪丰著，《新加坡各团调查》，南洋工商补习学校。

2 新加坡工商业全貌“当押物”。

3 许直、许珏合著“当业”，南洋客属总会，第三十五、六周年纪念刊。

4《星洲日报》编纂《星洲十年》，中华民国29年，《星洲日报十周年纪念特刊》。

5 文大熙著《商业银行经营及实务》，台湾商务印书馆，1965。

6《南洋商报》编《新加坡一百五十年》，《南洋商报》编印，1969。

报纸

1《星洲日报》，28-1-1958。

2 同上，18-3-1960。

3《南洋商报》，15-11-1930。

4 同上，21-1-1956。

5 同上，16-4-1958。

6 同上，29-10-1959。

7 同上，12-11-1959。

8 同上，18-3-1960。

9 同上，24-3-1960。

10 同上，25-3-1960。

11 同上，26-3-1960。

12 同上，27-3-1960。

13 同上，28-3-1960。

14 同上，30-3-1960。

15 同上，17-5-1960。

16 同上，18-5-1960。

17 同上，31-12-1960。

18 同上，21-8-1965。

19 同上，15-1-1967。

20 *Straits Times*, 24-3-1960.

衷心感谢

由一九七零年五月至到十一月，经过好几个月的劳碌奔波，访问三十多家的当店老板，头手。以至组织、分析、找资料、跑图书馆、政府部门、社会事务部、珍珠山的警察总署和罪犯调查局翻阅旧档案。同学们任劳任怨，尽力而为，终于完成了这篇充满心血的报告。

这篇报告的完成，除了当店小组的各个成员以外，我们得感谢社会事务部的助理秘书叶敏钧先生和其助手 Mr. Tay 的帮忙，为我们提供资料及借地方给我们应用，同时又得到助理警监黄仕英的介绍至罪犯调查局翻阅旧档案，也得到助理警监王建忠，以及 Mr. Chua 和 Mr. Lee 的帮忙。我们在此，致以万二分的感谢。

最后，我们当店小组，对新加坡的当商前辈给于我们的帮忙，与我们合作，接受我们的访问，致以无限的感激。我们也谢谢当店公会为我们安排的座谈会。

特别谢谢本校讲义室的袁国发及林炳成先生两位的帮忙，使我们的“初稿”在短时间内油印出来。

最后，希望各位老师，同学对此调查报告给于批评；使我们百尺竿头，更进一步!

当店小组谨启

一九七〇年十一月初

兴化人与交通行业

1880–1971

新加坡華族行業史調查研究

兴化人与交通行业

(1880---1971)

南洋大學歷史系

《東南亞華人史》同學集體創作

1971年12月

兴化人与交通行业
调查小组成员表

指导老师：黄枝连师

组长：林菊英

组员：陈传书

张碹琴

许洁瑜

黄敦勤

我们的话

本组同学的调查题目是“兴化人与交通行业”是一个相当复杂与广泛的题目，在调查过程中，遭遇到许多挫折，碰到不少的钉子，但另方面，我们也不乏热心人士的帮忙，使我们的报告终于和大家见面。

这一次调查中，我们得到了车商公会、新加坡特示公会为我们联络有关人士，使我们在工作上减轻许多，还有严仁山先生、刘建华先生等供给我们一些资料，在此，我们衷心感谢他们。

此外，开始时我们也得到黄建华同学的协助，张坚、姚金龙、沈孟虹、余绍国等同学为我们介绍访问对象，还有另一交通行业调查小组同学林明芳、丁莉英和陈余姿的供给资料，谨此感谢他们的帮助。

我们更要感谢各位受我们访问的兴化父老给予我们真诚的合作。

最后我们要强调的是：这是一份集体的作品，是靠各方人士及同学的合作下完成的一由于我们调查题目的范围太过广泛，非我们能力所能胜任；加上要在短时间结束这项调查工作，我们不能作利全面性与深入的分析问题；在材料不足与能力有限的情况下完成的报告，我们相信其中必定是错误与疏漏百出，希望诸位父老，师长及同学给我们批评与指正。

兴化人与交通行业调查小组同学启

一九七一年十二月二十日

目录

第一章

新加坡陆路交通的发展简史

一、概况

新加坡交通业很发达，截至一九七一年八月份所登记的统计数字，在新加坡公路上的各种车辆，共计六十八万九千四百八十辆之多。其中脚车居首，共有三十七万九千三百二十五辆，私人汽车共有十五万一千八百九十一辆，至于川行的巴士车总共二千六百二十二辆，摩多西卡与史古打计有十万八千一百三十一辆，载货的车辆也有三万六千八百零五辆，三轮车则减为三千三百零八辆[1]。

新加坡今日交通业之如此兴盛，是经过一段时间的历史发展，并不是突然或骤然地造成今日繁盛的现象，因此在我们研究新加坡的交通历史时，我们有人要去追朔这一百多年来新加坡陆路交通业的发展概况。

据史料记载：十九世纪初叶，新加坡仅有二条马路，居民不多，交通简直谈不上[2]，到了一八八七年（兴绪十三年）清人李蚺玉游历新加坡后，写了一本《新加坡士记》，内中有这样记载：

"坡中边路宽坦，修占之工，终年不，桥架多以，精铁为之，较之上海租界各桥更形坚固；马车路四通八达，无往不利……"[3]。

由此可见，十九世纪后半叶，新加坡交通已同世纪前半叶发达，尤其是1869年，当苏宜士运河开发后，汽船的到来，对新加坡的影响更大，这时贸易飞跃式地进展，这我们可从下列各数目字窥见一斑：

年代	贸易额（以元为单位）
1823–1824	11,417,036
1868–1869	58,944,141
1869以后	70,789,589
1872–1873	89,632,235

资料来源：*Singapore Year Book 1964*

随着商业的发达，新加坡的开发，都需要大量的劳工。来自印度南部与中国华南地区的移和向新加坡移入造成新加坡人口的大量增加，从1819年的一百六十人，到了1821年，据估计人口有四千七百二十七人，以后人口不断增加（见表一），到了十九世纪八十年代人口已在十万人以上，在人力车顶盛时期，即1920年人口已达四十多万。

表一

年度	人口	增加数目	每年增长率
1824	10,683	–	–
1830	16,634	5,951	7.1
1840	35,389	18,755	7.8
1849	52,891	17,502	4.6
1860	81,734	28,843	4.0
1871	96,087	14,353	1.5
1881	137,722	41,635	3.7
1891	181,602	43,880	2.6
1901	226,842	45,240	2.3
1911	303,321	76,479	3.0
1921	418,358	115,037	3.3
1931	557,745	139,387	2.9
1947	938,144	380,399	3.2
1957	1,445,929	507,785	4.5
1967	1,955,600	509,671	3.0
1920	2,074,507	–	–

资料来源：
Journal of SouthEast Asian History
Volume x Number 1. 1969
Saw Swee Hock "Population Trends " TK
Singapore 1819–1967，P.39

其中绝大部分的人口是分布在市区范围，若以1920年举行的新加坡人口调查报告之中记载，在1921年新加坡的总人口有四十二万五千九百一十二人，其中市区人口(urban population) 共计三十五万一千九百零九人，所占的巴仙率高达82.6%，在1911年的市区人口也占了全人口的83.79%，1891年城市人口的巴仙率更高，达87.8%[4]。

由此可见，新加坡人口向来都是高度的集中在市区内，而人口的多寡与商业的繁荣与否对市区的兴起与发达有着其决定性，在这种情况之下，新加坡市区越蓬勃，于是货物的运载，市民的往来，并不是单靠过去河流的交通工具所能担负。因此在环境的需要与时机的成熟之下，新加坡的交通必然产生。

二、非摩托化的交通工具

推究新加坡的早期交通工具，那是属于非摩托化的交通工具。据历史记载，新加坡最早的交通工具是马车，在1840年左右，从苏门答腊的日里九矮小的“日里州马”作为交通工具，于是新加坡人民首次见到第一匹日里马在市街上出现，这种新的交通工具很受人欢迎，不到几个月一共输入了二百六十匹日里马及一百七十辆四轮马车和四十四辆双轮马车。今日的莱佛士坊不但是当时马车的集中地点，也是拍卖马匹之场所，直到1886年，始移到别个地方去。

除了富豪阶级自备的私家马车外，华侨及欧人都设有马车行，华人出租的马车多集中在福建马车街及潮州马车街（即今日之Upper Circular Street）这两者顾名思义是由福建帮与潮州帮人士所经营的帮派行业，但这两帮人士后来并不向交通行业发展，主要因素一方面固然是因为当时交通业并不是一门利润大的行业，实际上是闽南人（俗称福建人）与潮州人南来较早，已在其他较有利润可图的行业上占了足，画了盘，如福建人与土产生意，潮州人与种植业。至于欧人的马车计有喜街（Hill Street）的卡拉克公司。在东陵（Tanglin）的河北兄弟公司及大马路与 Bras Basah Rd 的海峡马行。

关于租金方面，当时双马的租银大约是每天五元，单马三元，长期租金较廉，双马的大约是三元至四元，单马则二元至三元，车的马速马鞍每天两元，至于短程的车费大约都是一两角而已[5]，这种以兽力为交通的工具，在新加坡开辟后的第一阶段也的确有其不可抹杀之功劳，至于它对货物的转运也尽了相当的力量，直到1880年东洋车（人力车）自上海传入后，相形比较之下，马车逐渐被人力车所取代，在1923年最后的一辆马车还被人使用，以后便告绝迹，成了历史上的遗迹。

和其他事件一样都会产生变化，新加坡的马车时代并非毫无风波，它也曾激起两次涟漪，发生过两次的马车夫之乱，即1872年，交部局颁发新例，规定马车车资及其他出租的条件方法，这使到马车夫感到不满。当时的马车夫主要是印度人与马来人，他们实行抗议，在小坡二马路及 Bras Basah Rd 的十字路口一带，发生暴动。至于第二次的马车夫暴动，却是因为受到东斗车的冲击，马车夫因生活受到严重的威胁，不得不在人力车传入的次年（1881）实行罢工抗议。但是又难和这刚兴起的交通工具相竞争，只好遭受淘汰成了历史上的遗迹，而与马车有连带关系的马车夫，也只有改行他业。

同马车处于相同时代，相高地位的是牛车。牛车也是马来亚最古老的交通工具，在李钟珏的《新加坡风土记》中也这样提到：

“十年前途中但有马车载人，牛车载物，后有东洋手车，近又有火车……”(6)

牛车在新加坡，最多时拥有一千四百余辆，后来减为一百九十四辆，据1920年海峡殖民地的人口统计一书中，有人口与职业这一项。（见表二）

从数目字显示，到了廿世纪廿年代，牛车夫比马车夫还要多，牛车夫将近三千名，而马车夫却只有七百多名，也足以证明这时牛车的地位还很重要，而马车已走入衰微，可惜的是我们已无法找到有关马车与牛车的数目来作更有力的证明。无可否认的是马车的寿命比牛车短，牛身后来虽亦被罗厘车所取代，但在1949年，尚有牛车七十六辆，后来一直保持六辆的记录，不过牛车早已被交通警察当局下令禁止在市区内行驶，因为牛车速度太慢太笨重，且牛车过处牛粪满地，不卫生又不雅观。所以从此以后，我们也难以见到它们的踪迹。

表二

Road transport workers 陆路交通工人总数	Total 总数	Chinese 华族	Malay 巫族	Indian 印族
Rickshaws and Hand Cart pullers 人力车夫	18,380	18,261	NIL	119
Drivers of Motor Vehicles 司车司机	3,498	687	2,472	337
Bullock Cart Drivers 牛车夫	2,915	2,119	237	557
Drivers of Horse Vehicles 马车夫	735	64	548	101
Drivers of Traction Engines	87	57	19	11
Drivers of Trams 电车司机	61	13	7	41
Bus and Tram Conductors 巴士车与电车售票员	85	67	5	13

资料来源：*The Census of British Malaya* by J.E Nathan P, P. 251–292

紧接着马车、牛车而在新加坡交通史上有光辉灿烂一页的是人力车的输入，这种人力车是日本人发明的，所以也成为东洋手车。这种车传入中国后，便由中国人自己制造，而新加坡的人力车是在1880年2月16日由上海传入，开始时有四千余辆，到了1887年才剩下二千余辆，根据李钟玉的解释是这样：

“十年前途中但有马车载人，牛车载物，后有东洋手车，近又火车，虽日并行不衰，之火车兴，而手车牌额截止，旧晋汰而新者不得增，往时有四千余者，今不过二千余，贫在失业无以糊口……”(7)

不过从（表三）人力车的数目来看，以后的人力车却发展到高潮，一方面是因为蒸汽车 (Steams trams)，即李钟玉所说的火车，其寿命极短，仅有短短四年的时间，从1885年到1889年；而另一方面人力车又较马车高经济又方便，可省下一大笔饲马费，又较彼为合卫生，所以人力车显然是处于有利的条件下，且后来者居上，大家竞相采用，风行一时。1901年新加坡人口只有二十多万，而人力车则有六千七百三十辆之多，以后数目激增，到了新加坡开辟一百周年（1919年）时，人力车的数目竟达九千余辆，有长毛腿之称的抗车夫不下二万余人。这时新加坡的交通真可谓是人力车的世界，人力车夫的黄金时代；人力车增加的原因是由于人口的激增，而人力车也能符合当时大众交通工具的要求，还有收费十分低廉“每英里四占，不足一英里三占，如由市区往双口鼎，计程约四英里，仅费二角，车夫便欢天喜地”(8)

从1925年开始，市政局对人力车实行更严守的管制，且特别提高人力车本身的保养标准，于是一些不合乎标准的陈旧人力车，有四千二百余辆被吊销礼申；另一方面在社会经济发展之下，必然又会产生新的交通工具。随着小型巴士车的增加，无轨有线电车的川行，于是人力车在新的产物的冲击之下，从1935年以后，只能保持三千余辆的数目，不过在1945年人力车还有三千余辆，而在1946年突然减到剩下一千多辆，这关键要追朔到1926年，当时本坡社会人士也纷纷议论是否要让人力车继续存在一般人认为人类拉人力车，使人的尊严扫地，使人的地位降为动物的地位，乃极残忍之行为，所以人力车必须废除。这一个问题到了1945年新加坡光复后市议员雷各氏在市议会重新提出，市议会始于1946年8月间通过废除人力车。至1947年4月30日以后

1) 风行了六十六年的人力车便宣告绝迹了。此后，几乎所有的人力车夫都改行转踏三轮车(9)。

表三

年份	人力车数目
1880	4000余辆
1887	2000余辆
1901	6730辆
1910	8791辆
1919	9000余辆
1925	8376辆
1928	8626辆
1929	7622辆
1930	6764辆
1931	5635辆
1932	4615辆
1933	4062辆
1934	3908辆
1935	3891辆
1936	3707辆
1937	3704辆
1939	3693辆
1945	3000余辆
1946	1000余辆
1947年4月30日	无

资料来源：1. 曾铁忱《新加坡史话（第二集）》，P. 40。
2.《星洲十年》。

随着人力车的消灭而兴起的是三轮车，而取代了人力车的地位而成为大众化的交通工具。廿多年前，可说是三轮车的全盛时期，车辆约九千架，三轮车夫几达六千人。推朔三轮车的出现是在日治时期，但当时人力车多过三轮车，故不被人注意，至1945年新加坡光复后，三轮车正式被介绍，旋而于次年八月取代了人力车的地位，等到人力车因为基于人道主义而告绝迹时，在这良机不可多得的机会下，造成了三轮车在极短的时间内便臻于高峰，不论商人、医生及其他专业人士，出门时都以三轮车代步。造成这种现象的主要原因，是因为当时新加坡的街边非常狭窄，加上经过日治时代，公共交通陷入瘫痪状态，巴士车、汽车几乎都被日军征用了，虽然战后车子有被索回，但在一定程度上来说，交通事业的发展已大大受了阻碍，所以在1947年左右，以新加坡人口九十余万的比例来说，当时的交通工具对市民仍是供不应求。所以三轮车的出现，正好配上时代的要求，它不啻把人类文明向前推进一步。

因为三轮车是由人力车“改良”过来的交通工具，比起人力车那种用人负担兽力般的工作，显然是人道得多，可是曾几何时，谁会料到这行业的辉煌时期只不过短短十年的工夫，便逐渐走下坡。自1955年后只能保持着三千余辆（见表四），这数目还不到1947年的一半，而从事踏三轮车者更少，现在只有二千余人，所以三轮车在今日的新加坡可谓乃烛残年，只能苟延残存，有朝一日必会受到淘汰。其实从种种迹象已可看出三轮车不久将会被消灭，成为博物院里的古董。

三轮车只所以会在这么短的时间内就遭受到时代淘汰的危机，主要的原因是交通事业的突飞猛进，在各种日新月异，不断改进的交通工具威胁之下，显然地，三轮车在种种条件方面都比不上今日摩托化的工具，如史古打(Scooter)、巴士与汽车等，尤其在速度方面更无法竞争。所以，它之受到时代的淘汰，也是一种必然的趋势。

表四

项目 年代	三轮车数目	三轮车工友人数
1946	6,908	——
1947	8,948	——
1948	8,583	——
1949	7,892	——
1950	6,823	7,536
1951	5,867	6,763
1952	5,093	6,696
1953	4,538	4,958
1954	4,045	4,567
1955	3,809	4,301
1956	3,747	4,328
1957	3,629	4,352
1958	3,627	4,876
1959	3,627	4,816
1960	3,627	4,340
1961	3,627	3,913
1962	3,629	3,612
1963	3,629	3,423
1964	3,629	3,082
1965	3,628	2,730
1966	3,516	2,221
1967	3,516	2,635
1968	3,431	2,844
1969	3,396	2,633
1970年4月	3,396	2,587
1971年8月	3,308	——

资料来源：《车辆注册局常年报告书》

以上所讲的马车、牛车、人力车及三轮车，都是属于非摩多化的交通工具。在今日机动化交通工具非常发达的新加坡来说，它们已被淘汰或正面临着被淘汰的厄运。至于非摩多化的脚踏车这一交通工具，其历史也相当长远，不过它主要是属于私人个别的交通工具，并不用来作为公共交通工具，所以在这里我们不谈其发展与演变的过程，不过在兴化人的交通业发展过程里，我们将会探讨他们在经营这一行业的历史概况。

三、摩托化的交通工具

（一）汽车的传入

至于新加坡进入摩托化时代是始于1890年。当时一嘉斯兄弟公司(Ralz Brothers) 最先由德国输入一辆名为 Benz 的汽车，售给东方拓展电报公司的 B. Frost. 这新上市的货色从此在新加坡立定了脚跟。转入二十世纪初，便逐渐露出了摩托化时代的新面目。但根据史料所示，在新加坡政府注册成为第一辆汽车，领得5号车牌的却是奥文夫人(Mrs G.P. Owen)。那辆艺名为“小星”的汽车，她同时也是新加坡第一位汽车驾驶指导者，后来奥文夫人将驾车技术传授给一名马来人夏山，夏山也就成了本国第一位马来车夫。

1902年，奥文夫人又从外国带来了两辆汽缸 Adams-Hewitls 型的汽车。此后外来的小型汽车大发利市，一般富有人家少不了都自备一辆汽车，到了1906年4月，1日在乌节律便有一家版商组织的汽车开幕，跟着各国汽车，如英、法、德美等都远寻竞争市场[10]。于是汽车数目从1906年的运入到1917年时突破一千辆。1927年达4500辆。在1941年日本未统治新加坡时，新加坡拥有私家车一万余辆，日治时期，大部分车辆都被征收去，光复后仅剩下四千余辆，但很快又增加起来，每年平均增加数千辆（见表五），到新加坡自治时私家车已达五万余辆。

表五

项目／年代	私人汽车	摩多脚车及士古打
1932	6,116	479
1933	6,019	483
1934	6,222	531
1935	6,941	553
1936	7,680	582

1937	8,489	621
1938	9,398	635
1939	10,405	754
1940	10,758	859
1941	10,848	907
1946	4,439	1,120
1947	7,419	1,801
1948	10,728	3,183
1949	13,693	3,907
1950	16,568	4,724
1951	22,678	5,666
1952	27,893	6,354
1953	31,451	6,970
1954	32,597	7,356
1955	40,912	8,010
1956	44,265	9,218
1957	48,682	10,344
1958	52,648	12,253
1959	55,965	14,306
1960	63,344	18,931
1961	70,108	28,205
1962	77,379	35,345
1963	84,327	45,057
1964	95,349	52,438
1965	104,729	60,838
1966	112,712	68,746
1967	116,097	80,940
1968	121,106	90,283
1969	130,088	99,265
1970年正月	131,343	99,229

资料来源：1.《新加坡车商公会银禧纪念特刊》，1957年 P. 275。
2.《车辆注册局年报告书》。

(二) 蒸汽电车与巴士车

早在1883年，有一家英人私营公司在新加坡组成了一家蒸汽电车公司。1885年，此家公司开始在新市区试用蒸汽电车 (Steam Trams)，当时此种车厢还是双层的。当李钟玉在新观光时刚好碰到此种交通工具的川行，因类似火车，所以李氏称它为火车。此种车的行车路线由市区伸屏到梧槽区，可惜其寿命极短，1889年便因营业一直不振，只得收盘拍卖。

1902年，市政局授权新加坡电器轨车公司 (Singapore Electronic Tramsways Co.) 建造电器轨车，于是1905年7月，在新加坡岛上，首次有了有轨电车的川行，从此在交通史上呈现异彩，初时只有单面有轨电车五十辆川行于四条干线，计：

1. 由登律至炭巴海港
2. 芽龙至丹戎百葛
3. 巴爷礼岜至约翰逊码头（现称克利福码头）
4. 鲁玛密士肯 (Rumah Miskan) 主炭巴海港[11]

在第一次世界大战时，全市各大街边，都布满轨道，其总长计有十五又四分之三英里，在新加坡究竟是首创记录的交通工具，后更由于行车快速和取费低廉，相当受市民的欢迎，不但在市区布满交通网，也给在萌芽中的近郊带来了发展的新生命；但好景不常在，因经营失败，服务水准差，市民渐意不满，政府便于1920年委任一个调查委员会进行调查该公司的状况。两年后该公司陷入严重的财政危机，幸亏由上海电车公司加以接收合并，另组成新加坡电车公司。由此可知，早期的交通业并不是一种易于营利的事业。

新加坡电车公司成立于1925年，该公司崛起后便屏除有轨电车，改用无轨的有线电车行驶。有轨电车的屏除在交通史上具有重大的意义，市面的铁轨被拆除后，路面整齐得多，交通也不再迁就电车的行驶；到了1927年有轨电车才全部被屏除，全岛便成了有线电车的天下了。到了1939年，有线电车的总路程已达二十四里半；战前，这种电车分为二个等级，头等坐在车前，车后是二等位。一般说来，电车公司的路线都很少变化，当时电车共有十一条路线，起终点者在老巴刹、丹戎巴葛、四排埔等地，也有四条行走市区间的干线[12]。

从1947年开始，新加坡电车公司一路来都维持五十辆电车，直到1962年10月间，才减少到五辆十一月十一日又先将第二号及第三号改用新型巴士代替，一个多月后又将第四号电车改为巨型巴士，从此前后达三十九年历史的电车，由于时代的进展，终于被淘汰。

其间，1935年上海电器树造公司放弃其在新加坡电车公司中的十万元利益而使其自在，因此新加坡电车公司继续在市区路线服务。至1964年，当时英国方面的控制权转给本地的董事，于是该公司又重新注册为新加坡电车（1964）有限公司。

(三) 华人小型载客罗厘车的发展

华人巴士车的始祖可说是一种小型载客罗厘车。在1919年，由于有轨车之失败，造成小型载客巴士车的登场，使新加坡公众交通史上又创了一个新货。这种车子每辆只可坐七人，当时谓之 Mosquito Bus。其实，应用的大部分是福特下汽车改装，后由于价格低廉及快捷，很快便充斥在各主要交通线上。在1921年其数目还只有147辆，但到了1927年，数目增加到456辆，短短的六年间，数目增加三倍，真是非同凡响，大大地影响了电车公司的经营。可惜华人经营的车主人数太多，又无组织，任何人只要购置一、二辆，便可川行于大马路至芽龙或到巴士班誏等，因此不免产生混乱的情形，且同一路线的罗厘、巴士发生尖锐的营业竞争，在利益的驱使与诱惑之下，彼此争相抢搭客是常有的事，又有为了多行驶几趟，便加速行车，所以对市民的安全有所威胁，电车公司以市民之安全为理由，要求政府予以取缔政府虽知小型巴士之重要性，如1927年车辆注册官在报告书中就曾指出“要减少此种小型载客罗厘车是不可能的，除非有一种同样快速及廉价和足够的车辆来取代。”可是政府还是在1930年通过车务当局对于小型巴士车限制极严。到了1934年且进一步实行更严厉的行动，政府下令取缔此种小型巴士车在主要交通线上行驶，将市内的电车及公共巴士车的行驶权，交给电车公司所独有，这是电车公司与殖民地政府互相勾结的作法。显然的，在殖民地统治底下。洋人自然维护洋人，政治如此，社会、经营各方面何尝不是如此，至于其他种族，无论各方面，都须要殖民地政府的控制，毫无势力、敢怒不敢言，所以华人公司对这种作法，也不敢说它不公道，只好转移阵地，委屈求全，向郊外地区活动去，这也就是殖民地时期华人的处事态度之一大特色。他们不愿与当地政府起冲突，抱着息事宁人的态度，平平安安地在异地求生存。

到了1934–1935年间，这些小型巴士车的车主，为了今后的利益，不得不合并为一些小的集团公司来争取在乡村区域的营业执照，所以有“南洋汽车公司”的成立，拥有小型巴士车数百辆，在大马路一带川行，经营不过三、四个月，即告结束。以后各车主各自为政，在全岛各路线，各自川行。以后政府划分全岛为十区，各车主乃分区合租巴士车公司经营。据悉最早的十家华人巴士车公司，计有炭巴、绿色、实里达（郑古悦巴士公司之前身）、漳宜、加东勿洛、巴爷礼峇、五福、顺利、兰车（甘榜峇汝巴士车公司之前身）、榜鹅，这种组织还是表面的形式，其营业方式还是在私有制下进行。即车辆拥有者，单独地享有其车辆的收入，其集团的存在只是为了安排和方便获得乡村区域巴士路线的分配，因为执照只发给公司而不发予任何个人经营者。

到日本统治新加坡的三年多期间内，公共交通陷入了瘫痪的状态中，所以巴士车也不能幸免，几乎都被日本征用了，而市面上因为汽油的缺乏，车子都改用木炭燃烧发动，这就是所谓日本时代的木炭车[13]。

战后巴士车公司积极进行收回被征用的车辆，另一方面重新修理剩下来的巴士车辆，并重新注册营业公司进行营业，于是华人巴士公司又开始其服务，且出现另一间新的巴士公司，即交通巴士公司，这也就是最后一间华人巴士公司获得执照在乡村经营，但是华人巴士公司仍然是十家，因战后的五福与顺利两间巴士公司于1951年合并为福利巴士公司。除此，由华人经营的巴士公司还有由新加坡至柔佛的星柔快邮车公司，至马六甲的新呷巴士车，至吉隆坡的星隆巴士车公司。

以后，这些巴士车公司各自为政，发展自己的业务，由于人口不断增加，组屋的建立，许多郊外的卫星市镇不断出现，如女皇镇、大巴窑等，这促成了巴士车拥挤的现象，为了公众交通的需要，各巴士车公司每年都增添新巴士；而这些组屋区也成了巴士车公司欲争取川行的路线。政府为了使搭客有更直接和更有效的巴士服务，为了避免重复和不必要的服务路线，同时也为了能直接地由一个地区到另一个地区，省却中途换车的麻烦，于是1971年11月11日便成了新加坡巴士服务发展过程中一个具有历史性的重要日子，因为从这一天开始，原有的十一家巴士公司将由四家巴士集团来代替，其中十家华人巴士公司合并为三家集团公司，这三家新的公司计：

1. 西区的合众(ABC)、属蓝色。由旧有的炭巴，福利及甘榜峇汝三间华人巴士公司组成。
2. 东区的集合(ABS)，属红色，由旧有的漳宜、勿洛、榜鹅及巴爷礼峇四间华人巴士公司组成。
3. 北区的联合(UBC)，属黄色。由郑古悦、绿色及交通三间华人巴士公司组成。

至于新加坡电车 (1964) 有限公司 (STC) 则仍成为一独立集团。按 S.T.C. 为青色。事情往往令人难以意料，有谁会想到这具有四十六年悠久历史的新加坡电车公司

(STC)，据说竟因“经营不行”和“工人纪律的败坏”两个原因，造成了年复一年“亏损累积”自交通体系改组后，只经过半年多的时间就垮台，从12月4日午夜后开始结束其交通业务，而将他属下的四百零七辆巴士车，以两百七十五万元卖给上述的三间华人巴士公司。

(四) 德士

除了巴士车外，还有今日在我们日常交通工具中很容易看到的便是德士。德士在交通史上可说是近几十年的事情，其前身也是以载客的七人小型巴士车姿态出现，后来由于车务局对这种公共汽车的限制极严，那是因为车辆数目不断增加，业务竞争剧烈，造成许多车务局案件，当局开始考虑把它换成只载客四人的轻便汽车（即今日通称之Taxi）或把它扩大成为大型巴士车。1933年轻便巴士车开始面市，时只有28辆，次年增至161辆。据我们访问的几位父老说，当时经营德士业的主要是印度人，占40%，华人以福清及兴化人合占30%，其他籍贯人士占30%。在1935年到战前(1941)这段时间内，德士仍未被普遍使用，它主要是在为市民提供长途服务，如由新加坡载客到新山。全市约有八百余辆(1941年数字)。

到了日治时代(1942–1945)，德士业可说是处于停止发展的状态。因为市面的车子大部分被日军所占有，另一方面是因为汽车在战争期间供应不足，汽车改用蒸汽，使用非常不便，因此市面上跟本没有德士通行，而随着日军带入本地的三轮车，以一种比人力车进步的姿态出现，在市面上畅行，于是许多德士司机乃改行从事三轮车或其他行业，德士可说是被人们遗弃了。

战后，在新加坡交通史上可说是三轮车的黄金时代。德士业在初期数年仍未有发展的现象，原因是因为战后德士数量很少，日治时代被没收的车子侥幸可向政府领回的机会并不多。还有日治时代转业的德士司机见战后德士业一片萧条，索性把车子卖掉不干了，因此从事此行的人很少，主要是一些对交通业很内行的人，如兴化人。他们懂得修理汽车，就把市面出卖的汽车买回来修理，然后向R.O.V. (Register of Vehicle)中请车牌，除自己驾驶外也出租给亲友。因为战后初期，从事德士的人虽不多，但是德士的数量一直在增加。

德士业开始进入发展，是在廿世纪五十年代后才有的现象。五十年代以后，商业贸易恢复发展，市区繁荣，人口增加，都需要高速的交通工具彼此沟通，而德士正符合时代要求，逐渐取代三轮车的地位，成为了一热门的职业，许多三轮车夫因而改行学习驾驶德士，所以自五十年代以来，德士司机一直在增加着（见表六）。德士数目方面，自战后亦大为增加，到了1948年，车务当局认为数量已达“供过于求”，因而停止发出车牌；所以五十年代上半期，德士数量的变化不大，至1957年后，因司机人数与车数差额加大，才解除德士限额法令，此后德士数量又逐年增加。1969年全市共有一万三千余名德士司机与三千八百辆德士。由于历年来德士一直无法为司机提供足够的就业机会（一辆车只能供给两个就业机会），政府在1970年拟定一项新的德士计划，即逐渐国营业以改善德士问题，如 NTUC (Comfort Taxi) 的出现。

由上观之，新加坡的交通业的确是经过一段相当长的时间，不断的进步与改善。但事在人为，如果没有人的力量去推动的话，万物都不能发展起来，何况是交通这一复杂的行业，更需要人的力量去策划与经营。我们知道在新马交通行业上是以兴化人和福清执此业之牛耳，尤其是兴化人，他们在人力车、三轮车、脚车业、汽车零件业、德士业及巴士业都占着很重要的位置，在相当程度上来说，他们对此地交通业上的成就有不可抹杀的功劳。

表六

项目 年代	德士数目	司机数目
	——	——
1932	355	——
1933	389	——
1934	545	——
1935	563	——
1936	572	——
1937	622	——
1938	650	——
1939	650	——
1940	680	——
** 1941	850	——
1946	1,146	——
1947	1,867	——
1948	1,954	——
1949	1,081	——

1950	1,477	4,292
1951	1,534	4,784
1952	1,553	5,870
1953	1,601	5,957
1954	1,609	6,520
1955	1,640	6,893
1956	1,612	6,973
1957	2,328	7,556
1958	2,802	10,961
1959	3,044	11,669
1960	3,145	11,671
1961	3,188	11,734
1962	3,142	11,802
1963	3,185	11,829
1964	3,204	13,662
1965	3,206	13,812
1966	3,483	14,812
1967	3,752	14,152
1968	3,808	14,058
1969	3,794	13,866

资料来源：
（**）Remarks: No record from 1942 to 1945 during Japanese occupation
1.《新加坡车商公会银禧纪念特刊1932–1957》，P. 275。
2.《车辆注册局常年报告书》。

注释

1《新明日报》，一九七一年十一月一日，第一版。

2《南洋商报》，一九六五年二月十二日。

3 清李钟珏著《新加坡风土记》，P. 15。

4 *The Census of British Malaya*, 1921年 by J. E Nathan P. 38.

5 曾铁忱著，《新加坡史话（第三集）》，P. 37。

6 李钟珏，op.cit, P. 13。

7 李钟珏，op.cit, P. 13–14。

8《南洋商报》，一九六五年二月十二日。

9 华仁“从马车谈到新加坡交通的现状（一）”刊于一九六九年八月二十一日，《星洲日报》，第十四版。

10 ibid P. 14.

11 曾铁忱，op.cit, P. S4。

12《南洋商报》，一九六二年十月九日。

13 华仁“从马车谈到新加坡的现状（二）”刊于一九六九年八月二十二日。

第二章

兴化人南来前的家乡概况

一、兴化的一般历史概况

知道了兴化人在新加坡交通业上扮演了主要的角色，这加强了我们对了解兴化地方的兴趣。人对于一件事件的产生，都喜欢追朔其渊源，本组同学也不例外；我们除了要了解兴化人在其家乡的情况与他们在新加坡交通业上有无发生任何关系以外，也为使大家对本组调查对象之家乡有一定程度的了解；因此，对莆田、仙游、兴化三地之来龙去脉，其间关系，有简单介绍的必要。

莆田、仙游、兴化总面积约三万一千一百五十五方里（东西二百十五里，南北一百四十五里）[1]。在福建省境内，地介福州与泉州之间，“东接涨海*，西与永春县德化县为界，南与江县惠安县为界，北与永泰县福清县为界。”[2]

历稽载籍，自仙游东南，至莆田一带，古代皆为海，兴化为多山之地，这些地方没有泥沙冲积之结果，才形成平原区[3]。因此，三地区在相对下较其他郡之处置和命名为迟。隋朝以前，三地是随着王朝递代更迭，隶属异郡。隋开皇九年（589A.D），始置莆田县[4]。唐圣历二年，置仙游县。宋太平兴国四年（977A.D），因林居裔图谋不轨，遂派军队平定；太宗披阅兴图，认为此地甚险要，所以下诏分地设兴化县，而且，在当地建立太平军，即“兴化军”。从此，莆田仙游具属兴化。

*西与永春县德化县为界，南与晋江县惠安县为界。

一直到宋朝末年，又改为兴安州（所以南洋地方，兴化人也称兴安人）。元朝时，又改为兴化路，设总管府领录事司一人；莆田、仙游，兴化三县，隶属福建行中书省。明洪武二年（1369A.D），革除了录事司，改兴化路为兴化府，这是兴化名府的开始，同时。隶属福建布改使司。到明正统九年（1444A.D），兴化县人何诚、彭志诚等人称兴化置兴，民生困苦，赋役繁重，因此请求裁省本县，不果。四年后（1448A.D）兴化县县人萧敏又请裁革兴化县，一直到正统十三年，才裁兴化县，将长乐武北二乡之清源东西三里及崇仁安二里，并入广业属莆田，祈求贵一乡“福”与阳、兴建、来苏四里，并入兴泰里属仙游，设立了四百七十一年之久的兴化县至此被废除。

清顺治三年（1646A.D），兴化府，莆田县、仙游县一层不变。民国光复元年（1912A.D）时，裁革兴化府；莆田、仙游各自成为独立县，直属福建省。党军统一后，莆田、仙游改称“县政府”，属福建省政府管辖[5]。

本报告调查对象——兴化人，实际上是包括莆田、仙游县，因为，南洋地方称所谓的“兴化”，一般上是指民国以前的兴化府，包括有莆田及仙游二县。

汉代以前，兴化区域地广人稀，当地原有的土著，只有蓝、雷、盘、刘、驰和骆六姓[6]。因此,实际上,兴化民族绝大部分是在晋、唐二朝，由北方南迁而来。《福建通志》云：

“永嘉二年（308A.D.），衣冠入闽者八族，林、黄、陈、郑、詹、邱、胡、何。”莆人又有九大姓之说，就是：“林、陈、方、黄、宋、刘、王、郑、李。”[7] 原来，永嘉大乱时，中州卉族畏难怀居，逃亡抵达兴化。天宝大乱，中州百姓离家背井，被迫移居到土地肥沃之区——兴化。至今，兴化人遂有一百二十六个姓，兹胪列有如下述：

“林、黄、陈、郑、詹、邱、胡、何、方、宋、刘、李、吴、顾、徐、柯、雷、蓝、车、螘、史、莫、茅、留、薛、曹、魏、许、邓、蔡、周、孔、颜、曾、闵、韩、欧、程、朱、姚、杨、江、甘、佘、余、喻、俞、夏、柳、伍、陵、叶、蒋、萧、苏、潘、官、郭、卓、童、董、洪、翁、解、阮、仕、雍、莊、易、严、龚、原、池、祁、连、安、荣、高、昌、崔、卢、抉、唐、伊、尹、傅、汤、温、康、马、赵、孙、岳、关、张、万、石、钟、吕、沈、赖、涂、梁、谢、戴、田、王、游、范、罗、章、施、秦、彭、廖、辛、阿、宫、姜、丁、常、贺、上官、欧阳。”[8]

晋唐时代，中原民族迁移南方后，百端待举。兴化冲积平原虽然肥沃，可是，沿海平原土壤所含的盐分极易破坏农业，加上莆田河流系统很短，水泥流量不敷灌溉；因此，他们首先面临严重的水利问题，于是大家共同齐心合力挖掘池塘来畜水灌溉农作。《唐书地理志》记载莆田一共掘了诸泉塘、沥塘、永平塘、横塘、颉洋塘及国靖塘凡六个，以塘水灌溉农田达一千二百亩。因此，在解决水利难题上进展很缓慢。一直到宋朝年间，木兰陂筑修完成后，灌溉系统才较以前兴雏型与完善。

总括而言，据以上胪列种种资料分析，我们可以得到这么一个初步总论，就是：兴化地理位置虽然毗临海滨，却受本身地形、土壤、移民等因素影响；所以，此地的开拓较其他郡县为迟。民族方面，土著为少数民族，今天兴化民族大部分是由中州南移而来，这些移民后来对当地政治、经济、社会、文化扮演取而代之的角色。语言方面，还多少保存中州时的古音古字。例如，呼“鸡”为“鄂”（鄂，是出自说文）；“冷水”叫做“清水”（出于曲礼的冬温夏清）；又如“结婚”称为“亲情”[9]。

二、兴化人迟来南洋的原因

兴化人一般上较闽南、潮州等其他省县人迟来南洋。据调查所得与文献资料记载，兴化人最早到南洋的时间，约在十九世纪后期，最盛期是在廿世纪三十年代左右[10]。他们之所以迟来主要原因是：

(一) 传统经济——小农经济上感到自足

兴化地处温带，土地肥沃。一般上，稻作收获是二次稻，经济作物有荔枝[11]、龙眼（桂圆）[12]、枇杷[13]、橄榄[14]、花生、蜜枣、蔗糖等。明清之际，兴化常以《糖霜》与松江府交换棉花、棉纱以织布。因此，民间发展有小规模且简单的家庭式手工业，即使在1829年（道光九年）时，莆田一县人口总共有三十九万四千四百九十七人[15]，因此，在地广人寡的情况下，兴化人在当时的小农经济还感到相当满足。

(二) 安土重迁、不远离父母的封建思想所致

兴化民族在永嘉，天宝大乱下被迫由中原迁移抵兴化后，相对地可以安居乐业。中国乡村一般上在社会经济没受严重破坏之前，人民绝不会轻易本身岗位；加上中国旧传统伦理观念的枷锁，因此，不容易使《安土重迁》、《不远离父母》的封建观动摇。兴化人又何尝能改变《生于斯；死于斯！》的封建思想呢？原因是：兴化乡村是一种保守的农业社会，农业技术相当幼稚，生产活动上需要劳工，因此，不论男女老幼都需各尽所能，分担一部分农作或手工业，所以这种农作方式反映在伦常道德上，家长是不轻易允许自己的子弟移居或外出的。

（三）本身受外来刺激较迟

清顺治十八年（1661A.D）冬，兴化奉满清诏令，实行迁滨海人民入内地三十里，严禁人民出海，影响当地民生极大。时过势迁，自鸦片战争（1840–1842A.D），清封建王朝丧权，海禁大开，这个骤然变化对兴化人民外出起了很大的作用。抑有甚者，第二次鸦片战争（1860A.D）后，兴化内地受外来影响颇深；诸如，1863年，基督教传入莆田；1895年，西洋医学输入兴化[16]。虽然，我们强调兴化内部矛盾促使人民外出，但是，欧美势力入侵兴化以及带来的破坏，却加速了兴化人民外移的一定意义。然而，其本身受外来影响为时较晚，对他们外移毕竟稍微迟些。

三、兴化人南来前（1949年前）的社会背景及其南来原因

（一）传统经济——小农经济生产面临崩溃

《男耕女织》为中国农村经济生产活动的特征。自古而来，农村在封建专制王朝统治政策，以及《诸子平分田地继承法》下，继续保持小农经济制度的特色。

十九世纪六十年代前，兴化人民对此种小农经济生产暂时处在满足阶段。原来，他们除了从事日常生产——耕田之外，为了维持一家的生计，时常经营各种副业，诸如，种植荔枝、龙眼、甘蔗等经济作物，以及用《糖霜》与松江府交换棉纱来纺织《粗布》等。

十九世纪六十年代后，满清封建王朝忍辱丧权，牺牲人民利益遭逢外强。后来，更变本加厉与西方帝国主义携手合作，荼毒人民，最明显的例子就是鸦片的输入（1840年前已有），鸦片在兴化的流毒为害广泛，文献记载：《一九○九年（宣统二年）李长水等倡设戒烟社……十月之中，脱离烟籍者有三百九十七名……》[17]。从这段记载中，当时以短短十个月的时间救活了约四百名鸦片受害者，可见，兴化人民每年消耗在抽鸦片的金钱，数目是相当惊人的。最严重的是，他们长期抽吸鸦片的结果，浪费钱财，无法做资本储蓄。发展农作技术和改善农作工具，而且，负债累累导致家庭经济破产；抑有甚者，由于鸦片毒瘾伤害体力，因此，影响农业生产的速度。同时，加上地主阶级乡绅的剥削，兴化农人的生活是可想而知了。

身受满清外族统治王朝政策下，兴化农民为日常生活疲劳奔波。可是，辛亥革命成功后，政府对兴化当地人民生产没有多大改善，反而变本加厉。

国民党时期，兴化农村经济更是面临大难题。原来，国民党政府在兴化设置乡镇保甲制度，保甲长经常由各种建设费用及税收中乘机中饱或假公济私。地主阶级

大肆向田农增收田租，所以，农民生活困苦，根本没有办法作资本的原始累积，如此一来，只能实行“单纯生产法”，因此，无法做“扩张生产”。另一方面，地主却不断兼并土地，农人土地相继失去；加上农村人口增加，产生了劳动力过剩的现象。

农村劳动力过剩，如果有城市工业吸收以减少人口离游，倒可以暂时解决问题，可是，1949年前，兴化工业落后，只有经济作物（荔枝、甘蔗）加工轻工业和手工业。但是，这些民族实业为数稀少，而且不断变西方帝国主义国家与日本侵略者的压制，操纵了当地实业命运，同时，摧残了农村家庭式手工业发展。如此一来，兴化人又在其他因素冲击下，加速他们的离乡背井。

（二）统治阶级与被统治阶级间矛盾的恶化

中国乡村社会之另一特色是：地主劣绅阶级控制整个农村社会。乡绅在明中期始出现，清后，乡绅有免徭役的特权，而且地主乡绅合作鱼肉人民。清末民初，地主劣绅在社会上更扮演一独特特色。因为，在当时黑暗政治底下，地方官员的公式是：财官财，就是他们做官的目的只是为了括财，做官的手段是鬻官。因此，地方官、地主劣绅互相勾结牛蛇马鬼地剥削农民，直接使地主劣绅兼并土地为“合法化”。

土地兼并之流毒，是导致农村生产破坏主因之一，相随着是政府对农民田赋收入减少，财政穷匮，为了获得财政上的满足，更不断实行繁重的苛捐杂税索括人民，将一切损失转嫁于农民一身。

民国时期，反动势力——劣绅份子在兴化作威作福最明显的一个例子是：莆田郑仲武“平素假藉权势，侵占了人家不少财产……”(18)。还有，莆田县参议长黄祖汉，福建新报社社长林荫民(19) 等都是狐假虎威、无恶不作的国民党劣绅。兴化人民在统治阶层支持的地主劣绅阶级层层剥削敲诈下，在旧中国大官吏“地位指向型”(Status orientation) 文化传统下，不容易发展“现代化”。

（三）政治腐败、不稳定导致社会混乱及严重化

十九世纪中期后，统治阶层的腐败，政治不稳定，兴化地产生两种社会现象；一是屡有大械斗，一是人民被迫展开“抗粮运动”及“抗租运动”。

“道光廿五年（1845A.D），仙游的香田、连江、慈孝三里。联结大械斗，旗分黑白……从此那一乡给乌旗合的，就成为乌旗，给白旗合的就成为白旗。”(20)。“……纵五十里，横百里，互于莆仙两县之间，南安及惠安为界，各分党类，日常战斗，艾除树木，毁坏禾稼，掠诈村桩，拦阻舟楫行旅，官不能制”(21)。因此，兴化乡间党社

也分立，经常为本社利益出面导致各社养成狭义思想。在当时社会风气下，即当时社会里，必有几位青年誓言为本社牺牲，当本社与另一社发生纠纷时，他们就出面干旋，必要时不惜放死一战或“替死”，而他们的家眷则由本村人供养之。在这种风气下，更加激大械斗的扩大，同时，也破坏了农村建设。

当时，管理兴化的福建吏治万分黑暗，做官的一面是敷衍苟且，一面却是贪婪猛酷，《王靖毅年谱》云：

“闽省吏治，问以调停为事。辗转委署，一缺平易数人，一人年署数缺，不愿左在，则委佐贰代理，地方公事，无非苛且因循。”因此，由于管理兴化的福建大官吏吏治黑暗，咸半年间，林俊倡率领党羽，串扰永川、德化、晋江、南安、安溪、漳平、仙游、莆田等地，其中，对仙游、莆田两县的破坏，为害甚剧。

官吏苛且因循，不能制止大械斗的发生。而政府对农民田赋之征收责任，又是落在地方官及乡绅身上，他们大肆剥削，要农民亲自负责运租税到衙门或地主家，而且过年过节还要农民“供奉礼物”。因此，导致农民展开“抗租、抗粮”运动。

光绪二十一年（1895A.D）时，兴化为江北十一州县厘捐局卡之一[22]，一切农业商品需缴厘金，而商人又把厘金转嫁给农人负责。

辛亥元年，黄谦以抗粮种烟为口号在当时大械斗恶风气下起事。[23] 黄谦，是卅六乡中某村人，该乡与廿八乡世仇，各联结“铳刀会”，械斗不休，廿八乡人控他为戒首，光绪卅二年春（1906A.D）被捕下狱，后逃脱。辛亥九月莆田光复后，市井无赖潘二爷、都督孙道任和政务院院长彭寿松为同党互相勾结，蛮横欺压，乡人怂恿黄谦起事。

以上种种说明了在当时大械斗，社会混乱下，兴化再不能安居乐业了。那么，只要向外寻求发展了。

（四）欧美日帝国主义侵略下的影响

1840年鸦片战争后的《南京条约》、《虎门条约》、《中美条约》、《中法条约》、《天津条约》、《北京条约》以及《中俄密约》……种种不平等条约，使满清政府丧权辱国，海禁大开，这种政策反映到民间上的反应，就是促使沿海地区人民可以大量出海或移至南洋谋生。

廿世纪初，欧美日俄对中国之侵略，榨取贪多务得，并且，不肆压制民族资本实业，破坏农村手工业生产。尤其是日本军国主义发动一连串野蛮的侵略行为以及后来的国共党相峙，兴化人在绝欠连天、水深火热的恶劣环境下，受迫逃离家乡。

从陈啸海的一首杂感诗《涵江被炸》中，可以看出兴化遭受日本侵略者破坏当地之严重性，兹录如下：

“警报才传空袭来，陡闻平地起奔雷，倾巢未许求完卵，渍血何辜付劫灰，片刻蜃吹消海市，一场春梦幻楼台，余生英作幸存想，猶把谁家门户猜？”[24]。

(五) 新马殖民地资本主义经济体系下之需求所致

英殖民主义占领马来亚后，其目的纯粹是为了：一是获取工业资源；一是输入工业生产品。

这种对殖民地经济侵略，即表现在大园丘经济作物（甘蔗、甘蜜、胡椒、树胶）及锡矿业上。从这里剥削当地人民经济利益，以发展宗主国的资本主义企业。但是，十九、廿世纪初，马来亚缺乏劳动力，因此，英殖民地政府以各种手段获取印度、华族劳工。由于本地经济的发展，人口增加，交通系统随着改革与发展，而兴化人士在新马殖民地资本主义经济体系需求之下大批南来。

我们要特别强调的是：兴化人士在家乡并没有从事交通事业的经验，以当时旧中国政治社会背景来看，也没有多大机会供给他们从事交通行业的条件。因为，当时那种“封闭性”社会中，经济是自供自足，村与村之来往主要靠人之双脚，交通工具的需求不突出，自然谈不上经营交通事业了。如以莆田交通概况来看：民国二十六年（1937）间，全县车辆总共数目为；“大小汽车计百余辆，人力车计四百余，脚车五百多……”[25]。

如果我们以新加坡早期交通和兴化地比较，即可得证明此种结论密不可破。例如，1880年输入新加坡的人力车已有四千辆（见表三），廿世纪初，此地已有蒸汽车、小型巴士以及德士等交通系统。即使在1937年，新加坡人力车顶盛时期已过，人力车还存在3704辆，私家汽车八千余辆，摩多脚车有621辆，出租汽车622辆。总括而言，整个新加坡交通业相当完整，较莆田交通其间差距不能同日而语。

从兴化人南来时间和新加坡交通系统的发展，我们断定新加坡兴化人交通事业基础经验非出自家乡。而是他们南来以后，在这里的经济发展及交通进展种种因素下促使他们步入这一门新兴行业。

注释

1 雪兰莪兴安会馆，《兴化文献》, P. 1。

2 ibid P. 1.

3 莆田有“莆田浮，七洲沉”的格言。

4 不以莆田废置唐武待五年夏置莆田县。

5 雪兰莪《兴安会馆》，op.cit, P. 1–2。

6 ibid, P. 6.

7 ibid, P. 7.

8 见严仁山《郡人事业发展史概述》及松尾弘《马来亚的经济与华侨》P. 107。

9《兴安会馆》, op.cit, P. 9。

10 ibid, P. 42.

11 荔枝干平均每年有20余万元收入，见《兴化文献》P. 117。

12 每年可赚取130百万元，ibid, P. 119。

13 平均每年可收入二万余元，ibid, P. 120。

14 可赚取二万余元，ibid, P. 122。

15 ibid, P. 27，原载《福建通志》。

16 ibid, P. 127。

17 ibid, P. 133, 李长冰是兴化中华基督教卫理公会中会员。

18 陈彩雯《解放后的莆田》，载于《南洋商报》，8/6/1950，P. 3。

19 ibid, P. 3.

20《兴化文献》, P. 84。

21 ibid, P. 84.

22 张怡祖编《张季子九录（三）》文海出版社，《实业录》卷一，P. 1085。

23《兴化会馆》, P. 81–82。

24 ibid, P. 143.

25 ibid, P. 107.

第三章

兴化人如何进入与执交通业牛耳

在第一节里，我们已谈到了兴化人与福清人在新加坡交通业上独当一面。在早期，两者可说是并驾齐驱，但后来福清人却把交通业所赚的利润另行经营其他行业，如旅店。不太注意交通业，这样发展下去，自然逐渐地离开了交通业，造成后来兴化人在交通业独树一帜。他们在交通方面的活动范围更广更深，举凡人力车、三轮车、德士、巴士车、脚踏车、汽车零件业、轮胎业等都涉足过且占着相当成分的比例，如果我们看早期交通行业人士的活动，我们会发觉到与兴化人或兴安会馆有密切的关系，如今日车商公会的前身——自由车商会在卅九年前成立时，最早就是借兴安会馆为临时会所，德士业人士、三轮客车工友同业会等为兴安会馆主办下的宏文学校献捐建校基金，[1] 且有新加坡德士公会的会员手册里，其入会标准以兴化籍为主，这都足以证明兴化人在交通业上的活跃与重要性。

由此可见在社会化经济活动之下，兴化人已占有了这一行业，他们布满了交通事业网，产生了华族行业社会中另一帮派的职业团体。既然有了这个“果”以后，我们有任务知道其因的所在，是不是兴化人在其家乡时已从事这行业，然后把这些经验带来新加坡，驾轻就熟的重操故业，可是在第二章的家乡背景中已明显的告诉我们，事实上他们在家乡根本就没机会从事这行业，甚至连一点有关的经验都没有，脑海中也从无交通事业这名词的概念，那么这一个帮派的人士又怎能走入这一行业，这问题的确吸引了我们，使我们有必要追朔其历史渊源以探讨这一问题。

结果我们可以发现兴化人士能走入这一行业，与其他帮派人士能操纵另一行业等都有他们的历史背景，如他们在中国的情形，南来的时间，殖民地的政治经济体系，华族社会结构的特色等都有密切的关系，因为一个历史事件并不是孤立性、单纯性、偶然性或片面性，而是具有整体性、复杂性、广泛性与连锁性。所以兴化人走入交通业，除了本身的主观因素以外，还要加上客观因素使能促成。

兴化人的南来，在时间上来说，是比闽南人、广东人、潮州人来得迟，甚至比客家人与海南人为迟，兴化籍父老严仁山先生在《郡人事业发展概述》一文写道：

疑兴化郡人之来新马，就闽省各邑言之，可能在最后，考据调查所悉，距今未及百年……在吾郡人初来时，闽南人士早来者，百万富翁，已大有人矣。……”[2]

因此，在我们参阅的一些新马名人物志文献里头，我们可以发觉到十九世纪，甚至廿世纪初叶，崭露头角的兴化人士可真是凤毛麟角，他们在华族社会领导层里，并无扮演着重要的角色，相反地，闽南人、潮州人、广东人，甚至是客家人或者海南人，在十九世纪以来，已产生许多领袖名流；他们不但是大商贾，同时也是侨帮领袖，这证明了其他省籍人成名致富比兴化人早且多，由此我们可旁证兴化人的确是比闽南人、粤省人来得迟。

至于兴化人较规模的南来时间，据一位父老说：“大约是廿世纪卅年代左右的事，我们从数目字来看，1921年有兴化人一千六百五十九名，到了1931年增至三万一千零二十五名，[3] 也可证明兴化人在这期间南来的人数较多，这时期也是华族移民星洲的几个高潮之一，因这时为中国的第一次内战时期，国民党与共产党对抗；闽粤农民无法谋生，只好易地而居，因此兴化人也在这时期最多移民至东南亚，在1921年兴化人的人口只有1,659人，到了1931年增加到31,025，且远超福建人，人口的激增显示兴化人在交通业，主要是人力车与自由车，有了发展，需要更多的兴化人士，于是很多在新马的兴化人吸引或帮助他们在家乡的亲戚或朋友到此地来谋生，有些虽然在新马无亲无戚，也冒险到南洋来，因为家乡农村社会的破产，已无立锥之地，在浓郁求安全意识之下，与其在家乡坐以待毙，不如暂时抛弃“安土重迁”之传统思想，以及“父母在，不远游”的封建伦常关系，冒险到南洋去，何况这时有关同乡人士在南洋的消息也有点蛛丝马迹，这一线希望更推动了他们到南洋来，形成了兴化人在这一阶段最多移民至南洋地方。

可是在廿世纪卅年代以前，兴化郡人的南来，并不像卅年代的兴化人士这样幸运，有同乡的扶持，“第一代”兴化人士到新马来，都是只身孤影，人地生疏，言语不通，举目无亲，在无人拔携之下，只好藉“苦力”以渡活，且当时新马一带的行业，都已为其他早来的帮派所操纵，造成这种现象是深受中国故有的传统习惯及当时殖民地政治经济体系所使然。我们都知道，中国为家族主义的国家，有聚族而居之习俗，从处于不得聚族而居之情况之下，亦必于可能之范围内聚乡人或戚友而居。因此在新马华人的社会里，帮派色彩很浓厚，工商业亦深受此种观念之束缚，一商号所用之人，不为其同族，必为其至戚，不为其至戚，必为其同乡，这种现象侨居在国外较之家乡地方尤甚，这是客观环境，客观因素之下必然的产物，这种以族援族，以戚援戚，进而以乡援乡，久之逐成为同族或同乡的职业团体，也即构成华族社会结构中帮派主义色彩浓厚的行业社会。

由于不同的帮派占领了不同的行业，当时经营行号土产生意者为闽南人所把持，布头行号为潮州人所操纵，经营门市杂货者必为广东人或客家人，至于西餐小食店或咖啡店者十之八九为琼州人，这就是一群来自中国同一省县的华族人士，他们住在同一地区，操相同的行业，即“地缘性”与“业缘性”，彼此之间发生密切的社会交互关系，自然地也产生一种互相维获的思想与感情。各种籍贯各自组成“内团体”(in-group)，视不同籍贯的团体为“外团体”(out-group)；内团体与外团体之间由于语言，风俗习惯等不同所阻隔，彼此之间僻垒森严，排斥性也极强，因此在这种情况下，没有亲戚或同乡的援引，兴化人是没有办法插入他们的行业里，加上南来的兴化父老们在中国主要都是从事农作业，每个人南来都是赤手空拳，家徒四壁，本身的船费都成问题，根本没有剩余的钱作资金的累积，那还有资本投资生意呢！他们所携来的是农村社会中的农业生产技术，很容易理解的，这种技能在城市经济发展体系下是毫无发挥的作用，所以一位父老说：“当时不要说是一些轻易致钱的行业不容易进入，即使如码头上的搬运工人也为其他闽南人所操纵。”也有一位父老这样说，我们说句不好听的话，就是今日为人看不起的倒粪工作，在当时也为某潮邑人所操纵，兴化人也休想进入他们的地盘。由此可见，兴化人也休想进入他帮的行业工作。在马来亚，兴化人士还能从事割胶或挑锡米（锡矿工人）。如：疑在昔称为马来亚锡米之胡子春、陆佑，已有仙逊（兴化府之一）人早在锡矿工作，据闻已故之仙游人傅顺、杨兆琰二人，俱陆佑多年……”[4] 至于新岛本人，因土地面积小，少胶园又无锡矿，只好从事拉黄包车。这一为他帮人士所鄙弃的行业，原来在殖民地资本主义经济体系发展之下，新加坡的商业贸易越来越兴盛，随着经济的发展，城市兴起，人口激增，造成对交通工具的迫切需求，马车与牛车已不能满足市民的要求，1880年人力车，也称东洋手车，俗称黄包车由上海运到，这一新兴的交通工具需要有人去从事，这对刚南来的兴化人或福清人的确也是个机会，其他籍贯因有了某些不正确的观念，另一方面他们有了本身的行业，因此认为拉车是丢脸，因此鄙弃此行业，兴化人与福清人在无人竞争之下，很自然地从事起拉车的工作，至于这两种籍贯人士以何者为拉车业的前驱者，可惜在我们访问当中，也没有得到明确的答案，有者认为兴化人先，有者认为福清人较早，也有认为两者同时，不过可以肯定的是两种籍贯人士走入这行业在时间上相去不远，以后的发展规律也如同其他帮派行业社会相一致，即在当时殖民地政府的政策统治之下，还有华族社会的帮派色彩底下，一个兴化（新客）到了新马来，只有同乡的援引，否则人地生疏，要何去何从，不同省份的人对他根本起不了作用，因此也只有同乡对他才有安全感，会帮助他找寻职业渡过难关，至于同乡所能为他找的工作范围也只能在他同乡本行内，于是，这兴化新客也开始拉起黄包车来，在这种互相援引之下，帮派主义发挥了其生长性，以后一个兴化人士进去，两个进去……十个进去，百个进去有如数学上的级数渐渐地兴化人士与福清人士布满了这一行业的网，以后兴化人士由人力车再随着殖民地经济发展的规律，交通工具的演变，而至踩三轮车、至德士业、至巴士业，这是兴化人由人力车走入交通业的门径。

另方面，随着人力车传入后，自由车也在1894年传入日本，不久也传入新马，首先是由洋人经营的合发公司(Cycle and Carriage) 代理推销英国出品的脚车。至于华人经营脚车业的始祖是兴化人姚祺先生。他最先开设福隆兴经营脚车生意于吉隆坡，由于善于壁画，营业日盛，以后在他属下工作的兴化人士很多，他们在工作有了经验后，相继离职，在马来西亚及印尼等地经营脚车业，从此兴化人从事此业者越来越多，从而造成了兴化人士操纵脚车行业，以后逐渐发展下去，即形成了汽车零件业。

有了以上两个开端后，在华族帮派主义社会的发展规律下，也就自然的操纵此一行业，形成了另一帮派的行业团体。虽然我们可说这是华族行业发展的必然性，然以兴化人为本位来说，他们独占这一行业，在开始的时候并不是有意识的或有计划的，而是受了殖民地政治结构，资本主义社会体系，与华族传统社会的内部规律所决定。

综视上述，兴化人进入交通行业是在有利的客观条件之下，配合兴化人主观因素的情况下产生，也就是说兴化人的迟来，除了造成各行业为其他帮派人士所操纵之外，反过来说即每帮派人士也有了他们各自的行业，在华族传统观念与殖民地政策下形成的帮派主义造成兴化人无法介入于其他行业；另方面兴化人的迟来，刚好配合了新加坡城市的发展，交通工具的需要，于是使兴化人有机会从事交通业，而没有其他帮派人士的介入，这都是有利的客观环境，至于兴化人本身的因素，如教育水准低，无专门的技术、语言的问题，没有资本等可以从事别的行业，结果只好从事出卖劳力做拉车的工作。

注释

1《南洋商报》，8–7–1955，第八版。

2 严仁山《郡人事业发展史概述》。

3 松尾弘《马来亚的经济与华侨》，P. 107。

4 严仁山，op.cit.

第四章

兴化人在各交通行业上的发展情形

一、人力车方面

经过调查以后，我们可以发现到，兴化人士在交通业的发展，大约上依循着以下这两个线索，即以人力车为开端，然后循交通工具的演变向三轮车、德士、巴士车等业进军，此为兴化人士在交通事业发展的第一条路，另方面，即以自由车业着手，同样随着潮流的演变，汽车的日益增加，而做起汽车零件业。总之，兴化人做起交通业的历史，从最早的人力车（1880）至今日的巴士车与汽车零件业（1971），期间已将达一世纪之久，在这漫长的日子里，也经过与发生了许多令人追朔，可记可载的事情。许多兴化人从一个赤手空拳，胼手胝足的移民，藉交通业的发达，成了社会的名流，不过我们不要以为这种成就是侥幸所能得到，而是靠动力奋斗，流血流汗辛酸的日子才得到的，尤其是人力车与三轮车夫，还有学徒等的劳动史更是辛苦。

若要了解兴化人在交通业上的经营与发展，我们就要追朔到十九世纪的末期，当这一批兴化新客到南洋时，他们需要亲友们的帮助与保护，这样一来，他们的分布很明显地集中在一起，如初期兴化人都分布在今日新加坡的第七与第八邮区，即奎因街、阿拉街、街街、万山街、梧槽干那律、明古连街及布连拾那街一带。

兴化人集中在这一带与他们的职业有密切的关系，从地图上看，我们知道这一带属于市区范围，商业兴盛，人口众多，今日这一地区仍是交通业的集中地，尤其是汽车零件业、轮胎业密布充斥此地带，不过早期兴化人在这一地区虽也有开设脚车店，但其人数远不如拉人力车者众，当时这些新客同租一间房，称之为“咕哩间”或车间，主要是车主兼房东，在这种鸽子笼般的房间里，住着很多人，每个人只有床位，由木制的，非常简陋，房间昏暗上空气沉闷根本谈不卫生，早期的拉车子就在这种恶劣环境中消磨时光，白天就得从事负起兽力的重担，干那被人看为低贱的拉车工作，至于人力车夫的悲惨痛苦的生涯，车辆注册局曾记载着一项人力车的意外：

“那时大世界前面的金昇桥尚未拆建，桥身窄小，斜坡很大，交通拥挤。有一次农历新年时，一辆人力车不知何故而翻倾，车上一老妇滚到桥基下头破血流。拉车者翻了几个筋斗，周身摔伤。”

由此可见，拉车并不是一件简单容易的事，时时都有发生意外的可能，发生了意外，有谁来照顾，小的意外还算是幸运，大的意外除了遭受满身的痛楚之外，且还得停拉几个月，在这几个月没有收入的日子里，就得靠朋友的帮忙或借账过日子，这还不要紧，最可恨的是有关当局的无理压迫，如巫籍警察人员对人力车工友的勒索行为，车辆注册官对犯规矩人力车工友判罪停驶数目之增多，还有市政局规定每四个月修理人力车并备以新零件的法令，造成了人力车主经营破产，其中最令人力车工友痛恨的切齿，是那一批为虎作帐，作威作福的警察，他们对人力车工友的迫害欺凌，可从当时罢工的插图题材中窥见一班，如一辆人力车被无心肝的警察打成碎片，某人力车工友被管制人力车的警察殴打得口吐鲜血，还有警察公开向人力车车主的公愤，于1897年1月8日发动了一个联合大罢工，此罢工延长了四天，这可说是集体力量的高度表现以反抗当时殖民地政府腐朽政权下的贪官污吏，据宋旺相爵士在所著的新加坡华人百年史也写出：

“这一次的人力车大罢工，定会是有关当局所采取的强硬态度所激成，也是他们的强硬态度造成了罢工者之失败。当时有一位人力车主大头家许年财，被当局拘捕，驱逐出来。”

类似的罢工，在1901年10月21日也曾发生，据史料所示一珍珠山地带的兴化人及福清帮车主及人力车工友因抗议总督下令警察严厉执行交通规则所引起，但这种罢工注定是失败，与当时的殖民地总督罢工，无异是以卵击石，结果兴化藉主要的人力车主要忠兴，宣布驱逐出境三年。

尽管周围的环境是对他们不利，但是从事拉车的兴化人与福清人还是那样多，他们含辛茹苦，在恶劣环境中求生存，因拉车的收入毕竟是比其他的伙计工作好一些，更重要的是他们有着他们的“理想”。当时他们南来的目的只是赚钱，赚钱回家乡买田地起洋楼是他们美丽的希望，他们随时都惦念着在家乡处于水深火热中之家人，他们渴望着早日回家乡与家人团聚，过幸福的晚年，这些希望与理想变成了无比的精神力量，在鼓舞着他们，振动他们，他们觉得拉车的工作，是比较能够迅速地实现他们的理想与愿望。可是事实的发展却不如此简单，希望也不是那么容易可以达到，有几个人能衣锦还乡，能在乡里盖洋楼，他们最多是储蓄了一笔小数目，回乡省亲，与家人团聚一段时期，当他们回到南洋来，又是两手空空，一切都得从头做起。当然其中也有靠克勤克劳，由人力车夫，慢慢有了积蓄，而成为人力车主或开一间店铺经营脚车业，以后这批人随着时间的演进，慢慢看资金的累积，经过了几代的发展，经过兴化人成为富翁的也不少。不过，大致上来说，早期的兴化人在拉车行业的情形还是处于苦况期。

至于当时人力车主要公布在大坡草市（即今珍珠山脚）及甘光仔内（即今之克力路，力逊路），而兴化藉车主最多是公布在摩路。当时每位车主所拥有的车数并不一定，视其资本而决定，因为当时英政府并无加以限制，唯车主须向英殖民地政府缴车牌费，即每三个月十二元。

当时人力车经营者有三种形态：一是纯粹向人力车主租借出卖体力者，租借办法分成日夜两班，一班租费$0.2，后来增至$0.3，第二种是属于半车主半工友阶级，即自己拥有一辆人力车，除自己拉车之外，其余的时间租借给别人去拉，第三种纯粹是车主阶级，其人力车多至数十辆，全租给别人去拉，在出租人力车时已不再限于同籍贯人士，只要其他籍贯人士愿意拉人力车，而讲信用，也照样出租，这点已经超出了抛弃地缘性与血缘性的色彩，从封建经营方式脱胎，而开始具有资本主义经营之雏型。

人力车的收费十分低廉，“每英里四占，不足一英里三占，如市区往双口鼎，计程约四英里，仅费二角，车主便欢天喜地”，名目上，收费有规定，实际上，乘客与工友间主要以讲价方式进行交易，收费由几占至几角不等，主要是视路程远近而定，通常一个人力车夫每天除了缴车租以外，大约可剩下$0.4–$0.6，这在当时物价低廉又无豪华奢侈生活之下，除三餐之后还有所剩。可是“彼拉手车者日夜可得洋一元，缴租四角，可剩六角，苟无烟癖度日有余，乃十人中无烟癖不得一二。”

其实，也难怪这些人力车夫，在当时的新加坡社会，殖民地政府根本不顾人民的健康，只要鸦片的输入能带来他们财政上的利益，而那些华族承包商，也只为自己荷包的饱满，干起同样的勾当，到处设立烟馆，赌馆，在这烟馆林立的地方，拉车者多是单身汉，既没有家庭在身边，又无处可消遣，很容易也被吸引入烟馆，结果一失足，很难有翻身的机会，血汗所得来的金钱，竟如此付之束炬。不只是兴化拉车者如此，其他“苦力”还不是如此。因此早期一般兴化人生活劳苦，处境悲怜，实无任何事业之可言[1]。但是他们爱国之心都不落人后，对于当时他们“祖国”那些处于水深火热的同胞，他们也作出了一定的贡献，如参加筹赈会的工作：

“譬如人力车夫言，业者每人每日捐一分，以此计之每月每人可捐三角，查该工友总数为八千人，每月总数可捐至二千四百元……”[2]

二、脚车业至汽车零件业方面

到了1900年左右，这时为兴化人另一行业之开端，脚车传入星马以后，首先是由合发公司 (Cycle and Carriage) 代理英国出品之脚车，兴化先贤姚祺先生在该公司学习装配，得了经验之后，离开职位与其兄开设福隆兴脚车行于吉隆坡，未几取得英国驰名脚车之总代理权，鸿图大展，业务蒸蒸日上，向以劳工为自之乡人，争学习[3]，在姚祺略传中也这样记载。

“……属下职工，即习经验，逐渐 职，散布开营脚车业于马来亚及东印度各地，由于兴侨之入脚车界者愈多，令猶蓬勃来已，饮水思源，姚文之功不亦伟哉！……英荷属各地华侨，多操持殊营业，由先人创业，萧规曹随，顺序而进，然而进展之速，腾达之多，任何一邑华侨时不过五十年，英荷西地（即指新马及印尼群岛一带，目前属此西国之殖民地；兴侨开设之脚车店，不下六千余间，略传之作，藉以纪念先人之，抑亦以介绍拉车界同业，俾知今日南洋兴侨多营此业之由来也。”）[4]

从这略传中，已清楚地告诉我们兴化人之所以能操纵这行业的原因，同时我们也知道，不只新马一带的脚车业以兴化人为主，甚至是印尼地方，也掌握在兴化人手中；由此可见，姚祺先生的功劳确实不小。不过我们要注意的是新加坡的脚车业虽然是以兴化人所从事者为多，但根据我们调查所得，新加坡最早的脚车业并非由兴化人所经营，而是由闽南人经营，如1909年东安人张淑源先生与王万高先生合股开设源和兴于维多利亚街 (Victoria Street) 后王先生与源和兴分割，另成立新加坡源和公司于禧街(Hill Street)。当我们问及一位也是经营此业的兴化父老者；既然福建人最先在新加坡开设脚车店，为何不能蔚成一种力量，操纵这一行业。父老说这与当时的整个时代背景有关，因福建人（即指闽南人）还有从事其他行业，如从事树胶业，因此比较不需要这方面的生意，何况以当时行业发展的前途来说，树胶业正是鸿图大展的时期，比起经营脚车业，更是有利可图，因此相比较之下，闽南人并不专心发展自由车业，渐渐地，其努力慢慢衰退，反观兴化人士经营此业的人数越来越多，若包括江兜王氏在内，整个行业几乎都属于他们，在这次的访问当中，我们也发现到江兜王氏在汽车零件业平分秋色，原来许与江兜王氏的汽车零件业都是早期经营脚车业而继续发展下来，如今日的王万丰隆有限公司，大亚私人有限公司，中央汽车有限公司等历史较多规模较大的汽车零件业，其早期都经营脚车零件与脚车业，而为江兜人在此行业铺下道路的是前面述及的王万高先生，以后王先生自然训练出许多同他有关系的江兜人，造成江兜人在此行业的生长性，也促成此小帮派的职业团体。

其实，江兜人与兴化人有密切的关系，他们之间还有一段历史，据有一位江兜王氏告诉我们：在中国、福清县长和莆田县长彼此有舅父外甥的关系，生于福清县长所收的县税不足以应付县的开支，因此外甥就向舅舅要求结果后者让出部分地方给前者，所以地方虽由福清县长管理，但语言仍讲兴化话，这些地方如福清、江兜、灶人、下埔人、东忝、木忝、桥尾等，这使我们知道了为何许多福清人不会讲自己的方言而讲兴化话的原因了。

有了这个关系以后，许多兴化人也就很容易地进入江兜人士所开的店，加上本来在马来亚联合邦经营脚车业的兴化人南迁至新加坡经营脚车业，于是兴化人士在新加坡经营车业的数目越来越多。以后由量变到质变，操纵了这行业。

第一次世界大战前后（1914年）的那一段时间，由于脚车刚从欧洲输入不久，还不太多人所注意，少数兴化人士开始经营此业，他们并无多大资本，也无任何技术或经营可言，只有后来慢慢靠观察与自己勤力去摸索与学习，且大多者开创者最初都是一间小小店面做修理的工作，如补气及兼卖一些零件，获利很少，且工作时间很长，白天从黎明开店铺到晚上十、十一点始有休息的机会，华人的成功要素就决定以勤俭耐劳为先决条件，錙铢寸积，积年累月，不但学会了修理脚车的技术也慢慢作资本的原始累积，为以后的发展先铺了道路。到了大约1920年以后，经营者逐渐增加，且很多已有了经验，对这行业已经熟悉，能与海外殷商或本地代理商（主要是英国代理商）取得联系，缺少资本的话，也可靠信用以分期付款或延期付款方式取得货物，这有足于兴化人脚车业的发展，而这时购买脚踏车越来越多，已成了普遍代步工具，由是兴化人经营这行业的越来越多，一方面是同乡亲戚从事这行业的日益增多，在耳濡目染下对这行业有了熟悉，且很多都做得不错，于是相继经营脚车业，其中获利者也很多，已为车业界人士所重视，在社会上地位渐形稳固。

以后脚车业的发展更是飞黄腾达，尤其是在二次世界大战结束后，到韩战发生的期间，从新加坡脚车的贸易数字显示（见表一），1951–53年的贸易额最高，尤其1952年更是顶峰，但输出额在53年就已猛跌；原因是战争结束后，东南亚各国货物缺乏，而各项事业还在百废待举，印尼的需要，更为浩大，韩战一起，欧洲停止生产，造成本地该行业鼎盛的时期，销量激增，且奇货可居，其营利竟达一辆净赚一辆的地步，由是引起星洲车业出入口商雄心万丈，采办数量，百倍战前，一时兴化乡人由经营此业而致富者，不下数百家，可惜缺少远大眼光，与各国同时并进，采取主动地位，而数十年只知处于中介商地位，受环境所支配，一遇市况萧条，货物充斥，周转不灵时，则采取自杀的政策即贬价求售，如韩战结束后，印尼政局动荡不定，政令朝发暮改，入口准证忽有忽无，星洲出入口商，受此打击，存货既多，不得不向马来亚销倾，而马来亚脚车商原多向欧日厂方直接采办，现又增加星洲来源，货物充斥，形成供过于求，因此竞争激烈，互相贬价，这种饮鸠止渴的办法，终于造成脚车业普遍衰退现象[5]。

表一 S'PORE FOREIGN TRADE BICYCLES (1947–1956)

YEAR	IMPORTS		EXPORTS	
	NO	$	NO	$
1947	36,000	2540,000	6,000	490,000
1948	79,000	5710,000	18,000	1410,000
1949	81,000	5520,000	29,000	8,090,000
1950	102,000	6870,000	36,000	2,580,000
1951	184,069	13,214,409	71,921	6133,207
1952	288,014	19,857,741	170,715	13,280,468
1953	148,919	10,000,362	54,341	3,962,572
1954	73,544	6,391,817	20,439	2,139,099
1955	72,866	5,896,241	17,720	1,539,778
1956	82,567	7,109,779	16,512	1,545,130

资料来源：《新加坡车商公会银纪念特刊（1957）》, P. 269–271

其实，新加坡的脚车业，一路来主要是一种转口贸易，每年入口的脚踏车，三十巴仙供应本地市场，三十巴仙要能销外地，以印尼为最重要市场，七十巴仙要转销外地，以印尼为最重要市场，其次是西马来亚与婆罗洲[(6)]。如果我们以表二、表三有关新加坡脚车贸易的数字来看，若将表中之婆罗洲至印度尼西亚岛所属之印尼地区的贸易额加剧来，我们可以发现印尼向新加坡购买的脚车店，新加坡脚车出口额的一半，如1951年新加坡脚车总出额为六百多万元，其中印尼地区就占了三百多万，即50%，怪不得脚车界人士要大叹“由印尼而兴，也由印尼而败也[(7)]。

到了1957年以后，脚车界更趋于困难，因印尼及其他东南亚地区采取直接向欧亚厂家采办政策，只有少部分向本市补缺。是故，外销日少，乃加深本市车业界之互相竞争，而使市情日益退败，出口业务呈萎缩，批发营业亦渐减少，门市业各是日见冷淡，同业间之竞争，益趋于白热化，不惜亏蚀血本[(8)]。以后的发展更谈不上，在公路

表二　SINGAPORE FOREIGN TRADE
Bicycles

COUNTRY	1951				1952				1953			
	IMPORTS		EXPORTS		IMPORTS		EXPORTS		IMPORTS		EXPORTS	
	No	$	No	$	No	$	No	$	No	$	No	$
United Kingdom	178,562	12,908,531	1	45	241,817	18,253,325			116,124	8,469,186		
Czechoslovakia	300	16,961			100	5,900						
Germany	4,816	255,701			9,124	235,160			2,930	64,449		
Hungary	25	1,846			1	57						
Netherlands	75	9,893			88,672	1,156,230			28,703	761,835		
Japan	10	903	60	7,556	3,800	207,069			1,148	703,487		
B.C. Africa							350	29,200			169	14,000
Brunei			560	46,694			547	51,272			1,081	122,946
Burma			16	1,100			302	25,945				
			16,650	1,478,873			850	22,695				
Hong Kong	75	7,641	2,350	207,884			2,694	299,817			1,489	98,505
North Borneo											1,509	167,360
			2,933	292,891			2,679	317,206				
Sarawak			3,083	184,403			63	4,060			2,835	344,789
Republic of India			1	100			4	890			4	403
Australia			269	31,314			425	31,225			8	484
Banka & Billiton			2,859	272,490			4,985	378,877			875	29,075
Borneo			1	340			870	64,459			1,900	126,025
Celebes & Moluccas			2,163	163,500			78,484	5,781,143				
Java											16,643	1,054,462
Rlouw & Lingga			2,927	368,646			1,808	219,579				
Sumatra			23,329	1,830,714			52,878	3,878,986			1,086	780,992
Indonesian Islands			243	32,484			182	22,846			8,806	433,283
Thailand			14,475	1,214,053			24,599	2,157,786			269	31,747
Austria	201	18,285										
France	8	391									18,088	1,399,914
Italy	2	257							1	172		
Countries in Asia			1	120					12	860		
U.S.A.												
Ceylon												
New Zealand									1	373		
											76	8,000
											1	98
TOTAL	184,060	13,214,400	71,921	6,133,207	288,014	10,357,741	170,715	13,280,468	148,010	10,000,362	54,841	3,062,572

资料来源：严仁山主编《新加坡车商公会银禧纪念特刊》1957, P. 268

表三　SINGAPORE FOREIGN TRADE Bicycles

COUNTRY	1954				1955				1956			
	IMPORTS		EXPORTS		IMPORTS		EXPORTS		IMPORTS		EXPORTS	
	No.	$	No.	$	No.	$	No.	$	No.	$	No.	$
United Kingdom	71,403	6,191,246			67,584	5,560,387	2	150	80,043	6,983,497		
West Germany					30	1,177			163	12,847		
Italy					151	17,415			45	6,173		
Netherlands	1,004	140,118							23	3,548		
China			3	150	4,443	2,74,494			1,676	75,197		
Japan	1,080	51,316	2	127	202	9,347			612	28,517		
Brunei			1,239	139,653			987	107,006			1,033	118,732
Hong Kong			2,531	238,888			4,111	286,224			3,510	261,240
North Borneo			2,107	232,962			1,876	195,220			2,746	273,006
Sarawak			2,991	350,845			4,124	406,471			4,650	489,245
Republic of			2	275							1	95
India											4	396
B.C. Africa			300	18,400							102	6,452
Burma							24	3,344			500	35,300
Celebes &			9	1,443			1,986	188,082			14	1,695
Moluccas			1,280	137,362			202	21,118			1,987	164,037
Java			6,096	684,412			287	34,526			284	33,625
Rlouw & Lingga			309	33,315			3,746	261,135			289	30,655
Sumatra			3,200	252,578			259	27,135			1,352	126,703
Indonesian			2	340							40	3,949
Islands												
Thailand						23,241						
Macao,Goa		9,137			425	6,350						
Czechoslovakia	57				43	1,830	75	4,870				
France					21		25	2,750				
U.S.A.			126	13,194			6	590				
Mauritius			5	730			6	468				
Ceylon							2	329				
Australia							2	360				
Arabia			237	34,425								
Cambodia												
Borneo												
TOTAL	**73,544**	**6,391,817**	**20,439**	**2,139,099**	**72,866**	**5,896,241**	**17,720**	**1,539,778**	**82,567**	**7,109,779**	**16,512**	**1,545,130**

资料来源：严仁山主编《新加坡车商公会银禧纪念特刊》1957 P.268

交通还不大发展的余地，但在新马两地交通设备如此完善发达的地方，再想把销场扩充，实在已无余地，免乎其难了。我们知道每一种商业的兴盛是有其远因的，大凡商品的销路要跟人口的增加率成为正比例，就是说人口愈增加，商品销售也要更多，假如销售额比人口增加率愈大，则这种商业的远景，就很光明，反之则前途黯淡(9)。

近年来，新加坡的脚车销售量虽有增加，但其增加率非常小，也远赶不上人口增加的比例，这也说明了脚车商业衰退的一个原因了，若照经济繁荣的原则来说，新加坡的脚车业已经没有美丽的前景了。

自从1967年第一家脚车制造厂（马来西亚联合工业有限公司）于裕廊创立以后，其注册资本为五百万元，可惜只经过数年的历史，便于1971年4月23日，因销路欠佳，已经停业生产，而改为制造表壳。当此制造厂（其实是装配）成立后，为了保护本地的新兴工业，对于脚踏车与零件，政府实行课税，而且还有入口固打的限制，造成脚车售价提高，增加消费者的负担，但这还是无法打开脚车厂的出入，一来本地市场狭小，二来新加坡制造的脚车无法与外国货竞争，如中国货，日本货，台湾货，大多数都是信誉卓著的名牌产品，而且这些国家的脚车都是大批制造的，比新加坡出产的成本便宜，制造则甚至于更讲究，而新加坡的脚踏车厂严格说起来只能称得上装配厂，他们的大部分零件都由外国输入，譬如坐子，轮圈兜、脚踏板、煞车、车手，跟最重要的齿轮等等；而能由本地制造的似乎只是车架，挡泥板，前义子等等，而且这些东西的原料也是外来的，脚车零件的入口要付百分之四十的关税。这样一来，关税虽然在一定的程度上曾经“保护”这种工业，可是这种保护徒使本地人大吃其亏，也同时阻碍了它的对外竞争能力的培育发挥，结果不但在国际市场没法打出路，甚至连在国内也最后站不住必须结束[10]。

对于政府的这种入口固打限制与征收30–40%的税，脚车界人士也群起反对，这我们可从车商公会出版的会讯中窥见一斑。如第八期有这样报导：“由于在裕廊设立之马来亚联合工业有限公司脚车工厂（现已由瑞士联合工业有限公司接管），所引起本国政府采取关税保护政策施行征收四十巴仙之入口税，行多年，不但无益该脚车厂之维持继续生产且造成许多困难，加重劳苦阶级脚车踏用车的负担……。”

且该脚车工厂的生产差强人意，所出产零件时有时无，甚至停业生产某些零件，这对脚车商业务影响很大，所以车商公会力求政府撤销此项征入口税，一个月后，设于裕廊的外资脚车厂也宣布停业生产，至于脚车业，尽管能继续营业赚取薄利，但是仍然面对着许多难题，所以除了一些早就改营汽车零件业外，有些照旧批发或售卖脚车，但也掺进了摩多脚车，针车或雪柜等其他货品，脚车业至此真可谓是明日黄花了。不过，我们不要忘记的是许多兴化人是靠脚车业发达的，同时脚车业也为后来的汽车零件业立了道路。

其实，汽车零件业的兴起，早在1919年小型巴士开始时，就有经营此类的零件，不过并无重要性，主要还是以脚车及其零件业为主题，到了1930年，新加坡已进入了摩托化，有汽车等毕竟还是少数，脚车仍旧是有其重要性，而 Spare parts 业要到1940年以后才有迹象显示它的发展，但这时的汽车零件较简单，以美英汽车为主，可是脚车零件的败坏还不输给零件。日治时期，百业萧条受日军所控制，零件业当然亦不例外。据调查所得，当日军来购买零件时，须由他们随意选购，而且价钱也任由他们给，另一方面日军又限定华人随意购买，有时还要申请准证，在这种情形下，零件业自然受到摧残。可是附带要提的是日治时期本地制造的轮胎业一度萌芽，由于当时轮胎的缺乏，使到一些零件商动起脑筋来，他们利用生胶来制成轮胎，一切都是采用家庭式的制造方法；由于原料，技术及机器等问题，制造出来的这种 Rubber Compound 当然较舶来品差，也较重，不过却相当耐用，如果时间上许可的话，经过多次的改良，相信也能与外地的媲美，必然会发展成华族自己的轮胎制造业，可是，当这种轮胎的制造逐渐接近水准时，日军投降了，外来的轮胎输进了，相形之下，本地制造的轮胎经不起考验，以后仍旧是外货的天下，今日本地大规模的轮胎制造厂也多是外资经营的。

到了五十年代以后，汽车激增，造成汽车零件业有利可图的时候，自然地蓬勃发展起来，经营汽车零件业的人士越来越多，尤其是最近几年来一许多"头手"纷纷离职，自己出来开店，造成新加坡汽车零件商店林立，目前新加坡的这一类店有一百多间，且多分布在第七、八邮区，这种现象并无改变，脚车店也是充斥于这一地盘，见表四。在1947与48年，脚车约有三百余间，第七区占了一百零四间，第八区有五十四间，两区加起来已占了全新加坡脚车店的一半。1957年的现象也是如此，今天维多利亚街、梧槽干拿路、须涯路，实利已路，实龙岗路及劳明拉街周围的汽车零件业，鳞毕节次，造成这种现象除了是传统遗留下来以外，其他新开幕的公司也以这一带为选择地，因为无论是脚车、汽车及有关零件商是最集中在某些地区的，不像杂货店或其他商业之能个别在荒僻的甘榜或郊外营业，何况是近数年来，车辆牌子的繁杂，一辆车子大大小小的零件就有数千种，加上制造年份不同，机器马力等又不同，有关零件则多至不胜枚举，这些零件商店更需要互相邻靠，双方使顾客容易找到彼等所要之零件，也可以加强业务的发展，因此没有一间汽车零件商故意冒险到孤立的地方去营业。可是这传统的营业地区可能因城市重建计划的影响而被拆搬，这些零件商要在找寻适当地点继续互相靠近营业，将会遭遇许多困难，有鉴于此，车业界人士早已未雨绸缪，除了提呈国家发展部长备忘录以外，并着手登记了超过七十名会员，有意并且有能力租凭或联合购买土地建造约一百单位的店铺作为零件业用(11)。

表四

年代 邮区	**1947/48**	**1957年**		
分类	主要为脚车部	汽车部	脚车部	脚车商号
苏一邮区	32	1	6	15
苏二邮区	18	1	1	10
苏三邮区	10	——	——	13
苏四邮区	1	——	——	4
苏五邮区	3	1	1	3
苏六邮区	7	——	4	3
苏七邮区	104	40	16	25
苏八邮区	54	16	14	26
苏九邮区	23	2	2	8
苏十邮区	7	——	——	7

苏十一邮区	7	——	——	8
苏十二邮区	14	6	1	15
苏十三邮区	8	——	——	8
苏十四邮区	41	——	——	40
苏十五邮区	16	——	1	11
苏十六邮区	——	——	——	——
苏十七邮区	——	——	——	——
苏十八邮区	——	——	——	3
苏十九邮区	1	——	——	13
苏二十邮区	1	——	——	1
苏廿一邮区	3	——	——	5
苏廿二邮区	2	——	——	6
苏廿三邮区	——	——	——	1
苏廿四邮区	——	——	——	3
苏廿五邮区	——	——	——	3
苏廿六邮区	2	——	——	2
苏廿七邮区	2	——	——	5
苏廿八邮区	2	——	——	4

资料来源：
1. 1947年统计表取自《南洋车业交通录》。
2. 1957年统计表取自《新加坡车商公会银禧纪念刊》。

汽车零件业这几年来可说是处于蓬勃的状况，根据其输入额来看，自1968–70年的汽车零件与配件输入额由三千四百万元增至四千四百万元，再而至五千九百万元，摩多西卡零件与配件是由两百万元，增加至六百万元，再激增至一千七百万元(12)，显然这一行业成为兴化人在交通业有发展的一门。但其中也有很多问题产生，这门的营业已不像十多年前那样简单，当时汽车的款式不多，主要是来自英国的Austin、Mories、Ford等种类还不算多，因而对零件的购买和处理也就不会发生太大的困难，但是现在汽车的来源种类繁多，零件也就更复杂化，且日新月异，因此许多问题随之而至，首先是资本的问题，零件的购买是根据人们对汽车零件之所需，所以当汽车种类一多变化，为了适应各种不同的汽车，也就需要更多的资本来购买零件。可是跟着又产生了另一种问题；因此物品一多，便需要较大的地方，可是根据我们调查的结果，发现到只有极少数的Spare part店拥有较宽广的地方，即拥有二个或三个店面，大多数只有一个店面，店里挤满了各种零件，只剩下中间一条小小的通路，多站几个人都有困难，由此我们可知道他们的地方实在是有限。

就算是资金方面与地方问题能够解决，但这并不表示没有其他问题产生，事实上还有一更重要的问题，那便是有关处理货物方面，必须更机警小心，避免发生死货的现象，这种现象在交通愈发达时越容易发生而如果避免不了的话，只得把这些没有要的零件，当废铁般的卖给废铁商，或将死货售到邻国供给他们的老车使用，但价格已是原价的20–30%，因此有时损失很大，也有一些不舍得将其贱卖而收藏起来，结果更是废铁堆积如山，加上经营业者如雨后春笋，至今已有百多间，这样一来，经营者一多，则同业间之竞争更趋于白热化，除了互相贬价出售以外，也造成前往联邦招徕者更为厉害，联邦顾客有求必应，同一货物，多加争售，后至者非降价以吸引，难以得手，而联邦顾客，见来货便宜，采办甚多，结果所能销售者只有半数，因之积货日增，银根日出，周转欠灵，势必出于拖账，而积久愈多，拖延愈久，受连累的是新加坡的一般批发商，他们对于这种“坏账”，只有赖公会法律顾问律师依照法律去索回拖欠账款。

尽管汽车零件业有以上的难题，但当我们问及汽车零件业人士时，一般上都认为不错，因为新加坡的进展为他们提供有利的客观环境，随着国家的不断发展，工商业的迅速扩展，形成了生活水准的提高，汽车已成了我国的普遍交通工具，这带给了汽车零件业的蓬勃，还有我国为防止空气污化而实行的新法令，严厉惩罚汽车喷污烟及定期检汽车等，使车主更关心保护汽车，因此对汽车零件的销路有直接推动，至于摩多西卡和史谷打，销量亦增加（见第一章表五），这是因为我国住宅区与工业区的距离远，所以一般无车的年轻人，亦以摩多脚车代步，而分期付款办法的实行，增加了他们的购买力，买者多，修理或更换零件者亦必随之增多。

附带一提问的是汽车零件发展至今，为了防止种类更多带来经营及管理上的不便，有些国家已趋向于种类的专门化 (Item specialize) 即专卖一种牌子的车的零件。

三、三轮车方面

战后兴化人的另一种行业是三轮车，由于人力车的取消，许多人力车夫改而踩三轮车，造成三轮车在极短时期是最高峰状态，在1947年估计有一万八千名三轮车夫，申请注册者只有五千人，这一来可说是三轮车最活跃的时候，为了反对三轮车手牌法令，三轮车工友联合会曾派出代表赴华民政务司，请求当局收回成命，从他们的五项意见书中我们大略可以了解当时三轮车的情况，如（1）当局应给予三轮车工友以及格驾驶车辆之免费证书，手牌则决消豁免，（2）保证政府公务人员对于交通事务上不得有舞弊事情发生，（3）不得限制三轮车之年龄，（4）不得随便更改准许三轮车驾驶之证明书期限，（5）公务员不得无故逮捕三轮车工友，若车辆行驶有违交通法令时，须以合法手续传讯之，俾得依据法律判决，而使工友有申诉之机会，尤其对于手牌问题，三轮车工友甚至组织“要求取消手牌委员会”，他们认为当局征收手牌费，不但会造成公务员之舞弊事件发生，同时加重工友们的负担，剥削工友血汗[13]。他们并于同年与市政局于议事厅举行圆桌会议，当时市议员叶平玉以三轮车手牌改为徽章事询问工友意见，工友代表坚决徽章由工会发予工友，且手续费必须减低，但另一位议员表示不可，结果圆桌会议不能达成一致[14]。本来三轮车工友联合会准备在九月一日罢业抗议，后暂缓实行罢业，再派代表呈函总督重申请求豁免领取手牌，九月十二日；三轮车联合会接受代总督的意见，把手牌改变为徽章，并派代表到车务局谈商领取徽章、手续[15]。从这一次的风波，表现出当时三轮车工友的团结精神中与坚决反对不合理的压迫，对于舞弊的公务员敢加以批判，同时三轮车工友联合会这时也发挥了它的作用。

到了林有福时代，对于三轮车的管制很严格，不但三轮车夫考执照不容易及格，甚至检查车辆时也不容易过关，经常要三轮车夫修理车子，以达到安全、卫生，此外还规定三轮车夫蓝色的制服，赤脚、带徽章等等，车身改变为绿色。在日治时三轮车身为黄色，且画上一些历史人物，即公仔画，座位是用藤椅，有上下两层，后来因为小孩子喜欢看三轮车车身的公仔而引起了不少的车祸，所以在林有福时代则全改为青色，又限制不准载货，当时一辆新的三轮车约值六、七百元，相当值钱，如今三轮车已没有什么人要，旧车只值几十块钱。

林有福时代也规定三轮车的收费以路程计算，每半英里或未及半英里为二角；以点钟计算，则每一钟点一元五角，每一刻钟为四角，并规定三轮车夫，无论走多少路程，钟点、或等候，收费不得超过六元。虽然当局对三轮车载客收费有明文规定，但一般搭客和三轮车夫们，却少有按规定付收车费，都是经过讨价还价的。在五十年代，动机化的交通工具不若今日的发达，所以乘搭三轮车的人也比较多，因此三轮车夫收入很可观，每天少收十元廿元，除了执政费每年十二元，车税每三个月也是十二之元（通常由车主缴交），加上车租每月三十至四十元以外，三轮车夫的生活还过得不错，因为当时生活水准低，一餐只要几毛钱就可以解决，但是今日的三轮车业，可说是惨淡经营，操此行业的三轮车工友们，都很勉强地在生活中支撑挣扎着，据三轮车工友这行业将是无法生存的，迟早总有一天将会受淘汰，由于三轮车夫的难于维持生活；一些年轻力壮或生活较有办法的工友纷纷转业去了，只剩下一些年纪较老大及无业可图者，在勉强支撑着的。的确，今日华族的三轮车工友中，目前的中坚份子，都是那些年岁五十到七十之间的老工友，故对华人而言，此行业已是处于青黄不接时期。他们的收入，每日似乎不超过六元，还要缴车租七角，每个月缴车税二十四元，缴纳时又得花一笔钱检查与修补车子，经过这样的七扣八扣后，收入的微博是可想而知的。今日的三轮车工友同业会已只剩下二百名会员，其中兴化藉有九十三位，福清藉八十六位，比起去年二百九十八位已少了三分之一，据说收入日益微薄，月捐无法缴交，三轮车夫大都觉得公会已名存实亡了，本来工会是一个代表的名堂，在面对外来压力时，就会集体的力量来解决这种压力，可是现在三轮车面对自生自灭的时候，工会也不想办法补救，许多工友都不愿意参加工会而白交月捐，其实这也不能归罪于工会，因为这行业已趋于没落时期，工会的力量也逐渐消失，我们不要忘记当三轮车鼎盛时期，工会何曾不发挥其效力。三轮车的缺点确实太多，在交通事业进步的国家已容不得它们的立足。

在目前的三轮车主，兴化人占有80%，他们通常大部分都拥有开店铺修理三轮车或装配三轮车，这些车主分布在如切与芽龙一带，大致有数百辆的车子出租，如南大脚车店；可是今日他们遭受到收租的困难及维持费的增加，他们每个月只能收到60至70%的车租，所以有些车主愿意用分期付款的方法把车子让给马来人，然后把钱参加铝业活动。

显然的，这一行业将面临时代潮流的淘汰，但那些为南大义踏与为国防基金义踏的义士将永远跟随三轮车史流传下来。

四、德士业方面

至于德士业方面，兴化人扮演更重要的角色，据有关方面的人透露，在七十年代之前，兴化人所拥有德士的数字，约占新加坡德士总数的一半，打从新加坡开始有德士，就有兴化人从事，直到现在已有三十余年，兴化人与德士业一直保持密切关系，不过早期从事德士业者，除了兴化人外，还有福建人、福清人与印度人，到了日治时代，德士业也陷入瘫痪状态，德士司机都改行，战后初期，由于德士仍是处于未发展的状态，其他籍贯人士重操德士仍是处于未发展的状态，其他藉人士重操德士的非常少，唯有兴化人士基于某种特殊因素重操德士，战后这段时间的经营在整个行业史上的发展占有重大的意义，它奠定了兴化人操纵德士业的基础，以后五十年代至六十年代兴化人在德士业的发展非常迅速与顺利，到七十年代，在交通服务调整下，兴化人在德士业的地位逐渐改观。

在战前，要靠驾驶德士找生活，必备两个条件，即司机必须拥德士驾驶执照（俗称手牌），在车子方面应持有通行证——德士执照（俗称车牌）。兴化人未踏入德士前，大部分曾在脚车店工作了一个时期，后来由于德士工作自由又没有帮派限制，因此在工余时期，通过朋友的指导学习驾驶汽车，经过考试取得一张驾车执照；有了驾车执照仍须有三年的驾车经验，才允许参加车务局德士考试，及格后就可免费取得一张手牌，取得手牌后还得设法找一部车子，再向车务局免费取得一张车牌，就可以营业。战前，一部德士约值四千余元，兴化人是通过亲友二三人合股购买的；当时德士主要是提供长途交通服务，因此川行路线与载客性质都有所限制，如郊区方面的路途是载散客，市区则为包车。德士的颜色依川行地区的不同而有所分别，德士收费率也有一定的划一[16]。至于德士司机方面都一律穿着白色的制服。战前德士司机的收入，据说每天约有四、五元（相当今天四、五十元），这在当时生活水准不高的时候（据说一餐只要一角钱就可以解决），可说是一笔相当可观的收入，因此许多司机从事两三年就差不多有足够的本钱拥有自己的车子，又战前德士法令很宽松，只规定从车者必须拥有手牌与车牌外，对于拥有车牌的数量则没有一定的限制，因此只要有足够资本买多部车子，他是可以取得车牌然后把车子出租给人使用，当起车主。至于战前是否已经有兴化车主的出现，这个问题兴化父老也很难确定。不过兴化人在德士业发展主要是战后才有的现象。

到了战后初期（1946–1949），兴化人重操德士业的原因或许是因为兴化人在交通业的历史悠久，对交通业发展认识较深入，他们认为德士业没有发展只是暂时的现象，以后是会在发展，因此对德士业抱有信心；加上兴化人懂得一些修理汽车的知识，因此在当时车子很缺乏的情况，他们利用旧车修理当德士用，这样重操德士所需要的本钱就不需很大，只要肯干，德士业是有经营的把握，于是兴化人毅然冒险从事经营。1947年以后，有些兴化三轮车夫见到同乡从事德士业逐渐有起色，也转入德士业，此后数十年，兴化人陆陆续续地进入此行业。战后这段时间的发展，奠定了兴化人在五十年代与以后时间德士业发展的基础，其论据有两点：

第一：兴化人在五十年代德士业兴盛之前的这段时间内经营德士业，取得本行优先发展的利益，这些利益既是指兴化人在德士法令未限定市民申请德士执照数量时，可大事发展。这在五十年代德士业发展时占了很大的优势，况且1948年政府因市面德士数量超过需求而停止发出手牌，这对其他人士经营德士业无非是一种阻碍，然而对兴化人来说是造成他们操纵德士业的开始。

第二：兴化人为了确保与增强兴化人在德士业的发展利益，1946年组织了新加坡交通德士公会，互相团结起来。除外，兴化车主也通过地缘与血缘关系辅助新投入德士行业的兴化人，如雇用兴化人为司机，帮助同乡买车子，指导他们经营的方法与路线等等。

五十年代中叶以后，从事德士之人数又大大增加，而德士数量自1948年以来，一直维持千余辆的数字。因此造成德士司机的失业以及复杂的社会问题：首先德士车牌黑市市场的出现，原来有些持有多个德士车牌者，见到市面德士迫求，就把车牌高价出售，可赚取极高的利益；于是车牌由一个不值钱（免费申请）的东西摇手为价值五千元的宝贝。其次是德士车主方面的抬高车价，据说司机自己购买车子的话，每月可省下四百元的租金，不到一年，车身就可捞回了，在这种情况下，许多德士司机铤而走险，驾起霸王车来。1956年德士司机为了生活上的共同利益，开始组织自己的工会，分别向政府与车主交涉。1957年政府解除德士法令，公开让社会人士申请德士执照。1958年劳盗双方也在车租问题上达到协议，划一车租价格。德士法令解除后两年里，市面德士数量大大增加，由1956年的一千六百辆增至二千八百辆，大致上暂时满足许多德士司机对德士车牌的要求；然而，许多问题并没有因此得到解决，五十年代以来德士问题产生的根源乃德士在战后为少数兴化车主所操纵；造成这种局面是因为德士法令自战前与战后都存在着许多弊病的缘故[17]。要解决德士车牌问题，改变德士法令是最有效方法。然而政府只一味开放德士限令而不从事法令的改革，造成车主仍旧有德士数量的机会，因此真正得利的不是司机而是车主。

1959年，新加坡人民行动党领导的自治政府执政后，对德士法令基本上比较有效的限制德士集中的现象，但是仍旧有许多毛病，如车牌可以自由转让，使到车牌黑市市场仍旧大做其“贱买贵卖”的生意；同时也出现借用他人名字得到多个德士执照的舞弊现象。

六十年代中叶德士司机的剧增，与政府每年发出车牌仍不能相敷，于是德士司机失业，贱买贵卖、劳资纠纷、霸王车横行霸道又逐渐恶化。

政府遂于1966–68年期间发出600张新德士执照，改用抽签形式取得执照；在1966年举行三百张德士执照抽签时竟有七千七百多名司机参加抽签，由此可见德士发展的一般情形，同时新的德士执照不可以自由转让，只能通过律师楼签署租用，大约租用七年，期满后车子与执照分开，各归原主。在1969年，市面风传政府不再发出德士执照，于是德士显出价格达到顶峰，由一万三千高涨到一万七千元。

1970年新加坡交通面临大改革，新德士执照已不像过去公开让社会人士自由申请或抽签领取，而是通过一个新的德士经营机构主办，即是说除了旧有的私人经营制度外，出现一个由新加坡职总组织的德士合作社 (N.T.U.C Comfort Taxi)。事实上，N.T.U.C 的出现是配合政府改组交通德士事务拟定新德士计划的实行，N.T.U.C的经营是通过“货款形式”把车牌转让给德士司机[18]，合作社也通过贷款购买德士，利息是6%。1970年的一千二百张新德士执照是第一期发出的数字，据当局透露N.T.U.C经营成功的话，政府将在未来五年内再发出三千至五千张的德士执照。这对过去旧有的德士经营制度无疑是一个很大的打击；除外，有规定一项新德士法令：即德士年龄一律以七年为限。在这法令下大约有一千二百辆的旧德士将被吊销执照，除非车主能用新的德士取代旧车子。

由此看来，七十年代的德士改革对兴化车主将是一个前所未有的大灾难；N.T.U.C是他们业务发展一大劲敌，加上旧车有被吊销执照的危机，在大车主方面还顶得过去，对于小车主则意味着德士业前途的黯淡。因此到了这个阶段，兴化人在德士业的发展出现了两种趋势，即大车主多数暂时维持现状，小车主纷纷转业，主要是从事银会(Money Lender.)。大车主所以继续从事德士业，原因是他们认为N.T.U.C的出现，私人的事依旧能够存在，因为N.T.U.C组织庞大、开销大，而他们的家庭式经营开销节省，何况他们早已兼做其他行业，如汽车零件业，金融业等。

总之，七十年代开始，兴化人在德士业的发展已碰到危机，显示着有呈衰退的现象。

至于兴化人目前另一交通行业——巴士业的发展情况，请同学详见我们另一组同学的调查研究“华人巴士行业”。

注释

1 严仁山著《郡人事业发展史概况》。

2《南洋商报》，晚版 13/10/1938。

3 严仁山，Op,cit。

4《南洋车业交通录1947–1948》，脚车业始祖姚祺先生传略。

5《车商公会银禧纪念特刊1957》，编首语。

6《南洋商报》，24/4/71 社论。

7 Ibid，编首语.

8 Ibid，高伟著《车业界今后原有之努力》，P. 60。

9 Ibid P. 59。

10《南洋商报》，24/4/71 社论。

11《车商公会会讯》，第八期。

12《南洋商报》，17/12/1971，P. 8。

13 同上，3/6/1947. P. 5。

14 同上，18/7/1947. P. 5。

15 同上，(a) 1/9/1947, P5, (b) 12/9/1947, P. 5。

16 1955–1956 德士最高租价：全日班为八元半；日夜两者为九元半，即日班$5.25；夜班为$5。
1957–1958年德士租价划一为：全日班为十元；日夜两班为十一元，而日班$6，夜班$5。

17 其弊病有三：

(a) 没有限制市民车牌的数量

(b) 车牌公开给所有社会人士申请

(c) 车牌可以自由买卖。

18 N.T.U.C的车牌首先只缴交500元，以后每月付四百元。期限视各人能力再加斟酌。

第五章

兴化交通业工友生活与劳资关系

一、工友生活

兴化人在交通业上无可否认的是扮演着非常重要的角色，但并不意味着所有兴化人都是大老板的角色，事实上属于工人阶级的兴化人为数更多。

举凡在脚车店，汽车零件业的学徒或头手，在烈日下和生活作挣扎的年老三轮车工友们，还有作为那大资本家，大老板们的巴士司机或售票员，更有那常与生活开玩笑，跟时间赛跑的德士工友，这一些皆属于下层阶级的一群，他们的生活和其他身为老板的兴化人相差何止千万里。

在述说兴化人与交通业之余，我们觉得对于身为工人阶级的兴化人生活不应该被抹杀掉，故于劳资关系合为一节加以略述之，不过巴士行业我们将有略掉，同学们可以详见另一小组所作的“华人巴士行业史。”

(一) 人力车工友之生活

一八八〇年由上海运来了大批的“东洋手车”，亦即人力车，打击了当时的主要交通工具——马车，顿时成为了大众化的交通工具。

事实上，人力车是一种最无人道的交通工具，拖车者靠着一双腿如牛马般的在烈日底下奔跑，乘车的人，却跷起脚来悠哉闲哉的坐在车上欣赏沿途风光，一个在受苦，一个在享受，这种强烈对照的镜头映入眼帘，任何稍有人性的人看了都会为这些拉车者感到悲伤的。

人力车工友在面对着这些生活的苦难之余，最令人感到愤懑的是有关人士对他们的无情迫害，如一八九七年一月八日，人力车主及人力车工友曾发动了一项联合大罢工，便是抗议巫籍警察对人力车工友的勒索及车辆注册官对犯规人力车工友判罚停驶日数之增多，从工友们的慢昼中更生动的暴露出他们所受到的迫害，如人力车被警察打成碎片，人力车工友被管制人力车的警察打得口吐鲜血，或工友被迫投海，警察们则熟视无睹，这些都是人力车工友们无可避免的人为灾害。

对于拉人力车者本身来讲，这是一种负起兽力重负的工作。海峡时报曾指出拉车生活，乃是“东方最致人于死命的职业，是对人类最侮辱的职业……在忽视其尊严和高贵的残忍情况下，消磨他们的生命。”

由这段话中，可充分的看出，拉车工友们是在怎样的情况下廉价的出卖劳力以赚取那仅够糊口的血汗钱，不幸的是英国人在中国所播下的鸦片毒，也使到新加坡的许多拉车工友的抽上鸦片瘾。据李钟珏的《新加坡风土记》里所记：

“……彼拉手车者，日昼可得洋一元，缴租四角，可余六角，苟无烟癖，度日有余，乃十人中不得烟瘾者不得一二，炎蒸汗血博得之蝇头，尽入烟土，殊可怜已。”

所以一个拉人力车的车夫，除了必须忍受风吹雨打，太阳晒和其他人为的迫害之外，还有即必须意志坚强，否则一旦染上不良嗜好，那些辛苦赚来的一切血汗钱也将付之烟雾中。所以，拉车者除非是能非常的刻苦耐劳，才能有所蓄积成家立业，逐渐发展。

拉人力车是一种以极大的代价而得到极少报酬的职业，因此一般人认为拉人力车使人类的尊严扫地，使人的地位降为动物的地位，残忍之至。终于在1946年8月废除，而于1947年4月30日绝迹。此后几乎全体人力车夫都改行踏三轮车。

（二）三轮车工友之生活

基于人道的理由人力车被淘汰了，代之而起的是三轮车。如果说拉人力车是一种兽力的工作，是牛马；踏三轮车又何尝不是一种便宜出卖体力的工作呢！

日治时代，三轮车曾一度成为了时代的“宠儿”，今日它已不可避免地因为交通业的发达而日趋于没落中。但不管是在它的“黄金时代”或今日，三轮车工友的生活却始终离不开一个“苦”字。

踏三轮车是靠体力的，若体力不足则很难胜任。可是根据我们调查所得，今天兴化籍的三轮车夫年龄，最年轻的也正超过四十岁，而以50–60的占大部分，其次是60–70，由此看来三轮车夫多是老一辈的人，可是生活却逼得他们每天不得不工作超过八小时，甚至达到十一小时。五、六十岁的人，一天这么长时间在赤道高热的马路上奔跑，赤着双脚，不断的运动着爬满了生活痕迹的双腿踏着车板用力的使车子向前走，不仅要冒着日晒风吹之苦，还要忍受雨淋之苦。他们的生活真可说是在“凄风苦雨”中度过，个中滋味，岂是我们这些局外人所能了解得出。

除了这些天然的“苦”无可避免外，还有许多人为的灾害也毫不留情的对他们进行迫害，其中之一便是私会党的干扰，这在林有福时代最为猖獗如逼收保护费，坐车不给钱，尤其是在旅店，医院等生意特好之地，三轮车夫每个月往往须缴交三、四元的保护费，否则车子便被砸烂。

还有便是一般洋丘八对三轮车工友们毫无人性的迫害。

在一些达官贵人或西方人的眼里，三轮车被视为一种最具有“车方情调”的交通工具，他们甚且认为三轮车对于发展旅游业大有裨益，而一些西方旅客到东方来最感兴趣的莫过于这些具有东方情调的东西了，殊不知这些兴趣正是我们三轮车工友们的血泪凝成的。在马路上，我们常可看到许多洋丘八跷起了二郎腿，乱叫乱喊的坐在三轮车上让三轮车夫载着他们到处兜风。如果不幸碰到一些喝醉酒的水兵，工友们因为听不懂他们的话而拒载，便往往会遭受这些丘八毒打一顿，而或三轮车被抛下海。

当三轮车刚兴起，交通还未很发达时，他们一天的收入还有十八、廿元，最少也有七、八元，因此在省吃俭用，勤劳刻苦之下，老一辈的人多能自已拥有一辆三轮车。但是，随着交通工具的不断发展，德士、巴士等日多，对于三轮车打击很大，所以今天他们的收入似乎被规定不能超过六元，事实上，凭着这种落在时代后头的工具，就是怎样努力，收入也不可能超过六元，而如果是租来的话，每天还要付出一元的租金，每月要纳四元的税给政府，每半年交一次，交纳时又得花一笔钱检查和修补车子，经过这样的七扣八折后，收入的微薄可想而知。在物质高昂，瞻养家庭教育子女，诚不易度过日常生活。况且有些三轮车夫还染上不良的嗜好，如好赌，好抽鸦片，因此，往往负债累累，更陷于困境之中。

基于以上各种因素，可知三轮车夫无论在怎样的勤劳，他们的生活不见得就能过得好，最好也不过只能住在那种一房式的政府组屋，“一家八口一张床”，滋味也并不好受。有些则住在亚答木板屋、锌板屋、旧店屋，更有的经年累月地“住”在走廊或三轮车上。

三轮车夫的痛苦是无边际的，如果说人的命运皆由上帝的安排，那又何见得上帝是仁慈公平?

车夫们的生活苦还不算，时刻威胁着他们的是车祸，不管是汽车、货车、巴士车只要轻轻一碰，三轮车准要三轮朝天，车夫则头破血流，死亡随时在伴随着他们。在生活没有保障，生命没有保障之下，大多数的三轮车夫，对前途不是感到茫然，就是认为悲惨。而有关当局并不实行照顾他们，让他们自生自灭，工友们本身也知道这一点；但一般都认为年纪大了，转业又难，只得咬紧牙关，只要两只脚还能走动，也就得每天踏着三轮车干活。如此一来，三轮车夫在往后的日子里，将是无限凄凉，生活将是无限彷徨。

三轮车夫的存在组成了社会的底层，则给人道主义者留下了许多值得他们遗憾的事。

(三) 脚车店与汽车零件店之学徒生活

拉人力车者，踏三轮车的车夫他们皆是在烈日之下，在风吹雨打中赚取生活之所需，这些都是出卖体力的工作。至于在店里工作身为学徒者。如脚车店、汽车零件店里的学徒，他们的生活又是另有一番滋味。

六十年代以前，兴化人的脚车店、汽车零件店，在聘请员工方面表现了极为浓厚的封建主义生产关系，以“同乡主义”为准则，通过亲戚朋友的介绍，才有机会进入店里工作。

进入店里后，首先他们的身份是学徒，和老板的关系则带有父兄和子弟的关系。但是身为老板者非真能以父兄或手足之情来对待这些学徒。学徒们的工作往往是从一大清早一直做到晚上十一点，所做的事有如杂工，包括扫地、收拾店铺、做跑腿，有的甚至必须帮老板娘照顾孩子或煮饭。在这种情形之下，他们根本没有时间学习各种技能，事实上身为老板或头手的，他们也不会全心全意的把手艺传给学徒。因此有些较聪明或勤劳的为了要学习各种知识，只得实行偷师，偷师的方法不外是，在打扫店铺时乘机记忆各种零件名称或所代表的花名、号码，又或是注意顾客们所购买的货品，还有便是硬着头皮准备挨骂而向头手请教。

据一位头手（以往是学徒）说，他是在1952年由朋友介绍进入汽车零件商店里工作，开始时什么事都要做，因此他只得尽量的争取利用空余的时间去认识各种零件，或是当老板或头手吩咐他去买某些零件时也成了他学习的好机会，就这样不断的累积下各种经验知识技能，挨过了多少苦才有今天的地位。据他所言，升为头手的资格，所需的时间快则三年，迟则五年，如果是头脑不灵巧而又不肯勤劳求上进的人，则一辈子也不用想当头手了。

七十年代的今天，各店里虽亦有当学徒的，但已不重视那种“帮派主义”的关系了，如今所重视的是只要能把工作做好，至于是否为同乡人都没关系。对学徒的学习的要求则较高。今日的学徒生活因为有了政府的各种明文规定，都有了逐步的改善，至少在工作时间方面比以前少得多。

(四) 德士司机的生活

这里所指的德士工友，是指向车主租车，驾驶德士的司机而言。

德士工友的生活可说是充满了紧张和刺激。时间对于他们来说就等于是金钱，因此，我们在马路上所看到的德士莫不都是风驰电挚般的在跑窜，或许我们会因此而咒骂他们，事实上他们都是一群可怜的"司机"，他们为了车租，为了家庭开销而开快车，力争接搭客而开快车。有时也为了一宗几角钱的生意而弄得面红耳赤。还有车祸也随时会发生在他们身上，这些都是为了生活，为了钱，因此他们在跟生命开玩笑，跟时间赛跑。

在巴士大改革前，职总增发一千辆新德士(N.T.U.C)前，德士工友的收入最少也有二十元或以上，除了车租及其他开销外，每天所剩下的大约还有八元至十元之间，但是曾几何时今日他们的入息总在二十元之下，扣除了一切，剩下的不过是区区的五、六元而已，真是江河日下，今非昔比了。

以前德士工友的最大劲敌是霸王车，事实上他们同是苦难的一群，霸王车虽盛行仍不足构成他们生活上的最大威胁，现在[(1)]霸王车虽已被消灭，但四月一日的巴士交通大改革却使这些德士工友首当其冲的深受影响。因为改革后的巴士通八达，无处不到，车费又比德士便宜，方便了一般市民，因此大家多舍德士而搭巴士，以致造成在一些繁盛的地区，一眼看到的几乎都是德士，但是这些德士却大多数都是空车的。

另一方面，据一位德士司机所言，他说，巴士车大改革是造成他们收入减少之一原因，而职总所增发的一千辆新德士才是真正的症结所在。至今新加坡已有三千八百多辆德士，造成了目前的满街满巷都是飞驶的德士车辆。有关当局是想以增发德士来解决失业问题，或者说是使他们能避免受车主的控制，事实上这根本不是一个解决的方法，是治标不治本，因为一个有德士驾的德士工友并不等于能说他们生活已获得了解决，相反的由于德士数目的日愈增多造成了"僧多粥少"的现象，供过于求，这样原有的德士工友的生活将更困难了。

德士工友们一方面须与巴士与同行的工友作生活上的竞争，另一方面，当局的各种设施对他们而言也是一项相当沉重的，无可避免的负担。如油屎的涨价，交通罚款的增加，德士停车站的实施等。

各种不利皆造成了德士工友们须对生活作更进一步的挣扎，他们所面对的困难更多，生活也更苦了，但是车租必须先解决，否则又得面对失业的现实。

二、劳资关系

我们都知道凡是有工人雇主关系之处，就或多或少会有所谓劳资纠纷，这是因为在我们这种资本主义社会里，一般雇主还是敌视工人权益，所以要完全避免劳资纠纷是不可能的。

劳资纠纷的产生，主要是因为工人和资本家在生产关系中对某一共同问题，因阶级的不同，在经济利益上产生了矛盾，无法达成协议因而产生的争辩或纷争。简单的说一句，被雇用者与雇用者间关系的紧张与否，或利益冲突的强弱决定了劳资纠纷的明显或不明显化。

一般来说，劳资纠纷常表现在下列一些具体的事件上，如一方面是工人要求加薪，改善工作条件，要求最低工作日保障，或要求享有劳工福利，但遭到资方所拒绝。另一方面则是资方的一些措施，如裁员，减少工作日，减低花红分利等，于是就这样一方的要求被拒绝；另一方的措施又引起了反抗的局面下，劳资纠纷遂产生。

必须说明的是，资本越雄厚，营业规模愈大的雇主，因为对工人权益的愈藐视，劳资纠纷也就更容易产生。也就是说，愈是资本主义化的机构，劳资关系也就更紧张，由此点来看兴化人在交通业上，工人和雇主间的关系如何也就较为明了了。

（一）学徒与老板的关系

在上几章中，我们都一再强调兴化人在交通业上的经营特色是非高度资本主义化，如三轮车、脚车业、汽车零件业、德士等，所以在这些行业里的劳资关系也就不怎么紧张，只有巴士行业，较为资本主义化，因此，劳资纠纷也就较为尖锐化，不过在这一章中我们将不说巴士行业的劳资关系。（同学们可详见另一交通业小组的《新加坡华人巴士行业》）。

至于在上述的几种行业中又以脚车和汽车零件业的劳资关系最不明显化，这主要是因为他们的经营方式乃建立在非常的封建化和家庭式上，一个学徒在被介绍到店里工作，是带着一种感恩的心情为他的雇主服务的，更何况他们之间还存在着一种父兄和子弟的关系，雇主是他们的老板，也是他们的家长，因此工作条件，环境虽不好，也只有唯唯诺诺，不敢反抗。严格的说一句，这并非是一种正常的劳资关系，当时工友们的感情是被强烈的压抑着，有所不满亦不敢伸张，造成了雇主和他们之间的关系，虽有紧张却呈现微妙的、暂时的、平淡的局面。今日，在脚车业方面来讲，因为受到其他交通工具的影响，已处于衰落的阶段，经营方式更趋向于家庭化。因此“劳资关系”不突出。至于汽车零件业，虽然在聘请员工方面“帮派主义”的色彩已渐淡化，但是工人与雇主间的关系同样的并不紧张，原因或许是因为汽车零件业的经营非资本主义化。他们所聘请的员工最多不过十多人，而根据我们调查的结果，这些能够请上十多个雇员的汽车零件商只不过是寥寥数间而已，大多数的汽车零件商店不过只有五、六名员工，有的甚至只请一、二个帮手，由此可知，因为每间汽车零件商店所请的工人并不多，因而他们与老板的利益冲突也不大，或者可说工友对老板的措施虽有所不满，但他们缺少了一个强有力的工人团体为他们出头，也即是说他们没有工会，所以，在孤掌难鸣之下，他们与雇主的关系也似乎是处于和平的关系中。

(二) 人力车、三轮车工友与车主间的关系

至于人力车和三轮车方面，其工友是指向车主租车，以拉车或踏车为生者而言。

人力车和三轮车工友与雇主的关系，主要是因为车租问题而引起的纠纷。在这次的调查中，当我们询及这个问题时，大多数的车主和工友们都说："车主和车夫之间的关系可说没什么，只要把车租还清就可以了。"

我们根据星洲十年（第五编，第二章，第五节）的记载发现到人力车在1935年十月间曾经罢工过一次。其原因不外是因为车夫认为车主的租费过昂，还有是因为车夫尚须付担筹赈捐款，所以人力车夫遂于十月初向车主提出两项条件：（一）要求减少车租，由每日夜的四角减少为两角。（二）每日的捐赈由工友自行直接送到星华筹赈会。结果被车主完全拒绝，车夫遂于十月五日起开始罢工，约历四十日。在这段期间曾发生车辆被毁达数百，车夫因受伤致死者一人。此事后得总商会及侨领数人，竭力建议，始得解决方法：（一）每日夜车租减为三角三分。（二）车主不得无故吊车，但欠租者除外。（三）复工后双方互相保证，乐业如常。于是一场风波始告平息，于十一月十六日，人力车又开始驶行于新加坡市上。

1947年后人力车宣告灭迹，人力车工友几乎全转踏三轮车。

廿多年前，有私会党向三轮车夫收租钱及保护费。为了预防三轮车夫没钱交租，那些都是早期三轮车主苛刻的规定了一项租用限制，那就是现在还有一些车主仍实行着的，诸如过期一周未交租，则罚多交三日的租金，再过三日未交，则将被扣车。当时，一些三轮车工友由于生意不好无法如期交租，只得向高利贷借十元还十四元的贵利。一些车主为了使三轮车夫为其长期服务，利用赌博的手段去引诱，三轮车工友一旦赌输了便向车主高利借贷，因此三轮车夫便一世都得为这些车主服务了。

今日的三轮车已呈没落的现象，兴化人从事这行业者，大多是从年青踏到现在的这大把年纪，他们大多拥有自己的三轮车，少数仍向车主租车的工友们，他们与车主间的关系主要亦建立在车租方面，租费还清便没麻烦，否则，则被车主拉车。

(三) 德士司机与车主间的关系

再讲到德士业方面。车主和司机之间便常会因为车租问题而引起纠纷。这主要是因为车主要提高租费，因而引起司机的反对。

车主把汽车租出去，除了必须负责一部分“三万”外，还有汽车修理费也须负责，因此车主便会藉口汽车修理费或“三万”的增加而要增加车租。可是另一方面，德士司机们的生活也实在不容易。而且在今日，因为职总所发出的N.T.U.C德士、巴士大改革，再加上油屎的涨价，生活费不断提高之下，如果再要提高租费，将使德士工友更难生活了。

就在车主和德士工友间常因为租费而纷纷扰扰的局面下，曾于1958年，车主代表与司机代表经过谈判后曾划定一车租价格。可是，谈判所决定的，到底只是一种形式而已，一些车主并没有按照此种规定，而按照市面德士行情的好坏擅自增减租费。工友们虽抗议，有时也无补于事，因为车辆主要还是掌握在几个大车主手中。如果你不满意租费，车主可将车子再租给别人，除非是全体工友一致合作，抵制车主。

最近，德士首里起价两角，车主们便借口要提高租费。事实上，车租已由五、六年前的八、九元起到今天最高的十三元五角（马赛地1.80）。如果我们再进一步的加以研究，可以发现到，德士起价二角，德士司机并不能获得什么利益，相反的，新加坡近日来交通系统上的一连串大改革，对司机则是一种严重的打击，而车主则照收车租，影响不大，所以，如果还要增加车租，根本就说不过去。

车主们一再的想提高租费，还有一根本原因就是，他们以一种错误的计算法，高喊着一辆德士的成本两万元（八、九千的汽车和一万元的车牌），其实一万元的车牌价是黑市操纵所形成的，严格说一声就是车主的净利。所以以前德士牌是很便宜的，向政府申请的根本不用钱，所以以一万元的净利加在成本上来计算，多不合理。(3)

大车主制对德士工友而言，的确是很不利的，但在无法改善这种制度时，由政府强制划一德士租费，也不失为缓和车主和司机之间的不愉快纠纷之良策，减低司机们对租费的恐惧感。

注释

1 见《星洲十年》。

2 见曾铁忱著《新加坡史话（第二集）》，嘉华印刷有限公司出版（1967）P. 45。

3《南洋商报》，7-12-1970，“读者的话”。

第六章

兴化人在交通行业中经营方式与特色

一、半封建、半买办、半资本主义的经济体系

经过调查与研究，我们可以发现兴化人在交通行业中也表现出“半封建”、“半买办”和“半资本主义”三种形态的经济体系。这三种经济体系的形成是受下列因素所造成的：

(1) 殖民地政治经济结构的影响。

(2) 资本主义社会体系所使然。

(3) 中国封建传统之残余。

首先，让我们先从“半封建”的经营特色谈起。这种特色表现在人事关系，管理制度上。原来，兴化人因旧中国（1949年以前），家乡中小农经济破产，社会动乱及政治腐化的冲击以及东南亚资本主义发展下，赤手空拳离乡背井。他们抵达新加坡后，唯一的出路就是投靠在新加坡的乡人宗亲。（见本组调查报告第三章），何况，兴化人在家乡已有“社”的同宗姓组织。[1]

由于职业上的移动性（Mobility），即南来的兴化人在职业上由“以农为务”转变为从事“交通行业”，加上“地缘性”宗族关系，以及旧中国传统，因此，这种种行为反映在交通行业经营上，就形成了“半封建”的经营特色。

在人事关系上，初期，新加坡兴化人是蓄心积力地介绍他们的子弟进入交通行业（那些子弟在当时人地生疏的社会环境下，进入交通业不会违背个人意识的。）因为

任用家乡子弟或同宗族比其他籍贯人士较可放心。人力车行业、三轮车行业、脚踏车行业以及汽车零件商行莫不如此。尤其是以汽车零件商行更为明显。

聘用家乡子弟或同宗族当工友或学徒，不但获得心理安慰与财产上的保障，最重要的是，他们可以对这批子弟在“人格”行为上的控制，即在工商业活动中，使用旧有的中国伦理道德处理生产关系。因为，他们彼此间的伦常关系掩盖了劳资关系，兴化人子弟是雇主的后辈，他们必须对雇主做“人格臣服”和忠诚，较多私人活动行为是受老板指示及控制。除通常工作外，他们还要帮忙老板娘抱孩子、替老板购买香烟，甚至打扫与煮饭。而且工作范围广，时间不限定，一间汽车零件商追述其父当学徒生活时说：

“……当学徒时，工作时间是由早上七、八点做到晚上十二点。老板出外迟归，还要守夜；一直到老板回来……”

近年来尽管政府通行“店员法令”，规定店里工作不得超过八小时，但是，超时无薪的情形依然存在汽车零件商店之学徒工作内。

管理制度方面，在我们所调查的汽车零件商店中，没有一家零件的摆设是系统化，科学化的。实际上，由于零件繁多（平均每间店有几千件零件），只要店里有空隙之处都可以放置，因此，常造成一种零件分散几处，或者不知放在什么地方的现象。唯一知道较清楚的是店里的“头手”，有时“头手”出外，学徒找零件时便会手忙脚乱而失去做生意的机会。

此外，“半封建”经济体系的另一特色是家庭式的经营。以前，脚车是亲戚关系较深厚，目前则普遍上已是家庭式经营，没有条件再发展；汽车零件商主要也是以一间店铺为主，一家大小的生活希望完全寄望在这一间店。德士方面，德士车辆则多由自己的妻子儿女洗车以省开支。

其次是“半买办”的经营方式。“买办制”在中国是起于明朝，当时明统治阶级时消费的纺织品，是命令太监至江南民间收购。欧洲列强侵略中国，建立“商馆”，“十三行”后，买办制才明显化。

兴化人在交通行业中没有纯粹“买办”色彩，汽车零件或交通工具不是兴化人直接代理，而是由欧美代理商中获得商品，遂称之为“半买办”。

这种经营特色主要表现在汽车零件商方面。据调查所得，兴化人没有一间独资直接经营外国代理的汽车零件，都是向欧、美、日代理商订购商品，以后做为批发及零售经营。

但是，这种“半买办”式的经营是被动性质，其价格定制，[2] 商品盈利多受高度资本主义的欧、美、日总代理商的支配和控制；再加上兴化人汽车零件商可说是属于小资本经营，因此资金累积潜能低落，可用来作为“在生产资金”很少，于是造成兴化人汽车零件商在经济活动上向资本主义过渡的可能性不大。

最后是半资本主义的经营方式：

“半买办”经济的另一面是“半资本主义”经营，兴化人在汽车零件经营上，有其“半封建”、“半买办”的一面，也有其“半资本主义”的一面，即使以整个交通资本而言，它还不能算是高度资本主义资本。

人事方面，初期专门任用宗族子弟的关系以及用旧中国伦理来处理生产关系的现象，已随着整个社会经济发展逐渐减少。而人力车、三轮车、德士的租借，原本就是具备浓郁的雇主与雇员的劳资关系。因为，兴化人车主在租借车辆时，对兴化子弟或其他籍贯人士，只要他们同样不长期欠付车租，以及没有恶意损坏车辆的行为，皆一视同仁。这种关系，已具有资本主义的色彩。

管理制度上，虽然商品陈列依然墨守成规，但是已讲求生产效率以及使用科学仪器，例如，采用小型电子计算去代替传统的算盘，且有一套放账制度等。

最明显的特质是：财产私有观念，重视金钱作用，和追求商业利润。[3] 私有财产观念是现代经济社会之最主要特质，亦为资本主义经济体系之特征。兴化人经营交通行业上，对自己经由生产、交换、赠与、或继承而来的任何财产，都有控制，使用或处置的观念。还有对商业利润之追求也不遗余力，不再仅限于三餐温饱。许多兴化人士兼营金融业、地产业等易以赚取更多的利润事业。

最近六十年代始，兴化汽车零件之经营有从“多样化”演变到“单样专门化”，这种经营分化亦具有资本主义的色彩。

至于兴化人巴士行业，诸如前漳宜巴士有限公司等，虽然有一套“累积经营经验”与管理方法，但是，其资本还不算是高度资本主义资本经营性质。

由以上分析的结果，我们可以得到以下这么一个结论，就是，兴化人交通行业在“半封建”、“半买办”、“半资本主义”的经济体系下，是不具备任何控制当地经济的条件和潜能的。例如，N.T.U.C 德士组织对兴化人德士事业的打击，固然是兴化人德士行业内部自相矛盾而无法联营，另一方面，也是在其本身“半封建”、“半资本主义”的经营方式下，没有具备控制当地经济的条件之具体表现。

二、帮派主义生长性与分裂性的特色

最初，兴化人进入交通行业，完全是受殖民地社会及经济活动影响，因此，兴化人早期并无全心全意操纵这行业，只是做面的扩大。

原来，兴化子弟进入脚踏车店，汽车零件商后，由于经营上需要产生了“头手”

和学徒制度。一般而言，学徒需花三年时间苦学才能稍微洞悉其中的汽车零件。如果要升到“头手级”，必须力学不懈，天资敏悟者需五、六年时光才可以达此目标。不过，一间店中只能有一位“头手”，因此，学徒要升为“头手”，必须待原来“头手”离开才有希望。

这些“头手” 是老板与顾客的中介，熟悉市场上何种零件最销畅及市场价格，因此，一旦有人支持他，就可以几人合股经营。凡是脚车店、汽车零件商店都是核心式地发展。原来，他们另谋发展的过程中，多向原店取货或者需原店帮忙，因此汽车零件商店多建立在第七邮区，尤其是梧槽区一带。兴化人之有关交通公会及工会亦多设于此区。

在不受外国资本侵入与其他帮派人士竞争之下，这种核心式之“生长性”发展，有助于兴化人脚车店和汽车零件商店之面的发展与操纵。同行业集中在一起的另一好处是：在经营上可以互相依赖，诸如顾客在其店中购买不到零件时，可迅速或方便的在另一同行商店里购得。

可是这种“生长性”之发展达到饱和时，商品竞争性增强，为了争取顾客，本身内部发生矛盾，由此使到其他帮派人士介身而入。

三、无法联营的因素

兴化人在交通行业中，三轮车、脚踏车、德士、汽车零件商大部分是独资经营，这种经营能流行在工业尚处小规模的生产时期，常集老板、经理、或兼工人之职责于一身，这种经营的优点是：

(1) 营业的成败得失由业主负责，所以责任心较高。

(2) 业务上自行保守秘密，同事无从探知。

缺点是：

(1) 个人资金有限，使其业务不易扩张。

(2) 个人才能有限，所以，在业务上难兼顾或会判断错误。汽车零件商之盈亏便须得看业主是否能把握“时机”与具有眼光，尤其是处理“死货”方面。

(3) 不容易永远存在：现在许多兴化子弟在社会因素的影响下从事其他事业，造成了在这些行业上产生了后继无人的现象。

针对上述难题，因此在调查过程中，我们曾向兴化父老们提出这个问题：“在目前工商业化过程中，兴化人士在交通行业上，诸如德士、汽车零件商业及巴士方面是否可组织成联营企业公司，集合资本，人才技能，以科学化的生产及完整的管理方法经营高度资本主义化经营？”针对这个问题，他们曾异口同声答道：“目前的三轮车、脚车行业已处瘫痪状态，联营已没法子。至于德士、汽车零件商及巴士，因为所牵涉的问题广大，诸如各人所拥有的车辆数目不同，资金悬殊，人才缺乏，同族同行业间又常发生明争暗斗的现象，而联营进行高度资本主义化经营，名堂响亮，要施行起来是何等的困难！？……”在此我们再把他们的困难归纳如下：

（一）资金不足，无法大规模经营

兴化人的德士行业，多属家族式经营资金累积潜能低落，而他们在潜意识中也不愿进行联营。新加坡兴化人巴士行业虽为“企业公司”经营，利润很大，但在资金周转仍嫌不足。

（二）内部人事的矛盾，“大鱼吃小鱼”的现象

兴化人德士、巴士行业，各车主拥有的车辆数目不一，若组织联营公司，大资本的要吞食小资本，小资本经营者又不愿受大资本之控制，加上谁都要竞争当上领导层，意见纷纭难免。

一德士车父老说：“以目前我这种古老方法（家族式传统经营）做下去，我还有一日三餐的温饱，联营后非吃西北风不可……”由此可见困难情况之一般性。

在新加坡的巴士行业中，在1957年曾发生过要联营的现象，代表全是九家华人巴士公司的新加坡华人车主公会向政府建议，设置一个资本一亿元的公司，使公众车辆制度趋于划一，终于大家议论纷纷，有些主张联合其他巴士公司配成“区域制”巴士路线，即目前的巴士改革后状况，但由于联营所需的资本太过庞大，及某些车主的反对而不能实现为官商联营企业，由此也可见得，在华族行业中，要谈联营是件相当困难的事情。

巴士如此，德士如此，甚至汽车零件业也无法实行联营组织，这都是被“半封建”、“半买办”、“半资本下的帮派主义”内部规律所决定了。

注释

1 《兴化文献》，P. 89。
兴化“社”的组织是以地势、族姓多寡区划，以年长者为社长，同社亲愈骨肉，兄弟各社，偶与他社冲突，亦就同社之立场而说话。社众有事，则令社共助之。

2 价格制度是经济活动的指挥机构。

3 这里是指一般企业主发挥了企业精神而获得的酬报，或一般商业术语中所指的一个企业单位（公司、商店）的盈余。

第七章

兴化人在交通事业的现状及其前途

一、概说

兴化人在交通行业上的经营，已将近一百年的历史，如果我们仔细研究这九十年来兴化人在这行业的发展，我们也可发现到其发展的过程与其他华族行业有相一致的地方，如最初是出卖劳力，锱铢寸积，积年累月，由车夫至车主；由店员至店东，由零售而批发；在行业史上的发展也依循一定的规律，由苦况期，至发展期，而鼎盛，而衰微。我们可以说第二次世界大战后数年开始至五十年以后的那段时间，是兴化人在交通行业上的辉煌时期，举凡三轮车，其顶盛时期在1947至1952年，脚车业黄金时代也是在韩战时期（1951），德士业开始进入发展也是在五十年代，此外汽车，摩多脚车的日益增加，促成汽车零件业一枝独秀，而人口增加至百万也造成巴士业的发达，所以在我们访问的对象中，对于五十年代的日子都津津乐道，颇多怀念，尤其是三轮车夫更多回忆；可惜夕阳残照，好景不常，辉煌的日子已经过去了，我们若分析七十年代兴化人在交通业上所扮演的角色，我们会发现其重要性已大不如前了。

二、在交通事业上的现状

(一) 处于维持现状的状态

如果硬要在特定时间内分析某一帮派行业的迹象时，通常他必定是以下各种状态的一种，他是处于继续发展，或者是已经衰退，还是维持原状，抑是抛弃此行业另改他业。我们若以现阶段兴化人在交通行业的迹象看来，我们看不出他们有继续发展的明显化，显然地他们的堡垒已一个个失掉；有些甚且面临跨的危机，兴化人已不能再向过去那样有操纵的力量；但是这时也不意味兴化人在交通业已经衰退或很明显地另改他业，我们只能说目前的兴化人在交通上是处于一种维持原状，虽然这是不可能的，因为历史的发展绝没有静止的状态，不是进就是退，但我们的所谓维持原状是在这一定的时间内，其表面是无多大的变化，不过已有面临衰退的潜能危机，如果兴化人无法作经营方式的改革，则再过几年后，它必然会走入衰退的状态，因为客观环境对他们的挑战与冲击越来越大，外来压力的介入已很明显化，如其他帮派人士的介入，当地政府对交通行业所施行的政策以及资本主义发展带来的威胁，再加上兴化人主观的因素，即前章所分析的半封建、半买办、半资本的经营特色使他们无法发展成资本主义的工商企业。

1. 三轮车与脚车业的衰退

交通行业中的脚车及三轮车在这七十年代里，已经是渐渐为时代所淘汰了，它们的黄金时代已经过去了，由于现阶段是以“摩多”为主，三轮车及脚车不能达到要求，难免受到排挤。目前，许多兴化年青人都不愿去从事三轮车夫及三轮车主，因为他们都知道目前三轮车这种交通工具已经是走下坡时期了，而且在利润上的赚起都不足以维持生活，因而造成目前许多其他籍贯人士代替了兴化人。再加上当地政府对三轮车采取不闻不问的态度，让其自身自灭。但是，另一方面，政府却以消极方法来限制他们的发展，如在车主缴纳车牌税时，只要延迟一两天就会被吊销车牌。据调查所得，有些三轮车主曾向政府要求输入中国的摩多化三轮车，但并没有受到批准，由此证明三轮车不久将会消失于街边中。而在脚车业上虽然比三轮车行业来得好些，但也面临重大打击。自从新加坡脚车制造厂创立后，凡是一切外地运来的脚车及零件都增入口税40%，这无形中使脚车购买数率减低，另一方面，又受到摩多脚车普及所影响，脚车在速度上又不能满足大众的要求而趋于没落。由新加坡脚车厂的停止制造脚车与零件，可以反映出市场的狭小与无法和外货作竞争。另外，国内政府组屋的高楼住屋，也多少影响目前脚车行业的发展，因为住在三层楼以上者，往往为了脚车的安全或搬运的麻烦，而不愿购买脚车。脚车行业受到这种种的困难，因此单靠出售脚车是不足以维持家庭的生活，形成了目前的脚车店也兼卖缝衣车之类的家庭用具来补充收入，可见脚车业早已衰退中。

2. 德士业的危机

在兴化人占大多数的德士车主行业中，早期他们除了本行业存在的内部矛盾之外，在外是受霸王车的竞争，如今，霸王车虽然被取缔，但又遭受到职总德士(N.T.U.C. Comfort) 组织的竞争，再加上巴士车改组后多少也对德士行业的影响[1]。德士司机收入的减少就牵连到车主的车辆出租，这种种困难已够使德士车主伤脑筋，还有当地政府的政策也限制了德士行业的发展，德士车牌及手牌问题向来是车主与司机争论的对象，因此，政府就实行“驶者有其车”的政策，限制目前德士车主操纵德士行业，凡是新注册车主每人只限拥有一辆德士，在这种情形之下，兴化人很难再增加德士数目，而那些拥有几十辆德士的旧车主，其所能得到的利润也越来越少，所以兴化人在德士方面已潜藏着危机。

3. 巴士的改革

在华人巴士车行业中，兴化人虽然不是占有巴士车行业的大多数，但也占了相当重要的地位，他们与其他华族一样从早期到近代都是采取传统的经营方式，以赚取利润为目标。自从1971年4月巴士车的交通的大改组以后，十家华人巴士公司，已经合股成三大营业集团，已没有了帮派的划分，但本身的内部矛盾还是存在，再加上政府对他们的各种规定，据1971年实施之巴士服务执政局之法令，各家巴士公司将在一年增加车辆十巴仙[2]，这多少打破了他们的传统经营方式，而在这过渡时期，经营收入减少[3]，又受到购换新巴士车的种种措施，资金成为他们的必须品，如果在资金上的周转不上轨道，将为其他集团归入。

4. 汽车零件业竞争的激烈

随着新加坡汽车不断增加的浪潮中，汽车零件商有如“雨后春笋”般的兴起，因此，造成同行业间互相竞争是目前此行业的烦恼，以及其他籍贯人士也纷纷的加入此行业[4]。虽然，基本上说来，汽车零件商在目前是可以大力发展的，其前途也是美好的，因汽车将会不断的增加。但是，由于汽车日益改进，零件的五花八门，因此，在订购零件上是件相当难事，必须配合市场的需要，如果只是供应本地的市场，那毕竟范围太小，因此有些商家往邻国销售，而邻国的政治局势与本国的关系也有足以影响此行业的发展。

(二) 兼业现象的产生与兼营的行业

从各个行业当中，可以明显地看出兴化人在目前整个交通业已经不能再跟随其传统的经营特色，他们除了受外在因素影响外，而内在因素方面，此行业的“接班人”也产生问题，他们年轻的一辈多数不愿意继承父业，这种情形不只兴化人的交通行业，在其他华族的各行业中也是普遍存在的问题。因教育的普及，白领阶级的观念，年轻的一辈常往其他事业发展，这一来，久而久之，将会打破一路来某帮派操纵某一行业的特征了，兴化人在交通行业发展上发生的种种困难，在营利上又不如往年，所以他们需要另谋他业以寻求利润，如果要改行换业，一方面是不熟悉，主要还是对其双手培养出来的行业，不忍心放弃，因此他们普遍上产生兼业现象。

从兼业的现象，也可知道目前交通行业没有巩固兴化人对此行业的信心，再加上资本主义影响下的社会，经济发展都以营利为主，所以，在他们整个交通行业中，凡是拥有一些1资本的老板，他们除了从事本身的交通行业外，还有把一些资金往其他事业发展，他们不愿在交通行业投资，使它成为高度资本主义化的经营，而向利润高又快捷的行业进军，如金融业、银业、地产业与建筑业等。因此，除了一些家庭式经济的小资本以外，大都存有兼营副业的现象，这都是由于目前的交通业其利润比不上其他行业那样快捷。在我们的调查访问中，普遍上三轮车主他们本身又兼开脚车店，在德士车主中，从事银会活动的很多，由于他们的资本不足以往大企业发展，而汽车零件商及巴士老板多以金融业、地产买卖与建筑业为副业。据兴化父老说，“不只兴化人往这边发展，其他人士向这边发展的也很多，这种‘钱生钱’的生意，在赚取利润上会比较快，尚且手续也简单……”。其实，事实就是如此，这种利润高的行业，任何人都要介入竞争或合股经营，而兴化人也有这种趋势。

兴化人的兼业中，都往金融业，银行发展，这其中存有自然趋势，因为在他们从事的交通事业中，常要有一笔相当大的款数来购买车辆，所以这种资金上的借用，就渐渐地形成兴化人走向金融、银会发展。而城市重建计划与发展，市区地皮的猛涨，一些大资本家大炒地皮股票，结果赚取巨大利润，兴化中的富有者，也不甘落人后，因地产业毕竟更容易与快速地赚取更多的利润，所以兴化人也组织了美乐公司，新加坡远东机构等从事地产业与建筑业。

三、兴化交通事业的前途

兴化人从交通业发展，至今已显出兼业的趋势与转业的倾向，这说明了兴化人对交通业的不敢恋栈，他们大多数不愿将在交通业所取得的利润再做资本投入这一行业，只是在交通业维持原状，而将交通业得来的利润做资本累积投注于金融业、银会、地产买卖、建筑等，这种向利润高的事业发展，虽然无形中扩大了兴化人的事业范围，若根据一分为二的原则，它显然是削弱了兴化人在交通业的集中力量，无论是资本或人才管理方面。可是，谁也无法阻止经济发展的“社会化”规律，只要有资本有机会，任何人都会往最高利润，最容易经营的事业发展，所以兴化人的兼业或转业，是社会发展的必然性，但这种发展也意味着兴化人在交通业上的重要性越来越减少；反之，其他人士入这一行业的机会随着增加，从种种迹象已看出其他人士进入此行业，这我们在前面已述及，因此我们相信在今后五年或较长的时间，兴化人已不能再执交通的牛耳了。

四、结语

经过调查与研究以后，我们深深感觉到兴化人在交通业上的经营，也与其他华族行业有相一致的地方，从兴化人的交通业来看，我们发现华人经营的特殊点，即最早由个人进入某行业，然后成为家族式的经营，接着把范围扩大，成为同乡的职业团体，这样一来，充分具有了业缘性与地缘性的帮派主义色彩，不过其中的发展，并非是有意识的或有计划的，诚如兴化人一样，我们可以相信最初他们并非是全心全意要操纵这一行业，其实仔细分析起来，我们会发现到兴化人在这一行业，其本质只是交通面的扩大，这种扩大是广而不深，并无稳固的基础，因为他们生意之间彼此僻垒森严，在行业上并不能巩固起来，所以我们只能说是一群兴化人偶然操纵了这一行业，兴化人如此，其他华族行业也是如此。

在早期这种帮派主义的职业团体还能发挥其促进性或生长性的作用，因为当时整个社会的经济发展，给他们提供了有利的客观条件，当时兴化人的交通业，还不足以吸引其他帮派人士的介入或欧美的财团厂商的参加投资，而这一帮派的某些特殊条件与帮派人士的互相支援，形成了兴化人对这一行业的控制。可是，历史不断地发展，时代随着不同，因此早期帮派主义产生的那些因素：如殖民地政治经济体系、资本主义社会体系、移民的传统社会，其他民族的封建传统，当时的政府政策等随着历史的发展都已改了弦易了辙，变了质。因此这时代的产物——华族社会结构中的帮派主义，在这新的社会里已是一种落后与封建的东西，自然它会逐渐消失在我国的社会，而成为华族历史的遗迹。那更不用说是组成华族行业社会细胞之一的兴化帮职业团体，也是会消失的。

总之，我们肯定过去的那种华族社会是会消失的，希望代之而起的是“民族社会”，这表现在交通业上，就是集中同业间的资本、人才、市场组织本地的“民族工业”或“民族企业”。

注释

1《南洋商报》22/4/1971。

2《星洲日报》17/4/1971。

3《星洲日报》14/4/1971，18/4/1971。

4 车商公会会员名册籍贯，其中兴化人有45，江兜27，其他籍贯44 。

（一九七一年十二月二十日完）

参考资料

1《兴化文献》，雪兰莪兴安会馆出版，民国卅六年二月。

2《莆田仙游县志》。

3 陈彩霞《解放后的莆田》，载于《南洋商报》一九五〇年六月八日，P. 3。

4 清李钟珏著《新加坡风土记》，民国三十六年三月版，南洋书局。

5 曾铁忱《新加坡史话》，第二集，嘉华印刷公司出版，一九六七年。

6《星洲十年》，星洲日报十周年纪念特刊，民国二十九年。

7《新加坡车商公会银禧纪念特刊》，一九五七年，严仁山编。

8 严仁山主编《南洋车业交通录》，一九四七—四八。

9 车商公会《会讯》，第一期—第九期。

10 新加坡德士公会剪报。

11《南洋商报》有关公共交通业之剪报。

12 有关交通业团体之会员手册。

13 Annual Report of the Vehicles Registration Department since 1953.

14 *The Census of British Malaya 1921* by J.E Nathan printed by Water How and Sons Limited, London, 1922.

15 黄枝连讲师论著《新马华族社会史导论华族社会结构中之帮派主义》、《马华历史调查的史观问题》。

16 严仁山为兴安会馆所写两篇待发表之文章

1. “前言”。
2. “郡人事业发展史概述”。

17 其他各报有关交通之文章也为本文之主要参考资料。

新加坡华人巴士交通行业

新加坡華人
巴士交通行业

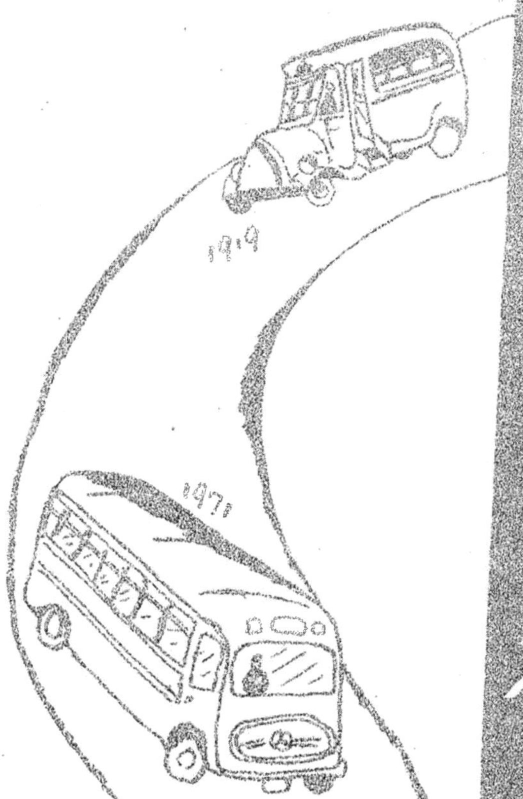

1971年12月

星加坡華族行业史調查研究

历史系东南亚华人史調查仝学集体创作

新加坡华人巴士交通行业
调查小组成员表

指导老师：黄枝连

调查组员： 林明芳（组长）

丁莉英

陈金姿

目录

第一章

新加坡华人巴士交通行业的形成

新加坡早于一八一九年开埠，初时只是一个荒凉的渔村，人口不过一百五十人。开埠以来，由于英国东印度公司想把新加坡发展成为一转口贸易中心，因此实行自由港政策。这一来，吸引了许多商人、资本家、苦力的到来，致使新加坡由一个荒凉的渔村逐渐发展为一个商业都市，由于都市的成长，交通亦跟着发展起来。

新加坡的交通工具，可推马车为最原始者，至一八四〇年代，四轮与双轮的马车数目已达到二百一十四辆[1]，这些马车有专供运输货物，有专供人乘坐，于狮岛呈现一种原始的奇观。

不过马车的地位于一八八〇年时代，因上海运到大批“东洋手车”（既人力车）而受到打击，人力车于廿世纪初期十分兴盛，在一九〇一年人力车的数目多达六千七百卅辆，在一九一〇年增加至八千七百九十一辆[2]。

人力车成为大众化之交通工具，主要是因为这种车辆价值便宜，且车夫又可以省下一笔饲马的费用，另一方面，新加坡的人口日益增加，如一九〇一年，新之人口有廿万，至一九一〇年人口达到廿四万九千[3]，在别的更科学化的交通工具，还未普遍化前，必然也会影响人力车的欣欣向荣，在人力车鼎盛时期，数目达九千辆之多，绰号“飞毛脚”的拉车者，不下二万人。

一八八五年时，新加坡虽然有一种新型的“蒸汽电车”（Steam Trams）上市，由一家私营公司在新加坡组成了一家蒸汽电车公司，可是由于营业一直不振，终于到了一八八九年收盘[4]，一九〇二年三月间，市政局通过一项法令，授权新加坡电气轨车公司（Singapore Electric Tramways.co,）建造电气轨车，直到一九〇五年七月才开始通车，其时还只有单面有轨电车五十辆，通行于四条干线，计由登律到岌巴海港，由芽笼到丹戎巴葛，由巴爷礼峇到约翰逊码头（现称直利福码头）由鲁玛密士肯（Rumah Miskin）到岌巴海港，共总长计有十五又四分之三英里[5]。

有轨电车公司是当时唯一拥有特权的组织，可是结果经营失败，而由上海电车公司加以接收合并。

有轨电车公司，既然是当时唯一拥有特权的组织，为什么又会经营失败呢？主要原因有下：

一、设备简陋

根据新加坡史话云："这时期所用的有轨电车，属于"面包架"型，就是两面敞开，带有脚踏板，伸展到整个的车身，搭客就在踏板上落，从乘客快速上车和落车的观点看来，这当然是一种合实际和有效率的大众交通工具，但对售票员来说，则是极不方便的，因为他必须在踏板上走来走去，收钱卖票，而车上也无中央通路，可任由他由车前跑到车后，而且对乘客也多麻烦，因为售票员要越过他们的座位向其他座位上的乘客售票，至于遇上雨天，因为缺乏遮盖物，乘客等于坐在雨水中，加以抵抗风的威力，必然变成落汤鸡，这便成为最不理想的交通工具了。"

二、经费不足

新加坡有轨电车的出现，并不引起人们的密切注意，工友及主妇们仍以安步当车为上策，很少向有轨电车问津，同时中等之家，不是拥有自备车辆，即租赁马车代步，再不然就乘坐东洋手车，这时候（一九〇五年）市区内有七千三百辆人力车，显然是有轨电车的劲敌，且因有轨电车的票价较高，使市民望而却步，因此，若要市民改变乘车的习惯，除非减低票价，与人力车工友所索取者一样不可，故后来电车公司经过几个月的行车经验，果然把票价减低了，原来是一点九哩收费一角，后来改收三占，等于一哩只收二点一八占，打破世界任何大都市公共交通收费的记录，这一来乘客果然由每日一万一千三百六十人增加为三万二千人[6]，可是由于收费过于廉宜，以致经费不足，于一九二二年电气公司陷于财政危机，卒由上海电车接收。

三、服务水准差

由于服务水准差，而招致市民的不满，这当然是会影响搭客的人数，而导致公司的营利不佳。

四、有轨电车的不合时宜

有轨电车，顾名思义，必须在路面上佈轨，走起来叮叮当当，声音吵杂。

有轨电车既然是行驶于轨道上，当然行驶的时间必定要安排准确，以免发生轨上相撞的情形。这一来，时间必定受到严密的限制，但是由于新加坡城市的日益成长，人口俱增，当然活动的范围就会逐渐扩大，活动的数次也会日渐增多。以有限的交通层次来应付无限的人口增长，当然是不合时际。

另一方面，铁轨布满市面，有碍路面齐整，破坏城市的观览，同时建筑铁轨，亦对路面破坏甚大。

二十世纪，新加坡的汽车数量已迅速的增加，如一九一七年汽车数目突破一千辆，一九二七年私家车已有四千五百辆，德士车五百七十八辆，摩多脚车三〇一辆，罗厘车一〇〇〇辆[7]，由于汽车的增长，有轨电车实对汽车的通行有很大的阻碍，而城市的繁荣，商业的发达，运输交通需求切，这一来有轨电车成为阻碍交通的累赘物，加上其经营失败，遂于一九二七年被废除了，而以有线无轨之电车取代之。

新加坡电车公司的崛起，乃是基于有轨电车的失败而由上海电车公司（The Shanghai Tramways Company）于1922年合并而组成的。

新加坡电车成立之初，其行程有十九哩半[8]，全是有线电车，以后也採用大型的啊尼巴士车（Omnibuses）。

从电车公司成立到第二次世界大战之间，虽然中间经过1930年的世界性不景气，但整个服务系统进展很快，据统计1939年之前，总路程已达廿四哩半，主要是供应市区的交通服务。

由于有轨和有线电车的服务偏重于市区，造成内重外轻之弊，因此华人巴士乘隙而起。

1919年到1929年的十年间，新加坡已出现了一种小型载客的啰哩车，彼时称为mosquito buses，全部是由华人经营，可谓是华人巴士车的始祖。

这些由华人所经营的mosquito buses于二十世纪初期的新加坡交通史上确有其不可忽视的价值，主要因为“人口增加和人事益繁，而号称供应公众交通工具的有轨电车公司，始终不能维持所拥电车于一个高度的水平[9]。”后有轨电车被废，改用无轨电车，其过渡期间，由于青黄不接，更是 mosquito buses 鼎盛之时，我们从1969年8月21日的《星洲日报》中的一篇记载可证明之，据其统计1921年 mosquito buses 有一百四十七辆，到1927年数目增到四百五十六辆。

由于 mosquito buses 发展过于蓬勃，引起政府的注意，尤其是电车公司，因面临挑战，生意被抢，曾向政府投诉好多次，不过，车辆注册官于1927年在报告书中指出：要减少这种车辆是不可能的，除非是有一种同样快速及廉价的足够的车辆来代替。[10] 由此，可见 mosquito buses 于新加坡交通的地位，可是，因经营此行业的车主人数太多，对于司机及售票员便难于进行适当的管理，而且行车只是穿梭来去，无法定出一个彼此遵行的行车时间表，乘客可能等上老半天还搭不到车，有时，同一路线的 mosquito buses 发生尖锐化的营业競争，互相兜揽搭客，固然不在话下，尤其危险的是加速行车速度，一味横冲直撞，对公众人士的安全形成了一大威胁。

为了避免各巴士车的激烈竞争，以及为了搭客们的安全起见，再加上欧战后，新加坡殖民政府接受了上海英国电车公司到新投资，成为较有组织的公司，因此政府以此为前车之鉴，强迫本地华人从事交通行业者组织公司，否则就要瓦解，于是乃有1927年S.O.S（Singapore Omni Service）的成立，但此公司有名无实，不到一年就解散了。

虽然S.O.S的失败，但以此成为前驱遂有个别巴士公司的成立。据“南方晚报”1955年1月13日所报道之资料：郑古悦巴士有限公司是创始于1932年，至1937年才正式注册为公司；漳宜巴士公司，创于1933年；福利巴士有限公司乃由五福与顺利于1951年合并而成，（据我们的调查，五福是在1929年成立，而顺刘是在1931年成立的。）巴爷礼峇巴士有限公司创于1935年；榜鹅巴士公司成立于1936年；勿洛巴士公司创于1935年；岌巴巴士有限公司成立于1936年；交通巴士有限公司成立于1946年；绿色巴士公司据我们调查资料是于1934年成立的。此时，还有甘榜峇鲁巴士公司；张亚其巴士公司。

自此与华人巴士成立后，新加坡的公共交通遂形成两大集团，一即外资经营的新加坡电车公司，另一则为华人资本所经营的十一家华人巴士公司。

因华人巴士公司的崛起，打击电车公司的营业，因此电车公司要求政府取缔华人巴士，可是，由于电车本身无法彻底应付搭客，政府只好采取其他措施，对电车加以保护，如于1934年政府下令取缔 Mosquito buses 在主要交通线上行驶，将市内的电车及公共巴士车的行驶权，交给电车公司，华人巴士车公司便转入市郊外发展，形成巴士大改革以前的局面。

注释

1 曾铁忱著《新加坡史话（第二集）》，嘉华印刷有限公司出版，1967，P. 40。

2 同上，P. 40。

3 同上，P. 60。

4《星洲日报》，华仁“从马车谈到—新加坡交通现状”，12-8-69。

5《新加坡交通指南》，P. 4。

6 同1，P. 55。

7《星洲日报》，21-8-69。

8 同5，P. 5。

9 同1，P. 57。

10 同5，P. 6。

第二章

华人巴士交通行业的变迁史

第一节　巴士公司的成立

1919年开始，新加坡已有华人所经营的小型啰哩巴士车出现，这些啰哩巴士的车主都是个别经营的，没有一定的组织，由于当时市政局对公路的控制并不严密，行车不必领取执照，只要有钱可以买得一部车，自己会驾车就可以经营这行业，有些无能力独资经营者，则几个人合股买一辆车，根据调查得知他们合股买车者股份之算法是以拥有轮胎之数而分，有者拥有一轮，也有拥有半轮或二轮者，这些人都要参与工作，或做驾车者，或当收钱者，或拉客者。

由于华人所经营的巴士车收费廉宜，服务快捷，且充斥于主要交通线上，因此乘搭的顾客必定不少，这显然是打击了电车的生意。

另一方面，因华人巴士车是以零星分散的姿态出现，车主很多，政府又没有一定的制度来管理，由于营业竞争非常剧烈，常引起搏斗事件，或是为了多载乘客而加快车速，对公众人士的安全有所威胁，因此政府便强迫本地华人经营交通行业者组织公司，否则就要瓦解。在这种情况下，胡文虎就起来支持华人组织巴士公司，就在1927年S.O.S成立，但此公司有名无实。不到一年就解散了。

S.O.S之所以会瓦解，主要原因在哪里呢？根据调查资料分析之如下：

（一）由于企业化的经营，职位便须因才而用，即每个职位的人士各有其事务，大家分工合作，因此在职位上有劳心与劳力之分，且劳心者位高而职优，这对当时的华人来讲是不适宜的，他们是要大家出钱，大家出力，而不愿眼见某些人不用劳力而可得高薪，这主要是因为华人南来，十居其九皆为生活，只要能维持三餐温饱于愿已足，对大企业并不感到兴趣，也可说是根本不了解大企业的利益，他们一心只想自己出力赚钱，维持生活，有余剩者就再扩充，否则能过一日是一日。

（二）彼时新加坡还是处于殖民地时代，华人南来是以华侨身份在此谋生，他们的家眷皆于中国，他们到此，主要的目的是发财，然后“衣锦荣归”，并无打算长久居住于此，因此当他们赚到钱时，往往就会想起家乡的眷属，汇钱回去让他们过好日子，而没有想到把这些钱再拿来投资，做更大的生意，但是大企业是须要庞大的资金，往往须把所赚取的利润再投资，而不能自由取出，这使到许多华人对之不感兴趣。

（三）虽然政府强迫华人组织巴士公司，但是政府并无从旁协助，至使S.O.S组织不健全，本来S.O.S的成立乃是因政府的压力，但后来政府对其组织漠不关心，至S.O.S倒闭时，政府也对之不闻不问，因此，此组织遂不了了之，最后由十一家华人巴士公司起而代之。

这十一家华人巴士公司的成立略述如下：

一、五福巴士公司 (NGO HOCK BUS CO.)

五福乃是五个乡亲所组成的一个巴士车集团之名称，他们即：刘完元、郭可言、陈骏禄、刘孟基、林阿杠，他们大多是在十二、三岁时由中国来新，最初他们有的当人力车夫，有的当理发店的拉客者，或做小贩，约经过七、八年的艰苦奋斗，终于有所积蓄，然后就改行做巴士生意，本来他们是个人驾个人的车，走同一路线，即由南天到大巴窑，无形中这条路线好像是他们专有的，而他们就形成一个小集团，共同在一条道上谋生。在1929年时，政府设立了一条新路，即亚历山大路，恰巧某天，他们五个人在一起喝茶，谈谈说说而引起兴趣，于是决定由五个人每人出一辆车组成一个“公司”，也就是五福巴士公司，地址于中峇鲁律六十九号，由郭可言向政府申请路线，然后川行。

二、顺利巴士公司 (SOON LEE BUS CO.)

顺利巴士公司是由郭可模、郭寰宗、郭可培兄弟所创办，郭可模时在新当一个记者，中英兼通，因五福要申请路线，不懂写英文信，而请他代写，于是他就顺便替“顺利”申请同一路线，然后他就回中国，把在中国的田地变卖，带了资本于次年再到新加坡经营巴士行业，时为1931年，顺利公司的地址是在亚历山大路295号。

五福与顺利所川行的路线大部分一样，五福的路线是由亚历山大经过太丰饼干厂到大坡，而顺利是由该公司经过太丰饼干厂到大坡，这一来，大家为了争载搭客而经常发生搏斗，于是到1951年，这两家巴士公司经过商议，终于合并而形成福利(HOCK LEE AMALGAMATED BUS CO., LTD)。厂址就设在顺利巴士公司原来的办事处。

三、绿色巴士公司 (GREEN BUS CO., LTD)

绿色巴士的创办人初来本地时是当人力车夫，克勤克俭后乃成为36辆人力车的车主，以后因人力车的不合潮流而放弃改行经营修理汽车，最后发展成为经营巴士行业，绿色巴士公司是在1934年正式成立的，因1934年时，政府下令取缔华人巴士在主要交通线上行驶，乃把市区内的电车及公共巴士车的行驶权，交给电车公司，彼时为了方便郊区之巴士路线分划，乃在政府的计划下，由几个朋友及乡亲合股而组成绿色巴士公司。

四、郑古悦巴士公司 (TAY KOH YAT CO., LTD)

始创于1932年，其时只是郑古悦个人经营，至1939年才正式注册为公司，据我们调查获悉该公司的前身是福清人所创办的实利打巴士公司(SELETAR BUS CO.)后来因内部股东彼此间发生磨擦，郑古悦挺身调停，且进一步接收他们的股份。

五、樟宜巴士公司 (CHANGI BUS CO., LTD)

创于1933年，当时由于车辆小，加以郊外地区人口少，因此每日收入有限，殊难支持，但是由于创办人的不畏劳苦，努力奋斗，再加上车辆的日益改善，也扭转了樟宜巴士的命运，至目前樟宜巴士已是新加坡数一数二的大巴士公司了。

六、巴爷礼峇巴士公司 (PAYA LEBAR BUS SERVICE)

创于1935年。

七、加东、勿洛巴士公司 (KATONG BEDOK BUS CO.)

创于1935年。

八、榜鹅巴士公司 (PONGGOL BUS SERVICE)

成立于1936年。

九、岌巴巴士公司 (KEPPEL BUS CO., LTD)

成立于1936年。

十、交通巴士公司 (EASY BUS CO.)

自联军光复本坡后，翌年，即1946年，市区交通极感不方便，由许安美君提议由数辆车联合组成一公司。

十一、甘榜峇鲁 (KAMPONG BAHRU BUS SERVICE)

至于其他没有加入华人巴士车主公会的巴士公司还有张亚其、星联 (SIN LIAN)、星柔 (SINGAPORE-JOHORE LTD. EXPRESS)、星隆快车 (KUALA LUMPUR-SINGAPORE EXPRESS LTD.)。

时至1971年4月11日，新加坡公共巴士交通大改革后，以往的十一家华人巴士公司已合并成为三个区域性的集团，它们就是：

(一) 东区集团

集合巴士有限公司，是由漳宜、巴爷礼峇、加东勿洛、榜鹅组成。

(二) 西区集团

合众巴士有限公司，是由福利、岌巴、甘榜峇鲁组成。

(三) 北区集团

联合巴士有限公司，是由郑古悦、绿色组成。

第二节　巴士车型

最初出现于本坡的华人巴士乃是由Ford华特的汽车改装的罗厘巴士车，一般上称为 MOSQUITO BUS，车身为红色的，福建人称之为“红车”，有吉祥之意。

这种车型很小，只能容纳七个搭客，前面坐一个驾车者，旁边坐一个搭客，后面两边可坐六个搭客，车后有一个小门站着收钱者，这种 MOSQUITO BUS，车身不但小且狭，搭客坐下时膝盖碰膝盖，中间无路可通，不过这种车的价格相当廉宜，有者仅一两百元，有者三、四百元，也有近千元者，这可能是看车的新旧或车内的设备而异。

由于科技的日益发达，以及新加坡人口快速膨胀，城市的发展，活动范围的扩大及活动层次的俱增，对交通工具的需求殷切，这不但影响到巴士行业的蓬勃发展，同时也促使巴士车本身因时代的要求而日益改进，最初是只能坐七个人，后来车身扩大一些进展到能够容纳9个人，坐椅仍旧是木板的，并无软的坐垫，此时约为1930年代初期，至1930年后期巴士车身再经改良，有的巴士车有19个座位，连站的人约有20多位，有的车已有26个座位，连站着的搭客也有30来个。

至日本时代，华人巴士完全被制止，新加坡市面上所川行的车辆全部是由无轨电车所改装的昭南市巴士。

战后，华人巴士恢复，那些于战前本已经营巴士行业者皆东山再起，把那些历劫而残破不全的机器及车厢从废铁厂中挖出来，再七凑八併而成巴士，照他们战前所拥有的路线来川行，此时的巴士车型与战前相似，约可容纳20多个搭客，车内设备还是很简陋，无沙发坐椅，仍旧是用木板椅门是在后面，过了一段时间始将车身加以改良，把门改到车前，坐椅也改为沙发椅，坐起来较舒适。

目前，新加坡的巴士车外来者越来越少，时下由新加坡自制者占了80%，其原料铝是来自英国，铁是本地大众钢铁厂所产，油漆也是本国所产者，而由本国的七、八间巴士制配厂装置，如李吉成有限公司、顺洲有限公司、合发有限公司等。

由于巴士车身的日益改良与扩大，且如今市面上万物皆涨价，因此巴士车的价格亦逐渐提高，从最初的几百至千元涨至目前普通型的巴士车一辆价值三万块钱，而大型的则一辆价值高达五万元。

第三节　川行路线

根据我们的调查及文献资料所示，战前约在廿世纪卅年代新加坡的华人巴士车所川行的路线僅局于市郊以外，市区内皆为电车公司所控制，使得搭客既无法直达商业区域，又无法通至郊外许多地区。

1955年9月由于电车工潮爆发，因此有人提议由华人巴士公司暂时取代，但因劳方要求津贴，双方无法达致协议，终于告吹。当电车工潮进入第五十天时，十一家华人巴士公司也发生工潮，一直要到1955年12月27日始圆满解决，并于1955年12月30日议决由华人巴士川行电车原有的路线[1]，车辆注册官允先驶至花园角线，需要时再扩及所有路线，至1956年1月新加坡的华人巴士已准许驶入市区内。

第四节 票价制度

新加坡的华人巴士车，在战前初通行时，没有所谓的票价制度的存在，搭客乘车付钱的方式与近年的霸王车相似，搭客欲往何处便吩咐司机一声，司机便按乘客所指示的路线行驶，直达目的地，司机便依路程的远近而凭良心收费，一般上约是一里收三分钱，这种营业方式是在民生质朴的时代始能行得通，以后随着时代的转变，民生日益繁复，这种经营方式就不能运用而遭淘汰。

在战后初期，华人巴士行业还是没有实行票价制度，不过价钱就比战前高些，约一里收费五分，直到1948年开始才正式实行票价制度，这种制度的执行，一方面为防止工友们的贪污，一方面为避免在人挤时漏收车钱之弊，或者为利便员工们免因重复收费而与搭客起冲突。

票价制度的规定，乃是由印刷公司负责印刷，不需通过政府的批准。

新加坡的华人巴士车实施票价制度之后，虽然规定一里收费五分，但是一般上是以车站的数目来计算车资，由各大巴士公司进行个别的经营，因此相同的距离，可能产生不同的票价，关于这种现象，各巴士公司也加以承认，造成这种现象的原因，相同的路线可能具有较多的巴士站，此外，由于若干地区实行单行路线，两间公司的巴士车辆可能在两个终点之间行驶不同的路线，因此彼此票价存有许多差别。

华人巴士公司的票价，一般上均比电车公司的票价为高，电车公司的车价一里一角起码，最高为两角半，即五里以上全部车费皆是两角半，学生全程一律一毛，而华人巴士车是以一里五分计算，最高车资高达八毛钱，如绿色巴士从小坡奎因街川行到新山就须付八毛钱，学生一律半价。

电车公司与华人巴士公司均曾要求加价，如电车公司于1956年时曾要求把全程两角半的车资提高到三角，其最大的理由乃是在电车罢工后，政府所设立的调查庭所推介的工人车资，使公司每年要多开销一百七十万八千三百元，如不增加车价，公司将要亏本[(2)]。

而华人巴士车主公会亦提出因为本坡在1955年12月7日起实行新劳工法令，该会要弥补财政收支不敷赤字，而欲把最低车价从五分提升到一毛。

他们的加价要求均遭受市议会的严厉拒绝，至后无成功。

巴士行业本来乃是服务人群的大众交通工具，因此巴士收费一定要符合大众之能力，而不能僅以巴士公司的营利而不顾人民大众的疾苦，为此实不应该随便增价。

至大改革以后，每家巴士公司采取统一的票价，成人搭客车费提高，首二里或四个站收一角，二至四里或四至八个站收二角，四至八里或八至十六站收三角，八至十二里或十六至廿四个站收四角，十二里以上或廿四站以上收五角，至于十八岁以下的学生，持有优待准证者，不论路程远近，直到晚上八时，车费一律收一角，这样的车费调整，表面上看来并没有提高，或许还可以说是减低，不过事实是提高了许多，如电车公司以前车费最多是两角半，搭客可以乘坐八里甚至十里以上路程而只付两角半，新制度实行后，八里到十二里要四角，十二里以上要五角，还有一点，以前分为五分、一角、角半、二角、二角半，现在车费已没有五分之价，而全是以角算，例如你只坐三里的巴士路程，本来只要付一角五分，现要多付五分成为两角，虽然优待学生车费一律一角，但毕竟目前的学生短程的比较多，长程的比较少，搭客也是如此。

据：1970年11月 R.P. 威尔逊作，新加坡公共巴士交通制度研究报告书P.126的巴士大改革前后的票价表。

巴士大改革前后的票价表

路程	里数	1	2	3	4	5	6	7	8	9	10	11	12	13	14	15	16	17	18
改革前学童车资	电车公司	5	10	10	10	10	10	10	10	10	10	10	10	10	10	10	10	10	10
	华人巴士公司	5	5	10	10	15	15	20	20	25	25	30	30	35	35	40	40	40	40
改革后学童车资之差额	电车公司	+5	-	-	-	一律 +10				-	-	-	-	-	-	-	-	-	-
	华人巴士公司	+5	+5	+5	+5	-5	-5	-10	-10	-15	-15	-20	-20	-25	-25	-30	-30	-30	-30
改革前成人车资	电车公司	10	15	20	25	25	25	25	25	25	25	25	25	25	25	25	25	25	25
	华人巴士公司	5	10	15	20	25	30	35	40	45	50	55	60	65	70	75	80	80	80
改革后成人车资之差额	电车公司	0	-5	0	-5	+5	+5	+5	+5	+15	+15	+15	+15	+25	+25	+25	+25	+25	+25
	华人巴士公司	+5	0	+5	0	+5	0	-5	-10	-5	+10	-15	-20	-15	-20	-25	-30	-30	-30

注释

1《星洲日报》，31–12–55。

2《星洲日报》，2–3–56。

第三章

华人巴士交通行业的经济体系

一、战前概况

华人巴士公司成立的初期，是属于一种封建色彩十分浓厚的经济体系，帮派主义的性格相当的强烈。

首先，我们必须先了解一下何谓封建与帮派主义的经济体系，下概略述之：

“所谓帮派主义，是凡指这样的一种社会现象：一群来自中国同一省县的华族人士，在这里，倾向于住在相近的地方，从事相同的行业，因此发生着密切的社会交互关系，并且产生一种互相维护的思想感情。”[(1)]

在战前这种帮派主义的经济体系分布于各个新马的华人社会，根据新加坡华族行业史调查研究所得的资料即可证明，如根据调查，典当行业是掌握在客家人手中，而温州人多掌握木器行业，理发业则多操纵于福州人的手中，而其他较能赚钱的生意，则为较早南来的福帮或潮帮，粤帮人士的控制，某些行业虽非一百巴仙掌握在某一籍贯人士手中，但亦有一半以上之数。

华人巴士行业成立的初期就具有这种色彩，如以五福来讲，他们五个创办人都是福清人，所从事的都是小型巴士车行业，走同一条道路，于是他们便联合起来，组成一股势力，即除了他们五个人的巴士车外，其他的巴士车是不许走这条路的，以后他们向政府申请得该路线，组织公司，并没有一般企业公司的组织方式，而是大家聚合在一起，同在“五福”的名誉下经营其巴士车行业，不分雇员与雇主，且无职位高下之分，就是大家共同出力，共同收入，所赚取的钱也没有规定分利多少巴仙，而余钱几巴仙来做资本，他们所取得的利润都是各自为政，不由“公司”来处理。

由上所述可知他们的结合是属于两缘结合体，一是同乡的地缘性，另一则是业缘性。

“五福”成立后，经过创办人的一番努力，因此业务日益扩展，当然须增购车辆，车辆增加，无需置言，从事的人员亦须随之而增，于是他们便聘请同乡或亲戚来帮忙，这亦是帮派主义的一种表现，虽然在他们的意识中可能没有这种思想存在，但是为了种种便利，遂不得不走这条路，因为在家乡他们所从事的是小农经济的生产方式，使他们的生活圈子很小，所接触的，顶多只是其家乡附近几村的人吧了，由于认识的人少，语言又是单纯的，因此造成他们性格的保守，不敢轻易与外籍人士接触，这一来，他们一遇到须要助手时，一方面为了语言交通的方便，一方面为了情感，而录用自己的同乡或子弟，这不仅便利嗟使，且具有安全感。

因为以“乡族主义”为准则的华族经济团体，老板只重用自己的亲戚或同乡，双方之间存在着的，不仅是打工，拿工资的“劳资关系”，而是一种变相的“父子关系”：头家要求雇员无原则的效忠他，即打他的“工”，吃他的“饭”，就是他的“人”，对他做情感和人格上的“效忠”，是“天经地义”的事，因此凡是雇员，必须在情感上，思想上，言行上，“鞠躬尽瘁”。

战前的巴士交通行业不但帮派主义色彩浓厚，其经营乃是半封建，半资本主义状态，因为当时他们从事巴士行业，并没有如一般资本主义的经营方式，而是以其传统的经营方式为主，如他们所聘请的工友是以地缘与血缘为主，且工友的工作时间并没有一定的规律，有生意就多做一点，没有生意就少做一点，普通出车的时间是在早上六点开始，因为这一段时间是人们开始活动的时间，虽然工友的工作一天是分两班，但是他们并没有硬性规定某些工友做早班，某些工友做晚班，只要工友有能力支持，他是可以从早做到晚，这就违反了资本主义的生产规律，工友的薪水是以天计的，初期一个工友做半天可得6–7角的工钱，如做到晚上有一块到二块之多，这也是视一天所赚取的钱来评定，当时巴士车还是没有实行卖票制度，搭客乘车，车费乃由口讲，是凭各人的良心而付价，而所赚取的钱因无票根为据，因此便须依赖工友们的诚实，自动自发，由于如此，有些不诚实的工友便往往舞弊私囊，收入往往是报假数，可能因为此故，所以初期他们聘请的工友多数是乡亲，因为乡亲，在关系上是较其他籍贯者为密切，在他们的心目中，这些乡亲是比外籍人士忠于他们，较可为他们所信任，这也是帮派主义形成的一个因素。

二、日治时代

在日治时代，新加坡的交通陷于瘫痪状态，一切私人的巴士车都被迫缴出，在市面上只有昭南市巴士川行，而那些原来经营巴士行业者由于被迫缴车，因此不得不改行，他们那时所从事的多数是黑市小贩的生涯，因此日治时间的华人巴士无可言喻。

三、战后情况

战后初期华人巴士行业重新兴起，由于在日治时代遭受严重的摧残，因此恢复须时，在复业的初期，一方面由于经济拮据，另一方面也因车辆缺乏，因此一时无法招请助手，一切都由老板包办，过后，经过一番努力与奋斗，华人巴士车行业终于又脱壳而出，日益繁盛，工友也就越请越多，初时他们也是地缘，血缘为被录取的先备条件，但后来由于此二缘人士不足须求，因此便开发“门户”吸引其他籍贯人士，由此可知华族帮派主义色彩并非一成不变，而是有其伸缩性的。战后初期，乘搭巴士车亦无须买车票，仅付钱而已，不过车价比战前略为提高，直到1948年时才开始有票价制度，他们之所以采用售票制度，主要乃因巴士车搭客日多，如在拥挤时，很可能漏收车费，因无票为证，乘客可坐霸王车，另一方面乃是因为巴士工友份子日益繁杂，已不如战前那么单纯，往往会有贪赃枉法之徒存在，而报假数充饱私中，使公司蒙受许多损失，因此为了确保公司的营利，乃设立票价制度。

战后巴士车的行驶也开始规定行走时间，工作时间分为两班，早班由早上六点到下午两点，午班由下午两点到晚上十二点，虽如此，但工友的工作时间亦可因工友自己愿意而加长做整天，根本没有照顾工友的福利，直到1955年劳工法令制定后，才明确的规定工友工作一天不得超过八小时，否则依超时工作论，要付给双薪。

战后新加坡华人巴士公司是属于一种半封建，半资本主义状态，不过资本主义色彩因时代的驱使已较战前浓厚多了，从上所述可证明之，虽然战后新加坡华人巴士公司的资本主义较战前浓厚，但半封建的色彩依然存在，就以行政方面来说，虽然他们亦有高下职位之分，但这是就其股份之多寡，或视其裙带关系之疏密而异，并没有因才而用，因此行政乱七八糟，对工友的处置往往受个人感情的影响而显得不公平，在工友方面，虽然不一定要请自己的乡亲，但乡亲有一定的优先权，资方对待劳方也没有明文规定的“法规”，一切都是随老板各人的意见而行事，本来查票员是负责查票及报告售票员和驾驶员的工作情形，这是须要一些会写报告的人才能胜任，但许多查票员多数是因裙带关系而就任。

另一方面，资方给予劳方的报酬亦有所异，虽然底薪是一律的，但与老板有较深切的关系者，则可得名目众多的津贴金，而一般上，售票工友在巴士公司工作多年才能有资格申请当查票员，但有裙带关系者则无需如此。

有裙带依据者，往往在公司作威作福，喜人奉承，如与之搞好关系则可保金饭碗，否则就须当心饭碗跳舞了，因此工友们必须在其微薄的薪金中，多付一层负担，亦因此造成员工之间互相排挤，争宠，而使整个巴士公司显得乌烟瘴气，这些事实，在巴士工潮中完全暴露无余，亦是半封建主义色彩之体现。

四、目前情况

目前的巴士车行业，经过1971年4月11日的大改革之后，已由半封建，半资本主义的经济形态，而渐步入全面的资本主义经济形态，虽然其中有些华人巴士公司尚未完完全全的企业化，但所存在的半封建色彩已极微了，已无法抵得住时代的考验了。

我们之所以谓之已步入资本主义化，乃是因现有的华人巴士已具备了企业化的条件，不再如以前一样是小本经营，而是集合了庞大的资本从事大量的“生产”，如在大改革前新加坡的华人巴士是分散为十家所掌握，这一来，资本分散，且每家巴士有自己的势力范围，互不侵犯，这造成搭客要从甲地到乙地必须转换几趟车才能婉转抵达，增加搭客时间与金钱，双方面的损失。且由于“独家路线”，造成服务欠佳亦无所谓，反正你是一定要搭我的车。

大改革以后由原来的十家华人巴士公司纠合成三家，即东区由巴爷礼峇、樟宜、加东勿洛、榜鹅所组成，北区由郑古悦、绿色、交通所组成，西区由福利、岌巴、甘榜峇鲁组成，与电车公司共同担任新加坡目前交通事物，由十家而缩减成三家，可见其资本定比原来增加许多，且大改革以后，政府规定公共服务巴士车的年龄为十七年，但必须每五年更换引擎一次[2]，而且车辆的大小也要一样，以36尺长，8尺2寸半宽为准则[3]。如此大的一辆巴士车，所雇用的售票员与驾驶员依然是一位，与以前的小型巴士所雇佣者一样，用油量亦多无几，但是每辆所能容纳的搭客却比小型巴士车多出几十个，这符合企业化的大量生产原则，虽然市面上；至今还有小型巴士车存在（最小者据我们计算，最多可容纳26人）。但为数极少了。

此后巴士司机和售票员都必须经过训练始能合格，不再像以前那样，没有经过训练，亦可担任。

行车的班次亦有一定的规定，不能再像以前可视搭客的多寡而决定要不要出车，虽然现在还是有因搭客的疏密时间而决定派车的班次，但是有一定的限制，不像以前那么离谱了，以确保巴士服务能迎合搭客群众的需求，并且提供令人满意的水准。

在行政管理方面，分工更加细致，且已有因才而用，逐渐改换过去的裙带关系，而聘请专门人才来处理，订有为期三年的集体合约，三年后，又再重新修订，因此劳资关系也较健全，营业上也有详细的记录和保存。

注释

1《南洋商报》，27/8/71，黄枝连著“华族社会结耕中的帮派主义”。

2《新加坡车商公会会讯》第四期，1/8/70。

3《新加坡公共交通整顿计划白皮书》。

第四章

巴士工友生活史

一、售票员

通过某巴士公司经理的介绍，我们访问了一位在某家华人巴士公司里当过十七年历史的售票员—林先生，供给我们相当分量的个人生活史，以下就是对他的一篇访谈录。

“唉！过去的日子呀，真是一首唱不完的歌。”

“还记得，我是由董事长的儿子介绍下而于1954年5月15日加入巴士剪票员的队伍中，在开工的前一天，我先询问服务同一路线的老前辈，他们告诉我该路线上的一些重要街名，从那里到那里多少钱，怎样剪法，马来话钱数的讲法，当搭客不舒服或有东西遗留下来要如何处理……等的知识，俗语说：‘万事起头难’，好不容易才捱过第一天，以后就慢慢的熟悉。”

谈到制服和手牌方面，他说：“制服初由老板供给，全身都是斜纹黄衣，但因本岛气候炎热，不适宜，加上后来老板为了省下一笔制服费，工会虽然因此曾提出交涉，却不被接纳，所以不了了之，而且剪票员的工作很‘给路’（闽语：低贱），怕别人知道自己是干这一行，多不喜欢穿制服，所以现在无论是司机或售票员都没有一定的制服。至于手牌，在1958年5月12日以前，巴士司机、售票员和德士司机、三轮车工友一样；每天臂上都要缠着那累赘、难看的手牌，至新市议会成立后，始获允把手牌换为襟章，新襟章为长方形，阔二又四分之一寸，高一又四分之三寸，章面上方书‘新加坡市议会’字样，下方为‘番’号，分青、白、蓝三色，青色为德士司机、巴士司机，白色为售票员，蓝色为三轮车工友，但是目前要挂不挂都无所谓。”

他说：“每天，无论是晴天还是下雨，白天或是夜晚，都要在巴士车上辛勤的工作，从乡村到市区，从市区到乡村，运送着各阶层，各民族的市民，成为广大群众生活中不可缺少的工具和最熟悉的朋友。”

“当巴士工友联合会还未在我们的公司组织分站之前，我们每天要工作九小时，早班售票员五元半，夜班六元半，以后随着服务年限而加一点薪水，没有做工就没有工资，若生病，不但没有病假可请，而且还有被‘朴头路’（闽语：开除）的可能。以后在工会的争取和政府劳工法令不断修改下，不仅薪金得以提高，同时工作条件也逐渐合理，现每日工作八小时，日班从六点到二点，夜班从二点至十二点，薪金是八元四角。超时的话，还有双薪拿，此外，每周可享有薪的一天休息，公共假期工作双薪，每年有薪病假28天，又有公积金。”

他还将1955年–56年间华人巴士公司的薪金与S.T.C.（电车公司）作一比较：“华人巴士公司的薪金较电车公司高，不像电车公司用低劣的薪资雇佣工人去替他们赚取更多的‘镭’（钱），只要比较一下电车公司工友的薪资和华人巴士车工友的薪资，就可以明显的看出，老板‘吃人’（闽语：剥削）的惊人程度，电车公司的售票员和司机的工资是每日四元七角三分到五元六角三分，绿色巴士车公司的售票员的日新，是六元半到七元半，司机每日可得八元半到十元半，谁都晓得，电车公司操纵了本地市区的主要交通，其盈利比华人巴士公司大的多，1954年1月到9月其盈利，据公司的高级职员告诉我，高达七百七十七万七千七百六十七元，估计平均一日的盈利为三万元，这个数目和电车公司给予工友的低劣薪资比较，可说是极不合情理。”

“我还记得这些数目字并不奇怪，因为它有五个‘七’字，而且我相当喜欢记数目字。”

“这也是1955年9月多电车工友罢工的原因，”他继续解释，“因为工资少，养不起妻儿，常常被迫犯上‘失信一毛钱’的罪，一被发觉，就要尝一年半载的‘黑豆饭’（闽语：监牢的铁窗风味），当时，就有一名印籍工友，受不起监狱的屈辱，在牢里自杀，他们罢工了103天才获得圆满解决。”

“我们的公司也曾经有三次工潮，就是很多人所熟悉的1955年‘五一二’事件，不过，当工会在我们的公司组织分站后，董事长的儿子要我参加头家所组织的工会，没有办法，就填了入会自愿书，但不用月捐，还可以领得一个园徽章，所以我没有参加罢工。然，自从目睹这事件的惨况后，我便加入巴士工友联合会，所以我曾经参加过其余的二次罢工，第一次大概在1955年11月的时候由巴联领导所有华人的巴士公司工友采取一致的行动抗议许多公司企图雇用新工打击巴联。第二次是我们的公司故意开除了一些工友，所以才会在1957年5月多的时候罢工。”

他喝了一口茶，又叙述道：“当时警方禁止我们搭帆布住宿，只好在路旁的狭小草地上露宿，任由风吹日晒雨淋，因此有几名罢工工友病倒，每天早上五时，另一个工会叫做交通业工友联合总会属下的工友就坐资方巴士由无线电警车押送，运进车厂，等到一切准备好了，要开始出车前五分钟，大批手握藤牌木棍的武装警察，立即赶到，在车厂前整齐排列，长官大喊口令，一时皮鞋声响之后，里面的车辆，赶紧把头伸出门口，排成肉阵，当时欲出厂之第一辆SH480号。”他插入一句题外话：“因为当天有些工友就拿了这个字去买‘十二支’，很巧的给他们买中了，”接着说：“企图冲出，一名工友突然冲到车前卧倒地上，当时人与车轮之距离仅二尺之远，只要车轮再转一下，该名工友就被碾毙，旁观者莫不感到心悸，就在这千钧一发的时候，警长向司机大喊轮下有人，司机立即把车制止，在后面的工友大哄起来，情势紧张万分，后来又有‘红车’一镇压队前来制止，始免意外发生。”

关于工会与工友之间的关系，他有今非昔比的感想：“当时的工会比现在的工会好了几百倍，以前我们若有困难，大家都乐意彼此互相解决，而且工会力量相当大，许多事情都由工会出头，现在工会只知道收月捐，有时月捐还会莫名其妙的增加。”

“做一行怨一行，可是为了挑起生活的担子，又没有其他的技能，没有办法，只好捱下去，最不值得的就是工作时还要受查票员、搭客的气，因为查票员多数是老板的亲戚，把自己看成是第一等工人，而我们则为第二等工人，所以坏的就会对我们作威作福，故意和我们作对。有时明明自己剪得对，他反说成错的，跟他讲理，他却气愤愤的说：‘你有什么资格骂我？’其实大家同样是估俚（闽语：工人），应该和和气气。至于受搭客的气更是说不完，各种各样的怪客都有，我们一天所接触的搭客上千百，不管平时对待搭客多么的好，只要他对一个搭客不周到，那么他就会被视为是个不好的剪票员，可是，要知道，每个人都有脾气，搭客不对我们当然会生气，如老板把车资提高，搭客就常和我们因车资事情而发生争执，结果搭客埋怨我们，正如马来人以为一切经济利润皆为华人所操纵而有排华的现象，至于搭客引起我们不满的事最普通的是红灯发亮时上下车，付不足车资，站在梯上或站在车门口，售票员通知客满时还要登上车，不待车停就跳下车……等等。”

“自己过着牛马的生活不打紧，希望孩子有书读，能够有出人头地的一天，也好让我享受晚年的清福。”

二、驾驶员

李先生在未成为巴士司机前，是个建筑工人，空余的时间曾学驾车，不久考获驾车执照，没想到以后会靠它吃饭，在朋友的介绍下当起巴士司机来，工作迄今已有四年的历史。

巴士司机的生活很刻板，每天到了公司后，就像机器般一趟又一趟的驾着巴士车川行于同样的路线，忙忙碌碌的做工，做完工来已够辛苦，所以放工回家后大部分时间就花在睡觉方面，若没有良好的精神，驾驶时易发生意外事件。

采用轮班制，早班是从五点至二点，晚上班是二点到一点，开始工作时，每日薪金是十元三角，现已增至十元九角。薪金虽较售票员高，但是责任也较大，而且比较费神，因为全车的生命视司机驾驶是否谨慎，若因司机的疏忽而引起轻的意外事件，该司机要和公司平付“三万”（即罚款），严重的，造成搭客丧生者，则司机就要坐牢，并且被吊销执照。

由于与资方没有亲属关系，致使他感到这份工作不稳，抱着“多一事不如少一事，多管闲事是不会有好处的”生活态度，因此与其他同事甚少来往，下了班就回家。

他最讨厌一些黄沙路，当车川行时尘埃蔽天，极不卫生，不仅是会损害到工友的健康，同时驾驶员之视线常为灰尘所蒙住，这种情形现在已不多，许多黄沙路已铺上柏油。

每天交通最拥挤的时刻，是早上八、九点，上班、上学的时间，下午五、六点，下班、放学的时间，一般上，雨天搭客较少，大家都懒得出门。

目前要当巴士司机，须先拥有第四级的驾驶执照，向华人巴士公司申请司机职位，再由个别的巴士公司保送参加为应华人巴士车主公会的要求及改善巴士服务而由车辆注册局所设立的巴士司机训练学校受训，训练课程为期六周，课程范围包括巴士驾驶技术、救伤常识、交通规则、机件的常识以及照顾保养修理的知识等。

现在他们的饭碗随时会被搭客的笔捍子所挑破，是由于搭客不了解他们在工作任务上的苦衷，而埋怨和责怪工友无礼，诸如司机座内没有一铃，以供售票员指示司机停车或开车之用，然而往往因为铃声的繁响而造成误会。诸如售票员按铃；第一声铃声既表示有搭客要下车，等到乘客下车后，售票员必又按铃示意司机把车开走。但是有些乘客要下车，可能因为售票员与其距离远，或是其他原因，而自己按铃，另一些搭客不理人家是否已按铃；而重复的按铃，结果，往往令到司机误会，停下车来；又匆匆的开走，而受到搭客的咒骂。其实，这也不能完全怪司机的疏忽，因为他们一方面要注意前后左右的车辆，还要分神来探视乘客的上落，有时是难免有所疏忽的。

我们往往听到许多乘客埋怨司机驾车速度太快。实际上，驾驶员行车的速度，是受公司方面规定全程时间的长短所左右，因此，为了赶时间，不得不“来也匆匆，去也匆匆”。同时，由于新加坡的交通日益繁忙，交通灯，斑马线到处设置，这些皆会阻碍巴士行驶的速度，延迟巴士报到的时间。另一方面如全线上乘客上下停车的次数很多，就须花相当多的时间在停车站上。如乘客拥挤，在个别的停车站上要等候相当长的时间，由于时间之消耗而车辆又必须准时赶到车头，于是在某段偏僻的路上，车就会驶得快些，这是必然的。再者，交通拥挤时刻，有许多搭客停立候车，当车辆到站之时，搭客为了赶赴工作时间，学生赶上课时间等原因，而争先恐后登车，不管是车辆满载或已超额，因此售票员为了搭客之生命安全，及避免触犯交通规则起见，不得不予以劝止上车或劝请下车等候下一辆车，而在此人数众多的情况中，当然要提高嗓子发言，或者是司机为了人满不载客而将车继续开行，对于这些情形，常为搭客所误会而不满。

三、查票员和计时员

巴士公司为防止售票员的“舞弊”，除了规定售票员应有的担保，须缴保证金外，还雇用许多查票员。

查票员可以说全部因有裙带风关系而被录用，因此底薪、加薪速度和花红是要看他与资方的亲属关系的疏密而定，一般上，薪金是从一百五十元开始，每天工作八小时，分日夜两班。

他们的工作主要是帮助售票员在繁忙时刻售票，监督巴士职工执行任务的情形，是否有偷收票，漏客（漏了剪票），不礼貌行为，不遵守条例等事而提呈报告，公司就根据这些报告考虑工友可否在该公司继续服务，或予以惩罚，轻的给予警告，较重的停工三天，更严重则开除，因此有些工友可能被冤枉造成售票员和查票员间关系紧张。

为了监督巴士准时开行和在预定准时到达终点，巴士公司就在车出发点和终点各置有一计时员，负责登记车开行时间或到达时间，录用资格、薪金、工作时间与查票员一样。

总之，巴士公司里的工友以查票员、计时员工作最轻松。

第五章

劳资关系

一、前言

所谓劳资关系乃指提供劳动之人与其承受之人，二者之间之劳动授受关系，前者为资本家，后者为劳工，资方欲增加其财富，以其资本进行投资，雇用他人而约定予以有报酬之劳动，受雇者以谋得日常生计之目的而本于契约，于隶属关系，以及有赏劳动。

若以业务种类为标准来分类，那么我们要谈的劳资关系应附于交通行业中之巴士劳资关系，此关系是人在特定场所之处经过人工的通路（运用人在陆地上所建设之公路，所发明的大众化交通工具——巴士）所惹起的社会的移动现象，由交通劳动者结合交通机构完成的必然结果。

当巴士劳资纠纷产生时，劳方的斗争武器是罢工（Strike），资方则以停业（Lock Out），开除工友，聘请新工，作为威胁，并且各自联合同行业者，树立对立团体，于是就有资方的工会，和劳方的工会经济团体组织。

二、1919–1941年间华人罗厘巴士车的劳资关系[1]

自1919年开始，新加坡华籍人士因鉴于郊区既无大众化的交通服务，又为了个人的生计，灵机一动，开创了载七个客的罗厘巴士车（Mosquito Buses）。由于营业不坏，而使得行业的队伍不断的壮大。

初创时，经营者只须买得一部车，而自己又会驾就可以从事这行业，因资本有限，车主只得一身兼数职，因此早期罗厘巴士车车主多是个别经营，无第二者介入，所以根本没有劳资关系可言，有些无能力独资经营者就与亲戚或朋友合股买一辆，然后大家分工合作，会驾车的驾车，不会驾车就收钱或拉客，至于所获的利润则按照股份大小来分，是一种公平的合作经营方式。

由于新加坡经济的发展，人口的成长，而作为主要公众交通工具的有轨电车公司供不应求，可是经营罗厘巴士车者的利润，却相对的增加，使他们有余资再投入所从事的行业；甚而与自己的亲友组织公司，促进并扩大营业范围。于是车辆就作量的加增，这一来，巴士车工作人员的需求自然愈来愈殷切。总之，随着时代的需求和资本的累积，是华人罗厘巴士交通行业发展的推动力。此外还促长此行业劳资关系的形成。但彼此关系良好，无劳资纠纷存在，这现象是有文章在内的。

战前，在殖民地政府重商主义下的自然资源搜括和商品推销的经济政策，造成新加坡华族社会结构具有强烈的帮派主义性格。使得迟至1919年才出现的华人罗厘巴士车行业也承受了这色彩，这行业的开创者极大部分是因中国农村经济破产，为了生存，只身“过番”打天下，但却受家乡小农经济的生产方式所限，使得他们的生活圈子很小，南来后几乎全听不懂他籍人士的方言。在这种情况下，还是觉得语言、风俗、习惯相近的同乡人较易接近。所以各籍人士南来后普通都有聚居的现象，而座落在聚居之处的会馆，就是典型象征。因此彼此间就会互动较密切；并且，产生一种互相维护的思想和感情。在工作上也互相援引，甚至向中国招募亲友来此协助，不只替他们解决了食住问题，且传授工作方法与知识，促使他们尽快适应环境自立谋生。诸如经营巴士行业者助其乡亲学习驾驶技术，川行路线名称，交通规则和各籍人士对于钱数的不同讲法，形成双方之间，存在着的，不只是打工，拿工资的“劳资关系”，而是夹杂着中国传统的封建伦常关系的劳动默契，也为帮派主义奠下血缘性、地缘性、业缘性之基础，发挥了正面、进步的作用。

其次，南来者大都抱着在异地作客的态度，因此对于物资生活的要求并不高，初抵时身无分文，现既得同乡的呼应支援，解决了三餐的温饱，又有点积蓄可以汇返中国作为维持家人生活费用，所以工作时也乐意尽情感和人格上的忠实，竭力的发挥内团体的对己主义。

再者，创业者为应社会的需求而扩充营业组织，但华族节俭的累积资本到底有限，所以规模小，团体压力大，人事关系较简单。

三、1942–1945年日治时代的情形

三年零八个月，华人罗厘巴士车公司所拥有的车辆也都被日军强迫征用[2]，迫使公司营业停顿，大家纷纷改行。显然，这期间内无劳资关系。

四、1946–1953年间华人巴士公司的劳资关系

1945年9月12日，日军投降退出新加坡，联军重返，公共巴士交通行业才逐渐恢复，但器材方面非常缺乏，有的是由军车或由罗厘车改造的，设备简陋、车辆的数目不多。不过，由于经营者的努力，因此华人行业复原的很快，但是由于各公司的经营方式不同，组织各异，因此对于工友的工作制度与待遇皆不一致。例如表一所示：

表一

公司	时间	劳动时间	薪律	规模（以工友人数代表）
绿色巴士公司	1949年	司机工作八小时 售票员工作八小时	十元 六元 （注一）	工友149人 （注二）
岽巴巴士公司	1951年	司机工作九小时 售票员工作九小时	六元 四元五角	工友50余人 （注三）

资料来源：
注一：《星洲日报》，11–1–51
注二：《南侨日报》，25–5–49
注三：《星洲日报》，13–1–51

当时劳资间未发生任何不愉快的事件，但是从1949年开始有些华人巴士公司劳资双方彼此间因一些矛盾而产生争议：

表二

1945–1954年间，华人巴士的劳资争议统计表			
争议事件	**时间**	**争议之公司**	**争议结果**
减低薪律	1949年	绿色巴士公司	5月17日双方举行谈商（注一） 结果于5月27日在劳工司内签定合约，同意裁薪（注二）
要求增加工资	1949年 1950–51年	岌巴巴士公司 星柔巴士公司	8月工友同意裁薪 1951年1月4日劳资谈判成功（注三）
	1950–51年	绿色巴士公司	1950年12月24日（注四）双方协商至1951年1月10日完满解决（注五） 双方订立新约，由1951年2月11日起实行；1952年又要求加薪，结果双方
	1951–52年	岌巴巴士公司	另签新约；由1952年12月1日起生效（注六） 1951年1月要求加薪，至1952年1月1日始完成加薪协定（注七）
	1951–52年	甘榜峇鲁巴士公司	1950年12月已提出，至1951年10月22日才实施（注八）
新工加薪期限	1950–51年	绿色巴士公司	没有解决
设立每周休息日	1950年7月（注九）	巴士工友联合会	没有解决
变更工资计算之支付方法	1950年7月（同注九）	巴士工友联合会	资方获胜（注十）
增雇工友	1951年	绿色巴士公司	由资方修改（同注十） 劳资圆满的协议于1951年8月1日起生效（注十一）
劳动时间	1951年 1951年	绿色巴士公司 漳宜巴士公司	但不为资方重视和实行
福利之改善	1950年起	凡巴士工友联合会代替任何公司提出加薪要求时皆附有此条件	没有解决（注十二）
享受有薪假日	1953年	巴士工友联合会	

资料来源：

注一：《南侨晚报》，26-5-49
注二：《南侨晚报》，4-6-49
注三：《南洋商报》，5-1-51
注四：《星洲日报》，21-12-50
注五：《南洋商报》，11-1-51
注六：*Straits Times*，12-1-52
注七：《中兴日报》，2-1-52
注八：*Straits Times*，23-12-50
注九：《中兴日报》，8-7-50
注十：《南洋商报》，1-6-51
注十一：《南洋商报》，3-7-51
注十二：《南洋商报》，11-5-53

在1941年殖民政府已完成立法程序的职工会法令（Trade Unions Ordinance），却因战事发生，故延至战后1946年5月才命令颁布实施[3]。战后，由于通货膨胀，工人的生活急待改善，且工人阶级已自觉到有组织工会的必要，故在1946年至1948年间，职工运动有着飞速的进展。但华人巴士的职工会迟至1948年12月20日才向职工会注册为巴士车工友联合会，简称巴联。系经营于新加坡境内之华人巴士公司属下雇员之一工会，会址在奎因街[4]。

在1946年至1954年阶段，一些华人巴士公司内部虽有劳资争议，都不严重，规模也不大，乃几个因素所构成的，兹分述如下：

一、战后，百业初恢复，有些巴士公司营业不佳，而向工友提出减薪，是时工友们也体谅资方复业艰难。接受资方要求，如1949年绿色巴士车公司的工友，凡司机日给十元者，一律割减一元五角，八元者，割减一元一角半。售票员不论日薪六元或五元者，一律割减七角半，此外，还有岌巴巴士车公司工友也同意裁薪。

二、当华人巴士车公司营业好转之后，如1950年，华人巴士车总共已有二百四十九辆，1951年，再增至三百十八辆，且从1951年至1954年之间，华人巴士车公司的搭客数目增加了三十九巴仙[5]，在巴士车工友联合会属下的巴士车工友就通过工会向资方要求加薪，但资方却不像工友们那么爽快的答应，而是要经过相当长时间的谈判，才获得部分的改善，因此工友所提出的要求就无法贯彻，至于巴士车工友联合会以外的巴士公司，资方关怀工友，当工友有困难时，公司方面就予以援助，如福利巴士车公司[6]。

三、1948年2月1日马来亚联合邦（Federation of Malaya）成立，紧跟着爆发了由马来亚共产党领导的反英运动，因此6月16日，政府便宣布马来亚进入〈紧急状态〉，7月5日，进一步颁布了紧急法令（Emergency Regulation）。此法令也实施于新加坡，这法令剥夺了工人之组织及活动自由。且殖民政府在逮捕共产党嫌疑的藉口下，大肆镇压和整肃进步工会活动。许多职工团体纷纷解散，职工运动受挫，而一般雇主也据此法令的存在，尽量破坏工友的组织，故巴联诞生后，因客观环境不利于工友，而处在冬眠状态中。

四、巴联要到1949年1月23日才举行第一届职员就职[7]，此工会的组织至此才告完成。但并非当时所有的华人巴士车公司工友都参加；而是与时俱增，如1950年7月巴联会员只限四家巴士车公司（绿色、星柔、岌巴、甘榜峇鲁巴士车公司）的二百四十名雇员[8]。1950年9月，巴联会员包括六家华人巴士车公司及三百六十七名工友[9]。1951年则达517人[10]，而这些会员是由驾驶员、剪票员、修理员、查票员、计时员等组成。因此若以其会员之增加率，单与新加坡巴士剪票员4152人一比[11]，虽然还得扣除电车公司剪票员之数，却仍然可以看出巴联并没有广及所有的华人巴士公司的所有工友。只是巴联属下工友工资及其他雇用条件要求的传达者，还未能起积极作用。同时领导者对于合理的要求态度不够积极。诸如规定每周休息日，变更工资计算之支付方法，由日薪改为周薪制，每年享受十一日全薪假日，划一的劳动时间等只是空雷无雨。这些要求皆是受殖民地政府所颁布劳工法令的鼓励；由此可知由工友所选出的代表仍然为自身条件所限，而无法在这些法令之前先提出并展开斗争。如每周在享受假期一天早已是世界职工会的一项重要议决，且成了先进国的惯例，可是巴联提出此项要求是在1949年殖民地政府颁布每周假期法令（Weekly Holidays Ordinance）之后。

五、华人巴士属下的雇员形成了该工会之会员，同时也领导着该工会。据调查所知，当时该工会系属温和者，而且由于其自成一系，因此未有任何政治附属关系，其工会中也无抱有政治倾向之全职受薪职员或顾问，或职业工运工作者在内，由此之故，该工会当时并非任何外业分子之政治影响对象。该工会纯以职工会职务行事，为其会员争取利益。

六、殖民地政府所颁布的有关劳工法令漏洞百出，未能面面顾及，阻碍了巴士工友合理要求的斗争，相反的，却成为资方有力的武器。举二个例子来说：1949年所通过的每周假期法令，其内容是规定：每一商店均应每星期内休业一天，雇员原有工资不得减少或扣减，至于每周特准营业七日之商店则雇员应轮流获得每周休假一天，或获得额外工资[12]。巴联就援引此法令而提出每周休息日的要求，资方反有力的强调假期法令之实施范围，并未涉及交通事业，自然不接受工友的请求；1953年3月17日立法会议通过之劳工（修正）法令，系规定劳工每年享受十一日全薪假日[13]，巴联又因此法令只为苦力工人所享有，而不果。

七、巴士车工友因各人对薪津要求不一，因此在要求改善待遇时，步伐不一，资方乘机利用他们的弱点，去寻求协调，如漳宜巴士车公司有部分工友因家眷的关系，仍以中国为祖国，常返回探亲，故漳宜巴士工友向资方所提出的要求中有一条是："凡工友归国在六个月中重返本地者，公司应给回其原有之工作。"[14] 也因此而不要求缩短工作时间。

然工资也随之减少，查该公司工作时间虽较他公司为长，然而工资胜他公司之上，每日工作十七至十九小时，司机每日十三元七角半，售票员每日十元五角[15]，所以在要求改善劳动时间方面，两派意见分歧，结果劳资谈判达致协议时，工作时间仍照旧[16]。显然，工友因自身条件所限及殖民政府的不管政策下，使得这阶段的巴士劳资关系表面上呈现着和睦的现象，实际上却潜伏着重重的矛盾。

八、是时，一些华人巴士车公司为了调和劳资间的关系，以便促使业务不断发展，而实行奖励法或组织劳资协议会，前者如福利巴士车拟定工作收入奖励办法，即以每日售票收入，超过所规定的数额在五元者，司机和售票员一律增加五角，十元者增加津贴一元[17]。至于绿色巴士车公司发给工友的奖励金是以服务一年以上之工友，每人得六十元。服务六个月以上者，每人得四十元，服务六个月以下者，每人得廿元。并订于农历初一、二、三诸日，公司特备佳肴招待工友[18]，后者为绿色巴士车公司资方所出之妙法。于1952年成立劳资协议委员会委员共九人，劳方六人资方三人。该会以全体委员会议为最高权力机关，每月召开会议一次，其职权乃策划有关公司交通业务发展事宜。订定工友工作规则及处罚方法，或处理工友犯规事件。协商保障有关工友待遇事项，决议工友增雇或裁减，办理工作时间内工友之内纠纷事件、举办劳资福利事宜，决定事务小组之任务与职权等[19]，结果收效不错。

九、战前，此行业所具有浓厚的帮派主义色彩。虽然不断的被时代冲击，却仍然存在，持续者，一旦外籍人士也加入这行业时，很快的就会感到惹眼，如绿色巴士劳方要求资方调任他人充作车站总巡之职，因车站总巡未照公办事，且常徇私情[20]。

五、1954–1958年间华人巴士公司复杂的劳资关系

第二次世界大战孕育了新加坡华、巫、印三大民族的政治、种族意识，等到大战结束后，民族主义便由此勃兴，虽然英殖民地政府不断的改变其统治方式，但换汤不换药的大肆镇压，全面进攻民族运动的政策反加深了人民痛恨殖民政府，为了缓和日益高涨的反殖波潮，英殖民当局便于1954年进行政治改良的工作，伪民主的林德（Rendal）宪制也应时而生，其次1954年“五・一三”学生流血事件发生后，刺激了新加坡的政治和工运，尤其是学生争取缓役的胜利，对本邦广大人民争取更大的自由和民主的基本权利，有莫大的鼓励。

因此，在林德宪制被付诸实践前夕，巴联也随着局势的演进而重新开始尽心内部改组工作，成为巴联史上之变革，发展时期，注入一批血气方刚的左派工运领导者，展开轰轰烈烈的斗争，至于华人巴士车主工会（Singapore Chinese Bus Owners Association）虽然早在1939年[21] 已成立，但在日治时代却被迫解散，直至1947年才再创设[22]，而实际上要到1955年才全面组织起来，和获准注册[23]。

工会改组后，首先于1954年10月向[24] 领导属下漳宜巴士车工友向公司提出改善生活待遇而获得普遍的加薪，接着巴联属下巴爷礼峇站工友于1955年1月19日及20日举行会员大会[25]，议决向资方提出有关改善待遇和工作条件，2月11日劳资谈判，因双方在加薪数额上各坚持己见，不肯相让，遂陷于僵局，在这种情况下，巴联决定12日[26]

召开会议，讨论下一步的行动。因此工友都向厂方请假一天，资方只得出高价请了一些没有手牌的司机和售票员来勉强维持部分车辆的行驶，结果工友按照1948年紧急法令的规定向资方呈递十四日之罢工通知书，但在这期限内虽有数度谈判，依然无法解决，故工潮按时于2月27日下午二时起爆发，28日早晨[27] 工友为阻止雇主所招募新工将车驾出车房，坚决地堵塞车房门口，但在警察武力保护下新工出车，结果酿成“二，二八”警察殴打工友，逮捕八十二名工友并以触犯劳资纠纷法令罪名控于法庭，每人罚款20元或入监三日[28]，而工友皆宁愿坐牢，工友英勇的斗争精神，大大地感动了新工，公司与警方的野蛮态度激起了公众人士的公愤，最后新工决定放弃工作，工潮也就于廿四小时内获得谈判解决，资方同意代付罚款。

巴爷礼峇工潮的胜利，不只加强巴士车工友的士气，还提高了工会的威信，更鼓舞其他华人巴士车公司工友的加入，同时也是本邦殖民政府在政治上实行政治改良，施行林德宪制的时期，显然地这对工运的发展是有利的，特别是1955年4月，举行第一次新立法议会后，结果由标榜为劳工服务的劳工阵线（Labour Front）组织内阁，这种新的政治局面自然加强了工人对改革现状的信心和决心，更踊跃的加入工会。

福利巴士车公司的工友就在这时期纷纷加入工会，1955年2月24日成立站委会组织[29]。这引起了资方的恐慌而一方面采取行动开除该站的负责人黄河、邓金福[30]，停止十一名工友的工作[31]，雇请新工，准备用来破坏罢工，另一方面，公司利用少数有裙带关系的工友，组织公司工会——职工会，这可从1955年5月11日在福利工潮仲裁庭上数名新工之叙述被聘前后经过而确实该会的成立乃是为了与巴联分庭抗乱[32]故特别优待职工会，对该会于3月4日向公司请求调整待遇等事情，过了二天就获得资方答允，显见资方丑恶的嘴脸，似此情形，不只对工友参加合法组织及劳资合作原则上，遭受莫大之妨碍，且企图瓦解已渗入该公司的巴联组织。

为此，巴联虽曾与公司举行谈判，但由于资方态度强硬致谈判宣告破裂，系工会发出十四天罢工通知书后，届期前两天，4月4日资方始与巴联达致协议，双方签订“和约”[33] 工友获得普遍加薪。实际上，资方的让步并非出于至诚与工会合作，而是为了争取时间做好准备工作，加强阵线，后来资方有恶意企图的违约措施，如合约原规定：凡在公司服务之工友，应以其工作之日期先后为序编入路线工作，可是资方未遵照此办法施行，又月薪工友依原有薪津增加十五元，但有二名查票员未获享有此等利益，工友虽几度干涉，资方不但无履纳之意反而提出废除四月四日合约中的第六条要求，自然引起了百余名工友的愤怒而于4月18日下午5时至7时停止两小时以示抗议[34]，20日，劳工司长尼罗氏邀双方代表举行谈判，谋求解决，但劳方不接受资方以书面答复，劳资纠纷益趋恶化，工会遂于4月22日提呈14天罢工通知书；讵料通知书发出后两天，资方管工藉口173，400，189[35] 三辆车机件损坏，不能出车，要工友回家，工友遂和管工交涉，要资方照惯例换候补车出车，然资方不但不接受并预先布置由新工把车辆开出，上述事件引起三百名工友的公愤，并实行绝食和停工抗议，资方便发出辞退这些工友，其实，这一切，资方早已布置妥善，故意和工友寻衅；藉口把工友开除，翌日工友却上工，但遭资方拒绝，并电召警察及镇压暴动车来保护新工出车，在这种情况下工潮便于25日宣告爆发。

4月27日罢工工友依通常惯例进行和平纠察，秩序良好，并没有意外事件发生，当罢工工友前往向新工进行劝说时，却遭到警方武力驱散，拳头、警棍、盾滕，像暴风雨般落在工友身上，致发生不幸事件，当场有数名工友被殴打昏倒，十余名受伤，其中二名伤势严重，其他伤者背部、腿部、胸部被击青肿，厥状至惨，当时警方的暴行，是可想而知的，结果激起了社会各界人士的公愤，当天就有数千人到场慰问及援助，大家看到受伤工友的伤况后，均情不自禁地产生了恻隐之心，巴联属下绿色、星柔、漳宜、巴爷礼峇、榜鹅、加东勿洛等六家巴士公司工友也为此停工四小时抗议警方的暴行，当时，还有本邦以各业工厂商店职工联合会为首的十七工团也召开会议一致决定：要求当局制止暴行，否则将于"五，一"—劳动节发动总罢工[36]，在各方面的压力下，警方始下令公司停止出车，刚上台的劳阵政府，也宣布设立一调查庭，从事调查福利劳资纠纷之原因。

5月5日调查庭正式开庭后[37]，巴联辩护律师李光耀接受了庭上临时建议，即罢工工友与新工，以二比一复工，工友闻讯后大为不满，后经负责人劝说：为了顾全大局，尊重法庭的判决，工友才忍痛接受，6日[38]，又因资方还是一味采取敌对的态度，再耍花样，诸如：故意欲工友重新登记及不排工给计时员与查票员或编排新工友之计时员和查票员到旧工友行车路线，而却不配给旧工友，这又引起工友的不满。因此，出车后只三小时余，即行收车，且于该日九时半[39]，再度停工抗议，政府却鼓励公司继续出车。

5月7日，巴联召开属下七站代表会议[40]。当日公司乃利用新工继续工作，由此罢工工友采甘地和平政策，所以无意外事件发生。

5月8日9日，调查庭继续开审[41]，是时，公司之所以仍然继续营业，乃是巴联努力加以压制工友不断高涨的愤懑情绪。

至5月10日，福利工潮起了变化[42]，是日凌晨，罢工工友蹲在车厂门前不让巴士出厂时，警方改用一个新方法—两支强有力的水龙头把工友驱散，由于水管射出的水强猛，把地下的一块块石头冲击上来，使得水中夹沙带石，无情地向手无寸铁，坚守铁门的工友猛射过去，一时哀号之声四起，一阵猛扫过后，一幅惨不忍睹之凄景随时呈现，很多工友受伤倒地，有些甚至昏过去，许久才醒过来，其中有一名被一粒石头射到脚踝，血流如注，入院缝了九针，另外一名抵院后，还是陷入昏迷状态，有些伤势较轻，敷药后便出院。

巴联鉴于事件急转直下，于是晚再度召开属下七站代表紧急会议，成立“总罢工行动委员会”。

5月11日，各站代表紧急大会继续召开，结果会上通过八项议案，其中重要的有：

一、议决由次日起总罢工两天，抗议当局以武力对付罢工工友，同时要求当局，促福利巴士车公司，在四十八小时内，举行劳资谈判，解决工潮，否则将长期罢工下去。

二、号召全新巴士车工友及各业工友，相应本会会友行动。

三、呼吁舆论界和工友合作，忠实报导新闻。

四、号召全马工团及工友，支持工友行动。

当时，新加坡十七工团也召开紧急法议议决支持巴士车罢工行动，这是由于警方的横蛮暴行激起了各阶层人民尤其是广大工人阶级的公愤，使得这工潮迅速地发展为新加坡工人阶级为维护工人的基本罢工权力而展开全面的斗争。

5月12日早晨天下着滂沱大雨，工友依然坚守着斗争岗位，可是警方却再度用水龙头扫射工友，由于用电动机加压力，水力极度猛烈，故只冲射五分钟之久，工友便宣告支持不住，相继仆倒或昏迷地上，结果再造成廿余名工友受伤。警方继用催泪弹及警棍驱散围观之群众，故激起群众的愤怒，而引起数千市民、学生大暴动事件发生，结果造成三死廿四伤的“五，一二”流血事件，包括合众社驻本邦采访员西蒙兄，局面已经发展到不可收拾的地步，当局公然地宣布工友之罢工为非法，阿历山大一带宣布戒严，两间华文中学被令停课。

虽然，当局大量派遣军队驻守新加坡各主要街道，且为了加强本邦之军队实力，还由联邦调来大批军队，造成满街军警，笼罩着恐怖的气氛，特别是阿历山大区。可是，事实证明，武装的镇压，并不能制服工友而使工潮垮下来。相反的，罢工工友始终保持冷静，工潮仍全面的扩大，各行业二万名工友纷纷响应罢工，当时的职总亦限促政府解决工潮，否则，亦将采取行动，各政党皆一致抨击政府处理工潮的无能，在各方面的压力下，政府特召来立法议会特别会议，讨论当时的不安局面及采取有效的步骤。5月16日，首席部长马绍尔鉴于局势的不断恶化，直接出面干预工潮，并且，强制公司接受其建议：

一、公司即刻解散新组织的公司职工会，无条件承认巴联。

二、全部罢工工友复工。

三、双方有关其他的纠纷，交由仲裁人甘巴氏全权处理。

双方遂签署合约，结束了工潮。

接着巴联又完成各公司工友的组织工作，使得全新十一家华人巴士车工友尽隶旗下[43]，实现统一，六月间巴联又在其会员间发动罢工，以配合码头工友工会之行动，主要目的在使新加坡之海港及搭客运输行业陷入瘫痪，而此只只为强迫新加坡海港局与其雇员间进行解决之唯一目的，却遭6月11日政府便下令逮捕了工会，副主席黄福传[44]，总务方水双，电车公司一工友谢飞洲，同时也逮捕了纺织总务罗华林，华中教员陈仰成，全新工团为抗议政府迫害工运人员之行径，发动了抗议总罢工，十二家私人经营的巴士车工友也不例外，至6月18日才复车[45]，政府迫于民情反政府压制政策，释放了巴联全部工会职员。

自9月27日电车公司服务，由于工潮而停顿，使得华资公司扩展路线至市区，不过因扩充营业须雇新工，为了使工友获得工作保障，取得合理工作制度和巴联组织的存在，且鉴于巴爷礼峇和福利巴士车公司劳资斗争惨痛的经验教训，迫使巴联不得不作一长远及根本之计，因郑古悦巴士公司雇佣新工，违反双方订定有关排工原则，并企图组织另一工会，分化该公司属下工人的团结，打击巴联，危害职工运动，于是乃召开全新华人巴士工友紧急大会，议决向各巴士车公司，提出五项要求[46]：

一、要求全新巴士车公司，承认本会为代表全新巴士车工友之唯一工会。

二、全新巴士车公司雇佣新工，应由本会介绍，惟需征得资方同意录取之。

三、各巴士车公司应绝对遵循排工原则，即以司机员及售票员之入工日期先后为序而编排入路线车辆工作。

四、各巴士车公司路线车辆，经已实行两替制及排工固定化者，应保留原状，而未实行者，即应彻底更改而切实实行之，工作时间则根据各公司与本会签下合约之订定（张亚其及交通之巴士车公司例外）。

五、要求各有关巴士车公司，取消对新工入工时，征收押金制度，原已收者应退还工友及取消新工入工时签订私约。

要求资方于一星期内，举行劳资谈判，以求圆满解决，否则将采取罢工行动。

14日，十二家华人巴士车（绿色、福利、郑古悦、漳宜、巴爷礼峇、甘榜峇鲁、星柔、岌巴、榜鹅、加东勿洛、交通、张亚其）公司的一千七百余名工友于是日早晨七时半起至八时半止，闪电罢工一小时[47]，抗议华人巴士车主公会无理拒绝十三日与巴联谈判及不接纳巴联提出的五项要求。

十五日，巴联因鉴于资方态度仍极强硬，又实行总罢工一天[48]，而是时恰为电车工潮进入第五十天，所以在约四千五百余名电车工友与华人巴士工友总罢工之下，市内与郊外交通，全陷入麻痹状态，数十万市民的交通，只得靠德士车，三轮车及霸王车维持，一部分公务人员及工人雇用罗厘车上工，车辆注册局也特备运载学生上学罗厘车，但仍有甚多学生缺席或迟到。

该日，虽然劳工部邀请劳资举行谈判，而巴联同意收回以前提出的五项要求，只有郑古悦巴士公司必须于廿四小时内单独与巴联举行谈判，这些要求而致协议，却为车主公会拒绝，反向巴联提出三项要求[49]

一、工联会必须接受车主公会于11月11日给予工联五项要求的答复，即只答应其要求的第五项。

二、以后不得有不经过警告手续便采取罢工行动的事情发生。

三、工联会须承认个别公司的行政权。

结果谈判不成，巴联因见市民由于巴士罢工而蒙受极大的交通不便，于是决定16日复工，但车主却决定闭厂停业，因此，华人巴士车一时无法恢复川行，只有星柔（从新加坡至新山之直透车）、张亚其（乃川行于军港内）此两家公司非属车主公会之会员，交通巴士公司虽属车主公会之会员，但因其路线乃以武吉智马七条石美世界起，经过裕廊律至亚历山大军营一带，故派车辆行驶[50]。劳资双方态度的极坚决，各华人车主决定不出车甘愿蒙受资产方面的损失，工人也决忍痛挨饿，束紧裤带，与车主周旋到底。

19日，巴联让步[51]，正式向劳工司尼罗氏建议设立劳资联合咨询委员会，负责处理各巴士车公司排工，雇用新工，工资及其他服务条件等问题，劳资双方在劳资咨询委员会调解失败之前，不得单方面采取任何法律所允许的行动。可是车主公会仍坚持只要工联会肯接受公会的三项条件，又无条件复工，车主才准备结束闭厂停工办法，否则，公会方面已不打算与巴联会举行任何谈判，故对巴联会所作任何建议，故不欲考虑。

21日，社会知名人士中华总商会黄奕欢，曾向劳资双方试探遵循谈判途径解决纠纷的可能性[52]，却不果。

22日，华人巴士车公司宣布凡于11月15日暴动“抗议罢工”[53]的巴联属下一千六百余名会员概以自动辞职论，各巴士车员工，如欲自动复工者，须于22日起，至29日止之一星期内，个别重新办理登记手续，并完全同意资方提出的三项条件，巴联根据巴士车主以前所作之类同企图所得经验，而认为巴士车主出此举，乃表示工友若拒绝申请，则将被辞退，车主则雇用新工，于是工友除决定拒绝车主的动议外，并函请政府不要发执照给资方所拟雇用的新工，九十五工团工作委员会也声明支持巴士工友斗争。

25日，巴联再建议由政府设立仲裁机构处理仍不为车主接受。

30日[54] 车主公会基于：

一、车主所接到的个别登记复工申请当中有一张画有手榴弹，另一张则剪下报上刊登最近在印度孟买发生暴动烧毁巴士车的照片，车主公会认为此乃对于各车主生命财产的一种威胁。

二、车主方面每日在巴士车川行准证，车辆保险与贬值方面的损失，总共约达七千元，如果车主将巴士车川行准证交还与车辆注册局，则每日可省回约五千元之额。因此十家华人巴士车主已决定将各公司巴士车川行准证无限期交还车辆注册局。

12月1日，劳资双方代表在劳工司举行谈判[55]，争执未解之焦点在于仲裁问题，资方坚持在咨询委员会谈商失败之后，应立即提交仲裁机构处理，而劳方则反对强制仲裁反认为咨询委员会应尽力设法解决纠纷，万一真的无法达到和平解决，才考虑诉之仲裁机构，否则，事无大小，资方均可以咨询委员会调解失败为理由，提交强制仲裁，如此一来，工人所赖以保障生活的罢工功能，将失去效用，劳方并认为仲裁法是有关职工会基本问题，故必须征得各职工团体意见之后，才能同意付诸施行。但主要构成劳资谈判陷入僵局的是车主方面又于3日[56] 另外提出要求开除及调职的一百名车主所认为"捣乱分子"的工友，即席为劳方代表所拒绝，因此双方只得各自寻求和解途径复可重开谈判。

6日，车主原决定于日内由申请复工之工友先行出车[57]，后因巴联提出抗议，车主有所顾忌，而没有实行。

8日，车主公会又将1955年11月颁布的劳工法令（Labour Ordinance）[58] 问题卷入，此新劳工法令所规定于12月1日起实施，可是在这期间，由于十家华人巴士公司因劳资纠纷无法解决而停顿，所以还未执行。但研究结果，认为此法令对公司组织服务上和额外薪金与福利上，将产生急剧之影响：

在新劳工条例公布实施以前，新加坡华人巴士车公司行车秩序，多分为一班或两班工作制度，工友的工资，是以工作班次计算，休息或个别请假，概不给工资或其他津贴（病假除外）所以各巴士车公司能够雇用最少的雇员来维持各线的巴士行驶，雇员也因多工作时间机会，领取较多薪津，每周大约工作七天，工作时间约至七十小时，有者甚至要求工作到八、九、十小时以上。

按新劳工条例，规定工友每日工作不得超过八小时，每周只准工作六日，工作时间不得超过四十四小时，每周享受全薪的休息一天，公共假期工作双薪，年终例假及病假等领薪，而额外工作及假期工作的薪津又倍半薪津计算，这种新规定，即每一工友一年间的领薪休息，实际是一百廿五天，或等于一年的三分之一，兹列表证明之。

普通周假：52天

周期半日休息：（即工作四小时者）26天

公共假期：12天

每年年终例假：1天

规定每年有薪病假：28天

也等于有四个月零五日的有薪假期，设若以每年三百六十五日计算。工友每年只须工作二百四十日等于八个月工作，所以使各巴士车公司在新劳工法令下将增加33%之支出。

而欲向运输委员会提出前削减雇员之薪金，增加票价[59]，和重新于12日公布新的薪金率，并通知工友愿意接受可自由申请复工，否则将招募新工代替。巴联认为这是车主公会有意转移社会人士视线，避开劳资纠纷问题不谈而藉口劳工法令的实施，影响到公司的财政及营业乘机减薪，并达到雇用新工，破坏工会的目的，结果使得劳资争执愈难解决。

19日，政府提议组织调查庭来处理[60]，后来因为有人民行动党武吉智马区立委林清祥，民主党中峇鲁区立委陈威廉积极干旋而无法成立，至27日[61]，双方获得谅解，并签署一项结束纠纷之协议合约：

(一) 工会同意保证今后不采取闪电罢工

(二) 工会同意尊重各公司之行政权

(三) 双方取消十一月八日及十一月十二日所提出五项要求及答复。

(四) 有关今后纠纷处理方法：

1 由各公司组织一劳资协议会，该会须由该公司执事及服务于该站工友组成之委员，劳资双方占半数。

2 由公会与工会组织一劳资咨询委员会委员劳资双方各占半数，而主席由立法议员陈威廉先生担任之。

3 各公司所发生之劳资纠纷应交于劳资协议会处理，若劳资协议会不能解决之，该纠纷事件应交予劳资咨询委员会处理，若劳资咨询委员会仍不能解决之，由双方邀请德高望重之社会人士调解之，若仍不能达致协议，双方可采取行动。

(五)有关新劳工法令问题：新劳工法令颁布后，双方同意按照该公司原有劳资合约所规定之条款实行之，并根据新劳工法令有任何变改，双方须同意，调整目前薪金率及工失即制度使到资方不受损不增加各公司原有工资常年总支出及不减少工友原有总收入之原则下实施。

(六)有关开除工友问题，经公司同意收回再予雇用由调解人及工会保证负责督促此批工友照常工作，并遵守公司之工作纪律而劳资亦不得存有成见藉故开除之。若双方有违此约，则交由劳资咨询委员会处理之。

(七)劳资合作原则，为促进双方合作，公会今后应照顾工友福利，并督促其会员与工会合作，而工会亦须负责督促其会员照顾资方营业遵守公司纪律。

(八)此合约字有效期限为一年，由签约日计起，于是罢工了四十三天[62] 的华人巴士车公司又恢复川行，同时还负起自9月27日起[63] 已持续九十余天，仍未解决的电车罢工期间的市区服务，至1956年2月16日电车公司劳资纠纷圆满解决，由于各公司延长路线；工友工作有较繁重，而公司利润增加，于是纷纷要求临时额外津贴，劳资间就因此事而争议，还好经过一番舌战后，都达致协议，至此其他的劳资争议计有：

1956年—劳资争议		
争议事件	时间	争议结果
因与绿色巴士公司有特殊关系的计票员殴打售票员事件，劳方认为公司之处置不当	4月12日	资方重雇该售票员(注一)
郑古悦巴士公司排工问题	4月12日	达致协议，三日内实行调整工作。(注二)
巴爷礼峇巴士公司工友要求改善待遇	4月27日	资方答应（注三）
因5月27日，福利巴士公司有一特权查票员，藉故与一工友发生口角、并动武，以致双方俱伤，公司于6月5日停止该工友之工作，引起工友不满，于是日下午六时起，全部停止向搭客收车费。	6月5日	该九日会谈谋求解决(注四)
张亚其站工友向资方提出改善生活之要求	7月	经两度谈判，双方遂获得圆满协议（注五）
福利巴士公司因8月18日有四位超级查票员同时上一辆巴士车进行查票，是不合正常查票办法的，且不将工友犯规案，交由劳资犯规小组处理，而在工作时间内发生争执，前往报警，为工友所不满，决定于23日抵制超级查票员。	8月23日	劳资双方谈判后解决(注六)

资料来源：
注一：《南洋商报》，12-4-56
注二：《星洲日报》，13-4-56
注三：《南洋商报》，28-4-56
注四：《南洋商报》，6-6-56
注五：*Straits Times*，9-7-56

1956年9月开始，由于政坛上起了变化，所以职工运动也跟着受其左右，学运和工运人员便一个接着一个被逮捕。数间社团也同时被封，尽管抗议的产生，封闭各业，密驼律集团工运人员几乎全被逮捕。11月巴联的主要负责人，诸如：总务方水双、副总务蔡宗林、主席庄焕庭、副主席杨祖金，宣教主任林有为、秘书陈世谥、林兆明、屈志明等人也无法逃脱魔掌，使得巴联陷于半麻痹状态。

巴联受到这次严重打击后，巴士车主立即改变态度，尤其是福利和郑古悦两家巴士公司乘机报复，开始反攻，而发生劳资纠纷。

这两家公司沿用过去的策略，利用由沈瑞生所领导的交通业工友联合总会，雇用新工，和巴联对抗。因此自十月底以来，福利、郑古悦二站工友被开除，无限期停工者达八十二名。虽然工友曾于1月间与有关资方提出要求收回所有被藉故开除及无罪获释之工友，回复彼等之原有工作，同时要求资方遵守劳资双方所签立之合约。结果均遭资方所拒绝。而且进一步否认巴联合法地位，以交通业工友联合总会[64] 取代之。

巴联之所以“罢工”，是不得已的，因当时新加坡大暴动，骚乱不安，因此停止出车，可是资方却诬指工友采取闪电罢工，且在1956年11月12日宣布废除1955年签订的劳资合约，被捕而又无罪释放的工友，政治部曾指示彼等可到公司报到工作，但是该批工友向公司报到时，却遭公司拒绝。因华人巴士车公会曾议决规定：“凡于去年十一月三日未报到复工之工友，概作自动离职论”，而那时，该批工友尚被关在狱中。

由于资方态度的强硬，于是工友决定以罢工行动对付资方，于3月27日发出罢工通知书。

4月10日下午5时[65] 为福利及郑古悦两巴士公司工友向资方呈递之罢工通知书属期，工潮之发生，有如箭之在弦，一触即发。时林有福由英国来电，劝巴联展期罢工时期，等待他返新后，才协助作合理的解决，另一方面在各方人士善意呼吁下，巴联联合会接受暂缓实行罢工运动。

4月18日，林有福接见巴联代表[66]，原订23日与资方谈判，遭到交通职总所阻。因交通职总认为巴士公司既已承认交通业联合总会为公司工友代表，就不得另与巴士联举行谈判，会谈陷于僵局。

初期，由于交通业工友联合会与巴联彼此所站的立场不同，互相攻击，破坏了个别争取工人利益，必先谋工人的大团结，之至理名言。这种局面之产生，乃受资方摆布，而工友们一时不察而被分裂。“蚌鹤相争，渔翁得利”这句话想通，就不会再作无谓之争夺，交通职总与巴联都是工友联合会，都是为了工友利益而斗争，因此实不应作肃墙之争，而忽略了真正斗争对象。因此5月9日起交通职总与巴联在劳工部（此时林有福已离新）的调解下[67]，共同争取资方收回被开除之工友，5月15日[68] 双方各派五人代表，组织一联合工作小组委会并邀资方于5月26日举行谈判，解决七个月来的劳资纠纷，却遭资方拒绝，资方的理由是两公司经已和交通业联合会签有合约，不能与另一工会之代表谈判，也不能与该包括“巴联”代表在内之联合小组谈判，若与之谈判，无异将被视为破坏资方与“交总”的签署之合约，何况该联合小组之组成，乃系该两工会间之事，其职权限于讨论两工会本身之事情，根本与劳资双方间之纠纷无关，于是两站工友召开联席会议，一致决定于5月27日[69] 下午五时起，实行罢工抗议。

资方提出警告工友若实行罢工，将根据政府实施劳工法令采取行动。可是交总因：（一）为市民交通利益。（二）该会与资方无纠纷事件发生，而不参加罢工，只以物质支持巴联两站工友，使得罢工工潮不至于全面爆发。由于警方戒备森严，所以罢工者秩序井然，两公司受到罢工之影响小，罢工失去作用。资方态度还是很坚硬，限罢工工友四十八小时内复工否则当弃职论。由于未能取得胜利，罢工者并没有前往报到。

6月1日，职总出面调解[70]，两公司考虑收回被解雇者，但因八十二名工友名单问题，而使得巴士工潮仍僵持着。8日[71]，资方对调解人表示名单中的57名不是经被法庭宣判有罪，就是乃受警方监视。因此两公司以其余的25名中遴选出8名（福利及郑古悦各录用四名）加以重新雇用。巴联同意将五月杪上诉失败，被判监六月的22名巴士工友，其中获释但乃受警方监视者四人，和已经领取津贴，愿意离职的工人名字删去。余下的53人坚持公司必须全体重新雇用，由此可见劳资双方在这问题上所持意见距离甚远。

巴联呼吁华人车主公会主席庄为麟出来调停，但两公司反对，企图将罢工事件卷入政党竞选之漩涡，而造成政治斗争之事件。因是时庄为麟当丹戎巴葛区补选自由社会党之候选人。14日，车主公会召开大会[72]，并没有完善的建议。因此巴联属下十二家华人巴士车工友决定先展开抵制运动，这获得卅二工团之支持[73]，还号召社会人士响应。

由于杯葛行动影响两公司之营业，资方便提出三点意见[74]。

一、巴联如表示诚意，接受和平解决，必须保证无“掷石块”与“割车垫”之事件，频频发生，避免发生意外与无谓之损失。

二、巴联在报端发表紧急会员大会，呼吁各工团工友，抵制该两站巴士车；为何罢工工友，每年均搭乘该两站巴士车免费到工场去？这点应立刻纠正。

三、17日，巴联代表向代理劳工司长部郭亚来表示，愿意继续请他和职总务汪亮星两人为调解人。但18日的声明中，又要车主公会主席庄为麟出任调停。这点矛盾应予纠正，应先决定何人调解，然后始行商谈。

表示巴联先接受上述数点，始愿与巴联谈商。但不为巴联所赞同，经调解人落力干旋，至21日[75]，资方始答应：

(一) 两资方同意从38名工友选出十二名，剩下的26名工友，资方每名给与恩津二百元。

(二) 其余四十名工友，两资方仍拒绝考虑。

可是劳方认为具体办法应是：

(一) 收回四十八人（福利30人，郑古悦18人）

(二) 收回或津贴可作折衷解决的11人。（福利10人，郑古悦1人）

(三)因上诉失败而坐监的19人（福利7人，郑古悦12人）另行折衷解决。

故工潮欲解决仍相当困难，于是巴联建议设立仲裁庭，资方拒绝，并限罢工者二日内个别申请复工，否则将聘请新工。

7月3日，在首席部长林有福调解下，资方愿与巴联至劳工部谈判(76)，9日，双方第一次接触(77)，18日，劳资继举行第二次商谈(78)，在会议上资方突然变卦宣布取消过去所谈的条件，并开除所有罢工工友，造成谈判陷于僵局。19日凌晨五时余，两站罢工工友各自在所属的站采取挡车行动(79)，约一小时左右，在警方的镇压下，始化险为夷。解散后两站的罢工工友先后集体步向劳工署，并向劳工部长请愿。此事引起交通业工友联合总会改善态度；不想再像过去那样，为资方利用之作为对付工友的招牌。同时，还指责资方的行动是完全不合理的。并要求资方收回所有罢工工友，否则将采取行动来对付。

后来在劳工部继续干旋下，劳资双方展开会谈。双方争执问题仍为工友去留人数，结果谈判破裂，巴联要求首席部长运用权力主持公道。此建议为林有福接受，于29、30日个别与郑古悦和福利资方商谈，无果。政府拟设调查庭处理，但却迟迟未决。于是巴联于8月19日召开工团大会，商讨解决的秘方。20日，郑古悦劳资谈判圆满解决，结束了87日之巴士工潮，至于福利工潮则要到9月17日才解决。

1958年，巴联着重于提高巴士服务水准和逐步重振工会的组织。

从上述廿世纪五十年代华人巴士劳资关系，我们可以看出：

一、一个工会抑多个工会的问题—廿世纪五十年代，三次严重的罢工事件的导火线皆来自“一个工会”抑“多个工会”的争执，华人巴士公司因有二个工会，所以对工会所呈罢工通知书，不加理会，这自然引起原有的工会组织为了不受到破坏而展开斗争行动，其实这种争执是落伍的，在同一事业同样工作而成立两个以上的职工会，对工人自然不利，对雇主终究也是不利的。英美各国劳资关系史上的先例比比皆是，由于事实的教训，最大多数企业，均采用一个工会的办法，为何新之职工会不向先进国家学习呢?

1955–1957年新加坡华人巴士所发生较重要之工潮表

劳资争议之核心矛盾	发生工潮资方宝号	开始罢工日期	罢工停止日期	涉及工人数目	损失劳工日	最终解决方法
要求加薪	巴爷礼峇	1955年2月27日	2月28日	160左右	160人日	劳资谈判
一个工会抑是多个工会	福利	1955年4月25日	5月16日	300多名工友	6600人日	强制仲裁
一个工会抑是多个工会	十二家华人巴士公司	1955年11月15日	12月27日	1700多名	72100人日	议员干旋
一个工会抑是多个工会	福利、郑古悦	1957年5月27日	郑古悦 8月20日 福利 9月17日	400余名	郑古悦 约为4万人日 福利 约为5万人日	强制仲裁

二、逆潮流的殖民地劳工法令—劳工法令之制定本质上是为改善劳工生活，并维系劳资间应有的态度。不过，法令须随着局势的发展而有其伸缩性。可是廿世纪五十年代的新加坡劳工法令已无法达致法令原有的宗旨。因为本坡政府仍执行英宗祖国过时的劳资纠纷法令，而该法令，英国于1927年颁布，1946年工党政府执政时，已将至取消，而新加坡则因此过时法令而妨碍了本地职工运动之发展。不利工人之法令层出不已。诸如紧急法令限工友们发出十四天通知书之后才能罢工，这给予资方有时间以大量资金雇请新工代替，而不受罢工之威胁。而劳工纠纷法令又不准他们阻碍工厂门口的出入。更使工友的和平罢工行动受重大的限制和打击，这是非常不民主的，如此资方的利润照常获得，当然对工友的罢工视若无睹，罢工等于无济于事。此外由于劳工法庭多是殖民地官员，使得仲裁制度未能为雇主与雇员间所信任，以达到真正维护双方之利益。因此在个别劳资之争执，诸如福利事件，其强制仲裁结果也同样未为双方满意。这些不合理的法令，一直到新加坡自治后始废除。

三、警方对职工运动的处理手段不当—本世纪五十年代，新加坡工潮起伏；但警方未能公平处理，如对华人巴士公司的劳资纠纷，其所采取的行动并不合理，至今本已不满的工友情绪更加高涨；同时引起舆论界，社会人士的议论纷纷。罢工是工人为争取生存之不得已之行为、由职工运动之立场言，本为合法之行动。警察仍是政府整体中之一支。因此，站在法律上，道德上均应尊重职工运动，此乃其义务与责任，决不宜以武力驱散罢工工友。

四、具有政治色彩的华人巴士劳资纠纷——1950年代，正当新加坡政治改革声中，因此职工运动除了领导工友们进行经济斗争外，还积极团结工友们了解现实，以进行政治斗争，巴联自然也不例外，自从1954年经过内部改组后，就一直接受左派工运者领导。因而使得华人巴士劳资纠纷愈复杂，原则上，虽然有若干职工团体或职工领袖加入政党，但在工人阶级利益之大前提下，不应计较其政党背景，至于对各政党之态度及立场，只要那一个政党能为工人阶级谋福利，就给予支持。时工会的强弱也随着政治而起伏不定。

五、新加坡各工会彼此间互相照应——当华人巴士公司劳资纠纷决裂后，除了有关公司巴联属下的巴士工友或巴联属下的全体工友罢工时，其他职工团队、学生、同情该工会，望其罢工胜利，而给予物质上，精神上之支持，如1955年5月10日巴联收到的捐款达五万元(80)。

六、华人巴士交通行业还未被政府视为重要服务部门—其实就是殖民地政府的一贯态度，让华人经营的行业自生自灭。故此，为华人巴士公司劳资产生纠纷时，政府并不积极加以解决。

七、帮派色彩仍然存在——这期间华人巴士公司内帮派主义之色彩仍然很浓厚，诸如1955年福利巴士公司的超级查票员，皆为清一色之福清籍贯人士。

六、1959–1971年华人巴士公司的劳资关系

1959年6月3日新加坡自治，工运也随着这新的政治局势的出现而重新活跃起来，方水双、陈世鑑获得释放，双双回返巴联，方水双担任巴联的顾问，陈世鑑则任秘书长。

工会积极的把那些还有参加巴联的工友组织起来，然后争取福利和郑古悦二巴士公司承认巴联。并停止和黄色工会（意思是指新的组织乃在保护雇主利益，而非为雇员）……交总的一切过去关系。不久，交总因1959年9月11日实施职工联合会修正法案(81)。而于14日被吊销注册。故此，巴联组织壮大，便进一步与各有关公司谈判，逐步恢复因工运时被公司无理开除的工友的职位。

于1960年9月通过工业关系法令（Industrial Relations Ordinance）(82)。巴联就据此法令与各公司达成协议，实现了：

一、全面实行劳工法令。

二、调整花红。(83)

此外，依循政府之统一政策，采用新职工会法令时，发动一项行动，组织“新加坡陆上运输工友联合总会”，于1960年1月20日获得注册，但于5月23日被政府封闭。

1961年，追得雇主于1960年以前未实行劳工法令之补偿金(84)，又和各巴士车公司签署合约，劳资关系大大改善，由于巴士车工友和公众接触频繁，和搭客发生不愉快的事难免会有。巴联为改善工友与搭客之关系，而和许多巴士公司，诸如绿色、福利、岌巴和漳宜等公司成立劳资协商会，专门处理服务纪律和工友福利等问题，改善行车秩序。

1961年6月，新加坡职工运动分裂，职总遂告解散，巴联出现左翼集团。于8月16日，组织成一个叫做“新加坡职工会总会”—沙都（Satu）。巴联积极地支持该项运动，终于成为“沙都”工团的会员。

1963年2月，方水双与陈世鑑又被捕，同时警方也到巴联搜查与驻守，新加坡职工会注册官在8月28日发出通知书[85]，吊销巴联。工友们有的加入新加坡劳工暨商业职工联合会，有的加入新加坡职工联合会，至1964年3月底[86] 劳商首次代表属下三家巴士车公司（郑古悦、岌巴、加东勿洛）工友向有关公司提出要求签署新合约；以改善待遇和工作条件。经过漫长的劳资谈判始获得圆满的解决。1968年政府吊销“劳商”，自此工友都归入新加坡工业职工联合会。

注释

1 此年代是曾铁忱著《新加坡史话（第二集）》，嘉华印刷有限公司出版，1967, P. 56。
2《南洋商报》5-7-51。
3 新加坡中华总商会《经济月报》，范叔钦“新加坡的劳工”，P. 18，1968年11月10日出版。
4《1948-62巴联十四周年纪念刊》，巴士车工友联合会出版，1962年6月22日。
5 潘醒农编著《新加坡指南》，1958年12月第六版。
6《星洲日报》，1-2-51。
7《南侨晚报》，22-1-49。
8《南侨晚报》，7-7-50。
9《星洲日报》，15-9-50。
10 同上，2-3-50。
11 *Annual Report of the Vehicles Registration Department 1959* (City Council of Singapore), P. 2.
12《经济月报》，P. 19。
13《南洋商报》，11-5-53。
14 同上，28-10-54。
15 同上，3-7-51。
16《星洲日报》，31-7-51。
17 同上，1-2-51。
18《南洋商报》，1-2-51。
19《星洲日报》，11-1-52。
20《南洋商报》，5-5-51。
21 根据调查所得。

22《国际时报》，1969年9月再版，P. 27。
23《中兴日报》，7-11-55。
24《南洋商报》，28-10-54。
25《中兴日报》，30-1-55。
26《南方晚报》，12-2-55。
27《新报》，15-2-55。
28《南方晚报》，28-2-55。
29《新报》，5-3-55。
30《中兴日报》，26-2-55。
31《新报》，24-2-55。
32《南洋商报》，10-3-55。
33《新报》，12-5-55。
34《南方晚报》，7-4-55。
35《星洲日报》，19-4-55。
36《南洋商报》，26-4-55。
37《新报》，30-4-55。
38《南洋商报》，6-5-55。
39《星洲日报》，6-5-55。
40同上，6-5-55。
41《南方晚报》，7-5-55。
42《南方晚报》，9-5-55。
43《新报》，12-5-55。
44《南洋商报》，12-5-55。
45《星洲日报》，23-5-55。
46《南洋商报》，13-6-55。
47同上，18-6-55。
48同上，8-11-55。
49同上，14-11-55。
50《星洲日报》，15-11-55。
51《南洋商报》，16-11-55。
52《星洲日报》，17-11-55。
53《南洋商报》，19-11-55。
54同上，22-11-55。
55同上，23-11-55。
56同上，25-11-55。

57 同上，30–11–55。

58 同上，2–12–55。

59 同上，4–12–55。

60《星洲日报》，7–12–55。

61 同上，9–12–55。

62–66　无注。

67《星洲日报》，13–12–55。

68 同上，20–12–55。

69《中兴日报》，28–12–55。

70 *Straits Times* 28–12–55。

71《时代报》，1965年1月1日，P. 11。

72《南洋商报》，10–1–57。

73《星洲日报》，9–4–57。

74《南洋商报》，19–4–57。

75《星洲日报》，8–5–57。

76 同上，16–5–57。

77 同上，25–5–57。

78《南方晚报》，1–6–57。

79《星洲日报》，9–6–57。

80《南洋商报》，15–6–57。

81《新报》，16–6–57。

82《南洋商报》，19–6–57。

83《新报》，22–6–57。

84《星洲日报》，4–7–57。

85 同上，10–7–57。

86《南洋商报》，19–7–57。

87《新报》，20–7–57。

88《南洋商报》11–5–55。

89 所谓修正法案，其宗旨是在将新加坡职工总会统一地，健全地组织起来，以维护工人的切身利益。《南洋商报》、《新加坡一百五十年》P. 55。

90《济月刊》，P. 19。

91《南洋商报》，22–4–60。

92 同上：14–2–61。

93《新加坡一百五十年》，P. 468。

94 同上，p. 465。

95《星洲日报》，7–5–64。

第六章

巴士与社会人士及其他交通行业间的关系

谈及行在新加坡，可说具有最悠久的历史行业，从莱佛士开辟新加坡以后，人民就注重于交通工具的建筑，从早期的马车及牛车，发展至有人力车、火车、汽车、巴士等无不积极的改善其交通系统以便利其人民的通行，从而促使本埠的商业更加进步。

今日，新加坡所有的公共交通行业（巴士、三轮车及德士）对于本地人民服务效率是相当高的，虽然期间有许多矛盾存在，但我们生活于这个社会中，衣、食、住、行是与我们脱离不了关系的，尤其“行”乃是主要的动力。

据1968年的估计，在全新人口中，乘搭公共交通约占64%，其中乘搭巴士的就占了42%以上[1]，由此可见巴士为公众人士所不能缺少的交通工具，还有，巴士同行业之间及其他有关的交通业（德士、三轮车、及私家车）关系是互相维系着的，由于本身的条件再加上政府的决策，使它们有了差异的现象和发展。

一、与社会人士的关系

巴士行业与公众人士的关系相当密切，即搭客上车，由它从一地载至他处，缴交车费给售票员，此为最单纯的社会关系。

公众人士来回郊区和市区之间，常利用这些交通工具，而这些工具，也就是为应乘客的需要而产生，公众对它的期望是安全、方便、价廉、准时、及舒适为要，其中准时即指巴士是否能按照规定班次开行和到达，均为人为环境及设备有关，如果工作人员合作无间，环境（天时）无不良情形，生产工具设备优良，则运输业务必可做到经常与准时两事，此外，今天，客运巴士车座位亦极为舒适，但在这么多项之中，搭客最重视的乃票价一项，所以巴士服务不断的改善来满足搭客的要求。

二、与其他交通行业之争

过去由于巴士服务太差，特别是乡村与市区间的交通，而德士之服务未能满足需求，甚至市镇方面也缺乏通盘的交通系统以致霸王车乘机崛起，获得生存的根据，提供快捷、利便、安全的服务。尤其是1955年当电车公司和华人巴士公司发生工潮后，促成霸王车满街跑甚至老爷车也出来捞钱，搭客如云，生意隆盛，每日要赚十几块钱易如反掌，据白皮书估计，公众人士每天在公共交通方面所付的钱不少过一亿两千万元，而霸王车就抢去了两千万元之巨(2)，难怪当华人巴士公司联同电车公司向政府大声呼吁消灭霸王车，增加巴士的川行路线。

至于三轮车和德士，虽然霸王车已被消灭都不足以与巴士竞争。

三轮车的兴盛时代是在1947年，时有九千多辆三轮车，至今只存几百辆在川行着，但随着德士及巴士的增加，有趋向于被淘汰的恶运。这主要是因为它本身的落伍，其价格、速度以及舒适方面都不如巴士及德士，以价格来说，往往三轮车所收的费用比巴士和德士来得贵，短短的路程就要几角钱，若兼载东西，则要上元，如果顾客认为搭巴士不便，而改乘德士的话，顶多也不过是几角钱，这样顾客当然是要乘德士而不坐三轮车，以速度来说，顾客为了要赶时间也都乘快捷的机动车、三轮车毕竟是人力踏的，要踏上几哩的路程是非常困难的，故顾客宁可改乘德士或巴士。

至于舒适方面，三轮车也不是德士、巴士的劲敌，三轮车座位是木板作成，盖上帆布垫，下雨天时，比巴士和德士更不方便，易被淋着且帆布遮盖，密不透风，再加上，在虎口似的马路上奔驰，车身又无铁甲保护，格外危险，一些有识者都不敢光顾，使三轮车面临着严重的考验。

在巴士未改组之前，三轮车的命运是如此，至巴士改组后愈加缩短其寿命，而德士本来可与巴士一争长短，但基于种种的客观因素，如巴士改组后，价格调整，由每哩四角增至六角，以后每半哩增二角，其车资似乎是上涨至十五至二十巴仙，增价原因是由于政府“三万”的罚款所增加（由最低二十元起至五十元），物价高涨，车租一连串的起价，另一方面是德士车辆数目激增，旧有的德士面临另一种不同的颜色（蓝色）之 N.T.U.C 德士的竞争。

但是，尽管 N.T.U.C 一千多辆出现后，同行间之竞争自然更激烈，然未如巴士大改组对之影响极大也！

自今年四月十一日起，巴士交通整顿后，据德士司机协会报导有70%德士受到影响，收入方面每人日班减少30%以上，夜班减少收入20%以上，主要是种种限制，使得德士吃不消，例如一些主要道路上之德士车站也被革除，而改为巴士车站，如国家图书馆前之德士车站，一些主要道路有二段时间（上午八时至十时，下午四时至六时）不准德士载客与下客，如乌节路，使得德士行业面临相当严重的挑战，其次，由于巴士改组后，巴士交通线遍布全国各角落，纵使有转车现象，然最多是二次而已，一般上，都有直透目的地，同时车资远程便宜，加上巴士服务效率提高，非德士可同日而语，因此造成大多数人不愿搭德士而改乘巴士了。

注释

1《南洋商报》，13-5-70。

2《南洋商报》，24-7-70。

第七章

结语

一、扮演角色

我们将持着两个角度来分析华人巴士公司所扮演的角色：一为在华人巴士公司中福莆仙人所扮演的角色，另一方面是与西方资本经营的新加坡电车公司较量下所扮演的角色。

福莆仙人南来之前，在故乡里，多属于贫农、中下农，即大部分是劳动阶层人民南来原因与其籍贯人士大同小异，其中以经济和亲属关系为主，由于南来较其他籍贯人士迟，因此抵新时，较“高尚”和有“前途”的行业已为福建、广东、潮州人所操纵，在无法涉及他籍人士行业及自身条件限制（即赤手空拳、又目不识丁）的情况下，惟有出卖体力从事其他行业人士所鄙视而且辛苦的交通行业—拉人力车、三轮车、驾德士、巴士、稍有积蓄则经营脚车、汽车零件，与车行结下了不解之缘。

根据我们调查结果发现自1919年开始有华人经营的罗厘巴士车，而从事这行业者，多是福莆仙人，后来且纷纷组织公司。至于营业扩充所须的劳动力也多援引同乡，结果就产生了血缘性、地缘性和业缘性的帮派主义色彩，换言之，战前福莆仙人是华人罗厘巴士车行业的开创者，执巴士交通行业的牛耳，还起了领导的作用，以后其他籍贯人士才随着踏入这行业。

由战后到目前为止，福莆仙人在巴士行业中一路来都居于优势和重要的地位，这显示在他们公司所拥有的车辆数字：

1954年，福莆仙籍人士拥有236辆巴士车，此数目乃居华人巴士车辆之54.48%，（见表一）其次巴士的款式也较大型，这可能是因为他们首创此行业，所申请的路线较好，也最能沾到其利润，故此，资本雄厚，购买力强，巴士容量得以不断的改善，例如能坐45–46个人的巴士有11辆，而其他籍贯人士还未拥有，不过，潮州人、福建人的巴士公司也在不断的扩充营业，特别是郑古悦巴士公司到了1954年已拥有109辆巴士车。（见表二）

表一　1954年华人巴士公司所拥有的车辆数目表

籍贯	福莆仙人（漳宜、绿色、福利、岌巴）	其他籍贯人（潮州、福建）
车辆总数	236	199
占总华人巴士车辆之巴仙率	54.48%	45.74%

资料来源：根据车辆注册局1954-59的年鉴统计出来的。

表二：

Public Omnibuses (Chinese companies) as at 31st December,1954

(附于下页)

至1959年福莆仙巴士公司所拥有车辆的数目仍超过其他籍贯人士而为332辆，占58.24%，所川行的路线仅是二条之差，福莆仙人获得川行26条路线，潮州人和福建人则有28条路线。（见表三）

表三　1959年华人巴士福莆所拥有的车辆数目表

籍贯	福莆仙人	其他籍贯人士
车辆总数	332	238（注一）
占总华人巴士车辆之巴仙率	58.23%	41.77%
路线	26	28（注二）

资料来源：

注一：Singapore Vehicles Registration Department Annual Report,1959, P.15

注二：潘醒农编著，新加坡指南，1958年12月第六版，南岛出版社，P.17

1969年的情况仍与上述的相差无几，没有多大的变化，福莆仙巴士公司有440辆，占52.96%，其他籍贯人士则为391辆，占47.03%，不过，在与1959年比较下，其他籍贯人士的巴士公司在车辆数目的增加较福莆仙人来得迅速。

表二　PUBLIC OMNIBUSES (CHINESE COMPANIES) AS AT 31st Dec,1954 P.14

BUS COMPANIES	Seating Capacity																															TOTAL BUSES	LICENSED SEATS	LICENSED STANDING	TOTAL LICENSED CAPACITY
	13	14	15	18	19	20	21	22	23	24	25	26	27	28	29	30	31	32	33	34	35	36	37	38	39	40	41	42	44	45	46				
GREEN Bus Co LTD						1	4		1			1	4		1	9	1	9	1		4	4	7	4	4	11	1	2		3		73	2490	807	3297
Tay Koh Yat Co Ltd	1	1	1	1	1	26	5			12	2	2	7			1	6	1			2	11	2	7		7	6	6	1			109	3199	877	4076
Hock Lee Amalaqmated Bus Co Ltd				3			1		2		1			13		11	7	13				2	3	1		6		1		2	4	70	2203	749	2952
Changi Bus Co Ltd						12			7		6			2		6		6		2	6	5		3		8				2		65	2022	589	2611
Keppel Bus Co Ltd							1		1		2	2	2						1	5	3	7	4									28	908	288	1196
Katong Bus Co Ltd						2	1	1				1	1				5			1	1	4	4	1								22	677	211	888
Ponggol Bus Service					3							3				1	1	2				1	1			1						13	340	102	324
Kampong Bahru Bus Service																					2				1	9						12	495	110	605
Paya Lebar Bus Service					3	9	2												4	3	6			6	3							36	1117	274	1391
Easy Bus Co	1				1	1					4																					7	154		154

资料取自：S'pore Vehicles Registration Department Annual Report(1954-1959)

表四　1969年华人巴士公司所拥有的车辆数目表

籍贯	福莆仙人	其他籍贯人士
车辆总数	440	391（注一）
占总华人巴士车辆之巴仙率	52.96%	47.03%
路线	39	37（注二）

资料来源：
注一：Singapore Vehicles Registration Department Annual Report,1969, Appendix D。
注二：摘自新加坡公共交通整顿白皮书

如所周知，福莆仙县面积并不大，南来者自较他籍人士少，且非仅集中在新加坡，还分散到东南亚其他各国，且和其他籍贯人士一样，除了经营巴士交通行业外，还散布在各行业里，所以以这样小的人口数始终维持他们在巴士行业上的地位是不错的，同时福莆仙人为了行业的扩展，自较他籍人士提早冲淡帮派主义观念，吸收他籍人士以解决劳动力之不足，这种趋向从战后就开始，因此在他们的公司里福莆仙籍的工友也不多。

1971年巴士大改革十家巴士公司以区域性质合并成三家，更彻底的打破了帮派色彩，也因此，今日福莆仙人在巴士交通行业中所居的地位就陷于模糊的状态中，但若深入研究，合众、集合巴士公司仍以福莆仙人为首席董事，联合巴士公司则由福莆仙人和福建人平分秋色，无可否认，福莆仙人在巴士行业中乃具有其特殊的地位。

由上所述，我们不难看出福莆仙人在巴士行业中演变的历史：由战前的重要阶段到战后的维持阶段及今日不显明阶段。

非华人巴士公司即电车公司因电汽轨车公司经营失败而崛起，它的成立较华人的小型载客巴士车迟，由殖民地政府从上海请来，资本雄厚，组织严密，于是就成为新加坡公共交通服务中的天之骄子，获得殖民地政府无微不至的照料，相反的，却给予自力更生的华人巴士行业诸多拦阻，曾使华人巴士公司一度陷入逆境。

在电车公司组织之前，为华人罗厘巴士车业黄金时代，所以当电车公司成立后，即刻面临劲敌，而屡向政府投诉，政府开始干预经营Mosquito Buses的华籍人士，*如1933年自芬丽臣草坊即老巴风口（Finlayson Green）至后港巴爷礼峇（Paya Lebar），1934年丹戎百葛至牙笼间[1]，改由电车公司替代，1934年正式下令取缔华人巴士车在主要交通线上行驶，因此电车公司独揽了市区内的交通服务路线，1935年又规定十家华人巴士公司的川行路线及行驶时刻，由于车务局对小型载客车限止极严，使得经营

*诸如强迫他们组织公司，停止一些川行路线。

者感到这行饭难吃，而纷纷转事他业，因此，华籍人士所拥有的巴士车辆逐渐减少，而进入低潮，据《星洲十年》的记载，其递减的情形如下表：

年代	车辆数目
1928	456
1929	435
1930	420
1931	438
1932	424
1933	334
1934	353
1935	133
1936	140
1937	144

电车公司除藉殖民政府多方压制华人巴士公司的发展外，还与政府签订了“新加坡电车法”，据此法，该公司的特权包括：一、巴士服务执照局批准新路线，不得损害到电车公司的既得权益；电车公司所经营的路线，不论其服务效率如何，不得取消；对电车公司的路线，不得附加条件，亦免缴费用。二、电车公司的车辆豁免缴执照费，该公司只须付出总收入的五巴仙，及每辆车每川行一英里以两分计算的奉献，此数字计算起来比华人巴士公司在其领有执照方面所付出者为少。三、又拥有权力直接颁发执照与其司机及售票员，甚至有违法行为，车辆注册局亦不能取消其职业性执照。

但殖民地政府并没有下一道命令完全废除华人巴士行业，这是由于电车公司的车辆无法满足人民的需求，而且华人巴士快速又廉宜，这些因素使得它在新加坡早期公共交通服务中扮演着一定的角色，时车辆注册官还称赞道：“华人巴士在新加坡建立了一个很有用处的公共交通服务，并且很受市民的欢迎。”殖民地政府对待这两个来自不同资本的巴士公司态度之差异，造成了两者处于极端的矛盾中，又因华人巴士公司本身的缺点，四分五裂，自相残杀皆使华人巴士公司的地位较电车公司恶劣。

1945年，新加坡光复后，电车公司和华人巴士公司经过一番再接再厉的努力工作，又恢复了它对公共交通服务的力量，与战前的局面同，至1955年历时，103天的电车工潮可说是华人巴士地位的转捩点。政府不得不让华人巴士延长川行路线至市区以解决市民的交通服务，因这次的尝试，不仅解决市民的交通问题，还给市郊居民带来了巨大的方便。自此，政府放松对其严格限制，让华人巴士川行路线部分扩充到市区内，其次两者间营业扩展的速率不均衡；华人巴士公司要比电车公司来得迅速，这可能是因为新加坡郊区人口的增长结果，而华人又以经济的“土法”（闽语）来经营，在“穷则变，变则通”的原则下，尽量从简。但是司机、售票员的薪金一向来都比电车公司高，在1955年，电车公司驾驶员、售票员的工资皆为每日五元二角。在华人巴士公司方面，驾驶员的每日工资由九元二角至十一元一角，售票员由七元二角至九元一角[2]。在改革后，电车工资仍比华人巴士公司低，售票员每月180元，华人巴士公司则为246元。S.T.C. 司机每月200元，华人巴士公司300元。换言之，电车公司的售票员及司机的工资是较华人巴士公司低了35%及50%，而上述薪金尚未把超时工作收入计算在内[3]。

华人巴士利润较高，因此交通工具也得以不断的改善和加增，相反的，贵为新加坡最大之交通企业，拥有最繁盛市区路线，为其他巴士公司所不及的S.T.C. 却因奢侈的经营方式，最主要的是管理人才过剩（Over Management），职务分得太过精细，薪金高，工作时间少，在处理替工方面与华人巴士公司不同，没有排到工作也有钱领。此外，车的保养和检查制度良好，每个月要检查机器，所以修理费用高，S.T.C.职工超过400名是纯粹从事修理巴士工作，而十家华人巴士公司才只有600名。其次政府在各个地区开辟了住宅区后，组屋一间间地建起来，人口逐渐从市区中分散开了，因而削弱了它的资本。据1969年的计算，在这一年内，十一家巴士的车资收入总额超过四千八百万元，其中电车公司占一千七百八十万元，即超过三分之一，其余的华人巴士公司（付足资金三百一十万元）都获得相当可观的盈利，然而电车公司却亏蚀总数达五百七十万元（电车公司的付足资本为一千四百二十万元）[4]。此外并欠政府税款达二百三十二万一千八百八十二元，造成车辆与市区人口之增加不成正比，在这种情况下，华人巴士公司愈来愈显得重要。

至1970年，华人巴士公司拥有76条服务线，电车公司则有41条（见表五），直至1971年4月11日巴士大改革后，华人巴士公司与电车公司公平的展开竞争，为三家华人巴士公司步向全盛的时期，促进了民族资本获得更高的发展，甚至有压倒电车的趋势，至1971年12月6日起，S.T.C. 正式宣告关闭而将其车辆和路线出售予三家华人巴士公司。

表五

1970年	服务线（条）	现用	备用	车辆总数
华人巴士公司车辆总共	76	683	85	768
电车公司车辆总共	41	404	167	571
共计	117	1087	252	1339

资料来源：摘自《新加坡公共交通整顿白皮书》。

二、面临的困难

华人巴士公司所面对的困难可大别之为两部分：

（一）内部的矛盾

(1) 董事之间的不合作——俗语虽说得好："多人就好做事"，但尚若每个人都不齐心一致，而意见分歧的话，结果始终未能完成一件大事。就以巴士行业称，可谓为一庞大机构，由几个股东凑合资本而成，这些董事们，都各持其拥有的资格，有其发言权，当然这都是为着业务发展而利其言，成其言，但是万一那些董事们之间有明争暗斗的现象发生时，无论如何都会影响或相当严重地阻碍了业务的发展。

例如，人事部主任拟议要实现某一些计划时，但这些计划必须呈交给各董事批准，才能如命是从地去实行，现董事之间不合作，而使这拟议改换或甚至全部告吹。又如这经理发出一道命令但另一经理却反对，使得各部门无所适从。

根据我们调查获悉目前华人巴士公司里董事间不太和睦，有党派（Party）之分，这可能是因为每个股东受教育程度不同，对事情的看法也就不一，另一方面，是股东太多，大家互相推卸责任。

(2) 资金问题——巴士公司的资本家拿出资本，来购买大量的生产工具及取得大批生产原料，再以工友的劳动力来为搭客服务而得到应得的酬报，这些报酬在扣除了所赌注的成本后，剩余的就是营业上获得的盈利，再派上不同的用场。过去，家庭式的华人巴士公司可以随心所欲的处理，如拿来当生活费或扩充生意或兼事他业，但改革后，华人巴士公司可以说已步入企业化的阶段，资本就必须雄厚，才能有效促进业务的发展，诸如新型巴士车的购买，增雇劳工，专业人才……等等的庞大费用，在当前的情况下，是不能以分账式的方法来经营，即股东以其资本多寡，而取得生产中利润的若干巴仙投资其他行业，却不规定盈利中若干巴仙是作为再投资的资本，只是安于现状，这将使得巴士行业停滞不前，毫无发展可言，甚至因无计划来处理其将来的发展而会引致债务不清等问题丛生，造成资本周转不灵，所以在资本方面必须作出良好的控制。

(3) 权力的滥用——华人巴士公司，过去多由亲属掌握大权，股东以其资本多寡，各专营一个部门，在各部门内各股东又多安插其亲信，从中探听和监视其业务发展，造成各部门人事关系相当复杂。

由于裙带风的作怪，这些亲信在管理各部门时，多能从中"敲竹杆"，以榨取一笔，例如巴士车行驶时所须的汽油，董事就介绍由他的朋友的油站供应，该董事就从中取得若干佣金，无形中汽油价钱也跟着提高，再如，董事自己有开汽车零件公司的也可向公司伪称供应该公司巴士修理所须之零件多少又多少，然后向公司报假账，从中取利，在公司里那些与董事有亲属关系者多为优闲之辈，工作时间少，而领取高的薪金。

在未有票价制度以前，工友贪污的罪行很盛，但战后虽采卖票方式，有些售票员仍想尽办法以种种的手段，如在第一本卖完后，就卖假票，这些假票就与印刷馆勾结，但这方法很难，或捡起一角的学生票，再卖给其他的学生，有些更高明者在还未卖票前，先收0001号那张，而从0002开始卖起，等搭客下车后，再收集这些0002以后的票，然后重新以0001卖起，有的等学生们要到校时才收钱，匆忙之中无拿票……等，从中取得“外快”，于是设有查票员，可是他们监察时间有限，而且人数不多，给工友有机可乘。

查票员因为薪金不多，故检查售票员就不积极，甚至可以暗中偷票。

上述的种种皆无形中造成公司维持费用增加，影响公司的收入。

(4) 劳资方面—这是资方认为最伤脑筋的事，因为一个企业公司里，工友都是上千人之多，除了处理雇主与雇员的矛盾外，还得解决工友与工友之间在工作时间内所发生的纠纷，公司里对于工友的工作分配，是否均当，或其他芝麻小事等等都涉及公司的管理。

目前资方与劳方，还有工友与工友之间的关系是疏远的，资方拿出钱来请工友工作，工友前来打工，拿工资，若要打破这种局面，资方必须预备拨出一笔款项让工友提议工作环境需要改善之处，据我们调查后觉得目前每一家巴士公司里还未有规模较大，设备较好的餐厅供工友进膳，及一些设备给工友在休息时间内能够打发时间，诸如阅报室、乒乓室……等。

资方若处理不当，而引起不愉快的事件或工友闹情绪，工作疏懒，都是巴士行业发展的绊脚石。

(二) 时代的冲击

(1) 汽油的加价——世界上产油国寥寥可数，且产量并不多，可是消耗量却与时俱增，虽然许多国家都积极地去找寻、探测、但所能开采的毕竟有限，加上中东产油国多为大国所操纵垄断，因此产生供不应求的现象，由于这些因素，汽油昂贵，以后几年在意料中仍会不断提高其售价，也即是说巴士行驶所须的汽油成本在逐渐地增加中。

(2) 竞争越来越剧烈——华人巴士公司，过去由于S.T.C.特权的影响，被限川行于郊区，稍后才向政府要求始获准川行到市区内的部分地方，至于各华人巴士其川行路线是经划定的，因此竞争程度不大，但在巴士改组后，各华人巴士公司处于平等的地位，且于S.T.C.平分秋色，在同一条路线有几家公司的巴士川行，搭客选择机会大，这促进了他们彼此间竞争愈来愈剧烈。

(3) 现代化的要求——战前，“蚊子”巴士车倍受欢迎，然随着社会及科学的进步，人民对于生活和物质享受的要求也就越来越高，反映在巴士公共交通服务上则讲究舒服和快捷，又在人口增长的压力下，巴士款式由七人乘坐改为20人乘坐，再改为75人乘坐，这可以说是生产工具不断的改良以配合现代人士的要求，所以目前各巴士公司都纷纷购买新车，使得新颖的巴士供不应求，据新加坡公共巴士交通制度研究报告书所估计需要用1418辆巴士，此外，还需要预备另外一些巴士，以替补那些因机件发生故疑，撞坏，以及进行例常各种保养服务，修理等因不得川行的巴士，为了这一层，通常所接受的预多数目为10%，这么一来，要维持建议中的各路线服务巴士的总数，估计为：

川行各路线的巴士	1418辆
准备紧急之用的巴士	142辆
	总共1560辆

据车辆注册局所提供的资料，可供使用的巴士数目，到1970年12月31日止，估计为：

集合巴士服务（私人）有限公司（东区）	461辆
联合巴士（私人）有限公司（北区）	384辆
合众巴士有限公司（西区）	271辆
新加坡电车有限公司	426辆
	总共1542辆

在收入方面就收到部分的影响，不过这仅是过渡时期的现象，不久将消除。

(4) 服务之精神——巴士行业是为公众人士服务的，因此对其服务的精神的要求随着时代的演进，愈来愈高，以往政府并无硬性规定驾驶员和售票员须接受训练，只要公司认为满意合格，驾驶员会驾车就可以正式成为工友，至于他们如何对待顾客的态度，就置之不问了，因此这方面也就常为人民埋怨不已，纷纷投诉报章上或直接到巴士公司，希望改良其服务，故今巴士公司须增设调查委员会来处理这类的事情，巴士大改革后，车辆注册局也侧重于巴士服务之改良，如增设巴士车站，增加车辆往来之班次，硬性规定每趟车开发之时间，川行路线彼此衔接，减少搭客换车的麻烦，俾能迎合搭客之需求。

三、展望

早在战前，因为华人巴士公司之间的竞争很剧烈，一些负责人已高倡合并，但小农经济体系出来的华族移民所开创的巴士公司完全缺少了发展资本主义经济的主观与客观条件，诸如过分强调主权，利润不欲均沾，大公司怕小公司分利，小公司怕大公司并吞。战后，到了1955年11月7日[5]，电车公司雇员联合会和巴士车工友联合会又联名向运输委员会提呈备忘录，其中曾提及统一运输业所有权的问题，认为本地人拥有的巴士公司无一备有充足资源，以接管本岛所有运输业，唯有外资的电车公司有能力，但这对一个正在推向独立的国家，是不合理的，故建议在当时情况下，最好设立一个全岛性的公共机构，但不为华人巴士公司赞同，部分华人巴士公司却另外建议政府接收电车公司然后与华人巴士公司合并组织新加坡联合运输有限公司，以达到官商合营的目的，仅有福利巴士公司不赞成，该公司反建议分为三区或合并为三间公司继续营业[6]。至1966年3月间，巴士服务牌照局又提议把十一家巴士公司统合起来，但这些联营的建议，仅是空雷无雨。

电车公司的控制权从1964年开始已由英国方面转移到本地的董事，虽然此时电车公司还是具有某些特权，可是该公司营业每年都亏蚀，显然，它是否能继续执新加坡交通的牛耳，为大部分市民提供优良的交通系统产生了疑问，结果在1971年政府公共交通服务整顿政策下形成四家巴士公司：S.T.C.、集合、联合、合众共同负起新加坡公共巴士车的服务。

巴士交通服务大改革引起一些华人巴士公司资本家忧惧政府是否会将交通运输业收归国营。实际上，这是不可能产生的。

在上述的情况下，巴士交通服务仍归私人公司经营，一方面使这些公司能够在商业生存的基础上继续发展，另一方面，也确保他们有适当的竞争，避免陷于垄断专利。

但是仍有一部分华人巴士公司因受国营化阴影所笼，认为迟早都要被政府接管，何必那么卖力扩充营业，所以在大改革前夕，赚取的利润大家来平分，投资在其他行业上，而不再投资到交通业上，造成巴士服务调整后自然不及另一些具有长远、全面打算的华人巴士公司，早已做好充分的准备：增购新车、增雇工友、调整公司内部的组织和设备，故能分配到较有利和较多的路线，也最有能力购买于1971年12月6日关闭的S.T.C.巴士车辆及拥有其最多的路线，这可以从1971年12月4日《星洲日报》对有关三间华人巴士公司收购电车公司车辆的数目清楚的显示：这些S.T.C.的巴士车，集合购取大部分，二百一十八辆，联合巴士则购买一百五十五辆，剩余三十四辆由合众购取。至于路线方面，集合分得十六条，联合分得十四条，合众三条。

以目前三间华人巴士公司业务发展的情形来看，合众、联合两家巴士公司若能尽量革除营业上所面临的矛盾，那么新加坡的巴士交通服务会继续由这三间公司负起，相反的，不久的将来很可能实现1970年十一月澳洲专家R.P威尔逊在新加坡公共巴士交通制度研究报告书所作的建议：要达到最理想的巴士服务是尽量减少公司的数目，以求达到最终的目标把所有公司合并成单一组织，由单一业主所拥有，由单一董事会去管理。

华人巴士公司若随着时代不断的演进，其远景是很乐观的。

注释

1《星洲十年》，P. 249。

2《南洋商报》，10–12–55。

3《星洲日报》，5–12–71。

4《新加坡公共交通服务整顿白皮书》。

5《南洋商报》，8–11–55。

6《南洋商报》，25–11–57。

衷心鸣谢

理论联系实际之训练，才能算是真正的认识与了解，我们所修的“东南亚华人史”课程为了达到这目标，于是展开了对一些华族行业发展历史作学术性之调查研究。本小组负责“新加坡华人巴士交通行业”方面。

经过几个月的访问、整理、分析与编写，我们的报告终于面世了。

我们衷心感谢服务于华人巴士行业人士不厌其详的为我们叙述贵行业的历史，并提供不少珍贵的文献资料，供吾人参考。得到老师细心的指导，以及班上其他同学的热心协助，使我们的调查报告能够顺利完成。

最后，希望专家、学者、老师及同学们对我们的集体创作加以批评，指教和补充。

调查同学谨启

一九七一年十二月十八日

新加坡华人中药行业史

新加坡華族行業調查研究

新加坡華人中藥行業史

南大歷史系
東南亞華人史
同學集体創作

新加坡华人中药行业史调查小组成员表

沈孟虹

姚素珍

陈华顺

黄学明

郑进源

蓝美莲

目录

第一章

绪论

第一节　医药简史

中药的地位，我们可以把它分成二个阶段来看，一个是旧中国的保守、落后的阶段，一个是新中国的飞跃成就，打破传统，寻找研究的日子。我们无可否认的，在以前，当人们提到中药时，总是把它列入巫医的性质，当然，形成这种事实的本质，有许多因素存在，一方面，该受谴责的，是一个民族的不争气。然而形成民族士气低落的因素很多，我们只好由历史去为我们作个交待了。另一方面，那些低视中国医药者，都具有主观的成分。他们只看到一种文化的停滞就肯定他的死亡。医学与宗教联系，当然有其背景，但是，不可能只把眼光局限於中医药，古代，罗马人对狼之献性礼拜，那是因为他们述信狼之皮骨，避祸驱邪，这是一种迷信与民族落后性。同样的，中国民族在发展上，它必然有经过落后期，这是无可避免的。

根据颜学裘编的药剂学，把中国医药简史分成四个阶段，由这四个阶段的分期与叙述，可以看出中国医药的进展。中药，并不是鬼神的创设，而是人类文化的结晶。是中华民族与自然奋斗的经验累积。

一、启蒙时代

原始人的生活与大自然搏斗，征服自然的意志，人类的文化因此产生了，中国史上所谓的三皇五帝也只是狩猎、畜牧、耕种等时代的代表，相传黄帝神农氏便是医药的创始者，《淮南子》中述："古老之民，茹毛饮血，採树木之实，食蠃哝之馀，时多疾病毒伤之害，於是神农乃教民播种五谷，相土地之宜燥溼，肥饶，高下尝百草之滋味，水泉之甘苦，令民知所避就，当此之时，一日而遇士十毒"这便是原始人民与自然搏斗的记载了，但是因为人类精神尚处於神权时代而不得不把这种经验的成果，升化为神的创造。盛传神农本草经三卷，为那个时代的作品，但是，我们认为不确，因为当时的文字尚未发明，这只能当作是后人的托写而已。

二、巫医时代

巫医时代，便是宗教与医术结合的时代，人类要寻找出为什么有疾病的产生，然而，那时科学并未昌明，於是把一切都付於鬼神，以为疾病，疫疠，都是魔鬼的作祟，於是治疗疾病，便偏向神怪之说，巫医，占卜等形式，随而产生，颜学裘以为时代应该是秦以前的时代，因为在殷墟的发掘中，我们可发现了有关方面的资料，山海经中有许多记载，是此时代的代表。其中所记载的药物，都为后世所罕见者，治病大学迷信之说，对病施药的方法，则视其为尊贵之神道时，就以甘美香气浓郁之药物配之，以行遣送之法，认定为凶恶之鬼魔作祟的，则用苦辣污秽之物以驱逐之。这种方法是落后的，然而也是人类历史发展的一个阶段，人类历史便是从不断的尝试与试验改造中建立起来的。

三、草学全盛时代

前汉-明清，中国文化进入了信史时代，以致文化发展到了隋唐的盛况，明清西方医药的传人，所受的挑战，在这时代中，中国的医药还是有其自信心与传播的，当时考究炼丹者如葛洪，弘景之流，对本草贡献颇大。

梁武帝时，陶弘景作《本草经集注》七卷，载药七百三十多种，较之古本更完善，后世的本草大多以此为蓝本。

时万历年间，李时珍著有本草纲目五十二卷，为空前的巨帙。

四、科学时代

中国医药的进入科学时代，是民族文化信心的再度提高的时代，在清末民初，由于西药的传入与激励，中药本身的保守，使到一些人士，轻视中药，一九二九年三一七国医节便是对漠视中华文化的一种具体反抗，如今在中药发源地的中国已经有一套更完满更进步的医药哲学产生，民族医学被强调且发掘与发扬，他们在医术上，可以利用了针灸取代麻醉剂作用，减少不良反应的发生，且用西药提炼的方式制成各种中国的成药，炼剂，单位剂等。可以这么说：在今日世界上中国医药已占了极重要的地位，而这地位却建立在数千年来人们奋斗的成果上。

第二节　客家人进入药材行业

除了福建人及广东人以外，在新加坡各式人口当中，客家人所占的人数相当多[图表一] 从图表中可以看出客家人占第三位。

表一

区别　年代	1921	1931	1947	1957
福建人	379,028	538,852	827,411	740,606
广东人	331,757	417,516	641,945	505,224
客家人	217,697	317,506	437,407	508,770
潮州人	130,026	208,681	364,232	283,076
海南人	68,200	97,568	157,649	122,959
广西人	998	46,095	71,850	69,122
福清人	4,058	15,301	12,754	29,782
福州人	13,821	31,908	48,094	46,094
兴化人	1,659	31,025	17,065	11,905
其它	24,496	--	36,260	34,310
合计	1,171,740	1,704,452	2,614,667	21,331,848

他们在这儿的行业，相当复杂，小型工业方面，如制衣业，铁业，建筑业，白铁业，洋服，制鞋等等。商业方面有布业，百货，当业，金钻业，药业等。其中以当业90%是客家人，全新三十九家中纯属于客家人者达34家之多，以蓝姓人掌牛耳，药业也是客家人主要行业之一。

我们根据中药公会1965年会员名单所作的统计如下:

表二

各式人从事药材店的统计

籍贯	店面	巴仙率
客家人	134	68.4%
潮州人	18	9.0%
福建人	14	7.0%
广东人	16	8.2%
琼州人	3	1.5%
未详	11	5.6%
总计	196	100.0%

从图表可看出客家人占了68.4%，而其他籍贯人，则只有31.6%而已，其他未加入公会之会员，还不包括在统计之内，有些人（我们所调查的人）认为有80%以上是客家人，在客家人中，又以姓何的为最多，

表三

以客家人从事药材行业的姓氏看人数及巴仙率

姓氏	人数	巴仙率
何	40	16.0%
黄	31	12.4%
张	26	10.4%
陈	25	10.0%
胡	23	9.2%
刘	21	8.5%
吴	19	7.7%
李	17	6.9%
杨	17	6.9%
曾	16	6.4%
罗	14	5.6%
总计	249	100.0%

与其他华人行业的情形很相似，如江兜王氏则以经营汽车零件最多，形成这种情形的原因，不外是帮派的互相牵引所致。

客家人进入药材行业的原因，主要是祖传，在现阶段的药材店当中，多是继承老一辈的事业而能保持其状况，这可说是现阶段药材店的特征。

另外一种，则是由亲戚介绍或同乡援引的，其性质相同，故我们把它概括在同一个巴仙率中，共有44%，相同於祖传的44%，这种亲友介绍的现象，普遍存在于华族行业内，如理发业，有亲友介绍的巴仙率高达87.6%。

表四

客家人进入药材行业的原因

原因	店数	巴仙率
祖传	22	44%
由亲戚援引	12	24%
由同乡援引	10	20%
在中国学中医	2	4%
在中国当药商	2	4%
别人介绍	2	4%
总计	50	100%

在黄枝连讲师的《华族社会结构中的帮派主义》内有非常详细的说明：

“在抵步之后，有一段至少是一年半载的“过渡时期”，他对乡亲的依赖性之大，可能就像婴孩对父母的依赖的程度一样，他们必须在这些方面伸予援手：

(1) 初期生活的安排

(2) 介绍工作来做

(3) 传播一些关于当地社会的知识

(4) 马华社会的情况是怎样的

(5) 怎样使用货币

(6) 地理常识的介绍

因为一个在中国呆不下脚的农民或读书人，到了这里无依无靠，他们所需要的便是友谊的温暖，而表达乡土情谊最好的方式，便是让他们的生活有个着落，为他们解决生活上的问题，替他们介绍一份工作，属理所当然的；假如自己有些事业基础的话，甚至也让他们到自己店中，给他们—像人一样的看待，帮派色彩便因此产生，这是在某种情况底下为了适应生活的需求而产生的，其次，在中国学医或在中国当学徒的巴仙率不高，合起来只得8%，我们这种统计只是一种抽样的方式，然而我们相信他是具有代表性的，在现今药材店的经营者当中只有8%是在中国有医药的经验，其余的大多数是因为生活的需要来到本坡后，才进入此行业的。

有一位何先生这么说："我在中国汕头的潮州人药店内当学徒，南来以后，就在店内当"财副"（书记），因为朋友有病，便替他们看看病，开些药方给他们，以后病人吃好了，又介绍别人来，这一来，无形中我便成为业余医师，朋友们都鼓励我从医，后来，我真的开起药店及当起医师来了。

这是8%中的一个代表，很有可能，在南来华侨当中，身怀一技之长，便成为谋生的敲门砖，虽然，他没有资本，一到这儿便开药材店，做起老板来，但是他可以在亲友的店中当头手或二手，然后节俭勤劳，储蓄了资本才自己开药店。

一般接受我们访问的人都以为，因为客家人本身具备了辛勤苦干的优良品质，才能做药材这一行，也有些人则认为客家人因为不敢冒险作其他具有风险较大的生意，才会从事像药材店及当业属于较稳定的行业之流。

其实单从本身的主观条件去分析并不够，据我们所知道，新加坡第一间药材店是由福建人与客家人合营，但后来客家人如何走上独占一面的情形，我们没有办法找到有关资料来说明，而从客家人进入了此行业后，便一直保持下来的因素却认为是：

（1）利润少

在利润一章中，我们将分析药材店的利润少，是因为受了来源、顾客的局限性所制，利润少引不起其他籍贯人的兴趣，更谈不上外国资本的渗透了。

（2）资本小

里嫩少，资本小，其经营方式已经逐渐分化成更小的单位，通常新开张的药店的头手积蓄了一些资本而成的，同时再加上前面所述的帮派援引下，世世代代，便由客家人所掌握了。

注释

表一：资料取自《华族社会结构中的帮派主义》，黄枝连著。

表二：据中药公会会员名单所作的统计。

表三：据《南洋客属总会第35–36周年纪念刊》所作的统计表。

表四：据调查资料所得。

第二章

药材店的结构与活动

第一节　药材店的结构

一、招牌

招牌是商店的字号，是最引人注目的。我们不难发现药材店的招牌中，常用“堂”或“栈”，在看到XX堂，XX栈或XX药行的同时，我们也会在旁边发现一些字，如写“专办上等参茸药材”或“本号童叟无欺”，“货真价实”等等，当然这都是从生意着手的招徕字眼，我们所要注意的是这招牌所包含的意义。

(A) **堂**

如春生堂，资生堂，杏仁堂等，在375间药店中，就有114间以堂称，有些父老告诉我们“药材店之所以会称为堂，是因为药材店好像一个厅”。有的则认为客语“堂”就是店的意思。在字典中查到堂的解释为店的意思。因为堂含有店的意思，便用之，这是能成立的。

(B) **栈**

在375间中有20间使用栈，有说是因万山栈起名的，因为他是本坡第一间药材店，因此后者慕其名而用之；另一种说法则是以为“栈”字代表货如栈房一样是吉祥的意思，旧社会的中国人最讲究避讳，“药行”这二个字虽给人一目了然，知道是病家所至之场所，但生病吃药在旧社会的中国人认为是不吉祥的预兆，故便用“栈”或“堂”。在其他地方如联邦等地的中药店也以“栈”字为名的，不乏其数，因此，我们认为第一种说法会比较差强人意，或许他们是有相同的关系，如因为栈的吉祥，而新加坡第一间药店才以“栈”为名，后来人因此学习他而成为一种传统。

(c) **以“万”字为商号的第一字**

有84家用，为什么会用“万”字为招牌，说法有：

(1) 始於清朝，大埔县改称为万川，故南来之大埔客家人为了纪念家乡，而用“万”字作为招牌首字。

(2) “万”字有“万事兴隆”，“万事如意”及广大之意思，因在数目单位中万是最多的单位，故用“万”字来表示本间店货色之多。

(3) 有则认为也是起源於万山，因本地初期来这儿的人，大多教育水准不甚高的，如码头苦力等，他们所信仰的是中药，无论是伤风，咳嗽都会找上药材店，为了方便他们认识，便以“万山”为名了。

(4) 万山是否与福建的“Bangsall”（工人宿舍之意）有关系，不得而知。

(d) **以“永”字作为首的**

多数是代表永定客家人所开的。

(e) **“同”字**

多为姓罗的客籍人所用的。

(f) **“广”字为第一字的**

多数是广东人所采用的，同时也有广大广阔的意思。

二、店面

当我们一走进药材店，很明显的可以看出，药材店两边都摆置了许多药品，一边是用药格装的草药，柜台也用玻璃做的，柜台的上面挂着两块漆着红字的鲜艳夺目的塑胶板，板下面安上好多个钩，挂满了一包包的凉茶，板上也书有“参茸燕桂”，“丹膏丸散”等字。另一边则是陈列成药的玻璃柜。

三、后堂

药店的后面是后堂，各种做药时所须的工具，如“新月型”的铁槽；由小到大，由细到粗的筛，还有长短的刨刀，切刀，后堂是药材店工作的重心所在，多且繁重的洗，晒，炒，炙药，研药粉，切，刨，刮，鎚等的工作都在此进行，学徒便在这儿学习。墙壁的四周是满架子的药物，有的用桶装的草药，罐装的药粉，用箱装的成药，学徒们把加工过的草药装进桶内或罐内，以待店前的补充所需。

整个药材店的外部结构，已是随着需求而逐渐在改进中，与战前完全不同，战前售卖草药占70–80%，成药占20–30%，整间药材店的设备都是深受传统家乡的影响。可说是家乡的翻本，药柜是完全以木制成的，另一边是椅子和桌子，桌子上放了一壶茶，方便给顾客解渴。医师的医所是在店的末端，一张桌子便是他们行医的场所。

战后，药店售卖成药的数量增加60–70%而草药占30–40%，新的设备已渐渐取代旧有的，整个外观上都有了变化，柜子全用玻璃做的，药格已用“富米加”做，格上多没有刻药名了。（据我们访问，说战前100%的客家人药店都有刻，而广府人没有刻药名）因此整间药店看起来，给人以清新光亮的感觉，不再是阴沉沉的暮色了。驻店的医师，与西药房一样，弄一个小房间，来替人看病，而这种拥有医师的药店，是乎是老一辈的作风，年轻的中药师，很少驻属在药材店，他们自己拥有一间医寓，自己配药（多数用提炼药）。

至於后堂，大体上是没有什么改变，只是研磨药粉方面已由机械代替人工（尤其是与人家承包制造药丸的药店多用机械）；有些药店还是自己磨药粉。其他如切，刮，刨，紮，刷，鎚，炒，洗，晒，灸等工作，还是需要人工来做，一位父老说：

“这些工作很难用机械来代替，因为许多草药，都必须经过许多复杂繁多的步骤，才能拿到店面来卖，如生地，从批发商那买回来，洗后便拿一些黄酒（米酒）来煮，然后晒干，干后要鎚，鎚后要批，若每一个步骤的工作都由机器代替，又没有那么大的本钱，而且有些很精细的工作是普通的机器不能胜任的，就以批生地吧！要批得很薄，这个工作就要几年的功夫才能做到，以我个人的意见很难用机械来取代，以后我就不敢讲了。”

促成整间药材店在外观构造上改变的原因，我们认为最主要的是因为时代的进展所冲激而成的，物质生活的提高让人们可以选择更方便更有益的方式来经营他们的生意，虽然在内容上——草药为主题的所在，不能没有草药的药格，但在药格外铺了一层光亮的“富米加”，不但美观且吸引更多的顾客，这是符合广告心理的，另一方面便是售卖成药的部分的改变所致，以前成药份量少，现在份量增多了，且在竞争的原则下，为了方便顾客选择起见，因此用玻璃柜摆出，这是药店进步的一面，然所用的工具还是保守的，然而我们以为在磨粉等工作，已可用机器代劳了，以后的世界，也是不断进步的，生产工具也会不断地在改良中，药材店所用的工具也会改良的。

药材店的整个表面结构是如此，在人事上也有其结构：

至於晋级的情况留在工人生活史中详述。

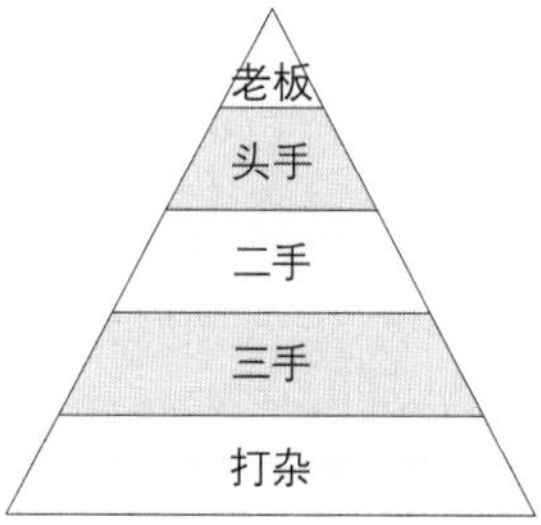

第二节　资金

拿出资本来经营某种事业，其目的便是盈利，因此我们给资本所下的定义，便是用盈利为目的的资金，药材店的经营大多数是小本的经营方式，资本不算大，我们把药材店分为大中小三型，其资金的比较如下：

战前	1945前	大型药店所需的资金	4000+元
		小型药店所需的资金	300+元
战后	1970年	大型药店所需的资金	40,000+元
		中型药店所需的资金	20,000+元
		小型药店所需的资金	6000+元

很显然的，战后所需的资金比战前增加许多，这或许与币值的高低有关系，其他的如货物价格，屋租高昂装饰排场等，都是造成资金增加的原因。

通常一间店规模大与小，除了店的面积的衡量外，货物多少是主要因素然而这只是一个印象的估计，确实性和事实很可能有一段距离。我们以为最能代表一间药店经营规模的大与小，必须从人数的多寡来看，一间仅能糊口的店，他不可能请太多的工人，店中需要请工人，所表示的便是其工作多，规模大，因此生意也必然好，否则赚不到那么多的利润，老板是不愿做亏本生意的，1958年所发生的永顺和罢工事件，因为生意冷淡，而负担不起，便辞退工人，是很好的说明。

在战前

最大型的药材店，所需的资金是4000–5000之多，这是一个估计的数字，店内的工人有十几位，除了老板外，头手可以有二位，三手三位，打杂的二位，一间需要二个在店面工作的头手的店。（其工作情形及生活史第四章有详述。）他们的工资少得可怜，初学的一个月最多二，三元。老板以这低廉的工资，换来那么多的劳力，且在货物来源中，我们也说到战前的来源多且廉，屋租便宜，在其它开销方面，也因为生活水准较低，可省则省，故只要有四，五千元，便可以开一间规模很大的药店。

战后则不同

战后的资金，最大的要达四万到五万元，为以前的十倍之数，因为生活水准提高又受现代物质文化的冲激，不但在设备方面要改善，以适应竞争的原则，在政府租屋方面，更加昂贵，城市中心的旧屋，所需屋租只是80元左右，而今日在城市重建下，迁到组屋区的店租要达400–600元之多，且现组屋的店是通过投标方式取得，万一地点不好，便“倒账”的危险，在组屋区中的竞争也比以前更激烈，而且搬到新地方，不如开了几十年的旧店，拥有固定的顾客，迁到了新环境，万事须从头做起，为了竞争，便有装饰门面，“买一送一”等方式，无形中也增加了开销。但是，他们所拥有的资金，却相对的减少，原因如下：

(1) 食物方面

通过放账方式，先向批发商取货，做了生意才把负欠的还清，批发商给他们极大的便利。

(2) 人手方面

没有以前的多，最多一个头手，有的是一个店员包罗万象，一切工作都由他一手包办，或由老板一个人照顾一间店，这种小型的经营方式，显然所需资金也不多，因此大多数的组屋区药材店，只可归入中小型的范畴内。

在我们访问过程中，发现了在郊外区如芽笼一带的药材店大多数有兼营洋货的形式，店小人也少，因此，资金更少，这种形式的药店，很有可能很快被淘汰。因此一旦城市重建或政府征用土地，无能力搬到组屋区去的话便只好转行或休业了。

第三节　经营方式

经营方式与老板的利润很有关系，经营得法利润必多，否则“倒账”有份，药材店在这商业化的社会中与它本身的性质如“良药济世”等，显然有所冲突，1946年中药公会提倡 [正药正价] 实行公仯公印，结果却失败，便是这种矛盾表现。

正药正价是以公平的价钱卖地道的药材，倘若以假乱真或真赝杂出，便是伪药伪价，中药公会曾多次的提出并实行正药正价与公仯公印，可见正药正价正是会员仝业之间一个最崇高的目标，然而在以商业挂帅的新加坡社会，药店的双重身份总免不了以商为重，偏重盈利，因此，一些不负责的商人为增加利润，因此在经营上便花样层出无穷。

在草药方面

(1) 将不地道为地道

药材最讲究地道，地道与不地道药材的价钱，相差很远，如杜仲，地道的四百元一斤，不地道只需80元一斤。辨别药材的地道与否，只有内行人才能做到，因此，把不地道得当作地道的药材售出，利益百倍，然而在效果上，便有所距离。

(2) 在 [制药] 的过程中加手脚

[制药] 通常是每一间药材店的工作经过制了的药材才能真正发挥其不同的功能，在制药的过程中，加一些手脚，如批生地时，批的特薄，使药材的量增加或把二等货加工修剪当优等货出售。那么利润也增多了。

(3) 完全是假货

把萝卜的根当作高丽参或洋参出售的，因为其价钱便宜，一些贪便宜的人便向他买，结果受骗，但是受骗的大多数是下层的劳苦大众，因为他们拿不出那么多的钱买真品，见到有便宜的只要有需要时便会买了。

完全假货的情形在此地比较少见，因为毕竟一间药材店在顾客的争取上，还得注意自己声誉，真赝相杂的情况比较多。

在成药方面

成药的赝制品或改装品也很多，举一个例子，他可以把成丸状的阿士比林磨成粉或冲水当作是家传秘方的方式售出，或用家传秘方的名字制造一些咳嗽水及其他种种，这便是增加利润的手段了。

在与医师的关系上

药材店与医师的关系密切，如果有驻店的医师或和某一医师有联系，医师可以指定病家到某一间店去配药或把药名字写得古怪一些，让其他药店不知其所以然，形成一间药店的专利。

根据调查，一间药材店要保持其固定的顾客，而且能赚取较多利润的，它必须：

①地点适中：在市区的药店，其生意总比郊区的好，而在“巴刹”附近的药店，总比远离“巴刹”的好，因此我们会发现，一间“巴刹”的周围通常至少有四，五间的药店。

②声誉好：不卖假药，不欺人，才能保持良好的声誉，否则，顾客的眼睛是雪亮的，他虽然被欺骗一次，第二次或第三次，也会发现的。

③店员的态度好：在一间生意相当好的药材店，因为顾客多，便需要靠店员的手腕了，如果你应付得当，顾客保持一定，要不，它们可能转移到其附近的店去了。

经营的方式在战前与战后相差不远，其目的是赚钱，其方式是出奇致胜，然而有不同的是近代，因为社会的进步，其花招与其它行业一般，越来越多而已。

第四节　药材店的利润

根据我们调查所得，开一间药材店的资本及开支情况如下：

表五　战前（1945年前）　以元为单位

类型	地点	资本	每月店租	货品	家私	其它开销
大	城市	4000+	80+	3000+	500+	400+
小	郊外	300+	30+	200+	80+	50+

表六　照后（1971年）　以元为单位

类型	地点	资本	店租或茶钱	货品	家私	其它开销
大	组屋区	45000+	450+	25000+	8500+	2000+
中	城市旧店	25000+	15000+茶钱	15000+	3500+	2000+
小	郊外	8000+	600+茶钱	4000+	550+	700+

战前与战后，开一间药材店所需之资本与开支的比较。

从战前及战后的资金与开销来作个比较，战前的成本较低，开销少，然而目前，成本高，开销多，所需资金也高，所赚取的利润跟着也降低，以赚取的巴仙率来看，根据调查资料是：

表七

时间 种类	战前	战后
草药	30–40%	20–30%
成药	—	5–10%

战前的草药，在利润上可有30–40%的利润，战后则20–30%，所减少的利润达10%之多，然而战后，尤其是现阶段，由於药材来源短缺，价格昂贵，能吃得起中药的人已经不多了，成药取代一部份人的消费，加上西医的量与质都比中医药更有号召力，形成药材店的利润减少，全岛的药材店，利润有以下的不同：

表八

地点	原因	利润	巴仙率
组屋区	人烟稠密，生意好，但开销大，故赚的不多	草药与成药各占一半	15–20%
市中心	历史悠久，著名於世，时有外地人来买药	草药占⅔ 成药占⅓	20–30%
乡村	顾客都是相熟价格公道，开销小	草药占⅔ 成药占⅓	15–20%

这只是一种概括性的分述，在市郊地点，如芽笼巴刹附近，有许多店的营利也相当大，可能是因为郊区私人住宅区的关系。

注释

表五— 八：据调查资料所得。

第三章

药材来源与批发商

第一节　药材来源

通常在药材店中买到的中药，有植物药，动物药，矿物药，而以自然界的植物为最多，故有些人把中药叫草药。中医药在本质上，是中华文化的一环，我们的祖先，不知道经过多少尝试与失败，才在经验中建立起这医药的基础，中医除了植物，动物，矿物三种药外，尚有以成药出现的膏丹丸散，无论他是以什么形式出现，而他的最大目标，便是为广大的人民大众服务。

中药的来源地，毫无疑问的是中国。因为每一种药材都有其地域性及季节性，所以便有地道与不地道之区分，杜仲（以治高血压为主）是一种贵重的药材，台湾也有出产，然而其价格如与中国比起来，就差得远了。其他国家如朝鲜，安南，暹罗与日本都有药材出产，美国，苏联，加拿大等地，也有少数的幼药如洋参的入口，现从粗药，幼药及成药各种来分出其来源。

(A) **粗药**——也就是草药。与熟药相对来说，未经制造而来的便是粗药。与幼药相对来说，通常较珍贵的便称其为幼药。来源地以中国，安南，暹罗，朝鲜，日本为主，中国药材则多产於川康，华北，东北，滇黔，四川，因其地，气候适宜，被称为最好的药材。

(B) **幼药**——川七，珍珠，猴枣，犀角，羚茸，人参，高丽，洋参等较珍贵的为幼药，幼药的来源地如中国，朝鲜（高丽参），西伯利亚（茸），美国（洋参），东南亚则以燕窝为主。

（C）**成药**——成药包括西方成药及中国成药，来源广泛，如英，美，日，法，等都有输入，此外，利用进来原料，而本地药商所制的，也不乏其数，它们大多数是利用"历代流传的珍方"著名中医的验方，祖传秘方，或中医师临床使用有效的便方制成的。

新加坡的土地与气候能够种植植物的地方不多，东南亚其他地方，如马来亚或印尼，有否生长药材，至今尚无有组织的搜索去发现或研究，因此，药材除了依靠外国的输入外，本地没有半点出产，被动性非常大，常会受来源的政治，经济，气候影响，以致有时一般商人也会利用其屯积居奇的功夫，操纵市场，使药材价格波动得很厉害，而这种波动最受影响的是草药。战前日本时代及战后，药材业都因为外来的影响，造成三种截然不同的局面：

（A）**战前**：是价钱非常便宜的时代，一帖药几毫钱就可买到，这种便宜与当时的价值有关系，但最主要的便是来源的充足。来源充足，连带影响价格便宜，这是必然的，通常一间药材店，草药存货可达500斤，因此，即使来源停止，也可照卖。，战前批发商公会尚未成立时，便由药材店的万山栈，南山栈，李德风，何长寿直接向广州，上海，天津等处办货，兼营批发的生意。这些药店，大部份在香港有分行，也有由香港办庄办进来，少部份的货物由河内，广州湾运来。

1930年的新加坡，有药材店200间左右，而开批发商则只有11间。1930年末期到1940年初，批发商渐多起来。1940年新加坡殖民地政府当局，限定要到中国办货必须领取 A.P.（特别准证），各批发商为了便利起见，1941年，便组织了"中药入口商公局"为今天"中药出入口商公会"前身。

（B）**日治时期**：日本时代，三年零八个月的统治，在新马老一辈的印象中，是一段无天无日的黑暗时代。无论是政治、经济、文化等的活动都在铁蹄的重压下，沉没起来，中药入口商公局成立不到一年，便被这种暴风雨所淹没而停止了活动。在这时间内，由于交通阻隔，中国被封锁，中药来源渐绝，除了仅存的少部份比金子还珍贵的抢购一空，便是中日本组合制度下而发给的日本药，此时，永安堂被日本所管理，物源缺乏，而改用其他原料取代之。在当时做生意的人，有两条路去，不是做投机生意与他们勾结，做其黑市买卖，到暹罗，安南走私一些药材以赚大钱外，便是改行去做其他的生意，如经纪商或到乡村去过"务农"的生活了。然而人民的保健工作。在这乱代中，更显得重要，粮食不足，营养不良，卫生设备差，各种病症都会乘虚而入，那时的中医师都有利用本地草药来治理病症，如用"捲鬚草"治麻，"臭草"治脑膜炎等等，又其他如遍地锦，红竹叶，蚶克草，井底连，红丝线，淋筦草，山葡萄，并蒂莲都被利用来治病。由这里，我们会觉得，本地药材是会有的，只是尚未全面作具体的研究及调查。新大医学院最近所出版有关“猫鬚草”可治糖尿病的报告，可加强了这一个看法，如要使药材不那么被动，我想展开调查研究，发掘民间医学是非常重要的。

(C) **战后：**经过了战争的蹂躏，一旦获得和平的讯息，全市人民皆浸淫在欢欣喜悦的状态中。此时，被封锁的不再封锁，开放了的各路交通都开始活动；英殖民当局；也补发公务员三年零八个月的薪水，使一部份人瞬时间成为富有阶级，大家在战争中所受的饥饿，所受的贫乏，营养不良，都要在此时取得補偿，补药也因此大行其道。然而这时候的货源仍然缺乏，虽有少数来源，也供不应求，故价格昂贵，造成来源短缺的因素，不外是中国国内已进入了内战中，且战争期间埋在海底的水雷尚未尽除，海路航行极为危险，因此，货物空缺，本地无生产，外地无输入，当然价格高涨。

1949年以后，中国进入了新阶段，此时以后直到今日，本地药材的来源都处在短缺的状态中，草药价格尤其高，有其因素，归纳如下：来源地中国的问题：

(1) 土地改革：许多种植药材的土地，都被改为种植粮食。
(2) 人们保健的需要：中国人口多，人民保健所需的药量多，人民政府注意本国的需求量然后才予以输出。
(3) 研究的需要：中国政府对於中医，非常重视，在中国中药的研究工作上，需要原料，且提炼剂及成药的制造，也需原料，故造成输出量少。
(4) 市场的开拓：世界各地对於中医药都非常重视，原产地市场的开拓，使药材供不应求。

以上几点都是造成近来本地药材来源短缺，而价格高的原因。在战前，由於来源充足，价格低廉，因此普遍上下层人民都以中药为是，然而，目前，因为来源的缺乏，中药已渐渐要成为某一阶级的专利品了。

第二节　批发商与中药出入口商公会

一、批发商

欧美各国的成药，在本地的销售状况，大多数是有一个外国公司作为总代理，而本地代理商只处於中介商的地位，他们与总代理之间的关系是：本行到总代理去办货是贷款方式，总行常给我们75天的贷货款期，有的是30–45天，而与零售商的关系是銷到药店中去是贷货式的欠期是20–45天，各药店有药坏或卖不完的，可以退回给批发商，后由批发商再退回给总代理。半买办的性质，在这里是十分明显的。

中国药材或成药方面，这种半买办色彩並不存在，批发商办货的方式为：

(1) 通过广州交易会订货：每年来春，秋两季交易会时，由公司派代表订货，通常所订货物越多越好。因为量小，手续麻烦，且不合算，量少手续费高，造成成本提高，直接向中国订货比香港订来的便宜。此外，在中国国内不论谁去，都可以直接买，所买量中国政府也不限制，所订货品一个多月就会到。广州春秋两季的交易会，是1957年开始的，能够亲自到中国去办货的，大多数是规模较大的资本较强的大宗买卖。

(2) 其次，便是直接向中国订货，写信去，购物之价格乃由中国订，待中国方面通知价钱时，方开信用票 (L/C) 去。中国将药配好后，一两个月就寄来。订货时，並无派人到中国去，因为香港有店，他们直接向中国买，一有什么事情，药材行情起落现象，香港会打电话来通知。

这便是利用香港向中国办货，货物大都是数目较少，因为香港是一个转口地，除了把货物一部份寄到本地外，尚寄到其他需求国，但是中国药材直接输往东南亚，香港出口庄购办药材几乎完全停顿。

(3) 有些，则每年亲自到香港去办货，取其方便。每年到香港办货2–3次，入口数目不定，欲购货，得亲自至香港办理才方便，当然写信去也可以，不过不如自己亲自去的好。办货时，不求贪多，最多只能订购三个月的销量，否则卖不出去，不可退还，那就得亏本，通常办货时，都是卖完后才到香港买。

这三种情况，多是近几年的状况，而战前的情况，我们在上面已有提过，它们是由批发商到中国去采购或由香港办庄办入的。

(4) 本邦有一独家经营少数幼药的，则通过1958年本地举行展览会，而取得代理权的。

表九

十年来由香港、中国入口药品比较表

年份	由香港输入		由中国输入	
	磅	价值	磅	价值
1951	4,030	3,824	4,727,993	5,897,343
1952	31,685	47,216	4,139,083	5,588,149
1953		44,788		5,239,045
1954		55,872		5,111,001
1955		53,026		5,415,674
1956		23,160		6,715,563
1957		64,862		6,843,860
1958		23,892		4,542,022
1959		94,357		5,386,701
1960		125,433		6,305,338

批发商把货物直接卖给零售商或卖到马来亚或印尼等地，与本地零售商之间多是有放账的现象，新加坡近年来，药材店的不断增加，与放账关系很密切，只要有能力购置一个店面，药物便不成问题了。这情形也普遍存在於各华人所经营之行业中。在战前或战后初期，那时，因为批发商数目不多，競争和缓，所以大多数是零售商自己到批发商那儿去批购，然而近几年来競争厉害，资本主义的经营条件渐为本地华商所接受，新细则的分工已出现，乃零售商的工作，而批发商的且更趋向资本化。如：①本店并无向外推销，由他们寄货单来订购，本地则打电话来，当收到订单时，就进行配货工作，配好后，才送去给他们。②除了一部份去本店卖之外，大部份都由推销员向各地推销，主要推销地方为联邦。共有两个推销员，一在新加坡推销，另一个在联邦推销。

有些批发商甚至把制成的药卖给较小型的药店，简直不需要什么刨切工作。

二、中药出入口商公会

中药出入口商公会成立於沦陷之前一年，1941年时全世界都陷入紧张状况，新马两地因为要统治物质而成立了，时所在地为今松柏街一四三号三楼，然而，未几日军入侵，新马沦陷，一切会务停止，文件损失盪然无存。直至1945年才展开较积极的活动。中药出口商公会的活动，有其一贯性的宗旨，便是保障同业利益，其活动状况，这里我们分成二方面讲。

(1) 与政府的关系

无论是殖民地时代或现在，对於政府当局的活动，都有参加与支持，如1947年献捐100元作为庆贺英女王婚典经费。1949年协助中华总商会推动选民登记等。1959年，参加本邦之首典礼大游行。然而在支持的同时，却为了维护同业的利益，时也向政府争取如1947年，1948年请求暂时缓缴收所得税。1954年政府原拟药材须以英文报关及成药須报成分並由药部批准才能进口的申诉等。此外也曾代表会员向中国方面交涉，1948年“拟向中国工商部侨委争取合法地位，以保障同业代理权益”等。

各商号所组成公会，便是在自己利益的范围内争取他们的权益。

(2) 与同业的关系

中药出入口商公会，由代理商所组成的团体，同业感情便是医药界人士及其它为医药团体的成员包括大批的医师及零售商，同业之间的感情，本来是相当微妙的，他们既然要互相合作，但在利益的本身又充满了矛盾，在利益上，公会代表会员向那些有损成员利益的提出交涉，如1947年与陈李济药行交涉，补回局员损亏货价，并研究保障会员代理药品权益等。1958年续向香港宝寿堂商会交涉洋参足秤。1960年推派正副主席调解中华药业有限公司工潮。在维护同业利益上，总是有如上列的作用。

至於联络同业感情则以“三一七”国医节，神农诞的庆典来促进感情的交流。

（3）**与社会的关系**

公会对于捐献水火灾的数目都有记载，且捐助同业，以助施医如1949“捐献伍拾元与同济医院”。在1950年也有同样的举动。

1958年，通过拨款壹佰元捐赠“十字会救济芽笼三巷火灾之民”。

1959年，“救济中峇鲁水灾难民”

1961年，“拨款200元救济河水山火灾居民”

此外，如在1963年“开会支持中华总商会向日本索债”等等。

这些是工会活动的一般状况。

第四章

药店工人生活史

第一节　学徒进入本行的原因

所谓学徒是指“从师受业者”之称，药店学徒是指药店老板所雇用的幼童及青少年，通常是十五岁左右的小孩子，名誉上他是到药店去学习工作，实际上是在药店中做些打杂的，在19th以前至20th初期各行业聘请学徒都有共同的特征，那便是从：

1. 自己人去着手物色
2. 亲戚或其子弟
3. 同乡或其子弟
4. 朋友或其子弟
5. 亲戚介绍来的

从这几种聘请的方式，由亲到疏，从近到远的方式，无形中，华族社会便逐渐形成一种具有深不可破的凝固力，即使是到现在尚有影响的帮派主义。

上述五种情形下，前面二种是具有血缘关系的，在当时教育尚不十分普及，职业尚未十分复杂且新加坡一切都是以英文为主的社会下，华族子弟继承父亲的职业或加以发展是很有可能的，至于亲戚的子弟，倘若自己没由孩子来继承或把孩子升至头手，又看到亲戚在寻找工作的或呆在家中的便由他自愿或招他来做，新客到南洋来谋生，到了这里，因人地生疏，便“隆帮”在亲戚或同乡的家里，碰巧是一间药材店，因为找不到其他工作，便在店中帮忙打理一些杂务，无形中成为打杂的学徒；若他无其他发展，便顺理成章的在药店学起工来。

此外，朋友或其子弟或亲友介绍，当然也是从自己的子弟或本身物色起，从以前那种药店的结构来说，老板与工人之间所存在的还是“半封建”的关系，因此在言语，风格习惯上都必须有共同点，尤其是语言，在学习的过程中，它是沟通工具，因此老板可物色的学徒，无形中便在血缘，地缘的基础上打圆圈，因此早期药店的学徒，不是自己继承先辈的药店，便是同乡，朋友经营此业，互相介绍才能进去，一位药店的工人曾这么对我们说：

“起先我是有兴趣当药店学徒，但没有人事背景，自己到一间药店中申请当学徒，但该店老板说没有缺乏人手，已经够了，后来又听人家说该店要请人，他又去申请，但这次老板要他先交五十元的按柜金，於是他便向亲友借钱充数交按金，但后来有一个朋友是该店老板的亲戚，说可以帮他介绍，不但不必交按金，而且老板也乐於接受他当学徒”

从上面，我们所要看到的是五十元按金，对早期华族社会形成的影响，这是老板对于求职者所不信任所玩的把戏，显出职业之门是不大为不熟悉者所开的，到后来，因为有朋友的介绍又不用按金而进去工作，正是华族行业史中，学徒进入此行原因的特征。

随着时代的发展，本地整个华族社会在资本主义的冲激下，已渐渐打破固有的传统方式，在聘请学徒方面也有不同，当然，仍不能完全摆脱固有的传统，且这种传统在华人来说是文化的特质，除非把整个华人社会的文化来一个大改革，否则，要他们完全改变是不可能的，请学徒，首先当然是从亲戚朋友中去找，或许利用大众传播的广告征聘，由於今日的社会职业种类繁多，工厂需要大量劳动力，国民服役征去大批适龄的青少年，教育的普及也使人们有更多选择职业的愿望，因此药材店所面临的学徒荒，已在一定的范围内必须广泛徵求，不论籍贯的雇用，且也有向联邦聘用的，本籍方言已不能成为限制的条件，因此被聘请的学徒只要看你的工作而定，不再局限于帮派色彩了，可以这么说药材店在这方面已渐从帮派主义色彩中解放出来了。

第二节　学徒的晋阶状况

从学徒进到二手，头手担任店面的工作所需的时间是相当长的，形成晋阶的原因，包括自己的勤奋努力，同时也包含了不少的人事关系，从这种升级的介绍中，从纵的来看，我们可了解药店工人的生活史。从横的看，对于药店工人工作情况有个认识。

一、头手

一间药店中，头手是主要人物之一，头手的来源，一般上有二种，一种是由中国来的，一种是由本店的学徒升级而来的，前者因为他在中国也是经过学徒的学习阶段，並不是一到这儿就可当上头手。

头手的主要工作是店面的管理与经营，且兼掌握负责店中银款的出入，因此，它必然是老板亲戚可靠的人，要升任为头手，所需的时间无一定，主要在看你的表现，当然可免不了一些人事关系，被一个老板所喜欢的，他可以很快就升任，一个被老板讨厌的人他升任的机会就减少了。

头手所负的责任是对外，他所要打理的便是整个店面的工作，所面对的是顾客，一个头手能够轻易迅速的把药从繁多的药格中拿出来配给顾客，这便是他们的工夫了。

战前药格，多数有刻药名，虽有刻药名，少说有几百种多至上千种药物，要背熟这些药名才能熟能生巧，顾客一喊要什么药时，便能很快拿给顾客。战后多数药格不再刻药名了，有刻药名的药格，忘了还可以看，现没刻药名，他们还是能驾轻就熟，他们向我们解释。“这就是我们打从药童学起至头手的十几年功夫。”

据我们所了解，在药格的编排上，每一家药店尚未统一，通常是根据下面的方式编排。

(1) **根据通销情形**

如菊花很通销；便排在前面，不用走到里面取。

(2) **根据汤头**

同一汤头，便编在一起如十全大补，包括许多草药，如党参，白术，茯苓，灸甘草，当归，灸黄芪，玉桂，白芍，熟地，川芎，便编排在一起或附近。

(3) **其他**

据药性或植物的根茎叶来编排。

由于尚未统一，造成影响很大，这间药店的头手要转到第二间药店，对於药物的摆设要从头学起及背药格。

一位头手说：

“当初来这间药店当头手时，老板不让我站在柜台，因我对这间药格的编排不熟。大约要经一个月才能熟，老板才准我到店面做生意”

这样一来，形成药店工人的流动性不大，更重要促成了药店封闭性及保守性。

二、二手

升为二手时间，快则一年，两年或三年也很普遍，有些则认为工作不认真或其他关系，迟多一二年也有，他主要是帮助头手在店面工作，作为升级的准备。二手由于处处向头手学习，除非头手离职或去世，否则他是不可能升级的，他欲跳槽也很难，因此与头手之间便有对抗的性质存在了。

二手的工作，如切药，刨剪药及做药丸等，在一些有出品药的药店，二手主要是负责制药及制药丸的，如制药丸过程如下：

头手把药物配好之后，通常多为草药，然后把它弄干，弄干有二种：一种是用电炉烘干，一种利用自然阳光晒干，前者快且贵又有烧焦之险，后者慢却安全又便宜。把它弄干后就磨成粉末，磨粉如果多的可以叫印度人用机器磨成，少量的药店只用研床自己磨，最后一种方法是比较笨重，它是用一隻铁制船形的小船，长约四尺，然后在浒架上来回的推磨着，使浒架下的药草磨成粉状为止。接着把药粉倒入椿臼中加水与蜜糖搅均匀。这种工作也是辛苦的，搅者手拿一支十几斤重的大木杆不停地搅着，这种工作往往是学徒担任，使他们锻炼身体，搅者过后会手麻脚痹的，后把粘性的药物拿出来搓圆粒。搓药丸时，搓者手往碟中搓少量麻油，使粘性药物不会搓时粘在手上，搓药丸这一步，大家都可以帮忙做，把搓好的药丸再烘干或晒过，但不能太干就成药丸了。

二手的工作，由店内至店外等事都做，相当繁杂且困难。

三、三手

三手在药店中，还是处于学徒的阶段，他是由药童升上来的，一个药童做了几年，甚至短到半年，便可升级，他的工作是帮学徒看顾药材的收晒，切药，刨药，洗药等，仍然处于学习阶段，倘若做不来，二手便会加以帮忙，或指导大致上是以工作的繁易而定：如剪药，剪枝节比较剪叶子易，因此剪叶子多给二手剪，切药一事有时学徒也要学习，但通常多给二手做，刨药方面，如果单是直接刨的工作较容易，如刨羚羊角，是用锋利的玻璃片在羚羊角上小心地刨就成了，然而有些药是刨内层或外层，那么就需要技巧了，有时二手也帮忙，其次洗药也不是一件容易的事，如洗矿物的朱砂，把朱砂用水磨沉澱过滤溶於水中的镭质不能服，如不小心，便会贻害大众了。

四、药童

药童的工作是多且长，尤其在劳工法令以前，他们简直是把全天的时间都卖给老板，完全没有自己的人格存在，老板要他做什么工作，便得做，战前，早上五点便得起身，开店门，打扫店面，抹柜台玻璃橱，把一些药品排列好，接着便煮水泡茶，买菜，如果在一间没有伙头的店内工作，煮饭也是他的工作之一，有的甚至替老板娘看孩子，洗衣服等等。

把这些杂物做成后，才有时间学习药店的工作，如洗药，磨药粉，晒药，添药及搓药丸等较粗重的工作，便是属於他们打杂做的。

打杂在药店中地位最低，无论是老板或他的上司，常会受到他们的剥削与欺侮。

现我们把药店中各级人员之间的人事关系作个介绍，並作一个粗略的比较。

第三节　药店中人事关系，分战前与战后两期

一、同级学徒的关系

这里所指的同级关系是，学徒之间，三手之间及二手之间的关系，而头手不包括在内。因大多数的药店中只有一个当头手，因此头手是对老板及下级关系。

中药店中同级关系是比较上不那么严格，这要看他们间的人情味如何，不过在以前的时代里，就有存在着一个事实，那就是升级与加薪的处理问题，完全只凭着他们与老板的关系，如果与老板有密切的宗亲，那么他的薪俸及升级将比他人高，而那些与老板没有宗亲关系者，不但薪水低且难于升级，这与他们学艺过程有关，因为老板常先照顾有宗亲的店员，使他们有多学艺的机会，多学得技艺，功夫比其他店员高，当然升级就快了，对於这种只顾宗亲关系，不论他们能力表现而加薪升级，必然会引起同级的不满，因为同样工作，而薪水比他们少且不易升级，他们便会妒忌同级者，不满老板的不公平了。会暗中骂那些“脚踏猪粪凭官气”的同级学徒，这种不公平的升级加薪法，是令人难以信服的，难怪他们会妒忌同级，对老板产生不满呢！然而这也只是存在一小部分的中药店之情形，大部份的店中同级关系却能像现在中药店同级学徒关系一样，现在的情形是：发扬同级合作友爱精神，而现在的老板对於升级或加薪的多少，完全只凭个人能力的表现，只要有能力及工作热忱者，他必然会受到老板的赏识，这是一种比较公平的竞争。何况如果自己做久而不被老板升级或加薪，他们可找别间店做。（以前，尤其是新客，要换一份工，因人地生疏，是较难，往往非常珍惜那份工作）但对同级升级或加薪的，一些心地狭隘者，就会妒忌，有些做久了，对同级都会表现友爱，亲同手足之情互相帮助解决困难。他们都会互相帮助，互相鼓励。

根据一位药店的工友说：以前他在别一间中药店工作，因为地方太远，后才到此店，而对以前那间店中的同事们都有来往，而且相当亲密，对以前老板也是如此。“而

现在中药店中的同级关系，甚至是属於劳力者，而他们的关系都很好，这是他们了解了矛盾是劳资关系之间的问题，而非同级或上下级妒忌竞争结果。他们所要对的是属于资方一方，所需要求的亦是资方一方才对。

二、不同级学徒的关系

这里所指不同级学徒关系是：上级对下级的关系，包括了头手—二手—三手—学徒，他们之间的交互关系。

在以前中药店中，存在着一个非常明显的阶级不同之微妙关系，阶级间是明显及严格的划分，在工作上也是如此，不同阶级工作就不同，不是自己分内的事，他不会帮忙做，尤其是上级者更不帮下级者，，甚至有上级压迫下级就范，要下级为他们工作。不同阶级之间也是少有来往，他们这间有着一道无形的隔膜，因此不同级之间的关系就可见其一般了。

以前中药店中，上下级间的关系也是讲究宗亲关系，下级学徒如果与上级有宗亲关系者。那么他们之间就有感情上的交互作用，否则，他们之间的关系就因无宗亲关系而可交互作用，在药店中，上级常有权力吩咐下级学徒做店里工作，甚至非店内工作，他们也可吩咐要学徒去做，如叫他们买东西，买早餐或是叫下级学徒做他们上级做的工作，（只要他们会）。上级对下级学徒有一种压迫作用，有如师傅对学徒一样，而事实上，中药店学徒所要向人学习技艺的对象，大都是跟这些上级同事学得。（有些是向老板学习）。然而在中药店中的成员多为亲人关系，非亲人也有，多为父传子。但他们不能以真正亲人关系来传授技艺，尤其是对自己根本没有宗亲关系或血缘关系远者，更不肯真正传授给他们技艺。不论亲人或非亲人，都是以一种没有系统的，不能集中及不深入的传授给他们，因此这些人要想在中药店中预期学成技艺，是不可能的事情，因为他们是以一种散漫的传授法，並没有规则性去传授给他们技艺，所以要想把功夫学成，那是遥遥无期的。上级师傅如此对学徒传授法，不只是对有亲人关系，对於无亲属关系者亦如此，后者再加上他们之间无形的隔膜，缺乏彼此的交互作用，更使到后者，谁能把功夫学到家，这表现了东南亚华族社会一种特色——只顾自己人的作风，怕别人学会了这门功夫，会打破他们独专权与他们竞争。

药店的学徒们会暗中观察上级同事做药店的技艺，暗中偷学师傅的技巧，这些人是比较有领悟性的，他们才会暗中思索，偷偷加以学习，有些高明的学徒，学成了技艺也不让他的上级知道，以免使他们妒忌，而得到他们的好感。

除此之外，中药店学徒学艺，对东主要表现更大的孝敬及服从，这不只限於对待师傅上级，且对其家人亦如此。常常要“捧师”服从他，处处加以迁就他，使他欢心才能向他学习技艺，好像儿女对待父母，本身的人格尊严是渐隐了。有时他们会不惜给师傅冷落，甚至辱骂，而会更加平心静气地帮他们工作，表示更大的驯服，从来不敢为了本身的人格尊严，而索性不睬他们或离职，如果是这样，那么学徒将不会学得技艺，所以中药店的学徒们也和华人的其它行业，学徒一样，要有耐性及好脾气，不然是不成的，而在帮忙上级干活时，无形中会学得技艺，因为学徒帮忙他们工作，使他们欢心，自然会把一些较奥妙的步骤传授给他们，否则，你不问也不帮他，他们也自然不会出於自动传授给你，这就是学艺遥遥无预期不完成的原因。对於以帮忙上级工作，所谓捧他们，这是一种手段的应用，目的是想多学得技艺。

根据我们的调查资料中所得：一位店员说：

“从前我当学徒时，对於上级师傅的谩骂，不管是有理或无理的，我都当作是上级对我的性情考验，看我的忍耐性，有耐性的好脾气，才会传艺给我呢！”

另一位头手说：

“当我进入药店后，火气改变了，不管老板的压迫或是上级的辱骂，我都不敢生气，目的是想学本领，不但不生气，反而更加努力为上级工作帮忙，以表示“好仔”，得到他们的好感，自然地传艺给我了。”

由此可见以前学徒向人学艺之苦了。不但受尽辛苦的工作，有时也昧着人格尊严去干活，更不惜给人辱骂，给人冤枉，委曲求全，目的便是为了学艺。

现在中药店中，上下级的学徒，（上级学徒是指头二手，而下级学徒是指三手及打杂者。）多数是以同事相待，他们不论有无亲属关系，在名誉上他们都是同等地位，虽然还是有少数保守者，只顾自己人的作用，但畢竟是少数。现在上级对下级，只要他是好好地工作，谦虚的学习，那上级将是不论亲人与否，都会好好的教他学艺，有时下级在学记药名或看药书，有不懂的，都可以请教他们，上级将会乐於帮助他们讲解给他们知道。但下级学徒必须要自己奋斗努力地学习，否则上级如何有心教你学艺也无益也。有些好的上级同事，他们在年龄上比较下级同事为高，对一些事情较了解，常有起督促下级同事的作用，下级有什么不对的，他们会指点他，劝导他。这与以前大多数上级不理下级的事，完全不同，以前下级为善或恶，完全与他们无关，从来也不会关心他们，引导他们。现在中药店中上级关心下级，有如父兄对待子弟一样爱护，这或许是现在药店的职员教育程度比以前高，比较上会明理，这种监督作用，据一位中药店的店员说：

“几年前，有一位与我同级的学徒，因在外面赌博，把整个月的薪水都输光了，不敢回家，后来药店的同事们知道了，都指责他的不该，一方面指责，一方面又劝导他以后不要再赌，而大家都筹款给他回家，并警告他若以后再赌，不但不借钱给他，也要告知他家人。此后那学徒果真改过自新，不再赌了。”

这是上级教导下级，监督他们为善的良好表现，有时同事间，不论是下级或上级知道有经济或其他需要人帮忙的，他们都会尽力互相帮助，发扬同事间的友爱精神，这些表现了人的思想已渐开化，不像以前那么保守，固执了，但现在中药店中，根据我们调查资料所得，还是存着一小撮保守，固执的老前辈和一小部分店员，彼此间存有勾心斗角的现象，不过那只是为数极少，它们都是些狭隘的思想，以自己的利益为出发点。

三、店员与老板及其家人之关系

这里所指的店员是头手，二手及三手和学徒，它们与老板之间所构成的关系，现分别加以论述：

a. 学徒与老板及家人之关系

在大规模的中药店中，有多位的学徒，有的与老板有亲属关系，有的却没有，他们之间在以前是构成了微妙的关系，因以前中药店老板对学徒有封建思想，往往多先照顾与自己有亲属关系的学徒，不论是在食，住等方面，（以前学徒多吃睡老板）。一些与老板关系较浅远者，他们的生活也与那些和老板非亲非故者一样，得不到好的照顾，尤其那些学徒是老板自己的亲子弟。现根据我们调查所得资料可看出以前老板对那些与自己非亲非戚或是远亲的学徒照顾的情形：

(1) 伙食方面

老板会把好的食物给那些自己关系深的学徒食，而把剩下的才给那些与自己关系浅的学徒食，往往是分桌食，或是轮流来吃，而那些吃后面的学徒，吃的多是前面人吃剩下的，而一些狡猾的老板，他们会在吃餐时吩咐那些没有什么关系的学徒工人工作或到别地方去，等他们吃完了再叫他们来吃，所能吃到的，可想而知了。

(2) 工作学艺方面

老板叫那些与自己关系浅的学徒工人多做些笨重工作，而没有什么技艺可言。工作多又不能学到技术，往往老板只把技艺教给自己人，在教的时候，尽量避免把一些密步关键讲给他们听（指不是亲属关系的学徒）。往往老板会吩咐他们走开，才教给那些自己人的学徒们。就造成了一些向老板学艺的非老板亲属关系之学徒们，他们有些领悟性强的，可以从旁摸索，磨炼出来自学技艺，就是所谓偷师，而一些领悟力差的，他们只有对老板表示服从以得老板的好感，才可以从中学艺。

(3) 升级方面

老板就因给自己关系深者多学艺，所以造成他们升级机会多过那些与老板非亲非故的学徒们。另一方面老板较照顾及信任自己人，造成升级机会也更多。相对那些与老板关系浅或非亲非故的学徒们，升级的机会是渺茫的。

由以上几点表现出一种华族帮派，封建主义的色彩；有所谓爱自己人甚过他人，这是存在以前的中药店中的情形，现在有所改变，就是老板对照顾学徒们的利益，完全是以学徒工人个人本身对他有无利益而定，能为老板做更多的工作，赚更多的钱，各方面都会得到好照顾的。否则他们不会照顾学徒们的一切，即使是自己的子弟也是一样不受照顾。完全表现了一种经济资本利润主义了，

老板们现在不再以宗亲关系作为照顾他们的条件。例如升级方面：现在老板会观察药童的工作，如扫地，药童看到有些跌落在地上的药物，勤劳的药童会小心地拾起来，懒惰者就顺手扫掉，这些老板都会看在眼里，作为以后升级加薪的参考，当然老板所喜欢的是勤劳及为老板利益着想的学徒。以后升级加薪不在话下了。这虽然还是没有一定公平的升级加薪标准，然而比较以前以宗亲关系作为标准好得多了，但现在中药店不是完全没有以前那种封建帮派主义的思想，而还是有极小部分的人，仍然存有这种思想。（批发商也是如此）。

b. 三手、二手与老板及其家人的关系

不论是学徒，三手或二手，他们与老板家人的关系没有什么，如果是在零售商的中药店，因为老板家人多住在店内，因天天在一起。有些会形成朋友关系，有些也会争吵的，而在批发商的中药店，因老板住家可能不在店内，形成彼此不相熟，没有来往关系，但有些也有。三手及二手与老板的关系，大致上也和前面一样分为两期：前期老板以宗亲关系看一切，后期也是以个人的表现来当标准。不过对於二手要升上为头手，不论是以前或是现在，药店的老板往往会升自己人的二手上来做，因为他们都认为自己人较可靠，因头手兼收银款。这也是二手常跳槽的最大原因（指与老板没有亲戚关系的）或是自己出来开店。

c. 头手与老板及其家人的关系

不论是现在或是以前，大多数的头手与老板是有宗亲关系的，这是在零售商的情形，而批发商就不局限在宗亲关系者，有些小型的中药零售商，头手一职有由老板兼任的。以前老板对头手是非常好，因为一方面多为自己人，另一方面这种人才毕竟是难找到。所以都很照顾他们，如在以前头手要回中国省亲或其他，老板会为他们买船票

及送礼物给他们。等他们回来时，老板不但亲自去接船，而且也把他们聘请回药店，生怕他们不幹，百般地讨好他们，这或许是人才难得，现在的情形也差不多，老板对他们的看待，就有如同一级的身份，往往与老板有同等的地位，因此头手往往是站在资方的一边讲话，也有管理其他店员的作用。但一些有较高志向者，他们不是出来开中药店来经营，就是在空闲时学习中医的知识，以备以后成为中医师。

以前在中药店中，老板要求工人工作时间，是很长的，而现在才有所改善。比较以前为短些，各级的店员，不论是学徒，三手，二手及头手，他们都不必与老板签任何的契约，喜欢就做，不喜欢也可随时离开，但只要提前一个月给老板通知即可。老板也可以提前一个月通知店员，而把他们解聘的。在以前，只是凴口说就可以，因为那时工作机会少，少有店员会离开的，他们都有信用地做下去，不必有任何契约来拘束。现在虽然也是没有契约关系，不过现在店员的流动性强，因为只要店员对老板有不满的，他们都会随时离开不再幹了。

以上的各项，不论是零售商的药店或是批发商的药店，他们的人事关系大致相同，所不同的是批发商请的人手多，除了自己人做外就是请外人，零售商则是家庭式的经营，人手多为自己人，因此零售商间的人事关系较亲密。而批发商除了店内的店员外，就有所谓外勤人员，是负责招生意的，批发商老板为了好生意，对这些人除了给月薪外，还给一些佣金或奖励金鼓励他们招徕生意。

第四节　店员待遇

药材店店员的待遇是非常低的

根据调查资料所得：

表十
各级店员待遇表

时间	头手	二手	三手	打杂
战前 1940前	15元–20元	10元–15元	5元–10元	2元–4元
战后 初期	60元–80元	30元–50元	25元–30元	15元–20元
目前	180元–200元	120元–150元	70元–80元	20元–30元

但中药公会把药店店员的薪金分成甲，乙，丙打杂等几种如表十一

表十一

时间	头手（甲）	二手（乙）	三手（丙）	打杂
战前 店规前 (1940年)	15元–20元	10元–15元	5元–10元	24元
战后 店规后 (1946)	30元	20元	11元–12元	7元–8元
战后 初期	60元–80元	30元–35元	25元–30元	
现在	180元–200元	120元–180元	70元–80元	20元–30元

从上表，我们可以看到整个药店店员的薪水都是在改善中，尤其是现在，其头手的薪金更达200元，比战前，表面上是增了七，八倍之多，事实上，因为战前战后药材店在制度上有些改变所引起的结果。

一、工人与老板关系的改变

我们对于老板与店员关系在上面已有分析，从前理发要老板出钱，老板不可能给太多薪水，以前的父兄与子弟关系，吃住都在店内，现在则不同，老板与店员间也由半封建中解放出来，店员有自己的生活方式，不必一定要在店内住宿，在住宿上，老板又省了一笔开销，老板多给一点钱，让店员处理自己的问题，因此为了要使店员本身解决自己的生计等，也就把薪水增加了。

二、生活水平提高

随着生活水平的提高，30元一个月的薪水，不能再维持生活了，以前的币值比今天的高，以前几分钱能买到东西，现在需几元或几块钱，因此工资相对提高，也不是表示工人待遇的改善。

三、工作数量的增加

上面所述，头手，二手，三手及打杂的工作，人数是一间大规模药店的模型，这种模型在今日的新加坡数量已逐渐减少了，现在的药店一，二个工人便打理一切工作，有些甚至由一个头手包办，工作数量的增加，薪金自然也要增加。

四、聘请工人难

待遇太低，工作时间长，没有人要做，一旦别的工作如工厂工人的待遇、工作时间比较下还是工厂工人合算，为了争取学徒稍微把薪水提高。

注释

表十一十一：据调查资料所得。

表十二
战前与战后中药店人事关系的比较

1. 同级学徒的关系	
战前 a) 大多数老板以宗亲关系作为升级加薪标准，造成他们同级的斗争，嫉妒。 b) 少数同级学徒会有友爱精神	**战后** a) 现老板非以宗亲关系为升级加薪标准，使他们以个人表现，没有嫉妒，斗争，发扬友爱精神。 b) 少数同级学徒有妒忌心及勾心斗角。
2.不同级学徒的关系	
战前 a) 有上下不同级学徒之间之隔膜，——少交互作用。 b) 上级压下级作用。 c) 阶级分明，工作分得明显，非自己工不做。 d) 上下级有宗亲关系者才有较好的人事关系。 e) 上级教导下级学艺，也是以宗亲关系来看，上级常教导技艺给有宗亲关系的下级学徒。 f) 有偷师与敬师作用来学艺。	**战后** a) 以同事地位相待，非以上下级关系来看。 b) 他们之间隔膜少。 c) 阶级不明显，工作分配也不严。 d) 不论亲属关系，上级只看下级勤劳肯学有为就教导他们。 e) 上级有教导下级学徒道德修养作用，关心他们的生活等。 f) 发扬上下级同事关系，有友爱的精神。
3. 店员与老板的关系	
战前 a) **学徒与老板关系** 老板以宗亲关系来当标准，和老板有关系的学徒，老板较照顾他们，不论衣，食，住，工作学艺，升级加薪等都照顾他们——具有华族帮派封建思想。	**战后** 老板不以宗亲关系当标准，是以个人的能力来作为升级加薪，肯苦干者，老板不论衣，食，住，工作学艺，老板认为对他有经济利益者就照顾他们。——经济资本主义色彩。
b) **三手及二手与老板及其家人关系** **战前** 其家人关系 与学徒和老板的关系相类似。 他们与老板家人的关系，在零售商较有来往，在批发商少来往。	**战后** 与前面学徒与老板关系相似（现在） 二手升头手还有宗亲关系作用，二手常离开本店到他店工作。
c) **头手与老板关系** 老板对他们很好照顾，常与老板站在一方——资方。	也一样得老板的照顾，有时也不站在资方说话，但这要看彼此的利害关系而言。
各级店员工作时间长一星期少有一天休息。 无契约关系——只信口言。	各级店员工作时间较短，一星期定有一天休息。 无契约关系，随时离开。

第五章

劳资关系

第一节　1941年的店规

中药公会是代表“店东”的公会，这已在他们的章程中讲得很清楚，而1941年7月7日及1957年8月20日所公布的店规中，也毫无疑问地是站在资方的立场而定的，现把这二份店规的内容分析如下：

条文一：“本店规凡属店员不分阶级皆有遵守之义务”

所指的店员，当然是指学徒，三手，二手及头手了，不论它们是属于哪一级的，都要遵守店规，这是义务，据这样看来，劳资是分明，劳方（指店员）必须要义务遵守资方所订的店规。

条文二：“本店店东经理或司理有合法监督指挥及任免之权”

这明显地规定，在一定的程度上资方是有合法的监督指挥权，甚至更有权利可以随意任免店员，使到店员们失去民主的自主权及工作职位的无保障，他们随时都有被资方解雇的危险。

条文三：“店员宜遵守前劳资共订之营业时间，而尽忠职务（由上午七时起至下午八时止）生药不在此限，除膳食及正当之应酬外，不得任意偷闲偷懒，八时后店员需轮流守店”

这一条，规定店员由上午七时做到下午八时，一共做十三小时的工作，可见一天工作的时间是多么长，再加上晚间八时过后，还要轮流守店，加长店员的工作时间，守店时责任非常重大，除了加做一些工作外，还必须确保药店安全，无意外发生的作用，不然麻烦就多了，且这么长的工作时间不包括生药在内，这使到老板大可在放工时间叫店员做一些生药工作，店员的工作时间无限期的加长，战前药店多住宿於店内，不会认识到是被剥削。

条文四：“各店员宜各怀洁身自爱之高尚道德，持忠实服务尽忠职守之精神，不得营私舞弊及赌博盗窃等不正行为，犯者轻则由本店经理警告，重则呈请中药公会秉公查革。”

要使店员各怀洁身自爱的高尚道德，忠实服务，尽忠职守的精神，不营私舞弊，不赌博盗窃等不正当行为。一方面看来是照顾店员的道德品格的修养，另一方面若老板对劳方不满意或某些需要，他大可以不忠实服务，不尽忠职守，行为不良等含糊不清的藉口来开除他们，职员们对于自己的职位无信心。

在近代社会，工作时间有一定，多作的则有超时工资，否则一切工作以外的时间，都属於自己的，但在这儿，老板却连回店的时间都限制，无疑的是无视店员的权利。

条文五：“晚间十时为吾侨商店公共休假时间，驻店内宿之店员必须按时回店就寝，以养成良好之习惯，不得任意逾时返店（如有特别事故，须先向经理诉请，则可例外）”。

这样一来却使店员们的自由活动受拘束，往往有其他正当的事，还要与老板商量，好的老板是会答应，如果老板不答应，便拒绝店员的商量，因为店员早回店内，多多少少会帮老板做些事。

条文六：“本店如遇裁员减薪之举时，当提前一个月书面通知该员或呈请中药公会转致，如无通知需给予一个月薪水，以作该员另谋他事之用，倘若店员犯本店规第四条禁例时，则本店可随时由店东或经理人革除，并无薪水津贴之享受”

据第六条文看来，矛头是指向店员，因老板若要解雇一名店员，而没有在一个月前通知他，就要津贴一个月薪水给店员，这样老板大可在一个月前通知他或通知中药公会致函给该店员，老板不就大赚一个月的薪水，或者是，店老板引用起第四条文中的禁例，随意可开除店员而不必什么薪水津贴，然而第四条文本身异常含糊；极力有利於老板，只要套上某店员犯什么禁例，老板不但可以随意解雇店员，同时又可以不出一个月薪水给被开除的店员，岂不是资方一方的专利权。

条文七：“星期休业，因为休养劳力以调剂生活之设，但药商为剂人利急之事业，故各店员如遇星期休业时，必须轮值驻店镇守以维公益（其他纪念日放假，亦需轮流驻守）”

济人利益是药店的任务，老板必在尽可能的范围内争取顾客，轮流守店，看起来是公平，站在店员及店的立场，工作时间无形中被剥削了。

条文八：“中药公会创行之正药正价，为普济人群之慈善事业及保存国粹之举，各店员宜各本职责，协助进行，不得故意阻挠破坏”

保持正药正价的不是店员而是老板，老板为了利，私自卖价不一，中药公会执行正药正价，凡会员要尊从，然而这里把其失败推至店员的"故意阻挠破坏上”这是不公平的。

条文九：“本店规乃属店规之大纲，经由中药公会会员大会议决审定，其他各号自有店规者，尽不附入作为管理细则”

本店规经中药公会会员大会议决审定，他们所审决的纲目，已是够维护他们的利益，然而又可附入管理的细则，所谓细则便是毫无限制的条文了。

条文十：“店员有病，须由本店医生诊治，普通药水由本店供给如补剂及珍贵药品则归店员自理，但店东有特别感情者，不在此限。

店员有害病者，只能在其店中求医，药店老板只报效低价格的药水，至於高价的补剂及珍贵药品须由店员自理，老板大可说药贵店员自理吧！所谓珍贵药并没有明确标明，什么价格以上由店员自理，都无清楚划分，至於有感情者又另当别论。

条文十一：“店员如遇患病危急时，店东有权请其离店就医，惟须补一个月薪水，以作酬劳，如系花柳病者无此享受”

当店员危急时，老板可以把他解雇，条件只要给予一个月薪水就可，这样使到店老板可以不必照顾贫病交迫的店员了，要知道人在贫病多数是年老的光景，如果是在年青时就入店工作，一直做到年老，当年老时贫病交迫之际，店老板不需要他们，这是多么不合理啊！

条文十二：“如店员另有高就辞职，须於一个月前通知店东”

如不在一个月前通知，又如何呢？在条文内无交待，老板最大的目的还是不致影响自己的营业为主。

条文十三：“本店规由公布之日起实行”

以上是战前中药公会为维护店东（该会会员）的利益而订立的条文。

从以上十三条店规的分析中，我们看出几点：

(1) 全部内容是以资方的立场出发，要店员必须这样，不能那样，一上一下劳资关系划分清楚。

(2) 其次，在从资方立场出发的当儿，整个内容来看，它又具有父兄与子弟的关系，如除了限制店员在工作时间内应如何如何外，只要他们从事“正当的应酬”，“洁身自爱之高尚道德”，“不得任意逾时返店”，这种干涉到店员本身的私人道德生活的店规，只有在1940才会出现。

(3) 整个店规所反应的，只有以资方的利益去着眼，而无考虑到劳方的利益中，明显的例子，便是有关正药正价那条“各店员宜各本职责协助进行，不得故意阻挠破坏”资方永远站在自己的立场，想把对社会的一切责任推在劳方的身上。

(4) 对店员苛求，要店员准时回店，不得任意偷闲躲懒，职轮守店，店员病危时，必须离店等，差不多每一条都呈现了资方对劳方无限制剥削的本质。在这种上对下店员与老板，子弟与父兄等错综复杂的经营体系下，所表现的特质便是华族社会经营的特色——半封建，半资本的经营方式。

第二节　1946年大罢工

新马的历史，毫无疑问是一部华印的斗争史，他们在自己国内，在农村破产，政治腐败等压力底下含着泪背离家乡，到了这里便当上劳工。

早期的华族劳工，由於缺乏立法的保障，不得不通过秘密会社来维护自身的利益，直到1930年才出现了较有规模劳工组织，战前1930年星洲有一万三千名市议会及卫生局劳工发动罢工。1936年电车工友为了反抗资方压迫和剥削，要求提高薪水而发生工潮。

经过三年八个月的铁腕统治，新马又再度落入英国手中，英国人回到马来亚后，马上宣布香蕉钞票为废票，且当时百业凋谢，粮食缺乏，生活程度高得惊人，工人迫切需要求改善生活，1946年的工潮损工作日，仅次於1955年的一个年头而已。

表十三[1]

从1946–1957年工潮时所损失的工作日

1946年	851,937日
1947年	492,708日
1948年	128,657日
1949年	6,618日
1950年	4,692日
1951年	20,640日
1952年	40,105日
1953年	47,361日
1954年	135,206日
1955年	946,354日
1956年	454,455日
1957年	109,394日

药店工人也就是在这种潮流的冲击下，在1941年极度不平等的店规压迫下，而产生了罢工。

1946年2月10日，药职员成立了药职会，并要求8小时工作时间及工友星期日休业，但资方却以药业的经营特殊为理由，给予拒绝实行。

2月27日，中药公会与药职会谈判店员待遇问题也不成功。

3月27日，广同德工人正式要求工作8小时及星期休业也不能达致协议。

7月8日，药业职员联合会写信给中药公会，正式要求资方给药职员们8小时的工作时间及星期日休息，但中药公会要他们有论职休息，以适应药店交易的需要，致於8小时的工作时间只字不提，对於薪金也没有妥善的解决，这些都是胚育了1946年7月29日罢工事件的原因。

药店工人气愤不断地高涨，而劳资纠纷的具体表现——罢工，是必然的发展，工人为了生存，便要反抗，只有反抗才能取得更高的工资，更好的工作条件。

部分中药店约300名工友，通过药业职员联合会之工友互助会致函资方代表——中药公会，要求100%增薪，药业会属下300名工友，每月薪金不足以维持生活费，如下级只十元至二十元，中级只有二十五元至四十五元，中级占大部分，入口商职员超过百元的寥寥无几，证明了他们生活在物质高涨的那时，这一点点的薪水，的确是无法维持生活的。

但是药职会原函被中药公会原封退回，使此次劳方的要求不顺利，就在七月二十七日召开工友紧急大会，商讨对策，通过三大议案如下：

(1) 大会一致挽留全权代表五名

(2) 发表告社会人士书以明真相

(3) 全体一致订於二十九日早上八时开始停止工作，静候解决云。

对于中药公会把原函原封退回药职会之事，根据该公会的理由是：该来函并没有会长署名，又无盖该会之正印，是否是该会所发出，殊令人怀疑，为慎重从事，故退还之，这是该会主席的解释。

七月二十九日，药业职员正式罢工，该日下午，中药公会也在刘竹楷主席的召开下，共有二十九家商店出席，议决如下：

一、议决推举代表刘竹楷君，曾叔巧君，黄鸿飞君前谒见劳工司报告情况。

二、议决在劳资谈判未解前，凡本会会员商店为利便病家需求起见，要开门营业，如遇任何事件发生，当由本会负责。

三、议决去函药职会通知提出要求，订於下月四日答复在这过程期间，请药职会通知会员暂时复工。

中药公会主席也对於药职会所举月薪加以说明：他谓：药业工友，所谓待遇不良，他谓之不确，并举出待遇方面如下：战前分甲，乙，丙三级，甲级三十元一个月，乙级二十元，丙级十一，二元，杂工也七，八元。战后甲级由六十一至八十元不等，乙级三十元至五十元，丙级二十五元至三十元不等，加上膳宿，理发及医药费由资方出，工作也实行八小时工作时间，对於技艺高的职员们尤其看中，可谓待遇不低。希望药职会能促成职员复工。

中药公会仍坚持自己的立场，不答应加薪，造成职员仍不复工，对於停工后，各药店的生意照常做，只是店门半关，且由劳方工作换为资方自做，但人手不够是不成的。

七月二十九日下午二时，劳务司召见劳资双方代表要知双方各情，资方有九家计安和堂、杏生堂、葆元堂、元寿堂、陈李照、杏生和等等接受劳方加薪及津贴事项，但其他仍然不接受劳方的要求。

七月三十日，工友罢工仍继续，双方又揭见劳务司乌格立代主任，冀能圆满解决，但不果，药职会所推举五人代表之工友互助会，领袖为黄世忠君，他谓：此次罢工，属不幸非职员所愿，实因资方多退回原函，有辱药业工人，他谓：此信函已由五人签名并盖改善生活委员会正印，是资方不经查询退回，黄君口词坚硬，要求资方道歉，然可谈判复工，据黄君称："劳务司主任要求复工，并可把原定於星期日召开的议会，提前在星期五（八月二日）召开，至於道歉不必认真。

药职员自二十九日罢工以来，至8月1日止，所要求的改善问题，已得十九家老板的同情，与接受条件，要改善他们的待遇，并得中药公会暨药业职员总会出任调解工潮，四日，中药公会召开大会及五日的店员总会所邀集劳资双方谈判。

八月五日谈判结果如下：双方各做出让步才圆满解决的，并得新加坡店员总会出面斡旋才成功，此次出席的劳方——药职员代表有黄世忠、杨启宗、范天成、杨超群，中药公会代表有邓颂如、刘志成、曾叔巧、黄鸿飞、黄昭之，店员总会代表李基中、莫高豪，折衷双方意见订三条解决办法：

(1) 职工加薪办法是：

15–20元 增加80%

20–30元 增加50%

30–40元 增加35%

40–50元 增加30%

50–60元 增加25%

60–80元 增加15%

80元以上 增加10%

(2) 资方不得无故开除店员，如果要辞掉店员，要一个月前通知附加一个月薪津贴及充足理由，假如店员要向资方辞职，须在一个月前通知。

(3) 资方店东保障劳方出席及活动此次工潮纠纷的代表者，不得藉故开除。

自7月29日开始罢工致8月5日才停止，前后大约一星期，经双方的让步才解决。

工潮自8月5日解决后，8月9日正式给于药职员加薪水及中药公会声明资方不能无故开除工人，保障此次工潮劳方代表的药职员之职位，不能藉故开除。9月13日也讨论店员辞退津贴问题，也给于答应了，这是中药界劳资不平等所致的罢工。

第三节　1957年的店规

1946年的罢工，无疑得给资方一个打击，且让他们知道，在传统之压迫下的华族劳工，已渐走向觉醒的道路，1941年的店规再也不能符合时代的需求，因此1957年的修订店规诞生。

根据1957年8月23日公布店规条例：

条文一：营业时间

“每日由上午8点开始营业至下午6时止（其中两小时用膳及休息）凡遇星期日则由各职员轮流工作。”

实际上，他们的工作时间并不如此硬性，用膳的时间如有人来买药，刚好货到，都会多做，晚上有时也有工作，有些老板也有津贴他们，但时间上，他们的工作时间就显得比较长了。

条文二：上工时间

“个职员每日正常上工时间是八点即需到店签名於登记簿报到”。

店员上工时间要准时，而且到后要签名为证，这可使老板能了解店员工作的情况，对工作是否有热忱，都可以在签名册上了解，因为，在此册上可以知道店员上工的时间，甚至迟到几分钟都可知道，这对店员来说是一种负担，无疑是加强剥削，但根据我们所调查的资料，并没有一间药店设有签名册的，因他们了解那是行不通的政策，有伤店员的自尊心。

条文三：遵守职责

“凡营业工作时间不得离开岗位，私人应酬概需放工后始可办理”

（甲）凡任职店面卖货员宜和颜悦色招待顾客，但不得任意放帐。

（乙）凡任刨切做药职员宜爱惜药物不得粗制滥选其职责宜帮理店面事务。

（丙）凡任剪药及初级职员其任务应帮理该店中工作及轮流看守门户。

这些条例，无非是维护了老板本身的利益，因为中药公会所订的这一条例，矛头指向工人，限制药店工人民主权力，要工人做出维护资方利益之贡献，但却没有给工人任何利益。

条文四：遵守纪律

每日晚间凡居住本店职员，工毕於外十点之前必须回店。

条文五：发给薪金

每月定三十日或三十一日发薪金。

条文六：品行修养

共同工作职员宜和霭相亲，不得诽谤挑拨播弄是非，冷言恶语互相吵骂俱在禁止及不得动武打架违犯店规。

条文七：

“商店内禁止赌博及违反法律活动。”

这些规定，都表示了老板所要求的是一个如何的店员，在一定程度上维护老板的利益。

条文八：

“本店职员品行良好服务优良者得特别奖赏之”

奖励店员是老板的手段，年终时给奖赏，慰劳店员，让他们认为老板的确不错，而顺服地为他服务，其出发点还是归到私利，也是剥削的一种。

条文九：聘请与解雇

“此后凡欲任职本店必须签认聘约书一封，内经叙明各种办法俾资遵守”

签认聘约书一封，并非是订立契约关系，因根据我们调查知道他们受聘时，劳资双方是没有契约关系的，而所签的任聘约书，大概是要各店员遵守禁例，忠于职守，听老板的指挥及一些解雇的细节，然而却没有规定店员签约好后不可辞职等。

条文十：

“凡职员如遇个人要用任何药物时，事先需征得雇主同意，凡患花柳病症及补品，则不准取用”

这一条例与战前店规条例没有两样，限制店员有病时用本店珍贵药物，有损资方老板之利益，而一些普通低价药可用，只在有低限度的情况下照顾客员的卫生问题。

工潮的产生与政治的发展很有关系，1957年，新加坡代表劳工的工会已有汎星及商店等组织，资方公会为了本身的利益，知道一意争执固有的规则是不行的，因此1957年的店规，我们可看出：

(1) 工作时间的改善。

(2) 在条文的语气上，劳方已由完全被动到自动的成份了。

(3) 凡干涉到私人行动的均一律减少。

(4) 定期发薪金。

(5) 合同的出现。

店规虽有改善，因为店规本身的制定者是店东，因此，所要照顾的会是店东的利益，工友们的利益还是被忽略。

第四节　1958年罢工

1958年梧槽律永顺和药店，因为辞退二名工友的罢工事件，正表示了工友在为争取平等地位上所作的斗争与努力。

中药公会是站在资方的立场，认为为了“维护正义”为了“会员的商业利益”，“决不退缩”[2]

劳方却有商店职工联合会，为希望“互相尊重对方权利，加以合理解决”

双方虽然都经过一场争论后，终于不了了之。

从1941年的罢工—到1958年的罢工显示出：

(1) 药店工人已由无组织的状况中组织起来，为争取合理的待遇而努力

(2) 中药公会纯粹是代表资方说话的公会。

(3) 工人必须有组织才能对抗一切剥削。

(4) 对于1957年的店规，是一个打击，1958年罢工所反对的便是资方的“生意冷淡”为籍口，开除工友。

第五节　工会问题

新加坡的中药公会，中药出入口商公会及中医中药联合会，都是资方所组成的行业性团体，具备了业缘性及地缘性的色彩，但是它代表劳方说话的团体，除了在前面所提到的药职及商店联工联合会之外，后来的工会组织都是名存实亡，形成工会的没落，这与当局所实行的劳工政策有密切关系，尤其是1957年及1966年的劳工条令，为了新加坡的发展，每一个公民都准备牺牲，这是本邦政府所强调的。

根据我们的访问，大多数的职员都希望有工会的存在，因为他们认为工会是一个同行团结的力量，不论对内对外，都有一定的作用与力量，工会为他们谋取利益，改善工作。

注释

1 见《南洋商报》。

2 见1958年11月8日《南洋商报》。

第六章

中药公会及其他团体的结构及功能

在中医中药联合会成立之前，新加坡并没有什么医药团体，“医者自医，药者自药，各自为政有如一盘散沙”然而时代的发展，人性的向群，一旦有什么事情发生，一有人起来呼应，必然能团结起来，在同一旗帜下为共同的目标而努力。

第一节　中医中药联合会

中医中药联合会的成立，并不是偶然的，民国18年（1929年）是新马的中医药界，为了响应国内的中医药界的号召，力抗当时中委余岩所提出的消灭中医药案，而产生的组织，当时由中医师的王爱华，曾有源等出来召呼人们的支持，后来，也取得中药界人士的支持，如黄福庵所主持的永福安，客帮巨子张裕和也加入了。

自古医药是不能分开的，中医中药界当时与其它行业一般和中国的关系很密切，中国的风吹草动，都足以影响他们的生意前途，中国一旦废除中医药，无疑是把他们置于死地，但一般深识之士也了解到中医中药是中华文化，是民族精华，是不能用一两条法令通过就加以抹杀的，在大家共同的努力下，便於同济医院召募中医药界人士讨论，设立中医药联合机构，为中医中药联合会尊定基石。

在争取中医地位时，中医药界得到了一定的成就，中国政府当局在众力维护之下，不敢通过废弃中医药，而中医中药联合会便蒙中国暨当地政府批准下成立了。

宗旨上是“联络医药两界情感，研究医药学识，阐扬医药功能，期收卫生效力增进人类健康，保存国粹”在这宗旨下，中医中药联合会，曾度过其极盛时代，虽然现阶段的公会已处於停顿状态，但其曾经在新马的医药史上所发的光芒，却不会被淹没的。

一、初创时期

中医中药联合会，一开始创办就已经是处在高潮的时候，因为就整个时代背景来看，他是在外力的冲击下成立的，在国家社会来说，中国正在受日本帝国主义者的侵略，中国正在招受蹂躏的悲惨命运，而自己本身，又是处在英殖民的土地上，医药不受鼓励，反而要受压迫，故产生一个组织，在一个组织中产生力量，内则可促进同行成员的谅解，外则抗拒外力的侵扰，1929年筹备期中，便租了毕麒麟街X号为临时办事处，注册被批准后，推选职员时王梅亭为主席，永福安为财政。

二、极盛时期 1930–1941

1929年，有医药月刊的创办，医药月刊在中医界是一个大成就，黎伯概先生的“伤风论书著作之真注”被收入《国医之献》，程登瀛、罗美来、黎伯概、章有云、何必餘、凌锐清等著作被中国药学大辞典采餘。可见其成绩，后医药月刊停刊了，医航附属於《星洲日报》而出现，然而，极盛时代的作为很快就随时代的声息而消匿了。战后的中医中药联合会，除了纪念刊物之外，没有类似的学术刊物出现了。此外如：

(a) 参加筹账会，努力救亡工作，持该会所存的建会基金数千元，尽量余充救国公债。

(b) 倡组医药救伤队，第二次大战，马来亚受波及地方进入战时紧张状态，因而组成。

(c) 设立援助龙运罢工爱国工友临时治疗所，龙运工友罢工来新，因为痢疾的传染，患者很多，便有中医中药联合会的医师为工友医病，药物则由该会药商报效。

(d) 设立烟所：矿工大多数有鸦片烟瘾，故在治痢之同时，也在今Outram Park的九龙堂（Neil Road 今日林氏大宗祠）设烟所，千余多工友中得戒烟者达四百名，舆论界称之为“苦海慈海”这可说是中医中药联合会在华人社会中一点贡献。

这些作为，都是本邦在日本时代以前的贡献，然而一到日本南来，整个会务都停止下来。

三、战后至现在

战争之后，呈现在眼前的满目疮痍，复兴会务，拖至民国三十六年（1947年）才召开会议，倡捐复会基金，时推吕德火为临时主席，张再来为正副总务，高水源，周安生为财政，战后该会有出版三次纪念刊，而现阶段的活动则每月两次会议

(a) 学术会

纯粹是学术座谈性质，如发生流行病，便开会讨论研究“西药无法医好的病症”，亦在本会学术研究之例，此外，如中国的药方也被提出讨论。

(b) 常月会

包括财政会务方面情形及响应联络所各种运动号召。

战后的联合会，也没有战前的积极性，且在学术会上活动人物仅限於中医师少数份子了。

第二节　中药公会

一、中药公会成立于1930年，其宗旨

(a) 保持中药店东，在本会内之完全组织。

(b) 保障会员利益。

(c) 向政府，政府部署，职工团体办理有关本会或本会会员利益事宜。

(d) 调查本会会员对雇员之正当工资率，工作时间及其它工作条件，籍以保障会员利益。

(e) 在法律范围内，协助会员之权益。

(f) 依照本章程之规定，予会员以法律上之援助。

(g) 在法律范围内，致力增进会员在物质社会及教育各方面之福利。

从此宗旨看来，完全是为店东而服务的，到目前为止，本邦并无正式由中药店学徒所组成的工会，所有工会都是店东组成。

二、中药公会的功能分述

(a) 正药正价

正药正价，是说明了两点，一、药必须是正的，也就是地道的，不是不地道的或假的，正价，则是价格要公道，不二价，因为正药正价的推行，便有所谓公㐆公印的出现，这里我们解释公㐆公印，码即密㐆，每一间药材店，在经营上都有其特点，便是用密㐆，如在公会来编定公㐆时，各家药材店拥有自己的密㐆，即是把价格用汉字

书写，常是用十个字来表示1，2，3，用四个字或五个字表示角占零，这些密仢不为他店所知，故有些店铺没有告诉我们，他们多取一些吉利的字眼：

如：万事都具备，只欠东风无

东山欲再起，一本得万利

门庭要若市，百货应云集

1930年，中药公会规定施行正药正价办法，公仢即用中药公会所通过的符号，公印则由中药公会盖印才证明其无虚假，正药正价的推行，本来对于广大的人民大众，都有好处，倘若能在中药公会的领导下而维持并发展，也必能取得了合作上的成效，然而正药正价最后却失败了，失败的原因，便是各药店为了营利而不能合作，这在某种程度上，也显示出华人行业落后的因素，华人社会是一盘散沙，在这利字当头的社会，更体现无遗，至於正药正价的真正如火如荼的推行阶段，便是战后的时间。

1946年1月6日，举行第二届职员交替就职典礼时，提出正药正价法案，第二天的常务会议中便达至：

(i) 把施行正药正价之意义，用书面通知各会员同时并具送志愿书，但其签盖寄回该会。

(ii) 分区进行每区推选主任领导，人选由会员票选。

(iii) 分区情形：把全新分为16区，每一区有一正一副主任来监督该区的药材店

附录当选各区主任名单如下：

表十四

	地区	正主任	副主任
1	老吧刹	万山栈	延益寿
2	新吧刹	杏生堂	广福行
3	大坡中央区	百和堂	黄耀南
4	丹戎巴加区	杏森春	增寿行
5	合洛四卡亭	万春堂	太生和
6	小坡梧槽大马路	杏春堂	万安和
7	美芝加冷律	杏春和	太和堂
8	东陵孟姑路	万裕堂	万安隆
9	梧槽伯公区	万生堂	齐济堂
10	新世界区	春生堂	仁济和
11	芽笼区	万金堂	永和堂
12	伊切加东	安宝堂	仁安堂
13	漳宜下林港	复安堂	万山祥（人记）
14	军港淡申律	求安堂	保安堂
15	后港杨厝港区	人安堂	万山赞
16	武吉裕廊区	万信栈	永生堂

1946年3月27日，通过正药正价实行公仍公印，善后及理事议决：“凡有会员报告发生纠纷者，应即协同该区主任，召集该区会员举行会议，商讨善后办法以解决之”

1946年6月9日，通过“正药正价”应恢复旧的联保制，采取各区互相监督，并加聘调查员，且在会员商店，设木板牌书明“正药正价”

1946年6月24日，紧急通告，严厉执行正药正价的急速推行或有引起某些药店的不满或猜疑，於是：

1947年2月11日，便通过——“根据多数会员之要求”举行春节联欢大会，解释会员间对正药正价猜疑，及不信任的心情。

正药正价的实行从3月10日，至翌年2月11日，尚不到一年时间便产生了这些问题，以后，更有人不管什么正药正价的限定，同年8月5日的会议报告，竟然发现一部份会员放弃正药正价，且有些商号“不允照章程办理”

正药正价后来完全被放弃了，公仍公印也取消了，形成正药正价失败的因素，分述如下：

(i) 新加坡一开埠，便确定了它是一个商业社会，资本主义底下的商业竞争风气，以赚取更多利润为主，正药正价，公仍公印制度阻碍了商人的盈利，故它的实行必遭受到失败。

(ii) 英殖民的政府於中药中医的发展，一向是采取不闻不问，让它自生自灭，政府不支持，当然不免减少了一些士气，大家都知道，要彻底摧毁一个旧制度，必须要有一个强有力组织，中药公会本身又不是一个很健全的公会，因此正药正价的失败并不偶然。

(iii) 药材店的营弊：公会实行公仍后，凡属於公会之会员都必须遵守公仍，据我们调查，许多药店都说这种方法非常好，但由於有些药材店以营利为目的，在公仍上还是能耍花招，如卖正药品的价格是与中药公会所定的价格一样，但私下又另赠送一支小风油，或其他东西，或者在书写公仍时，如“成”字，不书写好好，而写“（ ）”这一来便引起他店的非议，攻击声浪，此起彼伏，草药方面，对于药物的产地非常注重，因产地不同，其效能有异，如人参以吉林出产的为最好，为地道药，若是苏联或台湾其他地方出产的则为不地道，且在价格方面也有一个很大的差别。吉林的人参比台湾的人参贵上百倍，於是商家们便会以不地道当地道的药来卖，其利润是可想而知，而谁又愿意售正药呢。

(iv) 中药公会，只是一部份药材店参加，所推行的正药正价，当然也只有局限於会员们，而非会员可大行其道，而会员们谁愿意眼看自己的利润流到他人口袋里，而不出来说话呢?

(v) 公会规定公仔，而有些药又没有规定价格。如洋参，八宝幼料，且药价又常变动，如凡药草上所书公仔，须加注日期，作为根据，若药价变动，则以一日为期更改公仔，如7月1日起到30日或31日，在其中一日当中，不计何日所书的公码，一越8月1日，便可自由更改，显得混乱。

(vi) 犯规者要缴纳违章费5元，所缴纳之违章费，以一半赏给揭发人，一半归入公会存储，违章费只是区区的小数目——5元，怎么能引起犯者的恐惧，至於将违章费一半赏给揭发人，谁也不会因为2元半钱而与同业过不去，即使知道其人犯规，也装着不懂，或者索性自己也来一手。

结果有实行也等於无实行，有些富有正义感的人，看不过眼，便到中药公会闹，互相抨击，公说公有理，婆说婆有理，而中药公会又不是一人的公会，临时调决问题，又不能当机立断，整个药材行业鸡犬不宁，最后大家还是选择自由竞争，废除公仔。

(b) 取缔成药伪制品

成药伪制品——即假药之一种，取缔成药的制品，是正药正价的一种，药店应不买不卖。

1948年5月20日，发出通告“由即日起停止购售，否则如有遇法律问题，乃属自误”“且由该会制定价目表通知各会员共同售卖，不得以假混真”

(c) 制定降价规则

因为一件药物的突然降价，无形中为零售商的一打击，倘若存货无多，尚可，若多则其受的损失则大了，1948年引起讨论出品商对降价之问题，是因为虎标药降价，无补价时所引起的，中药公会是由药店的店东所主持的，为了本身的利益，议案通过是毫无疑问的。

(d) 星期日休息，每日工作八小时

1947年药职屡次向中药公会交涉有关星期天休息及每日工作8小时以保障药店劳工利益的会议，然而老板们因为药店是“特殊情形，关系民生健康至重且大”[1] 而迟延星期天休息，及工作8小时的实行，在药职力取之下，终於在同年底调整工作时间，但不是工作8小时。

(e) 调查同业纠纷的仲裁工作

为公会的任务，每当同业们为了利益或其他事件在冲突时，便由公会出来作和事佬，如1948年2月19日，吉宁街万山栈及万泰和，因为发生商标纠纷，便由主席访二店东，然后由委员会提供意见，找出合理的解决方法。

(f) 教会员学习新式商业簿记

1948年7月7日，政府施征所得税，每一商店不得无簿记，为了要使会员营利便利，便设新式簿记班，请教师分班教授，三个月毕业。

(g) 提倡研究讲习班

目的在於训育人才，发展中药，使后继有人，战前1941年12月提出后，因为战争便搁下来，1949年又再设研究班，研究药学真理，提高国药地位，又1954年5月，才再被提出创办药物研究班，聘请中医师担任讲师，讲解药物常识，由会员商号鼓励其店员於业余时间内来参加听讲，提高店员之药物常识。

1954年9月13日举行开学仪式，这些提议都有其积极性，虽然，他们是在维护本身利益来办事，但至少在发展中医药的道路上，新加坡各中药团体的类似行动，却因所学的支持力太少，所以常致落於消声匿迹。

1963年，再有由会员提出设立一研究中医药机构，结果到现在也是“只见楼梯响，未见人下楼”

(h) 订店规

1941年及1957年，中药公会二度订了店规，由药店执行，有关店规，在前面有一章已加以分析，从这些店规上我们没有忽略他是由店东所订，工人的利益被忽视。

(i) 商号贷款

1954年5月30日“本会尚有余资，拟仿行咖啡店商公会办法，举办会员信用贷款，帮助会员商号业务之发展”这种投资方式，对於公会及会员本身都有利益，所以获得支持。

(j) 反对征入口税

1954年联邦政府征中药入口税，从新加坡进入马来亚的药物，都必须征入口税，因此为马来亚的药店带来很大的不利，且也对本地药业有所影响，因此，反对征入口税，不但是联邦药店的要求，也是本地药商的要求，中药公会便代表药商向联邦政府请求，但不得要领。

(k) 调解罢工事

在罢工事件上，中药公会常常都会站在与劳方对立的立场，如1958年11月8日南洋商报所报导，梧槽律永顺和因辞退两名职员，而引起的罢工事，可见“为维护道义，所属会员商业利益事件，无论任何演变，何等威胁，绝不退缩，全体会员一致维护到底”时有商店联合会出面与中药公会交涉，工人利益也较有保障，时至今日，所访问的药店，工友都无参加工会，他们都各自工作，为老板服务，现在的药店工人，逐渐减少了，家庭式的经营取代了每一家的成员就是一间药店的工作者，这或许就是药店工会没有产生的原因吧！

注释

1 1946年2月10日之会议（中药公会）。

第七章

中药业与政府的关系

自古以来，医与药是分不开的。几十年来，尤其是独立后，由于中医没有一种法定的地位而促使中药也没有很良好的声誉。一路来，统治者都视中药行业为一种华族传统的行业，认为开一间药材店，繁荣市面，提供人民医药服务，所以并不採取任何阻碍政策，但是也不给予任何的扶助，所以中药业完全是在一种自生自灭的情况下发展。为了解政府与中药业的关系，本章拟从日治时代（1942–1945），战后殖民地时代（1945–1959）及自治至独立时代（1959–1968）这三个阶段，在不同的政治体系、社会背景下去了解统治者对中药业的一般态度。尤其是1955年与1968年医药广告售卖法令，因为从这两大法令中，可看出统治者对中药业的态度是由简至繁，由放纵而至管制化，这是社会时代进展的必然结果，同时也是民众保健水准的要求普遍提高。

第一节　日治时代（1942–1945）

战前，尤其是第二次世界大战即将爆发前夕，国际风云日紧，各国政府纷纷实行物资及外汇统制条例，新加坡居于东西交通要道，随着国际局势的影响，当时政府遂一颁布物资统制法令，所有出入口货物概须申请 A.P外汇，因此，在这种情况下，完全靠中国、香港……等外地输入的中药业，更加显得缺乏与不足了，直到战后日本统治的昭南时代，中药业似乎渐有发展的趋势，因为日本政府对华族文化教育与中药的统治是截然不同的两回事，那时日本设“昭南市医疗科”的医药管理机构，进而采用中药，实行固打制的配给办法给药材店，同时又设了各种的“组合”与“会社”以垄断新马的工商业与土产，而药店都必须向日本当局登记，申请准证，才能继续营业。至于货源（药草）方面，则由日本的“组合”非定期性的平均配给。唯有登记的药店才能获得配给。同时药店每月也得向日本当局报告业务情况，如卖多少药？中西药各若干？盈利情况等。至于申请准证方面，其手续甚为简便，只需向日本当局拿一张固本填写即可，固本主要是以华文及日文为主，所以这就难为了当时不识华文的人。固本填妥后交还当局，当局便交回一张白色卡片，卡片上写有店主的姓名及印有一个号码。有当局颁发的这张卡片，便代表药店有经过登记而能获得配给药草。此外，如交通工具汽车也需向日本当局登记。不过，汽车在日治时代，几乎成为中医中药阶级的特有物，因为经营药店者，他们若有一辆汽车，则将获得日本当局的优待，只要他们在汽车上贴上一个红十字（Red Cross），因为这是代表慈善和福利。所以当时许多药店有车者他们都无须向日本登记，而只需贴上一个红十字，便能获得日本的允准。

日治时期，日本除了配给药草给药店外，同时，日本也在其本国内制造一些成药如虎标头痛粉，及在东南亚各地区採集一些草药以输入本地，供应本地的社会需求，但这主要是以日本的军部人员为主。至于本地的一些药厂如永安堂并非因原料的短缺而停止生产，他们甚而采用油棕作原料而继续生产，但却为日本所控制和操从，完全由日本经营。

日本的采用中药，若从历史上来追溯，秦汉时日本便与中国发生关系，至隋唐时关系更加密切，有所谓遣唐使的派遣、学问僧的设置，而学问僧中亦包括了医师，所以中药那时也随着文物典章制度传入日本，因此，在日本有所谓汉医汉药的存在。故可谓日本对中药已有长久的认识，另方面则是因为当时在本地疾病流行如寒热病、脚气病、日本疮等，在欧洲方面则又是战乱时期，西药出口短缺，影响至本地西药缺乏，因此提供了中药在保健工作方面有利的贡献，所以日本的统治下，中药的被应用，一方面是日本主观的信仰，另一方面则是本地社会的迫切需求。

日本统治期间，犹恐人民的反抗，所以除了严厉的统治政策、压制文化教育及对付知识分子外，同时，任何社团组织都不被允许存在及活动，而中药的专业团体如中药公会虽在战前就成立，但在日本时代则被迫解散而停止活动，至于药材店也不能互相组织起来，因为日本政府亦不允准，所以那时的药材店完全是各自为政的情况下生存，不过因为货源的缺乏，很多药材店都关闭或找其他副业以渡过难关。大致而言，日治时代政府对中药业并无限制其入口，同时也没有任何法令条文的防范措施，只是经营药材店者需向日本当局登记，而登记费为十元，以一次为限，唯发现药材店卖毒药或危险药剂时，则将取消其登记。所以这个阶段中药业萎靡不振是国际因素而非统治者的人为因素。甚而人为因素提供了有利的发展条件，因为中药在日本时代至少不受压制，所以假如货源充沛或本地药厂能在本地发掘一些药草自配制成药材，再配合统治者的环境需求，则中药在日治时代必定有所发展。

第二节　战后殖民地时代（1945–1959）

法西斯主义者，在全世界人民英勇的反击下遭受彻底失败，日本侵略者终于在1945年向全世界人民宣布无条件投降，德意日法西斯主义者也遭受同样的命运，1945年侵马的日军投降后，英军又再度进入新马，继续其殖民地的军政统治，直到1946年4月1日军政统治结束，由于马来亚方面宪政的改变，新加坡便和马来亚分治而成为英国的直辖殖民地。1946年英王颁布新加坡勒令，使新加坡在行政会议与立法议会上实行部分选举制，第二年新加坡政府便正式通过1947年立法议会选举法令规定立法议会的组织，是年（1947）亦值和平初期，中药业及其他各行业渐恢复活动，药店虽接获卫生部来函告知，在日治时代有登记者，无须重新登记或更换注册，一切可照前而继续业务，但政府却拟征收所得税，人民因感于一切商业在沦陷时期所受打击之元气乃未恢复，对所得税之征收实有不胜负荷，因此中药人及其团体起而响应向政府请求暂缓征收，藉以减轻人民负担，1948年，中药出入口商公会续参加反对征收所得税大会，同时提出下列几点请有关当局考虑：

(1) 每年人民入息，有家庭负担者，应减去妻子及儿女之生活费。

(2) 个人无权力出通知书，如果监督者疑与事实不确则通告委员会，由委员会负责人帮助该商号解释。

此外，又于同年18日再度提请延缓至1949年始行征收，然当局仍应用特权以推翻民意，不恤民情。

1947年三月联合邦政府以财政危困为藉口宣布征收成药税25%，1954年又续颁征收药材入口税25%（等于成药及药材征收同样的税收）。中药业及其团体皆一致通过向联邦政府请求药材免税，1955年在吉隆坡便成立马来亚华人医药总会，1956年马华医药总会继续通过向联邦政府请求豁免药材征税，结果是年11月联邦立法议会通过撤销中药入口税，而参类则改为每磅征收税七元半，唯1947年宣布征课税25%之成药则未准以撤销。

1955年，新加坡根据林德宪制举行第一次立法议会选举，结果由劳工阵线组织政府，并于同年订下医药与广告售卖法令，而这法令与1949年的小儿惊凤散有密切关系。小儿惊凤散是一种治湿热的药物，因为惊风散中的雄黄常含有砒霜，战前的制造商都根据古方而雄黄必须在水中捣碎，并且过滤整百次使砒霜溶于水而随水流走，仅留下无毒的纯正雄黄。在战前，由于工资的提高，制造商为了节省开支，不将雄黄用水过滤就配入药方，以致产生中毒的事件，自从这时间后，小儿惊风散就暂被政府视为毒药，同时中华和信义两号之小儿惊风散亦被政府取去化验，结果于1950年3月16日，保滋堂出品之小儿惊风散被政府法庭判决有毒，不得售卖。而中药界则认为该药品实在无毒，但由于缺乏法定机构之证明书，所以，在法律上难以置信。接着政府便于1955年8月15日在立法院提出广告与售卖法案而被通过，1956年便开始生效。这法案的内容归纳起来有下列数点：

(1) 不得用口头宣传或文字刊载声言能够医治下列17种疾病及病状的药物广告。即肾脏炎、白内障、糖尿、癫痫、绿内障、脊髓病、麻痹病、肺病、麻疯、癌症、耳聋、危险药剂、沙眼、闭经、氙气、盲目或高血压。

(2) 各种成药如有标明能治疗上述各种疾病者不得售卖。

(3) 禁止刊登堕胎药物广告。

(4) 所有的药物应该在盒上标头纸上用英文书出其成分。

(5) 凡违犯上述法令者；

a. 初犯可判处不超过一千元之罚款或不超过一年之监禁或两者兼施。

b. 再犯者可判处不超过两千元之罚款或不超过两年之监禁或两者兼施。

这法案订立的目的主要是避免不正确的配方，以保护顾客不必遭受意外的损失。可是，这个法案只能实用于西药，对中药来说是不甚实际的，因为西药是由无机物组成，可以加以分析和检查以查明其真正的成分与含量。中药大部分是由有机物组成，其成分的存在与含量是不易加以查明的。同时，所有的药品以英文书出其成分亦会造成很大的不便和混乱，因为中药并没有统一的英文名称，而且，药厂客、潮、福建皆有，若照他们的拼音，当然会产生名称的不一致，而且，各厂商都有他们的秘密，所以甚难列出其成分，而中药这种混合剂，它的功效与分量的纯正是有密切的关系，如六神丸之有特殊的功效，主要是因其选料的纯正，配量适当，在一百年前，日本政府企图以百万元高价来购买此古方却遭拒绝，现今为了依照本地的法令的规定而将原来的成分列出，则可信的成分就令人怀疑了。但这方法也有其良好的一面，因；(1) 标上成分说明单，不但首先使政府知道这种药出售时是否对公众有利，同时也使医师或病人在接受这种药时也有一些知识。(2) 商人出售时也较安心，不然，假若病人服药后发生不幸，就会给他带来麻烦。(3) 可对付本地一些投机工业或商业家所实行的“心理战术”，因为他们时常利用某些外国产品在国际市场的具有良好声誉，制造各种药品在本地出售。其标纸上印上的国名称如“xx 制造”，冒充为外国产品，然后在报纸上刊登大幅广告，其内容是不道德和可笑的，以便达到他们欺骗的目的。

总之，1955年的医药广告售卖法令，主要是保护顾客的利益，避免遭受不必要的意外损失，对中药而言，并无限制或影响其发展，虽然这法令本身仍有不实际之处，但这只是技术上的问题而已。

第三节　自治至独立时代（1959–1968）

1959年人民行动党政府上台后，新加坡成为自治邦，同年召开了第一届立法会议，自治邦元首顾德爵士在会上宣读了施政方针，特别强调和提出新马在经济上和内政上的关系，同时执政党也在其党纲内提出新马的合并以争取独立，所以在1963年9月16日马来西亚终于成立，比原定日期8月31日迟了半个月，它的成员包括马来亚联合邦、新加坡自治邦，砂劳越及北婆。新加坡除了教育和劳工两个部门独立外，其他部门皆由联合邦政府管辖。历年来，中药团体所力争的取消1947年成药入口税25%，并非因政治上的合并而获准，甚而变本加厉，如桃仁、梨干、二皮红等皆为草药，故应准免税藉以符合豁免草药税，但是，联邦中央政府则视其为成药而拟征税，所以在1964年初，中药团体则派代表亲赴新山关税局面询应免税事，但关税局则解释称，桃仁与南北杏仁均难分别，故税关一律微税，至于其他单味药材如制成粉末而不加标纸者，倘得证明则可获免税。可知新马的合并，并不为商业贸易带来便利，1968年则修正1955年的医药广告与售卖法案，名之为1968年医药广告与贩卖修正，这修正法案主要是针对1955年法案的不完整性，因为在1955年的法案中，虽然禁止刊登堕胎药物广告，但这只是禁止明显的堕胎药物广告，至于那些投资者仍然有机可乘，刊登不甚明显的堕胎药物广告以达其欺骗目的。而所谓的不明显堕胎药物广告是无须解释而人所尽知的，比如在1955年的广告与售卖法案中，刊登“月经包来”，“月经迟来者立即解决……”等广告系犯法的事，但是，“月事包来”者却可公开刊登，其实，每个华人都会明白月经便是月事这麽一回事，因为内经说：“月事依时而流到”，即是说月经每月依时而来，所以说月经和月事不同，那是无稽之谈。又若小心地观察各药店所出售的各种药丸与药粉，则可发现可笑之事，例如古方的：金匱肾气丸“四两压的价格是一元三角，扣去印花铁盒的四角钱不算，药丸仅值九角钱，那么一斤药丸仅值三元六角，可是该药所列明的几种成分，每种药材的价格都是标价每斤七、八元到一百二十元不等，尤有进者，有些西药被改装易名为中药，如“川贝枇杷露”，羚羊退热水……等等，这些仅不过是“白松糖水”与“亚士北罗”加上开水罢了。故由于双方尝试制造假药及法案的漏洞与不完整，便促使1968年修正法案的成立。这修正法案有两个重点：

(1) 将广告的意义扩大至“及其他任何形式的广告”。就是说，广告不仅限于刊登在报章杂志或电影院的幻灯上，凡是能够达到推销的目的都是属于广告。

(2) 禁止刊登“肾病与月经不调的广告，就是连药品中的标头纸上或说明单都不能有“肾”与“经“这两个字眼。

随着时代的进展，科学的发达，广告是推销货品的重要媒介，尤其是在一个商业社会中，广告的确是不能缺少的，而这法令主要是限制广告，因此，对营业是否是一沉重打击呢？根据我们的访问，他们大多数都认为多少会有影响，而多到什么程度，少至怎样的界限，这的确是很难有个限度，不过，他们几乎都认为由于广告的限制，而一些的确能治普通“肾”和“经”的药物无法介绍，售卖时也较麻烦些，往往要费一番口舌向顾客解释和说明，比如“金匱补肾丸”，人们一看便知这是补肾的药丸，可是由于广告上的限制，“肾字不可应用，因此药商们为了避免“肾”字而改用腰子来替代，所以便写成“金匱补腰丸”或“腰子丸”，而顾客则又以为是一种新药，因此，药厂便得向他们解释和说明了。有关当局的解释是认为“肾”是代表“性”，所以“肾病”便是代表“性病”，而“月经不调”便是堕胎，故这是触犯了1917年的性病法令及1955年的医药广告售卖法令中的第四节“促使孕妇小产”这一条。但是这种以西医的眼光来看中医中药是非常不合理的，因为肾病在中医中药上来讲，它的意义是非常广泛的。很多种疾病和症状和肾都是息息相关的，而且，很多影响人体中各部的疾病都归入肾的范围内，尤其是月经不调病，症状甚多，与堕胎便是截然不同的，假如说为了对付夸大广告而禁止某类似治病之药将是禁不胜禁，屡次修改仍然无济于事，比如一些夸大广告者，必定不敢说“肾病”和“月经不调”而改为“腰子病”或“腹病”以达其欺骗目的，另一方面，所有的成药包括本地配制的，全部应由政府加以检验，证明彼等无毒后方可让其出售，同时药品的装盒上应书名试验的号码以及药品的出产地，这样就可以防止所有本地产品冒充为德国、中国、美国、苏联的产品，以欺骗人们，然后政府应随时派人到各处进行突击检查，倘若发现任何在先前被验明无毒而在出售时含有毒素的药品应施以严厉的处罚。至于药品的广告是可以刊登的，但需要有一些限制，最多只能刊登药品使用方法、效用的简单叙述以及应用的范围、厂名等，同时不得有超出限制的夸大字眼，任何违律者应受严厉处罚。这实比为了对付夸大广告而禁止其类似治病之药更为有效。

总而言之，政府与中药业的关系，在上述三个阶段都有其不同的态度，但是却有一个共同的原则，即中药不受到压制，但也未曾受到任何的提倡和鼓励。虽然各时期法令的订立主要是在防范的措施，但通过防范，减少误导与夸大性的广告是必然的，所以这些法令仍然不失为提高中药的声誉及维护真药发展的良好措施。

第八章

困难与展望

第一节　困难

医与药是息息相关的。有医无药即使你的医术多么高明，也不能使一个在与死神挣扎中的病患者，脱离苦境。没有医师的常识经验，即使是满山遍野都是奇草异木，甚至是秦始皇所谓的长生不老药，也只好徒叹辜负大自然界的赐予了。中国医药是其人民几千年来同疾病斗争的丰富经验和理论知识，是一个伟大的宝藏，因此就必须努力去发掘，并加以提高。

无可否认的中医药在中国人民来说是一个宝库。而在拥有70%华人的新加坡社会，他更是人民保健工作的重要部分。据医药各报的调查，全新加坡服用中药的人有30%。我们的祖先，在战前，在日治，在西医尚掌握在上层阶级手中的时候，便是依靠中药，依靠民间的土方。依照他们的医药常识，来争取生命的劳动。中医药的价值不应该被否认，然而更不应该在忽视中淹没。

有人认为中医中药若没有得到适当地提倡发扬，终有一天是会衰弱而灭亡。

事实上，在下层社会中医药曾为他们服务，曾使他们信仰，为什么本地让他们自生自灭，而不把他们纳入正轨。就像西医般的成为促进人民健康的一条道路呢?

因此，总结我们调查的资料，我们把当前问题分成二项：

一、与政府关系

因为我们认为政府既不提倡又不鼓励，这是问题的徵结所在，故必须提出。

二、市区重建的影响

市区重建对于药材店的经营有所影响，故列入与政府关系中。

政府对于中医药的不提倡与不鼓励，乍看起来与药材店的前途并没有什么影响。实际上，他关系到中西医地位的不平等，中西医地位不平等，影响看西医的人较多。看西医当然吃西药，然而看中医吃中药的人当然减少，无形中影响其营业，且我们调查知道，草药的营利较多，倘若到药材店的多买成药，营利少，在这状况底下，做药材生意的感到前途暗淡是必然的。

但我们认为，所谓普遍提倡与积极提倡，当然包括研究生产种植，能充分的利用本地药材，把来源的局限性打破，药材的局限性不打破，价格的必然高昂，中药便只能成为上层阶级的专有品了。

市区重建，许多屋子都拆了，许多旧有的店屋都被迁到新建的堂皇的大厦，这一迫迁，都造成以下的问题：

（一）开销增加

药店通常其顾客都有其地域性及时间性，搬迁到一个新地方，一切都得从头做起，必然影响收入。且开销增加，只有促使他们感到前途的悲观。如以前（约1950多年前）店租一个月只须付80–150元，水电费只30–50元间。而今（1970年），却需付上350–450元的店租。水电费也上升至100元左右。这种增加的巨大，支出的增加，叫人不得不同情。

（二）竞争激烈

在现代社会中，任何情况下做生意，都会有竞争，甚至以“优胜劣败”来形容，但是竞争，据说只是一种价格的高低五分一毛来招徕生意。然而，在组屋，通常一个小小的巴刹周围就有十间以上的药材店，店租、水火等开支的压迫下，竞争必然更激烈，成药除了减低价钱外，草药也有随送礼物，招徕顾客，甚至是“照本买”。在这种情况下，经营药材业能不倒闭，挣得一家的糊口也算满足了，还能谈什么前途不前途呢?

除了这些问题外，在上面第三章中药材来源中我们提出二点：

(1) 本地药材来源的局限性

(2) 本地没有有组织有系统的进行研究本地药材的倾向。

来源缺乏是本地药材店经营的一个难题。因为来源短缺所造成的连锁性影响也是形成经营者感到不乐观的因素。

（三）价格昂贵

“来源短缺，价格昂贵”这是我们在访问过程中常听到的字眼。中医现状与展望研讨会上，有提到“近年来中药材的原产地（中国），由于文化革命的关系，供应经常断决。如夏枯草这种普遍的药材，很多人都知道，以前一二毛都可以买到。现在至少卖至五毛到三元多不等。这是很可怕的现象，其原因主要是缺货的关系。”虽然中医师与药店都关心药价昂贵的问题，然而，一个办法便是“希望原产地增加药物的生产”。我们认为这是非常消极的方法。如能在本地发掘一些草药，找出他们的成分能提炼原有的药材，我们不能一味以地理的条件来说什么地道的好或不地道的差。我们深信有一天中医的科学化，能研究到打破这一点。

中药的昂贵，西药的方便与便宜，相对之下，下层人民当然是找西医西药多，药店的生意因而减少。

（四）利润少

形成利润少的原因很多。如上面所讲的店面的开支也是因素之一，或许有些人会以为价钱贵，只要我们提高价格卖，那么还是一样能得到利润。事实却不然，中药的利润少是一开始就如此的，如因为药贵，吃的人少，当然减少利润。

（五）假药出现

这是一些不负责任的药材店的勾当。药贵，人民吃不起，在竞争的原则下，部分药商便以假药代真药，以较低价出售，作为招徕生意的一种手段。有些医生便控诉，因为假药的出售，影响到中医的声望，然而却也有些药材店商，埋怨庸医毁坏人民对中医药的信心。事实上，这是一件事情的二面，是在一个病态社会中的病态产物。撇开一切不讲，这是来源缺乏药价昂贵的直接影响。

（六）人手不够，继承无人

因利润少，资本小无法用高薪请人。且由于

1 待遇低

2 工作时间长

3 雇员工会无法形成，利益不受照顾

4 工厂吸收了不少的工人

5 国民服役的影响；教育普及，且因为药店学徒的年龄是与国民服役及受教育年龄相同。故造成学徒的难寻。此外如一些年龄较大者也不愿当学徒了。

因此，药店普遍上人手短缺。

（七）家庭化的经营

在以前，虽然我们认为药材店的经营是家庭化了，但至少一间店有一二个学徒，有头手、二手、三手，然而，现在的药材店，因为利润少，开销大，技术工人缺乏，这种行业的家庭化更加强，这也就是说，通常一个家庭便是一间药店的工作人员，这种方式只表现药材行业的消极性，虽然所开的药店愈多，其组织性越削落。

（八）经营方式的保守性

家庭化的经营方式，只是分散性，孤立性的资本不大，虽有中药公会的组织，但团结在此组织底下，只是为争取一致性的利益而争取，并没有想到更积极的作一些有建设性的联营。且有些药材店本身有制药，有配药，有所谓祖传秘方，如果都能打破自私的观念，开放自己所有的，共同努力，组成一个较强大的组织来制药，供应本地的需求，未尝不可在飘摇中的药材业起一振奋的作用。

由上面的叙述中，我们可了解到，本地药材行业的没落，自有其因素，如果中药工作者要挽狂澜于既倒，便必须团结起来，为共同的目标努力。

第二节　展望

中药的内容相当广阔，除了上面所述的几种外，青草药也是重要的一种，我们从旧中国到新中国中医药的发展趋势，看见了截然不同的二面。在旧中国，中医被视为巫医一般，被认为不科学、不进步，不但受到西方人士的藐视且中国本身也发生了三一七国医节。这再再都表示了中医地位的低落，中医技术的不能被重视与被提高，中药的进展也必然无其积极性。今日的新中国，不但不断的提高医术，且在药物上，也作出了全面的发展，如：

(1) 民间教育的发掘

(2) 生草的充分利用

(3) 赤脚医生的就地取材

(4) 提炼药剂的研究推出

(5) 成药种类的增加

这些成就，为什么不能刺激本地的药业呢？而本地的药业为什么被视为“无前途”呢？（根据调查所得）这当然与本邦的整个医药制度有关系，本坡中医药并不受政府的正式提倡与鼓励，然而经营者本身的散漫也是原因之一，故我们以为要使新加坡的中药能发扬光大必须解决以下的问题：

一、合作的经营方式

就是打破旧有的经营方式，利用共营的方式，新加坡的风油经营战后出品种类繁多，市场互相角逐，而其他中药店自己的出品如“咳嗽水”，都是用自己的方法制成的，其原料来自外地，因为原料昂贵，故常有“假药”的出现，形成人们对中药失去信心，要好好发展本地的制药业，合作的经营方式是必须的，其益处：

(a) 可以取长补短

(b) 可以减少竞争平衡价格

(c) 减少假药的出现

二、研究民间的药方

本地是个多元种族的社会，这个有多种民族不同的文化、中国土方在本地流传相当久，然而，因为年青一辈，受了“新时代”文化的熏陶，对土方已采取忽视的态度，因此，当老的一辈失去生命力时，一切土方也归之尘土，然而这些“土方”都是民间文化的结晶，人民知识的宝藏，中国政府对这方面的研究已大有进展。而在本地为什么我们不能好好地利用这些“土方”呢？再言之，黄讲师所提到的，其他种族如巫、印都有其用草药的医药方式，倘若我们能集各民族土方的大成，再加以研究，不但中药得以发展，且对于西医药也将是一个刺激。

三、寻找本地草药

探索本地药草，是行得通，因为我们从日本时代的药物缺乏，而能以本地药物取代之，猫须草的提炼成功，都说明本地有药材可用，只是未经发掘而已。

四、提高本地医术水准

本地中医师，必须能自己醒觉，提高本地医术，使人民对中医信仰加强而无形中也有助中药的发展。

然而，以上所述，只是方法与目的，所需要的条件则是：

(1) 政府支持

(2) 取得西医的协助

如果政府肯与中医药界合作，则一切提呈都会比较容易实行，

否则，所花的精力与金钱，并不是人民所能负担的。

在提出本地中医药的发展上有：

(1) 有一位医师说："新加坡大学医学院，庆祝银禧纪念，要发展医学院……为了发掘中国医药的宝藏……为了要以客观的地位来实验中医药之真正效能与价值。……不可遗忘增设中国医药……"(1)

(2) 有人呼吁"中医创立一间中医大学及留医院，跟南大合作，利用南大教学设备。"(2) 又有"邀请西医人才协助中西医的结合，在科学基础上发扬中医药学术。"(3) 又有些读者在报纸上呼吁创设中医大学。

无论是设中医药大学或中医药系，我们认为都必须在政府的支持下进行，如魏雅龄医生所说："要发展中医中药必须得到政府的支持。"此外如：

(1) 区域性合作：东南亚各地的地理环境大致相似，动植物方面生长条件较接近，如能合作起来研究，会得事半功倍之效。

(2) 派考察团到中国去，观摩学习。

总之，本地中药中医的发展，必须是全面性的进展，如果只属于个人的活动，而又支离破碎，不能团结起来，那么只有自取灭亡。

注释

1 洪炜堂先生在"新大扩展医学院应增设中医药中"所说。

2 林春献先生在"中医师公会主雇"的座谈会上说。

3 见1971年6月28日《星洲日报》。

参考书目

1《医药月刊》（第七期–第廿四期），新加坡中医中药联合会主编。

2《中医中药联合会银禧纪念特刊》，1957年9月26版。

3《中医中药联合会特刊》（第一期），1948年。

4《中医中药联合会十九周年纪念特刊》。

5 中医中药联合会主办中医学院第二届毕业纪念册（1970年）。

6 新加坡中药公会会览表，70–71，第27届。

7 新加坡中药公会会议记录簿，1946–1971年。

8 新加坡中医师公会主办中医专门学校。

高级第一届（1957）毕业纪念册

初级第一届—第八届毕业纪念刊

9 新加坡中医师主办专门学校十周年纪念特刊。

10《新加坡中医专同学会会讯》第6期及第9期。

11《医粹》，新加坡中医师公会主编。

12《新加坡出入口商公会特刊》及1970年会务报告。

13《吉隆坡药业出入口商公会筹建会所特刊》。

14《星马中医药学报》第二期及第四期（马华医药总会出版）。

15《星马华人医药界通讯录》（1960）马华医药总会编。

16《港九中华熟药总工会五周年纪念特刊》（1960年）。

17《中医之光》。

18 沙罗越中医中药联合会丛书第一种“出国考察中医药经过”，张前晃编述。

19《嘉应故乡谈丛》，叶荣檗编。

20《大埔会刊》（第二期）1966年。

21《客属年刊银禧纪念号》——南洋客属总会印行。

22《南洋客属总会第35–36周年纪念刊》。

23《客家源流新志》，郭寿华著。

24《新加坡茶阳会馆百年纪念刊》。

25《星洲十年》——星洲日报社编纂，1940年版。

26《明刊月刊》，60期–70期。

27《生药学》，顾学裘编著。

28《生药学》，王殿翔编著。

29《中医学概论》，南京中医学院。

30《华侨中心之南洋》（上），张相时，海南书局，1927年。

31《南洋商报》15–4–64
18–1–67
4–2–67
6–2–71
15–3–71
17–3–71
8–3–71
29–4–71
6–5–71
8–5–71
17–5–71
18–7–71
8–8–71
18–8–71
11–10–71

《南洋周刊》1–7–71（“制做药丸的过程”，吴文新）
11–7–71（“中药店与我”）
16–8–71（“我是半个药店掌柜”，竹志）

32《星洲日报》

11–12–45	14–4–50	18–9–67
12–12–45	2–7–51	13–11–69
4–2–46	1–5–51	15–11–69
18–1–47	2–12–53	23–6–70
1–4–47	1–1–53	6–6–71
2–4–47	12–3–53	19–7–71
25–5–48	3–9–53	10–4–41
8–6–48	2–10–53	
10–10–48	1–6–57	

33《工商导报》15–4–64
15–11–64

鸣谢

我们很高兴的是我们在今年的华人史当中，能作这项有关中药业的调查。在调查过程中，得到许多父老的帮忙与合作，让我们了解中药业的状况。而中药公会、中医中药联合会、中药出入口商公会、中医师公会及中国提练药公会诸会员负责人在资料的搜集上及人事的联络上，都给予我们无限的方便及指示，谨此向他们道谢。同时，也谢谢那些曾给予我们各方面帮助的同学及其他有关的社会人士。

一九七一年十二月

新加坡的中医

1869–1971

星加坡華族行業史調查研究

星加坡的中醫
(1869—1971)

南大历史系"東南亞華人史"
同学集体創作
1971年12月

新加坡的中医
调查小组成员表

指导教师：黄枝连

调查组员：佘绍国

符秀英

陈小萍

黄稚璞

叶丽华

潘怡民

潘德源

我们的话

经过七个多月的群体合作，我们的调查报告“新加坡的中医”终于问世了。

在这工作过程中，承蒙中医师们及中医师公会的“调查委员会”在联络工作，交通上给与我们种种的方便，并为我们召开多次的座谈会，使我们的调查报告能顺利的完成，我们在此由衷的致谢。

同时我们也要感谢陈亚瑛、陈丽银、李瑶琼、黄成仁、林光正、程瑞英、黄建华、胡雅婵等同学们，在假期中抽出宝贵的时间来帮忙我们，尤其是陈亚瑛同学，在调查中医师方面，更为我们解决了语言上的难题！

我们还要感谢中药调查小组在调查上及资料方面与我们充分的合作，以及周、王两位工友为我们传真。

这是一份不成熟的报告，我们希望师长们、中医师们、社会人士及同学们能赐予批评与纠正，使我们能从中加以改进。

中医调查小组谨启

一九七一年十二月十七日

目录

第一章

绪论

第一节　中医一般发展的历史

中国医学的发展，已有几千年的历史，在这几千年里，中国人民不断地与疾病斗争，不断地累积经验，总结经验，才有今天的成就。这里我们只想简要地介绍整个中医历史发展的过程。根据曾志远的说法，大致上把它分成六个阶段[1]。在每一阶段里，只要扼要地介绍几个著名的医学家及他们的作品：

（一）启蒙时代：神农黄帝——周秦：古代传说神农氏尝尽百草，来辨别药的气味，找出那种药草可治病，因此草药得以发现，神农氏是否有此人？是值得怀疑的。可是中国人民根据经验，尝尽多种草类，有因此食到毒药而死的，有些则尝到草药而病好的，为此不断地尝试，总结经验而发现草类的药用价值，这便是《本草》一书的由来。

接下来便是《灵枢》、《素问》，内容是记载黄帝与岐伯等君臣的问答，这两本合称《内经》。

《灵枢》与《素问》是中国两本最古的医书。《灵枢》的内容是详述经脉，治病的理论，进而根据它来针。经脉这种东西，是否存在，现代仍还在争辩中，无法获悉而证实它。

《素问》一书是中国最古的诊断及预防病学的代表；书中有述及保健的方法，例如衣食方面的卫生，避免风雨寒暑与生活的放纵；也谈到天时季节与疾病的关系，在个人及公共卫生方面，都有贡献。它也谈到诊断，特别注重察气色和诊经脉。

（二）大成时代：周秦——东汉：到了周秦两朝，有长桑、扁鹊、阳庆、仓公等人；以医学出名；其中扁鹊承继长桑所传，他曾著有《难经》，把《内经》的学说加以说明，并补充《内经》的遗漏。《内经》对针灸有详细的记载到了伊尹才有汤液治病的方法。

东汉张仲景著有《伤寒论》十卷，现在治疗外感病的方法，都根据这本书；他另著有《金匮玉函经》三卷；上卷论伤寒，中卷论杂病，下卷是药方，专门以药方来治病；他的方药是集神农，黄帝相传的经方的大成；是医学法宗，汇集了生理学、病理学、气化学、诊断学、方剂学等等，以后的医师们在研究医学时，都不能超出他的范围，所以这个时代称为大成时代。

医学发展到东汉，由于造纸术的发明，医药的著作与记载更加地蓬勃。

“医不三世不医”，“三世”一词：根据魏雅聆的解释：认为是指神农《本草》，黄帝《内经》的医学以及张仲景的《伤寒论》、《金匮要略》、本草、内经及针灸，是历来公认为中医学中医人员必学的基本知识。[2]

中国医学的发展到这里已成系统，具有可观的规模。

（三）守成时代：魏晋南北朝——唐：到了魏晋南北朝和隋唐两代；由于社会生产力不断发展，文化医学也跟着进步。此时医学进入了集合疾病自然进展常识而产生分类的阶段；如隋时巢元方等所论的《绪病源侯论》，分门别类、提纲扼要，逐病一一加以叙述它的起因、病状、及预防等。

北魏王叔和总结了晋魏以前的古代脉学的成就，后世的脉学家，都根据它作蓝本。

到了唐朝孙思邈，著有《千金方》与《千金翼》，凡诊病的口诀，针灸的方法，养生之术，都一并列入，尤其是妇孺二科的资料更多，从此定下了这两科的基础。《千金翼》与《千金方》的不同点出：后者没有论及伤寒，由前者补充它的不足，较伤寒金匮偏杂，但用药的奇妙，对于后人有很大的贡献。

这个时期的医学者，虽然各具惠心，但引文设辞，处处都依据经文，不敢有所逾越，所以此时期称为“守成时期”。

（四）学派时期：宋辽金元：到了宋朝，由于印刷术的应用、理学的兴盛，以及当时的皇帝颁布了医药制度，施行全国；这样一来，又大大地促进了中国医学的发展，尤其是当时帝皇的妄图长生不老，以及官僚倚势取药材的权利，因此成药盛行一时，方剂有如雨后春笋的茁长。

此时，名家辈出，各派自立学说，新兴的学说兴起于北宋，到了金元四大家才完成，官修的医书在这个时期也出现了，如《太平圣惠方》，由王怀隐、郑彦等人所编纂。又如宋徽宗时期也召集医官编纂《圣济总录》。除官家外，民间所编纂的医书，也相当多，例如沈括良方十卷，陈根择根据张仲景《金匮要略》和伤寒论的要点，千般疑难，不越三条的归类方法，选著《病因极——病症方论》，还有钱乙的《小儿药症直诀》，对小儿疾病的诊断有独到的地方，又有关于麻疹及百日咳的记载，首先见于此书。另外苳波的《小儿斑疹备急方》等，这些都成为儿科的专著。

到了金元代，医学更加地进步突出，其中比较出名的四大家：

(a) 刘完素：著有《素问玄机原病式》一卷、《运气要旨论》、《黄帝素问宣明论方》、《伤寒直格》等书，主张六气皆从火化，用药多寒凉，所以后人称他为“寒凉派”。

(b) 张子和：著有《儒门事亲》一书，他对疾病的认识也是以六气病理为主；主张攻邪，邪去则心安，不可长邪而养病；反对用补法，治病法采用汗、吐、下三法，实偏重下法，所以后人称之为“攻下派”。

(c) 李东垣：倡导以胃气为本说，认为疾病的发生除外感外，还有饮食的不节和积劳成疾（内伤）所致病因素。著有《外伤辨惑论》，脾胃论，在治病方面则主张补中益气，升阳散火法，后人称为“补土派”。

(d) 朱丹溪：上承刘完素，又变通于张子和、李东垣之间，倡议“阳常有余”，“阴常不足”的学说，治病善用滋阴降火法，后世称为“滋阴派”。著有《格致余论》，《局方发挥》两本医书，在《局方发挥》一书中，他纠正了宋代局方引用矿物药及卒香燥热的刺激性药品的害处，由于他的影响，大大地丰富了中医疗法的内容，扩大了处方用药的范围，对医学有一定的贡献。

这四人各有各的主张，中医学说发展到这阶段才分立门派，所以这一段时期称为“学派时代”。

（五）新学时代：明、清：到了明朝薛立斋，创立了“十三科一理贯之”的论说，主张外感遵循张仲景的学说，内伤则跟随李东垣的理论，热病便用李完素的说法，杂病则采用朱丹溪的论述，把各派的学说溶合于一炉。

中国药物学发展到明李时珍时，可说是集大成，在他的本草纲目里一共搜集了一千八百九十二种药物，对各种药物都作了正确的解释。它不但是一部伟大的药物学著作，而且也是一部方剂学著作，总结了中国直到十六世纪的药物治病的体验和药物学上的研究结果。

张景岳也是此时人，他是“温补法”的倡导人，以补阳为主，说“相火”是“元气”的本源，后来的医学者，动不动就说“补正”，就是所说的“祛邪”，事实上是景岳开创的。

到了明末清初，吴又可进一步阐发了传染病病因学说的明崇祯时，山东浙江等省，当时的瘟疫传播很快，死了很多人；他为了追寻它的病源，提出了传染病病因学的观念——戾气学说，指出了流行性疾病的疾病规律和它的特性，写了一本“瘟疫论”。

此时，方剂学有了新的发展，汪讱庵所编的《医方集解》，后来又简化内容，编成了《汤头歌诀》，是学医者必读的一部医学著作。

温病学说发展到清朝时，可说是非常盛行，其中叶天士所著的《温热论》最著名。他对温热一门，学有阐发，是清代医学发展的另一方向，大江南北的医学家，深受他的影响，如陈平伯的《风湿证治》，薛生日的《湿温证治》，吴鞠通的《温病条辨》等等。

另外王勋伍所提出的《医林改错》一书，大胆地指出了古书所记载人体构造错误的地方，但是他的言论并不受重视，因此医学革命不能够如期发生。

这一时期的医学家，均有革命思想，不像守成时代的医学论著，对经文不敢越出一步，因此，这一时代称为“新学时代”。

(六) 清末到民国三十八年（1949年）以前：混乱时代：清朝末年西方帝国主义，殖民主义者打败了老弱的满清帝国，使中国沦为半殖民地的状态，西方医学也因此侵入，西方帝国主义者在中国设立西医学校和中医对抗，在此种情况下，中医学渐形于劣势。

到了民国，西医的人数，虽还是属于少数，但在政治上则占很大的势力，因此还有禁止中医的提议，这便是“三 · 一七”事件的由来，使到犹如一盘散沙的中医师门团结起来。

中西医学在此期相见，互相对立，形如水火，格格不入。中医学在西医学冲击下，分成了新旧两派，“旧派”认为中医有四千年的历史，并非西医可比，因此认为并没有必要改革。而“新派”对自家的学说，多有所怀疑，主张革除中医学著作某部分不合科学的部分，这时期的医学非常混乱，故称为“混乱时代”。

(七) 解放以后：经过一段非常混乱的阶段，中国医学步入另一崭新的阶段。此时中国大陆政封，对中医的态度大大改观。由消灭转为扶持，此时中医师们开始整理前人著作，并以白话文加以解释。中国传统医学，也开始结合西方的医学，进入中西结合的阶段，中西医的争论从此结束！

中国医学的发展已有几千年的历史，它对几千年中国人民疾病的斗争，作出很大的贡献，中国有这么多人口——接近八百万，其功绩是不可磨灭的。至于中医是否科学是否有存在价值，更是不容置疑。

然而中医在新加坡也有百多年历史，其各方面的发展和成状又是如何？我们认为有研究的必要。因此便写成了这份调查报告！

第二节　中医南来的背景

中国是中医药的发源地，海外的中医药是由中华民族南迁后流传下来的民族传统医学，因此本国中医药与中国本土的中医药是一脉相承的。所谓“饮水思源”；我们为了研究这些中医药的根源所以有必要先了解中医师南来的背景及过程。

南来原因：查中医师南来的原因不外是社会、经济、政治三大因素，现试分述如下：

一、社会因素： 廿世纪初中国社会动荡不安，推翻满清之辛亥革命发生后，接着是军阀战乱，1937年日本又把侵略触须伸展到中国的东北，八年抗战正式爆发，这种种混乱的局面使到中国社会陷于一战乱，人民生活于水深火热中，当时的中医便无法以这种行业过活，因此便希望向别处另谋出路，刚好那时这些中医师们的一些亲友曾到新加坡，回去后，便向他们宣传此地是个安乐土，为了他们自身的安全便远渡重洋来新加坡定居。因此内战便是造成他们南来的主要因素。

二、经济因素： 自从中国的科举废除后，一般知识份子想以这一门为进仕之途阻塞了。因此有很多人去学医（因医师在当时是一种高尚职业），但在中国要成为一个正式医师是要经过相当的时间来磨练的。首先学药物学，之后进行实习，这样经过最少五年的时间，才可成为一个正式医师，乃可挂牌行医。但其生活并非因此而得到良好的改善。在中国中医师很普遍，有些地方一条村便有几个医师，民间大多数自己会开方。因为生活困苦连三餐都成问题，有病自己采草药医治，是非得已，绝不请大夫。另一方面诊费很少，看一个病人只得二、三毛。如果是名医的话，一天可医十几位，但须去十几里的路程。他们所付出的代价是这样大，但他们一天的收入只有区区几元，以这微薄的收入要维持整个家庭谈何容易，为了要解决经济难题，在亲友劝导下，便离乡到新加坡来。

另一方面，新加坡医师非常缺乏，医师在这里可以维持生活有余，因此医师为了经济利益的激励放胆南来。

根据调查资料（共55名医师）当中有五位是新加坡出生，其余都来自中国，如广东、海南岛、福建等地。在时间上参差不齐，大约可分为三大期：（以七七抗战作为分阶）

(i) 抗战前：占六位，其南来与战争无关系。目的是为赚钱，其中有些是因生意失败，另外则因在中国行医是一件很辛苦的工作（要走远路，收入又少）。

(ii) 抗战时期：占绝大部分，有二十位，由于北方的战乱，只好转居广州、海南岛、厦门、香港、汕头、福建、怡保、柔佛或金门等地，但仍还无法逃避日人的压迫，遂至新加坡。

(iii) 战后：有九位之多，第二次世界大战以后，日本军被击退，但中国内部却存在许多问题。如内部混乱、饥荒、土匪四处抢劫、官员贪污，在当时很难找到工作，为解决生活困难，一有机会便向海外发展。后来因某种因素（如亲戚的介绍等），终于来到新加坡。

当时前来本地的中医除以上的背景外，还有以下多因素：

(i) 逃兵役而来：八年抗战，政府招募征兵，唯恐战争，故南来逃役。

(ii) 参加抗日工作：被日本发现，为避免被逮捕，只好过藩。

(iii) 有些中医在星洲有同胞，因病请他们来医治，所以也到新加坡。

(iv) 从小便与亲戚或父母前来。

(v) 有些中医的双亲本住在新加坡，而在战乱之际，寻亲南来。

三、南来的经过：其中有潮籍、客籍和闽籍。但并非一大批前来，而是零星南来，也并无在贩卖猪仔的形式下南来。因为中医师毕竟不像普通劳工一样穷到区区三十元的船费都付不起。由于后有殖民条例的规定，所以来往都很自由，到新加坡上岸时则须缴五元的登记费。

中医师们来此后，并非立刻挂牌行医，虽有些亲友在此，但毕竟人地生疏，因此有些先做书记或做生意，而后才行医。

此外，中医并不是拥有多少资本，因此行医处便在药材店里。也因如此，使到中医师受到药材店的重视，从而使到他们之间的联络关系，形成互相隔膜的状态。换句话说，就是彼此互相利用。

第三节　新加坡中医药发展的简史

新加坡开埠已有152年，莱佛士登陆时，已有华人在这里居住，世界每一角落，凡是有中华民族就有中华民族的文化，也就带有中医药常识和药物，因为华人（尤其是过去的华人）都具有普通传统的医药常识，在患病时都会自己采药来医治。

百年前中医药的义疗机构已在本地成立，例如1869年创立的同济医院已有102年的历史，据推测民间的中医药还须要有相当的发展，才能具备创办义疗机构的条件。

因此我们可以肯定的说新加坡中医药已具有一百几十年，甚至可以大胆推测有一百五十年以上的历史了。

既然新加坡中医具备那么悠久的历史，为了方便讲述，故有分期的必要。现分战前、昭南时代及战后三期，简述如下：

一、战前

新加坡非常缺乏中医师，几乎全部来自中国，只有少数是本地出生。有的到过中国学医回来便行医。也就因他们来自中国，爱国有传统思想的束缚，对于自己所学的知识不论好坏，均保有把持不放的态度，这样，便失去取长补短的意义，当然这是会妨阻中医的进步。

战前的中医极受人民依赖，而且又专依赖一个医师，至治好为止。此外中医又非常缺乏，因此中医师一般生活都不错，至于收入多少，则视其技术及名誉来决定。若能医愈求诊病人总数的70%，则可称为名医。而赚钱当然是没有问题的，一般上，依收入：多少可分为三级、即每月收入在500元至700元为甲级，200元至500元为乙级，100元以下为丙级。

在1929年以前，中医没有团体组织，像一盘散沙。1929年中国发生消灭中医药的三一七事件，这不但关系中国本土中医药的存在，海外中医生与中国唇齿相依。为了维护中医药本身存在的利益，中医人士便发起组织一个团体，联合各中医师及药商采取一致的行动，通电中国政府抗议取缔中医药，并呼吁海外各有关团体团结一致共谋对策，自此以后中医药始有一个团体组织，但该会成立的目的，只是联络各中医及药商，组织不严密，也很少活动，只是曾创办；《医药月刊》、《医航》等刊物而已。

廿世纪四十年代初期，即第二次世界大战前夕，本邦又出现了两个中国医药团体，那就是“中药公会及中药出入口商会”（1941），这两个团体的成立，确保了中药来源稳定及充足，这对于中医药的发展有很大的促进作用。

上面已说过，新加坡中医药义疗机构已具有百年以上的历史，但是史料可稽而留传到现在最悠久的一间是同济医院（1869年），按时间先后另有1901年成立的善济医社，1910年的广惠肇方便留医院，1932年的世界红卍字会，1930年的普救善堂等，因此可见中医药义疗机构在百年来一直为广大贫病大众服务。

据医师们所说战前由于环境不同（人少地广，瘴气重），所以常见的病症主要是温湿病、霍乱、瘧疾、感冒病、水土不服等。

二、昭南时代（日本入侵）

日本占领新加坡后，由于有筹赈会之成立和抗日军之出现，使日本人对知识分子采取一种仇视态度，因此便有大检证的悲剧产生，许多日本军看不顺眼的知识分子被杀害，但一般上受检证而被杀害的中医师很少，在相当程度上，日军对中医师还是有优待（因日人相信中医，，而称之为汉区），如不用为日本服劳役或去守夜。但中医药行医则必须向日人领取执照。

在日佔期间，中医行医的最大困难是药材的缺乏，因战乱货源断绝，加上营养不足，使到当时人民患了多种不同疾病，常见的有脚气病、水肿病、病毒、脾胃膨胀等病，因为药材的缺乏，多以本地生产的草药来治病，如患眼疾则用盐水或茶水来治疗。其他代替品如绿豆、麦草、甘蔗等。至于药材价钱的昂贵更达到惊人的地步。如一粒药丸（六九三清毒丸）价值10元，这样一来，便造成“黑市”的出现，要买一药材更是难如登天。因为行医有种种困难，所以大多数医师都兼营副业。例如当小贩、经纪商、种植木薯等，由于药物缺乏人民又赤贫，许多病人得不到照顾，所以死亡率很高。

至于中医之间的关系也和战前一样，而药店与中医更无联络，也不可以联络。因为日军怕他们团结起来造反。

日战时期各中医药团体被迫停止活动，但慈善机构却不受影响继续开办，只是在日军入侵时期，因战乱人心惶惶，市井萧条，而暂告停顿。1942年四月同济医院联合世界红卐字会向日政府请愿，终于获准恢复院务继续开诊，此外，差不多在同一时期，新加坡五善堂即普救、修德、同奉、南安、同敬联合组成新加坡中华堂救济总会，负责施医赠药及其他救济善举，广惠肇方便留医院，善济医院也照常开门开诊。

三、战后

战后中医团体逐渐恢复工作，1946年中医师公会成立，中医师公会诸公以前多数是中医中药联合会成员，他们脱离中医药联合会另起炉灶的原因，是想团结所有的中医师，组织一个严密的团体，维护并改进中医师的地位，所以中医师公会应运而生，该会成立后便积极展开活动，在《星洲日报》及《中兴日报》上发表“医粹”、“医统”及“医衡”等定期刊物，内容主要是中医师研究心得及发表中医的意见，1950年政府颁布了移民法令，因此，中医师已不能从中国移居本国，如果长久下去，老医师年老归天以后，中医便后继无人，因此在1953年便创办了“中医专门学校”这标志着中医的出力不只限于祖传、拜师，为热心研究中医的人士提供了一条学习中医的通路。

1955年是新加坡中医药发展史上的一大转捩点，那是提炼药介绍到本邦，自此以后病人可省去煎熬煮药的麻烦，提供病人很大的方便，尤其是慈善机构都乐于采购，1957年中医界便成立了“中国提炼药业促进会”。到了这个时期，中医药在新加坡已有五个团体，他们各自负责不同的事务，在新加坡中医药发展上扮演做重要的角色。

根据有关方面的估计，新加坡约有六百人左右，参加五间团体的约有四百多名（有一些医师参加一间以上的团体），所以有百余人没有参加公会。五大团体中以

"中医师公会"较活跃，但一般上各医师对于团体不大关心，许多会员只是交会费，不大愿意参加团体活动。

战后中医界在慈善事业也随着蓬勃地发展起来，例如1949年设立的修德善堂，1954年的紫新阁，1952年成立的中华医院，1969年的佛教施诊所，1971年建立的慈忠会等等，这显示中医药在卫生保健上所作的贡献，与日俱增，由于药材价格不断高涨，本来在战前中医药义疗机构完全免费，但战后为了弥补开销的不敷，义疗机构都收五角钱的挂号费。

战后中药的来源逐渐困难，一方面是中药原产地——中国生产供不应求，另一方面是香港二盘商操纵，所以价格飞涨，甚至高达百倍。例如当归每斗三百多元，因此加重了病者的药费负担，出现了看中医比看西医贵的现象，另一方面，政府大力提倡西医，成立许多政府（西医）诊疗所，使社会人士对西方医学的成就（尤其是年青一辈）的信任，都是在西医不能医好的情况下才找中医，并且对中医的信仰程度也有改变，例如，病人由某医师诊病，如果一两次不见效，下一次就不再问津，另一方面，中医师的数目逐渐增加，目前已达六百多人，故中医师生活一般上都很清苦，但少数出名的医师则例外，出名的医师甚至每月收入千元以上，有大汽车及楼房。

近几年来，中国施行中西合并，并且取得惊人的成就，例如，用针灸代替麻醉药，用中西药治愈。腹部发炎不必动手术，但无论如何，对新加坡的人民在心理上都有很大的影响，即中医药在他们的心理无形中已提高了地位。

注释

1 《中医专门学校高级第一届、初级第二届毕业纪念刊》，1957年3月17日，P. 22。
2 《星洲日报》，1970年3月8日，魏雅聆，"中西医学之比较"。

第二章

从学医到行医

第一节　学医的原因

新加坡早期中医师，既然多数是从中国移来的，则他（她）们为什么要学医，乃至于从医呢？根据调查，可发觉他（她）们的从医是有着不同的背景的，列表如下：

表一　学医的原因

	学医的原因	人数	巴仙率
1	继承祖业（祖传）	42	42%
2	对医学有兴趣	28	28%
3	与药材店有关系（药童）	10	10%
4	家庭的需要	6	6%
5	受刺激（家庭变故）	5	5%
6	改行从医	5	5%
7	对中国文化的爱护	2	2%
8	为了生活	1	1%
9	救济世人	1	1%
	合计	100人	100%

(1) 继承父业：这在调查中所占的人数最多，为新加坡早期中医师受传统观念影响的一种反映。盖中国旧传统社会中，对于某种行业的看法，普遍存有一种观念，即上一代的职业也必须由下一代来继承，用这种代代相传的方法，使这种行业在各自家庭中可以继续保存下去。如一个以农业为业的家庭，其后代也大多是农夫，甚至世世代代都是如此。当然，中医师这门行业也不例外。这种代代相传的方法，在中医师来说，即称之为“祖传”。据调查，新加坡早期中医师，绝大多数是从中国移来的，他们生长在旧式家庭中，深受这种思想的影响是可想而知的。

另一方面，由于先辈是以行医为生的，一有闲暇，便以医理传授其后辈，有些甚至是强迫性质；而后者在前者不断地熏陶下，教育下，对医理虽不能说是尽通，但至少也踏进了医学的门地了；而后者再授于按脉、药物的认识，最后便导其开方了。所以，后代的接受传授，有时是在不知不觉中。普遍来说，上代之从医对下一代是一种鼓励，再加上从旁指导，学习的进度便更快了。

再者，中国传统观念中，对于中国医学，有可谓“家传秘方”。这些“家传之宝”，是想尽方法来保密的，外人不得而知，否则“利益外溢”，子孙要靠什么吃饭呢？同时，为了使“秘方”不会由于自己的逝世而失传于世，便必须毫无保留地传授给下一代；利用这种世代相传的方法来加以保存，同时更希望后代可发扬光大。于是“子辈”便这样地继承祖业了。这种继承可分直接与间接两种：

(a) 直接：由曾祖父传给祖父，再传父辈，三传子辈：有位中医师的祖先更是北京皇帝的御医。

(b) 间接：由父亲传给兄长，后父亲逝世，再由兄长传给弟弟。

(2) 对医学有兴趣：研究任何一门学问，都必须要有兴趣，否则学习效果，必不完满。尤其中国医学是一门理论奥妙的科学，如果缺乏兴趣，不但对医理无法体会，而且会觉得枯燥乏味；更不用说是融会贯通了。新加坡中医师对于这行业会产生兴趣是有不同的原因的：

(a) 自幼对中国医学有浓厚兴趣，故立志向中医这行列进军；长大后，便以此业为生。

(b) 从小对医学有兴趣，但只限于西医；可是由于要完成西医的学习所花的时间太长，故放弃而改学中医；另一方面，则学习西医失败而转读中医，甚至有些在学习西医完成后，由于政府不承认其资格，于是改用中医行医了。

(c) 健康问题：疾病对每个人来说，都不可避免的。据调查，有些中医师在年幼时时常犯病，虽想尽办法加以治疗，但终不能根绝。为了解除病根，下意识地使他们对中医寄予最大的期望，希望通过中医药来彻底除去痛苦。然要透过中医药，必须要了解，要了解则必须学习，要学习则必有兴趣；所以为了本身的健康问题，便促使他们对中医产生兴趣。

(d) 对中国文化的爱护：中国医学已有数千年的历史；它不但集历代各医学家经验之大成，而且更有一套系统完整的理论。所以，它不但是一门科学，同时更是一个宝贵而丰富的文化宝藏。既然中国医学是中国优秀传统文化的一环，有些中医师对它甚感兴趣；故学医是本着一份爱护中国文化的精神去学习的。

(3) 与药材店有关系（药童）：我们知道，中医和中药的关系是非常密切的。中医师主要的工作是对症开方，而“药方”上可记的药物，则必须由药材店取得，故后者可以说是一个配药之处。至于配药手通常由头手来担任。由于他们经常不断地配药，时日久后，对于什么病用什么药来治疗，大可略知一二；对于药性（温、热、寒）也有所了解，故当顾客来买药问病时，便配以药物；如此不断地学习，把经验累积起来，再配合一些医理（先辈的指导或进入医专或自修），这样，便导致他们去行医，而成为一个真正的中医师了！

然而，要成为一个头手，必须经过长期的训练，首先由药童（药材店的学徒）学起，经过三手、二手、然后才升为头手。由于各阶段的升级与期限没有固定，若药材店由自己经营，则须七、八年时间；反之在别人店里当药童，则十几年不等，同时也与各药材店的店规有关。

(4) 家庭的需要：新加坡早期的中医师，在旧式家庭中，学医对象除了从父亲和兄长的直接和间接传授外；还有些是传授自家姑、姑丈、外公、叔公或丈夫等；他（她）们之所以会把医术传授给下一代，其动机不外是因为自身健康欠佳，无法行医，另一方面则要应付日益增多的病人，在这双重压力之下，助手的需求便成了须待解决的问题；然而就如上面所说，在旧式中国社会里，家传医术是不随便外传的；换言话说，即不传授给外人；这样一来，其家庭成员变成了他（她）们唯一传授的对象，而后辈之所以会接受前辈的医术，主要是为了满足家庭的需要，于是部分中医师便这样地被培养出来了。

(5) 受刺激：据调查，有5%的中医师因家庭发生变故，而刺激他们去学医。这些变故的发生，是由于家庭的成员患有疾病，延医救治，但治疗不得法，结果由轻病医成重病，由重病医到死。而这些医者都是西医。这种打击，使他们对这些不负责的西医感到愤恨，终于引起他们从医的念头。据一位中医师说：“他的三个弟弟都因生病而被西医医治死的。”这样一来，便导致他去学医了（本来的兴趣是在法律界）。

(6) 改行从医：有些中医师本来的兴趣不在中国医学，而在商场上和教育界；为了增进自己的知识，便利用闲暇的时间来进修一些医书。就前者而言，因在商场上混久以后，觉得做生意只不过是一种欺诈狡猾的伎俩，于是便放弃从商的念头，另一方面，则由于商场的失利，使他们也步上从医之途。这种种的改变，除了对医书有所认识外，有者还是受朋友的影响，盖后者都是以行医为生的中医师。

其次，有些中医师的前身是教师，甚至是校长，但他们觉得在教育界无法打通一条出路，没有多大的前途，于是也改行入医了！

再者，有位中医师本来是在（西医）政府诊疗所服务的，因接触药物，对医学有所认识，但对于配药工作却感到非常单调无味；为了多学一门医学知识，希望从中看出它与西医有何不同之处，于是便改学中医了！

就以上所述，可看出新加坡早期中医师的从医是与继承父业（即祖传）有很大的关系，然时过境迁，今日已有中医专门学校的设立，学徒多聚此受学，以为将来行医打好基础。至于他（她）们进入医专学医的动机是否与早期中医师一样受传统思想的支配呢？这个问题，可从下表得到解答：

表二　医专学生调查表

	学医的原因	人数	巴仙率
1	对医学有兴趣	30	39.47%
2	疾病的刺激	17	22.37%
3	对中国文化的爱护	11	14.47%
4	与工作（配药）有关系	7	9.21%
5	亲友关系	4	5.26%
6	救济世人	3	3.96%
7	为生活	2	2.63%
8	保身	2	2.63%
	合计	76人	100%

上表显示，医专学生的学医是与早期中医师大同小异的。但有一个极大的差异是：前者的学医是没有受祖传的影响的；换言之，并非单纯为了继承祖业，这反映出旧有的传统观念已随着时代的前进而消失了！然而，无可否认的，有些学徒的家长仍然是中医师，但他们认为这种私人传授是比不上集思广益的集体研究的，于是也把其子弟送入医专。甚至，有些中医师更成为医专义务教师的一员，把其心得与经验倾囊

相授；这样一来，固有的世世相传的先例便在无形中被打破了；此外它又反映出：在不同时代学医的背景（不受祖传影响）和方式（由私授改为公开传授）是会改变的。

第二节　学医的方式和经过

一般上来说，中医都是遵循旧传统的，影响所及，中医师也把医术（中医）与医药（家传秘方）保留起来，不愿外泄；故造成学医的过程不似西医那样系统化，结果使到学医的方式也各自不同。据调查，可把学医方式列表如下：

表三　学医的方式

	学医的方式	人数	巴仙率
1	纯粹祖传者	24	24%
	祖传兼进入医专者	8	8%
	祖传兼药童与进入医专	1	1%
2	纯粹进入医专	20	20%
	家庭成员之传授兼进入医专	3	3%
3	纯粹拜师者	8	8%
	拜师兼祖传	6	6%
	拜师兼进入医专	3	3%
4	纯粹由药童出身至中医师者	6	6%
	药童兼进入医专者	1	1%
5	函授兼祖传	2	2%
	函授兼进入医专	2	2%
	函授兼进入医专及报考同济院	1	1%
	函授兼进入医专与祖传	1	1%
	函授兼医专、祖传、拜师与报考同济院	1	1%
6	纯粹自修者	6	6%
7	报考同济院兼祖传	1	1%
	报考同济院兼进入医专	1	1%
	报考同济院兼拜师	1	1%
8	家庭其他成员的传授	3	3%
9	其他	1	1%
	合计	100人	100%

上表显示，新加坡早期中医师学医方式的复杂性。除了纯粹通过一种学医方式外（如祖传或拜师），大多数则兼有二者或二者以上的学医方式；据表可知：

通过一种学医方式者有68人

通过二种学医方式者有28人

通过三种学医方式者有3人

通过五种学医方式者有1人

由于学医可以通过各种不同的方式，于是学医的过程则受限制；换言之，即视其方式而异，此外，也受人为的影响，即因人而异。

(1) 祖传方式：所谓祖传即由祖先一代一代地传下来，如祖父传给父亲，父亲传给儿子，其中也有叔侄相传及隔代相传的。

这种方式多由于上一代从事中医这行业，如父亲、祖父、家姑、叔父等等，这样一来，无形中下一代便在他（她）们的熏陶下，渐受影响；接着由祖先一步一步地把其所学及专长按部就班地传授给下一代。至于整个过程可分为两大阶段：

(a) 理论方面：即传授医理。据调查，其主要范围可列目如下：

(i)《神农本草经》

(ii)《黄帝素问辨证论》

(iii)《内经》

(iv)《伤寒论，卒病论》

(v)《陈修园医书》

(vi) 吴谦：《医宗金鉴》

(vii)《脉学》

药物的认识则读药性赋；专论药物的功用，如某种药物可治某病；某病又须要某药来治，从而更进一步地去了解药性（温、热、寒、杂）等；其上载有一百多种药物，对这些药名必须背诵出来；然后才可知道它们可治何种疾病。为了鉴别与认识这些药物，最好的方法是到药材店去观察（如果自己有经营的话）；否则容易沦为纸上谈兵，甚至有些药物摆在眼前，还不知道它为何物。

对于以上各种医术，并非人人可以尽读；其程序的先后也因人而异。然中医是一门具有相当深奥而独特理论的医学；初学者怎样去了解与消化呢？据调查，可知初学者对于这些医书的学习都感到非常地困难；正如XX医师所说：“中国的医书是抽象的，不像西医自始至终有详细的记载，而只是写出其重点。这有如中国人画竹一样，看起来不像竹，其实它是代表着所有的竹”，其奥妙之处，实耐人寻味。

先辈们为了使后辈可明了医理，于是便负起教育的任务，先教其读医理，令其背熟（如卒病论共360条，一天背一条），然后再向其解释医理之来龙去脉，最后之功夫则由自己来进修，一有疑问，才向先辈请教；一有错误，则加以改正；在这种不断地解释、指导、批评与修正之下，才渐渐地进入了医学之门。

当后辈对于医理与药物有所认识后，必须与先辈一起学习看病；视其如何处理病症，怎样运用四诊八纲法等，诊断以后，即对病开方，这时就由先辈来念，由后辈来写；长久以后，对于药物的组成及药性的作用便可以从经验中去得到更深一层的了解，至于由自己来开发，则必须经过实习的阶段才可做到。

(b) 临床实习：古人的临床实习，即教后辈如何为患者治病。首先，授于按脉知识，盖脉诀，自汉以来，著作颇多，如王叔和脉学有七表、八里、九道之分。陈修园氏简化之为浮、沉、迟、数、细、大、短、长八种。而李时珍之濒湖脉学一书，分派为二十七种，阳脉有浮、数、实、长、洪、深、动、促；阴脉有沉、迟、虚、短、微、缓、汙、弱、散、细、伏、结、代……[1] 对于这些脉的各种特殊情况，必须由本身去体会才有心得，盖此门学问，只可意会，不可言传。所以必须要有实习，也只有通过这条途径才能够达到真正心领神会的境地！

至于按脉的过程则先由后辈向病人按脉，然后把结果记录下来，接着由先辈“动手”，以资对证（先后程序因人而异）直到准确为止。但这必须经过长期训练才达到。据调查，XX医师曾作这样的比喻：“若有甲、乙、丙三脉，三者非常相像，很难分辨出其不同的地方。按着其中一脉，就如其他二脉一样，因此若无人指导，可能会永远地把甲脉当作乙脉或丙脉，故要断定甲脉确是甲脉时，必须花一大段的时间”。可见脉学是一门难念的学问。这在调查中的中医师都有同感。

学会按脉以后，了解病理，然后才开方。但这些药方必须由先辈过目，提出自己的意见，加以修正，然后才给予患者服食。经过不断地练习，从中吸取经验，等到先辈认为一切满意后，才放心让他们独立为患者治病。有朝一日，先辈逝世，而后辈便可取代其位置，继续行医了！

就整个学医过程来看，从开始学习至学业完成为止，始终脱离不了先辈们的教育。故XX医师说：“若无祖辈的教育，要成为一名医师是很难的。”可知先辈所扮演的角色，是何等重要。

综合上述，可把祖传方式之利弊归纳如下：

a) 古代中国中医有所谓密传，是不可以公开的，但先辈却能利用祖传方式，诚心诚意而毫无保留地传给自己的下一代，这可增加其经验；对个人来说是有好处的，然而，这种私人传授，多“父传子，子传孙，媳可以知，女不可与”，可谓祖传秘方各自保密，鲜有互相交流，互相切磋，若失一传，立失一方；故中医学处于静止状态，对医学的进步反而起了一种阻碍的作用，这是其弊处。

b）节省时间：祖传过程中，除先辈的教导外，主要还是要靠自己的进修。在进修中，一定会有疑难的；这时若有先辈来解答，在无形中，便可以增加自己的进度，而且也可节省许多的时间。

c）祖传的方式一开始即与病人接触，可旁观先辈如何治病，过程及疗效，从而可以吸取经验。

d）范围的狭窄：因个人经验有限，所知不多，所能传授的只是自己的专长，其他则有待于自己去研究了。

无可否认的，在中国旧传统社会中，许多医术及医药便是靠这种代代相传的方式而流传至今，这种价值，无论如何，是不容抹煞的，至于他（她）们不可公开传授国粹，除了一部分人有自私自利的心理在作祟外，主要还是受当时整个社会制度所支配的。因此，如果社会制度改变，则祖传方式也必然会改变。今日医专校的设立，便改变了原有的学医方式。这就是一个最好的证明！

表四　与祖传有关的学医方式

1	纯粹祖传者	24人
2	祖传兼报考同济院	1人
3	祖传兼函授	2人
4	祖传兼进入医专者	8人
5	祖传兼拜师	6人
6	祖传兼进入医专与药童	1人
7	祖传兼进入医专与函授	1人
8	祖传兼医专、函授、拜师与投考同济院	1人
	合计	44人

(2) 进入医专：在古时，学医是一件非常困难的事情；这是因为当时民间未有普遍的专门学校的教育。在唐清两代，虽有太医署和太医院，但都是官式教育机构，平民不可沾染。至民国时期，由于政府官员崇拜西方医学，歧视中医学，故不仅没有将历代承传下来的官方医学教育机构续办，而且还将民间主办的中医学校加以取缔消灭。所以这时期只有在上海有一二所非正规的中医学校，而民间的传授医学方法，仍然是以家传式师带徒弟的形式承传；就前者而言，多非子不传，非亲不教，医学不能普遍

地传播，自是意料中的事情；而后者则多执其偏见而传授，这对于医学的迈进，当然也有阻碍的。今日，本国已有中医专门学校的设立，其一切教材，以中医中药独特理论体系为主，以现代科学理论及新发现技术为辅，故有意学医者，可集此受学，这不但改变了原有的学医方式，而且也使学徒在学习过程中，能通过有系统的训练来完成学业。这较之以前之私人授徒和祖传者，真是不可同日而语。

然而，要成为医专的学员，应具备什么条件？据规定，入学资格是华文中四程度，经过招生考试的写作和治疗及格后，才被录取成为该校的合格成员。

就课程来说，分四年修完。其中有理论和临床实习两种。初入学之一年及二年级是专修理论；三年级则开始与临床实习并重（今年开始，第一二年级学生则到中华医院见习及学习物理诊断）。阶段性的考试，一年二次，修完四年学业后，则举行毕业考试，毕业考试的评分，是临床诊疗成绩占60%，课本占40%，及格的颁予毕业证书，不及格的须重修，以待补考及格，才能领到毕业证书。

(a) 理论方面：医专的教材是采用中国五大中医学校编纂的讲义为主要课本，计有：内经学、药物学、方剂学、诊断学、中医内科学、伤寒论、温病学、金匮要略、妇科、儿科、生理学、中医眼科学、中医喉科学、中国医学史、时感学、针灸学等，采纳于西洋医学理论的是内科杂病学、外科学、诊疗技术、医学常识、营养学诸科。除了这些讲义外，还有教师自编的讲义为辅，而教学方法由医师自行处理，且分成几年授完。有些教师是担任一科或二科不等。

(b) 临床实习：以上各讲义，尽管是简单明了，是用客观的归纳方法把它们全面简化了，但理论究竟是理论，是否能与实际情形相配合？这有待于从实习中去得到证实，故临床实习是把理论带入实践中的唯一途径。无怪张道明医师会说："学校各科课程中，最重要的可算是临床实习了。"[(2)]

当学员修完一二年级的课程后，进入第三年级，则在授课之外，配合临床实习二年，学员必须分配到中华医院实习。按照大坡总院诊病时间上午七时至九时，下午一时至三时，分组轮流，跟担任义务医师与讲师们实习，互相研究，以配合理论与体验并进。

这两年的实习课程，可分为四个阶段[(3)]：

(i) 最初三个月是观察的工作：旁观老师怎么处理疾病，怎样问症、怎样辨证、怎样处方……运用四诊，分析和归纳的方法而诊断其病症。

(ii) 记录诊证片：这步工作是协助老师向患者问证，并且要有系统，扼要地将症状详细记录，从而学习如何诊断，同时也注意老师如何处方。

(iii) 综合上述所学的技术，对患者作诊断、处方，然后视其是否与老师的看法相符，最后由老师批评、纠正。

(iv)在第四年开始，可以自己独立负责处理疾病，老师从旁监察和指导；如认为学生所作的辨证处方皆属正确，便施用其方予病者，以加强其对病人的信心。

学员读完四年课程后，举行毕业的时候，除书本上面的考试外，还须要在中华医院作临床诊断的应试，每个学员分别诊察十名男、妇、老、幼症状不同的病人；经自己审慎判断后，填写病名，病状等，然后才由老师来评分。于是课考及实习都能及格后，便可毕业，发给正式文凭，毕业离校。翌年可应聘担任中华医院的义务医师，至此，整个学习过程才告完成。

表五　与医专有关的学医方式

1	纯粹进入医专者	20人
2	医专兼祖传	8人
3	医专兼其他家庭成员的传授	3人
4	医专兼拜师	3人
5	医专兼药童	1人
6	医专兼函授	2人
7	医专兼投考同济院	1人
8	医专兼函授与投考同济院	1人
9	医专兼函授与祖传	1人
10	医专兼药童与祖传	1人
11	医专兼祖传、拜师与投考同济院	1人
	合计	42人

(3) 拜师方式：这种学医方式，多属于年老的一辈，他们在乡村（或城内）拜一位或几位有名气的医师为师父，向他们学医。就清代的名医来说，多师一人，如尤在径师马元仪，余听鸿师费兰泉，何广臣师樊开周等。据调查所得，可看出新加坡早期中医师受此种传统之影响也是很深的。

“拜师制”顾名思义，是向医师请教医术，这些医师，有者是秀才，或者是举人；由于他们有良好的医术及崇高的社会地位，于是对于收徒方面便有各种的条件，如资格问题、拜师仪式及收费等等，这一切都是祖传方式所没有的。

一般上来说，他们收徒的标准有下列几种情形：

(a) 世交或亲戚的子弟

(b) 由朋友的介绍

(c) 自己有医学根底

(d) 视其才学而自愿收为徒弟

由于学徒之来源不同，品德与天资也各异，故视此而授以全部或部分的医术。这些学徒每日必须跟老师在一起学习，星期日也没有休息，有时还要随师出诊（有些则否），为其师背箱囊；此外，还要为师父负责一些打杂工作，但不属于粗重工作。

旅费方面：若学徒是在乡村，而师父又住在城内，则来往的旅费必须自备。

资格问题：师父的收徒都是通过各种关系为主（上述），故收徒的条件没有什么硬性的规定，但至少必须有私塾的程度，否则“方块字”都不懂，怎能看医书呢?

拜师仪式：不需要举行隆重的仪式，只把学徒的名字写在红帖内，然后呈上师父，不须行三拜九叩之礼，在这简单的仪式中便定下了师徒的名分。

收费：普遍是有收费的，但依环境的不同而互异，每月十元至二十元不等，有者在拜师之际，把“钱”（有者是用白银）连同红帖一起呈上去，作为“受学”之用。甚至有些医师是免费授学，如姚天梯之师陈汉卿，即为一例。

学医过程：可分理论与实习二部分。就前者来说，依调查可知主要的医书有：

(a)《汤头歌诀》

(b)《黄帝内经》

(c)《伤寒论》

(d)《金匮要略》

(e)《药性赋——本草纲目》

以上各书，有者必须精读，加以背熟，如汤头歌诀；有者则作参考之用，如金匮要略；至于自己进修者如医学入门等书。而师父的教授方法是先听其讲课，次教医书，然后加以解释；最后之要求不但要了解医理，甚至把它们背诵起来。至于“上课”时间，每日约一至二小时不等；其余则由自己进修，一有难题，才求解答。

读完医书后，才学习为病人按脉，然后由师父来证实；而这实习的场所则没有一定，有者在家里，有者在药材店，有者甚至在师父所服务的善堂之内。按脉以后，才学习开方，经过不断地训练，对于开方才能有正确的认识；到了这个时候，才可脱离师门，自立门户，挂牌行医了！

从拜师制来看，其学医过程是与祖传大同小异，只是形式上的不同而已，这主要是由于两者都是私人传授的缘故，可说是“一事的两面性”，其作用则是“异途同归”！

表六　与拜师有关的学医方式

1	纯粹拜师者	8人
2	拜师兼祖传	6人
3	拜师兼进入医专	3人
4	拜师兼投考同济院	1人
5	拜师兼祖传、医专、函授及投考同济院	1人
	合计	19人

(4) 药童方式：据调查，有8%中医师的前身是当药童的，他们由最下层的工作，在先辈不断地训练、指导下，或自己的进修和努力下，渐升为三手、二手、头手。最后则成为中医师。

这些药童可分二类：一则在自己的药材店当学徒（即药材店少东），其长辈有些还是中医师，这对其学医当然提供了许多有利的条件；另一种则是在别人店内当药童，故要成为一个中医师，主要还是要靠自己进修（或进入医专）。就前者来说，可说是为了店里的需求；而后者却是为了生活。而药材店请药童的动机，更非是为了训练人才之用。因此，由药童出身的中医师，是根本没有想到会进入这门行业的。今把各阶段列述如下：

(a) 药童：这时期，他们所负责的工作是属于打杂之类，如扫地、倒粪盆、开关店门等，对于药物则学习剪、洗、刷、晒等工作，这是学习药材过程中的初步工作。在工作中把药名记起来，这样经过了一二年（或三四年）的时间视其工作能力及进取心而升为三手。这个时期，对于一个中医师来说，最重要，也是最有价值的地方，即能与药物接触，从而加强认识（如名字与药性等），以便与书上的记载互相印证。

(b) 三手：此时他们负责较难也较复杂的工作，如刨、切、制药等，或点货摆货，有时间的话，还得到店面帮忙售卖。大约过了三年光景，便可升为二手。

(c) 二手：除了帮助三手所承担的工作外，还要学习看药方，开始配药，同时也注意经营之方法。如一付药方是由几味药所组成的，则各味药的本钱如何，应赚回多少钱等，都必须学习。

(d) 头手：要升为头手，除会看方捉药外，还必须视其表现如何。到了头手时，其工作是非常繁重，除熟悉药性外，对药价也必须是了若指掌，因他的主要职务是照顾店面的售卖工作；以买卖药物为主，以经营为目的，所以只要能为药材店赚钱，便是一个成功的头手。不过，头手也偶而当其顾客的义务医师，因一些人平常犯了小毛病，找医生看病至少得花几块钱，若到药材店，请头手介绍一两样药材吃，这样便可省了一笔诊金。对于这些轻微的病症，头手亦可应付自如，因有经验所致。

从药童到头手这整个过程来看：其中大部分的时间是与药材接触的。长期以来，对于药性效能的了解程度很高，且知道什么病需要吃什么药，什么药可以治什么病，再加上顾客的控诉（如吃了有无效果），使自己的经验，可藉此丰富起来；故看起病来也会准确的。正如XX医师说："有经验的头手，比起那些刚走出校门的中医师，更有经验，而且有70%的准确性。"经验的重要性可见一般。

然而单靠经验，要由药童变为一个真正中医师，是不可能的，因缺少医书理论作基础；否则，最多只可以成为一个"半医师"。据调查，可知这些药童出身的中医师所读的主要医书如下：

(a)《方剂学》

(b)《汤头歌诀》

(c)《雷公论赋》

(d)《医学入门》

(e)《温病学》

(f)《伤寒论及儿科》

其中大多是自修，而药材店少东则有先辈指导，（甚至在未当药童之前已开始教其看医书）；但教授时间有限，每日大约为一小时之久。因此主要还是要靠自己利用闲暇时间来进修。当然有些头手，为了增加自己的医学常识，以为将来行医打好基础，便进入医专受学，从而吸取实际的临床实习经验，此外则由于本身经常与药物接触；这可与理论互相配合，受益比其他同学多，是当然的事情。故学习常能收事半功倍之效。

就以上所述，可看出头手与中医师是有很大的差异：

(a) 前者以盈利为主，看病为副。
后者则专为患者治病。

(b) 前者看病只是问症发药，不开药方，多知其然而不知其所以然；后者之看病则用四诊等诊断法[4] 然后对症开方。

总之，由一个药童成为中医师，若没有经过正规的训练（如祖传或进入医专），全靠自修，则他所花的时间以及所下的功夫必比其他药童来得多几倍。而且可能不会了解中医的真正意义。因此他们建议，"若想由药童而成为一个中医师，则必须到医专去受训练。"

据调查，可知与药童有关的学医方式有以下几种：

(a) 纯粹由药童出身的有6人

(b) 药童兼进入医专者有1人

(c) 药童兼医专与祖传者有1人

(5) 函授方式：据调查有7%的中医师除了本身是受祖传影响、拜师、进入医专及投考同济院外，还通过函授的方式来进修。

调查所得：函授学校计有厦大、广州和香港医专学校外，还有上海在新加坡所设的函授班。

这种函授方式，可以厦大为例：学校当局把习题寄来，作完后便寄回去；而每星期都有作业。考试时，则考卷必须于二十四小时之内寄回去，及格后便颁予毕业证书。

兹列举与函授有关的学医方式：

(a) 函授兼祖传者有2人

(b) 函授兼进入医专有2人

(c) 函授兼进入医专与投考同济院者有1人

(d) 函授兼进入医专与祖传者有1人

(e) 函授兼进入医专、拜师与投考同济院有1人

(6) 自修方式：所谓自修而成为一个中医师，就是没有经过任何方式的训练，单靠本身的埋头苦干而成的。像这样自己苦学成功的医师未尝没有，如清代名医吴鞠道、魏玉璜、王孟英、均家贫少孤，全凭刻苦自励、自学而成，但毕竟是少数。

据调查，有6%的中医师是以自修方式来完成学业的。他们所读的主要医书有：医学实在易、陈修园医书全集、医学三字经、汤头歌诀、四言药性、脉理医书、医宗金鉴与验方新编等等。

了解医书后，便出来悬壶济世，从事行医了！

(7) 投考同济医院：新加坡同济医院是东南亚唯一要考试的医院。为了征聘驻院医生，每三年一度便举行考试一次，每届考期，至少提前四星期，在该院委员会所决定的华文日报，刊登招考启文，以三星期为报名期限，经一星期后，举行考试。

凡有下列任何一项资格，年满二十四岁者，皆可报名投考：

(a) 中医学校或中医学院毕业，

(b) 祖传或师授或自学，曾挂牌行医三年以上者。

至于考试的医书以内经、伤寒、金匮、温热为首题论文及次题论文，妇科、儿科、脉学、药物学为问答题，而命题方法如下：

(a) 先由该院主席或副主席，依所规定的考试医书中，取出一本，随意翻开一页，递予在场主考者[5]，请于该页中检择文辞，酌定题目。

(b) 倘若上述书页中文句未能适合题旨，应请在场主席重翻一页，若连翻三次，尚难觅得题目，即将该书放弃，再取一本，依法翻检，直至题目酌定为止。

(c) 所有酌定题目，概经主考者多数同意，则决定在场公布之。

考试及格后，便可成为该院的驻院医生，三年一任，亦可连任，甚至三任。

据调查，可知与投考同济院有关的学医方式有：

(a) 投考者兼祖传有1人

(b) 投考者兼进入医专有1人

(c) 投考者兼拜师有1人

(d) 投考者兼医专和函授有1人

(e) 投考者兼医专、函授、祖传和拜师者有1人

小结：事物是不断地变化着的，这是一个永恒不变的定律，就以本调查来说，学医方式的改变即是一个最好的例子。传统的学医方式——祖传或拜师，到了今日，已由医专学校（或函授或投考同济院）所取代。私人传授，改为公开传授。另一方面，在传统的学医方式中，未有一个固定，有系统且统一的传授法，但今日医专的教学法却大反过去的“作风”。至于学员资格的鉴定，在过去只凭着个人的医治经验及特殊才能，根本未有考试制度可言。时至今日，已有很大的改变。如学员要进入医专或投考同济院，都必须参加考试，毕业后，其资格才被承认，这并非古时的“个人主义”所可比拟的。

总之，不同时代有不同的学医方式，这是历史潮流发展的必然结果，也是人类思想改变的一大表现！

注释

1 《星洲日报》，1970年3月8日。

2 《中医专门学校十周年纪念特刊》，1962年，页67。

3 同上。

4 主考者係以下述人士担保之：
(a)本院正副主席及正副义务秘书。
(b)由本院于考试前，召开临时委员会，决定聘请本国医学界耆宿一位至三位。

5 四诊：
望：指了解病人的神色形态，有哪些变化。
问：了解病人发病的经过，痛苦所在，过去患些什么病，经过什么治疗等等资料的收集。
闻：了解病人的声音，气味有哪些变化。
切：了解病人的脉象和肢体有什么异常。

第三章

中医的生活与工作

新加坡的中医无论是什么籍贯的人（附表七），他们都是通过各种不同的学医方式，来达到今天的地位，这些学医方式直接地影响到他们的医术的高低，在现实社会里，一个医师生活的优越与否，也与其医术的高低有密切的关系的。

其实，医师也是人，他们也是需要生活的，正如陈占伟医师说：

“……中医是人，并不是人间的烟火的神仙，所以看病收取诊金，维持生活费是必须的。”(1)

表七　1971年部分中医的籍贯

	籍贯	人数	%
1	福建人	23	28.05%
2	潮州人	18	21.96%
3	客家人	15	18.29%
4	广东人	13	15.85%
5	琼州人	12	14.63%
6	其他	1	1.22%
	总计	82	100%

第一节　中医的一般生活概况

一、不同时期的不同生活概况

根据调查，战前中医的生活，大体上来说是很好的。一方面是战前生活程度低，且慈善机构及西医不多，所以竞争性不强。另一方面是战前药材来源不短缺且价钱不贵，使中医行医方便。况且战前华人对西医缺乏信心，而比较信任中医，往往是由一位医师从头到尾的诊治，直到病治好为止，这可能是西医还没有大力提倡，而且取费较贵，而当时吃中药比较便宜，普通一帖补药只不过几毛钱。看中医也较经济，普通诊费最多一元，最少收四角或二角，出诊则收费二元（主要是以红包作为诊费），药费另算。中医还有一个优良的传统，就是对于贫穷的病人，不收诊费，甚至施药。早期出名的医师如黎伯概、王梅亭、陈芷馨、吴翘云、吴琼甫等生活都很写意。他们每月的收入约有100元–200元。（以当时的生活水准来看为很好的。）如果医术高明的，则每月收入有几百元至1000元左右不等。战前由于没有什么娱乐可消遣，所以部分的中医师是以抽鸦片、喝酒、金屋藏娇为乐，往往十分颓丧不求进步，但这是中医的私生活，他们对于社会的卫生保健是很有贡献的。

日本统治马来亚期间，对于中医并没有限制其发展，比起一般市民，中医可说是受到优待的。例如，中医在当时不必与市民般要当奉侍队及守夜工作，这主要的原因为日本也深信中医（在日本当时有所谓“汉医”。）另一方面是由于当时生病的人多，而医生人才却很缺乏。虽然如此，日治时，仍有很多中医转行的，其原因如下：

(a) 当时要行医，必须经过登记，登记时必须有一个具有相当地位的人，如拥有商店的老板来担保，每年要缴登记费六十元。在当时那种环境下，人心惶惶，每个人都自扫门前雪，且作为一个担保人，必须负很大的责任，找一个担保人谈何容易，所以很多中医都转行为海员、投机商人、经纪人等。

(b) 日治时，药材缺乏，药材来源主要有三个途径。即：

(i) 存货（战前留下的货，但并不多。）

(ii) 偷运（从日本、台湾、暹罗等地输入。）

(iii) 以本地草药如木薯、绿豆为药。

由于药材存货不多，而且多非道地，其疗效自然很差，甚至吃了几剂也不见效，加上大部分药商乘机发国难财，因此药价昂贵，致使贫穷的人民无能力求症，造成向中医求诊的人数大大的减少，药材店纷纷倒闭，中医也只好另谋高就了。

(c) 乡村地区由于交通不便，找医生困难，若遇上日本官员问东问西，并不是简单的事情，所以乡下人为了自救，多少对于普通病症如发烧、霍乱等都各有家传秘方及普通常识，因此很少人愿意找医师，除非不得已。

日治时，中医行业清淡，所以单靠行医，实不足以维持生活，以致许多中医把它当作副业，而有些甚至转业。当时中医生活贫富悬殊，一些有名望有才气的或昧着良心的中医师往往会致富。每月约有百多，二百元的收入。普通中医是没有固定的收入，且生活贫困。有的甚至一方面自己耕种，一方面给病人诊病。当时的诊费没有一定的规定，普通为二、三元不等，若出诊则六、七元不等（包括药费）。对于贫病者，有时不收费，有时也有“贷款”看病人的情况，即替病人看病，吃药先不收钱，等病人能工作有钱时再还，这种是少之为少的特殊现象，或许是会发生在少数有医德而家境富有的中医师身上。总之，日治时期的中医生活是比战前为困苦的。

一直到战后初期（1945–1959），中医生活才较为好转，此时药材有来源，但较战前为贵，生活仍比不上战前，但却比日治时期为好，至少不必再受战火的威胁，可以安心营业。战后的诊费最多二元，至少五角，出诊的话，就收三、四、五元不等，有时也收到红包，但中医对于贫病者仍然是施药义诊的。战后中医师生活虽有好转但一年内必须付一百——二百元的招牌税，比战前为贵。战前如果是12″X36″大的则每年交$18.25。

中医的生活情况在1959——至今是处在于过得去的状况下，根据一位父老说：

“中医师公会日前约有会员350位，其中有20%生活很好，50%过得去，30%不很好。”

根据我们调查的结果，情况如下表（附表八、九）

表八　1971年中医生活情况

	情况	人数	%
1	不很好	21	35%
2	过得去	26	43.33%
3	很好	13	21.67%
	总计	60人	100%

表九 1971年中医生活情况

	收入	情况	人数	%
1	200元以下	很差	8	13.2%
2	200–350元	差	13	21.7%
3	360–500元	不错	16	26.7%
4	510元–1000元	好	10	16.7%
5	1000元以上	非常好	13	21.7%
		总计	60	100%

中医师的收入与他们每日诊治的人数是很有关系的（除副业）。普遍上来说，每日诊治11–15个病人的，收入约有360–500元左右的占大多数，至于每日诊治1–5人的，收入多数在200元以下的占少数。而每日诊治31人以上的，则收入约有1000–2000元，不过这也是占少数的。（附表十）根据调查，收入在1000元以上的医师往往具备有几个条件，即有经验又有名气，诊所地点优越，年纪较大。

表十　1971年中医每日诊治人数

	每日诊治人数	人数	%
1	1–5人	12	19%
2	6–10人	17	27%
3	11–15人	21	33.3%
4	16–30人	10	15.9%
5	31人以上	3	4.8%
	总计	63	100%

除了从诊治人数来看中医的收入，我们还可以从他们具有的医疗器材推测他们的收入及思想。在我们所调查的对象中，有大部分的中医采用新式仪器如X光器、听诊器、探温器、血压器、病床、体重器、电疗针灸、电疗机等以协助他们诊断病情，所以他们所用的医疗法已不再纯粹基于传统的中国药草治疗法。但也有一部分中医是不采用任何仪器的。（附表十一）

表十一　1971年采用新式仪器者

	采用新式仪器	人数	%
1	完全不用	20	27.4%
2	有用	53	72.6%
	总计	73	100%

用新式仪器的五十三位医师之中，有四十七位是用血压器，四十四位有用听疗器，四十位有用探温器，二十六位有用病床，十六位有用体重器，五位用X光器，有用电疗器，电疗针灸的各二位。血压器、听疗器、探温器比较多医师采用，一方面是价钱不会很贵，一方面是适用。而X光器一架不便宜，即使在西医的诊疗所也不多见。普遍来讲，能够具备有完整的设备的医师不多。根据调查，普通收入好的都有几

种仪器，而五十三位采用仪器的医师中，只有几位是收入在200元以下的。此外采用仪器的医师多数具有现代医学的知识，他们懂得如何应用这些仪器及知道仪器的优点。即便是一些收入不甚好的中医，他们也尽可能具有听疗器、血压器、探温器以协助他们诊断病情。通常利用仪器来诊断，病人或病人的家属比较信任，如照X光、验血、验痰……都能够通过科学仪器的检验找出正确的答案。有些医师认为中医虽有四诊之法，若以方脉来讲，快慢很难分，全靠经验来判断，有时不免会犯上错误，所以如果能够采用新式仪器，就能补其不足而增加效能，所以现代许多中医师，不但继承古代医学的理论和经验，同时也配合西医的诊断来辅助，这么一来无论在诊断或治疗上将会是更加有帮助，疗效比率也会跟着提高，就如魏雅龄医生说：

“西方医药之研究发明了X光及发现了维他命和抗生素，已使西医药在一百年内，有非凡之发展，这些新发明或发现，也应被利用到中医上，中医师是没有理由不可以用听诊器的。有些人或许指责一些中医利用西方医学的仪器，如诊断筒及X光，其实，这些新的知识也可应用在中医上，使病人获益。”[(2)]

中医虽然用新式仪器来诊病，但传统的按脉并没有被抛弃，仪器只不过当作辅助以求更确定罢了。况且，有时在日常医务工作上，会被一些病人要求检验他们的血压及体温，如果医师不拥有这些仪器，往往会使病人失望的。至于那些完全不采用仪器的医师，多数年纪比较大，他们不用的原因，一方面是收入不允许他们买，但也不尽然如此，因为有少数收入很好的也不喜欢采用新式仪器。根据调查，收入在500元–1000元以上的，不用仪器的医师很少，而且多为年老的。另一方面为，他们认为从仪器来测病，实粗而浅者，老于经验的中医，对病人经过望、闻、问、切四诊之后，其诊病远较器机为准。有一位医师说：

“我曾诊一病人，初患感冒，服西药得汗，身热退，温度仅存97½°，医谓病已愈，可免再服药，但其人自觉身体灼热，烦躁汗出，口渴喜饮，诊其脉，满而大，用白虎汤与服而愈，于此足见器械诊病不可尽凭。”[(3)]

他们相信中医不须藉仪器，用望、闻、问、切就可明白病人整体的各种变化，再按症投方，也可应如桴鼓，西医断为不治之症，而适为中医治愈的也很多。况且，当科学未发明时，没有“X”光显微镜照细菌，又没有化学常识化验小便的“音地坎质”，但是中医有卓照独特的医学基础，从自然的五行，全凭医师直觉的观察，作经验的判断，而能演绎病理的真义。有的中医师认为现代医学的诊断与药物副作用多，用的不当甚至有危险，就是X光可协助找出某些疾病，但它对人体也是有害，而且学习现代医学如学习得不够全面，根本谈不上辅助中医的诊断与治疗，更谈不上中医药的现代化。总而言之，我们不可以下定断说收入在1000元以上且有新式仪器的中医师生活都是富裕的，而收入在200元以下，没有医疗设备的中医师生活是很潦倒的，因为我们不只要注意到收入，还得注意他们的支出，这一点大约可分为四种现象：

收入少，支出少（家庭小）——生活过得去。

收入少，支出多（家庭大）——生活困苦。

收入多，支出少（家庭小）——生活富裕。

收入多，支出多（家庭大）——生活过得去。

不过，一般来说，中医的生活有以下的情况：

二、中医师的生活情趣

中医师把病人医好所得到的快乐，是无可比拟的，俗语有说："医者父母心"，一个医师如果知道他的病人被他治愈，那他一定感到非常的安慰。XX医师说："有一次有一位妇女来看病，他给了她一种较烈的药，过后，他感到很担忧，一直过了三天，他见到了该妇女，才如从心上卸去了重担，于是心里感到很快乐。"

三、中医师日常生活中所遇到的困难

(a) 经济方面：

(i) 市区重建计划的影响；在我们调查的医师中，曾听到XX医师发出其苦衷：

"在市区重建计划的影响下，本来药房是我家翁留下的，后被拆除，只能在现址租一房间，地方窄，熟的病人为之而减少，中医师不好做呀！"

(ii) 屋租昂贵：XX女医师说：

"诊所的地点对于中医是很重要的，要租政府诊所当然好，但租金贵，付不起，要租到人熟又交通方便的，不易找到。即便找到也不便宜，就如我租的这条走廊而已，每月竟要120元，而且环境又极其复杂，设备也因此难得完善。此外，中医一方面为了医德，顾及贫苦的人，并为广大的人类服务，不以赚钱为目的，因此每个月的收入，往往无法支付政府的租金，所以我说，要赚钱，只能做生意！"

XX医师说：

"本来收入已不很够，有时偏偏屋主婆太不近人情，伸手逼租，只好东赁西借，生活费又无法应付，加上有时还要交杂费如招牌税、电话费、垃圾会费、死亡会费等，一时真的透不过气来！"

屋租昂贵，所成的后果如下：

(甲) 在调查大巴窑区的中医后，我们发现有一特殊的现象，即在药行及医务所兼卖药品，杂货如化妆品、婴儿必需品、咳嗽糖等。打听之下，才知道因为租金昂贵，而中医有医德的，都看病人的环境而收诊费、药费。一个病人仅收三、四元，而一个店面每月租金则500元，还有其他种种税收，所以，他们不得不兼作副业以补贴不敷。

(乙) 另外一个现象就是药房改为药店兼营医务的趋势。

“这几年来，因为受城市发展的关系，许多习惯于应用提炼药剂的药房式医师都面对着共同的难题。要在原来区域内寻找一间租金较为廉宜而能维持多年的私人店面几乎已是不可能的事；要单单依靠行医来维持信托局店面的费用更是困难，可是又不能因为迫迁便停止业务或轻易改做他行，在迫于此种形势下，只好硬着头皮干下去，因而便有纷纷将药房改为药店兼营医务的趋势。”(4)

于是他们遇到了对于草药处理的问题，为了经营药店的生意，只好请头手来处理，但是要物色一位老实且能干的头手，是很困难的。此外若是“提炼药医师”便要争取时间向头手和伙计学习，以防备他们一旦辞职。

(丙) 另一现象为寄人篱下的困难，由于屋租贵，只好向信托局药店租用部分店面而作为诊疗所。这样一来，医师若用提炼药，药店卖药草，于是冲突便自然产生，若中医生意好，就影响了药店的草药，成药的生意。于是药店老板就眼红，或者藉故加租或冷言冷语对待，就感到苦不堪言。

(丁) 另一现象为在药店挂牌驻诊，一天只供两餐，或许有另外津贴数十元，而所收的红包又少，如果求诊者众多或药店老板有从配方草药中所赚扣点巴仙，还不错。但有时无人问诊，整天“拍苍蝇”，也是万不得已的事。

(iii) 政府诊疗所增加的影响：近年来，政府大建诊疗所，收费便宜，诊费连药一元，这对中医来说为有影响的，因为中药目前来源少，价钱昂贵，所以看中医诊费要三、四元左右，所以有的病人甘愿排长龙，但这个并非是致命的影响，因为看惯中医的人，比较信任中医，且有的病人嫌诊疗所的医生马虎诊治而不愿排长龙的。

(iv) 人手的困难：由于经济的不允许，所以中医往往诊断和配药都必须自己亲力亲为，没有能力请助手，而且要找助手必须是认真、可靠、谨慎、冷静、临危不乱的。

(b) 生活没有规律：中医师的生活是不安定的。

据XX医师说：

“中医师的生活是常感到终日寝食不安，睡在梦中被人惊醒，有时半夜还得出诊，下雨天也得出诊，有时坐下来想吃饭的时候，病人陆续的到来，吃一餐饭起身三、四次是很平常的。有时桌上的菜冷了，还没有时间吃。”

(c) 精神负担方面：作为一个医师，必须时时注意病人的病状，发生意外，又得负责。有时诊断一个病人以后，开了药方，担心病人的病情如何。此外，有时半夜有人敲门要救急，从梦中惊醒，又疑心敲门的是贼还是病人，如果不开门，又怕对不起病人，如开了门，进来的不是病人而是劫匪，那后果将不堪设想。因此，晚上若有人敲门时，总是提心吊胆的。

(d) 药材方面：XX女医师说：

“近年来，由于单味药缺乏，同剂药也不多，往往须要的药，无法得到，只得自己煎制，如此一来，就得花费很多时间，而且也不甚经济。”

近年来，物价飞涨，药品也不例外，有些还在短短一年之中连升三级，直接的影响药材店生意，也影响中医，因为医和药的关系是非常密切的。

总而言之，中医的生活是苦多过甘的，陈明医师曾说：

“虽然我混在中医界里吃饭，亦有十多年，其间也艰辛备尝，但目前在中医里找饭吃，究竟有哪几个人不是艰辛备尝的呢？”[5]

第二节　中医的工作

有一部分的中医，除了行医之外，他们还兼有其他的职业如教师、新闻工作者、店员、药房配药、商行的书记、售货员、从商、小贩等（附表十二）。

表十二　职业调查：1971年

(A) 专业：	60位	75%
(B) 副业：	20位	25%
	80位	100%

	副业（职业调查）	人数	%
1	从商	6	30%
2	教师	3	15%
3	书记	3	15%
4	推销员	2	10%
5	小贩	2	10%
6	店员	1	5%
7	书法	1	5%
8	药店工作	1	5%
9	家庭主妇	1	5%
	总计	20	100%

从事副业的医师们，可能是不想以行医为职业，或是因为他们不能掌握病人，一天之内的病人只有1–5人，或是由于他们刚从医专毕业出来，经验及疗效不使人信服，以致收入不足以维持其个人或家庭的生活，为了解决这个困难，他们只好以行医当作副业，从事其他职业的医师们，他们多数白天外出工作，而从晚上的一段时间行医，有的挂牌行医，就有收诊费，有的到慈善机构服务，就没有收诊费，只收些微的车马费，由于生活的忙碌或营业，有的医师甚至不能抽出时间来从事义务诊治病黎的工作，或是从事于学术的研究，以至医疗成绩不能进展，反而有开倒车的现象。不仅中医兼有副业，有大多数的中医专同学们，他们在晚上去中医专学医，而在白天，他们多数从事其他的职业如教师、药材夥计、药店少东、工人、配药员、售货员、推销员、小贩、公务员、书记等。（附表十三）

表十三　1971年中医专同学职业调查

	副业（职业调查）	人数	%
1	工人	16	21.06%
2	书记	13	17.11%
3	售货员	11	14.47%
4	失业	8	10.53%
5	配药员	6	7.90%
6	教师	6	7.90%
7	药店少东	4	5.26%
8	护士	4	5.26%
9	家庭主妇	2	2.63%
10	学生	2	2.63%
11	小贩	2	2.63%
12	公务员	1	1.31%
13	技术工人	1	1.31%
	总计	76	100%

他们毕业以后，有些仍旧在他们原有的岗位，而把行医当作副业，更有一些学生认为他们并不是想以行医为职业，只不过怀着一个目标，就是“发扬中医药，汇通中西医学，为人群保健工作而努力”，不过，多数从医专毕业出来的学生，他们都没有可能立刻挂牌行医的。因为他们多数是半工读的，所以很难有时间研究医学，（附表十四），除了一部分失业的或是从事与医学有关的职业如护士、药店少东、配药员，他们会比较有多时间接触医学，普遍来说，他们比较有时间进修。

中医界里，以行医为专业的医师仍占多数，这些专业的医师们，他们多数是祖传的医师，一天内至少诊治11–15个病人。由于接触的病人多，所以经验增加，而医疗的技巧也随之而提高。

表十四　1971年中医专同学每周进修时间

	每周进修时间	人数	%
1	完全没有进修	4	5.26%
2	1–5小时	32	42.11%
3	6–10小时	14	18.41%
4	11–15小时	10	13.16%
5	16小时以上	16	21.06%
	总计	76	100%

中医师们除了行医之外，也有进行与行业有关的工作，如自己进修、配制药物、传授医学、到慈善机构服务，也有少数为地方福利，牺牲个人部分时间和利益，而劳碌奔波的。（以专业的医师占多）

以下分析中医师的各种工作：

一、进修方面

根据调查，中医师的进修时间，往往并不多（附表十五）。

表十五　1971年中医每周进修时间：

	每周进修时间	人数	%
1	1–5小时	22	36.7%
2	6–10小时	14	23.3%
3	11–15小时	12	20%
4	16小时以上	9	15%
5	完全没有进修	3	5%
	总计	60	100%

一方面是因为中医多数只能利用没有病人的时间自己看书，加上有时思潮又被到来的病人打断，所以，常常没有连贯性，有时也只不过拿起书来看看，没有什么用心研究，所以往往效果不太好，普通来说，每周能进修十六小时以上的医师并不多，完全没有进修的也很少有。

二、传授医学方面

中医在传授医学工作上，有三种情况。第一种为担任医专的讲师。有的讲师在授课时，并不负责任，往往喜欢说什么“秘方”或“验方”，可以担保治愈XX病，对学生起着不良的影响。另外有一些负责的讲师，他们往往能使到课室的教学与实际发生密切联系，且以科学的态度来分析古代文献的内容，及在临床的实习中指导学员，能干的讲师还能了解学生的实际情况，所以并不把一大堆的医理塞向学生，因为医学的内容是很复杂且涉及的范围很广，学生往往很难记牢，因此讲师在备课，授课时都设法使学生能够记住重点。在授课时，注意讲解和分析，讲解时注意深入浅出，使对于古文基础较差的学生，能够领会深奥的古书，培养学生阅读古代医学著作的能力，使他们不至于失去学医的信心，除了讲解和分析，还要让学生有实际的操作机会，如讲师“切”脉后，让学生“切”脉，再问学生是什么脉。学生指出后，讲师再更正，使学生印象深刻，好让学生试行拟方用药，再由讲师指正，使学生能更深入的理解，此外，有时在一些学术性的讲座会中，共同研讨工作及学习中所遇到的难题，也可同时提高自己专业的知识。XX医师说：

“中医传授医学时，最主要的工作就是使学生对医学越来越有兴趣，对医学有信心，这样才不会造成他们半途而废，因为有计划的进行课室教学对中医来说是一个新的工作，而且是一项困难的工作，所以学生必须与医师有密切的合作，才能有良好的效果。”

第二种就是中医在杂志、会讯、报章上刊登医案或医学常识，如XX病症，其病因为何，症候怎样，脉象如何，应该怎样法治及其效果如何，使到学生除了看医书之外，还能吸收一些其他的知识，而一般人民也可以从他们的医案中，学到一些医学的知识。第三种就是在工余的时间，教导妻、子、亲戚或朋友。XX医师说：

“我除了传授医学给我的太太外，还教导我的弟妇，当然不能如医专所学的那么精细。每天我花一或二小时，专门指导他们，主要以内科，外科为主。集中现代医学，传统医学一齐学，而从中发展到读方剂、药物、中医理论，再发展到其他的须求。有时有病人来，我让太太替病人按脉，使她能够从多次的经验中，得到深刻的印象。此外，有时下了药方，让太太配药，如此，她就会对药物熟习，而我也可以省下配药的功夫，有时有其他的病人来，就不必等太久。”

三、制药方面

中医的另一项工作就是制药，但并不是每一个医师都制药，在提炼药未介绍入新加坡以前，多数的中医师多采用草药。但也有一些医师为了减轻病家的麻烦，所以自己煎煮好草药，以便病家可以随时服用，但这种例子很少。XX医师说：

“日本统治新加坡时，我就研究以草药来煎熬成药水，经过三年的时间，我才能熟练的配制药品。”

也有一些医师是用祖传的秘方来制药，但是中药煎煮需时，急症危疾时，恐怕缓不济急，而且如果煎煮不得其法，药效就会因此而减低，中医工作繁忙，嫌煮药麻烦，且时间的耗费，都感不便，于是有很多中医就呼本地的中医采用中国的提炼药，于是1954年提炼药开始介绍入新加坡，至1957年才为中医普遍的采用。[6] 新马各地中医所采用的提炼药，一路来都由中国供应，因为中国出品的提炼药，全部由富有经验的药剂人员督工制造，制成品都经当地的医院临床试验有效才批准出口，虽然提炼药对病人对中医都堪称便利，但也有一部分的中医不喜欢用提炼药，一位药商曾对记者说：

“提炼药虽称便利，但药力与旧式煲煎之法略有差异，而且由于防腐，变味起见，须加上酒精，或其他防腐剂，所以常影响到药的成效，因此，一部分的中医仍采用中药配方，且一些病人也不喜欢服用含有酒精的提炼药。”

但是，近年来单位提炼药的来源短缺，这是因为中国注重功效，以及简便的大力生产，所以停止了单味药的供应，另一方面是中国偏重使用合剂的优越，这样一来，新加坡许多中医习惯单味品种配方的都感到不便利。在不得已的情况下，很多医师便要开方配草药给病者服了，但是有一些医师用中国传统的古旧煎药方法，用地道原生药制成药剂，粉剂片剂以供所需，如此没有不良的反应，也没有发霉变质的现象，一方面可以省却病家煮药的麻烦，另一方面大量的煎熬会比较节省。XX医师说：

“由于单味药的缺乏，我本人在这些时日中，常以简单的方法煎煮各种常用的品种，倒也不觉得有何不妥，同时还可将自己惯用的药品，煎煮成合剂使用，根据再诊的病象报告，并无不良的反应，效果非常好，因此，我制作量不多，以够用为度，不打算久存，在这个过渡时期还可应付自如。”[7]

XXX医师认为煎煮药物主要须注意：

(a) 原生药需经过整理及泡制，才可采用。

(b) 将应煮的药物加以研碎，用纱布包着吊在煲内中央，离煲底一、二寸高。

(c) 水份方面，通常一份药物应加入廿至卅份的水量为准。

(d) 把要煎煮的药物简单分成三类进行煎熬。第一类是含有大量发挥油的。第二类是会有大量澱粉的。第三类是湿补甘淡的。

除了个人煎煮药之外，中医公会为了解决单味药缺乏的困难，也设了一个煮药小组，只要中国能赶紧供应单味药，煎煮药物的工作就可以省却。

四、慈善工作方面

有许多中医师，除了营业之外，他们仍是有“人人为我，我为人人”的精神，他们牺牲时间去替穷苦的人民服务，所以中医在慈善工作上扮演了重要的角色。以1971年为例，义务的医师共有161个，他们在各慈善机构义诊病黎。（见下附表十八）而只拿些微的车马费，中医在保健工作上有很大的贡献，正如XXX先生说：

“如果一天没有中医中药的存在，那将导致政府必须多建五倍以上的中央医院，还未必能解决病人之所须，卫生部门之开销，势必惊人剧增……”[8]

注释

1 录自1971年1月31日，《南洋商报》的“中医师公会职员就业典礼”中。

2 录自1963年10月27日，《南洋商报》的“魏雅聆在S'pore大学的讲稿”。

3 采自《中医专校第八届毕业刊》，许颖之的“没有鬍子的医师”，P. 4。

4 《中医师公会会讯》中，由通讯员，先锋撰写的“大巴窑区会友概况”（特写）。

5 Ibid.

6 在中国于1927年，政府为了医疗上的利便，打破中药历来应用药剂的传统方法，在解放区开始制造提炼药，经过卫生保健机构在药物供应部门的大力协助，积极研究，不断改良，采用最新科学方法，制成单味药以供应医师处方配用，同时，也搜寻古今特效验方，创制验方合剂和成药以供一般医师采用。

7 载自196年9月15日，《中医师公会会讯》，第七期，邓奕雄撰写的“草药的煎煮及其保存”中。

8 载于1969年3月20日，《星洲日报》，辛锐清撰写。

第四章

中医在保健工作之贡献

第一节　中医慈善机构介绍

目前以中医施医赠药的慈善机构共有十间[1]，他们建立的时间都不同；他们具有许多共同点及不同点，他们各自负起救死扶伤的保健工作，兹个别分述如下：

一、同济医院

(a) 历史：同济医院的创立是为了应付贫民大众的需求，在同济医院未创立之前，华人陈笃生（祖籍福建海澄县），于1845年建立了贫民医院，以西医西药治疗，由于人口的迅速增加，政府医院不足应付，1869年[2] 粤闽帮同侨合办了一间以中医中药治疗的慈善机构，取义"一视同仁"之同字，"博施济众"之济字，定名同济医社。1886年海峡殖民地总督把两幅皇家地赠予同济医社，1892年新大厦建成，搬入新大厦后把同济医社修正称为同济医院，（即现今之同济医院大厦），同济医院起初虽是由粤闽帮同侨合办，二次大战后，变成华侨支持之机构。

(b) 现况：

(i) 服务医师：聘请服务医师是经过特别的考试，成绩公布后，只有前十名之考生才有资格当驻院医生，此类考试每三年举行一届，受聘医师是兼职的，月薪二百多元。

(ii) 经费来源：该院历史最悠久，规模宏大，向来是依靠各阶层人士的支助，主要是靠董事及会员支持，社会人士亦可购礼券。据悉购礼券者包括下层阶级，甚至是三轮车夫，他们以无名氏的身份购买礼券，可见各阶层对慈善事业之拥护。此外该院在本邦也有一些资产，每月收入三千五百元。

(iii) 特色：该院有特别之处，那便是三年一次之考试制度，每届考试参加者数十人，这一种考试不但可以提高该院医师之质素，同时也间接提高了中医界的一般水准。

二、善济医院

(a) 历史：同济医院建立后34年，（即1901年）华人另外建立一间同样性质的慈善机构——善济医社。善济医社建立的原因是因为病人的增加，同济医院不足以应付；另一方面同济医院座落在大坡，居住在小坡及以东地区的人要到大坡治疗很不方便，因为当时的交通不便利，所以建立了这间医社以便利居住在附近的居民。

(b) 现况：

(i) 服务医师：长久以来都有两位医师在服务，直到目前只有一位医师服务；这些医师多数属于祖传，不过自中医师公会成立医专后，医师多为医专毕业，他们的服务都属于兼职性，每天服务四个钟头，每月有180元的津贴，同时亦享有公积金利益。

(ii) 服务对象：不分种族、宗教、帮派有求必医，因此求诊者各族人士皆有，但以华族为普遍，求诊者每次只收五毛钱的象征性挂号费。

(iii) 经费来源：主要的经费是来自公众人士的自动献捐，董事的支助，热心团体之义演等，此外也有售卖礼券等募捐活动。

(iv) 特色：该院之历史悠久，声誉良好，因此聘请医师之条件很严格，所以虽然在报章刊登聘请医师的广告已有几个月，都请不到一个理想的医师。

三、广惠肇方便留医院

(a) 历史：在二十世纪初期，新加坡政府公立医院规模不大，如果遇到某种疫症，不能尽量收容患病者，以致许多病人呻吟在骑楼下，或其他可作暂栖之处。后来有一些慈善家，将广合源街某些店屋充当临时收留这些病人的场所，并且自动用中医药为病人治疗，居然成绩不错。1910年新加坡总督得知，便召见粤帮侨领会谈，除奖励外，并表示如广惠肇三属人士能在短期中自筹十万元巨款，政府将拨地皮作为建医院之用，果然不久后收集了十余万元，坡督依诺把当时实龙岗之陈笃生医院旧址拨给广惠肇三属人士建院，在医疗上开始全部采用中医药，经相当年月，才增设西医部。这间留医院，五十年来帮派观念很深，三属人士既然自己创建这间医院，也规定外属人士不能进院留医。

(b) 现况：

(i) 服务医师：共有两位中医师，上下午各一位，属于兼职医师，月薪二百元，服务医师是根据他们的经验及资格由董事们决定。中医施诊部现已无留医只有门诊。

(ii) 服务对象：只限广、惠、肇三属人士，其他人士不受诊，每次只收挂号费三角。

(iii) 经费来源：由董事及会员们支助，此外许多慈善团体每年都有为该院义演。政府每年也给予一万五千元的津贴，但这只是够一个月之开销，政府支助该院的原因是因该院设有西医。

(iv) 特色：该院之创办人是广、惠、肇三属侨领，长久以来大部分的经费由广、惠、肇三属人士之捐献，故从创办至现在帮派色彩十分浓厚，求诊者只限于广、惠、肇三属人士。政府曾提议请该院取消这种帮派之限制，并表示如能为全新人民服务，政府将在财政上大力支持，但该院未能接受政府之建议，该院帮派色彩的浓厚可见一般了。

四、中华医院

(a) 历史：中华医院是由中医师公会主办的义疗机构，1952年中医师公会鉴于政府医院以及华人所主办各慈善中药施医赠药机构病人日愈增加，作为中医师的本身绝不能介身事外，让人专美，应创办一个施医赠药的机构以便救济贫民，另一方面可作为新加坡中医界开办一个集体实地研究治疗的基地，因此便于1952年3月17日（中医节）在珍珠街中山会馆设立中华施诊所。1954年中华施诊所迁到直落亚逸街，并易名为中华医院。以后业务逐渐扩展，1960年蓝晋强先生捐赠实龙岗律233–235号二座楼屋作为第一分院。筹备多月于1961年3月17日，由蓝如晏先生剪彩开幕并捐助壹万弍千元。一九六六年底，又应芽笼居民之需求，斥资四万八千元购下芽笼大路卅七巷口七〇七号楼充作第二分院，于一九六七年十月二十七日中医师公会成立周年纪念日，宣布成立，由教育部长王邦文先生剪彩开幕。

(b) 现况：

(i) 服务医师：服务医师全为中医师公会之成员，他们都是义务医师，每月只有几十元之车马费津贴，医师都是兼职的。有的是刚从医专毕业来此临床实习的医师，有的是在中医专门学校三年级的实习医师。在实习时间有老师在旁指导。故中华医院之医师不但在此医人，也在此学习磋商。

(ii) 服务对象：不分种族、宗教、帮派一律施医赠药，每次只收挂号费五角。

(iii) 经费：目前该院的主要经费是社会人士支助，该院设有礼券，热心人士可以购买，所得之钱充该院之经费，除此之外许多慈善团体有乐捐、义演、义作为经济之支援。此外，卫生部打从1968年开始每年须出五千元作为该院之津贴。

(iv) 特色：纯粹由中医师主办，故与其他团体不同，除了与其他团体一样为广大贫民大众服务外，亦作医专毕业生临床实习与及医师们研究病情，增进医术之场所，同时也是中医师恢复社会人士对中医信心发扬中国传统医学的机关。

五、普救善堂

(a) 历史：1930年由潮帮人创办，属于蓝十字会（蓝十是发起组织新加坡各善堂的总机构，黑十字是日治时代成立的由新加坡的各棺材店组成。此二机构在日治时曾扮演重要的救灾工作，蓝十是施医，黑十是施舍棺材等以及收暴尸）。该堂专习施医赠药，施棺、救济等工作。在昭南时代，因鉴于救济之迫切乃与修法、同奉、南安及同敬四善堂联合组成新加坡中华善堂救济总会，专习施医赠药、施粥、施茶、施棺赠葬、收尸等善事，第二次世界大战结束，乃独自负起施医赠药，施棺救济工作，直到现在已有四十余年的历史了。

(b) 现况：

(i) 服务医师：共有七位，他们都是中医师公会之成员，有一些甚至是医专毕业后来此临床实习的医师，医师无薪金，只是取一些车马费。

(ii) 服务对象：不分信仰、种族、帮派。一律加以施医赠药服务。

(iii) 经费来源：该堂每年都有举行一次酬神大会，有做大戏，由庆神所得之油钱，充该堂之慈善基金，此外各董事也有捐献。

(iv) 特色：该堂崇拜华佗，宋大峯与护天元帅，且每年举行一次酬神大会，故具有浓厚之迷信色彩。

六、世界红卐字会（星洲分会）

(a) 历史：世界红卐字会成立于一九二二年，总院设在中国，是融合各宗教之教义，产生的一种新宗教形式，其教义是“促进世界和平，救济灾患，讲求道法修养”。在中国设有许多慈善机构如：贫民工厂、贫儿习艺所、孤儿院、残废院、育婴堂等。此外还建有许多学校。星洲分会始创于1931年，起初院会设于乌节律只设西医施诊所，不久后移至合富洛律兼设中医部，不幸设医所被日机炸毁，当时热心中西医生踊跃参加救济工作，于是在本埠，设流动医所，各医生轮迴施诊，一九四二年日军入据，伤病者触目皆是，为了扩大救济，遂设九处医所，出动中西医数十人救济贫民，一九四五年和平后合并成三支，第一支在芽笼，只设西医施诊所，第二支设于该会所，设有西医施诊所，第三支在小坡只有中医施诊，近年来第一支医疗队加设中医施诊部。

(b) 现况：

(i) 服务医师：设有中医及西医施诊部，中医师的选择是经过董事部的遴选，此外还要向神用“符占”来决定，医师是义务性质，每月只取几十元车马费。医师皆为该院会员。

(ii) 医疗对象：不分种族、宗教、语言、老少一律施予免费服务，第一次只收挂号费两角，第二次三角，病人一年用一种牌，每年都要换新牌。

(iii) 经费来源：该会之经费向来由该会之会员及董事捐献。

(iv) 特色：该会是世界性之慈善团体，但这些慈善团体（部门）都付属于道院，具有浓厚的宗教甚至是迷信的色彩，例如用“占卦”来聘请医师。

七、修德善堂

(a) 成立：此堂始创于1916年，是新加坡五善堂中历史最悠久的一间，起初只营施棺赠葬等慈善事，1949年才有中医施诊部的成立。

(b) 现况：

(i) 服务医师：共有五位，是义务性质，只是补贴一些车马费，他们多数是潮籍人士。以前多数是由中国来之老医师，但自医专成立后，许多毕业医师都来此服务。

(ii) 施诊对象：不分种族及帮派信仰，一律加以医疗，第一次收登记费二角。第二次以后三角，求诊病多数是妇女及小孩。

(iii) 经费来源：靠信男信女及董事、会员支持，此外社会人士也有支助。

八、紫新阁

(a) 成立：创立于1952年，附属于南洋德教总会，该总会在新、马、砂共有十八个成员，它们均以紫X阁命名。传教之宗旨是以宣扬道德为本，主要纲领有十即：孝、悌、忠、信、礼、义、廉耻、仁智。一九五四年总会乃在各地开办中医施诊所。

(b) 现况：

(i) 服务医师：属于义务性，无资格的限制，有兴趣服务便受欢迎，每月有车马费津贴，目前有四位医师轮流服务，每人每天工作一小时。

(ii) 经费来源：主要靠董事及社会人士得献捐。紫新阁于每年农历10月有举办一个联欢会，联欢会之菜肴完全由各机构报效，故在联欢会上可筹得一笔款额，以弥补经济上之开销。

(iii) 服务对象：不分种族、宗教、帮派、一律都欢迎，治病者各族皆有，唯以华族为普遍，不过由于地处偏僻很少人知晓，同时加上本区为富裕区，所以附近的人少来治病，反而外区来治病者多。

(iv) 特色：该机构是德教会主办，有占童等仪式，故迷信色彩很重。

九、佛教施诊所：

(a) 成立：成立于一九六九年十一月九日，由本邦佛教人士所创办，成立之目的是纯粹发扬佛教的“体佛陀慈悲，拔苦与乐”之宗旨。

(b) 现况：

(i) 服务医师：由中医师公会推荐两个医师驻院服务，但无薪金只补贴一些车马费。

(ii) 服务对象：以福利贫民大众为宗旨，凡病者家境困难前来就医者，不分男女，种族信仰均一视同仁予以医药免费施诊，只要缴纳登记费五角，但该所不接受医治花柳、传染及打架受伤等症，如遇必须入医院之病人，该所得协助送往其他医院治疗。

(iii) 经费来源：经费由赞助人所捐助之基金充用，赞助人由设有董事会选出21人担任负责，倘经费不敷向各界热心人士劝募特别捐。政府无财政上之支援，但各界之捐款豁免所得税。

(iv) 特色：该所是本邦唯一的佛教慈善义疗机构，成立之宗旨在于发挥佛教之“慈悲为怀，普救众生”之精神，纯粹以宗教来号召慈善机构。但对于求诊病人却无宗教之界线限制。

十、慈忠会

(a) 成立：该施诊部成立于一九七一年四月，附属于慈忠庙。慈忠庙内分成：(i)国术团。(ii)医诊部。(iii)神医。(iv)醒狮团。

(b) 现况：

(i) 服务医师：为中医师公会的成员，或医专毕业生，无薪金只有车马费津贴。病人可以任意选择医师或神医诊断，唯神医施医不赠药，神医具有相当的医药常识，在诊病时降神附体，然后开单由病人去购药。

(ii) 求诊对象：不分种族、宗教、帮派，一律加以施医赠药服务，每次只收挂号费五角。

(iii) 经费来源：由该庙之善男信女支助，此外也向社会人士认捐。

(iv) 特色：崇拜黄老先，且有神医，非常迷信。

第二节：中医义疗机构之贡献

以上各中医药医疗机构皆有严密的组织，它们都有许多会员，机构最高的行政组织是理事会，通常称作董事会，各理事会委员（即董事）多数是有财有势的大商家，董事不一定是会员，社会人士也可充当名誉董事甚至是名誉会长等。他们被选为董事是因为他们出钱最多。这些机构的经费一部分由会员及董事负担，不敷之数向社会人士募捐，但中华医院主要的经费是来自社会人士及慈善团体之捐助。医疗机构服务之对象是社会各阶层人士，这正符合了“取之社会，用之社会”的原则。

中医药医疗机构成立的宗旨是为广大的贫民大众施医赠药，让他们恢复健康过正常的生活，任何一间中医药医疗机构，不管是宗教团体主办的或是帮派团体主办的，其中当然免不了有为贫民大众服务以外之宣传宗教或迷信的作用，但在客观效果上对于贫民大众是有贡献的，因为就算是宗教团体主办的医疗机构，也不能强迫所有的求诊病人都要皈依他们所属之宗教信仰。

除了广、惠、肇方便留医院外，其他各机构都不分种族、阶级会员或非会员、宗教，有求必医。所以到各机构求诊的病人包括华巫印各民族人士，但是以华族占大多数，印巫人士仅占5%左右。

求诊病人几乎全是中下层的贫苦大众，富有的人当然不愿到这里诊病，因为这有失他们的体面，但有一些中等以上的人士也到此求诊，各慈善机构也无法制止，但这只是少数而已。

据初步之统计1950年，在上述十间中医药义疗机构求诊人数约16,6694（十六万六千六百九十四人）1960年约21,5654（二十一万五千六百五十四人）1970年35,0818人（三十五万零八百一十八人），求诊病人一天比一天增加，这证明了人民大众对中医药的信心一天天的增强，同时也使慈善机构的负担愈来愈重。每年有几十万人求诊，这不但是为民间服务而同时也协助政府减轻卫生保健与治疗的负担。根据1968年之新加坡常年报告书之统计，在各政府医院及各间诊疗所的求诊病人达334,9313（三百三十四万九千三百一十三人）因此在中医药义疗机构求诊的病人占全部人数的10%强。

表十六　1950年、1960年、1970年各机构求诊人数

名称	1950年	1960年	1970年
中华医院	未开办	39,196	223,333
同济医院	112,475	101,109	102,719
善济医社	11,789	12,168	32,233
世界红卐字会（星洲分会）	10,551	11,234	34,095
紫新阁	未开办	4,445	9,966
佛教施诊所	未开办	未开办	15,066
广惠肇方便留医院	4,800	4,951	5,500
普救善堂	8,349	8,589	9,325
慈忠会	未开办	未开办	1970年四月才开办
修德善堂	18,720	20,092	20,291
合计	166,694	215,694	350,818

表十七　1968年在政府各医院求诊人数统计

政府医院名称	求诊人数	医生人数
欧南路中央医院	479,499	243
淡申律中央医院	60,497	36
竹脚医院	184,509	59
陈笃生中央医院	171,697	39
密陀律医院	193,319	7
Trafalgar Home (Leprosy)	1,706	3
板桥医院	22,620	4
Mental Defective Hospital	30,370	14
Chronic Sick Hospital	—	1
St. Andrew's Orthopaedic	—	1
27间政府诊疗所	1,717,220	—
其他各药房	587,870	—
共计	3,349,313	403

贫病大众只要付出五角挂号费就能受到一次治疗，（政府诊疗所要交一元），这对于一个贫病交迫的劳苦大众来讲，无形中得到了救星，在一个贫富悬殊的社会里，中医药义疗机构扮演着一个积极的角色。

在上述十间义疗机构服务之医师共有161人，161名义务医师中有许多位是在一间以上的慈善机构服务。全新约有六百名挂牌的中医师，这就是说在慈善机构服务之医师占全部中医师之26.83左右。

表十八　1971年中医药义疗机构之服务医师人数

义疗机构名称	医师人数
中华医院（第一分院）	55
中华医院（第二分院）	48
中华医院（总院）	25
同济医院	7
善济医社	2
世界红卐字会（星洲分会）	4
修德善堂	4
广惠肇方便留医院	2
普救善堂	7
佛教施诊所	2
慈忠会	5
合计	161

这些医师全部是兼职的义务医师，除了同济医院，广、惠、肇方便留医院及善济医社有固定的二百多元薪金外，其他各机构的医师只有区区几十元车马费津贴，这些医师在每天工作烦忙时间也不忘慈善事业，在百忙中抽空到各慈善机构服务，有一些热心慈善事业的医师甚至兼任几间慈善机构的义务医师，他们这份慈善心肠是令人钦佩的，不像目前的西医在政府医院工作嫌待遇不够，出来开办药房赚大钱。

不管老经验的医师或经验少，来此实习的医师，他们到慈善机构服务的目的不外是下列几点：

(1) 为广大贫民大众服务

(2) 在为病人疗诊之时吸收医疗的经验（特别是那些年青而缺乏经验的医师），换句话说是以慈善义疗机构作为改进医术的研究场所。

(3) 增进民间对中医之信心：义务医师尽量医愈求诊的病人，使他们恢复对中医的信心，纠正社会人士对中医的看法。在目前江湖医师及庸医大行其道的当儿，慈善机构在保健工作上扮演着重要的角色，因为慈善机构既然是非营利的机构，当然不能向病人骗钱，此外义务医师为了恢复社会人士对中医的信心，在诊病时特别细心，因此得到人们的信赖。

从以上三点看来，中医义疗机构，在卫生保健工作的贡献上不但只为广大贫病大众服务，并作为医疗研究的场所，同时也是发扬推广中医的中心。

中医药义疗机构已具有百数十年的历史，百数十年来一直为广大贫民大众服务，百数十年如一日，求诊的病人与日俱增，从开始到现在中医药的照顾下获得保健卫生实惠的人士已无法可计，就单以中华医院来讲，成立十九年求诊人数已超过一百万人之众，由此推知民间向来对传统医学之信赖，亦同时证明中医药义疗机构几十年来在卫生保健上扮演的积极角色。

注释

1 这只是指比较著名及具有相当规模者，新加坡连大小机构约有二十多间。

2 据陈育崧之考证，同济医院创办于1885年，详见《星加坡同济医院一百周年纪念特刊》，P. 甲11–16。

第五章

中医与社会人士之关系

中医具有几千年的历史，它能存在到今天，无可否认的，它是有着不可磨灭的价值的，尽管有许多人轻视中医，诽谤中医，把它看为一种土医，但中医仍然没有被消灭，可见中医在卫生保健工作上是具有一定的贡献。中医是一种民族医学，虽然它本身存在着许多缺点，但它是中华民族几千年来累积下来的民族遗产，在情在理，我们是应该把它加以发扬光大的，更何况中医并不如一般崇洋份子所认为的巫医，是骗人的与迷信的，其实中医的的确确是一门医学，在许多方面有着一定的医疗效能，甚至在某些方面，是西医所不能比拟的，所以我们应该以一种正确的态度来对待中医。

现在，新加坡的社会人士，信任中医的越来越多了，由于他们亲身体验到中医的疗效，他们当然会对中医信任，尤其是社会上一些中下层阶级的民众；当他们无能力看西医或在西医处无法把疾病治好时，他们便会到一些华人团体所主办的中医慈善机构去求诊。当他们的疾病治好后，就会对中医具有信心，同时也会对他们的亲戚朋友加以传扬，自然的，会有越来越多的社会人士信任中医，通过病人亲口来宣扬中医，是最有效的宣传方法。如果得到人民的支持，将会有助于中医地位的提高。

正当新加坡的中医获得越来越多社会人士信任的当儿，却有一批不学无术，只会用花言巧语来欺骗病人，同时生活不够严肃检点的中医出现，因而影响了中医的声誉，也破坏了整个中医界。这些庸医及江湖医生的出现，主要是因为中医在社会上没有合法的地位，如果撇开社会制度不谈，那就牵涉到人为的因素，由于新加坡是一个商业社会，讲究赚钱，一些意志不坚定或品格行为不知检点的中医师，往往因为受不住物质的引诱，而沦为金钱的奴隶，这是一件多么可悲可叹的事啊！另一方面，那些具有仁心仁术，医术高明，品行良好，有医德的中医，当然不会同意他们的所作所为，于是冲突便出现了，冲突的根源除了思想上的分歧外，其次就是因为这批不学无术之徒的所作所为，影响了整个中医界的声誉，使社会人士对中医产生了错觉，这是一般正直的医药工作者所不能容忍的事。

第一节　良医、庸医与江湖医生

一、良医：在中医界，要成为一名好医师，并不是一件简单的事，作为一名成功的良医，首先，他必须要有良好的医术，其次是要具有优良的医德。

所谓良好的医术，就是指：(一) 有全面的医学基础理论。(二) 必须能正确的诊断疾病，因为只有正确的诊断，才有正确的治疗。(三) 必须能够有效地运用治疗方法。要做到这几点，一方面必须能够好好地掌握中医的传统理论，因为中医中药拥有数千年的历史，可见中医的传统医学是有着许多优点的，所以才能获得病者的信心，从事中医的人应该先了解到中医这种行业，并不是单单为了解决生活的问题就够了，而它是关系到人类的健康与性命的行业，所以不论医师生活好与坏，一个真正的医师，他应该对内经、难经、伤寒、金匮、本草等古典医药著作中下一番深刻钻研的工夫，再从这些古典医经中得到中医中药运用的原理，又再去理会后代医师怎样将前面所述的古典书籍中的原理发展，扩充与及如何去实践这些理论到临床治疗的技巧上。我们知道，中医现代的医学是不完整的，对于不完全的现成医学，医师们需要极大的精力与时间去认识它们的主要部分，分析它们的优缺点，以便设法补救其缺点，发扬其优点。

一名好的医师，除了有能力用中医中药传统的方法去治病外，要更好地为人民服务，还应该时时刻刻注意学习新的理论与技术，例如对现代的病理学妇儿内外等科学上做一番学习的工作，只有经过一番的学习，对于疾病才有了正确的认识，才会改良现有的医学，使医学更朝向完善的境界走去。惟有不断的学习，精益求精，使医疗成绩能够不断的提高与逐步的改善，同时还要能够掌握现代医学的知识，以西医的优点来补中医的缺点，做到采长补短的境界，然后才能灵活的应用中医中药来治病。这样才能成为现代化的中医师。

社会上有一些医师，他们在学习医学时，的确是下过一番苦功研究，对疾病也详细的观察，一旦成为医师，衣食有了着落，在社会上稍有名气，便满足起来，认为无须再加学习与研究，于是便老是以过去所学的一套来治病，不求进步，只把医学当作谋生的职业，这是因为他们没有认清一个医师的真正目标所造成的。又有一些医生，他们终生勤劳不倦，但他们不了解到社会是进步的，而仍然抱残守缺，不但不学习现代西方的医学，就连汉唐以后的医书，也认为不值一看，只是在几本古典医书上用工夫，而自认已经了解到中医的奥妙之处，而自鸣得意，不可一世起来，这是非常迂腐可笑的。上述这两种医师，虽然不会对社会有害，但却是中医寻求进步的绊脚石。

总之，一个医师，如果没有医术，他根本不应该称为医师。在这种情形下，不管他的收费是多么的低廉，态度是多么的有礼，心地是多么的仁慈，那只是表面的，因为他假借了医师的名义，欺骗了病人。

除了具备优良的医术外，作为一个良医，他必须具备优良的医德，所谓优良的医德：

(a) 他必须要有为人民服务的正确人生观：作为一个正派的医师，应该把服务社会，服务大众的精神摆在第一位，把病人的痛苦当为自己的痛苦，把病人的快乐当为自己的快乐，不能斤斤计较个人的得失，只有诚心诚意的为病人服务，才不会为任何的困难所吓倒。医师虽以恢复人类的健康为宗旨，但是也需要维持自己和家庭的生活费用，所以接受病人的诊金是应该的，但绝对不可以嫌贫爱富，为金钱所利诱，应该无论贫富都一视同仁，如果碰到贫病的人，那就不必勉强收诊金，在可能范围下，还应该帮助他的药费，为病人解除困难，尽心尽力的使他的病早日痊愈。

(b) 对待病人的态度要和蔼、亲切：一个好的医生，必须要以慈祥的态度，亲切的言辞对待病人。要知道，抱病的人，心情是烦躁的，所以当病人来求治时，应该以和颜悦色的态度来对待病人，耐心的询问病情，看病要细心，认证要清楚，诊断要准确，才可下笔开方，开方时药物要详细，分量要适宜，绝对不可以草率从事。当病人感觉到痛苦时，要对病人加以安慰，并且要亲切的指导病人，使他们能够减轻痛苦。假如医师的态度粗暴傲慢，小则引起病人的反感，给病人带来精神的负担，重则加深病人的病势，危害病人的健康。作为一名良医，应该对财富的观念看得很淡，否则他只可以称为名医，而不可以称为良医，医师的目的是要济世救人，绝对不可以看成一种商场的盈利性质，所以取价要公道，而不应该随意的向病人恐吓误导，向病人敲竹杠，骗取病家的钱财，刊登夸大的广告，欺骗人民，如果一个医术好医德好的医师，社会人士必然会对他加以推荐及宣传。要是得到一名良医，那么宣传他的医德医道，也就是发扬中医精神的一种有效的办法。

(c) 医师的品格要端正：一个医师除了医术要优良外，还要重视品格的修养，有些医师在私生活方面非常不检点，加以不学无术，只是花言巧语来欺骗病人，视人命为儿戏，使中医失去社会人士之信仰，因而影响了中医的声誉。很不幸的，在几年前，有一位中医师还牵涉了非礼少女的疑案中。更有一位中医，为妇女堕胎，后来这位妇女死在她的诊所中，为了逃避罪名，竟把尸体抛弃在荒野，自己却逃之夭夭。从事中医工作的人，应该时时警惕自己，不要为不良社会的物质享受色慾所引诱，而使自己堕落。

(d) 恢复中医的威信：中医药本来是有很大的治疗价值，但是其中受一些不学无术的江湖术士欺骗的影响，例如恐吓病人，敲诈病人的钱财，高抬药价，利用广告，夸大宣传，于是便降低中医的声誉，现在中医药得到了中国政府的领导及发扬光大，已在有系统的改革中，海外的医药工作者，应该维护与提高中医的声誉与地位，提高医术水平，随时检讨行为，提倡医德，不可敲诈病家，医师与医师之间应该常常互相切磋医术，不过中医的良方，常常会成为不传的秘方，这是美中不足的地方，中医师们应该怀着救世济民的态度，把一些良方，尤其是一些外科的秘方公开于世人，这也是提倡中医中药的最好办法。

二、庸医：现在新加坡中医界出现了一些医生，他们所表现的特征通常有好几种：

(a) 对医术一知半解：现在新加坡中医界出现了一些中医，他们对于医术只是一知半解，甚至有许多是骗吃的，只看了几本医书，就悬壶行医，挂起了中医的招牌，即没有真材实学，加以医学常识差，甚至无医术可言，他们只是为了生活而冒充中医师，替人看病。他们对医理不明白，不懂得应用药物，只是记得几种药，无论遇到什么病，便都以一般医生惯用的那个方，那些药，照样的试一试，有效的话，便自鸣得意起来，若无效，便指病难医，推卸责任，更有一些人，他们过去因曾经患过某种病，被人医好后，他便从为他治病的医师处，或从一些医书中，获知那几种药物的常识。开始时尝试为他人治此病，一有收效，便自以为对治疗此种病有了把握，而居然以专家或权威自居。

(b) 利用手段欺骗病人：这些庸医，不学无术，虽不会刮钱，但却是用高级的手法来招徕病人，例如：假中医名义，走法律漏洞，埋没了良心，登夸大的广告，大事来宣传，以招徕病人，对于病人的性命，则视同儿戏，唯利是图，只靠一些江湖技术，骗了不少无知病人，有时他们并非存心骗钱，他们也想医好病人，但无学问，不会而且不求上进，只要求赚些钱以糊口。据一位老医师说："中医必须树立廉洁的作风。无可否认中医是人，并不是吃人间烟火的神仙，所以看病收诊金以维持生活费是必须的，但恐吓病家，敲诈病家的钱财，提高药价，便会降低中医的声誉。"清代名医叶天士说："他们用贵重的药物，一定以为自己是了不起的名医，他是浪费病家的钱财，和疾病没有一定关系，便是庸医。"他们的话应该使那些从事医药工作的人知所警惕。

(c) 对社会人士有害：目前这些没有经过训练的庸医的宣传技俩，以及他们只顾自己不择手段的荒唐行径，促使社会人士蒙受到健康上和金钱上的损失，对社会有害无益，不知有多少病人深受其害。很不幸的，有一些中医药的慈善团体，由于办事人的疏忽及不公平，于是有一些庸医混入这些慈善机构，藉以鱼目混珠，欺骗病人。

(d) 对中医名誉有损：这些鱼目混珠，没有受过训练，利用手段来欺骗病人的庸医，直接的是对社会人士有害，间接的沾污了中医治病救人的崇高宗旨，破坏了中医中药多年来在人民群众中所树立的良好声誉，降低了社会人士对中医中药的信仰，因为病人在受骗之后，不知就理，便指责所有的中医师，自然的会对中医中药不信任，也是中医无法与西医竞争的原因。

三、江湖医生：中医界中除了有庸医的出现外，还有的就是江湖医生的出现，他们同样是中医界中的败类，不过性质有不同，庸医一般上是不刮钱的，一般上是指一些不学无术的人，冒任名医来欺骗病人，其目的不外是假借中医之名以谋生。江湖医生可就不同了，他们往往大敲特敲病人的金钱，利用种种不正当的手段来刮钱。一个月看两三个病人，就够其生活的开销，因为一个病人可收入几百元的医药费，他们惯用的手段就是用他们流利的口技，自称能为病家包医各种奇难杂病，病人不知就理，很容易上当，所以江湖医生可以说是讲钱的钱医及商医。

不过，江湖医生与庸医一样，也是利用广告来大事宣传的，一子招徕病人，挂起大招牌，自称大医师，通过书报刊物，刊登大幅广告，大吹大擂，或者派一些小孩子，沿街派传单之类，大肆宣传，尽量吹嘘，或者在大街小巷，张贴广告，夸说能治百病，包医奇难杂症，甚至假造医绩，利用照像术，争取上镜头，或者是虚构鸣谢启事，假造牌匾，或者未征得病人的同意，而以病人的名义，大登其夸大自己医术的广告。把中医的业务当商品来推销，甚至还为了增强人民的信仰，或通过人事关系或通过金钱关系，在人民心目中制造名流慈善家的印象，藉此提高自己的地位，以便于赚钱，对中医影响很大，近年来，政府曾经立法来禁止中医刊登夸大宣传的广告，一般江湖术士仍然能假借中医的名义，走法律的漏洞。甚至有些医师，本来很反对广告招徕病家的，为了要出名，要赚大钱，往往自己又每日登分类广告，可是平时却大骂庸医登广告。

所谓江湖医师，并不是完全不懂医术的，有些江湖医师，他们也有很好的医术，所以要鉴别一个中医的好坏，不可单凭医术来作为标准，因为有些江湖医生有医术而无医德，所以要看一个医生的好坏应以其思想作为标准，江湖医生为了赚钱，明明所看的病人患的是轻病，他偏说成重病，藉以敲他们的钱，卖贵药给他们，虽所卖给他们的是一些补药，对人的身体无害。但这种作为不应该是一个医药工作者所应做的。

有些江湖医生，他们保有祖传的秘方，如果他们能将之公开，会对社会有利，然而一些江湖医生，却以此为本钱，专门向病人敲诈。另有一些江湖医生，他们只看了几本医书，对医术一知半解，只知道一些粗浅的医学常识，仅靠一把油嘴来欺骗病人，大刮其龙，同时伪造了几个所谓海外的高级文凭，自封了几个衔头，便厚颜无耻地俨然以医生自居，这一类的江湖医生则与庸医相去不远了。

江湖医生的出现，破坏了中医的声誉，给予正派中医界的前途蒙上了一层阴影。因为新马两地自有华人以来，便有中医的服务，百多年来，由于中医本身的疗效及医学价值，中医药在新马的卫生保健工作上是负起了不小的责任，并且，建立了不少的功绩，在民众百姓间树立起崇高的地位，这是一些正直的中医工作者，辛勤地耕耘，才有今日的成就。但由于江湖医生到处骗取人民的金钱，同时，混在中医的队伍里，堂而皇之的挂起中医的招牌，在上大吹大擂，影响了一部分的民众，认为这些人都是中医，一旦受聘，便怨恨起中医来，从而怀疑起中医的疗效来，江湖医生的所作所为，不但与中医的传统精神背道而驰，破坏了中医舍己为人的道德，而且也误导了人民群众对中医的观念。

第二节　三者对社会人士的影响

一、良医对社会人士的影响：中医这个行业，与整个社会结构有着密切的关系，根据政府医药协会所出版的杂志透露，目前本邦信仰中医的人士约有30%，并且事实显示，这种情况还有日渐增加的趋势。而且中医在本地的信仰者一路来都是一些贫下阶层，虽然，中医得不到合理的法定地位，但中医药在人民的心目中却占着很重要的合法地位，就因为广大群众的支持，中医才能生存到今天，但是一些社会人士，尤其是受洋化教育者，认为中医是不科学的，对中医心存偏见。他们一有疾病便找西医，只有西医医不好时才抱着碰运气的态度去找中医，往往因为到了此时，病势更严重，病情更复杂。此外，更有一类病人，往往自作聪明，有了疾病，不肯向中医生请教，却自己到药材店去购买一些药物或是成药来服用，由于缺乏医学修养，无法掌握疾病的性质和药物的性能，结果是越医越糟，这样一来，他们不怪自己缺乏医学知识，反而埋怨中医没有疗效。由于中医不断的受歧视与各方面的限制，故许多正直的医师，仅能勉强的维持起码的生活，而那些江湖庸医，由于善于钻营，却日渐的称心得意，这是中医界的怪现象。

二、庸医对社会人士的影响：中医不受政府的承认，中医师训练学校虽注册在案，但毕业文凭并没有获得政府的承认，同时，中医诊断病也不必经过任何注册手续，因此，就变成人人可行医，人人是中医师，由于这样，一些既无医术又无医德的庸医，专门走向法律的漏洞，骗人广告四处刊登，许多病人钱财被欺诈，病又治不好，由于人们对于中医缺乏认识，便对中医发生误解，加以许多庸医常闹出事故，如堕胎导致人命等，这些新闻在报纸上经常可以阅读到，由于他们都标榜着中医，所以许多社会人士都误以为真的是中医，故造成人民对于中医的印象甚为不良。社会上一些爱护中医中药的热心人士常常说道："中医中药原是好的，但可惜一些从事中医中药的人大都是不学无术，粗通一二本医药书籍，懂得一二张药方就出来铤而走险，中医中药之不受人看轻是不可能的事。"可见庸医对社会人士的危害是多么的重大啊！

三、江湖医生与社会人士的关系：江湖医生当中，有许多是具有相当的医术的，但由于缺乏医德，加以社会环境的影响，只知赚钱，于是把中医这个行业视为盈利的工具，专门向病人敲诈金钱，不管病人是富是穷，都照敲不误，不管病人的健康，用恐吓欺骗的态度来对待病人。他们当中，或许拥有一二张祖传秘方，往往他们就是以秘方来赚钱，以作为生活的保障，如果他们能够把秘方公开的话，对社会人士就非常的有利。

总结

庸医与江湖医生之所以能够这样猖獗而毫无顾忌，当然是有它的一定原因的。中医的最大问题是没有受政府的承认，目前，政府除了对于已注册的西医有加以严格的管制以外，对于各种民族医药，并没有加以适当的管理，因此造成一些江湖医生和投机分子，专走法律漏洞，大肆宣传，混水摸鱼，法律业务奈他们何，其次，由于新加坡是一个商业社会，使到许多人把中医这个行业从生意方式来经营，运用手段来赚钱，再加上人民缺乏医药常识，无可否认的，尽管庸医与江湖医生的宣传技俩怎样的高明，其欺骗手段怎样巧妙，但总有一天被人拆穿的，只要稍有医药常识的人，大都不难发觉他们的手段，可惜的是，具有医药常识的人毕竟不多，大多数的人民对于卫生常识往往毫无所知，甚至竟表现的一无所知，以致使江湖医生有机可乘。

为了不使公众人士受到江湖庸医医药广告的误导和毒害，及对中医加以控制，在1956年，殖民地政府曾经颁布了药物广告及售卖法令，独立后，为了加强对1956年法令的实行更有效起见，及加重对庸医及江湖医生的控制，于是便在1969年颁布了“医药广告修正法令”，禁止宣传某些疾病和文字。医药与广告法令，对于消除庸医与江湖医生大登广告有很大的帮助，然而道高一尺，魔高一丈，取而代之的是一些措辞文雅动听的文字，文中语含双关，并不下于原先的文字，但这种文句并不抵触广告法令。

广告法令的实行，只是治标不是治本，并不能完全的消灭掉庸医与江湖医生，相反的，促使一些正规中医药的发展大受限制，即使政府承认中医，庸医与江湖医生也很难完全消灭，但至少使一些正派的医生生活获得保障。政府所要做的应该是先给予中医合法的地位，然后成立一个中医资格审查机构，凡是公开执业的医师必须经过考试及格，或有同等学历的人士，有资格，有医术，有医德的人才可以注册为中医师，正式挂牌行医，对于江湖术士应该加以取缔，一旦知道他们有危害社会人士的行为，便加以严厉的处置。新加坡的中医药组织也应该发起“自清运动”，解决医师间的内部矛盾（详见第六章），排除中医中药界之间“自扫门前雪”的自私观念，并提高医学水平。因为我们常在报章上看到有些读者，要求中医师专门学校增加学额及班额，增加收生次数，设立中医奖学金等等，可见新加坡的青年还有许多有兴趣于学习中医，只要适当的培养，不难可以造就出一批有学术，有责任感的中医接班人。[1]

注释

1 见《南洋商报》，21-1-71及1-2-71之“读者的话”。

第六章

中医师的内部矛盾

第一节　介绍有关团体的组织及其活动

有一位医师曾这样说过：

“中医与中药好像一部车的车身与车轮，二者不能缺一，缺少其中一种，车子便开不动了。”

这些话言简意赅，的确，中医与中药就如唇齿相关，唇亡则齿寒。中医与中药同为社会人群健康的重要工具。若从事中药者与中医脱节，则在营业上难以发展；同样的，从事中医者与药商脱节，就没有药物可为病人治病，至少无法知道药商所售卖的药是否地道，无法购得上乘的地道的正药，在疗效上无法掌握。

新马中医药业，向来分开发展，医者自医，药者自药，尤其在“马来西亚华人医药总会”成立以前更是一盘散沙，彼疆此届，不相往来。自一九五五年总会成立后情形较有改善，然彼此因行业手段不同或意见之异识而不能融会贯穿，常有冲突，在谈论中医药界之间以及中医界本身冲突的因素以前，得先了解一下新加坡五大中医药团体的组织及其活动：

一、新加坡中医中药联合会

这是新加坡五大中医药团体中最早成立的，早在民国十八年，即一九二九年，为中国政府卫生署委员余云岫，假政治压力；企图消灭中医药，让西方医药取而代之，消息指出，舆论哗然。本地的中医界人士及新马社会人士都义愤填膺，深感不平，就在医药界老前辈梁少山、王爱华、曾有源、曾和生等的奔走呼吁下，中医药界群起响应，就在同济医院召开临时大会，为了争取中医药之保存而共商对策，公推中医界名手王梅亭为大会主席，就此奠定了“新加坡中医中药联合会”的基础。又推举梁少山为组织筹备委员会主任，通电中国政府，反对中国政府卫生署委员取缔中医药之议案。同时海外各有关团体呼吁，共同联合保卫中医药。

不久，本地政府批准注册，“新加坡中医中药联合会”遂告成立。

成立后，会所迁到盒巴南京街，附设有义务赠医部，不久就创办出版了“医药月刊”、“医航”等刊物，以介绍医药学术及心得，并阐扬中医学术真义。

一九三九年，中国发生“七七泸沟桥事件”，主席王铁汉首倡筹赈会。第二次世界大战爆发，该会也像其他团体一样，随着日军的侵入而业务宣告停顿。不过，在抗战期间，该会仍旧努力从事救亡工作，诸如：援助龙运矿工，负责救治工友医药事宜，并首先提倡购买爱国公债，同时组织了临时治疗医所。

战争结束后，该会会员因受环境支配，加以不满王铁汉先生而纷纷脱离该会，或改行；或加入其他团体，星散各地，因此一直到民国三十六年，即一九四七年四月才得以恢复，借善济医社为会所，推举吕德火为主席。

总而言之，“新加坡中医中药联合会”是受了一九二九年“三一七”事件之刺激而激起敌气同仇，共同组织成的一个新中医药界最早的总团体。其组织动机是为了促使中医药界同仁团结一致，共相切磋，加强了中医药在保健工作上的力量，并发扬中医业之国粹。

二、新加坡中药出入口商公会

这是第二个在战前成立的中药团体。当一九四0年，第二次大战之前夕，国际正处于紧张气氛中，本地政府宣布了物质统治，凡是出入口的货物，都要在事先申请A.P.及外汇，才可进口。中药同业们为了：

“维护公共的利益，团结同业，同时亦为社会大众服务，提高中医药服务水平。”(1)

因此发起组织“新加坡中药出入口商公局”，于一九四一年三月十五日获得政府批准注册而告正式成立。

成立后，马上着手从事申请A.P.及外汇证明书，争取入口货物的便利，在一个月内吸引了三十多家商行申请为会员。

正当该会迅速发展的时候，日军南侵，新马沦陷于日军铁蹄下，该会会务因而停止。在日治时期，各地交通阻塞，药材来源奇缺，但因同业：

“尽倾存货供应各慈善机构，或以廉价让售，或以免费捐赠。”(2)

至到一九四五年，日军败退，该会开始着手进行复业，终于在一九四七年六月廿七日获得批准复业。至一九五二年把“新加坡中药入口商公局”改名为“新加坡中药出入口商公会”。一九五四年购得武吉巴梭廿一号之全座为会所，至此，该会走入另一个阶段。

当日军投降初期，有关当局为了抑低货价，鼓励百货输入，该会派代表乘政府所供应之免费飞机至粤汕地方采辨药物。

一九四七年，联合邦政府曾宣布征收成药入口税廿五巴仙，该会派代表参与各医药团体请求政府收回成命。一直到一九五六年十一月七日才通过取消，但有关参类则改为每磅征税七元五角。

一九五五年，立法会议通过“药物贩卖及广告法令”，该会曾请求政府准将存药暂许出兑及展缓执行“药物贩卖及广告”法令日期，终得如愿。并于同年加入“马来西亚华人医药总会”为会员。

一九六八年，本邦政府提出了“医药广告及销售修正法案”，造成同业营业上的不便。该会联合了本邦其他三家医药团体（中医师公会例外）提呈针对该法案的陈情书，要求把该禁令豁免，并未成功。

由此观之，“新加坡中药出入口商公会”是为了联络同业，集思广益，实行团结互助。中药，是指中国所产的药物，其中包括了动植确物等数千种，经中药出入口商的“分析”才能分门别类，有了生药、熟药、提炼药及成药之分，在这方面有其一定的贡献。

三、中药公会

这也是在第二次世界大战爆发前组织起来的一个中药批发团体。在创办期间，最热心的前辈有曾有源、刘志武、吴良材等几位。

在初创的时候，由于主观及客观条件皆未合理想，因陋就简地把会所设立在大坡吉宁街九十七号二楼。

日军侵占的三年八个月，一切业务均告停顿。到联军光复后才得以复会，并迁到小坡梧槽律一五二号三楼。后来因为业务日渐繁盛，由于会所不够应用，常因地方狭小而阻碍了工作的进行，就在一九五〇年七月间乘经济较充裕而购买了现今之会所，即在大卫律一一九号。

该会之宗旨是为了使同业们互相切磋，并促使中医药界得以沟通。在会员方面包括了热心于中医药界的人士，有大小批发商、零售商、出口商、药商等，此外还有药商兼医家者，是以商号为计算的单位。

在成立之初期，该会是抱着“在商言商”的态度，对于其他各行各业的活动较为疏远。后来因受时势环境的影响而抛弃了“自扫门前雪”的态度，开始参与国家社会事业，如筹赈水灾，捐助英国红十字会，并首倡正药正价运动。

当“马来西亚华人医药总会”成立后，该会也申请加入为会员。

四、中医师公会

这是在第二次世界大战结束以后首先组织起来的一个大部分中医师的团体。因为和平以后，新加坡的中医界呈现一片散漫情形，即无组织，缺乏团结，彼此之间更缺乏一种集体研究，学习以求进步的气氛。中医界老前辈吴瑞甫、许颖之、曾志远等有鉴于此，于是抱着：

“阐扬中国医学原理，研究世界医学，博取世界医学之特长，融会贯通。”(3)及“联络同业，共同研究中医药的学术，促进中医药之疗效。”的见解。加以当时许多医师因不满王铁汉先生而脱离了“中医中药联合会”，当时中医界一些有见之士感到已经有百万人口的新加坡，竟然没有一个中医团体，实在是一件遗憾的事，因此就在一九四六年八月间，发动一个研究机构，十月成立，最初定名为“中国医学会”。至一九四七年九月为了扩充会务且要与中国中医组织统一名称，决议遵照中国颁定的医师法规。为了切合实际起见，故改名为“中医师公会”，顾名思义，该会是为了：“图谋医师之精进，及医学之发展”及“从事于有益中华医药研究与革新的工作”(4)

该会成立之初期，会员只有数十名而已，发展到今日则会员增至三百余名。到目前为止，凡是新加坡的中医师，及中医专门学校毕业的同学，只要“医德好”及热心于中医行业的中医师都有资格申请加入，惟须经理事会核准才能成为会员。

该会成立不久，曾在新加坡的《南洋商报》、《星洲日报》及《中兴日报》上发表过《医粹》、《医统先声》及《医衡》等定期刊物，这些刊物的内容都是有关中医界治疗及研究心得，藉以宣扬中医药学术，从而激起各会员集体研究学习的精神。

到一九五〇年，新加坡英殖民地政府颁布移民条例，限制了中国医师的南来，于是在一九五三年创办了“中医专门学校”，以便造就有意学习中医学术的后辈人才。（详情请看第七章）

一九五二年，因为新加坡胶锡无价，市民生活贫困，当时政府医院及华人所主办的中西施医赠药机构，每日都充满了病人，不敷应用。中医师公会同人于是就在一九五二年成立了“中华施诊所”，后改名为“中华医院”。

至一九五七年又成立了“星洲中国提炼药业有限公司”，是中医师公会80%以上的会员集资了十万元而创办的，其创办原因根据一九七一年度会讯四中说是因为：

“经营提炼药的商人把一些比较畅销的药价提高了一二百巴仙；经多次交涉，要求不可这样的随意起价谋利无效之后……为了保护中医药界同人的利益，且认为中药革新工作应由中医界集体主持……以避免利益被人剥削。”

而组成的，可说是中医师公会属下的一个药物机构。同年，又推动联邦中医师公会同人投资联合成立“马来联邦中国提炼药业有限公司”，经营提炼药剂事业。

一九六一年及六七年，由于业务扩展而创立了中华第一及第二分院，以便为更多的贫苦病人服务。

总之，中医师公会自一九四六年创立以来，一直在发展及成长中。

五、中医药提炼药业促进会

在一九五七年，中国出口提炼药制剂，新加坡的中药界人士鉴于中药饮片，煎煮需要相当时间，对于危急病症不能急救；加上假如煎煮不得法的话，反而会减少了该药的效能。新马是一个繁忙的社会，人们生活于繁忙的工作中，因此对于费时费事的煎煮草药都感到不胜其烦。既然科学化的提炼药不但应用简便，其治病的效能又高，在以后的医药界，必有其地位，因此他们为了不要固步自封，追随科学发展之趋势，故把现有之草药加以改革，研究发展成更新更有效能的提炼药，于是“中医药提炼药业促进会”就在从事革新中药声中组织起来了。临时会所在小坡奎因街，一直到一九五八年八月，新会所方告落成，即现今之大坡燕街九号。

关于提炼药方面，在新加坡除了“中医药提炼药业促进会”，还有“新马提炼药业有限公司”及上面所说的“星洲中国提炼药业有限公司”。

“新马提炼药业有限公司“是在一九五五年一月一日开办的。创办人早在一九五四年起就开始把中国提炼药办入口，初期主要为“星群”的出品，所销售的对象主要是中医师、百货公司及慈善机构。卖给这些人多有打折扣，如卖给中医师扣20%；卖给慈善机构则扣10%。

一般上药材店不欢迎提炼药，因为这影响了药材的贸易。

表十九　新加坡主要医药团体及其活动表

团体名称	成立年代	该会活动
新加坡中医中药联合会	一九二九年	出版《医药月刊》、《医航》 1939年，倡赈筹会援助中国“七七事件” 1942年–1945年： 援助龙运矿工，提倡购“爱国公债” 组织临时治疗医所 1947年4月复会
新加坡中药入口商公局	一九四一年	申请AP及外汇证书 1942年–1945年停止活动 1945年推行复会 1947年6月27日复会 1947年参加医药团体要求联邦政府取消25%的入口税 1952年改名为“新加坡中药出入口商公会” 1955年，针对“广告法令”要求政府暂缓推行 1968年，针对“修正法令”联合其他三团体要求豁免
新加坡中药公会	一九四一年	1942年–1945年停业 1950年自购会所
中国医学会	一九四六年	1947年9月改名为“中医师公会”，出版《医粹》、《医统先声》、及《医衡》。 1952年成立“中华施诊所”，后改名为“中华医院”。 1953年成立“中医专门学校”。 1957年成立“星洲中国提炼药业有限公司”。 1961年，成立第一分院于士笼岗路。 1967年，成立第二分院于芽笼。 同年成立“研究院”。
新马提炼药业有限公司	一九五五年	
中国医药提炼药业促进会	一九五七年	

第二节　冲突原因

有一位医师曾经这样说过：

“要搞好中医中药的工作，并不是一二个人的力量所能做到的，故非集合多数人共同工作不可，这就是需要团体存在的理由；每一个地方的中医师应参加到中医团体去；每一间中药店亦应参加到中药团体，而每一个地方性的中医中药团体，又应参加到全国性的中医药总会，大家在总会领导下分头在各地工作……”

这些话说得合情合理，新加坡的五大中医药团体：新加坡中医中药联合会、新加坡中药出入口商公会、新加坡中药公会、中医师公会及中医药提炼药业促进会，皆为“马来西亚华人医药总会”属下的会员团体，都说是为了中医药前途而努力，然而大家为中医药贡献出力量，也不过是空喊口号而已！一般上，各人为了业务上的利益而加入某一个团体，但总是先顾私人事务，而把团体的事务视为“事不关己”“无关重要”，以致彼疆此界，划分严格，甚而彼此冲突。现就团体及个人等方面来加以说明：

一、团体与团体之间的冲突

有一位中医师这样说过：“医之与药，犹将之与兵也”，这说明了中医与中药两种事业是有着唇亡齿寒，休戚相关的密切关系。按情理说，新加坡的中医中药团体应统一，不应四分五裂。中医药事业的发展应由中医中药二方面共同计划，团结一致才会使中医药走上崭新的道路。但事实上，新加坡的五大中医药团体却各自为政，甚至互相攻击，究其原因有下列各点：

(a) 宗旨的差异：上面已经说过，中医药团体应统一而不应四分五裂。不幸得很，新加坡的中医药团体竟分裂为五个以上的团体。主要是因为各个团体有不同的宗旨方向，以致无法合而为一，共同朝一个方向、目标而努力，所谓“道不合不相为谋”就是这个道理。

如：“新加坡中药出入口商公会”主要是为了“维护同业（中药）的共同利益，团结同业”，而“中医师公会”则是为了“阐扬中国医学原理，研究世界医学，博取世界医学之特长，融会贯通。”

这很明显的指示出，“中药出入口商”，完全是站在中药的立场，是为了维护中药这一行的利益；而“中医师公会”则显然的是站在“阐扬中医”的立场。彼此所抱的宗旨既然不同，当然彼此所争取的、努力的也就不同了。这正如两个性格、嗜好完全不同的人无法成为知己一样。当某些问题影响到各人的宗旨时，小则分道扬镳，各自为政；大则互相冲突，视对方为敌人，极尽破坏攻击之能事。

而在新加坡五大医药团体中，以“新加坡中医中药联合会”较具有正确的宗旨，即促使“中医、中药同仁团结”。但不幸得很，此可说是中医药的一总团体，却在第二次世界大战后，会员因种种环境之影响而星散了，后来虽然也复会，但已是势力单薄，中医、中药界之冲突很难在此一总团体的领导下消除了！

(b) 彼此之间的猜忌：这所谓猜忌，主要是由自私自利的心理所造成的。有人说：

“中医药界从来就有“各人自扫门前雪”的自私宿根性。”[5]

每当碰到一件事时，总希望把自己的罪名推却到他人身上，以便为自己洗脱罪名。例如:

1968年所颁布的“医药广告及售卖修正法令”乃政府因1956年的“医药广告及售卖法令”不足以控制及取缔江湖医生利用夸大广告来骗取市民的金钱而将之扩大的结果，这是很明显的事实。而新加坡中医中药联合会、中药出入口商、中药公会及中医药提炼药业促进会等四个医药团体曾联合呈上要求取消此禁令，但遭失败。根据某位医师说，中医师公会不愿参与其事，乃因认为此禁令是四个团体暗中向政府要求颁发的，他们呈上要求取消乃属“掩人耳目”的手段；而其他四个医药团体则认为“中医师公会”之所以不参与请求政府取消该禁令，是因为此禁令是中医师公会为了对付一、二位江湖医生而要求政府颁布的。于是引起了双方误会与冲突。这件事情，正是中医、药界互不信赖，互相猜忌的结果。

许多事情往往就因为猜忌而导致彼此之间的冲突。

(c) 因利益而引起冲突：有位医师曾经指出一个事实，说：

“中医或中药店一般为了业务利益而加入某一团体中。”[6]

一个团体为了争取会员不得不标榜着“维护同人的共同利益……”等，因为“人为财死，鸟为食亡”，追求利益乃人类之本性。为了“利”可以不惜作殊死斗争，因此为了利益而斗争就成为团体与团体之间常有的事。

例如：

当中医师公会成立初期，经济拮据，曾有意想加入药商公会，但因当时药商公会成立已久，经济较充裕，故恐中医师公会加入后占了便宜而拒绝其加入。这就是“利益”在作怪!

此外，中药出入口商公会与中药公会也常为了利益而互相斗争。如：

1958、59年，中药公会与中药出入口商公会曾因“扣镭水”及“参类足重”之事而发生冲突。中药公会为了自身利益，认为此两事“事在必行”；而中药出入口商公会也为了自己的利益而坚决反对。几经砌商争取，才使中药公会谅解而取消成命。

又“中医师公会”在15-6-1969年会讯的“医药法令实施后的一些问题”中曾经这么说过：

“……由于我们的会是一间中医的学术团体，因此我们更关心的是中医学在社会的地位，中医执业的‘权益’与业务上的水准问题……故始终保持且不愿涉及有关“中医药广告法令”的观点……”

这段话完全围绕着“利益”而言。说得好听就如该文中所说的“尊重其他四大组织”；说得不好听乃是“利之所在”所使然。因为此法令所带来的不方便主要是药商方面；对中医本身之权益并无多大的损失。为此，中医师公会与其他四大医药机构脱离关系。

有根据中医师公会所出版的会讯中曾说过：“中提”及因“某一机构”把一些普遍使用的提炼药价格提高，几经交涉失败后，他们为了自己的利益才集合大部分会员的资本而创办的。这明显的优势为利益使中医师公会与“某一机构”冲突。

(d) 因人事关系而冲突： 对内关系捣不好，引伸到团体与团体之间关系的恶化。因此各个团体往往会因人事关系而发生冲突。

例如：中医中药联合会在战前可说是一个中医药界的总机构，情形良好，根据大部分的医师说，后来因为王铁汉的加入，引起会员的不满，纷纷退出。和平以后，有一些中医师认为“中医中药联合会”只是虚有其名的空招牌。就由吴瑞甫、许颖之等几位前辈组织了“中医学会”，并招会员入会，发展成为现在的“中医师公会”。中医中药联合会的会员分别成为三大团体之会员。

换言之，新加坡中医中药联合会是因人事关系恶化，以致使会员星散到其他团体去的。彼此间的人事关系也可想而知了。

此外，1968年政府为了取缔江湖医生利用夸大广告而颁布了“医药广告及售卖修正法令”。中医师公会不与中医中药联合会、中药公会、中药出入口商及中医药提炼药业促进会合作，共同向政府要求取消该禁令，于是双方互相指责，而中医师公会也因此“决定退出中医药团体机构，对于联合陈情书，由四团体去决定。”(7) 这种冲突又何尝不是因为人事关系不完善而引起的呢?

二、医师与医师之间的冲突

新加坡的中医，中药界一向以来就分裂得很厉害！而各个团体内部又各自有其矛盾及冲突存在。对于中药界本身的冲突且按下不表，仅对中医界医师之间的关系而谈论。

中医间的关系就一般温和派来说是密切的，一些比较积极派则认为不密切。就目前集聚了大部分中医师的“中医师公会”内部的人事关系非常复杂，彼此之间互相攻击，排挤。究其原因大约可分为下列诸点：

(a) 争权夺利，追求名利：

许多中医师往往把名誉地位看得很重，因此有些医师抱着不单纯的目的加入公会，竟即希望有朝一日得势，把持权势藉以报私仇，泄心中之恨。在一九七一年会讯（三）的每期论坛中曾说道：

"……一小撮人各怀鬼胎，各有各的目的，大约可分为：(1) 藉公会职权以报私仇；(2) 领袖欲强，官瘾很重，沽名钓誉……"

第一种就是所谓争权夺利；而第二种就是为了争名利。有一些医师好出风头，争取个人的名誉。这样也可以使自己的生意好起来，因为许多社会人士对于"名医师"总是比较信任的；因此争着当校长、院长等的职位。但个人的力量毕竟有限，为了加强势力，因此就利用手段，诸如：

(i) 组织小团体，彼此互相攻击、诽谤。

(ii) 利用学生，当自己的宣传工具。

一旦手段高明，得掌大权，为了使自己这一团体能稳操胜战，一又不惜排除异己。

如此周而复始，冲突与矛盾也就永不停息地发生下去了。

(b) 生活上的竞争：

大家为了生活，因此动不动就说"我的祖传秘方，百试百灵"，往往为了要替自己的秘方争辩，久而久之，大家难免会为了秘方而冲突，因为有些医师，自以为自己的秘方为"天下第一圣药"，以致目空一切，夸张自诩，若有人批评他的秘方时，无疑是想搞破其饭碗，于是为了饭碗问题，加上自私自利观念的作祟，往往互相蔑视、互相攻击、力诋他人之短处，极尽痛激谩骂之能事。在这种情况下，医师之间如何能避免冲突?

俗语说："民以食为天"，有些青年的医师为了要得到一些"德高望重"的"名医师"的提拔，把自己介绍到慈善机构"受薪"。因此一些年青的医师往往为生活所迫而不得不与"名医师"的对手发生冲突及搞小团体。

(c) 思想的差异：

"思想决定行动，目标决定态度。"(8)，不错，有怎样的思想必会有怎样的行动表现。

各个中医师来自各个不同的角落。不同的生活环境必然会导致思想上的差异。正如晓群先生所说的："思想意识与背景各有距离，站在不同立场的人，所看、所想、所做的事一定大有分别。"(9) 因此造成您看我不顺眼，我看您不舒服；我觉得您所做的"莫名其妙"，您觉得我"太无聊"，久而久之，彼此心中就有了不满，甚至不愿与他接触，发展开来就成了敌对。只要对方稍有冒犯或经第三者的造谣，冲突矛盾也就随之而起。

由于思想上的不同，政策也就背道而驰，例如中医师分了二派，一派主张先改革内部；一派则主张先要政府承认。一些志趣相投的人就会集聚在一起成了“小团体”，与其他异趣的小团体互相对抗、攻击，这就是党同伐异。为达到铲除异己的目的，凡是与他们不同思想的或是没有支持他们意见的人士，甚至一向与他们无争的人也有遭到排挤的厄运。

至于非会员间，由于彼此没有什么接触，往往自扫门前雪，各自为政，因此冲突反而少。

(d) 门户鸿沟：

学有师承，本来是一件好事，若有偏执，便发生了宗派分歧，党同伐异。

但有人利用师承关系而分党分派，造成学派不同的歧见。如“经方派”、“时方派”等各立门户，互相攻击，故意与其他人隔膜，建立起鸿沟。更有一种是以籍贯来分宗派的，如当一个福建人当了校长或校长之流，则讲师或其手下，也必以福建人为主，以致引起其他籍贯会员的不满而加以非难，不过这种情形现在已逐渐消失。

(e) 顾忌与自尊：

这也是冲突的一个原因，各个行业之间都有顾忌，中医当然也不能例外，如有一位病人先到A医师那儿求诊；之后，又到B医师那儿求诊；B医师看到A医师所开的药方，或有不妥之处，B医师或为了自己的名誉，可能不改药方，也可能基于在病人面前把对方加以贬低。一旦这些话传到A医师耳中，两者不冲突才怪呢?

此外，有些医师对所投放的名次很重视，名列前茅的看不起较次者；而较次者又不服前名者，而在背后互相批评、诋毁，伤了对方的自尊，冲突难免会发生。

(3) 除了医师之间有所冲突外，学生与讲师之间亦有矛盾之存在，造成讲师与学生冲突之原因：

(a) 年老的对年青的加以轻视；而年青的又对年老的不敬重。

(b) 有些讲师为了自己生活的保障，不想尽自己所知传授给学生，而把部分真正本领留下来当作“专利品”。这种自私观念存在一天，师生之间的冲突永无法解决。

此外，另有一些讲师只把份内的功课教完就算尽了责任，很少与学生打成一片、与学生研究讨论，师生之间的缺乏了解，许多冲突就由误解而产生。

总而言之，中医想有所发展及光明前途，首先必须解决自己内部的矛盾，团结一致，才能作进一步的要求与努力。

注释

1 《南洋商报》，15-3-1971，P. 21。

2 《中药出入口商公会》，P. 3。

3 《同学会会讯》（8），P. 29。

4 《医粹》（下），P. 253。

5 《新马中医药学报》第一期，“我们的任务与工作”，谢斋孙。

6 同上，“向新马中医药界进一言”，张伯贤，P. 4-5。

7 同上。

8 《会讯》（9），1971，P. 3。

9 《会讯》（1），1979，P. 20-21。

第七章

中医与政府的关系

第一节　1942年以前（英殖民地时期）

在我们调查所得的资料中，一般中医师都认为从殖民政府到现在，政府对中医药的态度向来是不闻不问，任其自生自灭，甚至有些医师认为虽然政府当局在今年于大巴窑区，将一块地皮拨给中医师公会建立中华留医院，那也只是表示政府已承认中医对社会有贡献罢了，并非表示政府已承认中医的地位，在调查过程中，有一半以上的中医师是以同样的口气这么告诉我们！

是否政府一贯的政策是如此？在战前到日治？或从战后到自治甚至到现在，政府对中医的政策是否有改变？政府采取这种不理不睬的态度，又是什么原因造成的呢？这些都是我们所关心的，由于掌握的资料有限，我们只能从1869年，同济医院成立写起！

1860年，新加坡各民族总计八万零七百九十二人，华人占五万零四十三人，为全人口百分之六十二。到1867年，人口已增到十万以上[1]，闽粤侨商善长，筹资设施医赠药的同济医社 Thong Chai Yee Say，聘请中医师数位，为贫病者诊症，经费全赖华人善翁善长的捐款。到1891年，新加坡人口总数有十八万四千五百四十四人，华人占了十二万一千九百零八人，占百分之六十六，人口增加，疾黎人数也正依比例而增加，前海峡殖民地总统丝丝金文泰士敏爵士 Sir Cecil Clementi Smith，对同济医社的济助贫病加以赞许，乃根据1886年所成立的皇家地产法令所赋予之权利，代表女皇域多利亚陛下，将新加坡境内之鉴光马六甲第1334及749号二幅皇家地段赠与，建成后，1892年11月14日正式颁发赠地命令，同月十七日又发给地契，列为3650号，又把同济医社修正名称为同济医院Thong Chai Medical Institution。乔迁后，便增设药务部，直接向中国采购成宗药材，聘技师驻院制药，同济医院不取医资，所以在战前是扮演了一个重要的角色。

早期慈善机关尚有1910年的广惠肇（受政府支助的另一个慈善机关），1930年成立的普救善堂，1936年成立的红卐字会，这些慈善机构除了同济医院及广惠肇以外，其他的都没得到政府的支助。

据一位医师说，1942年以前，新加坡的中医都来自中国，到底有多少呢？却没有确定的统计数字，这些医师多为“土医”，自学或靠祖传的，因为当时英国殖民政府对华文教育不鼓励，加上当时没有中医专门学校，学习中医并不普遍，所以一般年青子弟，除非是祖传，不然便是拜师学医。

英殖民地政府虽对中医采取不理不睬的态度，但也没加以任何的控制，更没禁止中医人数的入口，中医师地位虽无法与西医同等，但当时中医不必注册，照样可以挂牌行医，虽然如此，他们还是须要交税，税收仍根据招牌的大小而征收，宽十二寸，长三十六寸者，收十八元二角半。

第二节　日治时期（1941至1945年）

在我们印象中，总以为日军对当时沦陷的人民是加以迫害，但在调查中，年老的医师告诉我们，日军对我们不坏，当然也非好。在日治时期，因为华人知识分子抗敌，故日军对知识分子怀疑，大加检证，中医师有受教育，当然也受到检证，不过在调查时，一些医师告诉我们，有些人没收到检证，这又是如何说法呢？因为当时日军是分区检证，如中峇鲁、漳宜、裕廊、武吉知马、丹绒百葛皆受到检证，那么在这五区以外者，自然免受检证了。

日治时期，中医比起一般市民可以说受到优待，至少不必与一般市民一样当奉待队及守夜工作，这只要是日本人也深信“义医”，另一方面，当时生病的人很多，西医无法治疗，故卫生保健工作上便落在中医身上了。我们可以这么说，在日本统治新马初期，中医师并没有收到限制。

当时的中医要行医，必须经过登记，登记时，要由一位有相当地位的人，如拥有商店的老板等来担保，那时找担保人不容易，有些人乘机敲一笔。中医师拿了日本人所发的“土著医生牌”后，每年要缴交六十元费用，称为“义医登录证”的费用，此证每年要更换，若领不到此证，便被拉去当奉仕队。

日治时期，中医的人数不多，这主要是经济因素所造成的，（见第三章），故造成许多中医转业，加上当时中医师彼此间的关系也很冷淡，他们之间都为了生活忙碌而少来往，当时因为大家处在动荡不安的政治环境下，往往都互相猜疑，恐怕“祸从口出”，另外也是由于交通不方便而造成的。

我们从有经过日本人统治的几位医师口述中，间接的知道了日治时期所常见的病症是与起居及饮食有关，如因为常常生食而有肠胃病，因为粮食不足多吃木薯而营养不足，缺乏维他命B31致水肿及脚气病，此外，又因战争为了防卫关系而常躲在防空中而患了湿热病，当时又有肺病、痢疾、感冒、热症、伤风及衰弱等。

在日治时期，一些西医无法顾到的工作担子，全由中医师们负起这责任。在当时，因为西药的缺乏，而中医师们能有这么完善的医药服务，可说是非常难得，由是，我们可以想到，中医中药能够在日军不资助下，对当地卫生的服务，做出一定的贡献，有如此的成绩，是多么的可贵，此外，日治时期的慈善机构，如同济医院，对人民卫生保健工作上，也负起了重要的责任。

第三节　战后（1945至1959年）

日军投降后，新加坡各社团纷纷筹备复兴会务，有的开始成立，有的重新组织，活动范围也扩大，中医中药联合会又告恢复，但经三年八个月残酷统治后，物资奇缺，新加坡中华总商会为了沟通物资，供应民需，受英政府的嘱托，出而负起主持输入各种日常生活用品等事，而中药一项，中华总商会交由“中医中药联合会”，而“中医中药联合会”也议决集资组织运输服务，并选林应标、陈韦、潘季泉，乘政府供应免费飞机取道西贡到香港，转程粤汕调查及采办药物配新，此会成立前后余年，因环境变迁而停止办货。虽无任何成就可言，但会员们勇于为当地人民谋福利之精神难能可贵，因为在我们调查资料中，得悉战后药材恢复了供应，且充足。当时新加坡市区内中药铺处处皆是，而每一药铺内均有中医师一至二人驻诊，而当时的常见病尚有些是日治时期余留下来的，最普遍为营养不足，贫血、风湿、感冒、水肿等病。

战争时，原有的中医药组织星散，战后中医人数增加，因为当时逃难医生回来，也有一部分从中国南来，加上中医界有识之士，在1946年出而倡导成立中国医学会（1947年易名为中医师公会），作为团结中医业及发扬学术与提倡革新研究和争取中医权益的机构，中医师公会成立，在短短的几年中，中医师们除面临药材来源缺乏之外，另一外来因素更影响了中医界人士，即“移民统治法令”，此条例颁布后，造成了中医师人才缺乏。

过去新马中医人才，主要是从中国来的，所以“移民统治法令”通过后，在中医界上所产生的第一个问题便是中医人才问题，而当时此地老前辈医师也因高龄而多逝世，中医界无后继之人，加上当时随着社会的发展，过去已在中医界存在着而未被人注意到的一些问题，也逐渐被注意到了，如中医的法律地位，出路，团结等问题都先后提出了。虽然中医中药未蒙当地政府正式承认纳入医药卫生保健部门，但它在一百余年中，对本邦医药，卫生保健的工作实实在在的作出了一些贡献，且中医中药确是数千年来在千千万万人民生活中与疾病斗争累积下来的经过实践的宝贵经验，中医是今后世界医学发展的珍贵资料，居于上述几个因素，为了培养新进的中医药人才，故中医师们在1953年创办了中医专门学校。为海外唯一的中医学校。有一位医师说

“由于新马华族人口日见繁殖，中医药之需求倍形增加，而华族之从事中医药人员，则因受当地移民限制而南来日少。偶有少数新起后辈，则多由个人传授或自习得来，因限于见闻而影响中医药学术水准之低落，新加坡中医师公会诸同仁，中医多年前早见及此，深感继起无人，而行见中医将日就淹没，为克尽保存与从事发扬之职责起见，毅然不顾一切困难，于1935年创办医专学校，以培养新进人才。”[2]

然而，新加坡是一个极商业化的社会，以金钱至上，一位中医，除家庭的负担外，又有社会环境与物欲的引诱，常使慕虚荣的人动摇，能够切切实实钻研学问，全心全意的为人民服务者可说不多。反观西医只要在学问上下点工夫，有张文凭，政府自能予以照顾，家庭生活无忧无虑，社会另眼相看，相形之下，自然使人对学习中医不踊跃。由于中医无法取得政府的承认，又没什么资格的标准，故一些江湖骗子，没有道德者为了金钱而昧着良心去欺骗人，政府当局为了给这些中医界的败类，以法律上的制裁，新加坡政府在1953年12月4日在宪报副刊第86号8377号公布议案之时，新加坡中药出入口商公会则将该法令议案翻译中文载在新加坡联合邦政府宪报（非官方中文读本），第二卷第二期，并印发交同业团体参阅，惜医药界当时不加注意提出意见致中药出入口商公会，无从向政府要求改善，所以该法令遂在1955年9月间经新加坡立法议会通过，当局原定在1956年3月间实施，经中药出入口商公会及中药公会之请求，政府接受所请展延到6月26日始实施。

此法令下，禁止刊登声言能够医治十七种疾病及病症的药物广告皆被禁在内；如肾脏炎、白内障、糖尿、癫痫、线内症、麻痹、肺痨、麻疯、癌症、耳聋、危险嗜好药、眼膜症、月经病、脱肠、盲目、血压等。

此外，依据不良广告法令第142章之规定，凡属性病，性神经衰弱以及与房事有关各病症与春药之广告，概在禁止之列，并禁止刊登堕胎药物广告，且立下条规，所有药物应在盒上的标头纸上用英文写出其成分。

1956年11月24日“中华施诊所”，改名为“中华医院”，并迁到直洛亚逸街。

第四节　自治以后（1959年至现在）

新自治后，中医较以前进步，一方面是受中国书籍的影响，一方面是中华医院的成立，学识提高，加上发展提炼药之推行，针灸之协助，医师公会，中华分院等慈善机构的活动，使中医师水准提高，而此时，值得注意的是女医师也产生了。

新政府仍保存着过去的医药法令，不轻易的承认中医中药的法律地位。

政府对中医的“照顾”，可说由1954年3月9日开始，是年豁免捐款所得税，凡商号个人，乐捐本院资款，均可凭收据扣除所得税，1959年2月16日中华医院总院也蒙新政府豁免招牌税，1960年4月23日豁免门牌税，有关分院的牌税，在1961年6月24日豁免中华第一分院的招牌税。1962年9月6日豁免门牌税，并于1967年19日同时加以批准。政府这些设施，对中医师发展是起了一定的影响。

1965年，在中医中药界上有件事赫赫噪一时，即新加坡闻人李光前博士的肝癌用中医中药治好，故中医中药地位及声望大为提高，而中医界的一些骗子败类，却趁机大登精医癌病的广告，这使本来对中医别有居心的人士，更有藉口攻击了，故在1965年10月17日，中医师公会在会员大会时通过了一条反对庸医刊登夸大广告的提案。新加坡政府在1966年8月间成立了“医药广告及医科技能委员会”，目的在研究现行不合格人士关于治疗及医科技能的不道德、不诚实、及不良的广告。同时建有效的控制步骤，这对新加坡今后的医药工作上具有重要的意义。

虽然在1955年颁布了药物（广告及售卖）法令，但有些人利用法律上之漏洞，促使1955年的法令不足控制，江湖医生及庸医他们利用类似的东西及声称只登医术广告，而非药物广告。

政府为了使1955年的医药（广告及售卖）法令的施行更有效力起见，在1967年9月7日在国会提出的1967年医药修正法案，以补充1955年药物（广告及售卖）法令以及猥亵法令（142章）的不足。新法案的内容，其第二条，修正了原先法令的第四条，一个附属表，代替了一连串禁止刊登广告的条件与病症名称，其全部内容如下：

“除本法令条文规定者外，任何人不得参与刊登任何广告，提及任何物品或任何种类物品，其用词有引导采用该物品或任何种类物品，作为药物、器具或治疗品，以治疗本法令附表所公开列之任何疾病及情况。”

新法案附表所规定受统治之药品广告，其疾病名称及症状如下："失明（盲目）、癌症、白内障（白障眼）、危险药剂、耳聋、糖尿、癫痫或痫症、高血压、癫狂、肾病、麻疯、月经不调、瘫痪症、肺痨病、房事不孕、阳痿及阴痿等。"

法案的第三条是一项新条文，目的是要禁止刊登有关医术或医药服务的广告，西医受新加坡医生理事会的约束，不准刊登广告，中医师也曾公开宣示他们的立场，反对中医师们登广告，法案内容如下：

"（四A）任何人不得参与刊登任何广告，提及任何技术或服务有关于治疗任何疾症状、受伤虚弱或影响人体情况者，以引诱任何人寻救该刊登广告者，或该广告所提及拥有该项技术服务之任何人提供其忠告。"法令的第四项修正第五项，其内容如下：

"禁止刊登有关于堕胎之广告，以引诱任何寻求服务或采用该药品。"(3)

此修正法令在1969年2月1日起正式实行。

法令的实施本来是加强控制医药的广告及销售，即着重"医"方面，药只是附带提及，但法令上只指出涉及医药或不合格人士，却有意避开直接提到中医，对于新加坡中医师公会以前所表示过的立场，即反对刊登不良的广告，完全不加理会，从这可见出中医师公会之不能像西医组织的新加坡医生协会一样执行纪律，关键完全在于法律上面。

法令实施后，使中医中药界有了不同的反应，如中药公会吁请全新中药店，将店中有关肾，月经（主要为这二项）的药品文字删去，本地出品商及代理商也须将他们的成药中，凡有抵触法令的文字删改，才能出售到市场，但这使到真正中国出品的该类药品没经删改便出口，这些药品删改字眼后，使顾客在买药时，会对标头纸上字的修改，删去的事，提出要求解释的现象，这也只有苦了这些代理商。

而且，当时中医药四团体也在法令颁布后的当年六月廿一日经由李树坤律师上书卫生部，争取豁免禁止"肾病"及"经病药物"在店内摆卖的事，要求卫生部长阐述理由，他们不反对禁止刊发广告，但反对说明书及防弹等不能写明在药物上及贩卖等事。

最近，在中华医院另有一件值得中医界人士注意的事，即芽笼中华第二分院屋宇，政府的征用，中华医院当事者与政府当局进行磋商，提出了三个要求：

1 要求保留原来屋宇，若不果则

2 要求政府在芽笼区内或其他如大巴窑等区拨出一块空地以给本会建院之用。若不果，则要求给予合理的赔偿。

新加坡政府当局对中医师们所提出的要求，也给以回答，同意拨出大巴窑一块面积有一万一千八百多平方尺的空地，给中华医院。换芽笼分院的地皮，并规定此建筑物应有二层楼高，该建筑物占有地皮之一半以上，以壮市容。

现政府给中华医院此块空地，相信在几年以后，大巴窑区内将出现一所为贫苦病黎服务的雄伟的中华留医院，其中包括门诊部，这在人民的卫生保健上，以及中医师们的深入研究医学上，皆有很大的帮助。

第五节　各期政府政策的分析

中医药是否有他们存在的价值呢？一般人都对这问题感到怀疑，然而我们可以从下面二点肯定中医药是有他们存在的价值的：

中医是否科学？一般人都以为中医药因深奥而认为它不科学，但是否科学本来就不存在；存在的问题是医疗工作者对待和运用中医的工作上，其态度和方法是不是科学的。

再一点是中医药的治疗效果问题；如果它是没疗效的价值，那么为什么现在有许多社会人士，因有顽病西医治不好时，而要前往中国受治疗呢？所以中医药的疗效问题，也是不存在的，存在的是中医药工作者如何不断的运用新方法，以提高他们的服务效能！

一、英殖民时期：在这时期，我们可以分前后二期，然而二期的政府政策一路来是大同小异，战前及战后并无多大的差别。

自从英人在新加坡实施殖民政策以来，极力推行西洋文化，对本地各民族的文化都有影响，中医是中华文化传统的一支，当然英政府对中医药的态度也不例外，为什么会有这样的态度呢？主要有下列八个原因：

(a) 不支持民族医学：殖民地政府并不鼓励华文教育，当然对中华文化的中医药也不会加以鼓励，但新加坡社会是以华族为中心，人民对中医在一定程度上有信仰，故殖民地政府不敢加以压迫，而以采取不闻不问的态度；即不扶助，也不压迫，战后，华族移民大批南来，政府对此举动感到恐惧，故在1950年提出严厉的移民条例，限制移民，这当然也限制了中医师们的南来。

(b) 政府心怀偏见：殖民地政府对中医心怀有偏见，认为中医药是巫医，不科学的，所以极力提倡西医而不提倡中医，而西医公会也反对政府承认中医，因为有些病疹如儿科、妇科、半身不遂，中医治得好，所以若承认了中医师的地位，无形中是直接打击了西医。

虽然二次大战以来，民间有设立中医师训练学校，虽注册在案，但毕业文凭并没获得政府的承认，而对中医诊病也没任何注册手续，因而形成人人可以行医，可成为中医师，这种随便挂牌行医的风气，导致了许多以名利为主的庸医及江湖医生的出现，破坏了社会人士对中医的印象，因为有江湖医生的极力夸大宣传，才有1956年的法令措施，这法令表面上是保护中医中药，其实不然，我们会在“自治政府时期”这小节加以分析。

总的来说，殖民地政府在政策上歧视中医中药并非复什的，主要有下列几点:

a. 殖民地政府对中医中医的价值不愿意，也不可能去认识。

b. 就因为他们对中医中医的漠不关心，导致了中医中药发展很慢。

基于这些人为的因素，导致了中医师在法律上没有他们合法的地位，虽然中医师们在学术修养上，有一些是要下功夫去深入研究，然中医师是有优良传统的价值存在的，殖民地政府，一路来便有他们白人种族的优越感，对于他们占领的地方上的医药，总认为是“土医土药”，他们的占领东南亚，乃一种侵略政策，占领一个国家后，总想把他们西方的文化传到他们的殖民地区，让当地人民接受，对于中医中药，他们既不敢加以消灭它，又不想让它可深入的发展，所以惟有采取不闻不问，让它自生自灭的态度了。

二、日治时期：此期中医师没受到西医的歧视，也没受到任何法律的限制；日本人发给的中医准证，在一定程度上，日本人是“承认”他们的！所以可以说，当时的中医师比较“自由”，然而在敌人统治下的环境中，又有什么自由可以谈呢?

三、自治时期：在这时期，有几点值得加以讨论的，首先先看看“广告及销售”法令的修正。

其实，中医师可以随便刊登广告，不受法律约束，并非一份特别的优待，而是殖民地时代一路来不肯承认中医地位所导致的，因为法律漠视和冷待中医之故，使那些江湖医生及庸医便乘虚而入。1967年所提出的修正法案的用意，本来在于对付中医界的一批害群之马，但是这一举动无形中影响到中医的名誉和地位。尤其是中西医之间的关系，一向来，中医对人们的健康有着密切的关系，在法律观点上，是不可为了取缔一小部分人而使全体中医师受累的。事际上，中医中药也与西医西药一样，有好有坏，不可以一概而论，更不能只针对华文报章所刊登的广告，医药的价值，与医药的广告本来是二件事，既然并不禁止中医中药，那么就没有理由禁止中医中药的广告。此外，修正法案虽为着加强控制医药的广告及销售，但很明显的是着重“医”方面，“药”只是一项陪衬，经此次的提出要修改，反把原有的目标搅模糊了。甚至连中药和西药，都成为应否加强控制的对象。虽然此法令是为了江湖医生和庸医的不道德行为及违害大众健康而设的，然而江湖医生和广告与其他社会犯罪问题一样，都有其社会的根源。也只有结合整个社会条件才能得到彻底解决的办法，非只是一、二个法令便足以消除他们，主要在于政府的政策；而事际上，政府是不敢消除中医师；所以才假借“药物法令”来压制中医。

自治后的新加坡政策，标榜着平等，民主对待各民族，对于各民族的文化传统都没加以破坏，而每次中医界有什么宴会或举行什么开幕仪式庆典时，新加坡的部长们也受邀参加，在表面上，可见政府对中医界支持，然而事实上却非如此，那些部长们常常在宴会上致辞时鼓励中医师们；认为他们要得到合法地位，首先要得到人民的信心，而关于政府对中西医不平等的态度，却只字不提，这可见出政府对中医师们所要求的所谓“合法地位”，是采取拖延态度。

小结

总之，新加坡各个时期的政府，对中医的态度是没什么明显的改变的，殖民地时代是这样，独立后照样是这样，只是一些细节问题有些变动罢了。

尽管现政府表面上似乎相当关怀中医中药的发展，并且一再强调政府是承认中医中药的存在价值，然而政府却迟迟都未能承认它的合法地位，又怎么能够有效地及适当地控制中医中药这门行业呢？只有取得合法的地位，政府才能像控制西医那样的对中医加以适当的控制，一个中医机构，才能像西医的医药协会一样，政府承认此机构为代表整个中医界，正如医药协会代表整个西医界一样，这个中医机构才能像西医协会一样，对其所属的会员加以限制，于是一切庸医及江湖医生，以及一切在中医界出现的“怪现象”都将会消失，社会人士也将会放心的让中医师诊病，而不用担心请假书拿不到，又得倒过来让西医看，目的只在于那张请假书，造成金钱、时间上的损失。

还有，关于“医药广告法令修正案”的提出时，为什么中医师公会不加入其他的四个医药团体，为何政府要求删除法案中的某些条例呢？是否除了我们在上章所述的“为了利益”关系外，没有其他的理由呢？又对于法定地位的合理要求，尽管中医师们天天为了这问题而发表许多意见，但中医师公会也没作出什么行动来；这又是什么原因造成的呢？

照整个中医的历史发展来看，中医与政府的关系一般上是不密切的，那么中医与其发源地——中国的关系又是怎样的呢？这就是下一章我们所要探讨的；下面一章我们将以1949年为分水岭，分着两个阶段来叙述，前一段将从1929年的三一七事件写起，因为在1929年中医没什么团体；而这一事件促成中医界团体纷纷成立。

注释

1 时为新加坡开埠48年，清同治六年次丁卯。

2 《中医专门学校十周年纪念特刊》，1962年，P. 3。

3 《会讯》，1-10-1967年。

第八章

中医与中国的关系

第一节 1949年以前的关系

1928年中国国民党北伐成功以后，便在南京设立国民政府，当时上海有一批西医，以汪企张为主，约同余云岫、范守渊、庞京周等三十余人，纷纷加入国民党，当时的中医，对政治不关心，对国民党运动，没有人参加，因此，在政治方面清一色是西医，一切卫生机构，都没有中医参加，例如卫生部、卫生厅、卫生局，担任首长的都是西医，政府属下规模宏大的医学院、医院，都是由西医主持，中医完全无关。

西医把持了整个卫生部，议论嚣张，提出了废除中医的主张，认为如果中国要划新政策，应该学习日本明治维新，第一，要从除汉医开始，认为中医如果一天不废除，科学就不会进步，政治革新就没有希望。

从当时的行政院院长，亲日派的首领汪精卫所说的话，我们可以看出其灭亡中医的居心：

“中国卫生行政的最大障碍就是中医中药，要是行政上了轨道，如果不把中医中药取消，不能算是革命，日本能够强大，全靠明治维新，明治维新能够面目一新的民间活动，就是废止汉医汉药，所以要由卫生会议，负起责任，通过了全国专家所拟定的提案，交由政府执行，才能算是完成革命大业。”(1)

这是汪精卫在一九二九年二月十四日中央卫生委员会议上所说的话，会上通过了余云岫所提出的限制中医议案：

“废止旧医，以扫除医卫生之障碍案。”

施行的步骤有五：

(a) 由卫生部施行旧医登记，给予执照许其营业。

(b) 政府设立医事卫生训练处，凡登记之旧医，必须受训练之补充教育，授以卫生行政上必要之知识，训练终后，给予证书，得永远享受营业业之权利，至训练证书发给终结三年，无此项证书者，都应停其营业。

(c) 旧医之补充教育，限五年为止，在民国二十二年取消之，是为训练证书登记终了三年以后不再训练。

(d) 旧医研究会等，任其自由集会，并宜由政府奖励，惟此系纯粹学术研究性质，其会员不得藉此为业。

(e) 自民国十八年为止，旧医满五十岁以上，且在国内营业至二十年以上者，得免受补充教育，给特种营业执照，但不准诊治法定传染病，及发给死亡诊断书等，且此项特种营业执照，满期不能应用。

并且：

(a) 禁止登报介绍中医。

(b) 检查新闻杂志，禁止非科学医学之宣传。

(c) 禁止中医学校。[2]

这个提案一经提出后，全国上下，一时为之震动，舆论哗然，民间团体好像上海总商会、全国商界联合会、中华国货维持会、各旅沪同乡会等都发表通电反对，全国大小报刊，也予以评击，此时“上海神州医药总会”、“中华医药联合会”，及“上海中医学会”三团体联合成立“上海中医协会”，召集中国全国中医中药各省的代表，在一九二九年三月十七日于上海召开中医中药团体代表大会，经过商讨三天的结果，推出了五位代表到京请愿。

当这个“限制中医”的提案的消息传到新加坡以后，新加坡的中医药界，没有不感到愤慨的，因为新加坡的中医大部分是来自中国，药材全部来自中国，中国限制中医，也等于限制新加坡的中医，本来是一片散沙的新中医药界经过这次喧然大波的刺激，纷纷组织起来，第一次在同济医院召开全体中医药界的会议，会上一致议决通电中国国民党政府及国内外的各医药团体，吁请援助，坚持到底，反对中国政府当局取缔中医药的提案。会上并讨论关于筹设中医药业的联合机构，并定名为“新加坡中医中药联合会”成立筹委会，积极推动中医药界的大团结，这便是“三一七”事件所产生出来的意外收获，促成新加坡第一种医药团体的成立。

由于国内外反对“限制中医提案”的呼声太大了，国民党政府为了避免与人民大众为敌，只好投降，停止了对中医药的迫害，撤销了对中医的种种限制的条文及布告。

为了纪念这一次的胜利，中医药界便有所谓“三一七”中医节的纪念。

三一七事件过后，才有所谓“中央国医馆”的组织，经过了中央国医馆的努力以后，才颁布了国医条例，这才使中医在中国国家行政上有了正式的地位，这也是“三一七”事件抗争后所得到的结果。在抗战期间，国医条例，演变成医师法，对中医加以承认，不敢再敌视中医了。

1939年卢沟桥事变以后，日本军国主义者打入中国，中国处在全面抗日的时期，为了要声援国内的抗战，中医中药联合会主席王铁汉，便倡组筹赈会，负担筹赈重要职务并作为代表侨民大会，中医中药联合会把以前所筹得的建会基金，全部充作认救国公债的费用。

日本军国主义者打到新加坡以后新加坡的中医便与中国断绝了关系，药物的供应也完全停止了，新加坡经过三年零八个月的暗无天日的时期后，日本军国主义者终于抵不过全世界人民的顽强抵抗，败下阵来，新加坡光复了，但仍然是在英殖民地主义者统治之下，而中国则处在国共战争时期。

1946年10月27日刚成立不久的新加坡中国医学会在上抗同乡会举行成立第一届全体执监委员就职典礼，便邀请了中国驻新领事邝XX亲临训示及监誓，表示了新加坡的中医仍然是向中国效忠。

1947年中国医学会委派曾志远向中国考试院检察委员会探询申请检察手续，不久便接获中国驻新领事函示中国医学会，答应代他们向中国卫生部申请执照。同年，中国医学会召开二次会员大会，会中议决遵照中国颁定的医师法规，把中国医学会，改名为“新加坡中医师公会”，这便是现在名称的由来，在它的成立周年纪念及第二届监委会的就职典礼中，也请了中国驻新总领事训词并监誓。

时英国政府对中医不闻不问，仅视中医为民族医学让它自生自灭，反视中医的发源地“中国”虽然自从“民国十八年三全大会，国府命令撤销卫生部废止中医药及民国廿二年规定中西医得合法地位……”(3)

但时过境迁，国民党政府对中医的条文，不但没有施行，且处处钳制中医，例如封闭广州上海私人创办的中医学院，卫生部的行政设施仍然偏重西医，有变本加厉的趋势，由于新加坡的中医与中国的中医有唇亡齿寒的关系，因此中医师公会便在1947年执委会议中议决声援中国国内中医绝食请愿，力争平等待遇及教育卫生管理等问题。

1948年5月20日，在国大代表会议上西医界代表胡定安，提出修正医师法案，重提中医不科学的论调，反对中医的检察，引起了中国国内外的中医界同声反对，新加坡的中医中药联合会也通电国民党政府，坚持反对胡定安的提议，一致拥护国医馆的议决案。

抗战胜利后，中国中央国医馆为了整顿国内外中医界的精神，通电海外中医药界力求革新积极改进，并且要使到中医药成为世界学者的研究，提高中医药界的地位，为了响应中国中央国医馆的号召，便在1948年2月假借新加坡各报刊出版“中医革新运动特刊”，同时加以专刊分发到各地方去，其成就如何？不得而知！

1949年中国解放以后，到1950年新加坡中医中药联合会仍然依照国民党时期的中医师法，向国民党的政府着手办理会员申请中医师检察，领取中医师证书，在1949年6月20日中医中药联合会彙集了会员申请中医师检察履历表，和所有资格的证明文件一共72名呈到南京考试院考选检察。到了1950年9月19日，接到检察几个证书61名，其他11名由于当时的局势不稳定，有些遗失了，到了1954年3月17日，才接到11名的正式中医师证书。

第二节　1949年以后的关系

1949年中国解放了，这标志着中医在买办资产阶级的压迫底下解放了出来，正以雷霆万钧的力量向前迈进，步入了新的时期。

但是中国在长期的混乱底下解放出来，一切百废俱新，等待建设的很多，并非一下子便可以做好，所以初期的中医并没有得到好好的照顾，旧中国的遗毒仍然存在，所以中国的中医界曾一度受王斌思想的危害，而王斌是遵循着余云岫的医学路线企图否定中医理论对临床实践的指导意义，否认中医学是有系统的医学，把它说成为零星的医疗经验，然后强加以“不科学”的罪名，企图把它逐渐淘汰掉。所以当时有许多中医书籍不再版，此时也可说是新加坡的中医与中国断绝了关系，因此新加坡的中医专门学校有一段时间采用自己编印的讲义教学。

1955年以后王斌思想被批判了，此后中国几千年的文化遗产——中医学，才逐渐发展起来，许多旧医书，例如张仲景的伤寒论，中国的医学工作者，把它加以用白话浅释，然后大量印成成书本出口以赚取外汇，当时新加坡的大陆版的中医书可说是充斥了市面，而且很便宜，在这以前一些书籍出版商为了营利，对一些同行畅销的古今中医药书才予以印行和和翻版，就算是印行或翻版其数量不多，所以以前中医书籍叫价很高，有时不易买到。今天就不同了，中医师们可以轻易买到一册普通版的前人写的中医书，旧时每被视为珍本和抄的，这对普及中医学可说是一大功绩，新加坡的中医真的是受益不浅，对于新加坡中医师传授医学给下一代方便得多，因此新加坡中医专门学校这时期便采用了不少来自大陆的中医学讲义。

1955年以后，由于中国新政府对中国固有的医学，采取比较积极的政策，努力发展中医，把医学带到乡村去，因此药物的应用略感不足，输出量不可观，新加坡的中医药价飞涨，使中医的发展处在困难的情形下。

自从1955年新马提炼药业公司把中国提炼药运销新加坡以后，使新加坡的中医的现代化迈进了刚开始的第一步，而不必像以前一样要开药单，要病人到药店购买草药，而现在中医可以有自己的药方，可以按病人的病情的轻重配药，病人也免了煎煮药物的麻烦，但这只是试验的初期，效果如何，还没有定论。

厦门大学大约在一九五八年开始设立函授班，传授针灸及内科，它也有提拔海外的侨生，但收生极少，也没有刊登广告公开招生，但新中医有读厦门函授大学的针灸科的人数是微不足道的，而且读厦函，并不能够把厦函的文凭作为行医的根据，课程大约一般上要花上三年的时光才修完，但由于考题的作答要寄到厦门，所以往往三年的课程要花上四年时光。厦门函授大学在文化革命（1967）期间，被关闭，从此不再训练海外的中医。

1955年到1967年间，是刘少奇当权的时期，此时西医仍然看不起中医，大医院用中药草治病被认为不体面；医科大学、医学院一定要以西医为主体，西医药一定要代替中医药，上海第一医学院儿科医院，中西医结合的病房也撤销了，曾经受过三年中医学院训练的西医毕业后，仍然不搞中西医结合法。此时表面上看去中医的发展不错，但是中医并不能停留在那个阶段不前进，因此为了搞好中西医的合并，终于批判了刘少奇的“修正主义”路线，中医要走向另一飞跃的阶段。

1967年文化革命开始，中国的药物出口，更形萎缩，再加上香港药商的从中操纵药价，此时的药物更加昂贵，当然这只有增加新加坡中医发展的困难。

1967年以后，中国大陆的中医学可说是步入另一个新纪年，达到飞跃的时期，向中西合并的道路进军，1969年以后中医学在世界医学史上大发光芒，这可由1969年以后中医专校同学会出版的会讯看出来；例如：1969年7月第七期关于中国医学的报道有六篇：断指再植、针灸医疗创奇迹、中国医疗史上又一奇迹、怎样利用针灸治愈聋哑及顽症等等；1969年12月第八期一共有十八篇：赤脚医生在农村、中国军医为女孩切除十七斤重胎瘤、聋哑十四年今会叫爹妈、赤脚医生好、癌症再不是绝症了、英国医生谈中西医结合等；1970年5月第九期一共有廿篇：攻克小儿麻痹症、医务人员深入农村、中国护士谈征服牛皮藓经过、中国合成的胰岛素在国外的影响、为断臂四小时女工经八小时工作接治、中医药对热力烧伤的伟大成就、死后十六分钟被救活等等；1970年10月第十期一共有十四篇“盲人重见光明、断臂三节再植成功、新针疗法治疗盲人的先进事迹等等；1971年8月第十一期一共有五篇”草医草药是个宝、中国创造成功针刺麻醉中西医结合结出丰硕成果。

再看中医师公会出版的会讯：1969年6月15日第六期一共有五篇：军医使哑巴开了口、用针灸疗法治好了瘫痪、赤脚医生等；1969年9月15日第七期一共有八篇：第二次的生命：中国人民解放军某单位医疗部克服重重困难，成功地割除了一个九十斤肿瘤的医学奇迹、中草药结合西药治病、闯出医治聋哑病的新路；1970年3月17日第八期一共有二篇：针灸聋哑的观察报告、针治疗聋哑430例的经验小结。1971年2月第一期，一共有四篇：耳针疗法大放异彩、中国医疗卫生面貌发生巨大变化等等；1971年3月17日第二期共有两篇：卫生队长张嘉福的动人事迹、中国军医怎样攻克小儿麻痹后遗症；1971年3月第三期一共有二篇：发掘医学宝库用中草药制成灼伤药膏；1971年6月第四期一共有一篇：赤脚医生发掘特效中草药。

根据上列的报导所示，中医专校同学会与中医师公会出版的会讯，在1969年到1970年期间大力报导干预中国医学发展的概况，显示其对中国医学发展的仰慕，藉此以鼓励本地的中医师，为他们打气；而且中国医学发展的成就，已有目共睹，其“神速”令人刮目相看，无形中提高了新加坡中医的地位。另外一方面由于中医有神速的发展，使到现在年青的一辈，转而学习中医，这里有几篇关于医专同学的学医原因为证：

“例（一）：因为中国进步医学（特别是中医中药）的鼓舞，而发生兴趣，故希望掌握中医药知识，并在人民保健事业上发扬中医药的优良传统。”

“例（二）：由于近年来中医专学在正确思想指导下，突飞猛进，创造了许多奇迹，把“不治之症”变为“可治之症”，因此把过去一昧迷信西医之心理扫除，而决心学中医。”

“例（三）：本人因感中医对人类实有重大之贡献，能为百姓除疾苦，中医理论渊博，在我国有日有千里之势，日新月异，精益求精的进展，实有青年人之高望……”

“例（四）：……为中国在近年来医学上的辉煌成就所激发，而产生念中医的念头。”

从以上这四例看来，中医学近年来在中国的进步对我们的年青一辈对于念中医学，多多少少产生一些影响，更可喜的现象是医专的同学，好多人都认为学医的目的是为人民服务；对社会有所贡献以及成为“赤脚医生”‘到乡村去、替更多的病人解除疾黎、他们并不以“私”字当头而学医。

中国医学在世界医学史上，创造了许多奇迹，有了很大的改进，由此更证明了中医学是合乎科学唯物辩证逻辑的，尤其是新加坡的中医师们，心理上产生了一些影响——恢复了自尊，提高了自己的地位，这些可从我们的调查表格里的项目：对中国中医发展的意见，看出来：

表廿 对中国中医发展的意见

对中国中医发展的意见		人数	巴仙率
(一)	有惊人的进步	44	67.8%
(二)	相当进步	1	1.5%
(三)	有一些进步	15	23.1%
(四)	跟1949年以前一样	1	1.5%
(五)	退步	3	4.6%
(六)	无意见	1	1.5%
	总共	65	100%

这里认为“有惊人的进步”的占了全数的一半以上，便是67.8%，若连“相当进步”与“有一些进步”都加上去的话，便占了全数的70%以上，如此更进一步证明了：中医学的进步占了中医师们心目中的重要位置，更由于对中国医学的仰慕，更增长了他们的志气，从此以后不再垂头丧气。

更有进者，中医师公会及中医专校同学会会讯，对中国医学的进展无不大力加以报导，这前已有述，许多动人的故事，例如：有无限忠心就能创造人间奇迹，内容大约是说明中国的医疗队如何自己在自己的哑穴——禁穴上试针，而治好了聋哑学校大部分的聋哑学生，这篇报导鼓舞了新加坡的医专的同学们，他们以前是拿病人来试针，现在，近两年来，他们用自己的身体来试，互相扎针，从实际中体会。

文化革命以后，中国的医学书籍便停止出口，新加坡也禁止入口，新加坡的中医们只好从香港购得香港书局翻版的医学书籍。

小结

由前述的两段时期看来，新加坡的中医历史的发展是与中国中医历史发展有着密切的关系的，在中国中医历史上如果有发生什么样的事情，新加坡的中医便深受它的影响。如果我们把1949年前后的两段历史来作比较，我们将会发现，前者显示出它的政治性较深厚，就是说在1949年以前新加坡的中医，由于他们都不把新加坡当作他们的国家，而是作为第二故乡看待，仍然效忠于中国国民党政府，例如什么公会举行新职员就职典礼，都要请中国当时驻新领事来监督，医师准证也向中国申请等等；当时新加坡的中医所处的环境可说是比中国大陆的政治环境好，至少新加坡的中医不会受到明文规定的迫害，例如“三一七”事件。中医无所谓发展也无所谓改良，甚至有趋于灭亡的危险，这怎不会使新加坡的中医痛哭流涕呢?

1949年以后中国大陆换了政府，社会形式也改变了，人民政府统治了整个中国大陆，中医学的发展面临巨大的变动，就是由被迫害的地位转入被扶持的改良、创新的地位，由于它的飞跃发展，令人为之振奋，但是新加坡的政治环境仍旧没有改变，新加坡的中医仍然处在那种不生不死的状态中，政府对它的发展仍是不干涉也不扶助，让它自生自灭，因此新加坡的有良知的中医们是很渴望社会制度改变，那么中医便得救了!

中国医学近年来的发展，在一定程度上，提高了新加坡中医的地位，使西医不敢再度轻视中医，新加坡的中医也因此而引以为荣，增加了他们对中医学发展的信心。

在学术上，新加坡的中医多多少少会受它的影响，最低限度在向现代化进军的步伐上，多多少少向前跨进了一步，最明显的例子：便是提炼药在新加坡广泛的被利用，而促成中医药房的出现。

最后必须指出在政治层面上，中国政府为了全力照顾，搞好自己医疗卫生工作，当然是无法顾及到海外的中医们，药物、医学书籍的出口，只是基于换取外汇的关系上，而并非是真正的为了照顾海外的中医师，因此中医只好自力更生，自己照顾自己，犹如漂流在海岛上的孤儿；如果以整个历史的发展来看，一路来都是这样!

注释

1 陈存仁《三一七国医节回忆录》，P. 6。

2 同上 P. 4.

3 刊物《医粹》，中医师公会出版，P. 247。

第九章

困难与展望

第一节 困难

一、合法地位

李振叔在其《论中医师地位合法化之问题》内说："在一个民主国里，一个专业公会，按照注册法令，且组织完善，其会员对于社会国家有所贡献，最初政府只能发给他们注册证，久而久之，社会人士对该会的信仰逐渐建立起来，他们对该会会员能力也默认了，随之政府便可通过立法会议承认该会会员的合法地位，于是便受到法律的保护。"

中医在新加坡对各个种族、社会人群的健康都负起了保健的工作，虽然西医在医疗仪器方面及诊断及治疗都提供了有利的条件，但仍不能因此而抹煞了中医治病的疗效与其存在的价值。况且中医可治好许多西医无法治好的病，尤其是中医药的慈善机关的赠医施药更给卫生部每年节省了一笔钜大的负担。

中医药在卫生工作上是有其重大的贡献，然而他们都不能像西医一样，可以打针、种痘、打预防针，而西医有权签病假以及各种的证明文件，中医都无法做到。

a. 病假证明书方面：在我们的调查中，一些医师告诉我们，在他们的病人中，有许多公务员、教员、高级职员等，他们都很信任中医药，有病时给中医治病，但因为中医无法替他们写病假证明书，故他们常常在被指定的私人西药房看病，目的拿病假证明书，而往往他们都服中药治病。

b. 介绍信：有些中医师遇到病得极严重的病人，必须立刻入院留医，但中医师又不能写介绍信，在这种情况下，中医师们惟有坦白的告诉病者的家属。

c. 有些病人因经济困难，中医师也不可介绍他们到福利部去领取救济基金。

以上的事，仍司空见惯。曾有位中医，在第四期会讯内这么发表了几句话："我们和西医既然同样有缴纳所得税和尽其公民的义务，那我们为什么不向政府提出我们做中医师所应享有的一点基本权利呢？提高中医地位固还不敢谈及，但方便病家是我们的责任呀！"

既然法律上没得到承认，但如果病人服药后发生意外或死亡，中医师们都要负此责任，更不能像西医一样签死亡证件。

中医中药在社会上得不到应有的地位，并非学术不如西医，而是因为中医中药事业未列入国家行政系统。我们知道，任何一种学术，没有不经国家的培养，社会的奖励，而能有所进步的。目前新加坡的中医，政府发给的证书是一个普通的医药管理人，非一个"医师"，对于非公民则发给″Chinese Physician″。

就是因为中医师没得到合理的法定地位，所以一些未曾在中医药学术上工作的人，也藉法律的漏洞而纷纷行医混饭吃，这种医师，在诊断上不会有中肯的判断，在治疗上，更不会有良好的表现，故造成直接打击了中医中医师的声誉，我们可以从政府的这种态度看出政府对中医药学术的发展，没给予应有的扶助。

二、教育问题

就本国医专学校所负起的中医教育的使命来看，至今还不能达到完满之境地，究其根源，主要是由于其内部充满着各种困难，如下述：

a. 校址方面：由于经济、环境的关系，医专只有一个课室，而且只能办夜间学校；因教室不敷用，故招生也受限制；如去年投考者有160多人，而被录取者只有40多位，其余120多位则只好"望校兴叹"了。影响所及，其设备是不可能做到尽善尽美之地步，更不用说是现代化了。

b. 学生资格：入学资格未有一定的标准（虽规定必须有中四程度，但比此程度低者大有人在，这可从下表看出。）故程度参差不齐，而吸收能力也各异；不像其他学院（如新大医学院）之入学资格，只限于高级中学毕业生。

表廿一　1971年医专学生的教育程度

	医专学生的教育程度	人数	%
1	中一到中三	17	22.4%
2	中四	22	28.93%
3	高中	31	40.77%
4	大专	6	7.89%
	总计	76	100%

c. 师资问题：师资对于培养整个接班人来说是扮演着极重要的角色；它的好坏，是直接地影响了教育之成功与失败。而现在医专的师资，却存在着许多问题：

(i) 医专讲师，除津贴一些车资外，都不受薪，他们都是义务医师，并非专业性的，既非专业，则其教学之精力和时间自然大受限制。这种限制，不但缩短了个人之进修时间，而且更使他（她）们在作"课前的教育资料准备以丰富教学内容"的初步工作也很难做到。这一切对其教学成绩之受影响是可想而知的（讲师本身的素质也会受影响。）

(ii) 师资的选拔，依医专1971年度讲师之聘请：只授权正副校长，秘书及教务主任决定聘请之，换言之，只可依个人之意见而行事，非有一个"聘请讲师与实习导师的原则"，这便导致了一些不良的后果：正如会讯（1971.2）（pg.15）所说：

"学校负责人戴着有色眼镜看人，制造藉口，不衷心诚意地聘请，致令会内有学之士不满，尚不欲前来授课，这是医专一大损失。"

这种行政组织之不完善导致了师资之不合理想是意料中的事。

(iii) 医专是由中医师公会诸同仁所办的，其讲师之聘请也来自中医师公会，然而由于中医师公会有着许多的"是是非非"问题（如搞小集团等），使到会内有学之士，为了避免卷入公会复杂的人事漩涡里，而不欲到来授课，造成医专之另一损失。

(iv) 讲师的教学：中医有它独特的理论体系与一套完整的诊断治疗方法的。这一切非如一般教学工作那样可采用教学工具及其他器材以协助学员的体会，而必须善于利用生动的比喻、推理、联想的方法去启发他们，使他们易于接受，以提高学习的兴趣。

这是一件非常繁重的工作，即使是一些学问丰富、经验到家的讲师也很难胜任，于是有些讲师便采取了填鸭式或照书念的教学法，这样一来，无形中便降低了学员们的读书兴趣。

另一方面，讲师在授课时，对于学员们的学习情绪时加忽略；而在课后对于学员们的反应也不去了解，这样，讲师与学生的关系，怎能互相沟通，更不用说互相研究。

以上各问题，便可以看出教学质量是有改善的必要，否则，即使实行五日制，也只有增加讲师们的负担，而学员们更无法受益了。如果“量”虽然增加了，但“质”却反而减低了。而所得的反效果更是不堪设想了!

(v) 医专一路来还存在着一个急待纠正的问题，即在讲师与讲师间，讲师与实习导师间的密切关系。1971年3月17日之会讯（2）曾说（页十五）：

“讲师授完一节的课，或实习导师指导了当天的实习，便都算尽了一切的责任，互相间没有作进一步的教学研讨，形成了机械性的教学制度和教学法，以致本来有着密切联系的各个科目，变成了似为单一的专科，无法更进一步地紧密配合起来，做到理论指导实践，实践证明理论这一重要步骤。各导师间的缺乏联系，又形成了彼此间的隔膜，无法在教学上互相切磋，以吸取别人之优点，弥补本身之不足；这又是我校存在着最严重的缺点，必须急予改善。”

(vi)教师的假期是每年更改的；这不但影响了教师们的心理与教学情绪，妨碍了教学进度，而且使学员“获益必浅”。

d. 学习问题：实习的目的是让学员们将在课堂上的理论进一步在实习过程中深刻体会；而且又是他们在将来自己独自处理病症前的一个重要教育环节，故应该充分地加以应用与重视。然到目前为止，在医院中的实习过程，仍存在着许多的缺点，以下列可见其一般情形[1]

(i) 临床实习导师方面：负责临床实习的导师，其责任不单单是治病，更重要的，是指导同学们更好地进行临床实习，以提高同学们的实习情绪与实习成绩。在实习过程中，认真指导同学们进行〈望、闻、问、切〉的方法，帮助同学们进行辨症施治，鼓励同学们处方用药，若有缺点或错误之处，即时提出批评意见，共同讨论，对于一些具有典型的、或同学们感到难解的病例，导师应该加以分析，提出讨论，使同学们能更清楚地认识它与掌握它。

然而事实却相反，导师只是一味自己看病，主导一切，把实习的同学当作陪审员或旁观者，这样的实习方式，可说是“见习”而非“实习”。

(ii) 分配实习的病人过多：每次实习的时间，只有两个多钟头，若病人过多，为了按时诊完，往往会产生快诊的毛病，同学们既不能对所有病人逐一地、按部就班地进行充分的《望、闻、问、切》的步骤，不可能较周详地进行辨病论治，考虑处方用药，实习导师也不可能对每一个病例提出充分分析与讨论，这样一来，就失去了临床实习的意义了。

(iii) 实习疾病之多样化：对于理论知识基础薄弱临床治疗经验缺少，还不可能很好地掌握理、法、方、药的同学们来说，每一次都同时进行多种不同类型疾病的实习，无疑是一种重的负担，还必然造成“博而不精”，“茫无头绪”的现象，同学们为了实习多种不同的疾病，可是对于这些疾病的病因、病机、营证与处方用药等都是一知半解，不能留下深刻的印象，学过了又像没有学一样，心得全无，这样必然会影响同学们的临床实习的成绩。

(iv) 临床实习的次数，时间过少：根据目前医专之规定，临床实习只是两年时间而已；由于时间过短（西医经过六、七年之临床实习），使临床实习不充分，这会影响同学们的临床实习成绩的，另一方面，医专又规定，每一院每一次只有一个实习小组进行实习，这样一来，将减少同学们的实习时间与次数，妨碍临床实习的进程。

就学员方面来看：他（她）们的学习态度有些不严肃、不认真；实习方法也不正确；如有些同学，当轮到临床实习时，不是缺席，就是迟到早退，他们去实习，根本不是真心去实习诊病，而是去“实习签名”：只要签妥姓名，能凑足校方所规定的实习出席巴仙率的标准，便算“功德完满”了！至于临床实习的目的是什么，对他们来说，是无关重要的，像以这样的态度对待临床实习，怎会有效果呢?

e. 医德问题：要为广大的人民大众服务，除了要有高明医术外，还必须具有良好的医德。否则，便沦为江湖医生与庸医之流了，为了培养出德、才兼备合格的中医师，医专所负起的使命，虽然是责无旁贷的，但可惜的是，它在这方面的努力还不够彻底。

1971年三月廿七日会讯（2）P.12，曾指出一个事实：

“有个别的讲师，在授课时间喜欢大谈‘生财之道’，例如有的讲师在谈到一些病症时，便说有什么‘秘方’或‘验方’可以担保治愈，并嘱学员们快快抄下，日后可以赚钱。”

像这种论调，对学员们的思想不但不能起着一种启发作用，反而有极大的危害性。

综合以上各点分析，可看出目前的中医教育是有着许多问题的。这些问题若不力求解决，便无法提高中医师本身及其接班人的素质，更不用说在人们的心目中建起“合法的地位”；尤其是在当前的环境，若得不到人民之支持，则中医学是不可能有生存与发展下去的机会的，因此为了使中医学有前途，改善中医教育是必要而且迫切的。

三、内部问题

向来，中医界有一错误的观念，就是认为中医界之所以会落后，进步迟缓，是因为政府忽视“医药注册”的保障，实际上这并不是主要关键，主要是因为团体内部的不团结，彼此争权夺利，闭门造车，正如饶师泉医师所说的：

“我认为中医药之危机，不在于外力的压迫，而在于自己的不长进……”(2)

西医虽然较中医迟发展，后来却比中医发展得快，这是什么原故呢？当然他们有政府的扶持，以及有完整的教育系统是主要的因素；此外更主要的是他们肯互相研究，一有发现便公开发展，使同道手艺，再继续研究，精益求精。

反观中医药方面，彼此之间意气用事，固执成见，执拗私情，互相排挤与龃龉，不肯互相研究；即使在医药上有什么新发明，也不肯公诸于世，而个人智力毕竟有限，因此无法再进一步的研究，以致固步自封，不能随时代的进步而发展；就连有些卓越的经验及特效的方剂到现在已经失传了，这就是自己内部不团结的一个后果。

此外，由于中医师之间有小团体，互相排挤，一些有学之士，为了：

“避免卷入——复杂到难以令人理解的人事漩涡里。”(3)

因此不加入中医师的某些团体，由于某些中医师不加入中医师的团体，因此当要进行某一些事务时，无法统一步伐。

总的来说，中医界内部的问题一旦不解决，对于发展中医学术非但不利，同时，对于争取中医中药的合法地位，也增加了许多绊脚石。

四、药物方面

医与药的关系是很密切的，医者若无药，则百病不能除，所以药对于医师来说，是有着致命性的影响，年来草药的原产地，由于生产有限，加上中国把药材普遍分布到农村，以及二盘商的操纵价格，造成海外各地都倾向于缺少药物的趋势，由于来源的缺乏，无形中造成药价昂贵，例如中药一剂，就要三、四元了，如退热解暑的清凉剂、银花、连翘二味便要一元了，因此药物昂贵，就造成贫苦大众无法接受诊治，从而打击中医，此外，有些病症所需之药，又无法得到，造成医师治疗上的困难。

李仰宗先生曾说：“中药价格日益高涨，在战前每剂一、二角的药品，现在要一元以上方买得到，过去每斤二、三角的药，现在售二、三十元，此种药价的高涨，关系到贫苦病民及中医药前途甚大。”(4)

吕玩标先生说：“近年来中药当中有不少因来源短缺，造成供不应求的现象，加上香港发行商家的乘机图利提高价格，以致加重病人的负担，使病人望而生畏，对中药不敢问津，因为中药来货奇缺，因而促成一般只图谋利不顾病人的死活，抹煞良心的小人，乘机输入，假货、当作正药卖给病人。在这种情况下，连服数日假病尚未能收效，往后，他们对中药甚至中医当然不再有信心了。”(5)

又因为中药要讲求道地，非道地的疗效就差，而价格也相差很远。

表廿二　药价的比较(6)

货名	中国货每斤价	台湾货每斤价
杜仲	160.00	2.60
羌蚕	22.00	4.00
藿香	3.20	1.20
天花粉	4.80	2.00
山药	3.20	1.60
青天葵	32.00	14.00
菊花	2.40（六两庄）	1.50（六两庄）

表廿三　各国中药价格之比较(6)

货名	中国货每斤价	日本货每斤价
川芎	8.80	2.20
厚朴	6.40	3.60
茯苓	7.00	2.80
丹皮	13.00	7.50
黄莲	80.00	38.00
祈蛇	48.00	12.00
藁本	3.00	2.00

表廿四　各国中药价格比较(6)

货名	中国货每斤价	朝鲜货每斤价
枸杞	30.00	5.50
当归	37.00	8.00
元胡	9.00	2.80
天麻	120.00	60.00
川芎	8.80	4.20
北芪	30.00	2.40
为地	2.80	1.80

正如XX医师说：

“草药来自台湾、北韩，但因非道地，没有什么效力。”

本来提炼药可以解决草药的困难，但是近年来，由于单味药的缺乏，使一般用惯单味配方的医师，感到困难，有些医师于是就自制药物，虽然中医可以从制药中吸取到更多的经验，及对药物更加熟悉，但是如果长期要制药并不是办法，因为中医还有其他的工作要做。虽然中医师公会有设煮药小组，但也遇到困难，如各分院缺药的报单不能及时送到总院，药物煮好了，缺少瓶子，制好了没有人及时把药送到各分院。但此仍可克服的困难。最重要的还是寄于中国的供应。

五、中西合并的困难

1949年中国方面所采取的方式是中西医结合的方法，这种中西合并的方式是经过了漫长的二十余年的时间，遇到了重重的困难才有今日的成就，并且在实行中西合并的过程中，西医要学习中医，中医也要学习西医，朝着中西医结合的道路走去，创立了一个独特的新型的医学领域，在开始时，为了达到目的，政府是以强硬的态度，用强迫的手段，使西医学习中医。然而在新加坡，由于客观环境，我们可以预见得到，在现阶段，由于种种条件尚未成熟，中西医学结合的理想，还须要经过一段时期才能达到。新加坡现在的中医界是追随着中国的医药发展道路的，所以可以预见得到，中西合并最终是会成功的，但可以预测到这将会遇到重重的困难的。我们曾经统计65位医师，请他们说出对中国中西医合并的意见，其中表示非常同意的有46位，占全部的70.8%，可见新加坡的中医师对中西合并是赞成的。

表廿五　对中国中西合并之意见

	人数	百分率
非常同意	46	70.8%
大致同意	11	16.9%
反对	2	3.1%
没意见	4	6.2%
其他	2	3%
合计	65	100%

现在我们来分析一下中西合并所遇到的困难。

(a) 政治环境的阻扰:

中医在目前还不能去争取到合法的地位，由于政府不承认中医，造成中西医职业地位上的差别，使到西医不能真心诚意的与中医合作，所以要进行中西医合并是一项困难，于是逐渐与中国的中医脱节，中医现在是以崭新的面貌出现，新加坡的中医仍然朝向传统的中医道路发展。

(b) 西医歧视中医

新加坡是继承殖民地的传统，所以西医在新加坡便一枝独秀了。这种结果使到中西医之间形成了尖锐的对立。一个合格的西医，自然不愿跟一个未取得医生资格的中医相提并论。

中医提出各种证明来肯定中医的疗效，如说西医治病不能断根，西药有副作用，病人在西医处看不好就转而看中医等等事实，来说明西医是治标不治本，是局部的治疗。因此，当有人提出中医学习西医时，有些保守的中医，就认为这种结合是“西医化”，是废除中医的说法。

西医方面则鄙视中医，认为凡是中医都是江湖医生，既无被承认的资格，在社会上也没有地位，于是便不愿与中医合作，认为这样会降低自己的资格。他们对于中医所以具有成见，最主要的就是认为，中医的治疗方法只凭传统经验，缺乏科学根据，不是一门现代化的医学，所以本地中西医根本没有一个接触与合作的机会，好让双方互相交换知识和意见，共同为病人服务。

(c) 中西医本身医术的差异

西医是经过七年的医学训练，是有系统化的训练过程，而中医有的通过自修、祖传、函授或进入医专，医专不是专业性的训练，虽是四年制，但只是利用晚上上课，学员大都是有职业的，当白天工作到精疲力尽后，到医专上课，往往因精神不集中，吸收力很低。所以中医要提高水准，必须要改为全日制，延长上课的时间。中医中药应采用西方医学的方法，即通过实验，应用化学、物理学、生理学的原则，以发展中医中药。否则的话，若双方的医学理论的确距离太远，要彼此互相交流，也绝对不是一件容易的事情。

(d) 语言上的困难

中医的医书深奥，必须要有相当的华文修养，才能了解医书的内容。而西医则完全以英文作为研究的媒介。所以一个医师若要兼懂两种医学，就必须精通两种语文。但有许多对中医有深入研究的老医师，大都不通晓英语，而西医大多数不晓得华文，所以要他们把医学心得互相交流，是一件困难的事。

第二节　展望

我们要看中医是否有前途必须先研究中医是否会被淘汰，如果肯定了中医不会被淘汰，才有必要对前途进一步探讨。

一、中医是否会被淘汰：中医是否会被淘汰这是完全决定它是否有存在的实用价值，我们分析它的价值是从科学、历史、人民的反应这三点出发：

（一）中医是科学的：中医是一门实践的方向，它是中华民族几千年来与疾病作斗争中所累积下来的医学经验，中华民族仗赖着它得以繁衍下来，单单这样的一个事实就可以证明中医在实践方面的可靠性，科学最大的特色是贵乎实践，因此中医的药本就是一门科学。

中医的理论有所谓，阴阳五行，看起来很抽象，不合乎科学，原来古时的人类，由于历史条件的限制，他们通过自然社会现象的观察所发现的事物发展规律，并结合当时的哲学思想，应用来解释人体的生理病理的变化。他们认为人体是一个整体，人与自然外界，人体本身的内外表里，人体内部之间等都是互相联系，互相制约。阴阳是代表一切事物的两面，既互相对立，又互相统一，既互相斗争，又互相依存。人体的生理与病理变化也是不能脱离阴阳，而在中医的理论中，生理病理的运动变化也是从量到根本质变的发展转化。像这样的思想方法，是完全符合唯物辩证法的，但由于当时历史条件的限制，它只能是一种朴素的唯物主义。唯物辩证法既然是关于自然，人体社会和思维的运动与发展的普遍规律的科学，而中医的理论又是一种朴素的唯物主义，所以说，中医的理论是合乎科学的。

中西医是在两种不同历史条件下所发展起来的医学，各有所长，各有所短，彼此都不能取而代之，我们不能因为西医认为中医的理论不符合西医的生理病理等学说，便说中医是不科学的。事实上是目前的科学还未发展到了解中医的程度。打个比方说，中医根据络学说采用科学（针灸）治疗，从临床上证明，经络是客观存在的，但迄今为止仍然无法确实证明经络到底是怎样的一种物质形态，我们不能因为从解剖上找不到经络便否定了它的存在，只能说现在的科学还无法证明经络的真正物质形态。

五十年来世界最进步的科学理论与实验慢慢证明中医药的理论是正确和可以实践的，法国医学博士许米特说：“大家知道近来我们的医学观点已有了根本的改变，就是由细胞病理学观点转移方向到了技能和整体的考察。”世界上多位医学权威亦常告诉人们说：“所有疾病，其中有60巴仙以上是病理不正常活动的后果。”巴甫洛夫学派认为：“人的适应能力如能适应外界异常条件的要求，在实际上就是健康，当这些要求超出于人体的适应能力时，遂发生疾病。”不久以前，生物学博士金凤汉教授和朝鲜经络研究所的科学工作者，已证实中医经络穴位，都有生理解剖的实据，再不是一种虚无的东西。

上引诸点都是证明中医理论特点的正确，因为正如上述所提中医治病是从整体着眼的，首先把人体的内脏和体表各组织及器官之间的关系看着不可分割的，同时还认为环境的变化和精神的作用对人体生理和病理有着重大的影响。因此强调人内部的统一性，也重视人体和外界环境的统一性。于是，在临床上总是从全而考虑问题，不单从有病的局部着想，并观察季节，气候和水土，注意病人的情形和生活习惯等，谁能说中医理论不合乎科学呢?

(二) 历史悠久：中医药是华族数千年来，生活在千万方里阔，有寒、温、热带及高山与平原等气候的国度上，与疾病抵抗中累积起来的医药经验结晶，几千年来不知经过了多少的考验，而能维续存在。历史告诉我们凡是有价值存在必要的文化是永远会流传百世，永不磨灭的，中医药能流传到今日主要是它具有疗效，数千年来它已在无数人的身上验证了它的功能，一九二九年虽然差一点遭受一次致命的打击，因为它的疗效才渡过这一次大难，流传到今日。

虽然中医在战后有一些衰退的现象，但近几年来，中医的发现地（中国），由于中医得到政府的扶助，再加上医务人员崇高的医德思想，中医正从一日千里的速度向前迈进，许多被认为“不治之症”的疾病如小儿麻痹症，都被中医的针灸与传统治法所征服而成为可治之症，并创造了许多举世惊叹的医疗奇迹与新的医疗技术，这是中医发展史上的一大转捩点，为中医药改革的先端，以后必然有更大的成功，这样一来你说中医药会被消灭的一天吗?

从人们的反响看：中医向来得老百姓的支持，中医藉此才能生存，我们从各慈善机构求诊人数的日愈增加这一点看来说明人民大众对于中医的需求是与日俱增的，上面已说过，近年来中国在中医的成就，这种事实大大的提高了人民对中医的信赖，同时也改变了一些本来不信赖中医人士的态度，人民对中医的信心日愈增强是可以期待的，中医得到广大人民群众的支持，你想会消灭吗?

从上述三点看来，中医不但不会消灭，并且还有百尺竿头更进一步的可能呢?

二、展望：以上我们已经肯定了中医是有其存在的价值，但是今后中医的展望将会是怎样的呢? 前面我们已经就整个中医界当前所存在的困难作了分析，现在我们再从这几方面来看中医的前途。

目前的中医界是处在四分五裂的状态中，江湖庸医的出现，使到中医的声誉深受打击。中医的教育也存在着许多的困难，例如师资，学生的资质问题，设备的不完善，上课的问题等等，这些都影响下一代的中医人才的素质，至于要进行某些医学的研究，更谈何容易！药物方面，不但价格昂贵，而且屡有缺货的现象产生，因此就有所谓假药的出现，这更进一步的打击中医，使人民不信任中药，另外一方面，由于价格的昂贵，加重了贫苦群众的负担，这些种种都足以影响中医的前途，如果不善加以处理的话，后果将不堪设想，反过来说，如果中医药界争气的话，这些问题都能逐一克服的，那么中医药界幸甚！

我们认为目前，中医界最迫切的，有待解决的问题是中医药界内部团结的问题，若不团结，不统一步伐，就是口号唤得多么的漂亮也没有用。中医界有良心的人士，必须认清目标，今后应抱着怎样的态度对待自己的医学，是要它作为自身进身之阶，过富裕的生活的东西呢？还是使它更好的，更切实的成为替人民大众服务的工具呢？如果目标抱得正，大家诚心诚意的献身医学，为人民服务，大家的目标都是如此的话，当然是会促成整个中医界的大团结，目前中医界里，心术不正的人还很多，但是中医有识之士，仍然不要气馁，好好的团结内部所应团结的力量，消除成见，那么大好的前途，将会展现在你们的眼前。

除了本身内部的团结外，自身也必须不断的努力，时刻检讨自己，充实自己，提高自己的医学技巧，以便百尺竿头更进一步，拿出成绩来，向社会人士证明，我们是在不断的进步。

对于政府承认的问题，这一方面，一般上的所谓专家们，异口同声的认为，若中医本身是争气的话，是受到广大的人民的支持，那么政府对它的承认，是无所谓的，这点确然不错。

至于培养下一代的接班人的工作方面，除非政府从旁加以帮助，不然也很难改良，现在我们看中医专的发展，是多么的困难，要发展它总是觉得经费不足，社会人士至今也还是无法帮助它发展。

最后，谈到前途，中医在新加坡的发展如何？这一方面，中医界的看法：大部分认为乐观，对其发展，是有极大的信心的！且以我们的调查，统计，所得的资料为证：

对中医前途的看法		人数	巴仙率
1	非常乐观	21	32.3%
2	乐观	21	32.3%
3	悲观	13	20%
4	没有意见	10	15.4%
	总计	65	100%

上图表显示，对前途表示非常乐观的有32.3%，表示乐观的也有32.3%，共占了六十五位医师中的64.8%，占了三分二以上，这是一个可喜的现象，因为根据某位老医师的说法，以前中医是没有所谓前途的，也没有想说“求发展”，他们只是想“做一天和尚敲一日钟”，便感到心满意足，现在这个形式已大大的改观了，至少中医界目前有人关心到中医的前途，而且对它表示了极大的信心，对今后的发展，是有所帮助的。

现在且看1971年11月16日，南洋商报国际版有关于中医药的报导吧！

“在过去一百年中，日本因崇尚现代西方药物，而忽视中国药物，今天，中国医药又在日本复兴了。中国医药抬头的理由之一，是中国一再利用传统技术，进行外科手术，而获得成功。这种古代的针灸术的成功，对日本人有相当大的影响。据说，他们愈来愈觉得现代化学药物，可能有种种不良的副作用。”

这里更证明了历史的发展，并非能随着人们的意志而转移的！明治维新百年后，都要学习中医，应用中医，何况其他的国家呢?

这是历史发展必然的趋势，在目前这种潮流的转变，中医的前途将无可限量！

注释

1 陈国英著“临床实习应改善”一文，曾指实验之劣点。兹录之以资参考。见：《医专第八届毕业刊》（1970年度，P. 46）。

2 《南洋商报》，18–3–1959。

3 中医师公会，《会讯》，1971年，P. 15。

4 《南洋商报》，24–2–1958。

5 《中医专门毕业刊》，1966年，P. 70，“我对目前中医药的观感”。

6 《会讯》，15–6–1969年，何阳攒写“关于提炼药的一点意见”。

参考书目

1《南洋年鉴》。
2《同济医院九十二年周年特刊》。
3《同济医院一百周年特刊》。
4《论中西医》。
5《中药出入口商公会》。
6《新马中医学报》，第一期。
《新马中医学报》，第二期。
《星马中医学报》，第三期。
《星马中医学报》，第四期。
7 三一七事件。
8《南洋佛学》。
9《医药之声》。
10《健康月刊》。
11 鸿胜馆。
12《医专毕业特刊》，1957年。
《医专毕业特刊》，1961年。
《医专毕业特刊》，1962年。
《医专毕业特刊》，1964年。
《医专毕业特刊》，1966年。
《医专毕业特刊》，1968年。
《医专毕业特刊》，1970年。
13 会讯（1）1971年。
会讯（2）1971年。
会讯（3）1971年。
会讯（4）1971年。
14《医专同学会会讯》，第三期。
《医专同学会会讯》，第六期。
《医专同学会会讯》，第七期。
《医专同学会会讯》，第八期。

《医专同学会会讯》，第十期。
《医专同学会会讯》，第十一期。
15《中医公会主办中医专门学校十周年纪念特刊》。
16狮子会为中华医院筹募基金义演。
17《中医中药联合会十周年纪念特刊》。
18《马华医药总会会讯》。
19《医粹》（下册）。
20《工商导报》，15–11–1964。
21《会讯》创刊号，1–5–1967。
《会讯》，第二期，1–10–1967。
《会讯》，第三期，17–3–1968。
《会讯》，第四期，20–7–1968。
《会讯》，第五期，16–11–1968。
《会讯》，第六期，15–6–1969。
《会讯》，第七期，15–9–1969。
《会讯》，第八期，17–3–1970。
22《星洲日报》，3–11–1967。
《星洲日报》，1–2–1969。
《星洲日报》，20–3–1969。
《星洲日报》，8–3–1970（魏雅聆，“中西医学之比较”）。
23《南洋商报》，24–2–1958。
《南洋商报》，18–3–1959。
《南洋商报》，27–10–1963（魏雅聆在新大讲演）。
《南洋商报》，21–1–1971。
《南洋商报》，31–1–1971（中医师公会职员就职典礼）。
《南洋商报》，1–2–1971。

新加坡华人布匹业

新加坡
華人布疋業

加坡華族行業史調查研究

南洋大學歷史系
東南亞華人史同學
集體創作
一九七一年十二月

新加坡华人布匹业
调查小组成员表

指导老师：黄枝连

组　　员：郑世益

林秀香

郭翠娴

钟佩珊

前言

新加坡自开埠以来，迄今已届一百五十多年了。在此期间，布业在新加坡亦随潮流而兴革。初期经营出入口者全为欧人洋行所占有，至于华人之经营者，只属批发商而已，时间最少也有数十年之历史。

当时华人经营布业之批发商，纯属潮籍人士，堪称一枝独秀。潮籍人士经营布业之最早历史始于十九世纪中期以后，许多批发商均集中在大坡沙球捞律，执新加坡布业之牛耳。

1918年及二十世纪三十年代，两次世界经济恐慌顿使布业陷入最低潮。日军占领新马时期，一切货物来源断绝，业务也停顿，这时期的布业可说是毫无营业可言。

战后，买卖布业不须经过洋行，而且日本、中国货涌入市场打击英货，布商可自由买卖，使闽、粤、客帮人士兴起，打破潮州人在战前垄断布业的局面。而闽、粤、客帮人士之布业发展不但与潮帮并驾齐驱，且有超越之势。于是，战前由潮州人垄断之局面转化为战后各帮人士之均占局面。所以，本文“新加坡华人布匹业”重点将放在战后华人布业之发展这方面。

目录

第一章

战前华人布业之发展

一、战前潮州人的布业发展盛况

潮州人南来之前，在中国的汕头、湖城、潮安县之金石市早已有经营布业之经验。他们在本土早已经用粗制之方法，用梭纺纱织布。故有些人南来后，自然向此业发展。后再经朋友亲戚之辗转介绍，来此地做布业者日增，约占95%。皆集中在沙球捞律“十八间后街”命名也由此而来。

如果要考究潮州人在新加坡经营布业之最早历史，可追溯至十九世纪中叶。

在1863年，陈永锡先生首先自创永合成布庄于十八间，获利颇厚。在这之后，陈先生之子陈若愚继承父业，复创万永源布店，又在沙球捞律创万顺昌汇兑庄，业务日隆。

接着，陈德润先生又创设恒茂及元茂号于十八间后，前者经营苏杭绸缎和欧美布匹，后者经营欧美洋杂货。

1883年王邦杰先生初抵新加坡，先任职于万成号，后来辛勤奋斗，便自创生怡兴布店。

另一位潮籍知名人物杨钻文先生早岁南渡，也弃学从商，自创玉成号布庄。

进入二十世纪时代，潮侨在十八间后街一带创立之布庄如雨后春笋般日渐增多，如李合平先生和友好在1923年合资创办同福公司专营港滬绸缎国货。许戊泉先生在民国二十九年也创立永泉成有限公司，后再合资设泉源布庄，专营欧美布料。接着，张永福先生也创立新长美布庄，廖正兴先生也创万德兴布庄。1925年，陈永松先生也投资永南生布行为股东，后来再独资经营，改为父子公司[1]。1920年至1933年黄芹生先生又创建发布行及信庄[2]。

总结早期潮州人士在此地经营布业有下列几个特征：

第一、潮州人早期抵新，大多数在同乡亲友店内当过一段学徒的生活，累积了不少做生意的经验，克勤克俭，后来再合资或独资另谋发展，或者，到达南洋时身无分文，勤勉刻苦单独谋生若干年。一般约经劳工、叫卖商、零售商等各阶段而及于大商店之开设。贫困无资者，自劳工阶段开始奋斗，稍有微资则自叫卖商开始，亦有开始进入亲友开设之商店内担任下级店员。彼此先至山芭僻地从事一般人所倦为之交易，及稍有积蓄，即至都会中排设摊铺。此后如资本再增加，即进而经营批发买卖布匹。然后再向本国招请亲友或同乡来协助，形成一种帮派主义色彩浓厚的行业。

第二，潮州人早期经营布业多靠洋行之贷款支持。这是因为，当时的布匹主要来源地为英国，约占65%[3]，洋行兼做出入口商，而潮侨多是在布店内做了二，三十年的学徒，由于经年累月之工作，在名誉和信用上甚得洋行之信任，便可向洋行借款开店，形成洋行与布店之间不可分割之关系。

第三，早期布业的市场较战后小，销售量不大，这主要是以前交通不便，若要向外找寻市场则须乘船，有时要一、两个月，甚至更长时间才达到目的地。若乘飞机去考察业务则不合算，盈利将不能补偿机费。所以，潮州布商在以前全靠洋行办货，不像现在由自己经手，而且，还要出国考察联络。因而以前之市场只限于本地、马来亚、印尼等邻近国家。布匹之价格多操纵在英人手中，每码价格为15分，20分或30分，其中英人获利高达20–30%。

由于时代的变迁，许多早期之布庄现在已不复存在。其原因留待战后布业之发展一节才谈。现在历史比较久的只剩几间，如泉裕、沈云初、陈汉盛、陈仁盛、泉源、沈耀成、敦信等布庄，约有四，五十年的历史。

二、布商与洋行的关系

早期潮籍人士南来经营布业，操布业之牛耳，主要靠了洋行的关系。潮州人之布店与洋行之间的关系甚密切，就有如批发商与出入口商的关系一样。其因素主要是早期的布匹进口全由洋行所控制。由英国入口之布匹先集中在洋行，然后才分售到各华人布店，所以，要开布店先得向洋行接洽、订货。形成布店与洋行不可分割的关系。

其次，潮籍人士最先在此地经营布业，可是，早期他们缺乏资金及经商经验，又没与外人来往贸易之经验，所以，必须依靠洋行作为媒介，形成他们非靠洋行不可之现象。

而且，潮籍人士在此地开布店之历史甚悠久，且安份守己，肯刻苦耐劳，守信用，又有经营之经验，故甚得洋行之信任，放账予他们做生意。也有少数人曾在洋行作打杂及书记等低下工作，后来自己独资开布店者，由于他们以前与洋行有过一段雇佣之关系，所以也甚得洋行之信任[4]。

战前最负盛名之英国洋行有莫实得、慕娘、牙直利等。这些洋行放账予华人布店，主要视布店经营资本的大小而定，普通约以九十天为期限（三个月），而潮州人南来后，多节俭刻苦经营，且得潮籍人士创办的四海通银庄（现改为银行）的一些资助，故资本充足，又得英人洋行的信任，故此生意稳定，而能掌握布业之专利权。

由于当时是属于英殖民地时代，一切货物皆以英货为专利，洋行也以英国洋行为主，各布庄要经营布业，首先得向洋行那儿领取布匹来批发。所有布匹的颜色和花样均由洋行设计决定，不必担保，就可以向洋行领取布匹，所给的期限不一定，有的一星期，二个星期或者一个月……。

当时的潮籍人士布店均属二盘商，洋行为出入口商。布店若要与洋行交易，首先得向洋行订货，然后再批发往他店。由洋行买入时，每码价格为二至三元，批发往零售商时，每码五至六元。所以实赚一、二倍而有余。由于当时布店少，竞争性不强，故布店生意较容易做。

三、布业公会之组织

新加坡“布行商务局”（Singapore Piece Goods Traders Guild）是潮州人在新加坡经营欧美布匹商所组织之商业团体，位于新加坡沙球劳律，七十五号B，(75-B, Circular Road, Singapore 1)，其宗旨是联络商情及发展布业，开始时会员共有二十三家，纯为潮州人，多集中在“十八间后”一带。

战后至今日存在之老布庄号有泉裕、陈汉盛、陈仁盛、泉源、沈耀成、敦信和光德栈等，章程中无明文规定非潮籍不得参加，不过，参加者皆纯为潮籍人士。其他人士经营此业者少。如果要加入需得到理事的同意，才可以加入。这种情形到了战后就不存在了。

该局创立于1908年，至今约有六十多年的历史，潮州人在战前之布业能独当一面，成为一支独秀，布行商务局扮演一重要角色。因为以前之潮州布店，大家为了生意上的竟争，甚少有来往，，就是邻居也少接触，老板也不许自己的学徒与其他的布店的学徒来往，恐怕秘密被泄漏。所以，彼此间无法交换意见及行情，一旦有了公会组织，不但可以保障本行业之利益，而且各会员间又经常交换意见，故在促进潮州人布业之发展上甚有助益。

由于他们了解同业应该团结一致，以谋共同利益之必要，遂发起组织公会。成立于1908年2月25日，在新加坡华署立案，定名为“潮州布行商务局”章程中规定设立正副总理各一名，助理两名，任期半年，而下半年之正总理，则由上半年之副总理递升，另推选副总理一名及助理两名而已。到了1918年修改章程，职员任期改为一年，于每年12月16日选举之期，连选得获连任一年，迨1923年，有感“潮州布行商务局”，而垂至今日。

1942年，日军攻陷新马，该局各种文件，被焚于火，会务也停顿。光复后，该业人士乃力谋恢复。是年推举骏丰号黄芹生君为正总理，鸿泰号刘作睿君为副总理，重新立案，并修改章程，废总理制为主席制，为正主席一名，副主席一名，助理两名，财务一名，查账两名，而主席和财政则概不得连任(5)

四、学徒生活

早期的学徒生活比较清苦及单调，学徒必须具备刻苦耐劳及辛勤奋斗的精神才能够胜任。有许多老板都是经过学徒生活，学习及累积了许多经验，最后才自己打天下。所以学徒生活可作为将来的一种考验，做学徒时能努力学习，省吃俭用，将来做老板时一定大展鸿图。

战前学徒的工作比较繁重，要负责打扫、运货、钉木箱、包装、推箱头、冲茶、煮饭，甚至于替老板照顾孩子，一切打杂的工作都要由学徒来经手。

由于以前的交通工具不发达，他们送货是用肩抬的，如果货物过多，就用手推的木车，较远的用牛车运送，以后才改用三轮车。他们早上七点多就要准备开店门，早上只吃稀粥果腹，中午才吃饭。一天忙到晚，到下午四时才关门，晚上还得替老板看门，他们即使在休息日也很少出去，若有空闲时就在店中理账。这是由于当时的学徒只是靠血缘、地缘之关系，他们一文不名来此白手起家，又无亲戚家属在此寄宿，也没有劳工法令来保障他们的生活，故此，他们必须住宿在老板店内做一切打杂的工作。

以前的老板与学徒分得很清楚，他们之间属于半封建的关系。老板与学徒的关系就如家长与子女一样，所以，以前的老板也叫“家长”，学徒的身份很低，不得穿鞋和拖鞋，只能赤着脚工作，有时送货出街，也只是穿背心、短裤，否则人家会说闲话，说他好命，不用再做学徒了。这种半封建的生产关系在战前始终表现在布匹行业上。

学徒的薪金每月只是二到四元左右，推销员又叫“舖前员”，每月十二元，书记每月十六元，所以每间布店每月也得开销两、三百元。虽然学徒薪金少，不过他们则是免费住在老板家中，没有花费零用钱。每月只花一些邮费寄信回家乡。若他们节俭，每月还有少许钱积蓄，过三、五年就可回乡省亲一次。若年尾结帐老板有盈利的话，就有花红，每年加薪一次。有时老板也每月支薪给学徒，至年尾才由花红中扣除。

学徒对老板是绝对服从的，因为他们南来之前，乡下的父母就吩咐他们要刻苦，听老板的话，否则老板不任用就走投无路了，事实也是如此。学徒南来的生活费全靠自己辛苦工作来负担，一旦不受老板任用，将会潦倒他乡。因此，学徒对老板如对自己的父母一样要孝敬他。在老板的观点来说，学徒打他的工，吃他的饭，应当无原则的效忠老板，这种屈服的表现，是连串在整个生活中，在工作以后的时间，学徒的行为若不检点，将被列入“非议”的范围，由老板教训一顿。

如果学徒肯刻苦耐劳、诚实，用心学习，那么，老板也就对你另眼相看，有时遇到他有喜事或回中国去探亲等，老板就会在经济上给他帮助。

学徒若头脑灵活，在空闲的时间，多学习布业方面的知识，如鉴别布匹的质地、价格或吸收做生意的经验，以后工作时能熟能生巧，受老板的提拔，令他们到外地去办货，由学徒再升到头手。如果有一些钱的话，又可与几个朋友合资另开布店，否则一辈子没有出息，或改行做别的事了。

我们由布业之学徒生活及其与老板的关系中，可以看出他们仍然以乡族主义为准则。其生产关系是属于半封建、半买办、半资本主义的生产关系。就是老板只重用自己的亲属同乡，而血缘性和地缘性是获得学徒身份的重要条件。双方之间存在着的，不是打工、拿工资的“劳资关系”，而是一种变相的父子关系，不是以契约来维持的，而是以中国传统的伦常关系来规范的。在这样的半封建生产关系中，学徒的人格独立是不存在的，他对老板是“从属”，受着家长式的专制支配。(6)

由于学徒之进入一间店铺工作是靠血缘性和地缘性，所以早期潮州人在布业上形成一支独秀也靠了这种关系。老板之剥削学徒，充分地利用学徒提供之劳力，也间接的促使他们的布业在战前再不受其他籍贯人士的挑战及政府来保障工人之利益下能独占鳌头。

五、潮州人在布业方面成为一支独秀的原因

促成潮州人在布业成为一支独秀的原因主要是殖民地经济结构、血缘性和地缘性之经营法所促成的。我们在上面已经用洋行与布业之关系，公会之组织和学徒之生活。

首先来分析殖民地之经济结构。英人在此地之经济政策主要是搜刮自然资源和商品，因而造成“华族帮派分工”现象，比如福建人多是锡矿和胶园主人，潮州人多为洋杂货及布匹之批发商，英人藉其工业先进，便向本地大量倾销其产品。可是他们不

太熟悉殖民地人民之生活习惯，必须要靠当地人作为仲介商，英人便利用此地之洋行如牙直利（Guthric）、莫实德（Boustrad）、巴罗（Barlow）、巴德申西门（Paterson Semion）及美森门（Brinkman）等洋行作为出入口商与潮州批发商合作，由洋行放帐及出货，处理一切手续，货物由潮州批发商批发，才到本国请亲友或同乡来协助。由于具有血缘性和地缘性的关系，老板和学徒之间并不存在着劳资关系，而是一种变相的"父子关系"。学徒为了在此地生活和赚几个钱寄回乡供养父母，不得不在情感上、思想上、言行上，工作上臣服老板，因而布业学徒得负责一切工作，老板不需多请一个学徒，不但可节省一些费用，而且又可以充分地利用学徒之劳动力。在少受其他籍人士之布店威胁下，他们的生意便日隆。

若学徒表现良好，受老板之看重，便会被提拔成头手，许多学徒因而累积了许多经验及积蓄了一些资本和其同乡或亲戚合资经营布店，使许多后生布店林立，而使他籍人士不易插手此业，直接地巩固了潮州人在布业之基础。

其三，不但在布业上具有浓厚的帮派主义色彩，潮州布商公会之会员也纯粹是潮州人。以前他们各自营业，只顾自己不顾他人，因为生意之竞争使他们无法相聚在一起互相交换意见，一旦有了地缘性和血缘性的公会，他们便能互相交换生意上之情报，避免互相冲突，也设法制止其他帮派人士插手布业，而且大力保障同乡布业之利益，垄断整个布业。

注释

1 参见许教正著《东南亚人物志》（第一辑），P. 58–59、62、68–69、74、81。

2 参见黄祝秋著《二十年来新加坡布匹业之演变》。

3 参见《潮州江夏堂九十五周年纪念特刊》，P. 6。

4 如敦信公司老板陈先生早期曾在牙直利洋行当书记，后来与洋人关系密切便开布店迄今。

5 参见潘醒农著《马来亚潮侨通鉴》，P. 266、316。

6 参见黄枝连著《新马华族社会史导论》（三），《南洋商报》，1971年6月。

第二章

经济恐慌下的布业

本坡布业市场，最初为英货独占，在第一次世界大战发生时，布业的来源中断，故物少见珍，获利殊丰，造成诸多巨富，迨至欧战结束后，各地货源涌到，货价一落千丈，有者瞬息变成过眼云烟，非但盈利荡然无存而致岌岌欲坠者，则不知凡几，当其时，实布业之一重大危机也。

在此转捩点之后，幸潮州人士素秉敦朴古风，惨淡经营，克服巨艰，因当时各行土产空前惨跌，影响所及，其他行业倒风杂炽，有如野火燎原，但潮人商号，素具商场道德，又敢妄存非念，坚志苦干，深得欧人洋行信任，授以优越条件，故能挽救狂澜，洋行放给批发商之账务以三个月为期，而批发商所以放出者，则是长仅六十天而已，对于经济周转方面，于斯业有利，故在各业叫苦连天时，而布业者虽处于水深火热之中，尚能勉强维持。但在十三行街后，及十八间后的潮人布庄，已参入多间他帮同侨之布店，原因是潮人看到市况冷淡，多收盘回中国去，将店出让给外邦人士，这就是其他帮派人士开始有机会介入布业的时候。

表一　英日棉布在新马市场的竞争情况（单位：码）(1)

	英棉布	日棉布	新马棉布贸易总额
1926	80,623,334	31,298,240	150,284,724
1927	80,882.040	35,607,466	154,958,635
1928	65,867,796	23,098,804	125,699,332
1929	86,012,937	34,732,075	165,506,593
1930	32,097,685	56,337,403	117,988,240
1931	21,576,254	49,797,726	99,925,633
1932	39,086,461	85,778,578	149,963,761
1933	25,877,277	99,465,833	149,903,289
1934	29,007,585	99,239,125	144,403,658
1935	33,363,782	53,758,572	103,648,510
1936	38,074,912	53,033,258	114,411,848
1937	53,252,855	51,113,399	14,800,846

从英日棉布在新马市场的竞争情况中，我们可以看出英国棉布销路越来越少，原因是世界经济不景气时，胶锡价跌，市况冷淡，市民购买力薄弱，而当时日本工业勃兴，其纺织品大量南销，价格低廉，服务周到。而欧洲布价钱高。人们无能力购买。所以使低廉之日本布欣欣向荣，几逐英国布于市场之外。这就影响了十八间后一带之贩卖欧美布的潮籍布商。因为日货价钱低廉，又容易销售，是一般中等阶级及工人最欢迎的布。但保守的布商，还是要依靠洋行，做英国人的生意，这是潮州人经营布业不能一枝独秀的开始。在这种情况下，外籍人士如客家人和福建人等，就纷纷向日本直接订货，开始经营布庄生意。也就是说，由于经济的恐慌造成外邦人士有机会插手经营布业，以打破潮州人独占的局面。

在第二次世界大战发生前夕，因各国备战，经济紧缩，倾其产品，竟销市场，尤以日货为甚。及至东南亚风云紧急，展开经济制裁，新加坡腹地虽小，但在英治之下，并不例外，故布匹入口，实行固打限制。至于转销联邦各地，凡英属出品者，皆许以特惠税优待，获得保障，其他国则难有此特权。因此，新加坡诸批发商纷纷向柔佛及吉隆坡开设分行，作为转运之站。

注释

1 许秀聪“1937–42年新马华族对日本的经济制裁”，P. 8–9。

第三章

沦陷时期的布业

二十世纪三十年代，当日本军国主义者的魔爪开始伸展到东南亚各国时，新马两国人民也难逃日本侵略者的铁蹄下，而悲惨的渡过了三年零八个月的黑暗日子。

在日治时期，新加坡的布业，也与大部分的行业一样受打击，而几乎完全陷于停顿的状态中。

据调查得知，在日本南侵新马之前，各英国洋行发觉情势不妥，而未雨绸缪，纷纷将所有的存货廉价销清，便结束营业。于是，当时他们也曾经将一些布匹的存货，以低价卖给当时经营布业的潮籍布商，故此，潮籍布商在当时仍握有经营权，原本在当时可趁机赚一大笔钱，没料到，在新马沦陷后，在日军的淫威下，所有布业商的存货，皆被迫收归组合，商家难得自由买卖，就如我们访问当时一位布商所说："日本占领新加坡后，我们公司的存货，都被日军点去，有多少货就照实报告，然后规定我们这些布要以一定的价格，如每码三元或四元，按照户口证卖给市民，当时是限定每人每年只可买三码。"

由此可见，当时一些布匹商被迫加入日军的组合，且被限制以一定的数量及价格卖给市民，而市民每人每年只可买三码，在衣着方面显然不足。于是，纺织品成为当时人们所迫切需要的。

虽然如此，但于此布荒之际，日军侵占者对货物入口的封锁性仍不放松，布料来源极缺乏，致使布匹市场停滞，实无营业可言。所以，布业的发展，在沦陷时期陷入最低潮的阶段。

第四章

战后华人布业之发展

一、战后布业之发展和各帮人士的介入

战后华人布业之发展与战前是迥然不同的。战前之布业可说全由潮州人垄断，而战后各籍贯人士如闽、粤、客帮人士皆插足其间，形成各帮人士均占布业之局面。而且，各帮人士经营得法，，有超越潮州人之势。主要原因是潮州人一般上比较保守，他们的生意只求稳打稳扎，不敢作太大的冒险，只要维持现状则足矣！而粤、客、闽帮人士在战后可自由向各国订货，不若在战前之布匹入口要靠洋行之手。他们做生意敢冒险，求进步，所以在战后他们便打破潮州人在战前独占之局面，形成分庭抗礼之势，其详细原因有待下节再详细论述。

战前之布匹来源地主要是英国，可是在战后之布匹主要来自日本，中国。其次还有南韩、台湾、香港之布匹。英国、印度、苏联等国之布匹较少。中国及日本布匹在本地销路特别好之原因有下列几点：

第一，在质地和花样上，中日两国之布匹可谓质地优良，花样新颖，尤其是日本布匹所设计之花样最标致美丽，甚受时代潮流之喜爱，英国及欧洲各国之布匹质地花样虽不比日本布逊色，但因距离市场远，价格较高昂，形成英国布不能与日本布较量之原因。

第二，在价格上，中国布最廉宜，因中国本身出产棉花，国民生活水准不高，工人薪金低，所以甚受中下层人民之欢迎，这也是中国布这几年来能在本地打开市场与日本布竞争激烈之主要因素。

现在各国出产之布料种类多得不胜枚举，其中归纳起来分四大类。即粗布、中级布、高级男装及女装布料。不若战前一样主要以白仁、黑布等为主。现在各帮人士之布店主要经营是以一种布料为主，其他布料为衬托。如潮州人之布店经营花布为主，其他布料为副。闽南人经营男装布料为主，花布为副。

现在经营布店必须多动脑筋去了解顾客之心理，以便设计新的花样去迎合时代的潮流，否则难以发展。例如，有时候一种布，别人不敢买来卖，若大胆买过来卖，刚好适合时代潮流之需要时便可赚一笔。有时候，一种布看起来好像迎合潮流，销路一定不错，如果人们突然改变心理，觉得另外一种更好，这批货就卖不出，就要当跳楼货卖，白白损失一笔。

战前的人买布是首先看布质、衣底，并不重花样款式，因为他们买一块布就打算穿上几年。故只要求耐穿即可。花样美丽不美丽又是另外一回事。所以，战前布料，设计简单，先看布底布质，后看设计颜色。

可是现在的人买布则不同，他们要先看布的花样美不美，若满意才看布质，因为，为了迎合潮流，服装花样要千变万化，一个月可换好几件新衣服。所以，现在之布店大多要聘请设计人才去设计新款，适合时代之花样，布店还邀请日本专家设计一些样本先推销一些布料，若销路不错，则大量订货以倾销市场，他们有时也会窃取其他布店流行之花样，自己再改变一下以便在市场竞争。

现在的布店不时也要派人到国外考察，他们多到日本、台湾、南韩、香港等地考察布料和花样，以便捷足先登，先购买某国之布匹，以便独占市场。

布业之市场现在是以印尼、马来西亚为主。本地内销不过占总额的20%，外销达80%，其中印尼市场占70%，马来西亚约占20%。近年来，由于马政府实行保护关税，尤其是巴迪布（Batik）入口将抽重税，他们又有几间工厂出产布匹，所以，以后之转口贸易将衰弱。

印尼虽然也计划开工厂，可是，他们地广人众，目前印尼市场还不会产生变化，如果将来他们也大事生产，建立关税壁垒，本地之布匹转口贸易前景也未可乐观。

目前本国之布匹批发商转口到印尼之货物多利用走私方式以盈利，所以，也造成本国布匹商对印尼市场有浓厚的兴趣。

本地之布匹批发商家现在约有3、4百家之众，联邦之许多布匹商多靠本地批发商之放帐，这是由于本地转口贸易兴盛之故，以前之债期约一个月之久，现在长达4个月或半年，甚至一年。本地商家虽也有放帐予印尼商人，但为数较少，除非是熟客，否则他们不信任他们，因而形成马、印之布商依赖本地布匹批发商之现象。

战前布匹入口全靠洋行，所以花样之设计、布匹种类，全由洋行决定，洋行属出入口商，布价由他们决定，所以华人布商盈利不多，战后则由华人布商自由输入，各商家需请花样设计家及推销员以便推销，而且不时要派到外国考察布业市场，本地市价由自己决定，盈利较高。

还有战前布店少竞争，顾客不大注重布匹之花样，所以经营方法简单，只要由洋行订购则让顾客自由来选购，不需要去宣传推销，战后布业林立，竞争性强，必须要常注意市场布价之变化及顾客之心理，以便推陈出新，尽量在花样上别出心裁，以迎合时代潮流，所以，战后之布店要多动脑筋，各方奔走才能立足，不像以前那样每天守着店门，等顾客来买布。

现在经营布业最大的难题是放帐问题。战前，布店批发商放帐予零售商较少，最长之帐期最多一个月，所以资金周转较灵，现在之债期多拖欠半年，甚至一年，资金周转困难，所以，以前之零售商要求批发商放帐予他们，现反而是批发商经常要求零售商早点还债。

华人布业在战后之发展一般说来甚迅速，其中闽粤、客帮人士之布店在战后如雨后春笋般建立起来，闽人之布店更是其中之佼佼者。

由于战后之布匹可自由入口，商家也可以自由订购，闽人便介入布业与潮人争一日之长短，由于他们敢冒险，比较容易放帐和信任顾客，所以许多生意他们皆由潮人手中夺过来。

客人布商大都从联邦而来，他们本来已在联邦开布店，后见新市场有发展之余地，便累积了经验及资本来本地打天下，由于他们手段高明，敢冒险，所以在战后也兴起与潮人之布店争长短。接着粤帮人士也见有利可图而介入布业，使各帮人士均作布业，而潮州人之保守性格，只能维持他们的原状，未能继续发展，再执布业之牛耳。

本地各帮派人士之布业经营总合起来是有几个特征的：

第一，各帮派人士之布业经营总合起来是有数区域的，如潮州人之布店皆集中在大坡十八间后及沙球劳律，客帮人士之布店也与潮州人之布店杂处在十八间后街。粤帮人士之布店则集中在牛车水一带。各籍贯人士之布店各集一隅，俨然如划分势力范围一样，这是有原因的：

其一：可说是受了帮派主义的影响，即业缘性及地缘性之影响。因为华人在以前来此地谋生，大多喜欢与同乡朋友亲戚居在一起，以便在各方面有一些照顾，有什么事情发生时，又可以共同对付，所以经营布店也不例外。如果某地区有同乡之亲戚朋友开布店，自己也会在这个地区开一间，最明显的例子是潮州人在战前与战后皆盘踞在十八间后一带。近几年来，由于城市计划之发展及店屋不易找到，这种同帮派之布店集中在某个地区之现象日渐减少，如许多潮州人的布店也在小坡兴起，而小坡却是福建人布店集中地。

其二，是为了与外来商家做生意之方便才集中在某个区域。因为各人所经营之布料及式样大致不相同。如潮州人以经营花布为主，闽人则以经营男装布料为主，客人却以经营中国布为主，所以若有外地商人要来订某种式样之布匹，可以到此区之各家去寻找。如果各籍人士之布店散在各地，那么外地商人要东跑西寻，逐户去办货，在时间上非常不经济，所以为了方便外地商人，也为了销路，同籍贯人士有集中一区域的必要。

第二，同行之间之交往较战前频繁。不论是同一帮派或不同帮派之布店间，大家都有来往做生意。譬如有顾客要来买某种布而店内又无存货时，便可以派人到别间布店（同一帮派或是非同一帮派皆可）去买货，然后再转手卖给顾客。不过，他们对本身之经营手法及设计式样皆不让他人知道。比较起来，战后同行间之关系较战前那种“只扫自家门前雪，不顾他人瓦上霜”及“隔邻不相问”之关系来得亲切。

战后各帮派之布业公会减少帮派主义色彩。在战前之布业公会只有潮州人之布行商务局（Singapore Piece Good Association）而已，会员清一色为潮州人，故所含之帮派主义色彩非常浓厚。战后各帮派之布业公会皆抛弃这种帮派主义色彩，也容纳其他帮派会员加入。如现在之布行商务局有90%会员为潮籍，而也渗入客帮及粤帮之会员。新加坡布业联谊会(Singapore Textile Dealers Friendly Association)之大部分会员闽帮人士，也有一部分客帮及潮帮人士之会员。新马布商公会（S'pore Malaysia Chinese Textile Merchants Association）的会员以客帮人士为主，也有少部分潮籍人士，同时还包括马来亚各地之会员，如吉隆坡、槟城、怡保、马六甲、柔佛等地。中国绸布杂货入口商联合会的会员以粤帮人士为主，也渗入其他帮派会员。

战后之公会不像战前般含有激烈之帮派主义色彩的原因有几点：

其一，近几年来，由于城市计划之发展影响许多店屋之营业地点，而且，店屋又难以找寻，所以任何地方有店屋出让他们皆愿意搬迁，使同帮派之布店慢慢趋向分散在各角落之趋势，为了方便计，各帮派之布店皆参加其区的公会，不需要再参加他区的同帮派公会。

其二，现在布店之间，关系只着重业缘性，血缘性及地缘性之帮派主义减少，只要同行业者，不论是否同一籍贯皆可组成一公会。例如在小坡之潮州人布店参加那儿福建人占多数会员的新加坡布业联谊会而不参加潮州人占多数会员的新加坡布行商务局。

由于现在之公会的作用只是要保障同行业会员的利益，而不强调维护某帮派会员的利益，所以布业公会之组织是由同区域之会员组成，并非是以血缘性及地缘性作为招收会员之标准。

二、战后各帮布业兴起的原因及其经营手法

战后本地之布业可说是由各帮人士均占，一反战前由潮州人垄断之局面。其主要原因固然是潮州人之保守性格致之，相对地说，各帮布业在战后形成分庭抗礼之势，也受战后环境之影响以及各帮人士之经营得法。其原因分析如下：

(1) 战后初期，潮州人之布店乃由来新之第一代掌握业务。他们做生意比较保守，不敢冒险，不大与同行来往，他们做生意是要一手交钱一手交货，所以顾客越来越少，生意日渐衰退。反观各帮人士，他们都是战后起家，由年轻的一辈来管理，他们做生意敢冒险，不怕蚀本，善于信任顾客，债期也可以通融放久一点，所以顾客皆来订货。

(2) 潮州人年轻的一代一般都不喜欢继承父业，喜欢另谋发展，即使能继承父业，他们大都假手于头手去做，自己却整天地享受，使业务日衰，另一方面，一旦老子死时，儿女分家产，他们也决定不会继承父业，各谋发展，因而使资本分散，无法再经营下去。闽、客、粤帮人士皆由第二代亲手创办布店，他们大都克勤克俭，使业务日隆。

(3) 在战后，日本布大量输入本地，由于物美价廉，所以甚受顾客的欢迎。广东、福建、客家人大都经营日本及中国布，因而获利甚丰。可是潮州布商仍忠实地，以大量资本购买英国布，英货质地虽好，可是价格及花样上却比日本布逊色多多，所以英国布销路甚差，英国布价日跌，使潮州布商大蚀本。虽然近年来潮州布商已改变态度，舍英货而买日货但是已较其他帮人士迟一步。

有一个现象我们不可以忽略的是，近年来，本地布店如雨后初笋般建立起来，越建越多，其原因有下列：

(1) 布店股东之间的分裂导致新布店的兴起。有些布店是两人或两人以上合资经营的。各布店股东由于彼此间利益冲突，如分账不均，工作轻重不同，花红分配不均，因而发生内讧、嫉妒，使彼此间无法合作经营，只好各自分开，另谋发展。有些股东和另外一间股东合作再创新布店。有些股东则与其他人士再起炉灶经营新布店。因而使布店时常出现。

(2) 有些布店店员，累积了多年之工作经验，积蓄了一笔钱，等到有机会时便辞职与别人合资经营。若是有经验店员缺乏资金开店时，他可以请一个完全不识布业这一行的富有者支持开一间新布店，由富有者作后台老板，他自己挂一个经理之名头，利用他几十年之工作经验来管理经营。

战后各帮布业之发展及经营手法：

(1) 闽帮布业之发展及经营手法：福建人多数是在战后才开始经营布业。在战前，他们多在路边摆小摊或在巴刹设摊位做买卖，慢慢地才由小摊位发展为布店，在小坡大马路一带的布庄是在战后才发展起来，经营转口贸易。他们多数做印尼和马来西亚方

面的生意，由于他们早期就做树胶、锡之出入口生意，所以在印尼有许多亲戚朋友，所以时常放帐予印尼商人。虽然有时印尼商人拖债很久，可是，他们多具耐心，这是他们在布业发展上能居优势地位之原因。另一方面，他们也经常偷运方法运布匹到印尼去，盈利很高，可以弥补因印尼商人欠债过久使资金周转不灵之难关。

福建人的第二代大都承继上代之业务，加以扩大经营，不会使到青黄不接，后继无人之现象。

他们经营布业之历史虽然不久，可是却有经商之眼光，能了解到时代之潮流，采办流行之货品，尚聘用专门调查之人才，记录市面流行布匹之款式、花样，专程向各有关厂家订制新款之布料，以应国内外市场之需求。[1]

(2) 客帮布业之发展及其经营方法：客人对布业之经营，一向难望其他帮派人士之脊背。数十年来，他们多经营洋货，布匹只不过兼售而已，均属零售之三盘商，到了1936年，谢伯欣氏创铁鹰公司于漆木街，专售布匹。是为客人经营布业之滥觞。但是，自第一次大战后，情势已改变，昔日籍籍无名之营业，今日已一跃为商场中最活跃者，展开历史上最光荣的一页。

由于客人在布业上之抬头，使本来是潮州布店之大本营的十八间后也为客人所介入，互相对抗，客人头盘入口之商号已林立其间，约占该处布匹批发商3/5以上。全新布匹入口总额中，客人约占1/3，由此可见客人布业发展迅速之一斑。

战后客人经营此业者，俱大获其利，由此客人之经济基础日益稳固，现在客人经营布业之头盘商有13家，在日本设分行有6家，二盘商有20多家。[2]

客人在和平初期专向香港、中国采办布匹。1948年后，客人布商即加营美国布和印度布，后来更兼营意大利布、德国布及日本布等。现在日本布更充满市场。

客人经营布业富有进取心，而且富有冒险的精神，这也是客家人的传统精神，所以在战后他们不再办洋货了，做三盘商的也少了，他们多自己人口，不依靠洋行和潮州布店。

客人做生意，向来不保守，没有架子，只要有生意来，多少都做，他们抱着一种积少成多之心理。这是其成功之因素。

同行之客人彼此也能团结合作，还请推销员调查市场及顾客之心理。他们很注重各种布匹的花样和颜色，为了供应市场，他们多数聘请画家设计花样，然后直接寄到国外或拿到他们的代理商去订货。由于他们能脚踏实地地去经营，所以在布业上他们能与其他帮派人士分庭抗礼。

(3) 粤帮布业之发展及其经营手法：广东人在战前已做布业生意，可是，只是属于零售商之类，不像潮州人那样的垄断市场。他们未具有潮州人之保守性格，更没有客人的那种冒险精神。他们也都是由零售之小布店，慢慢扩大到大布庄，而且，多做中国绸布杂货入口商。粤帮人士之布店在目前虽然比不上潮、客、闽帮那么多，但是，他们的资本都很集中，雄厚，而且脚踏实地，从不做冒险生意。所以，他们在布业上尚可以与其他帮派人士之布业较高下。

三、1946–1971年华族布业发展的情况

战后的一个时期，日本曾经在本地布匹市场称雄一时。战后的日本自美资渗入后，工业的确是欣欣向荣，尤其是1950年韩战，日本工业便随之突飞猛进，是故1951年–1958年时期，日货便占尽了整个新加坡市场。

至于中国货在新加坡市场之发展，大约是在1957年后才逐渐扩大的，但到目前为止，新加坡市场之中，低价之货，可说中国货已独占鳌头，曾经称雄一时的日货，反屈居下风，考其原因，中国商人信用好是其中之一，最大原因是中国货的确达到了价廉物美的境界。

在第二次大战结束后，常年布匹入口总额，常占新加坡全年总入口量之第二、三位，直到现在布匹入口仍占新加坡入口货中最重要的一环。

战后二十余年来，新加坡布匹业界之情况大约可分为四个阶段。[(3)]

(a) 第一阶段（大约是1946–1950）

此阶段可说是复兴期，这时，因各原产区之工厂皆未恢复大量生产，来货少，利息厚，入口商都有利可图，便奠定了以后布匹商之基础。

日军投降后，1945年九月至1946年4月间，虽为军政时期，但布业市场首先活跃，盖民用棉织品，虽数年中消费殆尽，然日本军用棉织品之存量，十足惊人，转辗自能流向市场，故二马路同济医院前，牛车水戏院街，小坡阿拉伯街之洋货与布匹小贩，触目皆是。居民数年来虽不致鹑衣百结，然其衫裤缝补者，约计为百分之八十，三年中有钱无处买之花布、洋绸、白斜衬衫，一旦充塞市场，居民大都争先恐后，添制新衣，以迎和平，故能获得货源之摊主，颇有利可图，此可谓布业市场之畸形现象[(4)] 其实，和平以后，1946年–1949年期间，中、英、日产布匹虽然仍有陆续输入，但是少得可怜，因为在第二次世界大战时期，中、英、日三国都曾经直接遭受到极大的破坏，所以在此真空期间，能够填补市场之空隙者，多是印度布匹，考其原因，在第二次大战期间，印度不但未遭战劫，反之，一般印度商人却大发其战争之财，是故和平初期，

印度商带着雄厚的资本及印度布匹重返新加坡（战前印商多疏散回国）。那一时期，整个新加坡布匹几乎是印度商一手控制了，可惜印度纺织业界人士只知有机可乘，不肯埋头苦干，精益求精，反之，却偷工减料，粗制滥造。曾经风云一时之印度货，有了上述原因，很快的便衰萎下去，一直到现在，新加坡市场上，印度货仍是平平。[5]

1946年5月后，中国布、印度布、英国布始源源而来，终于求过于供，故1946年内，布价始终稳站，布商大都笑颜逐开，自1947年5月胶惨落后，棉织品价格，乃江河日下，印荷战端重开，本坡布匹销路复告窒息，缘本坡布匹销荷印各岛者占输出之最大部分。中国布之最通销者，为十二磅之各标细布及双金锭黑布，190号之各标士林布，林大成蓝布若十二码庄之南通小格布，亦可以作沙笼之用，花纺竹沙虽有销路，并不见广，至于中国之斜纹嗶机，于外货打击之下，直无插足余地，各标府绸，被澳货所淘汰。印度布则以丽绫、川绸、斜纹、白仁、较沙笼、纱笼布、粗布数种，最为通销，意大利布中之人造丝花色布及价较低廉之绒羽，亦为马来亚居民所欢迎，惟人造丝之顾客大半为印、巫妇女，战后美国各种布匹如潮涌至，因花色新奇，价格低廉，颇合居民胃口，英布质料，与战前无异，奈其价格较昂，于美货冲击之下，其前途实难乐观。

表二　战前后马来亚织品输入统计表（单位：千码）

项目	本色	漂白	染色	印花	织花	纱笼	总数	丝织品	人造丝织品	毛织品	麻织品
中a	306	795	12249	62	49		13461	997	1063		639
b	73	670	10676	348	15		11782	1169	970	0.3	254
c	218	602	8340	219	2		9381	714	786	0.4	
国d	4388	3028	11565	4031	33249		56281	86	115		402
香a	9.7	258	135		8820	57	9279		709		
b	28	1197	327	3	12523	34	14112	8	809		
c	75	1259	397	2	10965		12698		800		
港d	1307	1181	4573	2079	22501	2	31643	12	165	2	5
印a	4821	5238	3251	1621	3246	3126	21303	37.1	420	0.6	5248
b	6621	11832	4683	2541	8851	5185	39712	6.9	780	2	7551
c	9638	17425	7698	2901	9305	4805	51771	83.1	2532	0.7	7197
度d	3909	2877	2599	1497	1542	1680	14104	5	4		2171
英a	1878	11572	8018	8111	1042	303	30924	11	698	36	541
b	1727	9755	6707	14192	699	39	33110	11	722	133	147
c	389	3333	2425	6526	253	0.3	12926	8	553	118	70
国d	310	6303	9606	6858	778	426	17976	19	467	229	170
美a	440	183	54	86	5		768	2	43		
b	330	353	94	377	26		1180	1	99	0.3	
c	313	74	70	190	8		655	1	200	0.1	
国d	744	3798	3945	6508	1006		16001	17	1118	3	5
日a	986	6015	11202	15168	1488	1133	35992	1000	10857	154	0.4
b	449	6023	15907	9941	619	455	33394	1331	8470	127	7
c	498	3608	8711	5581	202	379	18979	374	4102	215	7.8
本d	988	1306	342	424	173		3233		2		
意a			494		890		1384	2	484	16	
大b		75	310	55	205		645	1	177	4	
c											
利d	396	719	577	4076	476		6244	473	2584	5	6
法a						1537	1537				
属b				35		2283	2318	0.1			
印c						1030	1090				
度d			60	268			268				
爪a						2309	2309	3	3		
b						3106	3106	5	2		
c						2369	2369	1	2		
哇d							7				
其a	270	1539	217	42	53	32	2153	299	290	236	77.6
b	43	286	33	43	11	32	418	16	72	1.4	78
c	2	56	776	11	4	4	853	26	5		12.2
他d	2117	1921	1914	670	151	45	6818	11	243	144	48
总a	8711	25600	35618	25090	15593	8497	119109	2351	14563	433	6506
b	9271	30190	38757	27505	22949	11125	139777	2611	12161	268	8037
c	11133	26357	28477	15430	20739	8588	110924	1207	8980	333	7287
计d	11159	20133	35121	26404	59876	2160	157853	627	4701	382	2812

附注：a.1939 年 b. 1940年　c. 1941年 d. 1946–47年[6]

表三　战前后马来亚织品输入统计表（单位：千码）

项目	棉织品（布）							丝织品	人造丝织品	毛织品	麻织品
	本色	漂白	染色	印花	织花	纱笼	总数				
香a	99	3	25	25	4		59	161	115		52
b		15	267	96	24		403	36	262		12
c		15		3	6		25		687		
港d	90	3		20	46		159		55	61	474
沙a	721	402	2822	1791	148	680	6567	12	109	0,6	4
劳b	742	545	2969	2363	413	1040	7974	13	66	1	3
c	474	662	2017	1257	535	590	5537	6	48	1	2
越d	105	40	383	157	728	66	1479	0.01	0.06		17
北a	93	243	1973	767	237	326	2740	8	87	0.1	20
婆b	146	320	1041	738	234	465	2956	12	242	2	89
罗c	84	203	558	139	88	381	1455	1	51	2	37
洲d	1	21	43	26	54	2	147		4	0.7	5
汶a	8	56	125	213	22	9	433	0.4	6		
b	6	106	221	231	28	62	657	1	14	0.3	
c	7	69	130	89	20	72	387			0.1	
莱d	1	1	9	5	35	0.8	51				
暹a	189	523	1246	3215	112	1203	6489	149	250	18	47
b	104	340	567	2348	118	1059	4538	28	324	19	32
c	5	10	227	730	38	314	1324	8	84	21	19
罗d	555	583	658	202	50		2018		12	31	1
荷a	60	3	161	156	213	94	695	0.5	72		228
婆b	25	3	98	83	92	8	310				68
罗c	22	15	73	31	7	8	158				35
洲d	34	23	143	96	911	28	1235				3
爪a	4	89	49	50	1	99	301	297	376	1	74
b	51	3	20	15	0.4	81	172	91	30	0.01	114
c	63	164	95	506	13	113	956	1	25		55
哇d	185	110	206	250	680	9	1440		19		
苏a	512	751	1916	1681	1302	595	6761	249	779	5	257
b	297	821	1403	1645	397	493	5058	27	507	1	261
c	215	738	963	1097	255	215	3483	8	218	0.7	325
岛d	2191	711	2980	1733	8337	390	16642	5.9	23	0.4	397
其a	0.72	29	27	69	26	27	171	0.2	4		
他b	3	44	90	95	43	47	229				
荷c	0.54	14	18	18	101	9	68	0.1	3		
属d	115	38	94	108	639	10	994	0.6	3	0.1	54
其a	3	125	383	356	55	116	1038	144	1633	4.3	133
b	3	34	265	248	7	309	866	160	878	1.7	135
c	65.46	431	418	423	164	213	1714	9	603	13.9	32
他d	45	9	13	13	32	19	129		49	1	1
总a	1592	2224	7827	8332	2120	3154	25219	1025	3433	29	811
b	1377	2231	6941	7660	1356	3564	23129	368	2323	25	611
c	929	2321	4499	4293	1227	1915	15184	32	1719	43	503
计d	3622	1539	4529	2610	11502	523	21325	6	159	95	956

附注：a.1939 年　b. 1940年　c. 1941年　d. 1946–47年[7]

上列二表，为大战前后各种织品出入口之概况。战后以数量言，棉织品之输入为15785万余码（所列数字均自1946年8月至1947年6月止）占35%，居首位，其次为香港，占20%，英国列第三位，占11%，美国列第四位，占10%，战前常列首位的印度，已退居第五位，仅占9%强。以价值言，其总额为138,750,973元（叻币），中国共占50,035,596元，约占36%，香港为23,352,840元，约占17%英国为21,046,168元，约占15%，美国为17,280,142元，占12%强，印度为11,854,594元，占8.5%，意大利亦居第六位，为8,796,862元，占6.3%，由此可知中国布已高居首位，中国纺产品，由大坡大马路中国国货公司代理，作有计划之推销，其目的为争取南洋布市场。

战后天然丝织品之输入之总额为62万7千余码，价值为1,561,645元，意大利列第一位为47万余码，计94万余元，中国居第二位为8万余码，计36万余元，以价格比较，则中国为4元余一码，意大利为二元余一码。人造丝织品输入总数为470余万码，值为9,769,668元，意国居首位，为5,227,654元，美国次之，为2,321,90元，英国第三为970,034元，中国居第七位为251,512元。

西商经营布匹之人口，其规模较大者为Henry Wangh Co.、Bousted Co.、Anglo-Thai Corporation Ltd、Harper Gilfillan 等家，都为各该国之厂总代理，货品到新，均由此间之头盘商承购。

华人经营中国布，其规模最大者为中国国货公司，沈美成、天章、泉裕、泉源、益泰、利生、广有成、广福泰、信发、刘鸿泰，均头盘商。战后营业旺盛时，每月进货达叻币百余万元。华商直接向欧美办布匹者为敦信等公司，其他泉源、南汇、四发、富纶、陈汉盛、益泰号等20余家，亦为布匹业之巨子。[8] 中国自解放后，大力发展，新各入口商联合组织联营商直接向中国买批发货，潮州人多买颜色布，客家人则买印花布。

这种联营是客家人与客家人联营，潮州人与潮州人联营，潮州人首先发起联营。绸布布行商务局的会员联合起来专营中国布，初参加的约有一百多家，后来过了数年后，只留下13家而已，这是因为中国出口布匹数额有规定，如每月需要多少万匹等，若不能销也要订货，即每一家有意购买的，先开出订单言明需要多少匹布，然后联合起来向中国订货，布匹到新加坡后，才依订单分配给各家。

后来因为卖中国布的店太多了，又无销路，在无利可图之情况下，联营也就告吹了。

(b) 第二阶段（大约是1951年–1958年）

这时是布业的黄金时期，来源方面，各原产区不但货源充足，而且争艳斗丽，推陈出新，销路方面据非正式统计，当时内销（新马市场）约占总入口量之60%，外销约占总入口量之40%，尤其仅印尼市场便约占总输出额之80%以上。在此时期，经营此业者，都袋袋平安，但也因此引起一般不是经营此业者，蜂拥而来，转营布业，是故1958年–1960年期间，一时造成布匹业有过剩之虞。(9)

新加坡布匹业自韩战结束后，即一蹶不振，原因系邻邦国家对入口货物严厉统制，所需布匹，多由出产国直接输入，故本坡布匹外销途径，因而阻塞，当地销数有致积货充市，数年来商家逐蒙受惨重之损失。

于是政府当局与各业商人，先后组织考察团访问邻邦国家，为谋打开本坡贸易向外发展途径，惟邻邦国家，对入口统计法令，仍未改善，故本坡对外贸易，无从发展。

布业商人对外销既感失望，于是不敢冒险多办人口，采取出入口平衡，足够预订存货，以求薄利为原则，且货价已跌至无可再跌，因此1956年以来，布业市况较为稳定。

本市布业，在1957年初，尚过得去，4月至6月，货价虽仍平稳，然因新马各地发生普遍性之流行病，一般家庭主妇及消费者，为避免受传染，较少上街，以致各埠经营门市之零售商，大受影响，在此时，商人因有戒心，各抱观望态度，未敢多订新货，到了八、九月间，由于新货少到，在需求刺激下，市情稍呈活跃，成为1957年度较佳之时期，可惜昙花一现，好景不常留，至十月后，因胶锡及其他土产多跌价，故再度使市况复归沉寂，同时日本布匹价报软，益使顾客不前，存货堆积，新到者滞销，市面又有供过于求之颓势，幸至年底，有大批货物在降价求售之努力下，得输往印尼等处，盖不忍痛牺牲，则不能成交。

到了1958年，在营业量及利润方面，虽较上年稍佳。惟倒账较多，结果总和则不相上下，大概情况如下：

元月份因接近农历新年，故销路旺盛，2月后市势渐冷淡，4、5、6月因胶、锡及土产跌价，外销薄弱，以致市况更为萧条，本坡二、三盘商以及联邦商户等，存货多者都不得不削价求售，有的因周转不灵，被迫倒闭，致使布业商损失甚钜。7、8、9月倒风稍息，市势亦较安定，并略有起色，方望由此步入佳境，不料最后一季，新马政府以保护联邦一些棉织工业为词，忽宣布停止发给数种中国布之入口准字，布业商深为震动，此等措施不但带来了大挫折，同时对本邦之转口贸易，亦系一大打击。到了1959年，其他消耗布匹诸大市场需求甚殷，使主要制造国如日本、中国、印度等厂家，价格逐渐提高，布业对市价亦复有信心，市况稳定，除一部分定办之色布及印花布，因来货不够标准，或花纹失去时间性，办家不得不割本求售外，其他够标准和通销之货，布业多能得到些微利润，且幸这年倒账转少，一般营业虽未能达到理想，然比上年则尚可称差强人意[10]

表四　1955–1959年进出口布匹（单位：千元）

		1955	1956	1957	1958	1959
输进		88,628	95,306	72,746	60,194	65,662
输出	棉布	35,251	33,964	32,833	61,962	18,857
	人造丝	28,820	25,012	24,301	33,673	18,671

表五　新对外输进和输出的各项主要货物价格列表（单位：千元）

		1955	1956	1957	1958
对印尼贸易（输出）	朱布	1,950,895	885,692	789,034	1,863,291
	白布	5,008,871	2,315,895	1,879,321	4,531,621
	染布	8,260,493	2,546,543	1,679,356	5,210,021
	印花布	4,043,851	5,714,324	4,679,893	5,734,621
	色布	1,728,762	192,100	267,864	963,248
	人造丝	19,293,175	13,036397	9,321,354	12,321,620
香港（输进）		6,643,580	642,123	1,794,579	2,712,803
香港（输出）		855,284	1,119,742	1,172600	178,714
泰国（输出）		3,021,919	4,578,945	4,713,372	2,153,374
缅甸（输出）		1,835,440	2,610,866	3,158,136	577,903
中国（输进）		3,390,066	3,775,174	4,344,256	5,195,708
日本（输进）		44,842,413	49,407,804	49,956,209	84,562,378
英国（输进）		5,475,751	5,158,954	9,244,857	6,771,834
美国（输进）人造丝		16,265,790	17,565,070	11,296509	11,523,640

（资料来源：新马工商年鉴P61–P71）

(c) 第三阶段（大约是1960年–1965年）

这阶段内，内销方面很多品种被马来亚政府禁止入口，因为法令来得太突然，一般入口商无法防备，以致存货太多，不能脱手，大家都亏蚀甚重，外销方面，最大的印尼顾客也因其改变入口政策，着重于由生产区直接输入，因此新加坡便丧失了最大的输出市场，接着马印对抗，把仅有的新加坡附近印尼岛屿之零星市场，也完全封锁。[11]

1960年，新印间之贸易一落千丈，其他地区亦然，至于商家囤积存货未能获得出路，不得不削本销售，因此市况颇受波动，本销为数有限，且售出多利不及费。联合邦政府自7月间宣布增禁6种中国布匹输出后，因此布匹品种转销联邦市场又告减少，对布业前景颇受影响。

到了1962年，布匹市场普遍不振，由于旧货滞积，新货涌至，遂致拥塞难销，外地近邻，间有采购，惜多属小宗交易，况值产地货价颓泻，布业由于情势，大部分以低价抛售，藉以脱存货，颇使布业一时陷于窘境，因而在二、三两季期间，各商遂采谨慎态度，节制订办数量，藉免重蹈覆辙，市面存货才得渐次消融，布市因而稳定。9月以后，渐入旺市季节，适印尼方面传闻政府对于三七外汇输进布匹之入口税率，即将另行修订，据称新税率可能远较现行者高，故该地顾客纷临本邦，争相采购，初期只以‘人棉’及‘的高朗’等人造纤维织品为主要对象，既而连及棉织品亦大量订购，同时产地报盘提升，交货期延长，造成本邦外销之有利条件，顿使布业呈现生机，市场日趋活跃。

1963年之9月后，印尼对大马实行对抗，甚且断绝两国之经济关系，本邦首当其冲，先受大击，对印尼布匹输出亦陷于停顿，尤以断绝廖内各邻岛屿之经常贸易，更使布业普遍遭受影响，幸而各布匹输出国盘价节节报升，入口商在订办货量时不得不作谨慎节制，此时又值旺市季节，布市因而能企稳。[12]

1964年的7月和9月间发生两次骚乱，致内外销途，均蒙影响，各商号营业额，大部分比1963年减少40%，幸亏各国供应货价全年稳企，各同行未雨绸缪，节制输入，故虽受种种打击，尚可勉强维持，业务能安然度过。[13]

(d) 第四阶段（大约是1966–1971）

依据统计1967新加坡输入各种布料，棉织的数值达6亿7千5百万方码。1968年增加到6亿8千8百万方码。1969年的首6个月输入数量亦达3百万方码。

出口方面的数字是1969年首6个月输出3千7百万方码，比前年同一时期增加了30%。

输入来源和往年并无多大差别，入口值的不断增加，主要是人造棉布的增加，特别在1966年6个月之内为甚。

新加坡自中国输入的棉布1966年大有增加，但日本输入则有颇大的减退。除了向中国购买棉布以外，也自苏联、巴基斯坦、香港、台湾、韩国等地输入相当数量的棉布，不过，自印度方面的输入则有所减少。

丝绸方面，1969年并无大改变，来源和数量均与1968年大致相同。

绒布方面，过去新加坡乃向意大利输入多，但1969年在这方面的输入大有降低，到1968年底，降达26%。英国和日本对新之输入维持过去的现状，而人造棉布，仍以日本为主，1969年上半年输入达8千7百40万方码，中国、韩国、台湾、巴基斯坦等也有不少人造棉布输入新加坡。(14) 现把1965年–1969年新布匹出入口统计列表于下：

表六　新加坡入口布匹（单位：千元）

	棉布匹	其他布匹
1965	104,566	95,078
1966	96,624	126,593
1967	134,080	165,742
1968	180,165	274,921
1969	196,090	374,879

表七　新加坡出口布匹（单位：千元）

	棉布匹	其他布匹
1965	66，238	35，824
1966	54，732	36，036
1967	50，585	36，803
1968	54，160	49，401
1969	65，328	68，937

资料来源：《经济月报》40期，P. 40–41。

1970年供销需额颇不稳定，布市价格亦波动较烈，虽本销还甚畅盛，惟所面对的是转口贸易的缩减，以供转口之布料价格亦多节节低落，这主要系因供应国混纺纤维织品布料（Tetoron/cotton），由于外销不振，在产量过多的情况下，多向本地区削价争取外销转口市场。转口输出仍以印尼、越南及泰国等邻近国家为主，惟贸易上仍多受各国通商条例的限制而时时变动。(15)

今年之布料销途转佳，因为印尼入口税已减25%。去销已有进展，然获利甚微薄，南越方面也略有需求，部分日本尼龙和泰国、南韩绣花布成为采购对象。

马来西亚规定中国货入口需领取准证，对中国布料略有影响，但今年（1971年）

之中国布料销途较弱，因此所受的打击不大。十月下旬以后，印尼各地来单采购较多，65%提花及80%浮花的的确为买客问津对象，但寄出货仍未大宗，这是由于各地购买力弱之故。[16]

四、店员生活

布店分立之际，对店员之雇请亦极殷需，因为一般上一间布店除了老板以外，至少还得雇用理帐兼书记，推销员，打杂。老板要聘请各级的店员，尤其是打杂工的，并不像战前一样，多数请亲戚或同乡的人来担任，现在也多半是请外人，甚至不限任何籍贯的人，只要他有小学以上的教育程度，有工作经验，肯吃得起苦的，或经朋友介绍来的，老板就会以适当薪金聘请他当店员。店员的工作时间在政府劳工法令规定下，每日工作八小时，即由上午九时至下午五时。同时，他们的假期也较战前多，除了公共假期外，星期六工作半天，周日也有休息。布店的理帐员兼书记是专门负责查理对外往来的账目及信件，他们通常是老板所信任的人，且其负责的账目，常要经过老板的检阅。以前理帐员多数聘用老一辈的人，靠算盘用中国式的账目来计算，但现在也有一些布店是请年青且有专门训练的职员，利用电子计算机算账，可见布店在组织工作方面，已逐渐改进。

担任推销员的，也就是‘头手’，他们多数是由学徒升职的。且至少累积了五六年的经验，他们必须交游广阔，能通多种语言，且认识许多零售商或小店铺，以便招生意，每逢遇有新款式的布样，就得到处去推销，招生意，有时还要帮忙点货，或帮老板动脑筋设计布样，他们的薪金约二百至三百多元。学徒，一般上已被改称为‘打杂’或‘伙计’，他们打杂的工作包括泡茶、开货、打扫、送货、包装货、夜间守店等。他们的工作比较战前的学徒来得轻松空闲，随着交通工具的改进，他们送货也不必像以前要抬着或推车送去，而可由汽车代替，即方便又省时。开始时，他们每个月的薪金约五十元到七十元不等，供膳食。大约每年加薪一次，故此，一位做了七、八年之久的伙计，他的薪水通常有二、三百元，且每年年底结账时，老板盈利多的话，他们得的花红也不少。

虽然老板对他们没有严厉的管教，但老板本身在平时也会观察伙计的表现，有些勤劳诚实，又好学的，常会暗中记下各种布料的名称与价格。且对老板的要求反应迅速，那他升级的机会就快。反之，若他们一开始工作就自暴自弃，常偷懒，又不愿多学习，在此情况之下，除非他转行，否则他做了几年，其身份还是打杂工的伙计一名。一般上，战后布店店员与老板的关系，逐渐趋向于‘劳资关系’，尤其是劳工法令产生之后，老板要聘请店员就不再像以前那样简单，凡遇有亲戚同乡的子弟来投靠，就收容他，让他在店中帮忙打杂的工作，供给他膳食与住宿，现在的店员不一定要与他的老板相识，只要有朋友的介绍或自己申请，且学识和工作经验能合老板满意，则可正式受聘。老板聘请的薪金是看条件而定，而店员也看所得的薪金的多少来工作，以他的职位，老板每个月给的薪金多，工作时就卖力些，认真些，若薪金少，则尽量偷懒既使被老板炒鱿鱼也无所谓，反正现在布庄多得很，东家不打打西家。他们也不必像战前的店员一样，凡事绝对服从老板，因为，他们一般上是在本地生长，家庭也在此地，不必寄人篱下，因此，不怕失业或挨饿。于是，老板对店员也不必像家长一样的管教他们，只要他能安分守己的工作，每个月就可得到应得的酬劳，除非他勤力能干，否则，一辈子也不会受老板器重。由是，布店店员和老板的关系，不但逐渐消失过去那种乡族主义色彩，而且，店员对老板那种绝对服从与效忠的半封建的关系已不复存，双方之间逐渐存在着的是打工，拿工资的劳资关系。

五、政府政策

新加坡政府为了发展工业，减低舶来品与本国产品之竞争压力，就不得不征收适当的入口税或入口固打制度来限制入口额。于是，在政府实行保护之下的工业产品，其品质与售价是受到约束的，产品不得无故提高售价。

本地虽然已经设有织布厂，但是，规模较小，产品仍未大众化，产量亦不足供应原有的市场，还得靠外地输入一些布料来补充。故此，目前新加坡政府对于布料的入口与转口并没有严格禁止，只是实行固打制以限制入口额及征收入口税。但是，在工业发展之前，政府早就有实行限制布料入口额的固打制度。如1953年7月9日，政府宣布日本丝棉织品的入口额仍然继续施行固打制度，以免影响本地布业市场。至12月4日中华总商会召开贸易咨询委员会议决自1953年固打制有效期间，延至1954年3月31日，至于1954年的日本丝绵织品入口办法。则仍照1953年之办法继续施行固打制，而将限额减低为五千万元。唯此议案还须与马来西亚联合邦政府磋商后，方能达到最后之决定。(17)

此外，林有福当政时期，也曾于1958年决定禁止中国棉织品入口之政策。致使本地的中国布匹入口商遭受严重打击。中国布匹在本地之市场亦显暗淡(18) 幸至1959年，中国的棉织品恢复输入新加坡。此后，中国布料源源而入。

新加坡政府当局对本地布匹商欲解决货物输入的问题也加以协助。如1956年，由于日本政府为使棉布输出价格划一起见，特规定‘输出最低价格’，惟遇供过于求时，日本之出口商即自动减低价格抛售，致造成低于政府规定之‘输出最低价格’，但输出之价格，必须依照政府所规定者，方能批准出口。因此本地布匹入口商不得不依照办理，故有一部分货物因超过实际价格之外汇输入，但布匹商因资本有限，需要周转，故将超额之外汇输入若干，无最低价格限制之织品之资套回，致引起本坡外汇统治官派员到各布店去调查账簿，使他们深感困难。后经过中华总商会派有关三商团的代表[19] 谒外汇统制官，提议今后输入日本棉织品超额外汇转办其他织品之正式申请办法，后经外汇统制官之同意，并对申请办法加以详细指示。[20]

自战后以来，不只政府的政策对布业市场有所影响，本地布料的输入国方面所实行的政策，也直接或间接地影响到布价之波动及市场的销售问题。战后本地布料之主要供给来源是日本、印度、中国、欧美等，尤其是日本布匹，在新马市场上深具竞销力。若供给地一旦产量发生剧变，则新马市场无异将受重大影响。例如，1958年日本纺织业于三月间，因生产过剩，曾一度削价向新加坡求售，而引起价格剧变风波，使新加坡布匹市场遭受严重打击。庆幸日本当局为挽救产品之生产危机及挽回外销市场，遂采取积极之步骤，于四月起实行减产政策。于是，本地布匹市场遭受日本布匹之冲击由之正趋消减，布匹市场也将因之企稳。[21]

此外，又如1961年7月下旬，日本棉布输出商采取歧视和打击本国布匹入口商的不公平价格后，新加坡输入日本布的入口生意几乎陷于停顿，造成新加坡的布匹处于冬眠状态[22]

由上述例子可见，新加坡的布匹市场与价格，乃随时遭受输入新加坡当局实施的政策的变化所影响。

另一方面，本地布匹入口商的外销生意经常受外销市场之变化所影响。若该市场向新加坡大量采办布料，则布匹去销就呈显活跃。如1960年印尼政府向新加坡签订合同订购布匹6700000码，值银3500000元。新加坡布匹商不但可乘机将便货兜售于印尼，且赢利不少。[23]

但是，若外销市场限制某种布匹入口，则本地布匹的转口销路也就成问题。例如，1960年7月20日，马来亚联合邦政府以保护当地工业为理由，突然宣布增禁六种中国棉布的输入[24]。这突然实施的政策，无非使中国布匹今后在联合邦销场将告绝迹，对本坡布商打击甚钜，一般布匹入口商订货有者已在途中，有者信用票已开出，如今去路一塞，全部将堆积在本地，若为生意周转计，势必贱抛，其他布亦必落价，影响市场至为重大。鉴于此，三个布商团体代表联袂请中华总商会联合协助呈请联合邦政府体恤商艰，凡在7月20日以前新加坡布商所存有关税被禁之现货，以及向供方订定而于7月20日以前开出信用票者，准予照常输入联合邦。但此提案未被联合邦当局照准，故新加坡布匹入口商唯有面临窘境。似此现象，无形中影响本地布匹商的转口销场缩减。

战后二三十年，新加坡布匹出入口商经常以各种方式放帐供应布料予印尼。但印尼方面却以种种限制和阻碍。如1970年间曾对开来新加坡采货的银行信用票，限制配货后不可立刻支款，要待货抵印尼港口并由海关检查无误后，才由印尼当局批汇，转汇新加坡付款。这种特有的麻烦手续，当然大大阻碍了两国的贸易，大概也是因为他们自己感到不便，以后又由印尼当局自行取消，开新信用票才再恢复一般原状。虽然如此，但开来新加坡的信用票，有效期只限四十天，其他国家则无此限制。换言之，若新加坡不能在短期间内供应货物，他们便立即转向他国采办。(25)

近年来，由于外国资本家纷纷到马来西亚、印尼等地来，欲设立织布厂，这将影响新加坡布业的出口贸易甚巨，不过，未来的情形很难预料，依照目前的情势，本坡布业的出口贸易，前途并不十分光明。

注释

1 参见刘叔宽《星加坡客属人士动态》，P. 149–151。

2 参见《星洲日报》，19–2–70，22–7–70。

3 参见《经济月报》，第一期，P. 29。

4 参见《新加坡工商业全貌》，P. 89。

5 参见黄祝秋《二十年来新加坡布匹业的演变》。

6 参见《新加坡工商业全貌》，表一，P. 90。

7 同上表二，P. 91。

8 同上，P. 90–93。

9 参见《经济月报》，第一期，P. 29。

10 参见《南洋文摘》，六期，1960年版。

11 参见《经济月报》，第一期，P. 29。

12 参见《南洋文摘》，五卷六期，1964年出版。

13 参见《总商会特刊》，1906–1966，P. 384。

14 参见《星洲日报》，5–1–1970。

15 参见《南洋文摘》，第十二卷，第六期，P. 391。

16 参见《星洲日报》，27–9–1971、19–10–1971、25–10–1971。

17 参见《新加坡中华总商会庆祝钻纪念特刊》，P. 309。

18 参见《南洋商报》，6–11–1958。

19 三商团即布行商务局，中国绸布杂货出入口商联会及新马布商公会。

20 参见《新加坡中华总商会庆祝钻纪念特刊》，P. 325。

21 参见《南洋商报》，7–4–1958。

22 参见《南洋商报》，7–1–1962。

23 参见《新加坡中华总商会庆祝钻纪念特刊》，P. 349。

24 查此禁令虽云六种棉布，然因涉及漂白，染色及印花等等，其范围的广泛已包括中国所有的出品主要布匹在内。

25 参见《新加坡中华总商会庆祝钻纪念特刊》，P. 353。

第五章

结语

现今经营布业并非一件易事，往往要冒很大的风险，有时办来大批布料，颜色和花样不合潮流，便要削价出售，亏了血本，所以好些商家办货存有戒心，不敢大量采购。其次布庄的店员，也很难栽培，有经验的行政人员，纷纷脱离，自己去开设新布庄，结果布庄不断的增加，布庄一多，竞争也就更激烈了。于是可图的利润就极少，通常批发价只能赚到2%至3%左右。除了布庄之多不易营业外，店租的昂贵也会影响到布庄的经营，因为战前所建立的商店，店租便宜，各布庄还能勉强维持且有微利可图，若租用政府新建的店屋或百货市场，店租贵，维持困难，则前途会不乐观。

新加坡本身市场容易产生饱满的状态，因此布匹的贸易，单靠本地是极其有限的。主要的是靠外销到印尼和马来西亚等地，加上新加坡具有东南亚的地理优越港口，也是欧亚商来往的要衝之一，于是，一百多年来，新加坡这个面积只有二百四十方哩的岛屿之经济基础是建立在转口贸易上。

以往印尼需要由新加坡转入布匹，因为印尼的岛屿分散极广，日本布或英国布等要于订购数个月后才能运到，结果只好向本坡购货，通常向新订货，一星期后便能抵达，这是本坡布业能运销到印尼的原因，马来西亚也是本地布庄的大主顾。

可是到了二十世纪六十年代时，大家都已认识到过分依赖转口贸易是危险的，印尼现今已靠近西方，美、日两国在经济上对印尼予以极大帮助。在1970年的六亿美元援款中，美、日几占三分之二，这自然减少了印尼对新加坡的采购。因此布匹大批输往印尼的日子已经过去。只有中国出产的布匹，由于中印尚未恢复全面直接贸易，还需经由新加坡转驳，其他品种，对新只当作补货对象，碰到一时急需或是回教新年佳节，才来新添补多少。

尽管转口贸易不如从前，可是却有些布商不以为然，他们觉得目前新加坡经营布业这行，并没有遇到多大的困难，主要看自己本身的表现。目前新加坡的布厂出产的布仍不够本地销用，布业还是有前途的。

根据1960年全部货物人口中，布料就占五分之一，为最多的，其次是水果之类，可见布料的销路还是很大的。

除了少数布商认为前途光明之外，大体上仍对前途不乐观，尤其是自1960年开始，大家都认识到单靠转口贸易是不行的，我们新加坡是属于新兴国家之一，而工业化却是发展经济的不二途径。因此，新加坡便于那时起致力于工业的发展，使经济走向多元化。因此，在过去十年中，新加坡无论是在政治上，经济上及工业上的各方面发展都有极大的成就。本地市场小，因此，必须大力推动发展工业的政策，使新加坡的工业产品输出海外，同时还要在本地与舶来品竞争。在本坡设立织布厂并非一件易事，本坡是国际主要的商港，人民生活水准高，世界各地流行的衣服，很快便在本坡流行，只有追上潮流的布料才会畅销。且布料流行的颜色，每年不同。本地在裕廊工业区虽有织布厂，但是，在本地出产的布匹质地不如日本或外国，且技术人才也比不上日本的水准。故此，本地货很难打击日本货和中国货的市场，因为日本布鲜艳，且追上潮流，而中国货则比较便宜。本地出产的布料多数属于粗布，只适合销给中下层人士。

在本地设立工厂并不是一件容易克服的问题。虽然政府有鼓励商家设厂，但大家还在观望。有的商家认为在本地设立布厂，需要大资本，且要依赖外来的技术人员，要看外人的脸色，使投资者没有信心，且本地的投资者，大都与外人合资，因此，外人不要的机械才搬来本地，结果产品不能与舶来品竞争。且市场又十分狭小，利不及费，许多人也就取消了开厂的念头。因此，目前本地的织布厂是属于小型的，其产品不能跟入口货竞争。且本坡是各民族杂居的地方，各民族所需求的布料各异，因此，若在本地设厂，是很难应付各民族的需求。

本地的布商都认为必须要有大资本与熟练的人才才行，因为本地的商家之资金不足，人才缺乏，要训练人才极困难，且布料的出产，日新月异，设备方面感到极困难，还有布料的花样天天都翻新，设立普通的布厂是难于应付的。

总之，以前印尼和马来西亚的布料，大多数是由本坡转运过去，一度造成布业欣欣向荣，但好景不常，马来西亚、印尼的布庄，纷纷自己直接办货入口，不再经新加坡，唯短期的补缺才向本坡采购。马来西亚、印尼亦纷纷由日本或美国大商家投资设厂，对本坡的布业影响很大。

新加坡的布业商曾经有谈过开布厂之事，但是，大家都觉得很困难，因为本地的条件不及日本。日本是先进国家，而我们本国的工业正在发展时期，这方面的人才没有，本钱也不足，因一间布厂，如要出产各式各样的花布、色布及各种不同质地的布，是需要许多不同的机器，，但常常购换机器是不可能的。若仅出产几样布，则很难迎合日新月异的潮流，现在的布料实在太多了。

若不想其他办法以改良布业，则前途是不甚乐观的，因为目前的布庄实在太多了，竞争性也越来越大。

参考书目

1 许教正主编《东南亚人物志》（第一辑）新加坡，1965。

2 潘醒农《马来亚潮侨通鉴》，新加坡，南岛出版社，1950。

3 许云樵、许直合著《新加坡工商业全貌》，新加坡，华侨出版社，1948。

4 许武荣撰《马来亚潮侨印象记》，新加坡，南洋书局印行，1951。

5 黄枝连《新马华族社会史导论（三），刊于《南洋商报》1971年6月。

6 黄祝秋《二十年来新加坡布匹的演变》。

7 刘叔宽《新加坡客属人士动态》刊于《南洋客属总会第三十五、六周年纪念刊》。

8 许秀聪《1937–42年新马华族对日本的经济制裁》10–1–1970。

9《新加坡中华总会庆祝钻禧纪念特刊》，新加坡，1966。

10《潮州江夏九堂十五周年纪念特刊》。

11《1906–1966年新加坡各途商行情报告》，刊于中华总商会特刊。

12《经济月报》，第一期。

13《南洋文摘》，第五卷六期，1964年出版。

14《南洋文摘》，第六期，1960年出版。

15《南洋文摘》，第十二卷六期。

16《星洲日报》，5–1–1970、19–2–1970、22–7–1970、27–9–1970、19–10–1971、25–10–1971。

17《南洋商报》，7–4–1958、6–11–1958、7–1–1962。

致谢词

我们进行“新加坡布匹业”这项调查，乃配合“东南亚华人史”课程的需要。

这次的调查，承蒙林益华、黄章顺和程瑞英同学，不惜拨出他们宝贵的时间来协助我们进行调查工作，我们谨此致以万分之谢意！同时，我们更要感谢曾诚心与我们合作的布匹业的前辈们，提供我们不少资料，俾使我们这调查工作及报告能顺利完成。

最后，希望各位老师、同学以及诸位阅读者，对我们这篇不甚完满的调查报告多多指正。谢谢。

布匹业调查小组谨启

一九七一年十二月十五日

南洋大学新加坡华族行业史调查研究报告

附录:《福州人与理发行业》调查问卷

1. 问卷编号：
2. 受访者；
   （1）姓名：____________ 性别：______ 年龄：_______ 祖籍：_________
   （2）工作：店号 ______________身份 ___________地点 ________________
   （3）当理发师年代：
3. 访问者
   （1）发问人：
   （2）记录人：
   （3）访问时间：

1. 请问你是哪个籍贯的人?
2. 你今年几岁? 教育程度?
3. 你是在本地出生的，或是从中国南来?
4. 为什么你要南来呢?
5. 你以什么方式南来? 是由亲戚朋友牵引而来? 或是被卖猪仔而来? 是自愿的，或是被迫?
6. 你南来的第一项职业是否就是理发业?

7. 你通过什么途径踏入理发行业?
8. 当你南来初时，新加坡的福州人多数从事什么行业?
9. 为何他们多数从事那种行业呢?
10. 你操理发业已有多少年了?

（以下问题询问自中国南来的理发师）

11. 中国福州地方，福州人多数从事哪一种行业?
12. 福州地方的理发师怎样学习其手艺?
13. 他们的学习年限有多久?
14. 在他们的学习过程中，他们是否还要兼做其他与理发无关的杂务?
15. 学徒的待遇怎样? 是拿薪水的? 还是供给膳宿而已?
16. 学徒和师傅之间是否要签订任何契约?
17. 契约的内容大概如何?
18. 是否有学徒中途逃跑的现象发生?
19. 什么原因造成他们学师未满就逃跑呢?
20. 在福州地方是否有雇主公会、工人工会的组织呢?
21. 组织概况各如何? 最初兴起于何时?
22. 他们为什么要组织这些团体呢?
23. 工人工会与雇主公会之间是否经常起冲突? 为什么?
24. 理发师在福州的社会地位如何? 是否会被歧视?
25. 一般上他们是否足以维持一定的、起码的生活水平?
26. 在福州地方是否有女性理发师? 为什么?

（以上问题询问所有被访的理发师）

27. 早期新加坡的理发学徒多以何种方式去学习手艺呢? 如拜师? 还是买师?
28. 他们学习的年限各如何? 学习过程呢? （各个阶段）
29. 学徒生活如何? 他们是领薪水的，或是只被供给膳宿? 或是缴交学费?
30. 工人与师傅之间的关系是否平等? 工人是否需要操作与理发业毫无关系的杂务呢? 为什么?
31. 学徒与师傅之间是否要签订任何契约? 为什么?
32. 当初（注意年代）工人的一般月薪有多少?

33. 以当时的生活水平（注意年代）来看，这样的待遇是否足够维持个人的、或家庭（如一家五口左右）的生活?
34. 月薪制为何又演变为摊分制? 是工人争取的或是雇主提议的? 这摊分制产生于何时?
35. 摊分制可分为几类? 其演变过程如何?
36. 摊分制下工人的生活是否较月薪制时期有改善了?
37. 你认为月薪制好呢? 还是摊分制? 为什么?
38. 在摊分制下，一个理发工人每月平均收入有多少? 雇主的收入又如何? 你满意目前的收入吗? 为什么?
39. 理发工人与理发雇主何时组织起各自的工会和公会?
40. 为什么要组织这些团体呢? 它们的发展过程如何?
41. 这些团体对他们各自本身有无利益? 为什么?
42. 工人和雇主之间是否常起冲突? 为什么?（战前到战后）
43. 开设一间理发室，是否需要向政府注册，领取营业执照?
44. 开设一间理发室，约需资金若干?（战前、战后，目前）
45. 在城市重建计划下，许多城市理发室都迁入政府组屋，其费用是否较前提高（大约数目多少），为什么?（询问其具体开支数目以作比较）。
46. 最近女子理发已不是新闻了，你可知道新加坡女理发师兴起于何时?
47. 女理发工人的生活情况如何?（针对女理发师而问）
48. 女理发师学习过程如何?
49. 女理发师的待遇怎样?
50. 近一两年来，许多大规模的理发厅大量兴起，设备新款，且多聘女工，这对于小间理发厅是否有影响? 为什么?
51. 据你个人的意见，近一两年来，这种冷气女子理发厅能够大量兴起的根本原因何在? 为什么?
52. 妇女操理发行业，是否会影响到男士从事理发业的机会? 为什么?
53. 依你看来，女子理发业最终是否会取代男士理发业? 为什么?
54. 你是否认为大规模的冷气女子理发厅会逐渐取代个别独立的小间理发室呢? 为什么?

编后语

2013年2月间，蒙黄枝连老师的推荐，承世界科技出版公司主席潘国驹教授的厚爱，要我参与编辑出版黄枝连教授于1970年在南洋大学历史系开办“东南亚华人史”时主持的华人行业史和村史的调查报告。我有幸选修黄教授这门课，也参与村史的调查报告，获益匪浅，而事隔40多年后，还能重温这段难忘的岁月，又能再度与黄老师结缘，是意想不到的事！

自接下这项工作后，由于还在从事全职的工作，只能用一个星期两天的休息时间和请假来进行这项工作，进度缓慢。在最初阶段收集原始资料上，得到新加坡国立大学中文图书馆前主任李金生同学和国家图书馆的赖燕鸿主任和王连美女士的大力协助，终于把8本行业史报告和11本村史收集全。这些报告不能借出，只能复印。在编辑的过程中，碰到不小的挑战。调查报告都是手抄油印本，经过40多年，有好多已模糊不清，报告是由小组的同学分头写，字体、行文用词有别，用的是繁体字，又有好多的异体字、错别字，也有少部份无法辨认，我只好请几位大学本科毕业的老师帮我打字输入，但她们对繁体字又不熟，有时还要翻查字典，花的时间和精神可想而知！我请她们如碰到实在无法辨认的字就空着，让我校对时才处理。有些字，特别是人名和书名，查翻资料，连我也实在无法确认，只好用接近的字代替，所幸这样的情况很少。

编辑这本报告书的难度比我估计中要高出许多，打字排版稿校对6次，前期的输入由黄嬿倪、赖晓丽、黄玉莹三位老师负责，后期的排版由何秀云操刀，我的同学林仲添帮我校对一部份初稿。世界科技出版公司的何奕恺博士从头到尾都在协助编辑、校对和统筹整个运作，特别是后期的繁琐工作全由他承担，真的很感激他。

这一年来，在编辑的过程中，有感于新加坡各个行业的前辈们的创业、守业和发展的艰辛，对他们多了一份了解和尊敬，希望这本报告书的出版，能让我们年轻一代的国民，更珍惜我们建国第一代的前辈们，为国家的开拓和发展所付出的努力和贡献。

韩川元

2014年10月

阅览八方 共享文化

八方文化创作室

南洋大学新加坡华族行业史
调查研究报告

顾　问　潘国驹　黄枝连

编　辑　韩川元（执行）　何奕恺（执行）　赖燕鸿　王连美

作　者　南洋大学东南亚华人史课程师生编纂（任课导师黄枝连）

封面设计　张伶

排　版　何秀云

出　版　八方文化创作室
（世界科技出版公司之附属机构）
5 Toh Tuck Link, Singapore 596224
www.globalpublishing.com.sg

发　行　八方文化创作室
（世界科技出版公司之附属机构）

联　络　65-64665775
chpub@wspc.com

印　刷　World Scientific Printers

初　版　2014年10月

国际书号　978-981-4651-21-9 (pbk)

定　价　S$32

延伸阅读

阅览 八方 共享文化

香港、台湾、马来西亚读者可以使用该地货币购书，
我们的书籍也以美元定价。请参考本公司网上书店。

《语言、政治与国家化：
南洋大学与新加坡政府关系
1953-1968》
周兆呈 著
ISBN 978-981-4436-01-4

《陈六使与南洋大学》
利亮时 著
ISBN 978-981-4436-08-3

《郑奋兴讲南大故事》
郑奋兴 著
ISBN 978-981-4365-78-9

《南大图像
历史河流中的省视》
李元瑾 主编
ISBN 978-981-4139-76-2

推荐网站：全球华人专业人士网络
www.networkchinese.com

■

欢迎浏览本公司网上书店查阅其他书刊及优惠配套
www.globalpublishing.com.sg

八方文化创作室，简称八方文化，以世界科技出版公司为后盾，致力于推动新加坡的中文出版，并且放眼全球华裔的人文舞台。我们的重心在于介绍世界各地华人学者及作家的言论与著作，同时也积极推动各类艺术与文化活动。八方文化期望以出版良心作信念，以高素质为诉求，为各地中文读者多开启一扇东西文化的窗户，共同努力营造一个富有质感和充满活力的人文空间。

世界科技出版公司总部及海外分公司

总部（新加坡）
World Scientific Publishing Co. Pte. Ltd
5 Toh Tuck Link
SINGAPORE 596224

新泽西
27 Warren Street
Suite 401-402, Hackensack
NJ 07601, USA

伦敦
57 Shelton Street
Covent Garden, London
WC2H 9HE, ENGLAND

北京
中国北京大学数学科学学院
理科2号楼2526W室
邮编100871

上海
中国上海滩国际大厦
黄浦路99号2003室
邮编200080

香港
香港尖沙咀山林道
46-48号
运通商业大厦1004室

台北
台湾台北市10091
罗斯福路四段
162号8楼

真奈
No. 16, South West Boag Road
T. Nagar, Chennai 600 017
INDIA